JN313063

信託の実務 Q&A

編集代表
永石一郎（弁護士）
赤沼康弘（弁護士）
髙野角司（公認会計士・税理士）

編　集
岩城本臣（弁護士）
高村隆司（弁護士）
永島正春（弁護士）
安藤朝規（弁護士）
高橋隆二（弁護士・弁理士）
林　康司（弁護士）
平井祐一朗（司法書士）

青林書院

は　し　が　き

　1922年に制定された信託法は，2006年に抜本的に改正された。改正後，多くの信託法解説書が刊行された。本書の上梓はそれらに屋上屋を架すものであるが，存在意義を記せば，それは，旧信託法がどのように規定されていたのか，そして，新信託法は現代の経済社会に対応するためにどのように見直されたのか，を踏まえ，実務に活用できる信託法の解説書を目指して企画されたことである。さらに，類書に誇れる本書の大きな特色は，商事信託と民事信託の両者，とくに民事信託も詳しく記述しているところである。

　商事信託についていえば，信託法を利用したさまざまな金融商品が生まれ，その利用も年々増加している。社会的，経済的ニーズに合わせて，信託法制定当時には到底想定されなかったような信託法の活用が期待されているが，そこに問題はないのか，より有効な活用方法はないのかなどの検討が必要であり，一方，民事信託についても，今後の実務でどのような活用が期待できるのか具体的に示さなければならない。以上のようなコンセプトのもと，この企画に賛同した執筆者らは，信託法の勉強会を開催し，旧信託法の問題点を明確にしたうえ，新信託法が現在の社会，経済状況下でいかに幅広く活用されていくかを考えていくことから議論を始めた。メンバーは，東京，大阪と福岡の弁護士，公認会計士，税理士，司法書士，中小企業診断士，損害保険会社社員という実務家の多士済々である。勉強会は十数回に及び，いつも活発な意見交換がなされた。そして，テーマごとにグループを分け，Q&A形式で執筆することが決まった。ところが，本書は企画されてから発刊までかなりの時間がかかった。理由は，執筆者それぞれが各界の第一線で活躍して多忙であるためであり，また，東京近郊在住者が多いとはいえ，執筆メンバーの居住地は各地に散らばっているため，勉強会に参加できない執筆者への報告や執筆要領の伝達に時間がかかったことである。さらには，当初の執筆メンバーが病気で執筆を辞退したことなどのため，新たな執筆者を募ったりなどの紆余曲折があったことも一因

となっている。

　しかし，時間をかけた分だけ，本書は，理論的に偏ることなく，読者の方々にすぐに活用して頂ける実務解説書になったものと自負している。そして，より多くの方々のお役に立てたら幸いである。

　なお，本執筆者のお一人で，私の法律事務所で開催している「会社法の条文を読む会」の重要なメンバーでもあった財津守正弁護士は，本書の刊行を見ずに突然逝去された。財津弁護士のご冥福をお祈りする。

　また，編集者の長島晴美さんには，勉強会の準備，執筆者への原稿の催促からゲラの調整まで，長い間大変お世話になった。末尾ではあるが，お礼を申し上げる。

　　平成22年8月

執筆者を代表して
編集代表　　永　石　一　郎

凡　　例

1. 用字・用語等
　本書の用字・用語は，原則として常用漢字，現代仮名づかいによったが，法令に基づく用法，および判例，文献等の引用文は原文どおりとした。

2. 関係法令
　関係法令は，原則として平成22年7月末日現在のものによった。

3. 本文の注記
　判例，文献の引用や補足，関連説明は，脚注を用いた。法令の引用，例示などは，本文中にカッコ書きで表した。

4. 法令の引用表示
　本文解説中における法令条項は，原則としてフルネームで引用した。
　カッコ内における法令条項のうち主要な法令名は，後掲の「主要法令略語表」によった。同一法令の条数を並べるときは「・」，他の法令の条数を並べるときは「，」でつないだ。原則として，条数（条・項・号）の前の「第」は省いた。

5. 判例の引用表示
　脚注における判例の引用は，原則として次のように行った。その際に用いた略語は，後掲の「判例集等略語表」によった。年号は，昭和は「昭」，平成は「平」と略記した。
　　（例）　平成14年1月17日最高裁判所判決，最高裁判所民事判例集56巻1号20頁
　　　　　→　最判平14・1・17民集56巻1号20頁
　　　　　平成21年7月22日名古屋高等裁判所金沢支部判決，判例タイムズ1312号315頁
　　　　　→　名古屋高金沢支判平21・7・22判タ1312号315頁

6. 文献の引用表示
　脚注中に引用した文献については，著者（執筆者）および編者・監修者の姓名，『書名』（「論文名」），巻数または号数（掲載誌とその巻号または号），出版者，刊行年，引用（参照）頁を掲記した。
　主要な雑誌等は後掲の「主要雑誌等略語表」によった。

〔主要法令略語表〕

意匠	意匠法	会社規	会社法施行規則
意匠登令	意匠登録令	金融商品	金融商品取引法
意匠登規	意匠登録令施行規則	金融商品令	金融商品取引法施行令
会更	会社更生法	限定登規	限定責任信託登記規則
会社	会社法	公益信託	公益信託ニ関スル法律

略語	正式名称
公益法人	公益社団法人及び公益財団法人の認定等に関する法律
公証人	公証人法
財務規	財務諸表等の用語，様式及び作成方法に関する規則
資産流動化	資産の流動化に関する法律
実用新案	実用新案法
実用新案登令	実用新案登録令
実用新案登規	実用新案登録令施行規則
社債株式振替	社債，株式等の振替に関する法律
消税	消費税法
消税令	消費税法施行令
所税	所得税法
所税令	所得税法施行令
商登	商業登記法
商標	商標法
商標登令	商標登録令
商標登規	商標登録令施行規則
信計規	信託計算規則
信託	信託法
信託規	信託法施行規則
信託業	信託業法
信託業規	信託業法施行規則
信託業令	信託業法施行令
相税	相続税法
相税令	相続税法施行令
整備法	信託法の施行に伴う関係法律の整備等に関する法律
租特	租税特別措置法
租特令	租税特別措置法施行令
知財基	知的財産基本法
著作権	著作権法
著作権令	著作権法施行令
著作権規	著作権法施行規則
定義府令	金融商品取引法第2条に規定する定義に関する内閣府令
投信	投資信託及び投資法人に関する法律
登税	登録免許税法
特許	特許法
特許登令	特許登録令
特許登規	特許登録令施行規則
独禁	独占禁止法（私的独占の禁止及び公正取引の確保に関する法律）
破	破産法
不登	不動産登記法
不登規	不動産登記規則
不登令	不動産登記令
弁護	弁護士法
法税	法人税法
法税令	法人税法施行令
保険業	保険業法
保険業規	保険業法施行規則
民	民法
民再	民事再生法
民施	民法施行法
民執	民事執行法
民訴	民事訴訟法
民保	民事保全法

〔判例集等略語表〕

略語	正式名称
最	最高裁判所
最大	最高裁判所大法廷
高	高等裁判所
地	地方裁判所
家	家庭裁判所
支	支部
判	判決
決	決定
審	審判
民集	最高裁判所民事判例集
刑集	最高裁判所刑事判例集
知的裁集	知的財産権関係民事・行政裁判例集
交民	交通事故民事裁判例集
家月	家庭裁判月報
金判	金融・商事判例
金法	旬刊金融法務事情
判時	判例時報
判タ	判例タイムズ

〔主要雑誌等略語表〕

NBL	NBL	商事	商事法務
金判	金融・商事判例	判時	判例時報
金法	旬刊金融法務事情	判タ	判例タイムズ
銀法	銀行法務21	判評	判例評論（判例時報付録）
最判解民	最高裁判所判例解説民事篇	法教	法学教室
ジュリ	ジュリスト	法時	法律時報

編集代表・編集者・執筆者紹介

編集代表

永石　一郎（ながいし　いちろう）
　　弁護士　永石一郎法律事務所
　　総論担当

赤沼　康弘（あかぬま　やすひろ）
　　弁護士　赤沼法律事務所
　　Chapter 2 信託と身分法 Q2・Q10担当

髙野　角司（たかの　かくじ）
　　公認会計士・税理士　税理士法人髙野総合会計事務所
　　Chapter 7 信託と税法 Q1～Q4担当

編集者

岩城　本臣（いわき　もとおみ）
　　弁護士　弁護士法人中央総合法律事務所

高村　隆司（たかむら　たかし）
　　弁護士　高村隆司法律事務所
　　Chapter11信託と会社法 Q2担当

永島　正春（ながしま　まさはる）
　　弁護士　永島・鍵尾法律事務所
　　Chapter 1 信託と財産法 Q3・Q4・Q10担当

安藤　朝規（あんどう　ともみ）
　　弁護士　日比谷シティ法律事務所，筑波大学法科大学院教授
　　Chapter10信託と事業活動担当

高橋　隆二（たかはし　りゅうじ）
　　弁護士・弁理士　生田・名越・高橋法律特許事務所
　　Chapter 5 信託と知的財産法 Q6・Q7・Q9担当

林　　康司（はやし　こうじ）
　　弁護士　TMI総合法律事務所
　　Chapter 4 信託と倒産法 Q3・Q4担当

平井　祐一朗（ひらい　ゆういちろう）
　　司法書士　司法書士法人四谷エスクローアンドサーベイ
　　Chapter 9 信託と登記担当

執　筆　者

（執筆順）

金澤　浩志（かなざわ　こうじ）
　　弁護士　弁護士法人中央総合法律事務所
　　Chapter 1 信託と財産法 Q1・Q2，
　　Chapter 8 信託と弁護士業務 Q1・Q3・Q5担当

大坪　和敏（おおつぼ　かずとし）
　　弁護士　馬場・澤田法律事務所
　　Chapter 1 信託と財産法 Q5・Q6担当

錦野　裕宗（にしきの　ひろのり）
　　弁護士　弁護士法人中央総合法律事務所
　　Chapter 1 信託と財産法 Q7～Q9，Chapter 6 信託と信託業法担当

野中　智子（のなか　ともこ）
　　弁護士　東京銀座法律事務所
　　Chapter 1 信託と財産法 Q11，Chapter 2 信託と身分法 Q6担当

高垣　勲（たかがき　いさお）
　　弁護士　松田綜合法律事務所
　　Chapter 2 信託と身分法 Q1・Q4担当

八杖　友一（やつえ　ゆういち）
　　弁護士　東京八丁堀法律事務所
　　Chapter 2 信託と身分法 Q3担当

岩城　和代（いわき　かずよ）
　　弁護士　岩城法律事務所
　　Chapter 2 信託と身分法 Q5担当

冨永　忠祐（とみなが　ただひろ）
　　弁護士　冨永法律事務所
　　Chapter 2 信託と身分法 Q7・Q9担当

黒木　理恵（くろき　りえ）
　　弁護士　片山・黒木・平泉法律事務所
　　Chapter 2 信託と身分法 Q8担当

田爪　浩信（たづめ　ひろのぶ）
　　株式会社損害保険ジャパン文書法務部部長，日本大学法学部非常勤講師
　　Chapter 3 信託と保険法 Q1・Q2・Q4・Q5担当

卯辰　昇（うたつ　のぼる）
　　株式会社損害保険ジャパン文書法務部上席法務調査役
　　Chapter 3 信託と保険法 Q3・Q6担当

渡邉　敦子（わたなべ　あつこ）
　　弁護士　渡邉敦子法律事務所
　　Chapter 4 信託と倒産法 Q1・Q2担当

大西　雄太（おおにし　ゆうた）
　　弁護士　西村あさひ法律事務所
　　Chapter 4 信託と倒産法 Q5担当

下田　顕寛（しもだ　あきひろ）
　　弁護士　西村あさひ法律事務所
　　Chapter 4 信託と倒産法 Q6担当

森　倫洋（もり　みちひろ）
　　弁護士　西村あさひ法律事務所
　　Chapter 4 信託と倒産法 Q7〜Q9担当

豊永　晋輔（とよなが　しんすけ）
　　弁護士　西村あさひ法律事務所
　　Chapter 4 信託と倒産法 Q7担当

齋藤　梓（さいとう　あずさ）
　　弁護士　西村あさひ法律事務所
　　Chapter 4 信託と倒産法 Q8担当

上島　正道（かみじま　まさみち）
　　弁護士　西村あさひ法律事務所
　　Chapter 4 信託と倒産法 Q9担当

髙山　崇彦（たかやま　たかひこ）
　　弁護士　TMI総合法律事務所
　　Chapter 4 信託と倒産法 Q10・Q11担当

髙橋　淳（たかはし　じゅん）
　　弁護士・弁理士　三宅坂総合法律事務所
　　Chapter 5 信託と知的財産法 Q1・Q5担当

辻河　哲爾（つじかわ　てつじ）
　　弁護士・カリフォルニア州弁護士　渥美総合法律事務所
　　Chapter 5 信託と知的財産法 Q1・Q5担当

中村　知己（なかむら　ともみ）
　　弁護士　永石一郎法律事務所
　　Chapter 5 信託と知的財産法 Q2・Q8担当

土井　宏文（どい　ひろぶみ）
　　金沢工業大学大学院客員教授
　　Chapter 5 信託と知的財産法 Q3・Q4担当

財津　守正（ざいつ　もりまさ）
　弁護士（平成21年5月20日逝去）
　Chapter 5 信託と知的財産法 Q7・Q9担当

村野　文男（むらの　ふみお）
　税理士　税理士法人髙野総合会計事務所
　Chapter 7 信託と税法 Q5～Q7担当

清水　謙一（しみず　けんいち）
　税理士・中小企業診断士　税理士法人髙野総合会計事務所
　Chapter 7 信託と税法 Q8～Q10担当

吉田　伸哉（よしだ　しんや）
　弁護士　弁護士法人中央総合法律事務所
　Chapter 8 信託と弁護士業務 Q2・Q4～Q6担当

角口　猛（かどぐち　たけし）
　弁護士法人中央総合法律事務所法務部長
　Chapter 9 信託と登記担当

湯川　将（ゆかわ　しょう）
　弁護士　湯川・佐原法律事務所
　Chapter 11 信託と会社法 Q1担当

目　次

総　論

総論　判例からみた信託の成立　　3

Ⅰ　信託とは……………………………………………………… 3
Ⅱ　信託の本質について………………………………………… 6
　1　信託の基礎理論　6
　2　債権説（通説的見解）とその特徴　6
　3　実質的法主体説の考え方　7
　4　新信託法の立場　7
Ⅲ　信託契約……………………………………………………… 8
　1　信託契約の位置づけ　8
　2　信託契約の成立要件について　9
　3　信託契約成立後の法律関係　10
Ⅳ　信託契約の成立に関する最高裁判決について ……………11
　1　最判平14・1・17（民集56巻1号20頁・判時1774号42頁）について　11
　2　最高裁判決の是非　15
　3　信託認定には事実の主張が必要か　19
　4　平成14年最判の射程　20
　5　まとめ　23
Ⅴ　当事者の企図した法律関係と裁判所の法的性質決定 ……23
Ⅵ　信託と信認関係 ……………………………………………25
Ⅶ　新信託法への疑問 …………………………………………25
　1　信託法は民法を変容させている　25
　2　会社法上の枷を信託法ではずしている（信託法は手品師）　26
Ⅷ　証券化と信託 ………………………………………………26
　1　証券化における信託の有用性　26
　2　不動産証券化において信託受益権が利用される理由　27
　3　証券化における信託の活用——実際例　28
　4　マイカルにおける真正売買問題　29

各　論

Chapter 1 信託と財産法　35

Q1 担保権設定信託（セキュリティ・トラスト）————35
　債権者ではない者が担保権者となる担保権設定信託（セキュリティ・トラスト）が認められるようになったと聞きましたが，どのような場合に使うことが効果的ですか。また，設定，債権の移転，担保権の実行などの段階でどのような点に注意が必要ですか。

Q2 自己信託による資金調達————44
　不良な事業部門があっても，優良な事業部門について自己信託をすれば資金調達が可能だと聞きましたが，それはどのような仕組みですか。また，どのような規制を受けますか。

Q3 自己信託による資産流動化・事業提携————52
　自己信託は，金銭債権の流動化や事業提携にも利用することができると聞きましたが，どのような仕組みになっていますか。また，どのような点に注意が必要ですか。

Q4 詐害信託の取消し————62
　債務者が信託によって責任財産を減少させ，債権全額の弁済を受けられなくなった場合，債権者はどのような対抗措置をとることができますか。

Q5 分別管理と識別不能————70
　受託者は信託財産をどのように管理すべきですか。
　受託者の不注意等によって，信託財産と固有財産または他の信託財産との識別ができなくなった場合，どのように取り扱われますか。

Q6 相殺・強制執行の制限————79
　甲社からA建物を賃借していたところ，甲社から事務所の建設工事の注文を受け完成させたものの，甲社がその工事代金を期限に支払わないので，甲社に対し工事代金債権とA建物の将来賃料とを相殺すると通知しました。ところが，甲社は，A建物は信託を受けた財産であり，賃貸借契約書にもその旨を書いてあるから，相殺は無効である，1週間以内に賃料を支払わなければ賃貸借契約を解除すると主張しています。いずれも甲社との契約なのに，相殺はできないのでしょうか。また，信託と相殺や強制執行との関係はどのように規律されていますか。

Q7 受託者の権限違反行為の取消し————88
　受託者が権限違反行為をした場合，受益者はどのような場合に，その行為を取り消すことができますか。その取消しはいつでもすることができますか。その行為の相手方から信託財産に対する強制執行をされる場合がありますか。

Q8 信託事務の処理の委託と受託者等の責任 ―――――94
　信託事務の処理について，その全部または一部を第三者に委託することは許されますか。その場合，受託者は，第三者の行為について責任を負わなければならないでしょうか。第三者は受益者に対しても責任を負いますか。

Q9 受託者・受益者複数の場合の規律と公平義務 ―――――99
　共同受託がされた場合には，信託事務の処理などはどのように行われますか。
　受益者が複数の場合には，意思決定はどのように行われますか。
　受益者の多数派と少数派の利害が対立した場合には，受託者の公平義務はどのように果たされますか。

Q10 限定責任信託 ―――――104
　土地の所有者から，その土地上にマンションを建設して賃貸または分譲することを目的とする信託の受託を求められています。土壌汚染，建設の遅れや瑕疵，経済情勢の変動など，受託時に予測困難な問題が生じて，目的を達成することが資金的に困難となった場合，受託者が債務の弁済責任を負わないで済む方法がありますか。

Q11 受益者の定めのない信託（目的信託） ―――――112
　障がい者雇用に熱心な会社が，地元在住障がい者の自立・訓練を目的として，土地と資金を拠出し，施設建設と運営の受託者を社会福祉法人とする信託をして，訓練修了生を採用しようとする場合，どのような点に注意したらよいでしょうか。

Chapter 2 信託と身分法　118

Q1 民事信託の展開を想定してなされた改正の概要 ―――――118
　新しい信託法では，民事信託の発展を想定して改正されたものがあると聞きましたが，どのような項目でしょうか。

Q2 信託を利用した高齢者や障がい者のための財産管理 ―――――125
　高齢者や障がい者の財産を管理するために信託を利用するのはどのような場合でしょうか。また，信託にはどのようなメリットがありますか。成年後見制度の利用ではたりないのでしょうか。

Q3 信託を利用した親亡き後の障がいのある子の生活保障 ―――――132
　障がいのある子をもつ親ですが，信託を利用して親亡き後のその子の生活保障を図りたいと希望しています。どのような仕組みを考えたらよいでしょうか。

Q4 遺言による公益信託の設定 ―――――141
　死後に残る財産を公益のために使いたいと思い，遺言で公益信託を設定したいのですが，どのような点に注意したらよいでしょうか。

Q5 遺言信託の文例 ―――――149

障がいのある子のために，遺言で自宅やアパートも含む遺産をすべて信託にしようと考えていますが，遺言書はどのように書いたらよいでしょうか。また，注意すべき点を教えてください。

Q6　遺言代用信託 ──────────────────────────161
遺言をしなくとも，信託によって同じように財産を承継させることができると聞きましたが，どのような方法でしょうか。また，そのメリットはどのようなところにありますか。

Q7　後継ぎ遺贈型の受益者連続信託 ─────────────────167
ある程度の財産がある者が，子供がいないので，配偶者にすべて遺贈したいが，その配偶者が死亡したあと，配偶者の兄弟姉妹に相続されるのは困るので公共に寄付したいと希望しています。どうすればよいでしょうか。

Q8　離婚にともない支払われる養育費の信託と課税上の問題 ──────172
離婚に際して，養育費を一括で支払ってくれといわれています。しかし，支払ってしまった後では，相手方がどのように使うかわかりません。ほかの目的に使ってしまうおそれもあります。どのような条件をつけたらよいでしょうか。また，一括で支払うことで贈与税の課税対象になることはありませんか。

Q9　死後の事務と信託 ─────────────────────────177
死亡した後の債務の支払，葬儀，永代供養などを依頼したのですが，そのためにあらかじめ一定の額の金銭を預けようと思います。どのような条件をつけたらよいでしょうか。また，永代供養のための信託ということもできるのでしょうか。

Q10　福祉型信託の新たな担い手 ───────────────────180
福祉型の信託を引き受ける受託者には，どのような人たちがいますか。信託業法との関係はどのようになっているのですか。

Chapter 3　信託と保険法　　　　　　　　　　　　　　　　　　　　　185

Q1　信託契約代理店制度 ────────────────────────185
信託契約代理店制度とはどのようなものでしょうか。保険会社が信託代理店業務を営むことはできますか。

Q2　生命保険金信託（事業生命保険信託）─────────────────190
生命保険会社は，保険金信託業務を行うことができると聞いていますが，どのような仕組みなのでしょうか。

Q3　信託を利用した定期金賠償 ───────────────────197
自動車事故の被害者に対する損害賠償の方式として定期金賠償という考え方があると聞きましたが，定期金賠償において信託はどのように利用できるのでしょうか。

Q4 自己信託（損害保険代理店の活用例） ―――――――――――202
　自己信託を利用して，損害保険代理店の保険料保管専用口座に信託設定が可能になったと聞きましたが，その仕組みについて教えてください。また，その他に預かった保険料に対する信託設定が有効と考えられるものはありますか。

Q5 事業信託の活用（損害保険代理店の活用例） ―――――――――211
　損害保険代理店をめぐる環境は，金融機関の窓販算入など競争がますます激化しており，事業再編・事業承継を視野に入れた事業戦略の検討が必要な場合があります。
　新信託法によって，事業再編や事業承継のビジネスプランニングとして信託の活用が可能になったと聞きましたが，どのようなものが考えられるのか教えてください。

Q6 地震・風水災リスクの証券化スキームにおける信託利用 ――――217
　地震リスクや風水災リスク等の自然災害リスクの資本市場への移転手法として証券化スキームがあると聞きましたが，証券化スキームについてどのように信託を利用することができるのか教えてください。また，このようなスキームにおいて損害保険はどのように機能するのでしょうか。

Chapter 4　信託と倒産法　　224

Q1　総論1――倒産隔離機能とは ――――――――――――――224
　信託の倒産隔離機能とはどのようなものですか。

Q2　総論2――倒産隔離機能をもった信託 ―――――――――――233
　信託を設定する際，信託財産や信託事務をどのように特定すれば，「倒産隔離機能」をもった信託と認められるのですか。特に自己信託や事業信託を設定する場合はどうですか。

Q3　委託者の倒産①――委託者の倒産が信託に与える影響――――240
　信託の委託者が，その財産を受託者に信託譲渡した後で倒産した場合に，信託に影響を与える可能性があるのはどのような場合ですか。

Q4　委託者の倒産②――信託と倒産法上の否認権 ――――――――246
　信託の委託者が，その財産を受託者に信託譲渡した後で倒産した場合に，信託が倒産法に基づいて否認されるのはどのような場合でしょうか。また，信託宣言による自己信託についての否認には何か違いがあるでしょうか。

Q5　受託者の倒産①――受託者の破産による債権者への影響――――254
　受託者が破産した場合，受託者が，信託財産や固有財産に関して行った物品購入等の第三者との取引はどのような影響を受けますか。第三者が受託者に販売した物の売買代金債権や契約関係はどう取り扱われますか。

Q6　受託者の倒産②――事業信託における信託財産への帰属構造 ――263

A社は，自らの固有業務としてＸ事業を運営していますが，これとは別に，Ｂ社からその事業部門の一つであるＹ事業について，Ｃ社からはその事業部門の一つであるＺ事業についていわゆる事業信託をそれぞれ受託しました。Ｘ事業，Ｙ事業およびＺ事業を運営するために必要な原材料をＡ社が納入業者から調達する場合において，Ａ社が倒産したとき，動産や契約関係の帰属はどのように取り扱われますか。

Q7　受託者の倒産③——信託財産・固有財産の識別不能と受託者の倒産 ——275

　Ａ社は，会社の債務整理を弁護士Ｂに委任し，Ｂは当該委任に基づいて，Ａ社から預かった現金をＢ名義の普通預金口座を用いて管理しています。Ｂは，Ｂ自身の金銭の管理の目的にもこのＢ名義の口座を利用していますが，帳簿上Ａ社からの預り金と区別して管理していました。ところが，その後，Ｂは自らの負債の返済に充てるため，Ａ社からの委託の趣旨に背き，自らが管理するこの普通預金口座（この時の残高5000万円。帳簿計算上はうち4000万円が信託財産，1000万円がＢの固有財産）から3000万円を費消してしまい，以後帳簿による管理も行っていません。その後，この口座に1000万円の入金がなされました。現在，Ｂ名義の普通預金口座には，3000万円の残高があります。
　この時点でＢが破産した場合，Ａ社は，Ｂの破産管財人に対し信託法に基づきどのような主張ができますか。

Q8　受託者の倒産④——信託財産管理 ——290

　受託者について，①破産手続が開始された場合，②民事再生手続または会社更生手続が開始された場合の信託財産の管理について，信託法はそれぞれいかなる定めを置いていますか。

Q9　受託者の倒産⑤——民事再生・会社更生と受託者の任務終了 ——299

　(1)　受託者の民事再生・会社更生手続の申立てあるいはこれらの手続開始決定を受託者の任務終了事由とする旨の信託行為の定めは有効ですか。
　(2)　受託者の民事再生・会社更生手続の申立てあるいはこれらの手続開始決定が受託者の任務終了事由とされていない場合に，かかる申立てあるいは手続開始決定があったときに，受託者は受託者たる地位を辞任することはできますか。

Q10　信託財産破産 ——306

　信託財産の破産制度とは，どのようなものですか。また，信託財産に対して破産手続開始の申立てをするのが相当な場合とは，どのような場合ですか。

Q11　受益債権の取扱い・倒産不申立特約 ——315

　(1)　受益債権とは何ですか。また，信託財産の破産手続では，どのように取り扱われますか。
　(2)　資産流動化取引における，いわゆる倒産不申立特約は有効ですか。

Chapter 5 信託と知的財産法　　324

Q1 信託を利用した知的財産権の活用 ───324
　知的財産を信託の目的としてその利用を図ることが期待される信託の利用方法を教えてください。

Q2 信託の対象となる知的財産の範囲 ───338
　出願中の発明，外国特許権およびノウハウについて，信託を利用して有効活用ができますか。

Q3 著作権信託の利用と実際 ───347
　音楽，映画などの著作権の信託は，実際にどのようになされているのですか。

Q4 著作権における資金調達での信用信託 ───354
　映画やゲームなどの著作物を利用して信託方式により資金調達をしたケースがあると聞いていますが，そのメリットと問題点はどういうところにありますか。

Q5 特許のグループ企業内管理と信託の利用 ───361
　特許をグループ企業内において管理する場合，信託はどのように利用することができるでしょうか。

Q6 信託された知的財産権の侵害行為に対する権利行使 ───372
　信託の目的となっている知的財産権（特許権）が第三者によって侵害されているとき，侵害者に対する差止請求や損害賠償請求は誰が権利行使しますか。損害賠償はどの程度請求できますか。

Q7 知的財産権と登録制度 ───380
　特許権や著作権などの知的財産権につき信託登録をする場合，どのようにすればよいですか。また，信託登録の仕組みはどのようになっていますか。

Q8 知的財産の価値評価と信託 ───388
　知的財産の財産的評価ができない場合でも信託を利用することはできますか。財産的評価をする場合にはどのように評価すればよいのでしょうか。

Q9 自己信託，事業信託と知的財産権 ───394
　新信託法によって自己信託ができるようになったということですが，知的財産権について自己信託にはどのような利用方法がありますか。

Chapter 6 信託と信託業法　　402

Q1 信託業法の全体像 ───402
　信託業法とはどのような法律でしょうか。その目的と全体像を教えてください。

Q2 他業制限および兼業の範囲,手続 ─────411
信託会社が信託業以外に行うことができる業務には,どのようなものがありますか。また,そのような業務を兼業する場合の要件等についても教えてください。

Q3 信託業務の委託 ─────415
信託会社が,信託業務を他者に委託することは可能でしょうか。その場合の要件についても教えてください。

Q4 信託の引受けに関する禁止行為 ─────421
信託の引受けに関する禁止行為について,教えてください。

Q5 信託の引受けに関する信託契約の内容の説明,書面交付 ─────426
信託会社が,信託の引受けを行う際の,委託者に対する説明義務や書面交付義務について,教えてください。

Q6 信託財産状況報告書の作成・交付義務 ─────432
信託財産状況報告書において,どのような事項を報告すべきなのでしょうか。また,その交付が不要なのは,どのような場合でしょうか。

Q7 善管注意義務・忠実義務 ─────437
信託会社の善管注意義務,忠実義務は,信託業法上どのように具体化されていますか。

Q8 分別管理義務 ─────442
信託業法により求められる,信託会社の分別管理等に係る体制整備義務について,教えてください。

Q9 利益相反取引 ─────446
信託業法上,利益相反取引についてどのような規制が存在しますか。あわせて,それを行う場合の留意点についても教えてください。

Chapter 7 信託と税法　　　　　　　　　　　　　　451

Q1 信託における会計の概要 ─────451
信託における会計の概要と,信託法の改正が会計に及ぼす影響について教えてください。また,信託における会計と税務の関係について教えてください。

Q2 受託者会計 ─────459
受託者が行う会計について教えてください。

Q3 委託者および受益者の会計 ─────469
委託者および受益者の会計について教えてください。

Q4 信託と連結会計 ──────────477
委託者または受益者が連結財務諸表を作成している場合,信託が連結の対象範囲になることはあるのでしょうか。

Q5 信託税制の概要 ──────────485
信託法改正にともない信託に関する税務も見直されたと聞きました。改正後の信託税制の概要について教えてください。

Q6 受益者課税の概要 ──────────495
信託税制においては,信託財産から生ずる利益について,原則としてその利益が最終的に帰属する受益者に対して課税を行うと聞きました。受益者に対する課税の概要について教えてください。

Q7 受託者課税の概要 ──────────500
信託税制においては,信託財産から生ずる利益について,例外的に受託者に対して課税が行われる場合があると聞きました。受託者に対する課税の概要について,教えてください。

Q8 信託設定にともなう相続税・贈与税の課税関係 ──────────506
信託を設定した場合に相続税や贈与税が課税されることがあると聞きましたが,相続税や贈与税が課税される要件について教えてください。

Q9 信託の事業承継への活用 ──────────513
事業承継の円滑化に信託を活用する方法があると聞きましたが,スキームの概要を教えてください。また,信託を利用することのメリットもあわせて教えてください。

Q10 信託財産の税務上の評価と受益者連続型信託の税務上の留意点 ──────────518
信託財産について相続税または贈与税の課税関係が発生する場合の評価額について教えてください。また,受益者連続型信託の場合には税務上の評価額,課税関係が特殊になるそうですが,概要について教えてください。

Chapter 8 信託と弁護士業務　523

Q1 弁護士業務と信託業 ──────────523
弁護士は,業務に付随して依頼者から金銭等を預かったり,その預かった金銭等を管理し処分することもありますが,このような業務と財産の管理・処分を目的とする信託との関係はどのようなものと考えられますか。

Q2 弁護士業務と福祉型の信託 ──────────529
弁護士が高齢者等の財産の管理に関する業務を行うことと,信託との関係はどのように考えられますか。

Q3 弁護士の預り金の法的性質と信託的側面 ──────535
弁護士が，私的整理の目的で依頼者から預かった金銭を管理するために弁護士名義の銀行普通預金口座を開設することがありますが，依頼者の債権者が預金債権を差し押さえる場合や，開設者である弁護士が倒産した場合，当該口座に係る預金債権をめぐる法律関係はどうなりますか。信託の観点をふまえて説明してください。

Q4 信託財産と債権回収 ──────547
信託財産責任負担債務に係る債権の回収を依頼された弁護士は，どのように債権回収を図っていくことになるでしょうか。受託者の固有財産等責任負担債務に係る債権の回収を依頼された場合はどうでしょうか。

Q5 信託を用いた事業承継 ──────553
中小企業経営者の事業承継に関する相談を受けた弁護士として，信託を用いて何らかの具体的スキームを提案することができますか。

Q6 信託に関係する契約書の作成時の留意点 ──────561
弁護士が信託に関する契約書を作成したり，その内容をレビューしたりする際に，特に留意すべきなのは，どのような点でしょうか。

Chapter 9 信託と登記　568

Q1 信託法と登記（総論）──────568
信託法改正により今までの信託の登記手続に変更点はありますか。また，新たにできるようになった登記にはどのようなものがありますか。

Q2 自己信託と登記手続 ──────584
自己信託が可能になりましたが，その登記手続を説明してください。

Q3 抵当権設定と信託 ──────588
抵当権の設定による信託とはどのようなものですか。その登記手続について説明してください。

Q4 信託財産と固有財産等に属する共有物の分割と登記手続 ──────593
信託財産と固有財産等とに属する共有物の分割の登記手続を説明してください。

Q5 信託の併合または分割と登記手続 ──────602
信託の併合または分割による登記手続をそれぞれ説明してください。

Q6 限定責任信託と登記手続 ──────608
限定責任信託の登記手続を説明してください。

Chapter 10 信託と事業活動　　　　　　　　　　　　　　619

Q1　事業承継のための信託法の利用方法 ──────619
中小企業を経営している者ですが、もう年ですからそろそろ自分の会社の事業を後継者である息子に引き継がせたいのですが、どのような方法があるのですか。信託を利用して事業を継がせるにはどうすればいいですか。

Q2　事業承継のための株式の信託 ──────638
甲株式会社の現経営者Aは、東京都品川区で電子部品の製造の工場を経営していますが、今年76歳になります。会社の資本金は1,000万円で、従業員は10名です。甲社の議決権を有する総株式は20,000株ですが、Aは甲社の株式を15,000株所有しています。残りの5,000株は実弟のFが所有しています。Aには、後継者と目されるBがおり、AはBに甲社の事業を引き継いでもらいたいと考えています。株式を信託すればよいと聞きましたがどうすればよいのでしょうか。

Q3　事業信託を利用した事業承継 ──────655
私は、小さな金属加工の株式会社（資本金1000万円、従業員5名）を経営していますが、現在75歳と高齢なので長男に後を継がせたいと考えています。しかし、ほかにも2人の子供がおり、私が死んだ後に相続で揉めるのではないか心配です。この会社の議決権を有する総株式は20,000株ですが、私が12,000株をもっています。残りの8,000株を私の兄弟2人が4,000株ずつもっています。息子は今年で48歳になりますが、未だ取引先や信用金庫の信用は十分ではありません。どうしたらよいでしょうか。

Q4　複数の事業部門のある場合の事業信託の利用 ──────669
甲通信工業は、東京都品川区、神奈川県川崎市および埼玉県越谷市の3か所にそれぞれ工場を所有する電子機器メーカーです。その業績は30年を超え、取引先も大手電機メーカー各社であり、安定した業績を挙げてきました。しかし、代表取締役のAは、今年80歳と高齢であり、設備投資のために調達した借入金10億円の返済に苦しんでいます。Aには、BとCという2人の子供がおり、Bは川崎市の工場の責任者であり、Cは越谷市の工場の責任者です。借金を整理して、BとCにそれぞれ事業を承継させたいのですが、どうすればいいか教えてください。

Chapter 11 信託と会社法　　　　　　　　　　　　　　681

Q1　特定目的会社による証券化および会社分割と信託の異同 ──────681
資産を証券化したいとき、信託による場合と特定目的会社を利用する場合とはどのように違うのでしょうか。両者は機能として同じなのではないでしょうか。また、事業信託と会社分割との異同について、説明していただけますか。

Q2　敵対的買収防衛策 ──────691

敵対的企業買収の防衛策として，特別な条件を付した新株予約権を信託する方法が
あると聞きましたが，どのようにするのでしょうか。

事項索引 ———————————————————————————————699
判例索引 ———————————————————————————————705

総論 Q&A

総論

判例からみた信託の成立

I 信託とは

　信託とは，信託行為により特定の者が一定の目的に従い財産の管理または処分およびその他の当該目的の達成のために必要な行為をすべきものとすることをいう（信託2条1項）。委託者が信託行為（信託契約，遺言，自己信託）によって受託者に対して財産を完全に移転し（自己信託の場合は財産は移転しない。），受託者は委託者が設定した信託目的に従って受益者のためにその財産（信託財産）の管理処分をする制度である，と理解されている。いってみれば財産の管理制度である。民法の代理も同様の機能を営むものであるが，代理との違いは名義の移転にある。信託においては財産の名義を受託者に移転する。何ゆえ名義を移転するのかというと，委託者の財産性をなくすためである。委託者の財産性をなくしてもそれが受託者の財産性を有することとなれば，あるいは受益者の財産となるのであれば，信託の意味はない。信託が意味をもつのは信託財産の独立性による。信託財産が独立であるということは，委託者，受託者，受益者が倒産しても信託財産は委託者，受託者，受益者の債権者から差押えを受けたり，それらの者の法的倒産手続において債権者への配当財源となったりしないことを意味する。これを信託の倒産隔離機能という。委託者と受益者が同一人物である場合を自益信託，別人である場合を他益信託という。

わが国における信託に関する法律は信託法であり，信託を規制する業法として信託業法，金融商品取引法がある。信託法，信託業法は大正11年に制定されたものであるが，信託業法は平成16年12月，信託法は同18年12月にそれぞれ改正されている。

　信託の特徴は，財産権の移転を受け財産管理を行う受託者に対する規制と受益者の保護である。そのため受託者の義務は重いものといえる。受益者の有する権利を受益権というが，受益権は信託財産から経済的利益を受ける権利であるので，債権に類似するが債権より強い権利であるとされている。経済的権利を守るための，たとえば，帳簿閲覧権，信託条項変更権，信託違反の場合の責任追及権など民法の債権より強い権能が受益権者に認められている。

　投資信託の受益権は単に解約請求権または買戻請求権にとどまらず，議決権，分配金請求権等を含んでいるので単なる金銭債権ではなく不可分債権と解される(注1)。

　信託の機能としてまず挙げられるのが，もともと信託の発祥地であるイギリスの信託制度の目的であった，当事者の死亡などにかかわらず財産を委託者の意思に基づいて長期的に管理できる機能であるといえる。

　信託としての法律関係が発生するためには信託契約による方法，遺言による方法，公正証書などによってする意思表示で成立する自己信託による方法が認められている（信託3条）。他方，信託契約において受益者となるべき者として指定された者は，信託契約の直接の当事者でないにもかかわらず，当然に受益権を取得する（信託88条1項本文）。信託法は，信託が受益者のための財産管理制度であるという観点から，信託契約などの定めによっても受益者の受託者に対する監督のための権利行使を制限できないとする（信託92条）とともに，受益者の合意を要する事項として，受託者の辞任の同意権（信託57条1項）や解任の合意権（信託58条）などを定めている。また，受益者が権利を実効的かつ機動的に行使しうるように，受託者の権限違反行為に対する受益者の取消権（信託27条）や差止請求権（信託44条）を認め，受益者に代わって受託者を監督する信託監督人（信託131条）や受益者の権利を行使する受益者代理人（信託138条）の

　（注1）　福岡高判平22・2・17金法1903号89頁。

制度を置いている。以上の法律関係を発生させる行為を信託行為という（信託2条2項1号）。信託は，わが国においては商事・営業信託企図で使われてきたものといえるが，平成18年の信託法改正において企図されたのは資産の流動化・証券化のために信託のビークル性をもっと発揮させるにはいかにすべきかという点であった。そこで強調されるのは倒産隔離機能である。

ビークルとは対象資産を取得・保有し，資金を調達するための「器」ないし「法主体」を指す。また，このビークルという用語以外にもSPV（Special Purpose Vehicle），SPE（Special Purpose Entity）等の呼称が用いられることがある。

ビークルには会社型と契約型がある。契約型の場合，わが国の法体系からみると「法主体性」は認められないが，アメリカからの輸入概念としてわが国でも通用している。

会社型SPVはSPC（Special Purpose Company）とも呼ばれている。会社型SPVとしては「特定目的会社」や「投資法人（リート〔不動産投資信託〕で用いられている。）」が代表的である。「特定目的会社」とは資産の流動化に関する法律に基づいて設立される社団である（資産流動化2条3項）。特定目的会社は，実務上はTMKと呼ばれている。

資産の流動化・証券化においては倒産隔離を行うために仕組み上の媒体・器（SPVないしビークル）が必要となるが，会社形態のSPC等のほかにそのSPVとして用いられるものに信託がある。

信託をSPVとして用い，信託受益権（受益者が有する受給権等の権利）等の形態で流動化・証券化を行う，信託型スキームには，いくつかの類型があるが，一般的なものは次の2つである。①委託者（オリジネーター）が受託者に資産を信託譲渡し，取得した信託受益権を投資家に売却するタイプ，②同様に取得した信託受益権をSPVに譲渡し，その受益権を引当てに，SPVがABS（資産対応〔担保〕証券，アセット・バック・セキュリティ）を発行するタイプである。

このように，資産の流動化・証券化において信託が多用されていることの背景としては，SVPとしての信託には次のようなメリットがあることが挙げられる。

① 信託は，通常，委託者・受託者間の契約によって成立する仕組みであり，会社形態のSPCを設立・維持する場合に比べ，実務負担・コストが

軽いため，比較的小ロットの案件でも組成しやすい。
② 信託財産の独立性（受託者の固有財産からの区別等）などにより，委託者（オリジネーター）・受託者からの倒産隔離性を確保しやすい。
③ 信託の「パススルー課税」の原則により，SPV（受託者）・投資家（受益者）段階での二重課税を回避できる。
④ 信託受益権の設計により，リスク・リターンの柔軟な分配・移転が可能である。
⑤ 資産管理や仕組みの維持に関し，実質的にはペーパーカンパニーにすぎないSPCの場合とは異なり，受託者である信託銀行等の専門的な能力に依存できる。

なお，自己信託は財産の移転か財産の区分けかが問題となる。自己信託による信託の設定は不動産登記上は登記原因が信託に基づく変更登記の扱いとなっているので，不動産の移転と考えると委託者たる地位と受託者たる地位が同一人になり不都合ではないか，すなわち，当事者は誰と誰か，の問題が生ずる。財産の区分けと考えれば，受託者における自己の財産からの切り分けとすることができるので当事者問題は生じない。

Ⅱ 信託の本質について

1 信託の基礎理論

信託財産に法的主体性が認められるか，受益権の性質をどのように考えるか，など信託の一般理論は従来の信託法学においては重要な問題であった。なぜなら，信託の一般理論により個々の信託問題を演繹的に解決できると考えていたからである。しかし，新信託法は信託の基本概念の定義規定を設けたこと，条文の数も増え解釈の余地を少なくしたことなどにより，信託の一般理論により解決すべき問題は旧法に比べて少なくなったと解されている。

2 債権説（通説的見解）とその特徴

信託の本質，すなわち，信託とは何か，信託の法的構造をどのように捉える

かという点について，わが国の信託学説は，信託法立法時から現在に至るまで「債権説」に立っている。債権説とは，信託の法構造の解明を民法体系との整合性から行おうとする立場であり，信託行為により信託財産の所有権は完全に受託者へ移転し，受託者は信託財産を信託目的に従って管理運用すべき義務を負っているとする考え方である[注2]。債権説の特徴は，信託の法律関係の基本的枠組みを法律行為と物権・債権の峻別という民法のパンデクテン体系で分析・説明するとともに，他方，信託財産の独立性と受託者の忠実義務という英米法的機能を信託法という特別法により明文の形で保障されたものと位置づけ，その基本枠組みの中に取り込んでいる点である。

3 実質的法主体説の考え方

信託学説の中には，委託者および受託者から独立した地位を獲得する信託財産に着目し，信託財産は形式的にみると受託者に帰属するが，実質的には独立した法主体を有していると主張する有力学説[注3]がある。これは，その内容から「実質的法主体説」と呼ばれているが，信託の法律関係は委託者または受益者の完全権を排除しながら，他方，財産の帰属主体である受託者の固有財産からの独立を保障することによって，信託財産の財産的独立という安全地帯を形成することを可能とするものである。

信託とは何かという問いかけについては，前述の債権説や実質的法主体説のほかにも，実に多くの学説が存在する。しかし，債権説に取って代わりうる学説やそのための理論的説明は，いまだ現れるには至っていない。

4 新信託法の立場

新信託法は，先述の通説的見解である債権説に立ち，受益者の権利行使の実効性・機動性を高め，受託者の義務などの内容を合理化し，多様で新たな信託の利用形態を創設した。ただ，仔細に検討すると，受託者死亡時の信託財産の法人化（信託74条1項），信託財産の破産（信託163条7号），限定責任財産の特例

(注2) 新井誠『信託法〔第3版〕』（有斐閣，2008）40頁など。
(注3) 四宮和夫『信託法〔新版〕』（有斐閣，1989）80頁。

（信託216条以下）など，信託財産を中心に据え，その法主体性を認めうるかのような規定を多く設けている。このことから，信託の法的構造について，実質的法主体説の立場を一部採り入れたという理解もできる。

信託は，後述するように，形式的な財産の帰属者と実質的な利益享受者を分断させながら，利益享受者のために「財産の安全地帯」（倒産隔離など）を作り出すことを可能とし，この特性を利用して信託財産を財産権者の種々の目的追求に応じた形に転換することを可能とするものである。その点からすると，新信託法には，信託の転換機能が発揮しやすくなるような法的基盤がある程度整備されたということができよう。

Ⅲ 信託契約

1 信託契約の位置づけ

信託関係を発生させる信託行為には，信託契約，遺言による信託，自己信託の3つがある旨新信託法3条により明確にされた。上記のうち信託契約が一般的な信託行為といえる。信託契約は，民法の契約と同じく信託設定意思を有する両当事者の意思の合致により成立する。当事者間に明確な信託設定行為がなくとも，「当事者の合理的意思」という最高裁の事実認定の方法の一つによって信託契約が締結されたと認定される場合がある。証券化などの場合は当事者間の信託設定意思は明確であるが，当事者間に明確な信託設定意思がないにもかかわらず信託契約の成立を認めることにより紛争の合理的解決を図らなければならない場合もある。明確な信託設定意思がない場合，信託契約の成立がどのような要件の下に認められるかということは，信託の一般理論をどのように考えるかという信託の基本問題に大きく関係する。すなわち，信託の法律関係は，受益者の受益権という権利をかすがいとして三当事者間の契約関係が，その成立・存続・消滅のすべての場面で相互に関連し，一体となって取引を構成している点に特徴があるので，委託者や受託者の意思だけでは信託と認定するには困難な場合もある。

信託契約の成立が認定されれば信託法による法的効果が発生する。すなわち

信託契約の成立により一定の財産が信託財産と認定されれば，その財産は委託者や受託者の財産から法的に分離される結果，各々の債権者に影響を及ぼすことになる。加えて，その財産は受託者の支配下に入っているにもかかわらず，受託者は当該財産を自由に使用・収益・処分できないという法的拘束を受けることになる。したがって，信託財産と認定することによって誰の権利を保護することが正義に適うかという視点から，信託の法律関係ひいては信託契約の成立の判断がなされているといえる。このように，保護されるべき者のために信託契約の成立が認定されるケースがあるので，信託は救済法理として活用されてきたといえる。実際に，当事者間に明確な信託設定行為がないにもかかわらず，最高裁は公共工事の前払保証金制度の下での前払金支払につき，救済法理として信託が成立したと認定(注4)している。その場合の法律構成としては当事者間に信託設定意思があったとするものや信託を擬制するものなど幾つか考えられるが，新信託法あるいは信託関係の成立を民法的に考えようとする立場からは，信託設定の合意があったものと考えることとなろう。

また，債務整理を目的として弁護士が預かった金銭に対して国税庁の滞納処分が認められるかどうかが争われた事件(注5)において，信託の成立の可能性を認める補足意見がある。

2 信託契約の成立要件について

信託契約の成立に関しては要物契約説（処分行為必要説）と諾成契約説（単なる合意説）の争いがあったが，新信託法は合意のみにより信託契約が成立するとした（信託3条1号）。このような立場が採用された理由は，信託財産が移転する前の時点でも受託者が受託財産に関する情報を利用して利益を上げることを禁止する，すなわち，受託者に忠実義務を課すことができる点にある。諾成契約説は信託財産の移転がない段階で信託が成立することになるから，受託者が委託者に信託財産の移転を求めることが可能となる点にメリットがあるとする見解もあるが，信託は基本的には委託者ないし受益者の利益のためのものであ

(注4) 最判平14・1・17民集56巻1号20頁。
(注5) 最判平15・6・12民集57巻6号563頁。

り，受託者に信託財産の引渡請求権まで認める必要があるかどうか疑問視する見解もある[注6]。信託契約は，売買契約において売買契約という債権行為により所有権の物権的移転という法律効果が発生するのと同様の効果は発生しない。なぜなら，信託契約においては債権合意とともに財産権が観念的に移転すると解する意味がないからである。信託契約は財産権の現実の引渡しないし登記，登録によってはじめて受託事務が開始するものであり，財産権の現実の引渡しがない限り信託事務は開始しないからである。

したがって，すでに述べたように，新信託法施行以前において信託契約は要物契約か諾成契約かの議論があったが，新信託法は明らかに要物契約性を捨てた。しからば，諾成契約とした理由はどこにあるのであろうか。それは上述したとおり，受託者に財産権の現実の引渡しないし登記・登録を求める請求権を認めるため，および信託財産移転前に受託者に善管義務・忠実義務を発生させるためであろう。その結果，委託者が信託財産の移転を行わなかった場合には受託者は善管義務違反を理由に信託契約を解除することができるし，信託契約が成立したのに受託者が委託者の競業者と同じ内容の信託契約を締結した場合などは，委託者に忠実義務違反を理由として受託者に対する損害賠償請求権を認めることなどにより，受託者の背信行為を牽制するなどの効果を期待してのことと考えられる。

信託契約は，委託者から受託者への財産権の移転と受託者の行う事務とが対価性を有するので，売買契約と同じく有償双務契約である。したがって，委託者が財産権の移転を行わない場合は，信託契約の合意解除はもちろんのこと受託者からの債務不履行解除も認められるものと解する。ただし，第三者が信託関係のうえに新たな法律関係を築いている場合には，法律関係安定のために解除の効果が制限されるものと解する。その範囲は今後の実務の運用状況を勘案して判断しなければならないものと解される。

3　信託契約成立後の法律関係

信託関係成立後の法律関係は，もっぱら受託者と受益者の関係として把握さ

(注6)　能見善久「新しい信託法の理論的課題（特集 新しい信託法）」ジュリ1335号（2007）8頁。

れる。そこから導き出される信託関係の基本的な法律関係は，信託財産が委託者や受託者から独立した財産として扱われ，受託者の破産の場合に倒産隔離機能を有し（信託25条），受託者の違法な処分に対して受益者には取消権（信託27条）や差止請求権（信託44条）などの物権的な保護が与えられる点に，また，受託者がもっぱら受益者のために信託財産を管理処分する忠実義務（信託30条）などを課せられる点に，特徴がある。前者は，受益権の本質は債権か否か（物権か）という形で議論され，後者は，受託者の責任が契約責任か否か（信認義務違反という特殊な性質の責任か）という形で議論されてきた。信託関係の法的構造を考えるうえでは，両者は密接不可分に関連し，ともに重要なテーマとなっている。

Ⅳ 信託契約の成立に関する最高裁判決について

1 最判平14・1・17（民集56巻1号20頁・判時1774号42頁）（以下「平成14年最判」という。）について

(1) 事案の内容

乙建設会社は，平成10年3月27日，愛知県（以下「甲」という。）との間で，甲公共工事請負契約約款に基づき，本件工事の請負契約（以下「本件請負契約」という。）を締結し，同年4月2日，Y₁保証事業会社との間で，保証事業法および東日本建設業保証株式会社前払金保証約款（以下「本件保証約款」という。）に基づき，甲のために，本件請負契約が乙建設会社の責めに帰すべき事由によって解除された場合に乙建設会社が甲に対して負担する前払金から工事の既済部分に対する対価に相当する額を控除した額の返還債務（以下「前払金返還債務」という。）について，Y₁保証事業会社が保証する旨の契約（以下「本件保証契約」という。この性質は甲を受益者とする第三者のためにする契約である。）を締結した。その際，乙建設会社は，Y₁保証事業会社に対し，前払金の預託金融機関としてY₁保証事業会社があらかじめ業務委託契約を締結していたY₂信用金庫を選定した。

乙建設会社は，4月7日，本件保証契約の保証証書を甲に寄託したうえ，前

払金の支払を請求し，同月20日，甲から本件前払金の振込みを Y₂ 信用金庫の別口普通預金口座（前払金専用口座。以下「本件預金口座」という。）に受けて本件預金をした。これにより，甲は，保証事業法13条1項により，本件保証契約の受益を享受する旨の意思確認をしたものとみなされた。その後，乙建設会社の営業停止により，本件工事の続行が不能になったため，甲は，平成10年6月29日，本件請負契約を解除し，同年7月31日，Y₁ 保証事業会社から，保証債務の履行として，本件前払金から解除時までの本件工事の既済部分に対する対価に相当する額を控除した残額相当額の支払を受けた。同年8月7日，乙建設会社が破産宣告を受け，X が破産管財人に選任された。

破産管財人 X は，本件預金債権が破産財団に属することを主張し，Y₁ 保証事業会社に対し破産管財人 X が債権者であることの確認を，Y₂ 信用金庫に対

図　当事者関係図

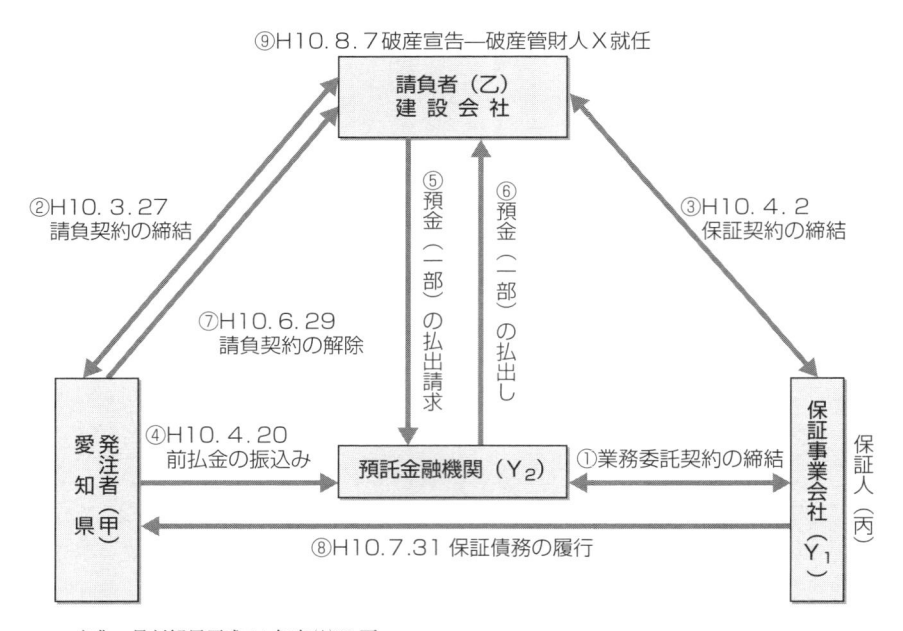

出典：最判解民平成14年度(上)20頁。

し本件預金の支払を求めて提訴した。これに対し，Y₁保証事業会社およびY₂信用金庫は，本件預金が甲を委託者兼受益者とし，乙建設会社を受託者とする信託契約上の信託財産に類似したものと位置づけ，乙建設会社の破産宣告によっても本件預金は破産財団に属しないとして争った。

(2) 裁判の経緯
(a) **名古屋地豊橋支判平12・2・8**（金判1087号40頁）（**原告破産管財人X敗訴**）　本件預金は発注者である甲を委託者兼受益者とし，請負者である乙を受託者とする信託契約上の信託財産ときわめて類似したものと位置づけられるので旧信託法16条の趣旨が類推適用され，乙の破産宣告によってもこれが破産財団に帰属することはないとした。
　すなわち，信託類似の関係という考え方により解決している。
(b) **名古屋高判平12・9・12**（金判1109号32頁）（**控訴人破産管財人X敗訴**）
　Y₁は，乙から本件預金につき債権質またはこれに類似する担保の設定を受けていたものであるから別除権を有し，別除権を行使しているから，破産管財人Xは預金債権を破産財団に帰属するとは主張できないとして，信託契約の成立はもちろんのこと信託類似の関係も認めずに第1審と同じ結論を導いている。
(c) **破産管財人X上告**　破産管財人Xは弁論主義違反および釈明権不行使，実体法適用の誤りを理由に上告受理を申し立てたが，実体法適用の誤りをいう点のみで受理された。

(3) 最高裁判決
　最高裁は，本件事実関係の下においてY₁保証事業会社が乙から本件預金につき債権質等の担保の設定を受けたものとした原審の判断は相当ではないが，破産管財人Xの請求を棄却すべきものとした結論は是認することができるとして，上告を棄却した。その理由は次のとおりである。
　「本件請負契約を直接規律する愛知県公共工事請負契約約款は，前払金を当該工事の必要経費以外に支出してはならないことを定めるのみで，前払金の保管方法，管理・監査方法等については定めていない。しかし，前払金の支払は

保証事業法の規定する前払金返還債務の保証がされたことを前提としているところ，保証事業法によれば，保証契約を締結した保証事業会社は当該請負者が前払金を適正に使用しているかどうかについて厳正な監査を行うよう義務付けられており（27条），保証事業会社は前払金返還債務の保証契約を締結しようとするときは前払金保証約款に基づかなければならないとされ（12条1項），この前払金保証約款である本件保証約款は，建設省から各都道府県に通知されていた。そして，本件保証約款によれば，……前払金の保管，払出しの方法，Y_1による前払金の使途についての監査，使途が適正でないときの払出し中止の措置等が規定されているのである。したがって，乙建設はもちろん甲も，本件保証約款の定めるところを合意内容とした上で本件前払金の授受をしたものというべきである。このような合意内容に照らせば，本件前払金が本件預金口座に振り込まれた時点で，甲と乙との間で，甲を委託者，乙を受託者，本件前払金を信託財産とし，これを当該工事の必要経費の支払に充てることを目的とした信託契約が成立したと解するのが相当であり，したがって，本件前払金が本件預金口座に振り込まれただけでは請負代金の支払があったとはいえず，本件預金口座から乙に払い出されることによって，当該金員は請負代金の支払として乙の固有財産に帰属することになるというべきである。

　また，この信託内容は本件前払金を当該工事の必要経費のみに支出することであり，受託事務の履行の結果は委託者である甲に帰属すべき出来高に反映されるのであるから，信託の受益者は委託者である甲であるというべきである。

　そして，本件預金は，乙の一般財産から分別管理され，特定性をもって保管されており，これにつき登記，登録の方法がないから，委託者である甲は，第三者に対しても，本件預金が信託財産であることを対抗することができるのであって（信託法3条1項参照），信託が終了して同法63条のいわゆる法定信託が成立した場合も同様であるから，信託財産である本件預金は乙の破産財団に組み込まれることはないものということができる（同法16条参照）」。

　すなわち，旧信託法16条（新信託法23条）を受託者が破産した場合に類推適用する（新信託法では25条により類推適用の必要はない。）ことで，信託財産を受託者の倒産リスクから切り離すこととしたものである。

2 最高裁判決の是非

(1) 問題状況

　本件事案と同様の請負人破産時における公共工事前払金の帰属をめぐる紛争は，これまでにも幾度も訴訟に持ち込まれている。これらの訴訟においては，公共工事前払金保証制度の特質や意義を背景として，前払金の破産財団への組込みを否定する（破産管財人からの返還請求を否定する）という結論についてはおおむね一致している。倒産隔離という観点からである。ただし，その理論構成については，本件事案の第1審判決の信託法理の適用ないし類推適用のほかに，否認権の問題として処理するもの[注7]や，質権（指名債権質）ないし質権類似の担保権の成立を認めたうえで別除権の問題として処理するもの[注8]等が存在する。しかし，信託法理の活用と比較した場合，これらの構成は問題点が多いと思われる。まず否認権によるアプローチの場合，前払金残金等は破産財団に帰属することが前提となり，保証会社の保護は別除権の行使を通じて図られることになるが，この別除権の根拠となる保証会社の商事留置権の成立については懸念が大きい。また，質権ないし質権類似の担保権によるアプローチについても，平成14年最判が述べているように，質権とみた場合には通常の質権と比較して要物性や第三者対抗要件の点で問題があること，および，質権類似の担保権とみた場合には前払金に関する法律関係は基本的に約款に依拠しているため，その第三者対抗力に懸念が残ること等の問題点が指摘されている。

　結局，平成14年最判は，このような公共工事前払金の事例には信託法理を適用して，当事者間の公平な利益保護（公共企業体である発注者およびこれを代位する保証会社の保護）を図ろうとしたものであるといえる。この法理はその後の下級審判例も踏襲している[注9][注10]。

(注7) 　大阪地判平10・9・3金判1073号32頁，大阪高判平11・4・30金判1073号27頁。
(注8) 　本件控訴審である名古屋高判平12・9・12金判1109号32頁。
(注9) 　名古屋高金沢支判平21・7・22判タ1312号315頁・金法1892号45頁参照。
(注10) 　福岡高判平21・4・10判時2075号43頁参照。

(2) 平成14年最判における信託構成の問題点

わが国においては，信託とされる法律関係はほとんどが信託銀行を受託者とし，明確な意思を表明する書式に基づいて信託契約が締結されているので，どのような場合に信託契約の成立が認められるかという問題提起はほとんどなされてこなかった。このため信託契約成立のためには信託設定意思だけで足りるのか，信託とされるためには信託設定意思のほかに客観的な要件が必要なのか，その基準はどのようなものか，などについて明らかでなかった。平成14年最判はそのような基準がない状況での最高裁判決であるが，平成14年最判によりその具体的一般的基準が示されたものとはいえないので，平成14年最判は信託契約成立が認められた一つの事例判決にとどまるものといえる。したがって，平成14年最判により信託法の法的効果を受けるための一般的要件は明らかになったものとはいえない。

(3) 平成14年最判における受益者の認定は妥当か

平成14年最判は，愛知県と請負人との間には請負契約と並んで前払金について信託契約が締結されているとしている。信託契約の成立時は前払金払込み時である。その信託関係は委託者を愛知県，受託者を請負人，受益者を愛知県とし，信託目的は当該金銭を当該工事の必要経費の支払に充てることであり，受託者がなすべき信託事務処理は当該工事の必要経費に充てるために請負人である受託者自身に対し代金の支払をすることである。したがって，愛知県の請負代金支払債務が履行されるのは前払金の振込みによってではなく，本件預金口座から請負人への払出しがされることによってである。また，本件の信託目的は当該工事の必要費用に充てることであるから，請負契約が解除されたときは信託は目的の不達成により終了し，法定信託（旧信託法63条）になるとする（新信託法では176条により法定信託という概念は不要になった〔なお，残余財産の帰属については民法旧72条→一般社団法人及び一般財団法人に関する法律239条〕。）。以上が平成14年最判の信託関係についての判断である。平成14年最判は，信託の受益者は委託者（愛知県）であるとしているが，しかし，受益者を誰と考えるかについては異論がある。

(4) 受益者に関する見解

　平成14年最判は，請負契約の注文者であり前払金の出捐者である地方公共団体を受益者としているが，ほかにも次のような見解がある。
　① 注文者・出捐者と並んで請負人もまた受益者となる[注11]
　② 受益者は下請業者や資材納入業者であり，その確定は受託者に委ねられた裁量信託となる[注12]

　①，②の考え方は，信託事務処理として，信託財産である預金が給付される先が受益者であると考え，①は信託事務処理として，当該預金は払い出され，請負人に対する請負代金の支払に充てられると解し，②は信託事務処理として，当該預金が請負人に対し払い出されるのは，下請業者等への支払のためであり，請負人は受託者として払出しを受け，受益者に対する給付としてそれを下請業者等に支払うとみるものである。両者の違いは①は請負人への払出しまでが信託による拘束のかかったものとみるのに対し，②は下請業者等への支払までが信託による拘束のかかったものとみるという点にある。受益者を下請業者等と考えるのは適当でない。その理由は，明示の信託契約でない本件において信託法律関係を拡げることは，民法の大原則である意思表示に基づく法律関係を複雑にする危険性があるからである。

　本件事案のような信託的法律関係を認める立場においても，受益者をどのように考えるかについては学説の見解は一致していない。信託法律関係は受益者のための制度であるから，「受益者が誰か」は，信託関係認定の，また，信託法律関係の中心的問題といえる。

　誰を受益者と考えるかは信託契約成立の要件事実にも影響する。信託と認定されるためには，下記(5)に述べるような事実の主張・立証が必要であるが，本件事案を平成14年最判は「請負契約＋信託契約」と考えていると解するのであるが，信託契約成立時期はいつか，間接事実から推認される明示の意思表示による信託契約の成立を認めたものか，それとも，黙示の意思表示による信託契約の成立を認めたものか明示していない。

(注11)　東京高判平12・10・25判時1753号38頁。
(注12)　道垣内弘人「最近信託法判例批評(8)」金法1598号（2000）42頁。

(5) 信託認定のための要件

ともあれ，本件事案において，最高裁が信託について検討している点から判断すると，信託と認定されるためには次の要件を満たす必要があることがわかる。

① 特定の委託者・受託者・受益者の存在
② 委託者から受託者への財産権の移転・処分
③ 信託目的の拘束

以上の要件から判断すると，似たような法律構成は委任契約と第三者のためにする契約の組合せによっても可能であるが，その法律構成によると倒産隔離の目的を達することができない。すなわち，地方公共団体の前払金残額返還請求権は請負人の破産手続開始決定により破産債権となり，保証人が代位弁済した場合は保証人が民法500条の法定代位により取得した原債権も求償債権もいずれも破産債権となるので，倒産隔離が果たせず公共事業自体のスキームが壊れることになるからである。そこで最高裁は上記①，②，③の要件が満たされる限り，当事者間に信託設定意思がなくとも倒産隔離という結果をもたらすために信託契約の成立を認めたものと考えられる。

なお，旧信託法下では信託認定の要件として，分別管理義務の存在を必要とする（後掲道垣内弘人）説と不要とする（後掲新井誠）説の対立があったが，新信託法においては34条により要件となるものと解する。したがって，④として分別管理されていること，が加わることになろう。

すなわち，黙示の意思表示に基づくものにしろ，法律の適用に基づくものにしろ，裁判所が信託契約の成立を認定するためには，

① 特定の委託者・受託者・受益者の存在
② 委託者から受託者への財産権の移転・処分
③ 信託目的の拘束
④ 分別管理の実体[注13]

の4つが主張立証されなければならない。

前記Ⅲ2記載のとおり，信託契約の成立には信託設定の合意が必要だとする

(注13) 大阪高判平20・9・24判時2078号38頁参照。

と，本件事案では明確な信託設定意思がないことを重くみて，信託契約成立要件を満たさないとし，本件事案において信託関係が認められる根拠を擬制信託，推定信託によるとする下記(i)，(ii)の見解がある。しかし，それは新信託法によっては認められないものである。新信託法によると信託の成立のためには信託設定意思が必要とされるからである。信託設定意思は明確なものでなくてよいし，黙示の意思表示でもよい。また，事実さえ主張されていれば法の適用の問題として信託契約の成立は認められる。

すなわち，信託契約の成立が認められるためには上記，①～④の4つの要件を満たす事実があれば，黙示の意思表示ないし明示の信託設定意思をもって信託契約の締結が認定できるからである。

本件事案において信託を認める見解の理由づけとしては下記(i)(ii)があるが，信託法の趣旨からは下記(iii)説が妥当である。平成14年最判もこの立場に立つと解することができる。

(i) 擬制信託ないしその類似の成立[注14]
(ii) 推定信託の成立[注15]
(iii) 信託設定意思による[注16]

3 信託認定には事実の主張が必要か

前記2(5)で述べたように，信託契約成立の要件事実の主張が必要なのは弁論主義から当然のことであるが，前記2(5)で述べた要件事実の主張がある限りその法的性質を信託契約と明示しなくても，また，信託の法的効果を求めていなくても，裁判所は信託契約であると法的性質を決定することができるし，黙示の意思表示として信託契約の認定をすることもできる。

黙示の意思表示が認められるためには信託設定合意を基礎づける事実として，要件事実としての主張が必要とされるが，間接事実として主張されていても信託契約と認定される場合があろう。

(注14) 雨宮孝子・判評525号（判時1794号）（2002）199頁。
(注15) 新井・前掲（注2）190頁。
(注16) 道垣内弘人「最新信託法判例批評(7)」金法1597号（2000）69頁，同・前掲（注12）42頁以下。

4　平成14年最判の射程

　次に，平成14年最判の射程はどこまで及ぶかということが問題となる。
　一つは，公共工事でない民間の請負契約における前受金も同様に考えることができるかという問題であり，他は，最判平15・2・21（民集57巻2号95頁），最判平15・6・12（民集57巻6号563頁）との関係である。前者については，公共工事のように前払金等が工事業者の一般財産から分別管理され，特定目的のための支払に充てられ（下請業者への支払），預金口座名義の表示によって公示されていれば民間工事請負契約においても信託認定される場合がありえよう。後者については，本判決の後に出された平成15年の上記2つの判例を比べると，旧信託法では，最判平15・2・21については信託認定の可能性は低く，最判平15・6・12についてはその可能性があるものといえる。
　最判平15・2・21は，損害保険代理店が保険契約者から収受した保険料のみを入金する目的で開設した普通預金口座の預金債権の帰属に関する判決であり，最判平15・6・12は，債務整理事務の委任を受けた弁護士が委任者からその事務処理費用に充てるために交付を受けた金銭を管理するために自己名義で開設した銀行預金口座に係る預金債権の帰属に関する判決である。いずれも預金債権の帰属（預金者認定）が問題となり，平成14年最判と異なり預金債権の信託財産性は争点となっていない。平成14年最判では信託財産性が認められたのに，上記2ケース，とくに最判平15・6・12では何ゆえ信託財産性が争点とならなかったのか。税務署としては信託財産となれば差押えは無効となるので主張しないことはわかるが，受任者代理人としては主張してしかるべき事案であったと思われる。最判平15・2・21は，財産の移転がなかったこと，最判平15・6・12は，信託財産構成も可能であったが当事者の主張がなかったことおよび法の適用での信託の認定は難しいと判断した結果であろう。事案は下記のとおりである。

(1)　最判平15・2・21（保険料）

　損害保険代理店が保険契約者から収受した保険料の保険料専用口座に入金されている普通預金口座の預金債権と，同口座を開設させた金融機関の損害保険

代理店に有する貸金債権との相殺は認められるかが争われた。保険会社が金融機関に保険代理店の預金債権は自己が委託者，保険代理店を受託者とする信託財産であるとして，信託財産としての預金の支払を求めた事案である。損害保険代理店の普通預金口座の通帳および届出印は保険会社が保管している。

第1審(注17)は，①預金者として預金債権の帰属主体となるのは，預金原資の出捐者であるとしたうえ，②保険契約者が損害保険代理店に支払った保険料は，料金と同様の性質を有しているから，本件預金債権の原資の出捐者はX保険会社であり，③本件預金口座を実質的に管理しうる地位を有していたのはX保険会社であると判断し，X保険会社が預金者であるとして，その請求を認容した。

原審(注18)は，第1審の上記判断のうち②の部分について，X保険会社が保険料の帰属について実質的または経済的な利益を有しており，保険料の占有者でないX保険会社がその所有権を有すると認めるべき特段の事情が存する余地がある旨改めたほかは，第1審と同様の判断をして，控訴を棄却した。

この事案は新信託法の下においては信託認定の問題は生じない。なぜなら，委託者と考えられる保険会社から損害保険代理店に対して財産権の移転がないからである。したがって，後は，預金者の認定の問題に帰することになる。

今後，保険会社は自益信託として信託構成を考えるであろうが，金融機関がそのような口座の開設に応ずるかが問題である。金融機関としては，信託が認められると貸付金と相殺ができなくなるのでそのような口座の開設は認めないであろう。

(2)　最判平15・6・12（弁護士預かり金）

債務整理事件を依頼された弁護士が，債務整理事務のために預った金員を弁護士名義で開設した銀行の普通預金口座を使って預金の出し入れを行っていたところ，当該口座を依頼会社の財産であるとして税務署長が差し押さえたのでその取消しを求めた事案である。

(注17)　札幌地小樽支判平10・12・2金判1167号11頁。
(注18)　札幌高判平11・7・15判タ1213号30頁。

最高裁は，預金者の認定の問題として捉え当該預金を弁護士の預金であると認定して差押えの取消しを認めた。

第1審[注19]は，本件預金契約締結の経緯，本件預金債権の出捐状況および本件預金口座の利用状況等を総合すると，本件預金の出捐者，すなわち本件預金に係る資産の現実の拠出者は X_1 社であると認められるから，本件預金債権は X_1 社に帰属すると判断し，X_2 弁護士の請求を棄却した（X_1 社の訴えについては，原告適格がないとして却下した。）。

原審[注20]は，第1審が指摘する点に加えて，任意整理を受任した弁護士は前払費用として委任者から弁済資金を受領したとしても，債務の弁済という目的以外に弁済資金を自由に処分できるものではないことを指摘したうえ，本件預金は X_1 社の出捐により X_1 社の預金とする意思で X_2 弁護士を使者ないし代理人として預金契約をしたものと認めるのが相当であると判断し，控訴を棄却した（X_1 社の訴えについては，X_1 社の原告適格を肯定したうえで，X_1 社の請求を棄却すべきであるから，不利益変更禁止の原則に従って控訴を棄却するにとどめるとした。）。

こちらの事案は信託構成（委託者＝債務者，受託者＝弁護士，受益者＝債権者）の主張も十分考えられたが，当事者がその旨の主張をしていないので，補足意見でその可能性が指摘されるにとどまっている。

弁護士との間で信託契約の成立が認められると，委託者の資産は弁護士に移転し（信託3条1号），信託財産に属する財産に対する弁護士の債権者からの強制執行等は制限され（信託23条），弁護士が破産手続の開始決定を受けても信託財産に属する財産は破産財団を構成しない（信託25条）。いわゆる，倒産隔離効が生ずることになる。弁護士が死亡したときは受託者としての任務は終了し（信託56条1項1号），弁護士の相続人は受益者たる依頼者に通知し，新受託者が信託事務の処理をすることができるまでの間，信託財産に属する財産の保管をし，かつ，信託事務の引継ぎに必要な行為をしなければならない（信託60条2項）。その間は善管注意義務（信託29条），忠実義務（信託30条）が課せられる。

(注19) 宮崎地判平11・6・25公刊物未登載。
(注20) 福岡高宮崎支判平13・7・13判タ1213号31頁。

5 ま と め

　以上のように，最高裁は当事者に明確な信託設定意思がない場合にも信託契約の成立を認定できるとしたので，今後は信託認定のための要件の明確化を図らねばならないが，これは容易な作業ではなかろう。また，実務的には，倒産隔離が問題となる事案においては攻撃防御方法として信託契約成立が主張されることが増えるものと思われるので，破産管財人は破産財団の増殖に苦労することが予見される。

　なお，地方公共団体から使途を限定して請負人名義の預金口座に振り込まれた前払金につき，公共工事の請負人が上記使途に沿った支払と偽って払出しに係る金員を領得したことが詐欺罪にあたるとされた最高裁決定(注21)があることを付言しておく。

V 当事者の企図した法律関係と裁判所の法的性質決定

　契約の法的性質決定は裁判所の専権事項である。当事者が契約書の表題として○○契約と表示していても裁判所は△△契約と認定することは可能である。その例は，近ごろでは最判平18・2・7（金判1240号24頁）「買戻特約付売買契約を譲渡担保契約と認定した」事例にみることができるほか枚挙に事欠かない。信託に関する平成14年最判はその例の一つであろうか。同最判においては，当事者は当初請負代金の前払金として金銭の授受を行っており，その金銭を信託財産と認識していなかったにもかかわらず，当該金銭を信託財産として破産財団を構成させない（公共団体の利益を破産者である請負人の債権者の利益より優先させる）ために当事者間に信託契約の成立を認めている。訴訟において被告は，信託成立を主張している。その点において，上記最判平18・2・7とは事案を異にする。すなわち，最判平18・2・7事例では，当事者は代物弁済契約か代物弁済の予約かを争っており，いずれも譲渡担保契約の主張はしていないが，最高裁は譲渡担保の要件事実は訴訟の過程において現れているとして，譲

（注21）　最決平19・7・10刑集61巻5号405頁，井上弘通・ジュリ1352号（2008）136頁。

渡担保契約の成立を認定している。この判決に対しては反対意見もあるし，元最高裁判事の奥田昌道教授からも疑問が呈されている[注22]。平成14年最判は，当事者間において請負契約締結当初，信託契約締結という明確な信託設定意思はなかったが，裁判においては信託設定の意思があったとの事実主張をし，相手方はそれを争った事案であり，最高裁は信託契約の成立を認定したというものである。したがって，上記最判平18・2・7と同じ法的性質決定の問題ではない。平成14年最判においてはどのようにして「信託契約」の成立を認めたのか，何がその認定根拠となっていたか，が問題となる。認定根拠を考えることにより判例の信託に関する一般理論を把握できることになる。

裁判所が信託契約締結を認定するには2つの方法があるものと考える。一つは，黙示の意思表示により信託契約の締結を認定するものである。他は，当事者間の請負契約の締結時に前払金を銀行に預けるについてその趣旨は法律的には信託契約の設定意思だと認定することである。いわゆる法的性質決定の問題である。この場合は，当事者間の契約を請負契約と信託契約の2つの契約の締結がなされたと考えることになる。黙示の意思表示の場合は，請負契約と同時に黙示の意思表示による信託契約の成立が認められるかという事実認定の問題である。信託法は民法の特別法と考えて立法されているので，できるだけ民法の考えに従って合意（ないし契約）の成立という観点から信託法を解釈するということになるのであれば，「公共工事の前払金に関する限り，当事者間に推定的に信託関係（推定的信託の成立）を認めてよいかと思われる」[注23]という考え方は適当でない（ましてや，擬制的信託の類推などという法律上の根拠のない解釈論は論外である。）。推定的信託という言葉だけの概念を立てても，その法的性質は明らかでないので検討のしようがないものといわざるをえない。推定的信託という概念を立てるのであれば，合意理論による民法の特別法としての信託法では不都合な理由を明らかにし，さらには，どのような事実があれば推定的信託とされるのか，公共工事の前払金であれば直ちに信託と推定されるのか，推定を覆すにはどのような事実が考えられるのか，そのあたりを十分に検討して新

（注22）　奥田昌道「民事裁判について」司法研修所論集110号（2003—Ⅰ）（2003）。
（注23）　新井・前掲（注2）190頁。

しい概念を提唱すべきだと思料する。

VI　信託と信認関係

　英米法のフィディシャリー（信認関係）と信託法の関係はどのように考えればよいのであろうか。信認関係とは，ある者が他の者に信頼をおき，その信頼を法的に保護する関係をいう。

　私は，信託法に関してはフィディシャリー（信認関係）の考え方は不用であると思料する。なぜなら，信認関係という概念を使わなくとも信託関係は信託法の整備により十分に対応できるので，信認関係で解決すべき領域を認める必要はないものと考える。しからば信認関係という概念は不要かといえば必ずしもそうとはいえない。たとえば，市の主催する法律相談に相談員として参加した弁護士には，相談者との間に，弁護士と依頼者との間にあるような準委任契約関係はないが，弁護士として相談者の相談を受けたということから信認関係に基づく権利義務が生ずるものと解する。すなわち，信託法が規律する以外の局面においては，信認関係という法律関係により処理されるケースが増えるものと思料する。似たような例は，依頼者とボス弁との委任契約におけるイソ弁の関係（履行補助者と考えることもできる。），公正証書作成における依頼人と公証人との関係（契約関係は依頼者と国であるが，公証人は公正証書が無効となった場合は依頼者に対して損害賠償義務を負うのは信認関係にあるからである。）などにみることができる。

VII　新信託法への疑問

1　信託法は民法を変容させている

(1)　共有，付合など物権法における変容

　共有，付合など元来は別人格者間の問題であったが，新信託法は同一人格者（受託者）における固有財産と信託財産間において共有，付合という関係を認めている。すなわち，信託財産の独立性から同一法的人格に属する財産を分属さ

せるという結果をもたらす。

(2) 相殺など債権法における変容

　上記(1)同様，同一人格者に対する債権も受託者の個人的債権と信託財産に関する債権とは区別されているので，相殺が同一人格者において行われることとなった。

　これらの不都合は，四宮和夫教授の信託財産に法人格を認めるとする考え方（Ⅱ3参照）をとると解消される。

2　会社法上の枷を信託法ではずしている（信託法は手品師）

　会社法においては株式の共益権，自益権の処分は運命を共にしなければならないのであるが，信託というフィルターをかけると共益権，自益権をおのおの別々に処分できることとされている。信託にそこまでの権能を与えることの説明が十分になされていない。

Ⅷ　証券化と信託

1　証券化における信託の有用性

　信託をビークルとして用いると倒産隔離を図ることができるというメリットがあるが，TMKやSPCを用いることでも倒産隔離を図ることが可能である。しかし，信託を用いる場合は，信託受益権の売買という方法を活用することで税務的に有利になるから，証券化においては信託が重宝されるようになったものである。受益権とは，「信託行為に基づいて受託者が受益者に対して負う債務であって信託財産に属する財産の引渡しその他の信託財産に係る給付をすべきものに係る債権（以下『受益債権』という。）及びこれを確保するためにこの法律の規定に基づいて受託者その他の者に対し一定の行為を求めることができる権利」をいう（信託2条7項）。ここでいう「受益債権」とは，典型的には，受託者から信託配当等の金銭の交付を受ける権利などを意味する。また，「受託者その他の者に対し一定の行為を求めることができる権利」とは，たとえ

ば，受託者に信託事務の処理の状況等の報告を求める権利（信託36条）や受託者の違反行為の差止めを求める権利（信託44条）など，主として受託者に対する監視監督を通じて実質的に受益者の利益を保護するための諸権利を意味する。そして，受益権は，受益債権とそれを保護するための諸権利の総体であること（受益者として負う義務を含まないものであること）が法文上明確にされている。受益権は，原則として譲渡することが可能だが（信託93条），信託行為において譲渡を制限すること（たとえば，受益者の承諾を要するなど）も可能である。受益者の譲渡の対抗要件は，通知または承諾（第三者に対する対抗要件は，確定日付のある証書による通知または承諾）とされており（信託94条），民法上の指名債権の債権譲渡の場合（民467条）と同様となっている。

2　不動産証券化において信託受益権が利用される理由

　不動産証券化において信託受益権が利用されるのは，先に述べたように，税制の問題が大きな理由である。不動産の権利を移転するにあたり，実物不動産の所有権のままオリジネーターからビークル（器）に権利を移転させると，ビークル（器）には不動産取得税がかかり，また不動産登記に関する登録免許税がかかってしまう。ところが不動産を信託譲渡した場合は不動産取得税は課税されず，登録免許税の税率も不動産取得の場合に比べて5分の1で足りることとなる。さらには，信託受益権を移転する場合には，不動産取得税は不要となり，信託受益権を取得しただけでは受益者の変更登記に要する1件あたり1000円の登録免許税が課税されるだけである。もっとも信託の終了時や信託契約の解除時には登録免許税や不動産取得税が課税される。また，法人税や所得税についても受益者が特定されていれば受益者がその信託財産を有するものとみなして課税されるので，法人税や所得税についても好都合である。このように信託を活用すると不動産そのものを取得する場合に比べて税制面においては有利となる。なお，不動産特定共同事業法の適用関係においても信託は有利とされている。実物不動産の所有権のままでビークル（器）に権利移転をすると，同法の適用を受ける可能性を生じ，同法が適用されると事業には許可が必要になって資本金などの制約を受け，またさまざまな業務規制も受ける。不動産を信託受益権化したうえでビークルに移転する方法をとると，同法の適用を

受けず，事業の自由度が確保しやすくなるというメリットもある。

3 証券化における信託の活用——実際例

　証券化において信託を活用するスキームはセール・アンド・リースバックといわれるものである。セール・アンド・リースバック形式の不動産証券化スキームのうち，シングル・テナント方式（委託者とテナントがまったく同一の経済主体であり，委託者以外の者がテナントとなることが予定されていない形態）の一般的なスキームは，以下のとおりである。

① オリジネーターが委託者としてその保有不動産を信託会社に信託譲渡する。オリジネーターは，（その対価として）信託会社から信託受益権を取得する。

② 信託会社は，委託者たるオリジネーターに信託財産たる当該不動産を賃貸し（リースバック），オリジネーターは信託会社に賃料を支払う。

③ オリジネーターは，当該不動産を自ら使用または賃貸し，不動産の収益を継続する。

④ 当初単独受益者であったオリジネーターは，信託受益権をSPCに譲渡し，SPCよりその売得金を受け取る。

⑤ SPCは，信託受益権を引当財産として資産対応証券を発行し，信託受益権の購入見合金を資本市場から調達する。元本受益権は，現物（信託財産たる当該不動産）の返還を意味するものではない。けだし，受益権の転得者たるSPCは，当該不動産の入手を期待しているわけではない。そもそもセール・アンド・リースバック形式の不動産証券化では，売却は前提とされていない。

4 マイカルの事業における真正売買問題

> 図　マイカル・グループの資産証券化の仕組み

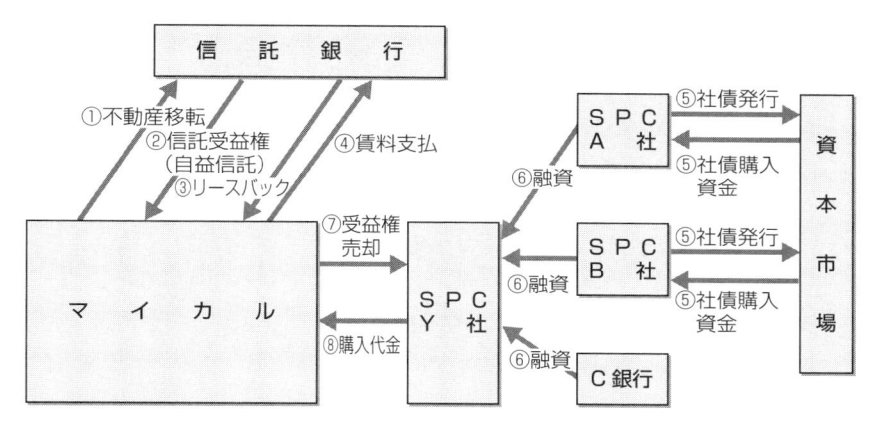

出典：「マイカル・グループの不動産証券化についての意見書」金法 1646 号（2002）33 頁の概要の図をもとに作成。

　マイカルは上記のようなスキームで信託を活用して不動産の証券化を図ったが，後に会社更生手続開始決定を受けたので，投資家と更生会社の間で真正売買か否かがまさに争点となった。真正売買問題とは，不動産の譲渡原因が売買なのか譲渡担保なのかという問題である。

　売買と認められるためには次の項目を満たすことが必要とされている。

① 当該譲渡が売買を原因とする旨が契約締結の際，当事者間で合意されている（原保有者その他の契約当事者の意図）。

② 譲渡される不動産の特定がなされている（不動産が特定されているか，原保有者側からの交換が許容されているか）。

　売買の場合は，買主の権利を確定する上において，担保の場合と比べて特定性が厳しくなるはずである。

③ 原保有者の不動産に関する権限がなくなっている。

④ 第三者対抗要件具備行為が完全である。

　売買の場合は，買主の権利を確定する必要上，第三者対抗要件を具備さ

Ⅷ　証券化と信託

せているはずである。
⑤　譲渡される不動産の価値と「譲渡代金」の均衡がとれている（不動産の譲渡価格の相当性・適正性）。
　　売買であるなら，対象不動産と代金の均衡がとれているはずであり，担保なら，担保掛け目から代金のほうが低く設定されるはずである。
⑥　当該譲渡について相当部分を買い戻す条件はついていない（原保有者の不動産の買戻権または買戻義務がないこと）。
⑦　原保有者の不動産の価値代替物およびその運用益についての権利がない。
⑧　原保有者の不動産の価値または信用力についての担保責任がない。
⑨　当該譲渡により譲渡人の貸借対照表から当該債権が除外されている。
　　売買であるなら，当該不動産の所有権が相手方に移っているはずだから，オフバランス処理されるはずである。
⑩　被担保債権が存在しない。

などである。

マイカルの事案では，「図　マイカル・グループの資産証券化の仕組み」におけるマイカルの信託銀行に対する④の賃料支払が，通常の賃料の支払として

表）信託銀行からマイカルに対する不動産明渡訴訟のブロック（要件事実の流れ）

請　求　原　因	譲渡担保の抗弁	再　抗　弁
・信託銀行現所有 ・マイカル占有	・被担保債権（貸金債権） ・マイカル—信託銀行譲渡担保契約締結 ・当時マイカル所有 ・更生手続開始決定 ※最判平18・2・7金判1254号6頁の判例解説で述べているとおり，譲渡担保の抗弁は所有権構成説では不完全所有権の抗弁，担保構成説では占有権原の抗弁ということになる。	譲渡担保契約と認められない特段の事情の評価根拠事実

共益債権となるのか，あるいは借入金の分割返済金であるとして，借入金に物件担保があると考えて更生担保権となるのか，すなわち，借入金の有無および何が借入金かが争点となった。事件は和解で決着をみたが，これが仮に訴訟となった場合，信託銀行が①の不動産移転は信託譲渡であり譲渡担保でないことを立証しなければならないのか，マイカルに譲渡担保であることを主張・立証させるのか，が問題となると思われる。そうなると，信託銀行はマイカルに譲渡担保譲渡であることを立証させるほうが楽であろうから，そのための戦略としては，信託銀行は所有権に基づく明渡請求権を訴訟物とする道を選択することとなろう。

その場合のブロックは次のとおりとなる。すなわち，被告マイカルは，所有権が原告信託銀行にあることは認めるので，請求原因は信託銀行の「所有」とマイカルの「占有」を主張すれば信託銀行の明渡請求権が発生することとなり，それに対してマイカルは譲渡担保譲渡を抗弁として主張・立証しなければならないこととなる。

マイカルは，占有権原の抗弁として賃貸借契約の成立を主張しても，再抗弁で履行期の経過を主張されたら，賃料を支払っていないので再々抗弁で賃料の支払を主張できない。

すると，抗弁においてマイカルは被担保債権の存在を主張しなければならないこととなり，いわゆる真正売買問題は売買（本件では信託譲渡）であることを信託銀行は主張・立証しなくてすむこととなる。

◆永 石 一 郎◆

各論 Q&A

Chapter 1

信託と財産法

Q1 担保権設定信託（セキュリティ・トラスト）

債権者ではない者が担保権者となる担保権設定信託（セキュリティ・トラスト）が認められるようになったと聞きましたが，どのような場合に使うことが効果的ですか。また，設定，債権の移転，担保権の実行などの段階でどのような点に注意が必要ですか。

A

セキュリティ・トラストは，シンジケートローンやストラクチャードファイナンス等の金融取引において活用されることが見込まれている。セキュリティ・トラストの設定，被担保債権の移転，担保権の実行の各段階に関してさまざまな論点が提起されており，それらの点について信託契約中で規定しておく必要がある。

Ⅰ　担保権設定信託（セキュリティ・トラスト）とは

　担保権設定信託とは，担保権を被担保債権と分離独立した信託財産とする信託のことをいい，一般にセキュリティ・トラストと呼ばれている。本設例においても，以下セキュリティ・トラストという用語を用いることとする。

　上記の定義からもわかるとおり，セキュリティ・トラストは，ある債権の債権者と当該債権を被担保債権とする担保権者とを分離するということを特徴とし，その構造は下記の図のとおりである。

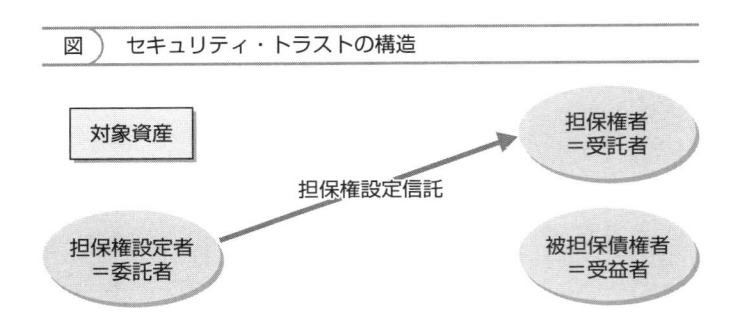

図　セキュリティ・トラストの構造

対象資産

担保権者＝受託者

担保権設定信託

担保権設定者＝委託者

被担保債権者＝受益者

Ⅱ　従前の議論状況等

　このように被担保債権者と担保権者を分離することについては，担保付社債信託法がこれを明示的に許容していた。社債の募集に際しては多数の社債権者が生じることとなるところ，社債券は市場において転々流通することが予定されていることから，社債権者のために担保を設定する場合には当該担保を一元的に管理することができるような仕組みがとられることが望ましいといえる。なぜならば，社債権が移転するつど当該社債権者に帰属すべき担保権も同様に移転するようにすることは，実際上きわめて困難だからである。そこで，担保付社債信託法は，担保権設定者（社債発行会社または物上保証人）を委託者，担保権者を受託者，社債権者を受益者とし，担保権を信託財産とする信託契約の締結を認めたものである。

　他方で，担保付社債信託法の適用がない場合にも，一般的に被担保債権者と

担保権者を分離することができるかという点については争いがあり、これを否定する見解も有力であった。そのため、担保付社債信託法の適用のない場合には法的安定性に乏しいと考えられ、かかる仕組みが用いられることはほとんどなかったようである。

Ⅲ 新信託法によるセキュリティ・トラスト

しかしながら、近時多様な構造を有する金融取引が広がりを見せるなかで、上記のように被担保債権者と担保権者を分離する仕組みを採用するニーズが高まりをみせていた。

たとえば、多数の金融機関が1人の債務者に対して貸付を行うシンジケートローンにおいては、多数の社債権者が生じる社債の募集発行の場合と共通する利益状況にあり、担保の一元的管理のニーズは高い。加えて、シンジケートローンのセカンダリーマーケットが整備されるに従い、社債同様に、債権の移転にかかわらず担保権者を固定化することについての要望も高まりを見せた。

そこで、新信託法は、担保権の設定による信託が可能であることを規定し（信託3条1号・2号）、また、担保権が信託財産である信託における受託者が担保権実行申立権・配当または弁済金の交付を受ける権利を有することを規定して（信託55条）、セキュリティ・トラストが可能であることを明確に示した[注1]。

なお、セキュリティ・トラストは、上記のシンジケートローンにおける利用に加えて、MBO（Management Buyout）やLBO（Leveraged Buyout）等のいわゆるストラクチャードファイナンス取引における利用も検討されている[注2]。ストラクチャードファイナンス取引においては、シニア、メザニンというように

（注1） 新信託法の立案担当者は、新信託法における規定はセキュリティ・トラストが可能であることを確認的に示したものにすぎず、旧信託法下においてもセキュリティ・トラストは可能であると整理していると思われる（村松秀樹＝富澤賢一郎＝鈴木秀昭＝三木原聡『概説新信託法』（金融財政事情研究会、2008）387頁注1））。
（注2） すでにセキュリティ・トラストを用いた複数の案件が公表等されている（谷笹孝史「セキュリティ・トラストに関する実務上の諸論点―動産担保を中心として」NBL907号（2009）48頁）。

ローン間に優先劣後関係を構築することが多いが，受益権に優先劣後関係を持たせることによって，担保権の実行による配当金等の分配についてもローン間の優先劣後構造を反映させることができると考えられる。

Ⅳ　セキュリティ・トラストの設定

1　設定方法

セキュリティ・トラストの設定については，①直接設定方式と②二段階設定方式の，2つの方法があると考えられている。

①直接設定方式とは，担保権設定者が受託者に対して担保権の設定による信託をし，被担保債権者を受益者とする方式であり，②二段階設定方式とは，担保権設定者がまず債権者に対して担保権の設定をし，そのうえで債権者が当該担保権を受託者に対して信託する方式である。

2　債権者の同意の要否

セキュリティ・トラストの設定に際する問題点として，上記直接設定方式による場合に受益者となるべき債権者の同意が必要か否かという点が指摘されている[注3]。一般に他益信託の設定に際しては受益者の同意は必要とされていないところ，セキュリティ・トラストの設定に際しては別途特別にかかる債権者の同意が必要とされるのではないかという問題意識であり，債権者の同意が必要であるという説と不要であるという説とに分かれて議論されている。この点については，セキュリティ・トラストにおける被担保債権がいつの時点で消滅するか（受託者が配当金の交付を受けた時点か，あるいは受益者が受託者から配当金の分配を受けた時点か）という論点と関連づけて論じられている。

すなわち，債権者の同意なくセキュリティ・トラストによる担保権の設定ができるとすれば，債権者の関与しないところで被担保債権が消滅するという事

（注3）　山田誠一「セキュリティ・トラスト」金法1811号（2007）16頁以下，井上聡編著『新しい信託30講』（弘文堂，2007）155頁以下。

態を回避するために，担保権の実行による配当金を受託者が受領したとしても被担保債権は消滅しないと考える必要があるものと思われる。

しかしながら，配当金の交付によっても被担保債権が消滅しないと考えることは担保権設定者にとって著しく不利であるし，配当金請求権は信託法16条1号により信託財産たる担保権の実行に基づいて受託者が信託財産として取得することとなると考えられることから，やはり被担保債権は受託者が配当金請求権に基づいて配当金の交付を受けた時点で消滅すると解するのが妥当というべきである。

したがって，このように被担保債権の消滅時期を受託者が配当金の交付を受けた時点と解する以上，直接設定方式によるセキュリティ・トラストの設定に際しては，受益者となるべき債権者の同意を得ておくことが必要なのではないかと考える。

なお，実務上も前述のような両説があることにかんがみて，シンジケートローンにおける各債権者（＝受益者）の同意を得る取扱いで動き出しているようである(注4)。

3　訴訟信託の禁止（信託10条）との関係について

新信託法10条は「信託は，訴訟行為をさせることを主たる目的としてすることができない。」として，いわゆる訴訟信託の禁止を定めており，旧信託法11条と同様の規定である。そして，旧信託法11条にいう訴訟行為には，破産申立て，強制執行をも含むものと解すべきとされている(注5)。セキュリティ・トラストは，担保権の実行を主たる目的としてなされる信託であるところ，上記「訴訟行為」に担保権の実行が含まれると解される可能性も否定できないことから，この点でセキュリティ・トラストが信託法10条に反しないかという点が問題とされている。

この点については，仮に上記「訴訟行為」に担保権の実行が含まれるとして

(注4)　浅田隆「我が国初の不動産担保セキュリティトラストの取組み」金法1831号（2008）7頁以下。
(注5)　最判昭36・3・14民集15巻3号444頁。

も，セキュリティ・トラストの有用性にかんがみて，「ごく例外的な（悪質な）事例を除いて，『社会経済的に正当な』行為であって，脱法行為にも公序良俗違反にもあたらない」[注6]，すなわち信託法10条に抵触しないという解釈を採用することが提唱されている。

また，後述のとおり，そもそもセキュリティ・トラストにおける受託者は，信託事務として，担保権の実行の申立てをすることができる旨規定されているのであるから（信託55条），信託法10条に抵触しないことは当然の前提とされていると考えることもできよう。

V 被担保債権および受益権の移転

セキュリティ・トラストに係る受益者たる被担保債権者は，当該債権を第三者へ譲渡する際には，セキュリティ・トラストに係る受益権も譲渡することが必要である[注7]。

被担保債権と受益権はそれぞれ独立の権利であるから，別個の譲渡の対象とすることは理論上可能であり，それぞれの権利の帰属主体が異なるということもありうる。しかしながら，セキュリティ・トラストは，あくまで被担保債権者と担保権者の実質的同一性を前提とする仕組みであることから，このように各権利が別異に帰属することはその本質に反するものである。そこで受益権のみを被担保債権から別個独立して譲渡するような行為は，「その性質がこれを許さないとき」に該当するものとして当然に無効であるとの考えが示されている[注8]。実務的には，上記の被担保債権者と担保権者の実質的同一性を確保するために，信託行為において「被担保債権の債権者を受益者とする」などの手当てをしておくべきと思われる[注9]。

(注6) 井上編著・前掲（注3）160頁以下。
(注7) セキュリティ・トラストに基づく受益権については，その設定目的からして，被担保債権に従たる権利として，被担保債権の譲渡があった場合には当然に譲受人に移転すると考えることも可能かもしれない。しかしながらその場合でも，受託者に対して当該移転があったことを知らせる必要があると思われ，譲渡する場合の取扱いと変わるところはないものと思われる。
(注8) 村松ほか・前掲（注1）390頁。

なお既述のとおり，セキュリティ・トラストはシンジケートローンにおける利用が見込まれているところ，セキュリティ・トラストを利用したシンジケートローンの参加行を募るアレンジャーは，同時にセキュリティ・トラストに係る受益権[注10]の取得を勧誘するものとして，第二種金融商品取引業を行うものとされる可能性がある（金融商品28条2項2号・2条8項9号）。この点に関して，金融商品取引法を所管する金融庁は，「その信託の受益権がローンと不可分一体であることが信託行為などにより確保されていれば，その受益権の取扱いは第二種金融商品取引業に該当しないものと解される」との見解を示している[注11]。これは，上記のような不可分一体性が確保されていれば，実質的に各参加行がローンの担保権を有するものと何ら変わりがなく，独立の経済的価値を有する金融商品を取り扱うものではないと考えられることによる[注12]。したがって，特にシンジケートローンにおける利用に際しては，被担保債権者と担保権者の実質的同一性を確保する手当てをしておく必要性が高いといえる。

Ⅵ　セキュリティ・トラストにおける担保権の実行等

　セキュリティ・トラストにおける担保権者である受託者は，信託事務として，当該担保権の実行申立権を有し，かつ売却代金の配当または弁済金の交付を受ける権利を有する（信託55条）。

　セキュリティ・トラストを利用したシンジケートローンにおいては，被担保債権に債務不履行が発生した場合に，受益者たる各参加行の意思を結集して担保権実行申立ての判断をなす必要がある。期中における債権管理等を行うエージェントがセキュリティ・トラストの受託者となる場合とそうでない場合とがありうるが，いずれの場合においても，信託契約中でこの点に関する手続につ

(注9)　浅田・前掲（注4）7頁以下。谷笹・前掲（注2）52頁。
(注10)　金融商品取引法上，第二項有価証券に該当する（同法2条2項1号）。
(注11)　金融庁・証券取引等監視委員会「金融商品取引法の疑問に答えます」（2008年2月21日）（http://www.fsa.go.jp/policy/br/20080221.pdf）。
(注12)　池田唯一＝澤飯敦「金融商品取引法質疑応答集の公表」商事1826号（2008）32頁以下。

いて詳細に規定しておく必要があると思われる。

　民事執行法に基づく担保権の実行を申し立てる場合に，どのような手続がとられることとなるかは明確ではない。たとえば，抵当権に基づく競売の申立てをする場合に，受託者が申立人としてこれを行うことができることおよび配当金等を受領できることは信託法55条の規定から明らかであると思われるが，具体的にどのような手続経緯をたどるかは明らかではない。すなわち，まず申立書にどのような記載をし，添付書類としてどのようなものが必要とされるかという点や，配当表にどのような記載がなされるのか，配当異議の申出およびそれに引き続く配当異議訴訟がどのように行われるのか等，解釈に委ねられている点が多い。セキュリティ・トラストの目的にかんがみて，一連の手続において必要とされる行為等については受託者が権限を有するという考え方もありうるが，果たしてかかる考え方が妥当であるのか，また実際にそのような手続が行われることとなるのかは不分明であるといわざるをえない。いずれにしても，かような不明確性にかんがみて，信託契約中において，具体的に発生しうる事態を念頭に置いた規定を設けておくことが必要であろう。このことは，受託者の善管注意義務の範囲を画するという意味からも重要なことであると思われる。

　また，既述のとおり，被担保債権の消滅時期については受託者が配当金の交付を受けた時点と考えるのが妥当ではないかと述べたが，このような考え方を前提とすると，受益権に優先劣後構造を設けるストラクチャーにおける各債権の消滅及び配当金の分配の場面で問題が発生しうる。すなわち，従来の判例に基づくと，担保権実行の場面における複数の被担保債権への充当関係については，受益権の優先劣後構造を考慮せずに，単に被担保債権額に応じた按分で決せられる可能性がある。そうすると，受託者が受領した配当金については受益権の優先劣後関係に基づいて分配することとなるものの，被担保債権については一部が消滅するのみである，あるいは分配を受けない部分についても消滅してしまうという事態が生じる。かような解釈論が採用されるか否かは不分明であるが，実務的にはこのような事態が発生する可能性を念頭に置き，信託契約中で，受託者が受益者に対して交付する金銭と当該受益者の被担保債権の消滅範囲が一致するような手当てを講じておく必要があるといえよう。

なお，セキュリティ・トラストにおける被担保債権に係る債務者について破産手続や民事再生手続が開始された場合に，受益者たる債権者がどのように当該法的倒産手続に関与することとなるかという点も明確ではない。別除権を実行した後に不足額が生じる可能性が存する場合には，不足見込額の届出やそれに基づく破産・再生債権の届出等をどのように実施するかといった点や，あるいは破産手続・民事再生手続において最終的にどのように配当を受領するかといった点は，倒産手続法上明確でない。これらについても，受託者が権限を有するという考え方がありうるが，かように不明確性が払拭できない以上，信託契約中に詳細を規定して対応するほかないものと思われる。

◆金澤　浩志◆

Q2 自己信託による資金調達

不良な事業部門があっても，優良な事業部門について自己信託をすれば資金調達が可能だと聞きましたが，それはどのような仕組みですか。また，どのような規制を受けますか。

A

自己信託および事業の信託を組み合わせることにより，優良な事業部門のみを切り出して，当該事業部門が創出するキャッシュフローを引当てにした受益権を売却等することにより資金調達を行うことが可能である。受益証券を発行しない場合においては，信託業法上の規制が及ぶか否かが特に問題となり，同法の規制に服さないようなスキームを構築する必要がある。

Ⅰ 複数の事業部門を有する会社における資金調達

会社は，1つの収益事業のみならず，異なる複数の収益事業を多角的に営む場合がある。このように1つの会社が複数の事業部門を営むのはさまざまな理由に基づくと考えられるが，このような場合に業績良好な事業部門と業績不良な事業部門とが生じるのはある意味仕方のないことであるといえる。

しかしながら，当該会社に対する評価は全事業部門を総合的に見たうえでなされることとなるため，業績不良な事業部門が足かせとなって十分なファイナンスを受けることができない可能性もある。投資家としても，ある会社の一部門について，十分な市場競争力を有し今後の発展も期待でき投資対象として非常に魅力的であると評価している場合でも，他の事業部門の業績が心もとないと判断すれば，結果的に資金を出すのを控えてしまうかもしれない。このような事態は，調達主体の信用力に依存した資金調達手法の限界というべきであろ

う。

II　特定の事業部門を対象とする資金調達

　このような問題点をクリアするために考えられるのが，業績良好な事業部門の創出するキャッシュフローのみを引当てとして資金調達を受ける手法である。業績不良な事業部門の影響を受けない手法を確立することができれば，投資家としても安心して資金を拠出することができ，会社全体として資金調達を図るよりも有利な条件でファイナンスを受けることが可能となる。資金を出し控えていた投資家からも資金調達できるかもしれない。

　不動産や金銭債権等の特定の「資産」が創出するキャッシュフローに依拠して行われるファイナンス手法はアセットファイナンスと呼ばれ現在一般に広く行われているが，上記のような資金調達手法の基本的な考え方自体は，かかるアセットファイナンスに類似するものであるといえ，従来でも組成案件数自体は少ないものの，かように特定の「事業」から生じるキャッシュフローを引当てとした資金調達は実施されていた（いわゆる事業の証券化：Whole Business Securitization）。

　従前のわが国で組成されてきた事業の証券化事例においてはさまざまなスキームが採用されていたようであるが[注1]，ここでは自己信託および事業の信託を利用したスキームを検討したい。

III　自己信託および事業の信託の利用

1　事業運営主体の影響からの隔離

　特定の「事業」から生じるキャッシュフローを引当てとして，投資家が安心して資金を拠出するには，当該「事業」がこれを営む運営主体の信用リスクから隔離されていることが最低限必要である。

（注1）　その詳細につき，井上聡編著『新しい信託30講』（弘文堂，2007）234頁以下参照。

この点，信託にはいわゆる倒産隔離機能があり，事業運営主体の信用リスクからの隔離を図るための方法として用いることができる。そこで，その具体的な手法であるが，自己信託および事業の信託を利用するスキームが考えられる。

　なお，具体的スキームの検討の前に自己信託および事業の信託について若干の説明を加えると，まず自己信託とは，自らが受託者として，自己の有する一定の財産の管理または処分等を自らすべき旨の意思表示を一定の書面等によって行う信託設定の方法である（信託3条3号）。このような委託者兼受託者となる形態の信託に関して旧信託法下で行うことが可能であるかについては争いがあったが，新信託法において明文により認められることとなったものである。また新信託法では，積極財産について信託設定するのと同時に，当該信託設定に係る信託行為中に定めを置くことによって，信託設定前に生じた委託者に対する債権に係る債務を信託財産責任負担債務とすることが可能となった（信託21条1項3号）。これにより，積極財産と債務とが一体となった「事業」そのものを信託したのと同様の効果を得ることができることとなったものであり，これを一般に「事業の信託」と呼称している。

2　自己信託および事業の信託を利用したスキーム

　たとえば，X事業とY事業という2つの事業を営む事業会社A社を想定するものとし，X事業は業績好調な黒字事業である一方で，Y事業はここ何期にもわたり業績不振が続いているものとする。そしてA社を全体として見ると必ずしも十分な利益を生み出しているものとは評価できず，A社として十分なファイナンスを得ることができない状態であるとする。

　このような場合に，A社として，X事業に属する積極財産（工場設備，在庫，売掛債権等）を信託財産とし，自己を委託者兼受託者とし，かつ自らを受益者とする自己信託を設定する（受益証券は発行しないものとする。）。そして当該信託設定に際しては，X事業に関してA社が負担している債務を信託財産責任負担債務とする旨規定する。

　このように自己信託と事業の信託を組み合わせることにより，X事業はA社の信用リスクから切り出されることとなり，上記信託設定に基づく受益権は

X事業から創出されるキャッシュフローを裏づけ資産とする権利とすることができ[注2]，A社は当該受益権を投資家に対して売却することで好条件でのファイナンスを得ることが可能となる。以上が，自己信託および事業の信託を利用した特定の事業部門を対象とする資金調達スキームの概要である。

なお，このようなスキームを採用するメリットとしては，まず，A社においてX事業に従事していた従業員の雇用契約上の地位を変更する必要がないという点が挙げられる。自己信託を用いて引き続きA社がX事業を行うものであるため，従業員との雇用関係には変更がない[注3]。そのため，たとえば事業譲渡の場合のように従業員の転籍等にともなう社内の混乱やモチベーションの低下等も回避することができるといえる。また，A社自身が継続的に事業を行っていくこととなるので，継続的な取引先との関係でも事業主体が変更となるような場合に比して問題が少ないものといえよう。

さらに，最終的には信託を終了させることによってA社固有の事業に戻すということも，それほどの困難をともなわずに可能となるものと思われ，この点もメリットとして評価することができる。

Ⅳ 法律上の規制・要件等

1 信託業法との関係

上記事例においてA社は一般事業会社であるところ，自己信託により自ら受託者となることが想定されているので，かかるA社について信託業法上の規制が及ばないかという点が問題となる。

この点につき信託業法上，自己信託についてはこれを営業として行う場合であっても信託業に該当することはないが，当該自己信託に係る受益権を多数の

(注2) その後も引き続きA会社が受託者としてX事業を行うため，A会社が事業継続を行うことができなくなることにより，X事業自体の価値が毀損されるリスクは存するといえ，その意味で完全にA会社の信用リスクからの隔離を図ることができるわけではないと思われる。
(注3) 村松秀樹＝富澤賢一郎＝鈴木秀昭＝三木原聡『概説新信託法』（金融財政事情研究会，2008）11頁注3）。なお，井上編著・前掲（注1）240頁においては，この点について慎重に検討する必要があり，実務的には労働者の承諾を得ておくべきと指摘する。

者（50人以上）が取得することができる場合として政令で定める場合（当該信託の受益者の保護のため支障を生ずることがないと認められる場合として政令で定める場合〔信託業令15条の3〕を除く。）には内閣総理大臣の登録を受ける必要がある（信託業50条の2第1項，信託業令15条の2第1項）。このように，信託業法における自己信託に関する登録の要否については，「営業」概念ではなく，「多数者」概念に基づき判断することとされている[注4]。

なお，ここに「受益権を多数の者が取得することができる場合として政令で定める場合」については信託業法施行令15条の2第2項が詳細に定めているが，概括すると次のとおりとなる。

① 1回の自己信託において，当該自己信託が効力を生ずるときにおける受益者の数が50人以上である場合（信託業令15条の2第2項1号）
② 各種組合（民法上の組合，投資事業有限責任組合，有限責任事業組合，匿名組合）等を通じて実質的受益者となる者が50人以上である場合（信託業令15条の2第2項2号）
③ 信託の目的，信託財産の種類および価額，信託期間，信託財産の管理または処分の方法その他の信託行為の内容に照らして同一または同種の内容の自己信託が繰り返し行われ，それらの合計の受益者数が50人以上である場合（信託業令15条の2第2項3号）
④ 多数の受益権が発行され，50人以上に譲渡等される可能性がある場合（信託業令15条の2第2項4号）

したがって，A会社が，上記①～④の場合に該当する場合には，内閣総理大臣の登録を受ける必要があることとなり，信託会社と同様の規制に服することとなる（信託業50条の2第12項）。この場合，信託会社と同様に最低資本金規制や最低純資産額規制，兼業規制等が課せられることとなり（信託業50条の2第6項），一般の事業会社としては厳しい規制に服する必要が生じる。そのため，このような規制が課せられることのないようなスキームを組むことが望ましいといえよう。

(注4) 小出卓哉『〔逐条解説〕信託業法』（清文社，2008）245頁。

2　金融商品取引法との関係

(1)　金融商品取引法上の業規制との関係

　金融商品取引法上，受益証券を発行しない信託受益権は原則として第二項有価証券とされる（金融商品2条2項1号）ことから，これを投資家に売却する行為に関して同法の業規制が及ぶことがないかという点が問題となる。この点については，まず，具体的なスキーム中において有価証券たる受益権の「発行者」が誰であるか，「発行時」がいつであるかという点を確定する必要がある。「発行者」が誰であるか，「発行時」がいつであるかによって，投資家に対する売却行為の金融商品取引法における取扱いが異なりうるからである。

　受益証券を発行しない信託受益権の「発行者」が誰であるかについては，金融商品取引法2条5項，金融商品取引法第2条に規定する定義に関する定義府令14条3項1号が次のとおり規定している。

　　「イ　委託者又は委託者から指図の権限の委託を受けた者のみの指図により信託財産の管理又は処分が行われる場合　当該権利に係る信託の委託者
　　　ロ　イに掲げる場合以外の場合（当該権利に係る信託行為の効力が生ずるときにおける受益者が委託者であるものであって，金銭を信託財産とする場合に限る。）　当該権利に係る信託の受託者
　　　ハ　イ及びロに掲げる場合以外の場合　当該権利に係る信託の委託者及び受託者」

　上記事例における信託財産は，金銭のみならず在庫や売掛債権等も含むものであるから，ロに該当しないことは明らかである。自己信託の設定によりA社は委託者兼受託者という地位に立ち，A社が自ら受託者として信託財産の管理または処分を行うことになるところ，受託者たるA社がなす行為が委託者たるA社の指図によってなされていると見るのはいささか技巧的であるので，イではなくハに該当すると考えるのが素直ではないかと思われる。そのため，委託者兼受託者であるA社が双方の地位に基づいて「発行者」となると考えるべきではないだろうか。

　他方で「発行時」については，金融商品取引法2条5項，金融商品取引法第2条に規定する定義に関する定義府令14条4項1号が規定しており，合同運用

以外の自益信託については委託者が受益権を譲渡するとき，それ以外の場合（合同運用の自益信託および他益信託の場合）については当該信託の効力が生ずるときとされている。上記事例で想定しているのは，A社が当初受益者として受益権を取得したうえでそれを投資家に売却してファイナンスを受けるというスキームであるので，このようなスキームにおける「発行時」については委託者たるA社が投資家に受益権を売却する時点となる。

このように委託者たるA社が「発行者」として，投資家に対して受益権を譲渡するときが「発行時」ととらえられることからすると，A社の投資家への売却勧誘行為は，金融商品取引法2条2項1号に係る権利の「自己募集」行為として整理されることとなるところ(注5)，かかる行為は金融商品取引業に該当する行為ではないといえ（金融商品2条8項7号），A社に金融商品取引業の登録等が必要となるものではないと思われる。

(2) 金融商品取引法上の開示規制との関係

受益証券を発行しない信託の受益権については，信託財産に属する資産の価額の総額の50％を超える額を有価証券に対する投資に充てて運用を行う信託(注6)に係るものを除き，金融商品取引法上の開示規制の適用がない（金融商品3条3号ロ，金融商品令2条の10第1項1号）とされており，上記事例に関してもかかる開示規制の対象外となるものと考えられる。

(3) 会社法上の要件

会社法上，事業の重要な一部の譲渡については，原則として株主総会の特別決議により，当該行為に係る契約の承認を受ける必要がある（会社467条1項2号・309条2項11号）。第三者に対して事業の重要な一部を信託設定するような場合には，かかる設定行為について会社法の上記規定が直接適用されることとなる。

(注5) 金融商品取引法に関するパブリックコメントに対する金融庁の回答（http://www.fsa.go.jp/news/19/syouken/20070731-7/00.pdf）43頁。
(注6) ただし一定の信託の受益権を除く（金融商品令2条の10第1項1号イ～ヌ）。

他方で，事業の重要な一部を自己信託設定する場合には，事業主体に変更がないので，「事業の譲渡」があったとは必ずしもいえない。そこで信託法266条2項は，事業の重要な一部について自己信託設定をする場合でも，会社法の上記規定の適用があることを定めている。上記事例におけるA社も自己信託を設定する前に株主総会の特別決議を得ておく必要があるということになる(注7)。

◆金澤　浩志◆

（注7）　村松ほか・前掲（注3）399頁注3）では，自益信託であっても「事業の譲渡」に該当するものと解するとしている。

Q3 自己信託による資産流動化・事業提携

自己信託は、金銭債権の流動化や事業提携にも利用することができると聞きましたが、どのような仕組みになっていますか。また、どのような点に注意が必要ですか。

A

　自己信託を使って金銭債権を流動化する場合、公正証書等の方法による信託行為において、優先受益権と劣後受益権を設定し、当初受益者として取得した優先受益権を投資家に売却して、劣後受益権は留保する。回収業務は、信託後は受託者として行う。債権流動化の目的で反復的に自己信託を利用する場合は、信託業法上の自己信託登録を受けなければならない場合が生じる。

　自己信託を使って他の会社と事業提携する場合、一定の収益力ある事業部門に属する資産を信託財産として拠出し、同時に同部門に属する債務を信託財産責任負担債務とする旨を信託行為において定めて、事業自体を実質的に信託する。委託者会社は、自己信託する事業資産が「事業の重要な一部」にあたるときは、自己信託の設定について株主総会の特別決議による承認を要する。事業提携先に受益権の一部を保有してもらうには、一部他益信託として提携先を当初受益者に指定し、その設定対価を得る方法と、全部自益信託として受益権の一部を譲渡する方法がある。提携先による受益権譲渡を制限する場合は、信託行為において受託者の承諾を要件とする定めをするか、そのような信託の変更を行う。

I　自己信託の新信託法による承認

自己信託とは、委託者が、一定の信託目的に従い、自己の有する一定の財産

（信託財産）の管理または処分およびその他の信託目的の達成のために必要な行為を，自らが受託者となってすべき旨の意思表示を，公正証書，私製証書または電磁的記録で，信託目的，信託財産の特定に必要な事項その他の法務省令で定める事項を記載しまたは記録したものによってする信託をいう（信託3条3号）。

旧信託法下における通説的見解は，次のような理由から，自己信託を認めていなかった[注1]。
① 受託者の他人性および財産権の移転性が定められていること。
② 財産隠匿の弊害があること。
③ そのために信託宣言（自己信託）の導入が見送られた立法経緯があること。
④ 不動産等の自己信託の場合の公示方法が欠けていること。
⑤ 意思表示の有無・内容の客観的な確認が困難で法律関係が不明確になること。
⑥ 受託者の義務履行が確保されず，受益者の保護に欠ける危険があること。

新信託法は，次のような理由から，自己信託を認めた[注2]。
① 信託の本質は，受託者が受益者のために信託財産の管理処分等をすることによって，委託者に属していた財産を実質的に受益者に移転することにあるので，自己信託も信託の本質に反しないこと。
② 自己信託には，障害者の生活サポート，債権の流動化，事業資産を利用した資金調達，事業提携における利用などの有用性・必要性を想定しうること。
③ 債権者詐害の懸念については，一定の防止措置を設ければたりること。

新信託法は，平成18年12月15日に公布され，同19年9月30日に施行されたが，自己信託に関する3条3号は，同20年9月30日から施行された（同法附則2項）。自己信託の施行に1年の猶予期間が設けられたのは，その制度趣旨と内容，濫用防止措置等の周知徹底を図り，会計・税制等の検討と周知を図るた

（注1） 新井誠『信託法』（有斐閣，2002）117頁。
（注2） 寺本昌広『逐条解説新しい信託法〔補訂版〕』（商事法務，2008）38頁・44〜45頁。

めである[注3]。

Ⅱ　自己信託に関する規制

1　成立要件および効力発生時期

　自己信託の成立には前記Ⅰのように一定の方式を要するが，公正証書等に記載すべき事項の一つとして受益者の定め（受益者を定める方法の定めを含む〔信託規3条4号〕。）があり，受益者の定めのない信託（信託258条1項）である目的信託は，適法な自己信託として成立しえない。特定の受益者の存在しない自己信託は，これを認めるべき必要性に欠け，債権者詐害の目的に濫用される危険が大きいからである。

　自己信託においても，委託者が同時に当初受益者となる自益信託は禁止されないが，自己信託の委託者は受託者でもあるため，受託者が受益権全部の受益者でもある状態が1年間継続したときは，信託が終了する（信託163条2号）。

　自己信託の効力は，意思表示が，①公正証書等（公正証書または公証人の認証を受けた書面もしくは電磁的記録）によってされる場合（信託4条3項1号），②公正証書等以外の書面（私製証書）または電磁的記録によってされる場合（同項2号）に応じて，次の時期に発生する。①の場合は公正証書等の作成時であり，②の場合は，受益者となるべき者として指定された第三者（この第三者が複数いる場合は，その内の1人）に対する確定日付ある証書（内容証明郵便等〔民施5条〕）による自己信託がされた旨およびその内容の通知の到達時である。

　方式および効力発生時期が法定されたのは，自己信託がされた事実，その内容および日時を客観的に明らかにし，事後的な日時の遡及工作によって債権者が詐害されることを防止するためである。

2　詐害信託の場合の強制執行等に関する特則

　信託財産責任負担債務（信託2条9項・21条1項）に係る債権に基づく場合を除

（注3）　寺本・前掲（注2）41頁。

き，信託財産に属する財産に対しては，強制執行等（国税滞納処分およびその例による処分を含む。）をすることができない（信託財産の独立性〔信託23条1項〕）。

信託財産の独立性を貫くと，自己信託の場合でも，その前に生じた委託者に対する債権を有する者は，詐害信託取消訴訟を提起し（信託11条1項），信託財産に組み入れられた財産を委託者の責任財産として回復しなければ，強制執行等はできないことになる。しかし，債権者詐害目的に濫用される危険の高い自己信託について，債権者に詐害信託取消訴訟提起の負担を負わせることは適当でないので，起訴の負担を受託者等に転換し，債権者は，自己信託がされた時から2年間に限り，直ちに信託財産に属する財産に対して強制執行等をすることができるものとした（信託23条2項本文・4項）。

受託者または受益者は，強制執行等を許すべきでない事情があり，これを排除しようとするときは，第三者異議の訴え類似の訴えまたは国税滞納処分についての不服（異議申立て，審査請求，取消訴訟）を申し立て，抗弁事実として，現存受益者の全部または一部が(注4)，受益者としての指定を受けたことを知った時または受益権を譲り受けた時において，債権者を害すべき事実を知らなかったことを主張・立証する必要がある（信託23条2項ただし書・5項・6項，民執38条，民保45条）。

この訴訟等は債務不存在確認訴訟に類するので，訴訟等を提起された執行債権者は，詐害信託取消訴訟における請求原因事実である①信託前発生の執行債権を有すること，②委託者のした自己信託が債権者を害すること，③委託者が信託時にそのことを知っていたことを主張・立証しなければならない。

Ⅲ 自己信託を利用した金銭債権の流動化

1 小口・大量債権の流動化

金融機関の有する貸金債権やリース会社の有するリース債権，クレジット会

（注4） 第三者異議の訴え類似の訴え等は主観的争訟に属するから，受益者が原告等になる場合は，自己の善意を主張・立証しなければならない。

社の有する立替金（求償金）債権などは，個々の債権額は必ずしも多くないが，大量に存し，回収期間が比較的長期に及ぶため，現在の資金需要を満たすには，これらをひとくくりの債権として均質化して流動化する必要がある。その方法として信託を利用する場合，旧信託法下では，債権者が，信託銀行と信託契約を締結したり，特別目的会社（SPC：Special Purpose Company）を設立して，SPCに債権を一括譲渡し，SPCが信託銀行との間で信託契約を締結するなどの必要があった。そのため，債権者の変更による債務者の心理的抵抗は避けがたく，また信託の利用による手続的・金銭的な負担も免れえなかった。

新信託法は自己信託を認めたので，これを金銭債権の流動化に利用すれば，債権者が変更しないため，債務者の心理的抵抗を回避することができ，手続的・金銭的な負担も相当に軽減されて，機動的に流動化を行うことが可能となる。

2　優先受益権と劣後受益権

リース債権の場合，リース会社は，その有する一定量のリース債権を自己信託の信託財産として拠出して，それをひとくくりの債権として優先受益権と劣後受益権を設定し，自らが委託者兼受託者兼受益者として受益権全部を取得したうえ，優先受益権を投資家に売却する。劣後受益権は，貸倒等が生じた場合にも優先受益権に対する給付を確保するための緩衝部分として，当初受益者であるリース会社がそのまま保有し，リース債権の回収業務は，自己信託後は受託者となったリース会社が引き続き行う。

優先受益権と劣後受益権を設定し，前者のみを売却するのは，債権額面からの割引率を低く抑えられるからである。受益権全部を単一種類として売却すれば，回収危険も移転することができるが，割引率に，金利に実績貸倒率を加えた率よりも高くなるだけでなく，回収の費用・報酬も割合的に上乗せしなければならなくなって，売却価額は大幅に下がる。その分，投資家にとっては期待利回りの高い魅力的な商品となるが，信託給付が期待利回りを下回れば，次回以降の売却が困難になる。

後記5のように，小口流動化する場合は信託業法の規制を受けるので，基本的には大口投資家向けの私募受益権の性格をもつ。

3 譲渡禁止特約付債権が信託財産とされた場合

　自己信託した債権が譲渡禁止特約付であった場合，自己信託は単独行為であり，信託の前後を通じて債権者の変更が生じないので，譲渡禁止特約に抵触せず，自己信託は有効に成立するとの考え方も形式論理的には可能である。

　その効果として，自己信託後は，固有財産責任負担債務に係る債権を自働債権とし，信託財産となった譲渡禁止特約付債権を受働債権とする相殺が原則として認められないとすれば（信託22条1項），譲渡したのと同じ効果が生じる自己信託によって，同特約付債権の債務者の同意なしに相殺権行使が妨げられるべき実質的根拠は何かが問われざるをえない。

　譲渡禁止特約付債権の債務者による相殺の自働債権は，信託財産となった同特約付債権の発生原因である契約に基づくものもあれば，別個の原因に基づくものもある。前者の場合は，自働債権の発生時期が自己信託後であっても，信託財産責任負担債務である「信託財産に属する財産について信託前の原因によって生じた権利」に係る債務（信託21条1項2号）として取り扱うことが文言上可能であり，当事者間の公平にもかなう。

　別個の原因に基づく場合も，委託者兼受託者の悪意，差押えとは異なる自己信託の任意行為性などから，譲渡禁止特約付債権の自己信託自体は有効としたうえで，受託者は自己信託を理由とする相殺禁止を信義則上主張しえないと解することも可能であり，かつ妥当であろう。その場合，自己信託の受託者として同特約付債権の拠出を受けたこと自体が，受託者の任務の懈怠であるとして，信託財産に属する財産の相殺による減少額につき，受託者は損失てん補責任を負う（信託40条1項1号）。

4 倒産隔離

　自己信託の信託財産として拠出される財産が不動産等であれば，信託の登記等をしなければ，その財産が信託財産に属することを第三者に対抗することができないが（信託14条），金銭債権のように登記等が権利の得喪および変更の対抗要件でない財産については，その計算を明らかにする方法によって分別管理すればたりる（信託34条1項2号ロ）。自己信託の信託財産に属する金銭債権が委

託者の固有財産と帳簿上区分して管理され，とりわけ専用の預金口座で回収保管されている場合には，受託者兼委託者について破産等の法的な倒産手続が開始しても，管財人等から取り戻されることはない。

　しかし，受託者が信用不安や破綻状態に陥った場合，信託事務の遂行能力の低下は避けられず，信託行為においてそのような場合に備えて受託者変更手続の定めをしていたとしても（信託56条1項7号・62条2項），それが現実的に機能するか否かについて事前に正確な測定をすることは容易でなく，ある程度の混乱は避けがたいと思われる。

5　信託業法による自己信託登録

　信託業は，信託の引受けを行う営業であり（信託業2条1項），内閣総理大臣の免許または登録を受けた者でなければ営むことができない（信託業3条・7条1項）。信託の引受けとは，受託者と独立の第三者である委託者との間に信託関係を発生させることをいうから，自己信託を営利目的で反復継続的に行っても，信託業にはあたらず，免許または登録を受ける必要はない。

　しかし，自己信託であっても，50人以上（信託業令15条の2第1項）の者が受益権を取得することができる一定の場合は，受益者保護のために支障が生じないと認められる一定の場合を除き，自己信託の登録を受けなければならない（信託業50条の2第1項）。

　自己信託による同種債権の流動化は，繰返し行われることが少なくない。各信託の受益者数がいずれも50人未満であっても，各信託が，信託の目的，信託財産の種類・価額，信託期間，管理処分方法その他の内容から，「同種内容信託」にあたる場合が多く，それら信託の対象信託受益者等合計数が50人以上となる場合には，自己信託の登録をしなければならない（信託業令15条の2第2項3号・2号）。

　また，民法上の組合，投資事業有限責任組合，有限責任事業組合，匿名組合などを受益者とする場合の組合員や有価証券の取得者に信託の利益を享受させる目的をもって自己信託を設定する場合は，対象信託受益者等合計数の算定上，利益享受組合員等の人数が含まれ（信託業令15条の2第2項2号），自己信託の受益権と同種内容の信託の受益権の個数が合計50以上である場合や受益権の

分割が禁止されていない場合にも原則として自己信託の登録が必要になる（信託業令15条の2第2項4号）など，詳細な規定が設けられている。

したがって，債権流動化の目的で反復的に自己信託を利用する場合には，自己信託の登録を要する場合が多いことに注意する必要がある。

6 金融商品取引法による開示規制と業規制

受益証券発行信託の受益証券は有価証券にあたるが（金融商品2条1項14号），それ以外の信託受益権も有価証券とみなされる（同条2項1号）。委託者兼当初受益者が当初取得した受益権の譲渡は，みなし有価証券の発行にあたる（同条5項，定義府令14条4項1号イ）。新たに発行されるみなし有価証券の取得勧誘は，応募により同証券を500人以上の者が所有することとなるか否かにより，有価証券の「募集」または「私募」にあたる（金融商品2条3項本文・同項3号，金融商品令1条の7の2）。有価証券の募集または私募を業として行うことは「金融商品取引業」にあたりうるが，商品投資を目的としない受益権は募集または私募にあたるみなし有価証券に含まれないので（金融商品2条8項7号，金融商品令1条の9の2），受益権の譲渡を反復継続しても業規制（金融商品28条以下）は及ばない。

信託財産に属する資産総額の50％超を有価証券投資に充てる受益権を除き，受益権は企業内容等の開示規制（金融商品2条の2～27条）を受けない（金融商品3条3号ロ，金融商品令2条の10第1項1号本文）。金銭債権流動化目的の自己信託の信託財産は金銭債権であり，回収金の保管方法も銀行預金が通常であるから，原則として開示規制は及ばない。

IV 自己信託を利用した事業提携

1 事業の信託

事業の信託を行うには，信託行為において，一定の収益力ある事業部門に属する資産を信託財産として拠出し，同部門に属する債務を信託財産責任負担債務とする定めをして（信託21条1項3号），事業自体を実質的に信託する。信託

財産は積極財産（資産）の集合体であって，消極財産（債務）を含まないので，積極・消極財産の集合体である事業自体を信託財産とすることはできないからである。

もっとも，委託者の信託前発生債務を信託財産責任負担債務と定めても，債権者の同意なしに同債務の責任財産を信託財産に限定することはできないから，このような信託行為の定めは，履行の引受けまたは債務の重畳的引受けの効果しか生じない。

2 事業の全部または重要な一部の自己信託をする場合の株主総会特別決議

株式会社が事業の全部または重要な一部を譲渡するには，事業譲渡の効力発生日の前日までに，株主総会の特別決議によって事業譲渡契約の承認を受けなければならないが，事業の一部譲渡における譲渡資産の帳簿価額が譲渡会社の総資産額の5分の1を超える場合は重要な一部の譲渡になる（会社467条1項1号・2号・309条2項11号）。実質的に譲渡会社の事業再編であり，株主の重大な利害にかかわるからである。

事業の自己信託では，信託される事業資産の所属先が，委託者兼受託者の固有財産から信託財産に変わるだけで，譲渡がされるわけでないので，会社法の事業譲渡規制は当然には適用されない。しかし，株主の重大な利害にかかわるので，自己信託の設定についても株主総会の特別決議による承認を要する（信託266条2項）。

3 提携先による受益権の取得とその譲渡制限

自己信託を利用して事業提携を行う場合，提携先に受益権の一部を取得・保有してもらい，事実上の資本参加を得る。提携先に受益権を取得してもらうには，事前に提携の合意ができているときは，信託行為において受益権の一部の当初受益者として提携先を指定し，受益者指定の対価的補償を受ける方法をとる。提携合意ができていないときは，受益権全部の当初受益者として委託者兼受託者を指定し，提携合意ができた段階で受益権の一部を譲渡する方法をとる。

資金調達目的を超えた事業協力を目的とする場合，提携先が取得した受益権を第三者に譲渡されては目的を達することができないことがあるので，その場合には，信託行為において（信託93条2項）または信託の変更（信託149条1項）により，受益権の譲渡には受託者の承諾を要する旨の定めをする。受益者間契約の締結によって，受益権譲渡を制限する方法もあるが，この方法による場合，譲渡制限合意を譲受人に対抗することはできないので，損害賠償額の予定条項を設けて間接的に譲渡を制限するほかない。

4　提携先の有する経営資源の活用

　自己信託を維持する限り，提携先の有する事業その他の経営資源を信託財産として拠出してもらうことはできない。提携先から信託財産の拠出を受ければ，その信託財産については他人信託になってしまうからである。

　提携先をも受託者に加える信託の変更をして，複数委託者全員が受託者となったとしても，複数受託者は信託財産を合有し（信託79条），複数受託者は相互に他の委託者の拠出財産をも管理・処分することになるので，自己信託ではなくなるから，自己信託を維持したまま提携先の有する経営資源を活用しようとすれば，受託者として提携先と購入・利用等の契約を締結することになる。

◆永　島　正　春◆

Q4 詐害信託の取消し

債務者が信託によって責任財産を減少させ，債権全額の弁済を受けられなくなった場合，債権者はどのような対抗措置をとることができますか。

A

委託者がその債権者を害することを知って信託をした場合，債権者は，(1)受託者に対する信託財産に属する財産の取戻し，(2)受益者に対する①給付された信託財産に属する財産の取戻し，②給付未了（部分）の受益権の委託者への譲渡を請求する訴訟を提起することができる。(1)の訴訟では現存する受益者の全部または一部が，(2)の訴訟では被告とされた受益者が，受益者としての指定（信託行為の定めによる，またはその定めに基づく受益者の指定・変更権の行使による受益者または変更後受益者としての指定）を受けたことを知った時または受益権の譲渡を受けた時に，債権者を害すべき事実を知らなかったときは，取戻しまたは譲渡の請求は原則として認められないが，無償（無償と同視すべき有償を含む。）で受益者の指定または受益権の譲渡を受けた受益者については，債権者を害すべき事実を知らなかったことは適法な抗弁事由とはならない。

I 信託または受益者指定・受益権譲渡が詐害性を帯びる場面

信託は，委託者の財産を信託財産として拠出し，受託者がこれを受益者のために管理・処分し，受益者に信託財産に属する財産を給付することを目的とする。受益権が委託者に帰属するか委託者外の第三者に帰属するかによって，信託は自益信託と他益信託に区分される。

自益信託でも他益信託でも，委託者財産が信託財産として拠出されるので，その限りで委託者の責任財産は減少する。しかし，自益信託では，同時に拠出財産を当初信託財産とする受益権が委託者の責任財産に帰属するので，信託自体が委託者の債権者を当然に害するわけではない。「害する」とは，無担保債権の共同の引当てである一般財産（責任財産）が減少して，債権者に完全な弁済ができなくなることまたはその状態がいっそう悪化することをいう。

　自益信託でも，受益権がハイリスク・ローリターンな性格を有していたり，換価性・流動性が著しく乏しいなどの事情から，拠出財産に比べて経済的価値が劣る場合に，客観的には債権者を害する場合がありうる。もっとも，信託財産の運用見込み・実績と，それについての理解にも関係することなので，詐害意思の認定は必ずしも容易でない。その意味で，自益信託について信託法11条1項（詐害信託の取消し）が適用される場面は多くない。無償または廉価による受益権譲渡は，民法424条（詐害行為取消権）の適用によって処理される。

　他益信託では，受益権は委託者に帰属せず第三者に帰属するから，その限りで信託自体が詐害性を帯びる。しかし，信託外における委託者と受益者との協議に基づき，受益者指定の補償的対価が委託者に交付される場合も少なくない。このような場合は，他益信託であっても債権者を害することは原則としてない。

　詐害的な他益信託は，受益者指定が補償的対価なしに，または廉価な対価により行われた場合に生じる。計算上の対価が相当でも，委託者がすでに債務超過で，受益者指定の対価が委託者の債務に相殺充当されるような場合は，対価は委託者の責任財産には実際上帰属せず，偏頗弁済が行われたにすぎないので，詐害信託となる。

　信託法11条は，詐害信託取消訴訟における抗弁事由として，受益者としての指定を受けたことを知った時と並んで，受益権譲受時において債権者を害すべき事実を知らなかったことを規定するが，後者が抗弁事由となりうるのは，詐害的な他益信託の受益権が譲渡された場合に原則として限られる。

Ⅱ 受託者からの信託財産に属する財産の取戻し

債権者が，詐害信託を取り消して，受託者の所有・管理する信託財産に属する財産を委託者に取り戻すには，受託者に対して詐害信託取消訴訟を提起し，その請求原因として次のような事実を主張し，立証することになる（信託11条1項）。

① 信託前に発生した委託者に対する債権（原因，額）を有すること。
② 委託者が無償または廉価な他益信託などの債権者を害する信託をし，受託者に対し，委託者財産を信託財産として引き渡したこと（引渡未了の場合は取消しのみ）。
③ 委託者は債権者を害することを知って信託をしたこと。

受託者は，次のような抗弁事実を主張し，立証することになる（信託11条1項ただし書）。

④ 受益者が現に存すること。
⑤ その受益者の少なくとも1人が，受益者の指定を受けたことを知った時または受益権を譲り受けた時に，債権者を害すべき事実を知らなかったこと。

受託者は，自己信託の場合を除き，委託者から信託財産に属すべき財産の譲渡を受けるが，その立場において信託の利益を享受することはできず（信託8条），信託財産について固有の利益を有しないから，受託者が債権者を害すべき事実を知っていたか否かによって取消しの成否は左右されない（信託11条1項）。もっとも，受託者は，信託事務処理上の善管注意義務（信託29条2項）を負い，その履行として抗弁事実の主張立証責任を尽くす義務を負うので，その前提として，善意の受益者の存否を調査しなければならず，受益者に補助参加（民訴42条）の機会を与えるためにも，受益者全員に対して訴訟告知（民訴53条）をすることが適当である。

Ⅲ 委託者の信託債権者に対する弁済責任

詐害信託取消請求の認容判決が確定した場合，信託債権者（委託者でもある場

合を除く)(注1)が，信託債権の取得時において，債権者を害すべき事実を知らなかったときは，委託者は，詐害信託の取消しによって受託者から委託者に移転する財産の価額を限度として，信託債権の弁済責任を負う(信託11条2項)。したがって，信託債権者は，その財産価額の限度で，受託者から移転する財産を含む委託者財産に対する強制執行等を行い，信託債権に対する按分弁済を受けることができる。

　信託が取り消された場合，信託債権の引当てとなる信託財産に属する財産が委託者への移転によって減少し，信託財産に属する財産からの弁済期待が裏切られる結果となりうるので，信託財産の減少を生じさせた委託者に，信託財産が減少する限度で弁済責任を負わせたのである。

　この場合も，受託者はその固有財産による信託債権の弁済義務を免れず，委託者とともに，信託債権弁済の負担を重畳的に負う。しかし，この場合，受託者の固有財産による信託債権弁済の危険が増大し，他方で信託事務処理費用等の償還等(信託48条1項・2項)，信託事務処理のために受けた損害の賠償(信託53条1項)および信託報酬(信託54条1項)について，信託財産に属する金銭を固有財産に帰属させることができる権利(信託49条1項・53条2項・54条4項)の行使も困難となる。

　そこで，受託者のこの権利を金銭債権とみなし(信託11条3項)，受託者も，委託者に対し，信託債権者として，委託者に移転する財産の価額を限度として委託者財産に対する強制執行等をすることができるものとした。

(注1) 信託法11条2項の規定する「信託財産責任負担債務に係る債権」は，信託債権(信託事務処理に関連して発生する債権〔信託21条1項2号～9号〕)と受益債権(信託行為に基づいて受託者が受益者に対して負う，信託財産に属する財産の引渡し等の信託財産に係る給付をすべき基本債権〔信託2条7項・21条1項1号〕)に大別される。詐害信託取消請求の認容判決の確定は，受益債権者全部が債権者を害すべき事実を知っていたことを意味するから，信託法11条2項の信託財産責任負担債務に係る債権を有する債権者は，実際には信託債権者のみとなる。

Q4　詐害信託の取消し

Ⅳ 受益者が給付を受けた信託財産に属する財産の取戻しおよび受益権の譲渡請求

　他益信託の受益者の指定を受けたことを知った時または受益権の譲渡を受けた時において，債権者を害する事実を知らなかった受益者がいる場合，信託の取消しは認められないが，その事実を知っていた受益者に信託の利益を留保させておく必要はない。そこで，債権者は，債権者を害すべき事実を知っていた受益者に対し，受託者から給付を受けた信託財産に属する財産の取戻しを，それが不能ないし困難な場合においては価額賠償を訴えをもって請求することができる（信託11条4項）。

　また，給付の全部または一部が未了の受益権を委託者に譲渡すべきことおよび受託者に対する対抗要件としてのその旨の通知（信託94条），またはこれに代わる価額賠償を訴えをもって請求することもできる（信託11条5項）。この権利は，詐害信託がされたことを知った時から2年間で時効消滅し，それを知らなかった場合でも詐害信託の時から20年が経過すれば行使することはできない（同条6項）。

Ⅴ 受益者の指定等が無償でされた場合の善意主張の制限

　他益信託における受益者の指定または受益権の譲渡にあたって，指定者または譲渡人は，信託財産に属する財産の取戻請求や受益権の譲渡請求を不当に免れる目的で，債権者を害すべき事実を知らない者を無償（無償と同視すべき有償を含む。）で受益者に指定しまたはその事実を知らない者に無償で受益権を譲渡してはならない（信託11条7項）。

　この規定に反する受益者の指定または受益権の譲渡が行われて受益者となった者が，受益者の指定を受けたことを知った時または受益権の譲渡を受けた時において，債権者を害すべき事実を知らなかったときでも，その善意は適法な抗弁事由とならない（信託11条8項）。無償で受益者となった者を，債権者の犠牲によって保護すべき理由はないことによる。

VI 詐害的自己信託における信託財産に対する強制執行等

　信託財産に属する財産に対する強制執行，仮差押え，仮処分，担保権の実行，競売（担保権実行としての競売を除く。）または国税滞納処分（その例による処分を含む。）は，信託財産責任負担債務に係る債権（信託財産に属する財産について生じた権利(注2)を含む。）に基づく場合を除いては許されないのが原則である（信託23条1項）。

　しかし，自己信託の場合，委託者財産が信託財産として拠出されても，委託者と受託者は同一人であるため，委託者から受託者への権利移転はされず，固有財産と分別管理されるべき信託財産に属するだけであり，自己信託が取り消されても，権利および占有の移転は生じない。そのようなことから，自己信託では詐害信託が行われやすく，これを抑制する必要が大きい。

　そこで，前記の原則にかかわらず，自己信託前に生じた債権を有する債権者は，詐害信託取消訴訟を提起して信託財産に属する財産を委託者の固有財産に取り戻す手続を経ずに，委託者に対する債務名義をもって，直ちに信託財産に属する財産に対する強制執行等をすることができるものとされた（信託23条2項）。

　この場合も，現存する受益者の全部または一部が，受益者として指定されたことを知った時または受益権を譲り受けた時において，債権者を害すべき事実を知らなかったときは，強制執行等は許されない（信託23条2項ただし書）。

　強制執行等が許されない事情がありながら，それがされた場合，受託者または受益者は，その不許を求めるには，第三者異議の訴え類似の訴えまたは国税滞納処分に係る審査請求や取消訴訟を提起して，受益者の善意を主張しなければならず（同条5項・6項），起訴の負担が債権者から受託者等に転換されている。この訴訟等においても，無償で受益者の指定または受益権の譲渡を受けて受益者となった者の善意は，適法な抗弁事由とならない（同条3項）。この訴訟等が提起されたときは，強制執行等をした債権者も，前記Ⅱの②③の事実を主張・立証しなければならない。

（注2）　抵当権などの制限物権の付着した財産が信託財産に属した場合の制限物権など。

自己信託がされた時から2年間経過後は，前記特則は適用されないので（信託23条4項），詐害的な自己信託の取消しを求めるには，詐害信託取消訴訟の提起を要する。

Ⅶ 詐害信託の否認

委託者が破産した場合における破産法160条1項に基づく詐害信託の否認については，信託法と平仄を合わせ，複数受益者の存在を前提に，詐害信託によって利益を受けた受益者の全部または一部が破産債権者を害する事実を知らなかったときは，信託自体を否認することはできないものとした（信託12条1項）。

しかし，受益者の善意の判断基準時の読替規定がないため，破産否認では他益信託の受益者がその指定を受けたことを知る前の信託行為時が基準となってしまいかねず，そうなると，信託法上の詐害信託取消しよりも否認が困難となる。信託法11条4項ただし書を準用する12条2項が類推適用されるべきものと考える。また，破産法160条1項の適用上，受託者を被告とすべき規定がないので，否認の当事者が受託者になるのか受益者全員の必要的共同訴訟なのか明らかでないが，前者と考えるべきであろう。

また，破産法は，否認権の行使方法を訴え，否認の請求または抗弁とし（破173条1項），信託法は，悪意の受益者に対する受益権返還請求は訴えによるべきことを定めるが（12条2項），信託の否認方法についての規定はなく，訴えによるのか，否認の請求でもよいのか，必ずしも明らかでない。受益権の返還請求は信託の受益者ごとの部分否認と解されるので，それとの権衡上，受託者に対する信託の全面否認である信託自体の否認は訴えの方法によらなければならないと考える。

受益者として指定されたことを知った時または受益権を譲り受けた時において，債権者を害すべき事実を知っていた受益者に対しては，破産管財人は，訴えをもって受益権の破産財団への返還を請求することができるが（信託12条2項），受託者から信託財産に属する財産の給付を受けた悪意の受益者に対する，受益権取得の否認に基づく給付物の返還（またはこれに代わる価額賠償）請求につ

いては規定がない。しかし，これを否定すべき理由はなく，破産法160条1項に基づいて認められるべきものと考える。ただ，信託法12条2項のような明文規定がないので，悪意の基準時が明らかでないが，同項と別異に解すべき理由はない（信託11条4項・5項参照）。

　詐害信託の破産否認については，その取消しを定める信託法の規定が参照されることになると思われるが，はなはだ不安定な法律状態にある[注3]。

　その他，民事再生・会社更生等の場合について，破産否認と同様に若干の規定が置かれている（信託12条3項〜5項）。

◆永 島　正 春◆

（注3）　村松秀樹＝富澤賢一郎＝鈴木秀昭＝三木原聡『概説新信託法』（金融財政事情研究会，2008）31頁注13）は，「必要最小限の読替規定を置くことによって，その趣旨を示しているが，複雑な法律関係を形成する信託の否認については，贈与目的，担保目的など信託の目的に応じて，解釈論で決すべき点がなお少なくないものと考えられる。」と述べる。

Q5 分別管理と識別不能

受託者は信託財産をどのように管理すべきですか。
受託者の不注意等によって，信託財産と固有財産または他の信託財産との識別ができなくなった場合，どのように取り扱われますか。

A

　受託者は，信託財産に属する財産を受託者の固有財産や他の信託財産から分別して管理しなければならない（受託者の分別管理義務）。具体的な財産ごとの分別管理の方法については，信託法34条が規定している。
　受託者が分別管理義務に違反し，あるいは天災等の不可抗力によって識別ができなくなった場合には，その各財産の共有持分が，識別不能状態が生じた当時における当該各財産の価格の割合に応じて，信託財産と固有財産または各信託の信託財産に属するものとみなされ（信託18条1項・3項），共有物として扱われることになる。

I 分別管理義務

1 分別管理義務の意味

　受託者は，信託財産について分別管理義務を負う。分別管理義務とは具体的には，受託者は，①信託財産を，受託者の個人財産から分離して管理しなければならないこと，②受託者が複数の信託を受託している場合には，それぞれの信託財産を分離して管理しなければならないことを意味する。信託法34条は，この受託者の分別管理義務を定める。

2　分別管理義務が課される理由

　受託者に分別管理義務が課されるのは，信託財産を特定し確実に把握できるようにすることによって受託者の倒産から信託財産の隔離機能を確保することに加え，信託財産に生じた損失について受益者による立証を容易にし，受託者がその地位を濫用して忠実義務（信託30条）違反行為をすることを未然に防止する等の機能を有するからであると考えられている[注1]。

　信託が設定された信託財産は，委託者から受託者に帰属することになる。受託者は，信託財産を信託設定時に定められた目的に従って，自己の財産とは別にその目的の達成のために必要な行為をする義務を負うものであり，信託財産は，受託者の固有財産とは別に扱われる財産である。これにより，信託財産は，委託者の債権者からも，受託者の債権者からも隔離された独立の財産として保護される。

　このように独立の財産としての保護を受けるために，信託の設定に際しては，固有財産とは区別された特定の信託財産が存在することが必要となる。そして，受託者にはそのように特定性をもって設定された信託を，特定性を確保して管理することが求められ，分別管理義務が課されることになる。

　信託法は，2条1項で「信託」の定義を設けており，この定義にあてはまるときには信託の効果を与える形をとっている。そのためある財産関係が信託の定義にあてはまるときには，その財産関係についていわば救済として信託の効果を認めることが可能である[注2]。分別管理義務は，行為規範として信託を成立せしめるための信託の要件とはされていないが，評価規範（救済方法）として信託を考える際の重要な判断要素としての意味をもつ[注3]。

（注1）　寺本昌広『逐条解説新しい信託法〔補訂版〕』（商事法務，2008）138頁。分別管理義務の機能につき，能見善久『現代信託法』（有斐閣，2004）94頁。
（注2）　最判平14・1・17民集56巻1号20頁参照。村松秀樹＝富澤賢一郎＝鈴木秀昭＝三木原聡『概説新信託法』（金融財政事情研究会，2008）2頁。なお，救済手段としての信託につき，能見善久＝道垣内弘人＝沖野眞己＝藤田友敬＝井上聡＝田中和明「信託法セミナー（第3回）信託の認定(3)」ジュリ1404号（2010）116頁参照。
（注3）　信託の効果意思の判断において，信託財産の分別管理がなされていないことを重視して，効果意思の存在を認めず，信託契約の成立を否定した事例として，大阪高判平20・9・24判時2078号38頁がある。

Ⅱ　分別管理の方法

1　信託法の定め

　具体的な分別管理の方法としては，信託財産をその財産の性質において最善の状態で分別管理しなければならないが，信託法34条1項は，次のとおり信託財産の種類に応じた分別管理の方法を定める。
　① 「14条の信託の登記又は登録をすることができる財産」(後記③を除く。)については，「当該信託の登記又は登録」(信託34条1項1号)。
　② 「14条の信託の登記又は登録をすることができない財産」(後記③を除く。)のうち，
　　イ　金銭を除く動産については，信託財産とそれ以外の財産とを「外形上区別することができる状態で保管する方法」(信託34条1項2号イ)。
　　ロ　金銭又はイ以外の財産については，「その計算を明らかにする方法」(信託34条1項2号ロ)。
　③ 「法務省令で定める財産」については，「当該財産を適切に分別して管理する方法として法務省令で定めるもの」(信託34条1項3号)。

2　登記・登録できる財産

　信託法14条は，取引の安全を図るため，信託財産に属する財産の対抗要件を定めている。すなわち，登記または登録をしなければ権利の得喪変更を第三者に対抗することができない財産については，信託の登記または登録が，信託の第三者対抗要件とされる。不動産(民177条)，著作権(著作権令35条以下)，特許権(特許登56条以下)がこれにあたる。これらの財産では，対抗要件を備えることと分別管理が等しくなっている。

3　動　　産

　金銭を除く動産については，帳簿で明らかにするだけでなく，物理的に分別して保管することが求められる。

4 金銭・金融資産など

　金銭や預金などの金銭債権については，物理的に管理することは困難であるから，「その計算を明らかにする方法」でたり，帳簿上明らかにすることにより分別管理される。金銭は，現実にはほとんどなく，多くは預金などにされるまでの一時的なものが多いであろう[注4]。預金については，家族間における財産の管理移転等を目的とする民事信託では，口座ごとに分けることが必要であるが，信託銀行などが受託者である商事信託では現実的な対応が困難な場合が多く，帳簿上入金出金を記録することも認められる。

　信託財産に属する財産と固有財産または他の信託の信託財産に属する財産とを合同して運用する合同運用については，管理されている財産をどのように「運用」するかの問題であり，分別管理義務の問題ではない。したがって，合同運用が直ちに分別管理義務に違反するものではない[注5]。

5 法務省令で定める財産

　信託法施行規則4条は，「法務省令で定める財産」として「〔信託〕法206条第1項その他の法令の規定により，当該財産が信託財産に属する旨の記載又は記録をしなければ，当該財産が信託財産に属することを第三者に対抗することができないとされているもの」と定め（1項），これらの財産は，当該根拠法令の規定に従い「信託財産に属する旨の記載又は記録をするとともに，その計算を明らかにする方法」で分別管理することとしている（2項）。

　受益証券発行信託の受益権のうち受益証券を発行しないもの（信託206条1項・185条2項），不発行株式（会社154条の2），不発行新株予約権（会社272条の2），不発行社債（会社695条の2），振替社債（社債株式振替75条1項），振替国債（社債株式振替100条），振替株式（社債株式振替142条）がこれにあたる。

（注4）　分別管理義務の問題とは別に，金銭については一般的に預金等にしておかなければならず，現実に保管している現金も，封筒に入れるなどしておかなければ，善管注意義務（信託29条2項）違反となりうる（道垣内弘人「さみしがりやの信託法(9)」法教340号（2009）96頁）。
（注5）　寺本・前掲（注1）139頁。

表　具体的な分別管理の方法（信託34条1項）

信託財産の種類		例	分別管理の方法
①　信託法14条の信託の登記または登録をすることができる財産		不動産，著作権，特許権	当該信託の登記または登録
②　信託の登記または登録をすることができない財産（ただし，③の財産以外）	イ　金銭以外の動産		信託財産に属する財産と固有財産および他の信託の信託財産に属する財産とを形上区別することができる状態で保管する方法
	ロ　金銭およびイ以外の財産	預金債権，金銭債権，その他物理的管理を観念できない金融資産	その計算を明らかにする方法（帳簿による管理）
③　法務省令で定める財産（信託財産に属する旨の記載・記録が第三者対抗要件である財産）		不発行株式，不発行新株予約権，不発行社債，振替社債，振替株式	法務省令で定める方法（信託財産に属する旨の記載・記録と，その計算を明らかにする方法）

Ⅲ　分別管理に関する特別の定め

1　管理方法についての特約

　分別管理義務は，信託財産が倒産隔離など信託としての効果を受けるための本質的な義務である。したがって，分別管理義務自体を免除するような定めを信託行為で定めることはできない（強行規定）。しかし，信託財産の効率的な管理・運用を可能とするため，「分別して管理する方法」については，信託行為に別段の定めをすることが認められている（信託34条1項ただし書）。したがって，商事信託ではもちろん，民事信託においても信託契約において具体的な分別管理方法を定めることが将来の問題回避のために重要といえる。

2　帳簿等作成義務

　分別管理の方法については，信託行為に別段の定めをすることが認められる

が，他方，分別管理義務とは別に，受託者には帳簿等の作成義務が定められる。すなわち受託者は，信託事務に関する計算ならびに信託財産に属する財産および信託財産責任負担債務の状況を明らかにするため，法務省令で定めるところにより，「信託財産に係る帳簿その他の書類又は電磁的記録」（信託帳簿）を作成しなければならない（信託37条1項）。また，受託者は，毎年1回，一定の時期に，法務省令で定めるところにより，「貸借対照表，損益計算書その他の書類又は電磁的記録」（財産状況開示資料）を作成しなければならない（同条2項）。

これらの信託帳簿等の作成義務は，信託行為で免除することは認められない（強行規定）。

この限りで，分別管理の方法についても最低限拘束されることになる。

3　登記・登録できる財産

信託法14条の信託の登記登録をする義務は，信託行為によっても免除することはできない（強行規定〔信託34条2項〕）。

ただし，登記登録を信託行為で一時的に免除することについては，分別管理義務の目的である受託者からの倒産隔離を害することなく，信託財産の効率的運用を通じて受益者の受益に資する場合もある。

実務上抵当権付債権の信託がなされる場合の抵当権や，重要性が低く，あるいはすぐに解体される予定の建物などについては，一時的に登記を免除することが一般的といわれる。

信託財産の出入りが著しい等の事情がある場合において，そのつど，信託の登記または登録をしていては，取引の効率性を害し，費用もかかる。

そこで，分別管理の方法について，信託行為により「信託の登記または登録をする義務を当面は免除するものの，受託者が経済的な窮境に陥ったときには遅滞なくこれをする義務が課せられているような場合」も信託法34条2項によって禁止されるものではないとされる[注6]。

（注6）　寺本・前掲（注1）138頁，村松ほか・前掲（注2）113頁。

IV 識別不能財産の扱い

1 分別管理義務違反により識別不能となったとき

受託者の不注意等によって，信託財産と固有財産，あるいは受託者が複数の信託の受託者となっている場合に，ある信託財産に属する財産と別の信託財産に属する財産が識別することができない状態が生じた場合には，信託法17条，18条が，各財産の帰属関係を明確化するための規定を設けている。

2 混和の場合

「複数の物が混交して物理的に識別・分離することが不可能となった状態」，すなわち液体がまざりあうように，もとの物の識別ができなくなった場合を「混和」というが，この場合には，信託法17条により「各信託の信託財産及び固有財産に属する財産は各別の所有に属するものとみなして，民法第242条から第248条までの規定を適用する」。したがって，民法245条により，付合の規定が準用され，混和物全体について原則として主たる財産の所有者が所有権を取得し（民243条），主従の区別ができないときは，混和の時における価格の割合に応じて各所有者の共有持分が帰属する（民244条）[注7]。

3 混和の場合以外の識別不能の場合

「複数の物が物理的には識別・分離することが可能であるものの，その帰属関係が不明となった状態」[注8]については，信託法18条が適用される[注9]。たと

(注7) 法律は以上のように定めているが，実際の適用は簡単ではない。たとえば高価なワインと廉価なワインが混和した場合，アルコールであれば何でもよいという人であればともかく，ワインとしての市場価値を認めることは困難であり，主従の区別はもちろん，価格の割合で持分割合を決めることも現実的ではない。油などは，良質の油と劣悪な油が混和しても油として使用には支障がないといえるかもしれないが，混和して良質の油になるわけではないので，良質の油が主たる動産といえるかは疑問であるし，価格も単純に比較することができない場合も多いであろう。したがって，あらかじめ信託契約において何らかの規定を設けることが必要となる。

(注8) 寺本・前掲（注1）79頁。

(注9) 寺本・前掲（注1）79頁，村松ほか・前掲（注2）47頁。

えば，信託財産に属するA社の株式10株と固有財産に属するA社の株式5株をまとめて保存したために，それがいずれに属するのかが明らかでなくなった場合である(注10)。

この場合には，当該各財産の共有持分が「信託財産と固有財産」あるいは「各信託の信託財産」とに属するものとみなされる。そして，この場合，その共有持分の割合は，その識別することができなくなった当時における各財産の価格の割合に応ずる（信託18条1項・3項）。この価格の割合を立証することが困難な場合には，民法250条にならって，共有持分の割合は相等しいものと推定される（信託18条2項）。

信託法18条の規定が適用される対象は，17条の混和による場合を除き，識別不能となった事由を問わない。したがって，分別管理義務違反の場合だけでなく，天災等の不可抗力による場合，信託行為により物理的な分別管理義務が免除されている場合も含まれる。

4　識別不能財産の分割

受託者に属する財産について，その共有持分が「信託財産と固有財産」あるいは「信託財産と他の信託財産」に属する場合には，信託行為に定められた方法や，受託者と受益者との協議による方法などに基づいて分割することができる（信託19条1項・3項）。当事者間で分割することができないときには，最終的には裁判所に共有物分割請求訴訟を提起して分割することになる（同条2項・4項）。

V　分別管理義務違反の場合

1　受託者の任務懈怠の責任

受託者がその任務を怠ったことによって，信託財産に損失または変更が生じたときには，受益者は，その受託者に対して，①信託財産に損失が生じた場合

(注10)　村松ほか・前掲（注2）48頁。

には金銭による当該損失のてん補を，②信託財産に変更が生じた場合には現状の回復を請求できる（信託40条1項）。

これは，債務不履行責任の一種と位置づけられている（信託43条1項参照）。

この点，立法担当官は，受託者と受益者との間で形成されるに至った信認関係に受託者が違反することによって負担するものであり，受託者の受益者に対する信認義務違反に基づく債務不履行責任と位置づけることが相当とする[注11]。

債務不履行の一般的な損害賠償責任（民415条）の場合と同様に，受託者が任務を怠ったことについて，当該受託者に故意または過失があることを要する。

損失のてん補請求と原状回復請求のいずれを行使するかは，受益者の選択にゆだねられる。ただし，①原状の回復が著しく困難であるとき，②原状の回復をするのに過分の費用を要するとき，その他受託者に原状の回復をさせることを不適当とする特別の事情があるときには，受託者にとって酷な結果となるため，現状回復請求はできない（信託40条1項ただし書）。

2　分別管理義務違反の責任

受託者が分別管理義務に違反した場合も，任務を怠ったものとして損失てん補責任または原状回復責任を負う（信託40条1項）。ただし，受益者保護のため，分別管理義務を怠って信託財産に損失または変更が生じたときは，「受託者は，同条〔34条〕の規定に従い分別して管理をしていたとしても損失又は変更が生じたことを証明しなければ，第1項〔損失てん補または原状回復〕の責任を免れない」（信託40条4項）として，証明責任の転換を規定している。

◆大　坪　和　敏◆

（注11）　寺本・前掲（注1）162頁。なお村松ほか・前掲（注2）143頁も参照。旧信託法（27条）の議論につき，能見・前掲（注1）135頁。

Q6 相殺・強制執行の制限

甲社からA建物を賃借していたところ，甲社から事務所の建設工事の注文を受け完成させたものの，甲社がその工事代金を期限に支払わないので，甲社に対し工事代金債権とA建物の将来賃料とを相殺すると通知しました。ところが，甲社は，A建物は信託を受けた財産であり，賃貸借契約書にもその旨を書いてあるから，相殺は無効である，1週間以内に賃料を支払わなければ賃貸借契約を解除すると主張しています。いずれも甲社との契約なのに，相殺はできないのでしょうか。また，信託と相殺や強制執行との関係はどのように規律されていますか。

A

　この場合相殺はできない。受託者に対して債権（本設問の工事代金債権）を有する債権者は，その債権を自働債権とし，受託者の有する信託財産に対して負担する債務（本問の賃料債務）を受働債権として相殺することは原則としてできない。信託財産に属する賃料債務が甲社の固有財産に属するものでないことを知らず，かつ，知らなかったことに過失がなかった（善意・無過失の）場合には，相殺が認められるが，賃借契約書に信託財産である旨の記載があれば，無過失とはいえない。

　信託が設定されると，信託財産と受託者の固有財産とは別に扱われ，受益者のために管理処分されるべきものであるため，受託者の債権者による信託財産に属する財産への強制執行等は，原則として禁止される（信託23条1項）。そして，相殺についても第三者からの相殺を認めると信託財産に対する強制執行等の制限に反することになるので原則として禁止されることになる（信託22条）。

I　信託財産の独立性

　信託が設定されると，信託財産は受託者の名義となり受託者に帰属するが，受託者の固有財産とは別に扱われる。受託者は自由に信託財産を処分できるのではなく，信託目的による拘束の下に管理運用され，受託者の固有財産から独立した財産となる。このように信託財産が，受託者の固有財産と別扱いにされることを信託財産の独立性という。

　信託法において，信託財産の独立性は，①信託財産の混同の特例（信託20条），②相殺の制限（信託22条），③信託財産に対する強制執行等の制限（信託23条），④受託者破産の場合でも信託財産が破産財団に属しないこと（信託25条），⑤信託財産の相続財産からの排除（信託74条）の規定にみられる。

　なお，信託が設定されると，委託者から受託者に財産が移転することによって，委託者の債権者は信託財産を債権の引当てにすることができない。このように信託には信託財産を委託者の倒産リスクから保護するという倒産隔離機能がある。これは信託財産が委託者に帰属する財産でないことから当然のことであるが，このような信託財産の委託者からの独立性に関しても，広義における信託財産の独立性に含めて議論されることがある[注1]。

II　強制執行の制限

1　信託財産への強制執行等の禁止

　信託財産の独立性は，信託財産については，それが受託者に帰属している財産であるにもかかわらず，受託者個人に対する債権者（受託者の固有財産のみを引当てとしている債権者）は信託財産を差し押さえることができないという点に最も特徴的に現れる。

　すなわち，信託財産に属する財産に対しては，原則として強制執行，仮差押え，仮処分もしくは担保権の実行，国税滞納処分等をすることが禁止される

（注1）　新井誠『信託法〔第3版〕』（有斐閣，2008）328頁。

（信託23条1項）。受託者個人に対する債権者が，受益者のために管理処分される信託財産に属する財産への強制執行等が可能とすれば受益者の利益が著しく害されることになる。他方，受託者個人に対する債権者は，受託者の利益に帰属していない信託財産を債務の引当てとすることは期待できなくても当然である。

　そして，このような強制執行等が原則として禁止されることを受けて，包括執行たる破産手続の関係においても，信託財産に属する財産は破産財団に属しないとされ（信託25条1項），再生手続および更生手続においては再生債務者，更生会社の財産に属さないものとされている（同条4項・7項）。

　信託財産責任負担債務（信託2条9項・21条1項）に該当しない権利に基づいてなされた強制執行等に対しては，受託者または受益者は，異議を主張することができる。具体的には，強制執行，仮差押え，仮処分または担保権の実行もしくは競売に対しては，民事執行法38条（民保45条）の第三者異議の訴え類似の訴えを提起する（信託23条5項）。国税滞納処分についてはその処分について不服申立ての方法（審査請求，取消訴訟など）による（同条6項）。

2　強制執行等の禁止の例外

　以上の原則に対して，受託者に対する債権者には，受託者が信託事務を執行した結果として，債権を取得した者もいる。この場合には，信託財産のために債務が発生し，その利益は受益者に帰属することになるのであるから，信託財産への強制執行等を認めても受益者の利益を害することにはならない。

　そこで，例外的に一部の債権については，強制執行等が可能とされている。

　この一部の債権，すなわち信託財産に属する財産への強制執行等が可能な債権に係る債務を信託財産責任負担債務という（信託23条1項・2条9項）。

　信託財産責任負担債務の債権者は，受託者個人の財産（固有財産）だけでなく，信託財産に属する財産に対して強制執行等が可能である（信託23条1項）。

　信託財産責任負担債務は，信託事務の遂行のために負担した債務であっても，受託者が負担する債務であるから，債権者に対しては，受託者の固有財産に属する財産をもってその履行の責任を負うことになる。

　しかし，信託財産責任負担債務のなかには，受託者が固有財産に属する財産

| 表 | 信託財産責任負担債務と信託財産限定責任負担債務 |

信託財産責任負担債務（信託21条1項）→固有財産だけでなく，信託財産についても強制執行等が可能（信託23条1項）		信託財産限定責任負担債務→信託財産のみで履行の責任を負う（信託21条2項）	
1号	受益債権（＊信託行為に基づいて受託者が受益者に対し負う債務であって信託財産に属する財産の引渡しその他の信託財産に係る給付をすべきものに係る債権〔信託2条7項〕）	1号	受益債権（信託100条）
2号	信託財産に属する財産について信託前の原因によって生じた権利（＊信託された不動産に信託前に設定された抵当権など）	2号	信託行為に信託法216条1項の限定責任信託の定めがあり，かつ，信託法232条の定めるところにより登記がされた場合における信託債権（信託財産責任負担債務に係る債権であって，受益債権でないものをいう。）
3号	信託前に生じた委託者に対する債権であって，当該債権に係る債務を信託財産責任負担債務とする旨の信託行為の定めがあるもの	3号	前2号に掲げる場合のほか，信託法の規定により信託財産に属する財産のみをもってその履行の責任を負うものとされる場合における信託債権（※信託75条6項・76条2項・83条2項本文・100条・104条11項・122条2項・127条4項・183条5項等）
4号	信託法103条1項または2項の規定による受益権取得請求権	4号	信託債権を有する者（信託債権者）との間で信託財産に属する財産のみをもってその履行の責任を負う旨の合意（責任財産限定特約）がある場合における信託債権
5号	信託財産のためにした行為であって受託者の権限に属するものによって生じた権利		
6号	信託財産のためにした行為であって受託者の権限に属しないもののうち，次に掲げるものによって生じた権利 イ　信託法27条1項または2項（信託法75条4項で準用する場合を含む。）の規定により取り消すことができない行為（ただし，当該行為の相手方が，当該行為の当時，当該行為が信託財産のためにされたものであることを知らなかったものは除かれ，信託財産に属する財産につ		

	いて権利を設定しまたは移転する行為によって生じた権利に基づき信託財産に属する財産に対する強制執行等は可能） ロ　信託法27条1項または2項の規定により取り消すことができる行為であって取り消されていないもの
7号	信託法31条6項に規定する処分その他の行為または同条7項に規定する行為のうち，これらの規定により取り消すことができない行為またはこれらの規定により取り消すことができる行為であって取り消されていないものによって生じた権利
8号	受託者が信託事務を処理するについてした不法行為によって生じた権利
9号	5号から前号までに掲げるもののほか，信託事務の処理について生じた権利（＊信託財産に関する公租公課，工作物責任，瑕疵担保責任など）

をもって履行する責任を負う必要がないものもあり，これを信託財産限定責任負担債務という（信託154条）。信託財産限定責任負担債務は，信託財産に属する財産だけが，強制執行等の対象となる。

3　自己信託についての特則

自己信託（信託3条3号）がされた場合において，委託者がその債権者を害することを知って当該自己信託をしたときは，当該委託者に対する債権で信託前に生じたものを有する者は，信託財産に属する財産に対して，強制執行等をすることができる（信託23条2項）。これにより委託者の債権者は，詐害信託取消訴訟（信託11条）を提起することなく，信託財産に対し強制執行等をすることができることになる。

Ⅲ 相殺の制限

1 第三者からの相殺禁止

受託者が固有財産または他の信託の信託財産に属する財産のみをもって履行する責任を負う債務（固有財産等責任負担債務という。）に係る債権を有する者は，当該債権をもって信託財産に属する債権に係る債務とを相殺することができない（信託22条1項。図「第三者からの相殺の制限」①～③）。

これを認めると，第三者による信託財産への強制執行等を認めたのと同じことになり，信託財産の独立性が害されることになるからである。

さらに，受託者保護のため，信託財産責任負担債務に係る債権を有する第三者は，当該債権をもって固有財産に属する債権に係る債務と相殺することはできない（信託22条3項。図「第三者からの相殺の制限」④）。これに対して，信託財産責任負担債務でない債権を有する場合（信託財産と固有財産双方を引当てにできる場合）には，固有財産の属する債権とを相殺することは禁止されない（図「第三者からの相殺の制限」⑤）。

さらに，ある信託の信託財産に属する債権と当該信託の信託財産責任負担債務に係る債権とを相殺することも禁止されない（図「第三者からの相殺の制限」⑥）。

2 第三者からの相殺禁止の例外

第三者の相殺に対する期待を保護する観点から，次の2つの場合には，第三者からの相殺が例外的に認められる（信託22条1項ただし書）。

① 固有財産等責任負担債務に係る債権を有する者が，当該債権を取得した時または当該信託財産に属する債権に係る債務を負担した時のいずれか遅い時において，当該信託財産に属する債権（受働債権となるもの）が固有財産等に属するものでないことを知らず，かつ知らなかったことにつき過失がなかった場合（信託22条1項1号）

② 固有財産等責任負担債務に係る債権を有する者が，当該債権を取得した時または当該信託財産に属する債権に係る債務を負担した時のいずれか遅

表　第三者からの相殺の制限

		自働債権	受働債権	相殺の可否
①	第三者 → 固有財産 / 信託財産　受託者	固有財産のみを引当てにする債権	信託財産に属する債権に係る債務	不可 (22条1項)
②	第三者 → 固有財産 / 他の信託財産 / 信託財産　受託者	固有財産または他の信託財産を引当てにする債権	信託財産に属する債権に係る債務	不可 (22条1項)
③	第三者 → 固有財産 / 他の信託財産 / 信託財産　受託者	他の信託財産のみを引当てにする債権	信託財産に属する債権に係る債務	不可 (22条1項)
④	第三者 → 固有財産 / 信託財産　受託者	信託財産のみを引当てにする債権	固有財産に属する債権に係る債務	不可 (22条3項)
⑤	第三者 → 固有財産 / 信託財産　受託者	固有財産および信託財産を引当てにする債権	固有財産に属する債権に係る債務	相殺可能
⑥	第三者 → 固有財産 / 信託財産　受託者	信託財産を引当てにする債権	信託財産に属する債権に係る債務	相殺可能

Q6　相殺・強制執行の制限

い時において，当該固有財産等責任負担債務（自働債権となるもの）が信託財産責任負担債務ではないことを知らず，かつ知らなかったことにつき過失がなかった場合（信託22条1項2号）

すなわち，2つの債権が対立する状態になった時点で，それぞれの債権が引当てにしている財産（固有財産または信託財産）が違うものであることについて善意・無過失の場合には相殺することができる。

さらに，信託行為に第三者からの相殺について承認をすることを許容する旨の定めのある場合や受託者が相殺の承認について重要な事実を開示して受益者の承認を得た場合など信託法31条2項に定める利益相反行為の禁止の例外に該当する場合には，受託者が相殺を承認して相殺を有効なものとすることができる（信託22条2項）。これは，信託財産に属する債権が不良債権化している場合など，相殺によって資産状況が健全な受託者の固有財産または他の信託財産への求償権に転化させた方が受益者にとって有利となる場合もありうることから認められたものである。

また，信託法22条3項により受託者の保護のために相殺が制限される場合にも，信託財産限定責任負担債務に係る債権を有する者が，当該債権を取得した時または当該固有財産に属する債権に係る債務を負担した時のいずれか遅い時において，当該固有財産に属する債権が信託財産に属するものでないことを知らず，かつ，知らなかったことにつき過失がなかった場合は，相殺が認められる（信託22条3項ただし書）。また，信託法22条3項により相殺が認められないのは，受託者の保護のためであるから，その受託者が相殺を承認すれば，相殺は認められる（同条4項）。

3　受託者からの相殺

信託法では受託者からの相殺に関する規定は特に設けておらず，忠実義務（信託30条）に関する一般的な規律によるものとされる。受託者が第三者との間で相殺契約を締結する場合も同様に，それ自体は民法の一般論として禁止されないが，忠実義務が適用されることになる。

信託財産に属する債権をもって受託者の固有財産または他の信託財産に属する債務と相殺する場合には，形式的には利益相反行為，すなわち「第三者との

間において信託財産のためにする行為であって受託者又はその利害関係人と受益者との利益が相反することとなるもの」(信託31条1項4号) に該当するので，受託者は，原則として，相殺することはできない。

ただし，信託行為に定めがある場合など利益相反行為の禁止の例外にあたる場合 (信託31条2項) には，相殺は可能である。

信託法が，受託者からの相殺を一般の相殺禁止の問題でなく，忠実義務 (利益相反行為の禁止) の問題としているのは，受託者から相殺をするときは，受託者が倒産リスクの少ない信託銀行の場合など合理性のある場合が多いという背景がある[注2]。

受託者からの相殺が認められない場合でも，受託者が相殺の意思表示をしたときに，相殺が直ちに無効になるのではなく，受託者からの相殺が利益相反行為として禁止されたものであることを相手方が知っているか，知らないことに重大な過失がある場合に限って，受益者がその相殺を取り消すことができる (信託31条7項)。この取消しは，受益者が取消原因の存在を知ってから3か月以内，相殺の意思表示がなされたときから1年以内にされなければならない (同条7項・27条4項)。

◆大　坪　和　敏◆

(注2) 道垣内弘人「さみしがりやの信託法(12)」法教343号 (2009) 131頁。

Q7 受託者の権限違反行為の取消し

受託者が権限違反行為をした場合，受益者はどのような場合に，その行為を取り消すことができますか。その取消しはいつでもすることができますか。その行為の相手方から信託財産に対する強制執行をされる場合がありますか。

A

受託者が権限違反行為を行った場合，行為の相手方が，行為当時，①当該行為が信託財産のためにされたものであることを知っており（または信託の登録・登記がなされており），かつ，②当該行為が受託者の権限に属しないことを知っていたか，知らなかったことにつき重過失がある場合には，受益者に権限違反行為の取消権が認められている。

この取消権は，受益者が取消しの原因のあることを知ったときから3か月，行為のときから1年で行使できなくなる。

この取消権を行使できない場合，あるいは行使しない場合には，その行為の相手方から信託財産に対する強制執行を受ける場合があるため，留意が必要である。

I 受託者の権限とは

受託者は，信託財産に属する財産の管理または処分およびその他の信託の目的達成のために必要な行為をする権限を有するものとされている（信託26条）。ただし，信託契約等の信託行為によりその権限につき制限を加えることが可能なものとされている。

このように，信託法および信託行為によって画される受託者の権限を超えた行為を受託者が行った場合にどのように取り扱われるか，というのが本設問の

趣旨である。

Ⅱ 受託者の権限違反行為の取消し

1 本　　則

　受託者が信託財産のためにした行為について，受託者がそのような行為を行う権限を有していなかった場合には，受益者の保護と取引の安全の調和の観点から，信託法は一定の場合に，受益者に取消権を認めている。
　具体的には，当該行為の相手方が，当該行為の当時，次のいずれにも該当するときは，受益者に取消権が与えられることとなる（信託27条１項）。
　①　当該行為が信託財産のためにされたものであることを知っていたこと
　②　当該行為が受託者の権限に属しないことを知っていたか，知らなかったことにつき重過失があること
　信託法27条の特徴として，まず，受益者の取消権発生のメルクマールを「（受託者の）権限に属しない場合」という点に求めていることが挙げられる。
　旧信託法においては，「信託の本旨」に反するかどうかというメルクマールにより取消権発生の有無を判断するものとされていたが，いったん行われた法律行為の取消しは，取引の相手方たる第三者の権利に重大な影響を与えるものであり，取引安全の観点から，より明確なメルクマールが求められていたことに対応するものである。
　また，取消しの対象は，「信託財産のためにした行為」と広範に規定されており，旧信託法のように信託財産の処分に限るものではない。よって，信託財産のために行った，金融機関からの借入行為や，信託財産の物件管理契約（プロパティ・マネジメント契約）等も含まれることとなる。
　そして，第三者が権限の範囲外であることにつき悪意・重過失がある場合にのみ取消権を認めるものとし，第三者の取引の安全に配慮した規定となっている。なお，①の要件は，そもそも当該行為が信託財産のためにされたものであることを第三者が知らない場合には，②で求められる第三者の悪意等はそもそも問題とはならないため，いわばその前提として設けられた要件といえる。

つまり信託法27条の取消権は，受託者に信託財産のためにする意思があり，かつ第三者側もその旨を了知していた場合に限り認められることとなる（なお，後述2で解説する信託の登記または登録をすることができる信託財産に係る特則が適用される場合は別である。）。

　また，上記①および②の要件を満たす第三者はその要保護性がきわめて低いため，本条の取消権が認められた場合，受託者の固有財産との関係でも取消しの効力が生じ，当該行為の効果が帰属しないと解される。

2　信託の登記または登録をすることができる信託財産に係る特則

　なお，信託の登記または登録をすることができる信託財産に係る権利の設定・移転行為については特則が設けられている。

　　そのような信託財産については，上記①の要件が，「当該行為の当時，当該信託財産に属する財産について第14条の信託の登記又は登録がされていたこと」と変更されることとなる（信託27条2項）。

　信託の登記等がなされていれば，当該行為が信託財産のためにされたものであることを知らなかった不利益は第三者が負うべきとの判断の下に設けられた特則と考えられる。この点，旧信託法では，信託の登記・登録がある財産については，第三者の主観的態様を問わず，取消しが認められていたところであるが，受託者の権限の範囲は登記等から判明しうるものとは限らないため，取引の安全の観点からこのような規定とされている。

　なお，信託法14条は，信託財産に属する財産の対抗要件について，「登記又は登録をしなければ権利の得喪及び変更を第三者に対抗することができない財産については，信託の登記又は登録をしなければ，当該財産が信託財産に属することを第三者に対抗することができない」旨定めている。受益者が取消権を行使する前提として当該財産が信託財産に属するものであることを主張する必要があることにかんがみると，そもそもこのような特則が存在せずとも，取消し時（あるいは当該行為の当時），信託法14条の信託の登記または登録が行われている必要があることとなる。この特則によって，受益者からの取消権の行使に関し，「当該行為の当時」に信託の登記等が存在したことが必要であることが明確化されたとも見ることができる。

3 時　　効

受益者が取消しの原因があることを知ったときから3か月間行使しないとき，および行為のときから1年を経過したときは，取消権は，時効によって消滅するものとされている（信託27条4項）。

Ⅲ 信託財産に関する強制執行

1 信託財産責任負担債務について

信託財産に属する財産に対しては，原則として強制執行等を行うことはできないが，信託法所定の信託財産責任負担債務に係る債権（信託財産に属する財産について生じた権利を含む。）に基づく場合には，強制執行等が可能となっている（信託23条）。

信託財産責任負担債務については，信託法21条に定められている。

2 権限範囲内の行為の場合

信託法21条1項5号には，「信託財産のためにした行為であって受託者の権限に属するものによって生じた権利」が信託財産責任負担債務となる旨定められているため，受託者が信託財産のために，権限範囲内の行為を行った場合（つまり権限違反行為がない場合）には，取引の相手方は信託財産に対し強制執行等を行うことが可能となる。

3 権限違反行為があった場合

受託者に権限違反行為があった場合については，上述の信託法27条の規定により取消しができない行為や，取消しはできるが未だ取消しがなされていないものについては，信託財産責任負担債務となる旨定められており（信託21条1項6号），このような場合には取引の相手方は信託財産に対し強制執行等を行うことが可能となる。

しかし，これには大きな例外がある。当該行為の相手方が，当該行為の当

時，当該行為が信託財産のためになされたことを知らなかった場合には，信託財産責任負担債務にはならないものとされている（信託21条1項6号イ括弧書）。そもそも，このような第三者は信託財産に当該行為の効果が帰属することを期待して取引を行ったものではないため，信託財産を責任の引当てとする必要性に乏しく，受託者の固有財産のみを責任の引当てとすればたりるとの趣旨に基づくものと考えられる。

よって，このような場合には取引の相手方は信託財産に対し強制執行等を行うことはできないこととなる。

これには，さらに例外があり，上記のように取引の相手方が当該行為が信託財産のためになされたことを知らなかった場合にも，信託財産に属する財産について権利を設定・移転した場合には，信託財産責任負担債務となるものとされている（信託21条1項6号イ二重括弧書）。このような場合に，取引の相手方は受託者が当該行為の目的となった財産の処分権限を有するものと信じて取引を行っているのが通常であるから，このような相手方の信頼を保護する必要性があるため設けられたものと考えられる。よって，このような場合には取引の相手方は信託財産に対し強制執行等を行うことが可能となる。

4　受託者が信託財産のためにする意思を有していなかった場合

では，そもそも受託者が信託財産のためにする意思を有していなかった場合は，どのように扱われるのであろうか。このような場合には，受託者の行為が信託財産に帰属することはなく，受託者の固有財産のみがその履行の責任を負担することとなる。

しかしながら，たとえば，受託者は信託財産のためにする意思を有していなかったが，①取引の相手方は受託者は信託財産のためにするものだと信じていたケース，②受託者が，信託財産に属する財産について権利を設定・移転し，取引の相手方は受託者が正当な処分権限を有するものと信じていたケース等は，取引の相手方を保護する必要があるようにも思われる。

①のケースでは，取引の相手方としては，たとえば契約書等に，受託者は当該行為を信託財産のために行うものであることを明記させる等，受託者の主観的意思を明確化させる方法により，上記リスクを防止する方策が考えられる。

これに対し②のケースでは，取引の相手方としては，事前の予防策を講じることが困難と解されるため，このような場合には原則として受託者は信託財産のために行う意思を有していると推定されるとの司法判断がなされることにより取引の安全が図られることが望ましいものと考えられる。

◆錦野　裕宗◆

Q8 信託事務の処理の委託と受託者等の責任

信託事務の処理について、その全部または一部を第三者に委託することは許されますか。その場合、受託者は、第三者の行為について責任を負わなけれならないでしょうか。第三者は受益者に対しても責任を負いますか。

A

信託法においては、所定の場合に信託事務の処理を第三者に委託することができるものとされている。

信託事務の処理を第三者に委託する場合に、受託者は、原則として当該第三者の選任・監督につき注意義務を負担する。

第三者は受益者に対して、直接的には責任を負わないものとされているが、場合によっては不法行為責任を追及されることもある。

I 信託事務の処理の第三者への委託

受託者は、信託行為の定めに従い、信託財産に属する財産の管理または処分およびその他の信託の目的の達成のために必要な行為をすべき義務を負う（信託2条1項）。このような受託者が行わなければならない信託事務は、信託財産の管理・処分の全般に及ぶ包括的なものである。確かに、委託者や受益者は、受託者に対する個人的・主観的信頼関係に一定の重きをおいて信託行為を行っている場合もあろうが、さりとて信託事務のすべてを受託者自らが処理しなければならないとすることは、効率的ではないばかりか、一定の場合には、受託者に不可能・過分な負担を強いることとなってしまう。旧信託法が制定された当時と比較して、社会の分業化・専門化が進んだ現代社会においては、信託事務のすべてを受託者が処理することを前提とするのは現実的ではなく、むし

ろ，他人に対して信託事務の処理の一部を委託することが常態であることを前提とした規律を設けることが望ましいとの観点から[注1]，信託法においては，以下の場合に，信託事務の処理を第三者に委託することができるものとされている（信託28条）[注2]。

① 信託行為にその旨が定められているとき
② 信託事務の処理を第三者に委託することが信託の目的に照らして相当であると認められるとき

たとえば，当該信託事務は受託者自らが処理するよりも高い能力を有する専門家を使用したほうが適当であると考えられる場合（たとえば，外貨建て資産の運用における特定の地域・通貨にかかわる投資の委託）や，特に高度な能力を要しない信託事務ではあるものの受託者が自ら行うよりも他人に委託したほうが費用や時間などの点で合理的な場合（たとえば，受益者に対して信託財産の状況に関する報告書を送付する事務の委託）などが念頭に置かれているとのことである[注3]。

③ 信託行為に信託事務の処理を第三者に委託してはならない旨の定めがある場合において，信託事務の処理を第三者に委託することにつき信託の目的に照らしてやむをえない事由があると認められるとき

たとえば，受託者が健康上の理由により業務を行うことが不可能となる場合等が想定される。

Ⅱ 信託事務の処理の委託における第三者の選任および監督に関する義務

上述の信託法28条に従い，信託事務の処理を第三者に委託するときは，受託

(注1) 法務省民事局参事官室「信託法改正要綱試案補足説明」（以下「補足説明」という。）第22－1（http://www.moj.go.jp/content/000011802.pdf）。
(注2) 信託業法において，信託会社が信託業務の一部を第三者に委託する場合には，①信託業務の一部を委託することおよびその信託業務の委託先（確定していない場合には，委託先の選定に係る基準および手続）が信託行為において明らかにされていること（ただし，保存行為等は除く。），②委託先が委託された信託業務を的確に遂行することができる者であること，の要件が求められていることには，留意が必要である（信託業22条）。
(注3) 法務省民事局参事官室「補足説明」第22－1。

Q8 信託事務の処理の委託と受託者等の責任　　95

者は，信託の目的に照らして適切な者に委託しなければならず（信託35条1項），かつ，受託者は当該第三者に対し，信託の目的の達成のために必要かつ適切な監督を行わなければならないものとされている（同条2項）。

このように，信託事務の処理を第三者に委託する場合に，受託者には当該第三者の選任・監督につき注意義務を負担するものとされている。これを反対解釈すれば，仮に第三者の違法行為によって信託財産に損害が生じた場合においても，受託者に上記の注意義務違反がなければ，その責任を問うことができないこととなる。

なお，このような選任・監督に係る注意義務の基準については，信託行為により加重・軽減することができる[注4][注5]。

ただし，①信託行為において指名された第三者，および，②信託行為において受託者が委託者または受益者の指名に従い信託事務の処理を第三者に委託する旨の定めがある場合において，当該定めに従い指名された第三者に信託事務の処理を委託する場合には，受託者は選任・監督上の義務を負わないものとされている（信託35条3項）。このような場合，第三者をどの者にするか実質的に決定するのは委託者や受益者であって受託者ではなく，その選任・監督上の義務を受託者に負わせる必要性はなく，受託者に酷な結果となるためである。

この場合，受託者は，第三者の選任・監督上の注意義務は負担しないものの，当該第三者が不適任もしくは不誠実であることまたは当該第三者による事務の処理が不適切であることを知ったときは，必要な措置（その旨の受益者に対する通知，当該第三者への委託の解除が例示）をとらなければならないものとされる（信託35条3項ただし書）。なお，信託法上は，「前項ただし書の規定にかかわらず，信託行為に別段の定めがあるときは，その定めるところによる。」（同条4項）とされており，当該義務が任意規定であることが明確化されている[注6]。

(注4) 寺本昌広『逐条解説新しい信託法〔補訂版〕』（商事法務，2008）142頁。
(注5) なお，信託業法上は，受託者である信託会社は，信託業務の委託先が受益者に加えた損害を賠償する責任を負担することが原則とされ，信託会社が免責を受けるためには，信託会社が委託先の選任につき相当の注意をし，かつ，委託先が行う業務につき受益者に加えた損害の発生の防止に努めたこと，との要件が必要とされている（信託業23条1項。なお立証責任は信託会社が負担する。）。この規定は強行規定であるため，信託行為等により軽減・免除することができないものとされていることには，留意が必要である。

Ⅲ 受託者の損失てん補責任等

受託者が任務を怠ったことによって次の各号に掲げる場合に該当するに至ったときは，受益者は当該受託者に対し，次の措置を請求することができるものとされている（信託40条1項）。
① 信託財産に損失が生じた場合　当該損失のてん補
② 信託財産に変更が生じた場合　原状の回復

ただし，②については，原状の回復が著しく困難であるとき，原状の回復をするのに過分の費用を要するとき，その他受託者に原状の回復をさせることを不適当とする特別の事情があるときはこの限りでないとされている。

上述の信託事務の処理の第三者への委託の規定（信託28条）や信託事務の処理の委託における第三者の選任および監督に関する義務の規定（信託35条）に受託者が違反した場合には，受託者が任務を怠ったこととなり，受託者には損失てん補責任が発生することとなる。

そして，受託者が信託事務の処理の第三者への委託の規定（信託28条）に違反して信託事務の処理を第三者に委託した場合において，信託財産に損失または変更を生じたときは，受託者は，第三者に委託をしなかったとしても損失または変更が生じたことを証明しなければ，損失てん補責任を免れることができないものとされ，受託者は通常よりもより厳しい責任を負担するものとされている（信託40条2項）。

Ⅳ 第三者の受益者に対する直接責任の有無

結論からいえば，第三者は受益者に対して直接責任を負担しない。

旧信託法26条3項は，「受託者ニ代リテ信託事務ヲ処理スル者ハ受託者ト同一ノ責任ヲ負フ」との定めが存在し，第三者は受益者に対して直接責任を負うものとされていたが，新信託法においては同内容の規定は設けられていない。

（注6）　なお，信託業法上もほぼ同様の義務が規定されているが（信託業23条2項），この規定は強行規定であるため，信託行為等により軽減・免除することができないものとされていることに留意が必要である。

その理由は，第三者のすべてに受託者と同一の責任を課すこととした場合には，第三者にとっては，委任契約等に基づく契約責任とは別個の予想外の法定責任を課されることになりかねないこと，そのようになれば，第三者が信託事務の処理の受任を拒絶したり，費用・報酬の上乗せを請求することも想定され，かえって受益者の利益を害するおそれもあることが挙げられる[注7]。

　よって，この場合，受益者は，受託者に対して上述の損失てん補責任等の追及を行うか，あるいは，受託者に対して信託財産に属する第三者に対する損害賠償請求権を行使することを促すことにより，信託財産に生じた損失の回復を図っていくこととなる[注8]。

◆錦　野　裕　宗◆

(注7)　法務省民事局参事官室「補足説明」第22—3。
(注8)　なお，信託業法上は，信託業務の委託を受けた第三者についても，善管注意義務・忠実義務等の義務を負担するものとされている（信託業22条2項。ただし，保存行為等は除かれている。）。このような業法上の義務違反が民法上の不法行為と評価されるかどうかはそれぞれの事案によるものと思われるが，そのような場合には，受益者は第三者に対して，直接不法行為責任の追及を行うことが可能となる（民709条）。

Q9 受託者・受益者複数の場合の規律と公平義務

共同受託がされた場合には、信託事務の処理などはどのように行われますか。

受益者が複数の場合には、意思決定はどのように行われますか。

受益者の多数派と少数派の利害が対立した場合には、受託者の公平義務はどのように果たされますか。

共同受託の場合の信託事務の処理は、原則として、その意思決定については受託者の過半数により、その執行は各受託者が行うこととなる。

受益者が複数の場合の意思決定については、すべての受益者の一致によることを原則としつつも、信託行為に別段の定めがあるときは、それに従うこととなる。

受益者の多数派と少数派の利害が対立した場合には、受託者は、信託行為の内容や、信託行為所定の意思決定方法に基づき、公平義務に違反しないよう信託事務を処理していくこととなる。

Ⅰ 共同受託について

1 共同受託の信託における信託財産の所有形態

受託者が2人以上ある信託（以下「共同受託の信託」という。）においては、信託財産は、その合有とするものとされている（信託79条）。

この合有という概念は

① 共同受託者は、それぞれ、信託財産に対して持分を有しないこと、

②　共同受託者は，それぞれ，信託財産の分割を請求したり，持分を譲渡したりすることができないこと，
　③　共同受託者の一部が欠けた場合には，残りの受託者に帰属することになること，

等を明らかにした旧信託法の規定を踏襲したものとされている。受託者は信託財産に対して固有の利益をもたず，共同受託の信託財産の所有形態を民法所定の共有と同様に考えることができないことによる。なお，これについては，信託財産に対する強制執行や信託財産の破産にあたって複雑な法律問題が生じることを防止するとの観点から，信託行為で別段の定めを置くことが許されない，強行規定と解されている。

2　共同受託の信託における信託事務処理の方法

　共同受託の信託における信託事務処理の方法については，信託法は，①事務処理に必要な意思決定を誰がどのように行うか（対内的な職務執行の問題）と②決定された事務の執行を誰がどのように行うか（対外的な職務執行の問題）に分けたうえで，規定を設けている。

(1)　①事務処理に必要な意思決定を誰がどのように行うか（対内的な職務執行の問題）について

　共同受託の信託における，信託事務の処理に係る意思決定については，受託者の過半数をもって決することが原則とされる一方，保存行為については，各受託者が単独で決することができるものとされている（信託80条1項・2項）。その趣旨は，信託行為の定めにより複数の者を受託者として選任した委託者は，一般に，信託事務の処理にあたって受託者が相互に監視することによって信託違反行為が防止されることや，複数の者が意思決定に関与することにより慎重かつ合理的な事務の処理が実現されることを期待していると考えられるところ，このような信託違反行為の防止を図りつつ，合理的かつ円滑な信託事務の処理を実現するとの観点から，上記の法条が定められたとのことである[注1]。

(注1)　法務省民事局参事官室「信託法改正要綱試案補足説明」（以下「補足説明」という。）第34 — 2（http://www.moj.go.jp/content/000011802.pdf）。

なお，これらの規定が任意規定であり，信託行為で別段の定めができることは，信託法80条6項により明確化されているところである。
　また，共同受託の場合においては，常務に属するものを除く信託事務の処理についての決定を，信託行為に別段の定めがある場合，またはやむをえない事由がある場合を除き，他の受託者への委託はできない旨，定められている（信託82条）。

(2) ②決定された事務の執行を誰がどのように行うか（対外的な職務執行の問題）について
　上記のようにして，意思決定が行われた信託事務の処理については，各受託者が当該決定に基づいて信託事務を執行することができるものとされている（信託80条3項）。この場合，各受託者は，他の受託者を代理する権限を有するものとされる（同条5項）。この場合，各受託者は連帯債務者として第三者に対する債務を負担することとなる（信託83条1項）。

(3) 信託行為に受託者の職分分掌に関する定めが置かれている場合の特則
　一方，信託行為に受託者の職務分掌に関する定めが置かれている場合には，各受託者は，その範囲内で独立して，信託事務処理の決定および執行を行うことができるものとされている（信託80条4項）。この場合，当該受託者以外の受託者は，原則として，信託財産に属する財産のみをもってこれを履行する責任を負う（信託83条2項）。ただし，第三者の取引の安全を図る観点から，当該第三者が①その債務の負担の原因である行為の当時，②当該行為が信託事務の処理としてされたことおよび受託者が2人以上である信託であることを知っていた場合であって，③信託行為に受託者の職務の分掌に関する定めがあることを知らず，かつ，知らなかったことにつき過失がなかったときは，当該受託者以外の受託者は，信託財産に属する財産のみをもって履行するということを，この第三者に対抗できないものとされている（同項ただし書）。

(4) その他
　このような共同受託の場合において，第三者からの意思表示は，受託者の1

人に対してすればたりるものとされている一方，受益者からの意思表示については，信託行為で別段の定めを置いても，受益者の利益保護に欠けるところはないため，そのような定めも許容されている（信託80条7項）。

Ⅱ 受益者が複数の場合の受益者の意思決定について

　受益者が複数の場合の受益者の意思決定については，信託法92条に定める単独受益者権（これについては，各受益者が単独で意思決定を行うことができる。）に係るものを除き，以下の方法により行うものとされている。
　① すべての受益者の一致（信託105条1項本文）
　② 信託行為によって別段の定めがあるときは，それに従う方法（信託105条1項ただし書・2項。受益者集会における多数決による方法も含まれる(注2)(注3)。）
　なお，信託法42条の規定による責任（受託者の損失てん補責任等，法人である受託者の役員の連帯責任）の免除に係る意思決定の方法についての②の定めは，受益者集会における多数決による旨の定めに限り，効力を有するものとされている。
　さらに，㋑信託法42条の規定による責任の全部の免除，㋺信託法42条1号の規定（受託者の損失てん補責任等）による責任（受託者がその職務を行うにつき悪意または重大な過失があった場合に生じたものに限る。）の一部の免除，㋩信託法42条2号の規定（法人である受託者の役員の連帯責任）による責任の一部の免除については，②の方法によること自体が許されず，すべての受益者の一致が求められている（信託105条4項）。

（注2）　受益者集会のデフォルト・ルールについては，信託法106条ないし122条で定められている。
（注3）　複数受益者の意思決定方法は，信託行為で自由に定めることができ，たとえば，信託行為に定めを置くことにより，信託の変更内容を各受益者に対して通知し，一定期間経過後に反対する者がなければ信託が変更されるというような方法も可能であるとされる（法務省民事局参事官室「補足説明」第47—1）。

Ⅲ 受託者の公平義務について

信託法33条は,「受益者が2人以上ある信託においては,受託者は,受益者のために公平にその職務を行わなければならない。」と定め,いわゆる公平義務を規定している。

その趣旨は,受託者は,各受益者に対して,等しく信託事務遂行義務（信託29条1項）を負っているのであるから,受益者の一方のみを有利に扱うような事務処理をすることは許されず,各受益者を公平に扱うべきものと考えられ,そのような公平義務を明確化するため設けられたものとされている(注4)。

そもそも公平か否かは,受益者に対してどのような利益を享受させるかという委託者の意図を具体化した信託行為により判断されるべきものである。よって,公平義務とは,必ずしも複数の受益者を機械的・形式的に画一に取り扱うことまでも求めるものではなく,その違反の有無については,信託行為の趣旨にかんがみ実質的にとらえられるべきものと解される。

よって,設問のような受益者の多数派と少数派の利害が対立した場合の受託者の行為基準は信託行為に求める以外にないこととなる。

まず,信託行為において受託者の処理を導く記載がある場合には,それによることとなる。信託行為によりその決定が受益者にゆだねられている場合には,受益者に諮ることとし,その場合の受益者の意思決定は信託行為に定められた方法によるものとする。また,受益者に重大な影響を与えるような判断については,信託行為上求められていなくとも,念のため,受益者に諮るほうが望ましい場合もある。このような方法により,受託者は公平義務を果たしていくこととなる。

なお,受託者が公平義務に違反する行為をし,また違反するおそれがある場合に,一部の受益者に著しい損害が生ずるおそれがあるときは,当該受益者はその差止めを求めることができる（信託44条2項）。

◆錦 野 裕 宗◆

（注4） 寺本昌広『逐条解説新しい信託法〔補訂版〕』（商事法務,2008）134～135頁。

Q10 限定責任信託

土地の所有者から，その土地上にマンションを建設して賃貸または分譲することを目的とする信託の受託を求められています。土壌汚染，建設の遅れや瑕疵，経済情勢の変動など，受託時に予測困難な問題が生じて，目的を達成することが資金的に困難となった場合，受託者が債務の弁済責任を負わないで済む方法がありますか。

A

　受託者が，信託事務の処理のために取引をするにあたって，①相手方との間で，その取引に基づく債務の履行責任の範囲を信託財産に属する財産に限定する責任財産限定特約を締結する方法と，②信託事務の処理について生じた一切の債務の履行責任の範囲を信託財産に属する財産に限定することをあらかじめ信託行為で定めて，その登記をしたうえ，取引にあたって，相手方に対し，限定責任信託の受託者として取引を行うことを明示する方法がある。いずれによっても，受託者がその固有財産をもって履行責任を負う事態を回避することができるが，①の方法では，特約を失念等した取引上債務や取引によらない債務については履行責任を免れないので，②の方法によることが適当といえる。

I 信託事務処理上の債務についての受託者の履行責任

　信託の受託者は，信託事務を処理するために，自らが当事者となって取引を行う。信託事務を処理するための取引によって受託者が負担した債務は，「受託者が信託財産に属する財産をもって履行する責任を負う債務」（信託財産責任負担債務〔信託2条9項〕）であるから，受託者は，信託財産をもって履行する。しかし，受託者は，自らが当事者として，取引の相手方に対して履行義務を負

うので，信託財産のみでは履行することができない場合には，固有財産をもって履行しなければならず(注1)，信託債権(注2)を有する取引の相手方は，先に受託者の固有財産に対して強制執行することも妨げられない。

これは，信託債権者が債権の満足を得るうえでは都合がよいが，他方，信託の引受けを躊躇させ，信託の利用を妨げる。そこで，専門的な能力・技術をもつ人材の活用など，幅広い受託を可能にして，信託の利用を促進するため(注3)，受託者が原則として信託財産のみをもって責任を負う新たな信託類型として限定責任信託が創設された。

II 責任財産限定特約

旧信託法の下でも，受託者が信託のために借入等の債務負担行為を行うにあたり，信託債権者との間で信託財産に属する財産のみをもってその履行の責任を負う旨の合意（責任財産限定特約）を締結して，受託者の責任を限定することが行われていた。旧信託法に根拠規定はなかったが，必要性と契約自由の原則から，実務は特約によって対処してきた。

新信託法はこの合意を明定したが（信託21条2項4号），責任財産限定特約の個別的な締結は取引上煩瑣であるため，ある程度大きな取引でないと利用が難しく，特約の締結が信託取引成立の障害となることもある。それだけでなく，取引によらないで発生する信託債権については，責任財産を信託財産に限定することはできない。とりわけ，土地の工作物の瑕疵に係る所有者の不法行為責任（民717条1項ただし書）は無過失責任であるから，土地の工作物が信託財産に

(注1) 信託法21条2項は，信託財産責任負担債務のうち信託財産に属する財産のみをもって履行の責任を負う債務を列挙している。これは，列挙外の信託財産責任負担債務については，受託者がその固有財産をもって履行責任を負うことを意味する。
(注2) 信託財産責任負担債務（信託21条1項1号～9号）に係る債権であって，受益債権（同項1号）でないもの（同条2項2号）。
(注3) ①市場動向の変化などに即応した迅速な新規事業の立上げ，②専門的な能力・技術および莫大な資金がかかる可能性のあるベンチャー事業，先端的開発事業やプロジェクト事業等の実施，③不動産信託を中心とする資産流動化，④個人資産管理のために親族が無償で受託者となる場合などが，信託利用の促進例として立案担当者によって挙げられている（寺本昌広『逐条解説新しい信託法〔補訂版〕』（商事法務，2008）415頁）。

属する限り，その所有者である受託者は，その固有財産をもって履行責任を負う事態を完全には防ぐことができない。

Ⅲ 限定責任信託

「受託者が当該信託のすべての信託財産責任負担債務について信託財産に属する財産のみをもってその履行の責任を負う」限定責任信託（信託2条12項）は，信託行為においてその旨の定めをし，限定責任信託の定めの登記（信託232条）をすることによって効力が生じる（信託216条1項）。また，受託者は，限定責任信託の受託者として取引をする旨[注4]を取引の相手方に表示しなかったときは，一般の信託として固有財産をもって履行責任を負う（信託219条）。登記による公示や取引上の表示は，いずれも責任財産の限定によって第三者に不測の損害が生じる事態を防止することを目的とする。

限定責任信託においては，信託債権に基づいて受託者の固有財産に属する財産に対して強制執行等をすることはできない（信託217条1項）。これに反してされた強制執行等に対しては，受託者は，第三者異議の訴え類似の訴えや国税滞納処分についての不服申立方法である審査請求・取消訴訟などを提起して，強制執行等を阻止することができる（同条2項・3項）。

受託者が信託事務を処理するについてした不法行為によって生じた権利（信託21条1項8号）に係る債務については，責任限定の効果は生じない（信託217条1項括弧書）。土地の工作物に係る所有者責任は，所有「状態」によって生じたもので，不法「行為」によって生じたものではないので，「信託事務の処理について生じた権利」（信託21条1項9号）として，責任限定の適用を受ける。

1 要 件 等

限定責任信託の信託行為においては，次の事項を定めなければならない（信託216条2項）。

① 限定責任信託の目的（信託216条2項1号）。

（注4）　契約書には，「事務処理地　A限定責任信託受託者T」のように表示することになる。

② 限定責任信託の名称（信託216条2項2号。名称中に「限定責任信託」の文字を用いなければならない〔信託218条1項〕。）。
③ 委託者および受託者の氏名または名称および住所（信託216条2項3号）。
④ 限定責任信託の主たる信託事務の処理を行うべき場所（事務処理地〔信託216条2項4号〕）。
⑤ 信託財産に属する財産の管理または処分の方法（信託216条2項5号）。
⑥ 信託事務年度（信託216条2項6号「その他法務省令で定める事項」，信託規24条）。

限定責任信託の定めの登記は，その定めをしたときから2週間以内に，信託行為において定めるべき前記①②④のほか，次の事項についてしなければならない（信託232条）。③受託者の氏名または名称および住所（同条3号），⑤信託財産管理者または信託財産法人管理人の氏名または名称および住所（選任されたとき〔同条5号〕），⑥信託終了事由（信託行為の定めがあるとき〔同条6号〕），⑦会計監査人設置信託である旨（該当するとき）および会計監査人の氏名または名称（同条7号）。

限定責任信託は，その定めの登記によって効力が生じるから，登記後でなければ善意の第三者に対抗することはできず，登記後においても，第三者が正当な事由により登記の存在を知らなかったときは同様であり（信託220条1項），登記事項につき故意または過失によって不実の登記をした者は，不実であることを善意の第三者に対抗することができない（同条2項）。

なお，限定責任信託の定めを廃止する旨の信託の変更がされ，終了の登記（信託235条）がされたときは(注5)，その変更後の信託には限定責任信託の特例は適用されず（信託221条），一般の信託として扱われる。

（注5） 信託法221条を文言どおりに理解すれば，限定責任信託の定めを廃止する信託の変更（信託149条）がされた場合でも，終了の登記がされるまでは，廃止後に生じた信託債権に基づきかつ廃止を疎明した場合でも，受託者の固有財産に対する強制執行は許されないことになる。受託者をそこまで保護する必要性があるとは思われない。もっとも，前記の信託変更後は，限定責任信託受託者として取引する旨の表示を欠く場合が多いであろうが。

2 計算等の特例

　限定責任信託は信託財産に属する財産を限度とする有限責任であるから，信託債権者その他の利害関係人の保護のために，会計帳簿等を整備させ，信託財産に属する財産の状況や信託に関する損益の状況等の情報を開示させる必要性が大きい。そのため，限定責任信託の受託者は，一般の信託とは異なり，次のような株式会社並みの義務を負う（信託222条）。

① 信託計算規則の定めに従った限定責任信託の会計帳簿の作成（信託222条2項，信託規33条2号）。
② 限定責任信託の効力発生後速やかなその効力発生日における限定責任信託の貸借対照表の作成（信託222条3項）。
③ 毎年一定の時期における限定責任信託の貸借対照表・損益計算書およびこれらの附属明細書ならびに信託概況報告およびその附属明細書（電磁的記録を含む。以下⑥まで同じ。）の作成（信託222条4項，信託規12条2項）。
④ ①の会計帳簿の作成後10年間保存(注6)（信託222条6項）。
⑤ 信託財産に属する財産の処分に係る契約書その他の信託事務処理に関する書類の作成と作成・取得書類の10年間保存（信託222条7項）。
⑥ ②③の貸借対照表等の信託の清算結了日まで保存（信託222条8項）。

　受託者は，前記③の書類の作成後，その内容を受益者に報告しなければならず（信託222条5項），受益者は，受託者に対し，理由を明らかにして前記①の会計帳簿および同⑤の信託事務処理書類の閲覧または謄写を請求することができ，この場合，受託者は一定の正当な理由がなければ請求を拒絶することができない（信託222条9項・38条1項・2項）。

　また，信託債権者その他の利害関係人は，受託者に対し，前記②③の貸借対照表等の閲覧または謄写を請求することができる（信託222条9項・38条6項）。限定責任信託における取引の成否は，これらの開示情報に基づく財産・損益等の状況についての利害関係人の判断に基づくことになる。

（注6）　会計帳簿等の保存期間については，一定の要件の下で軽減措置が規定されている（信託222条6項～8項の各ただし書）。

3 受益者に対する給付制限

限定責任信託においては，受益者に対する信託財産に係る給付について一定の制限を加えないと，責任財産である信託財産が債務超過に陥って，信託債権の受益債権に対する優先性（信託101条）に反する結果が生じうる。そこで，受益者に対する給付（自己受益権の有償取得を含む。）可能額を定めて，それを超える給付をすることはできないものとした（信託225条）。給付可能額は，給付の日の属する当信託事務年度の前信託事務年度の末日における純資産額から，100万円（信託行為において定める額または算定方法による額がこれを超えるときは，その額）および当信託事務年度の初日以降に給付した信託財産に属する財産の帳簿価額の総額を控除した残額である（信計規24条1項）。

限定責任信託の受益権をその信託の信託財産に帰属させることに代えて，その受益権を有する者に信託財産に属する財産を交付する行為は，株式会社による自己株式の取得に相当し，信託財産に係る給付と同視しうるので，これも給付制限の対象となる（信計規24条1項本文括弧書）。また，純資産額の計算上，自己受益権が信託財産の資産に計上されている場合には，計上されていないものとして扱われるため（同条2項），貸借均衡上，純資産の部の控除項目としたのと同じ結果となる。また，信託の変更によって給付可能額[注7]またはその算定方法を変更することはできない（同条3項）。

受託者が給付可能額を超えて受益者に対する信託財産に係る給付をしたときは，受託者は，職務を行うについて注意を怠らなかったこと（注意を尽くしたこと）を証明しない限り，給付の帳簿価額（「給付額」。A）相当額を信託財産にてん補する義務を負い，また給付を受けた受益者は，現に受けた個別の給付額（B）相当額を受託者に支払う義務を負い，両者はBの額の限度で連帯債務となる（信託226条1項）。

受託者がてん補義務の全部または一部を履行したときは，給付を受けた受益者は，受託者の履行額にB／Aを乗じた額の限度で受託者に対する支払義務を

(注7) 信託計算規則24条3項は「給付可能額」と規定するが，給付可能額は信託留保金額を控除して算出するので，信託留保金額と読み替えたほうが理解容易である。

免れ，受益者が支払義務の全部または一部を履行したときは，受託者は受益者の履行額の限度でてん補義務を免れる（信託226条2項）。受益者の受託者に対する支払額は信託財産に属する（同条3項・16条1号）。受託者のてん補義務および給付を受けた受益者の支払義務は，信託債権者の保護を目的とするから，総受益者の同意による免除は，給付可能額を限度とする（信託226条4項）。

　給付を受けた受益者は，給付額が給付可能額を超えることを知らなかったときは，てん補義務を履行した受託者からの求償請求を拒絶することができるが（信託227条1項），信託債権者からの請求に対しては，知らなかったときでも，その債権者の債権額の限度で給付額相当額を受託者に支払わなければならない（同条2項）。

　さらに，受託者が受益者に対する信託財産に係る給付をした場合に，その給付後最初に到来する信託事務年度末日に欠損額が生じたときは，受託者および受益者は，欠損額について，給付可能額を超える給付をした場合とほぼ同様の責任を負う（欠損額が給付額または現に受けた個別給付額を超える場合は給付額〔信託228条〕）。

4　受託者の第三者に対する責任

　限定責任信託の信託債権者等を保護するためには，受託者による適切な職務遂行が重要であるので，株式会社の場合と同様に，受託者が信託事務を行うについて悪意または重過失があったとき，貸借対照表等に記載すべき重要な事項について虚偽の記載をしたり，虚偽の登記・公告をしたときは，受託者は，それによって損害を受けた第三者に対して賠償責任を負う（信託224条1項・2項）。

　株式会社における取締役の第三者責任（会社429条1項・2項1号）とほぼ同様であり，責任の性質も不法行為責任（信託21条1項8号）でなく法定責任なので，信託事務処理について重過失があったために，信託財産に属する財産が減少し，それによって弁済を受けられなくなった信託債権者は，不法行為に基づく損害賠償の請求ができない場合でも，受託者に損害賠償の請求をすることができる。

5　限定責任信託の清算

　限定責任信託が終了した場合，その清算受託者は，遅滞なく，信託債権者に対し，一定の期間（2か月以上）内の債権申出およびその期間内に申出のない信託債権者の清算からの除斥を官報に公告し，かつ，知れている信託債権者に対し，各別の債権申出催告をしなければならない（信託229条）。知れている債権者を除き，その期間内に債権申出をしなかった信託債権者は清算から除斥される（信託231条1項）。清算受託者は，その期間内は原則として清算中の限定責任信託の債務を弁済することができない（信託230条1項）。

　弁済等の優先順位は，①信託債権に係る債務，②受益債権に係る債務，③残余財産受益者等への残余財産給付の順であるが，これは論理的順序であって時間的順序ではない（信託101条・177条・181条）。

◆永　島　正　春◆

Q11 受益者の定めのない信託（目的信託）

障がい者雇用に熱心な会社が，地元在住障がい者の自立・訓練を目的として，土地と資金を拠出し，施設建設と運営の受託者を社会福祉法人とする信託をして，訓練修了生を採用しようとする場合，どのような点に注意したらよいでしょうか。

A

設例の信託の目的は，社会福祉目的ではあるが，地域が限定された住民の利益の実現を目的としているため，社会一般の利益または不特定多数人の利益の実現を目的とする公益には該当しないので，公益信託を利用することはできない。しかし，新信託法において認められた受益者の定めのない信託（目的信託）を利用することができる。

設例の場合でいえば，会社と社会福祉法人は，地元在住障がい者の自立・訓練を目的とする信託契約を締結することによって受益者の定めのない信託を設定することができるが，以下で解説するように，受益者の定めのない信託としての特例がある点に注意を要する。

I 意　義

新信託法が創設した「受益者の定めのない信託」とは，受益権を有する受益者の存在を予定しない信託であり，信託財産は，もっぱら信託行為で定められた信託目的の達成のために管理処分される。

従来，「受益者を指定するか，または確定しうる程度の指示を与えることは，信託行為の有効要件である」[注1]とされ，受益者の定めのない信託は，公益信託以外は認められないものとされてきた。しかし，不特定多数人の利益の実現を予定していないため公益とはいえない場合や，権利能力のないものが実質

な受益者となる場合などさまざまな社会的ニーズ(注2)を背景として，受益者の定めのない信託が新たな形態の信託の一つとして認められた。

中田裕康教授は，受益者の定めのない信託について，「公益信託と目的信託（公益信託以外の信託であって受益者の存在を予定しないもの）を包摂する概念」であるが，公益信託は，当面，「公益信託に関する法律」(旧信託法の題名が改められたものであり，公益法人制度の細目が明らかになった時点で見直すことが予定されている。)によって規律され，新信託法における「受益者の定めのない信託」の規定は，「現在のところ，実際上，目的信託についての規定となっている。」とし，目的信託を受益者の定めのない信託の下位概念として位置づけている(注3)。

受益者の定めのない信託においては，執行免脱や財産隠匿等の濫用のおそれも危惧される(注4)ことから，以下の特例が定められている。

II 特　　例

1　信託の設定 (信託258条)

受益者の定めのない信託の設定は，契約または遺言の方法によるとされ（遺言の方法による場合は，信託管理人を指定する定めを要する。)，自己信託による方法は認められない。受益者の定めのない信託の場合，受益者の定めまたは受益者を定める方法の定めのある通常の信託（以下「通常の信託」という。)以上に委託者の意思が重視され，通常の信託であれば受益者が有する監督権限が委託者に付与されるため，委託者と受託者が同一の自己信託においては，受託者に対する監督ができないからである。

なお，受益者の定めのない信託は，信託の変更によって受益者の定めを設け

(注1)　四宮和夫『信託法〔新版〕』(有斐閣，1989) 127頁。
(注2)　寺本昌広『逐条解説新しい信託法〔補訂版〕』(商事法務，2008) 448頁参照。
(注3)　中田裕康「取引法における一般財団法人と目的信託」川井健先生傘寿記念『取引法の変容と新たな展開』(日本評論社，2007) 119頁。
(注4)　新井誠『信託法の基礎と運用』(日本評論社，2007) 45〜48頁参照。

ることはできないし，受益者の定めのある信託は，信託の変更によって受益者の定めを廃止することができない。受益者の定めのない信託は，通常の信託とは異なる規範に服することから，信託の変更によって，両者を転換することはできないとされたものである。

　本設例の場合，会社は社会福祉法人との間で，設例に示された目的の信託契約を締結することになる。

2　存 続 期 間 (信託259条)

　受益者の定めのない信託の存続期間は，20年を超えることができない。受益者の定めのない信託によって，公益性があるわけでもないのに実質的な所有者その他権利者が存在せずに処分されない財産が長期間存続すると，物資の流通が妨げられ，国民経済上の利益に反するおそれがあると懸念されたためである。

　委託者と受託者が存続期間経過時に，その後の信託の存続を求めて合意する場合には，あえて信託の終了・清算をさせる必要もないと思われるので，存続期間が更新されたものとして扱ってよいという見解[注5]もあるが，これに対しては，法文上存続期間の更新を認めるには無理があるとして，当事者の合意を根拠に法定と異なる清算方法を認める結果，あたかも更新がなされたものと同様の扱いが認められる趣旨と理解すべきだとされる[注6]。

3　受託者に対する監督権 (信託260条1項)

　通常の信託の場合，受益者が受託者に対する監督権を有するが，受益者の定めのない信託の場合，受託者を監督すべき受益者が存在しないことから，受託者に対する監督が不十分となるおそれがある。そこで，受益者の定めのない信託においては，信託行為で格別の定めをしなくとも，委託者が受託者に対する監督権を有し，受託者が委託者に対し義務を負うものとみなされ，これらの権

(注5)　村松秀樹＝富澤賢一郎＝鈴木秀昭＝三木原聡『概説新信託法』（金融財政事情研究会，2008）380頁。
(注6)　新井誠監修／鈴木正具＝大串淳子編『コンメンタール信託法』（ぎょうせい，2008）587頁。

利義務を信託の変更によって制限することはできない。

すなわち，本設例の場合，委託者である会社は，受託者である社会福祉法人に対し，権限違反行為の取消権（信託27条1項・2項），差止めの請求権（信託44条）など信託法145条2項各号（6号を除く。）に列挙される権利を有し，受託者である社会福祉法人は，委託者である会社に対し，受託者が信託財産から費用の前払いまたは信託報酬を受けるための通知をする義務（信託48条3項・54条3項）や当該信託に関する貸借対照表の内容に関し報告する義務（信託37条3項）等を負うことになる。

4　法律の適用関係（信託261条）

新信託法は受益者の存在を前提として規定されているので，受益者の定めのない信託における新信託法の適用については，読替えや修正が定められている。

5　受託者の適格事由

信託法附則3項は，「受益者の定めのない信託（学術，技芸，慈善，祭祀，宗教その他公益を目的とするものを除く。）は，別に法律で定める日までの間，当該信託に関する信託事務を適正に処理するに足りる財産的基礎及び人的構成を有する者として政令で定める法人以外の者を受託者とすることができない。」として，受託者の適格事由を定める。これは，受益者の定めのない信託が新しい形態の信託であることから，誰でも受託者になりうるとすると執行免脱や財産隠匿等の濫用のおそれを払拭できないことを考慮し，新たな制度の導入にあたって慎重な対応が相当であるとの観点から，経過措置として，一定の期間，信頼性のある受託者に限定したものである。

これを受けて，信託法施行令3条は，「信託法附則第3項の政令で定める法人は，国，地方公共団体及び次に掲げる要件のいずれにも該当する法人とする。」と規定することから，受託者となりうる法人は，以下のいずれの要件も充たす必要がある。

①　純資産の額（貸借対照表上の資産の額から負債の額を控除した額）が5000万円を超える法人（当該貸借対照表は，公認会計士または監査法人の監査により，虚偽，

錯誤および脱漏のないものである旨の証明を受けたものであること）

② 業務を執行する社員，理事もしくは取締役，執行役，会計参与もしくはその職務を行うべき社員または監事もしくは監査役（いかなる名称を有する者であるかを問わず，これらのものと同等以上の支配力を有するものと認められるものを含む。）のうちに犯罪歴のあるものや暴力団員等がいない法人

したがって，本設例の場合，社会福祉法人は，上記各要件を充たさなければならない。社会福祉法人が，上記各要件を充たさない場合には，当該目的信託は無効である。そこで，委託者となろうとする会社は，社会福祉法人に対し上記各要件を充たすか否かを判断するための資料の提出を求めて確認したうえで，信託契約においては，受託者たる社会福祉法人が不適格事由に該当しないことを明記し，不適格事由に該当した場合の違約金を定めるなどの方法をとることが必要になると思われる。

また，受託者たる社会福祉法人が信託期間中で不適格となった場合は，受託者の任務終了事由となると解されている。

6 詐害信託の取消し

受益者の定めのない信託において，債権者は，委託者に詐害意思がある限り，詐害信託取消権を行使することができる（信託11条1項本文）。受益者が存在しないため，善意の受益者保護の要請が働かないからである。

Ⅲ 税務上の取扱い

通常の信託においては，受益者の定めがあり，信託の利益は受益者に帰属するので，原則として受益者課税が行われるが，受益者の定めのない目的信託の場合，受託者に対する法人税課税が行われる（法税2条29号の2ロ）。ただし，法人課税信託の受託者は，信託資産等と当該受託者の固有資産等ごとに，それぞれ別の者とみなされる（所税6条の2，法税4条の6）。

信託設定時に，委託者においては，信託財産の価額に相当する金額による譲渡があったものとされ，受託者においては受贈益課税がなされる（法税22条2項）。信託期間中は，信託財産から生ずる所得について，受託者に対して法人

税が課税され、信託が終了した場合には、残余財産を取得した帰属権利者に対し所得税または法人税が課税される(注7)。

信託課税は、信託促進課税ではなく、中立課税の立場から、信託を利用しない一般の場合に行われる課税を念頭において漏れなく課税することを原則としていることから、本設例の場合も、善意で土地と資金を拠出する会社と受託者たる社会福祉法人に、いかなる課税がなされるのかを事前に確認したうえで計画を進めることが不可欠となる。

Ⅳ 一般財団法人との比較

上記設例は、信託を利用する場合であるが、同様の目的のために一般財団法人を利用することも考えうる。すなわち、一般財団法人を設立することにより、受益者の定めのない信託の場合と同様、財産拠出者の設定した一定の目的の下に、拠出者の財産から分離された独立した財産を形成することが可能となる。両者の違いは法人格の有無である。一般財団法人は、法人格を有するため設立・存続・残余財産の分配において、受益者の定めのない信託よりも厳格な規律に服することになる。たとえば、設立時に拠出される財産は300万円以上であり、存続中も保有すべき純資産額は300万円以上であることが要求されるし、必要機関の設置が不可欠であることなどである(注8)。

したがって、相当規模の財産を長期間拠出する場合などには一般財団法人を利用することが適切と思われるが、受託者に対する信頼を基礎に柔軟な管理運営を期待する場合には、受益者の定めのない信託を利用するほうが便宜だと思われる。

◆野 中 智 子◆

(注7) 財務省ホームページ「平成19年度税制改正の解説」。
(注8) 中田・前掲(注3) 113〜114頁参照。

Chapter 2

信託と身分法

Q1 民事信託の展開を想定してなされた改正の概要

新しい信託法では，民事信託の発展を想定して改正されたものがあると聞きましたが，どのような項目でしょうか。

A

　信託法によって「民事信託」の定義がなされているわけではないが，本設問では，信託の引受けが営業としてなされない場合の信託を民事信託とする。平成18年に制定された新信託法では，民事信託を主として念頭に置いた規定が複数設けられた。具体的には，遺言代用信託の特例，後継ぎ遺贈型の受益者連続信託の特例，遺言信託に関する規定，受益者指定権・受益者変更権について規定されている。

I 遺言代用信託の整備 (信託90条)

1 遺言代用信託とは

　遺言代用信託とは，自己の死亡後の財産分配を信託によって達成しようとするものである。信託制度を利用して，遺言と同じように死後の財産管理をめざすことを遺言代用信託と呼ぶ。たとえば，他人に財産を信託して，委託者自身を自己生存中の受益者とし，自己の子・配偶者その他の者を「死亡後受益者」とする信託を設定しておくことで，自己の死亡後における財産承継を達成しようとするものである。このような信託は生前行為をもって自己の死亡後の財産承継を達成しようとする死因贈与や遺贈と類似する機能を有することから，遺言と同じような扱いにすべきであるとして，遺言代用信託の特例が認められた。

　この遺言代用信託を活用することで，自己の死後の財産管理を受託者に行わせることができるので，たとえば障がいのある子供をもつ親が自己の死亡後の財産管理をどうするかという親亡き後の財産管理の問題に対処することも可能である。

2 遺言代用信託の特例について

(1) 民法上の規定の準用

　遺贈の場合，遺言者はいつでもその遺言を撤回でき (民1022条)，死因贈与の場合にも，遺贈の方式が準用されている (民554条)。このように民法上で遺言や死因贈与の撤回を認めた趣旨は，遺言者は，遺言を作成した後にも，遺言が発効するまでに時間があり，その間の事情によって遺言の内容を思い直すことがあることから，いつでも遺言を撤回することを可能とすることにある。

　そして，この趣旨は遺言と同じ機能をもつ遺言代用信託の場合にも妥当することから，信託法90条では，委託者の死亡の時に受益者となるべき者として指定された者が受益権を取得する旨の定めのある信託の場合 (同条1項1号) には，受益者変更権 (信託89条) が規定されていなくても，委託者は受益者を変更する権利を有することが規定された。また，これに準じるものとして，委託

者の死亡の時以後に受益者が信託財産に係る給付を受ける旨の定めのある信託（信託90条1項2号）についても，委託者は受益者を変更する権利を有すると規定された。

もっとも，私的自治を尊重する観点から，別段の定めを置くことで，信託法90条の特例の適用を排除することも可能である（信託90条1項本文ただし書）。

(2) 受益者としての権利の取得時点

信託法90条2項では，1項2号が適用される場合に，受益者は委託者死亡までの間，受益者としての権利を有しないことが規定されている。というのも，遺言代用信託の場合の委託者の意思としては，自己の死亡後に受益者に受益者としての権利を与えることにあるが，2号が適用される場合の受益者が，受益者の変更（信託149条1項）の際に受益者の同意が必要となることは委託者の通常の意思に反することになる。そこで，信託法90条2項では，1項2号の遺言代用信託に該当する場合に，委託者が死亡するまでの間，受益者は受益者としての権利を有しないこととされた。

II 後継ぎ遺贈型の受益者連続信託の明文化と期間制限
（信託91条）

1 後継ぎ遺贈型の受益者連続信託とは

(1) 制度目的

「後継ぎ遺贈型の受益者連続信託」とは，受益者が死亡したことにより受益権が消滅し，他の者が新たな受益権を取得する旨の定め（受益者の死亡により順次他の者が受益権を取得する旨の定めを含む。）のある信託をいう。

この受益者連続信託は，企業経営や，農業経営における有能な後継者の確保や生存配偶者の生活保障のために信託が活用できるとの観点から，信託によって法定相続分による財産分与と異なる財産承継を可能とするものとして規定された。

(2) 使 用 例

たとえば，Sに前妻A_1，前妻A_1との子A_2，再婚相手の現在の妻B_1，B_1の連れ子のB_2がいた場合に，通常の相続の場合には，S死亡時には妻B_1とA_2がSの資産を相続することになる。この場合，B_1死亡時には，さらにB_1の相続財産をB_2が相続することになる。

しかし，仮にA_2が障害をもつ場合など，Sとしては，B_1死亡後に，B_1の相続財産をB_2ではなく，実子のA_2に相続させたいと望む場合がありうる。そこでそのような場合に，「自分が死亡した場合には，資産をB_1に，B_1が死亡した場合にはA_2に」というように，第1次受遺者の受ける財産がある条件の成就や期限の到来した時から第2次受遺者に移転する内容の遺贈が民法上できるかどうかが問題になる。

この問題は民法上では「後継ぎ遺贈」の問題として議論され，長期間にわたり財産の権利関係を拘束することや，第2次受遺者の法律関係の不確実性等から，無効であるという考え方が有力となっていた。

しかし，新信託法（信託91条）では，この「後継ぎ遺贈型の受益者連続型信託」を明文で認め，後継ぎ遺贈と同様の法的効果を実現できることとなった。

したがって，前述のような場合には，委託者S，受託者T，受益者S（第1次受益者）の自益信託をまず設定し，さらにSの死亡後にはSの妻B_1を受益者（第2次受益者）に，B_1の死亡後はA_2を受益者（第3次受益者）に指定する内容の信託を設定することで，民法上の相続とは異なる財産の承継が可能となった。

もっとも，後継ぎ遺贈型の受益者連続信託の場合にも，遺留分減殺請求の対象となることは当然の前提として立法されている点に注意が必要である。

2 受益者連続信託の存続期間

あまりに長い期間にわたる受益者の連続を認めると，たまたまある一時点に財産を所有していた委託者の意思で，委託者の死亡後も信託財産を長期間処分できないということになりかねず，公序良俗に反することにもなるので，信託法91条では，後継ぎ遺贈型受益者連続信託の存続期間が規定された。

具体的には，後継ぎ遺贈型の受益者連続信託の場合，信託行為から30年を経過した時以後に，現に存在する受益者が当該定めにより受益権を取得した場合

であって，当該受益者が死亡するまでまたは当該受益権が消滅するまでの間，その効力を有することとされた。

　この期間制限は一見するとわかりにくいが，端的に説明すると，後継ぎ遺贈型の受益者連続信託は設定時から30年を経過した後の受益権の新たな承継は一度しか認められないことである。逆をいえば，30年経過後に受益権を取得した者の生存期間によっては，100年近く信託が継続する可能性もあるのである。

Ⅲ　遺言信託に関する規定の整備

1　遺言信託とは

　「遺言信託」とは，遺言の方式による信託の設定行為をいう（信託2条2項2号・3条2号）。

　この点，信託銀行が販売している商品にも「遺言信託」という表現を使用しているものがある。しかし，信託銀行が販売しているこの「遺言信託」とは，「信託」という単語が利用されているとしても，その内容は一般的には，遺言書の作成のアドバイス，遺言書の保管，遺言の執行を行うサービスの総称であり，信託法上の信託とは無関係である。とても紛らわしいので，注意が必要である。

2　遺言信託に関する規定

(1)　信託の引受けの催告（信託5条）

　旧信託法でも，遺言による信託の設定が認められていた（旧信託2条）が，受託者として指定された者による職務の引受けを確定させるための規定はなかった。しかし，受託者として指定された者による職務の引受けの有無が決まらないまま長期間が経過することは，信託財産の帰属先やその管理に関する権利義務を有する者が確定せず，受益者の地位がきわめて不安定な状態におかれることになる。

　そこで，新信託法では，そのような不安定な状態を解消するために，受託者として指定された者による就任の有無を速やかに確定させるべく，受託者とし

て指定された者に対する就任の諾否についての催告権が規定された(信託5条1項)。

(2) **受託者選任請求権**(信託6条)

旧信託法下では，遺言によって受託者として指定された者が信託の引受けをせず，または引受けをすることができない場合には，裁判所に対して受託者の選任を請求することができた(旧信託49条2項)が，遺言によって受託者の指定がされていないため受託者を欠く場合については規定がおかれていなかった。

そこで，新信託法においては受託者の指定に関する定めがない場合を含めた遺言信託における裁判所の受託者の選任規定を新たに設け(信託6条)，利害関係人の保護を図っている。

3 遺言信託における委託者の権利義務の相続性 (信託147条)

遺言信託における委託者の地位は原則として相続されない(信託147条本文)。

委託者の地位については相続性が否定されるわけではないが，遺言信託の場合には多くは法定相続分とは異なることを実現しようとしているのであるから，遺言信託においては，類型的にみれば信託の受益者と遺言者の相続人とは信託財産に関して相対立する利害を有する立場にある。

そこで，新信託法では遺言者である委託者の合理的意思を法文化して，相続人に対し信託の委託者としての権利義務を承継させないことを原則として規定し，例外として委託者が信託行為によって別段の定めがあるときには，相続を認めることができることとした(信託147条ただし書)。

Ⅳ 受益者を指定または変更する権利を有する者の定めのある信託に関する手続の整備 (信託89条)

1 受益者指定権等とは

受益者を指定またはこれを変更する権利を受益者指定権等という(信託89条1項)。受益者指定権等は，信託行為において，受益者を指定する権利や受益者を変更する権利を定めることにより発生し，これらの権利は受託者に対する

意思表示によって行使する。

また，これらの受益者指定権等は，遺言によっても行使することができ（信託89条2項），遺言によって行使された場合には，受益者指定権者が死亡した時に効力が発生する。もっとも，この受益者指定権等が遺言によって行使された場合には，受託者が必ずしもこれを死亡時に認識できるとは限らない。そこで，受益者指定権等が遺言によって行使された場合にも，受託者がこれを知らない場合には，受益者は受託者に対して対抗できない（同条3項）。

また，この受益者指定権等が行使された場合には，受託者は，受益権を失った受益者に対して，遅滞なくその旨の通知をしなければならない（信託89条4項）。

2　受益者指定権等の一身専属性

なお，この受益者指定権等は，原則として相続によって承継されず，信託行為に別段の定めがある場合にのみ相続される（信託89条5項）。

委託者が信託行為によって，特定の者に対して受益者指定権等を付与した場合には，受益者指定権等を保有する者との間に信頼関係があることが当然に想定される。しかし，委託者とその受益者指定権等の相続人との間でもそのような関係にある場合は通常は想定しがたいので，新信託法では通常の委託者の合理的意思を推定して受益者指定権等は原則一身専属的権利であると規定され，委託者が特に承継を望む場合にだけ，相続によって承継されることが規定されたのである（信託89条5項ただし書）。

◆高　垣　　勲◆

Q2 信託を利用した高齢者や障がい者のための財産管理

高齢者や障がい者の財産を管理するために信託を利用するのはどのような場合でしょうか。また，信託にはどのようなメリットがありますか。成年後見制度の利用ではたりないのでしょうか。

A

信託では，受託者が高齢者や障がい者から財産の所有権等の移転を受け，その責任で財産を管理する。したがって，高齢者や障がい者の財産が第三者から不当な侵害を受けるおそれがなく，またこのような人たち自身の浪費などからも財産を守ることができる。信託に加えて，身上監護の契約や任意後見契約などを付け加え，信託財産を利用して身上監護に関する費用の支払まで委任すれば，高齢者や障がい者が金銭の管理にわずらわされることなく生活することができる。

Ⅰ 成年後見制度の限界と信託の活用

1 成年後見制度の限界と信託のメリット

高齢者や障がい者のうち，判断能力が減退した者の財産を管理するための制度としては，成年後見制度がある。成年後見制度は，民法に基づく法定後見制度と任意後見契約に関する法律に基づく任意後見制度とからなり，後見人等が財産管理とともに本人の身上監護も行う。この成年後見制度は，2000年4月から施行されたが，それ以前の禁治産・準禁治産制度に比べ，格段に利用しやすくなり，利用件数は毎年飛躍的に増加している。

しかし，成年後見制度は，判断能力が減退した者のための制度であり，判断能力の減退がない場合は利用できない。難病をかかえていても，重度の身体障害があっても，また後期高齢者といわれる年齢になっても，それだけでは利用できない。

　他方，高齢者や障がい者を狙った悪質商法による被害は，年々増加している(注1)。ひとり暮らしの高齢者や目や耳に障害をもった人たちは，このような被害にあいやすく，それゆえにそのような人たちを狙った悪質商法も蔓延しているが，このような人たちが成年後見制度を利用することはできない。

　このような人たちが，安心して財産の管理を委託できる制度として，信託がその役割を果たすことができる。

　また，判断能力の減退はないが，「浪費者」といわれる人たちも現実にいる。その原因には何らかの精神上の障害があるのではないかといわれてもいるが，十分解明されていない。このため，親などの周囲の者が，このような人たちの浪費からその生活の基盤ともなる財産を守りたいと思っても，やはり成年後見制度は利用できない。

　さらに，判断能力が減退していても，高齢者や障がい者自身による財産処分の可能性がある場合には，成年後見制度では十分な対応ができないことがある。保佐，補助レベルの本人の場合，本人自身による処分もありえるため，たとえ取消権があっても，本人の処分行為によりいったん財産が流出してしまうと，回収が困難となることも多い。

　このような場合，信託により，受託者に財産の所有権を移転しておけば，財産処分のおそれは完全に防止できる。

2　本人死亡後の配偶者や子の生活保障の手段としての信託

　障がいのある子をもつ親の多くは，自分が死んだらこの子はどうなるのかという不安にかられている。これは「親亡き後」問題ともいわれ，障がいのある

（注1）　2007年2月14日付毎日新聞朝刊では，約200人の聴覚障害者が，福祉機器販売会社経営者に出資金名目で約20億円を騙し取られたという事件が報道された。
　　　　高齢者や障がい者を狙った悪質商法が絶えないことから，2010年5月，消費者庁は高齢消費者・障害消費者見守りネットワーク連絡協議会を開催している。

子をもつ親にとっては，最も大きな不安でもある。

また，高齢で病弱な配偶者をもった者も，同じ問題を抱えている。

子や配偶者の判断能力が減退している場合には，通常，成年後見制度を利用し，遺言で子や配偶者に遺産を承継させたうえで，後見人等による財産の管理を受けさせるということが一般的な解決策となろう。

しかし，成年後見制度には前述のような限界があり，病弱であることや身体障害があるということだけでは，利用できない。

また，障がいのある子にすべての財産を相続させて，その生活を保障し，その子が亡くなった後は福祉団体等に寄付したいという希望が表明されることもある。

さらに，子のない者が，残された配偶者の生活のため配偶者にすべての遺産を相続させる場合，その配偶者が死亡したときには，その配偶者の兄弟姉妹が法定相続人となるため，このことに抵抗を感じる者もある。また，いったん相続させてしまうと，その配偶者が存命中であっても，遺産に対して配偶者の兄弟姉妹等が介入してくることがありうるので，単純な遺贈ではその不安も解消されない。

しかし，遺言によって，その子や配偶者の次の受遺者まで指定するいわゆる「後継ぎ遺贈」は無効とされている。

そこで，後継ぎ遺贈型の受益者連続信託を利用することにより，その要求を実現することができる。

3　信託を利用した死後事務の委託

最近，自らの葬儀，永代供養の依頼その他の死後の事務を親族以外の第三者に委託するという例が多くなりつつある。遺言執行者に葬儀を委託し，その費用を控除した残りを受遺者に相続させ，あるいは遺贈するという趣旨の遺言もみられる。ただし，これらの死後の事務の委託は遺言事項ではないので，遺言としての効力はなく，付言にとどまる。遺言外で，死後の事務の委託がなされているとみることになる。

これらの場合，葬儀等の事務を引き受ける者に葬儀費用や永代供養料等をあらかじめ預託しておくことになるが，単なる預託関係では，事務処理の準則も

明確ではなく，流用等の問題が生ずるおそれもある。さらには預託を受けた者の債権者の執行からも隔離されない^(注2)。

現在，あらかじめ葬儀費用等を預かり，委託者死亡後にこれを利用して葬儀等を行うという法人も活動しているが，この預かり金については，信託法において要求されている厳格な管理を行うことが求められる。

また，単に預託の関係があるだけでは，預託者の相続人との間で紛争が生じた場合，預託者の指示に反して，相続人の指示に従わざるをえなくなる可能性もある。このような場合にも信託を利用することにより，相続人から隔離することが可能となる。

なお，永代供養については，寺院を受益者とする金銭信託である永代供養信託も行われている^(注3)。

Ⅱ 信託の具体的な利用方法

次に，高齢者や障がい者のための信託の具体的な利用例を示す。

1 ひとり暮らしの高齢者や重度の身体障害等で財産管理が困難な者の場合

(1) 自益信託による財産管理

高齢者等がその所有の財産について，自己を受益者として，専門家に信託することにより財産の管理を委託する。

これは，委託者自らが受益者となる自益信託であり，委託者の判断能力に減退がなければ，自ら信託の運営について一定の監視ができるので，この信託の利用で十分と考えられる。仮に，高齢者等が受託者の監督に自信がない場合には，信託監督人を選任することにより監督を委託することができる^(注4)。

ただし，一般市民の多くは，不動産を含めた資産をもっているが，信託業務の主な担い手である信託銀行はこのような不動産の信託を受託しない。

(注2) 受任者が委任事務に必要な費用に充てる目的で委任者から金銭の預託を受ける行為は信託業法の規制から除外されている（信託業令1条の2）。

(注3) 新井誠『信託法〔第3版〕』（有斐閣，2008）480頁。

一般市民の所有する不動産の管理は，個別性が強いため，容易ではないと判断されているからである。このため，このような信託を受託する新たな担い手が求められている。

(2) 任意後見との併用

また，信託では信託収益金を本人に交付するまでが契約内容となり，信託財産や収益金を利用した身上監護までは対応できない。そこで，将来，判断能力が減退したときのために，信託と任意後見制度を結合させることが考えられる。任意後見制度では，代理権の設定や財産管理の内容について，委任者が自由に決めることができるので，身上監護に関する法律行為と日常生活に関する法律行為を任意後見人に委任し，基本的な財産の管理は，別の財産管理の専門家に信託で委託するのである。任意後見人は，信託による収益金等をもって，本人の身上監護を行うことになる。

(3) 法定後見との併用

法定後見における成年後見人は，基本的な財産について自己の責任で管理することが原則であり，元本保証のある金銭信託は別として，信託を必要とすることはほとんど考えられない。

これに対し，補助や保佐の場合は，補助人や保佐人の権限が限定的な場合があるので，信託を利用することもありうる。基本的な財産は信託とし，補助人や保佐人は日常の財産管理や身上監護に関する事務処理を行うという利用方法が考えられる。

2 障がいのある子や配偶者等の生活保障を目的とする場合

障がいのある子や病弱等である配偶者の生活費や療養費等を自己の財産とは

(注4) 受託者の信託事務を監督して受益者の利益を保護する制度として，信託管理人（信託123条～130条），信託監督人（信託131条～137条），受益者代理人（信託138条～144条）があるが，信託管理人は受益者が現存しない場合の制度で，信託監督人は，受益者が現存するが監督が困難な場合に監督につき受益者の権利を行使するもの，受益者代理人は，受益者が現存するが，信託に関する意思決定も含めて代理人として権限を行使するものである。

別に確保しておきたいという場合は，これらの者を受益者とする他益信託を設定し，受託者から定期的に信託収益金を支払わせる。この定期金を生活費や療養費などにあてるが，これでは不足することが予測されるときは，元本の一部取崩しを行う旨定めておく。

重度の心身障がい者等を受益者とする信託の場合は，6000万円まで贈与税を非課税とする特別障害者扶養信託（相税21条の4，相税令4条の8）を利用することができる。信託業を営む銀行等では，このような信託に「特定贈与信託」等の名称を付し，金銭信託として受託している。

判断能力が減退している場合で，浪費等の可能性があるときは，これに任意後見や法定後見を併用して本人の身上監護を図ることが考えられる。前述の信託銀行等では，特定贈与信託の受益者のため，指定管理人や任意後見人等を紹介するというプランもつくっている。

3　親亡き後の障がい者や病弱等である配偶者の生活保障

(1)　遺言代用信託の利用

親亡き後問題等に対しては，当初，自己を受益者，自己の子や配偶者等を次の受益者として指定し，自己の死亡と次の受益者の生存を条件として，死亡後受益者に受益権を承継させる遺言代用信託を利用することが考えられる（信託90条1項）。ただし，この場合であっても遺留分による修正を受けることに注意しなければならない。

また，信託だけでは，受託者が行うことは財産の管理と信託収益金等の交付に限定されるので，必要に応じて，成年後見制度を併用する。

(2)　遺言による他益信託

生前に信託をするまでの必要がないときは，遺言により，子や配偶者を受益者とする信託を行う（遺言信託）。この場合も，信託のみでは，身上監護に不安が生ずるので，成年後見制度の併用も検討することになる。

(3)　受益者連続信託の利用

受益者連続信託とは，まず受益者甲を指定して，甲生存中は甲が信託受益権

を取得することとし，甲が死亡したときには，甲の受益権は消滅し，乙に信託受益権を取得させるというものである（信託91条）。

　この信託により，親亡き後の障がい者や判断能力が減退していたり病弱であったりする配偶者の生活を保障するとともに，その子や配偶者が亡くなった後は，法定相続としないで，公共機関等に承継させて，公共の目的に使用させるということが可能となる。ただし，この場合も遺留分の制約は受ける。

◆赤沼　康弘◆

Q3 信託を利用した親亡き後の障がいのある子の生活保障

障がいのある子をもつ親ですが，信託を利用して親亡き後のその子の生活保障を図りたいと希望しています。どのような仕組みを考えたらよいでしょうか。

A

金融機関等で取り扱っている「特定贈与信託（特別障害者扶養信託）」，「個人向けオーダーメイド信託」の利用や不動産管理信託の利用が考えられる。「特定贈与信託（特別障害者扶養信託）」では，税制上の優遇措置も受けられる。ただし，受託者の業務は，受託財産の管理と受益者に対する財産（金銭）の交付にとどまり，交付された財産の利用等の身上監護には対応できないため，成年後見制度を併用することが重要である。

I 親亡き後の財産管理の方法としての信託

1 いわゆる「親亡き後の財産管理」の問題

障がいのある子をもつ親にとって，自分が死亡した後の子の生活保障は切実な問題であり，つねに不安に感じている。自らが生きていれば，子に対し，有形，無形のサポートをすることができる。しかしながら，死亡した場合には，そのようなサポートを継続することができなくなってしまう。子は相続した財産をきちんと管理して生活していけるだろうか，一度にたくさんの財産を相続することになると浪費してしまうのではないか，財産を悪徳商法や他の親族により奪われてしまうのではないだろうかと心配は尽きない。かつては，親に代わり兄弟姉妹がサポートすることもあったが，核家族化が進んだ現代におい

て，兄弟姉妹に親と同様のサポートを期待することも難しくなりつつある。そこで，親としては，自分が生きているうちに，自らの死亡に備えて，子の生活が立ちいくようさまざまな準備を試みるわけである。これが，いわゆる「親亡き後の財産管理」(注1)と呼ばれている問題である。また，親の死亡のみならず，親が認知症等により判断能力を失った場合にも同様の問題が生じる。

2 成年後見制度の限界

「親亡き後の財産管理」の方法として，ポピュラーなのは，成年後見制度である。障がいのある子に成年後見人等を付し，その成年後見人が財産管理を行い，障がいのある子のサポートを行うのである。しかしながら，成年後見制度は，判断能力の低下がないと利用ができない仕組みとなっており，子が判断能力の低下がない重度身体障がい者等の場合には利用することができない。また，子に一定の判断能力が残されている場合には，本人による財産処分が可能であり，これを防ぐことは容易ではない（法定後見人の場合には取消権の制度があるが，取消しにより財産を取り戻すことは簡単ではない。また，任意後見人の場合にはそもそも取消権の制度がない。）。このように「親亡き後の財産管理」の方法として成年後見制度を利用することには一定の限界がある。

3 信託制度の利用

そこで，このような成年後見制度の限界をカバーするため，成年後見制度と並ぶ「親亡き後の財産管理」の一つの方法として，古くから信託制度の活用が提唱されている。すなわち，親が委託者，障がいのある子を受益者として，受託者に対し，一定の財産を信託し，親が死亡あるいは判断能力を喪失した場合に，受託者が，定期的に一定の財産を子に給付する仕組みが考えられている。信託の方法によれば，受託者が財産を管理し，障がいのある子に定期的に一定の財産が給付される。障がいのある子の財産とは隔離されるため悪徳商法や他の親族からの侵害を心配する必要がない。すべての財産を一度に相続するわけではないから，本人による浪費や財産処分を一定の範囲で防止することが可能

（注1） 実践成年後見22号（2007）の「特集『親なき後』を考える」参照。

である。もちろん、身体障がい者の場合も利用ができる。信託を利用することにより、委託者である親は、その死亡や判断能力喪失後も、自らの財産をコントロールし、受託者を通して、障がいのある子の生活の保障を図ることが可能となるのである。

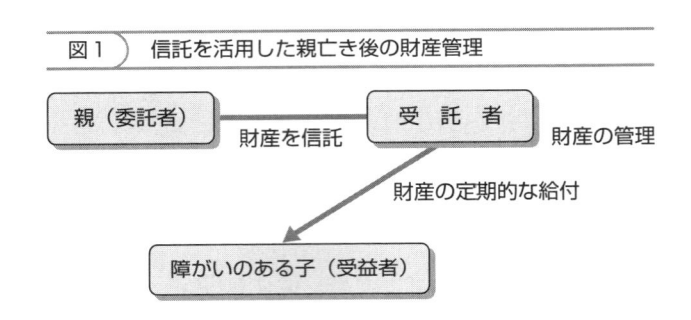

図1　信託を活用した親亡き後の財産管理

親（委託者） ──財産を信託→ 受託者 ──財産の管理
　　　　　　　　　　　　　　　↓財産の定期的な給付
　　　　　　　　　障がいのある子（受益者）

4　受託者の受け皿

　障がいのある子の親として信託制度を利用する場合、いかに信頼できる受託者を確保できるかが最も重要となるが、現状、その選択肢は限られている。信託業法等の規制により、業として受託の引受け等を行うことができるのは、信託会社、金融機関に限定されているからである（信託業3条・7条、金融機関の信託業務の兼営等に関する法律参照）。したがって、無報酬でない限り、信託会社、金融機関以外の第三者に委託をすることはできないことになるが、信託会社や金融機関は、収益性等の理由により、これまで必ずしも「親亡き後の財産管理」の方法としての信託に積極的に取り組んできたとはいいがたい。後述するとおり、ほとんどの金融機関では、信託財産としては金銭のみを取り扱い、また、その額も数千万単位の比較的高額であることが条件となっている。平成18年に成立した新信託法の審議においては、衆議院法務委員会において、「来るべき超高齢化社会をより暮らしやすい社会とするため、高齢者や障害者の生活を支援する福祉型の信託について、その担い手として弁護士、NPO等の参入の取扱い等を含め、幅広い観点から検討を行うこと」との付帯決議がされ、参議院法務委員会においても同様の決議がされている。信託の仕組みは、親亡き

後の財産管理の方法として，非常に有用であることを踏まえ，今後，担い手の拡大が望まれる。

Ⅱ 具体的な方法

1 信託銀行等の個人向けオーダーメイド信託（パーソナルトラスト，安心サポート信託など）

　このように，現状では，信託業法等の規制により，受託者は，信託会社，金融機関に限定されているところ，親亡き後の財産管理などを目的とし，個人向けの信託商品を扱っている金融機関がある。「パーソナルトラスト（生前贈与信託）」（三菱UFJ信託銀行），「安心サポート信託」（中央三井信託銀行），「老後のご安心プラン」（りそな銀行）などと呼ばれる信託商品(注2)である。これらの商品では，委託者が，生前に，自らを受益者（自益信託）あるいは障がいのある子等の第三者を受益者（他益信託），金融機関を受託者として，契約による信託を設定する仕組みがとられているが，いろいろな特約を付すことができるなど，委託者のニーズに応じた商品設計（オーダーメイド）ができるようになっているものが多い。信託期間や信託財産の規模を一定の範囲で選択できるほか，たとえば，契約による信託設定だけでなく，後述する遺言による信託設定を選択することができたり，また，あらかじめ「同意者」等の信託関係人を設定し，その同意を条件として，金銭の定期定額払いだけでなく，臨時支払にも対応する商品もある。どのようなオーダーメイドが可能なのかについては，金融機関により異なるので，各金融機関に直接相談するとよい。ただし，これら金融機関の設定する個人向け信託では，信託財産が金銭に限定され，かつ最低でも1000万円以上とされており，不動産の信託や，規模の小さい金銭信託については取り扱われていない。

（注2）　いずれも2010年8月末現在の商品。

2　特別障害者扶養信託

　信託制度は親の亡き後の財産管理の方法として非常に重要であることをふまえ，一定の要件を充たすことを条件にして税制上の優遇措置が設けられており，「特別障害者扶養信託」と呼ばれている。すなわち，通常，信託を設定した場合，委託者から受益者に対するみなし贈与として贈与税が課されるが（相税9条の2），相続税法19条の4第2項に規定された特別障害者[注3]の経済的な安定を図る目的で，個人が，特別障害者を受益者として金銭，有価証券等の財産を信託銀行等に信託した場合には，6000万円を限度に贈与税が非課税とされている（相税21条の4）。この優遇措置は，昭和50年4月に創設され，昭和63年の税制改正において贈与税の非課税限度額が3000万円から6000万円に引き上げられ，また，平成2年の税制改正により特別障害者の範囲に重度の精神障害者が追加された。信託業務を営む金融機関等では，この制度を「特定贈与信託」との名称を付して取り扱っており，信託協会によると，平成21年度末現在，合計1088件の受託件数，1005名の受益者，244億円の残高があるとのことである。

　この優遇措置を受けるためには，信託契約で以下の要件を満たしていなければならない（相税令4条の11）。

① 信託契約は，受益者である特別障害者の死亡後6か月を経過する日に終了することとされていること

② 信託契約は，取消しまたは解除をすることができず，かつ，信託の期間および受益者は変更することができない旨の定めがあること

③ 特別障害者に対する信託財産からの金銭の支払（収益の分配を含む。）は，当該特別障害者の生活または療養の需要に応じるため，定期に，かつ，その実際の必要に応じて適切に，行われることとされていること

④ 信託された財産の運用は，安定した収益の確保を目的として適正に行うこととされているものであること

（注3）　①精神上の障害により事理を弁識する能力を欠く常況にある者または重度の知的障害者，②1級の精神障害者福祉手帳所有者，③1級または2級の身体障害者手帳所有者，④恩給法別表第1号表ノ2の特別項症から第3項症までの戦傷病者手帳所有者，⑤原子爆弾被爆者，⑥常に就床を要し，複雑な介護を要する者のうち重度の者，⑦年齢65歳以上の重度の障害者（相税令4条の4参照）。

⑤ 信託契約における信託受益権については，譲渡すること，または担保に供することを禁止する旨の定めがあること

なお，かかる制度を利用する場合には，障害の程度が重度であることに加え，受託者が信託会社および信託業務を営む金融機関に限定されており（相税令4条の8），信託を業としない個人が受託者となることはできない。

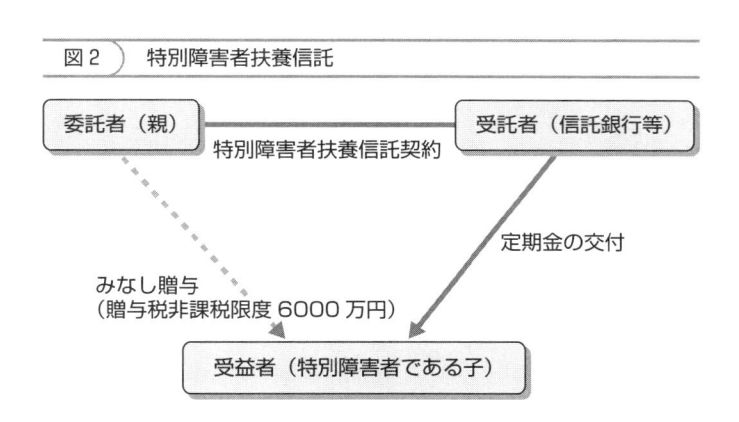

図2　特別障害者扶養信託

委託者（親）——特別障害者扶養信託契約——受託者（信託銀行等）

みなし贈与（贈与税非課税限度6000万円）

定期金の交付

受益者（特別障害者である子）

3　不動産管理信託

　親亡き後の財産管理の方法としては，金銭のほか，不動産を信託財産とすることも有益な方法である。アパートや賃貸マンションを所有し，その賃料収入により障がいのある子の安定的な生活を確保する手段にしたいと考える親は多いと思われるが，アパートや賃貸マンションを経営するためには，賃借人の選定・確保，アパートや賃貸マンションの定期的なメンテナンス，賃料の回収等の管理を適時かつ継続的に実施しなければならず，親亡き後に，障がいのある子がこのような管理を自ら実施するのは困難なケースが多い。そこで，信託制度を活用し，親が元気なうちに所有するアパートや賃貸マンション等の不動産に信託を設定（もしくは遺言により設定）して受託者に移転し，受託者において当該不動産を管理して，親亡き後も得られた収益を受託者である障がいのある子に給付することにすれば，障がいのある子に安定的な収入を確保することが可能となる。信託銀行等の金融機関ではこのような個人向けの不動産管理信託を

Q3　信託を利用した親亡き後の障がいのある子の生活保障　　137

信託商品として取り扱っていないが，平成16年の信託業法改正により，金融機関以外の株式会社に信託業の参入が認められたこと等にともない，個人向けの不動産管理信託を扱う信託会社が現われ，前述の特別障害者扶養信託制度に対応する商品なども出てきているようである(注4)。

4　成年後見制度の併用

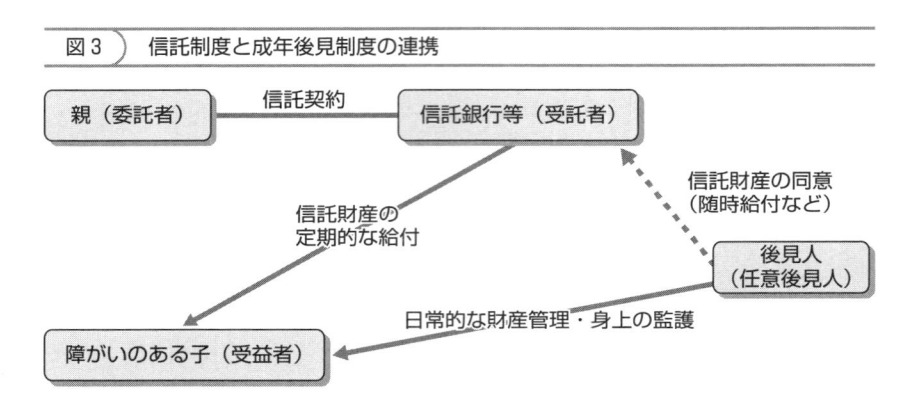

図3　信託制度と成年後見制度の連携

親（委託者）──信託契約──→信託銀行等（受託者）

信託銀行等（受託者）──信託財産の定期的な給付──→障がいのある子（受益者）

後見人（任意後見人）⇢信託財産の同意（随時給付など）→信託銀行等（受託者）

後見人（任意後見人）──日常的な財産管理・身上の監護──→障がいのある子（受益者）

以上述べてきたとおり，信託制度を利用すれば，親が死亡した後も，受託者を通して障がいのある子の財産管理を行うことが可能となるわけであるが，信託制度の利用によっては，受託者が，受託財産を管理し，定期的に財産（金銭）を障がいのある子に給付することにとどまり，給付された財産をその子の生活のためにどのように使うかということまで対応することはできない。いわゆる身上の監護の問題には対応できないのである。そこで，障がいのある子が精神障害あるいは知的障害により判断能力が十分でない状態にある場合には，信託制度の利用と併せ，成年後見制度の利用についても検討が必要である。すなわち，障がいのある子に成年後見人，任意後見人等を選任し，成年後見人，任意後見人に受託者により交付された財産（金銭）を利用した生活設計をしてもらうのである。どのような者が成年後見人としてふさわしいか，また，きちんとサポートしてくれるか等を見極めるためには，この成年後見人の選任について

(注4)　2010年8月末日現在，きりう不動産信託株式会社が販売している。

も，親が元気なうちに行っておくべきである。金融機関等が扱う個人向けオーダーメイド信託や特定贈与信託では，任意後見人等を紹介するというサービスなども提供されている。任意後見人は，本人の生活をよく把握していることが通常であるから，前述した信託関係人としての「同意者」に任意後見人等を設定しておけば，本人の生活支援に非常に有益であると思われる。

5 遺言による信託

生前に信託を設定するまでもないときには，遺言により信託を設定することも可能である（信託3条2号）。たとえば，「遺言者〇〇は，この遺言をもって，遺言者の障がいのある子〇〇に毎月の生活資金〇〇円を〇〇年間にわたって分配することを目的として，合計〇〇円を，〇〇に信託する」旨の遺言をしておけば，遺言者の死亡により，信託の効力が発生し，受託者に信託財産である金銭が移転され，受託者を通じて，受益者である障がいのある子に生活資金が定期的に給付されることになる。前述したとおり，金融機関が扱う個人向けオーダーメイド信託では，契約による信託設定だけでなく，通常，遺言による信託も選択できるようである。

遺言により信託を設定した場合，受託者として指定された者に就任の義務はない。したがって，遺言による信託において，受託者を指定する定めがある場合には，利害関係人は，信託の引受けをするかどうか相当の期間を定めて催告し，（信託5条），受託者として指定された者が信託の引受けをせず，もしくは引き受けることができない場合には，裁判所が利害関係人の申立てにより受託者を選任することとされている。（信託6条）。このような定めはあるものの，非常に不安定であるから，障がいをもつ子の親としては，生前に，受託者として指定する者と十分に話をして，その内諾を得て，指定すべきである。

遺言による信託設定の場合も，契約による信託設定と同様，受託者ができることは受託財産の管理，財産（金銭）の給付にとどまるので，成年後見制度の併用を検討することが必要である。

6 委託者の相続人の権利義務

遺言により信託を設定した場合，委託者の権利義務は相続により承継されな

い（信託147条）。遺言により信託を設定する場合，遺言をする委託者の意思としては，その他の相続人を排して受益者に受益権を与えたいと考えるのが通常であるからである。ただし，遺言において別段の定めがあるときは，その定めによる（同条ただし書）。障がいをもった子のほかに相続人がいる場合に，障がいをもった子の生活を保障するためにその子を受益者として遺言による信託を設定し，併せて別の相続人に委託者の地位を相続させる旨を遺言で定めて，受託者の監督を行わせることが可能である。

　一方，契約により信託を設定した場合，委託者の権利義務は相続により承継される。ただし，信託行為により，委託者の相続人の関与を制限したり，委託者の権限を消滅させる等の定めをおくことが可能である。

◆八　杖　友　一◆

Q4 遺言による公益信託の設定

死後に残る財産を公益のために使いたいと思い，遺言で公益信託を設定したいのですが，どのような点に注意したらよいでしょうか。

A

公益信託とは，信託の設定を通じて公益目的を実現することをいう。公益信託は，不特定多数の人の公益目的を実現するための制度である。

I 「公益信託ニ関スル法律」の制定経緯

公益信託とは，信託受益者の定めなき信託のうち学術，技芸，慈善，祭祀，宗教その他の公益を目的とするもので，許可を受けたものをいう（公益信託2条1項）。

公益信託は，昭和52年に第1号の受託案件が始まり，平成22年3月末現在で545件，653億900万円の受託がなされている[注1]。

もともと公益信託は，平成18年の改正前の旧信託法66条以下に規定され，公益信託も旧信託法の一部を構成していたが，平成18年の信託法改正では，公益信託を除いて新信託制度が整備された。これは，公益信託は民間の資金を利用して公益活動を行うという点において，公益法人と同じ機能を営む制度であるが，改正当時公益法人制度改革[注2]が議論されていたことから，かかる議論の

(注1) 信託協会ホームページ（http//：www.shintaku-kyokai.or.jp/data/data01binran.html）。
(注2) 公益法人制度改革を受けて平成18年5月に，①「一般社団法人及び一般財団法人に関する法律」，②「公益社団法人及び公益財団法人の認定等に関する法律」，③「一般社団法人及び一般財団法人に関する法律及び公益社団法人及び公益財団法人の認定等に関する法律の施行に伴う関係法律の整備等に関する法律」の3法が成立し，平成20年12月1日に施行された。

結論を踏まえつつ公益信託制度も改正することとし，平成18年の信託法改正では旧信託法とは別個に新信託法が立法された。旧信託法は，公益信託のみを残し「公益信託ニ関スル法律」と題名が改正された。

今後，公益信託ニ関スル法律については，公益法人制度を参考に改正されることとなるが，許可制に関しては検討課題とされている。

Ⅱ 公益信託の目的および特徴

1 公益信託の目的

公益信託は，受益者の定めのない信託のうち学術，技芸，慈善，祭祀，宗教その他公益を目的として，主務官庁の許可を受けたものをいうと規定されている。実際に公益信託として成立しているのは，奨学金給付（「○○奨学育英基金」），学術奨励（「○○教育振興基金」），研究助成（「○○研究助成基金」）を目的とするものが主流となっているが，近時新たに地域の自然環境の保全（「○○環境基金」），文化的街づくり（「○○まちづくり基金」），郷土文化の振興（「○○ふるさと基金」）および地域のNPO活動を支援すること（「○○NPO基金」）を目的とするものもあり，その信託目的はきわめて多様な範囲にわたっている。

2 公益信託の特徴

(1) 運営主体

公益信託においては，信託財産が受託者名義となることから，当然にその運営主体は受託者である。そもそも，信託の受託を業として行うには内閣総理大臣の免許または登録を受けた信託会社であることが必要である（信託業2条2項）。

信託会社は，金融庁の監督下にあり，公益法人よりも法令遵守体制において優れている。

したがって，もともと受託者としての義務を負っている法人が受託者となるので，公益信託における信託財産の管理は厳格になされることになる。

また，法人の設立と異なり，事務所の設置，職員の雇用などが不要で公益法

人の設立よりも比較的容易といえる。

(2) 主務官庁による許可

　公益信託は公益目的を有し主務官庁の許可を受けることが必要である（公益信託2条1項）。そして，公益信託は主務官庁の監督に属し（公益信託3条），主務官庁は，検査をなすことができ，その他必要な処分を命ずることができる（公益信託4条）。

　主務官庁の公益信託の引受許可についての審査基準は，平成6年9月13日に公益法人等指導監督連絡会議決定により「公益信託の引受け許可審査基準等について」（以下，「引受許可審査基準」という。）が規定されている。

　この，主務官庁の許可を受けるための申請については，公益信託の設定を望む委託者ではなく，受託者の候補者が申請することになる。実際には信託銀行が行うことが多いであろうから，公益信託を設定する際には事務処理について煩雑な作業を行う必要がないことはメリットといえる。

　主務官庁は，信託行為の当時予見することができない特別の事情が生じたときには信託の本旨に反しない限り信託の変更を命ずることができる（公益信託5条1項）。

(3) 信託管理人について

　信託管理人は，受益者が現に存しない場合に選任される者で，受益者のために自己の名をもって受益者の権利に関する一切の裁判上または裁判外の行為をする権限を有する者をいう（信託123条1項・125条1項）。

　受益者の定めのない信託では，遺言の方式で受益者の定めがない信託を設定した場合を除き，信託法上は信託管理人は必置のものとはされていない。公益信託の場合には法律上は信託監督人の設置は要件とされているわけではないが，公益信託の場合には，主務官庁が公益信託の引受けを許可するために信託管理人の設置を義務づけるのが通常の運用であるので，公益信託においては信託管理人の設置は事実上の必要常設機関となっている（引受許可審査基準6―(1)参照）。

　仮に信託管理人の指定がなされない場合でも，公益信託では主務官庁が，利

図　公益信託のイメージ

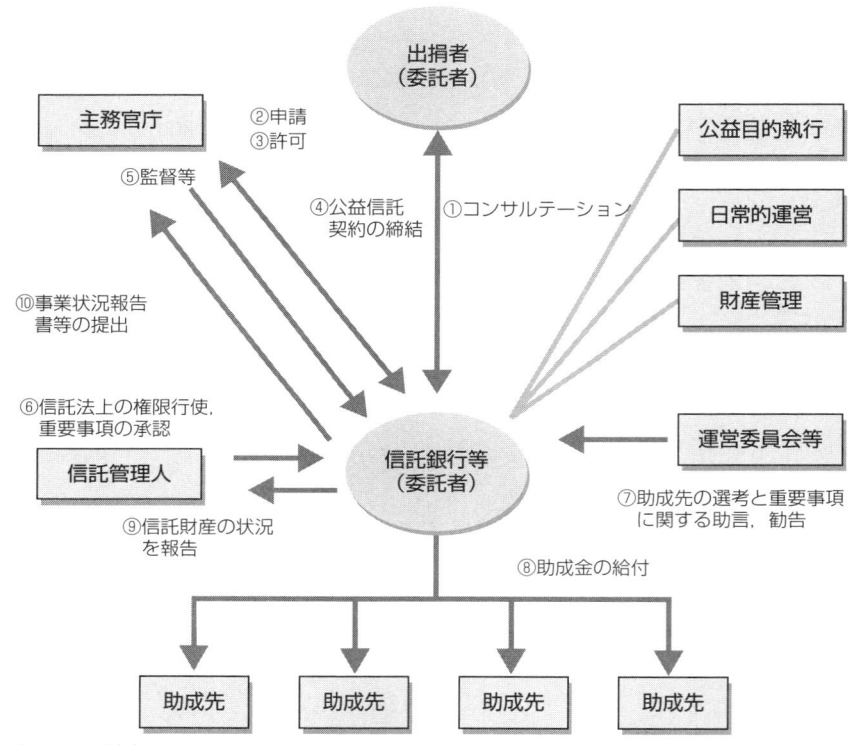

出典：信託協会ホームページ。

害関係人の請求により信託管理人を選任することになる（公益信託8条ただし書，信託123条4項）。

また，その場合の信託管理人は，原則として個人であることが要求されている（引受許可審査基準6—(2)—イ—③）。

また，税法上の恩典も信託管理人が存在することが要件となっている（所税令217条の2第1項5号）。

(4) 運営委員会

　公益信託においては，運営委員会について考慮しておく必要がある。この運営委員会とは，公益目的の円滑な遂行のため，受託者の諮問により，助成先の推薦および公益信託の事業の遂行について助言・勧告を行う機関である。

　この運営委員会も，公益信託ニ関スル法律によって要求されている機関ではないが，受託者が公益目的を達成するために判断するにあたって重要な役割を果たすことから，運営委員会は，公益信託にとっては重要な機関となっている。

　また，引受許可審査基準6―(1)において運営委員会は必要機関とされている。

(5) 存続期間

　新信託法では，受益者の定めのない信託の特例が認められているが（第11章），その存続期間は20年と限定されている（信託259条）。

　公益信託も，受益者の定めのない信託の一類型であるが，公益目的が20年という短期で実現することは困難な場合もあるので，公益信託の場合には，この制限は適用されない（公益信託2条2項）。

(6) 受託者の辞任（公益信託7条）

　公益信託の受託者は，やむをえない事由がある場合に限り，主務官庁の許可を受けて辞任することができる（公益信託7条）。

Ⅲ　公益信託の税務

1　認定特定公益信託について

(1) 定　　義

　公益信託の税務処理については，認定特定公益信託制度が重要な役割を有している。そして，認定特定公益信託とは，①特定公益信託のうち，②一定の信託目的を持ち，③主務大臣の認定を受けているものをいう。

(2) 特定公益信託の要件

特定公益信託の要件は、各税法施行令に規定されているが（所税令217条の2第1項・2項、法税令77条の2第1項、租特令40条の4第1項・2項）、列挙すると以下のとおりである。

① 受託者が信託会社または信託銀行であること
② 信託終了の場合、信託財産が国もしくは地方公共団体に帰属し、または当該公益信託が類似の目的のための公益信託として継続するものであること
③ 合意による終了ができないものであること
④ 信託財産が金銭に限られるものであること
⑤ 預金や国債など特定の運用方法であること
⑥ 信託管理人が指定されるものであること
⑦ 信託財産の処分の場合には運営委員会の意見を聴かなければならないこと
⑧ 信託管理人および運営委員会に支払われる報酬額は任務遂行のために通常必要な費用の額を超えないものであること
⑨ 受託者の報酬額は信託事務処理に要する経費として通常必要な額を超えないこと
⑩ 上記要件を充たすことについて、主務大臣の証明を受けたもの

この特定公益信託に該当すると、信託設定時に法人が委託者である場合には、支出した金銭の額を、寄附金の額とみなし（法税37条6項、法税令77条の4第1項・2項）、損金算入限度の範囲内で寄附金として損金算入が認められることとなる（法税37条1項）。

また、公益信託の信託財産から所得が生じた場合、個人が委託者の場合には、所得税が課税されず（所税11条2項）、法人が委託者である場合にも、特定公益信託の信託財産から生ずる運用収益については課税されないことが規定されている（法税12条1項ただし書）。

さらに、信託財産から受益者が給付を受けた場合の受益者に対する課税関係は、委託者から受益者への所得の移転と扱われ課税される。つまり、個人が委託者の場合には贈与税が課税され（相税9条の2第2項）、法人が委託者の場合に

は，一時所得として所得税が課税される（所税34条）(注3)。

(3) 認定特定公益信託

特定公益信託であって，次の公益目的のうち1または2以上の目的をもち，目的に関し相当と認められる業績が持続できることにつき主務大臣の認定を受けたものを「認定特定公益信託」という（所税令217条の2第3項，法税令77条の4第3項）。

① 科学技術に関する試験研究を行う者に対する助成金給付
② 人文科学の諸領域について優れた研究を行う者に対する助成金の支給
③ 学校教育法1条に規定する学校における教育に対する助成
④ 学生または生徒に対する学資の支給または貸与
⑤ 芸術の普及向上に関する業務（助成金の支給に限る。）を行うこと
⑥ 文化財保護法2条1項に規定する文化財の保存および活用に関する業務（助成金の支給に限る。）を行うこと
⑦ 開発途上にある海外の地域に対する経済協力（技術協力を含む。）に資する資金の贈与
⑧ 自然環境の保全のため野生動植物の保護繁殖に関する業務を行うことを主たる目的とする法人で当該業務に関し国または地方公共団体の委託を受けているもの（これに準ずるものとして財務省令で定めるものを含む。）に対する助成金の支給
⑨ すぐれた自然環境の保全のためその自然環境の保存および活用に関する業務（助成金の支給に限る。）を行うこと。
⑩ 国土の緑化事業の推進（助成金の支給に限る。）
⑪ 社会福祉を目的とする事業に対する助成

認定特定公益信託に該当する場合の課税関係は，基本的には特定公益信託と共通するが，信託設定時の課税が下記のように異なる。

まず，個人である委託者が，認定特定公益信託の信託財産とするために支出

（注3） ただし，財務大臣の指定する特定公益信託では，贈与税・所得税が非課税となる（相税21条の3第1項4号，所税9条1項13号ニ・14号）。

した金銭は，寄附金控除が適用される（所税78条3項）。また，法人である委託者が認定特定公益信託の信託財産とするために支出した金銭は，特定公益増進法人に対する寄附金額とみなされるのであり（法税37条6項，法税令77条の4第3項），一般の寄附金とは別枠で損金算入が認められる（法税37条4項）。

さらに，相続または遺贈による財産を取得した個人が，その相続財産に属する金銭を，認定特定公益信託の信託財産とするために支出した場合には，相続税の課税価格の計算の基礎に算入されない（租特70条3項）。

Ⅳ 公益法人について

公益信託とは別個に，公益目的を実現するための組織として，古くから公益法人があった。しかし，公益法人の改革が近時議論され，平成18年に，①「一般社団法人及び一般財団法人に関する法律」，②「公益社団法人及び公益財団法人の認定等に関する法律」，③「一般社団法人及び一般財団法人に関する法律及び公益社団法人及び公益財団法人の認定等に関する法律の施行に伴う関係法律の整備等に関する法律」の公益法人制度改革関連3法が制定され，平成20年12月1日から施行されている。

新しい公益法人制度を概略すると，「一般社団法人及び一般財団法人に関する法律」によって設立された一般社団法人又は一般財団法人が一定の要件を備えることで，「公益社団法人及び公益財団法人の認定等に関する法律」によって設立された，公益認定等委員会から公益認定を受けることによって公益法人となる（公益法人2条4号・4条）。

公益信託ニ関スル法律は，公益法人制度と類似の役割を担うことから，公益法人改革の内容を踏まえて今後改正され，類似の制度となることが予想されるが，現時点では，公益信託ニ関スル法律では主務官庁の許可が必要などの制度が維持されているので，公益信託を活用する場合には，注意が必要である。

◆高垣　勲◆

Q5 遺言信託の文例

障がいのある子のために，遺言で自宅やアパートを含む遺産をすべて信託にしようと考えていますが，遺言書はどのように書いたらよいでしょうか。また，注意すべき点を教えてください。

A

両親とも生存している期間を経過した後一方の親が死亡し他方の親が生存中は，先に死亡した親の資産を生存親に集中させ，残された親が死亡する時に遺言信託を発効させる文例について，遺言の内容，信託の目的，受託者の指定，受益者，信託期間，信託財産と信託財産責任負担債務の範囲，信託終了時の信託財産の権利帰属者，特記事項，遺言執行者の指定・報酬，信託監督人の指定の具体的文例を示した。

重要な遺言であるので公正証書で作成することが最良である。

I はじめに

障がいのある子のいる家族構成として，さまざまなケースが考えられる。障がいのある子に両親がいる場合，すでに一方の親が死亡している場合，障がいのある子が独り子である場合，障がいのある子を含めて兄弟姉妹がいる場合などである。親亡き後の障がいのある子の生活に関する不安についての最も典型的な例として，本設例では両親が健在であるが障がいのある独り子のいる3人家族をモデルとして，遺言信託を考えることにする。

当該家族モデルにおいて，両親が同時に死亡することはきわめてまれである。したがって，両親が生存している期間と一方の親のみ生存している期間が考えられる。現状の市民意識としては，自分のすべての財産を家族以外の第三

者に信託するのは自らとその配偶者が死亡する時の最終手段として考えている人が多いであろうと推測される。以上の事情を考慮し，両親とも生存している期間を経過した後一方の親が死亡し他方の親が生存中は，先に死亡した親の資産を生存親に集中させ，残された親が死亡する時に遺言信託を発効させる文例とした。

　これらのことを完結させるためには，人の死の先後は予測できないので，両親ともに遺言信託をしておかなければならない。かつ非常に重要な遺言であるので，公正証書で作成することが最良である。

　もっともこのような文例においては，障がいのある独り子の遺留分はどうなるのか，問題がないわけではない。したがって，先に死亡する親の遺言において，障がいのある子の法定相続分ないしは遺留分について，第三者に遺言信託を発効させることも考えられる。また，両親がそれぞれ死亡した時にそれぞれが所有していたすべての財産を障がいのある子のために第三者に遺言信託することも考えられる。この場合は，現実には考えにくいと思われるが，生存親の遺留分の問題が起こりうる。

　以下，障がいのある独り子をZ，Zの父をX，Zの母をYとして文例を作成し，各条項ごとに解説を加える。ここでは，「遺言者をXとする遺言書の文例」を掲げるが，Yも自らを遺言者として，同様の遺言を作成することを前提としている。

Ⅱ　「第1遺言」の文例と解説

(1)　文　　例

遺言並びに遺言信託公正証書

第1　Xの財産に関する遺言
　1　Xが死亡した時にYが生存していた場合は，Xのすべての財産をYに相続させる（以下，第1遺言という。）。
　2　第1遺言の遺言執行者として次に記載する者を指定する。
　　　　　○○市○○○区○○○

```
         弁護士    ○ ○ ○ ○
         生年月日  ○ ○ ○ ○
```

(2) 解　　説

(a) 弁護士が遺言執行者になる場合，不動産の名義変更のために実印が必要となる。弁護士個人の特定の仕方として弁護士個人の住所で特定する場合と事務所の所在地で特定する場合とがある。前者を避けて後者とした場合でも，弁護士会の発行する会員証明書と住民票上の住所地の印鑑証明書を添付すれば，不動産に関する登記は可能であり（法務省の見解），実際にも行われている。

(b) 遺言執行者として複数の弁護士を指定しておくこともできる。遺言信託を内容の一部とする遺言の場合は，遺言者を含めて関係する当事者間に法律的な関係のみならず緊密な個人的信頼関係の存在を考えておかなければならない。よって当初より遺言者であるXとYの信頼の厚い弁護士を複数用意し，弁護士側の不測の事態の発生に備えておくことも重要である。なお，複数の遺言執行者がいる場合の業務執行は過半数で決する（民1017条1項）。よって2名を指定し，各自に対して独立の権限を付与したい場合には，「遺言執行者は単独においても，遺言執行者としての権限を行使できるものとする。」を付加しておけばよい。

III 「第2遺言」の文例と解説

1 信託の目的

(1) 文　　例

```
第2　遺言信託
　Xが死亡した時，Yが同時に死亡または既に死亡していた場合は，次に
記載する通り，本遺言をもってXのすべての財産を信託する（以下，第
2遺言という。）。
```

> 1　信託の目的
> 　Zの生活費・医療費・看護費・介護費その他Zのその人らしい生活の実現やその生活の質の向上に役立つすべての商品とサービスの利用料及びZ自身のための葬儀・納骨・永代供養等一切の祭祀費用並びに本遺言と別途定める遺言信託付随契約の履行により生ずるすべての費用の支払いのために使用すること

(2)　解　　説

　Zが人生をまっとうし，ZのためにXの望む永代供養を含めての祭祀に必要な一切の費用を支払うためであることを明らかにしておく。

　第2遺言には，信託の骨子となる業務やその費用などしか書けないので，Xと受託者との間に，別途遺言信託付随契約書を作成し細部にわたる業務内容や費用について明記しておくとよい。なお，信託法では特に信託行為で制限されていない限り，受託者は信託財産に属する財産の管理または処分およびその他の信託の目的の達成のために必要な行為をする権限を有する（信託26条）。したがって，細部にわたって決めておかなくとも受託者は権限行為ができる。しかし，文例のような遺言においては，財産管理の仕方そのものを含めてZの身上監護面に及ぼす影響が大きいと考えられることや，身上監護そのものについては，まさにZのその人らしさを実現できるもろもろの世話の仕方を親は熟知しているはずであるから，そのような内容を充実させた付随契約書を作成しておくことが望ましいと考える。

2　受託者の指定

(1)　文　　例

> 2　受託者の指定
> (1)　第1順位の受託者として次に記載する者を指定する。
> 　　　○○市○○区○○○○
> 　　　　　　　　　　　A
> (2)　第2順位の受託者として，信託法第56条ないし58条に基づいて，

>   前項に記載する受託者の任務が終了した場合は，次に記載する者を
>   受託者として指定する。
>   　　○○市○○区○○○○
>   　　　　　　　　　　　　　B

(2) 解　　説

(a) 信託業法上の免許や登録を受けていない弁護士が受託者になることができるかどうかについては，Q10Ⅳの議論を参照していただきたい。

(b) 仮に弁護士を受託者としない場合には，弁護士ではないがXYの信頼するAやBを受託者と指定し，XYの信頼の厚い弁護士が受益者ZのためにAやBに対して監督権限と義務を有する信託監督人の指定を受けておく方法がある。

(c) あるいは，受託者をAやBとしつつ，受託者からAやBの行う信託事務のうち，たとえば法律事務などの委託を受ける方法もある。この場合，ある特定の弁護士を第三者として受託者から信託事務の委託を受けることをあらかじめ遺言者Xが指定しておくことができるかについて，議論の余地があるが，可能であると解される。当該定めに従い指名された第三者（弁護士）に受託者が信託事務を委託した場合には，原則として受託者は委託先の選定についての選任監督上の責任を負わない。しかし，受託者が当該第三者の委託事務の執行が不適切であることなどを知ったときは，委託の解除などの措置をとる必要性がある（信託28条・35条）。

(d) 受託者が法人の場合，その法人が信頼できるものであれば相当の期間永続するであろうから，複数の受託者を指定しておく必要性は少ないと思われる（信託56条）。

(e) 受託者が弁護士を含めて個人の場合は，受託者の変更，すなわち受託者の地位の承継について留意する必要がある。受託者に一定の事由が発生した場合に信託は終了しないが受託者の任務が終了する場合（信託56条），一定の要件の下に受託者が辞任することによって受託者の任務が終了する場合（信託57条），一定の要件の下に受託者が解任される場合（信託58条）がある。そのような場合に備えて委託者であるXより第2順位の受託者の指定を受けておくこ

とが望ましい。仮に，第2順位の受託者の指定がない遺言であった場合に受託者が突然死亡することも考えられる。その場合には，信託財産は受託者の相続人に承継されることはなく，法人となり，新受託者が就任した時点で，当該法人は初めから成立しなかったものとみなされる（信託74条）。新受託者の選任権は受益者Zのみで選任できる（信託62条8項）。しかし，Zは，障害があり適切な者を自ら選任することは事実上不可能であると思われる。したがって，その点からもZの最善の利益を追求しうる立場にあるXが第2順位の受託者を指定しておくことを勧めたい。なお，Zの利益を守るために成年後見制度を利用し，Zに成年後見人等が選任されていればある程度はそのようなリスクは軽減できると思われる。

3 受益者

(1) 文　例

```
3　受益者
　　　○○県○○市○○○○
　　　　　　遺言者Xの子　　○　○　○　○
　　　　　　生年月日　　　　○　○　○　○
```

(2) 解　説

　税については，受益者は委託者が死亡した時に遺贈により信託財産を取得したものとみなされる（相税9条の2第1項）ので，受益者に対して課税されるのは相続税であり，その課税方式に則り課税される。

4 信託期間

(1) 文　例

```
4　信託期間
　　受益者Z自らの死亡に伴う葬儀・納骨・永代供養等一切の祭祀が完了するまでとする。
```

(2) 解　　説

本文例では後述する「第3遺言」(Ⅳ) でXの祭祀について遺言をしている。しかし，Zの死亡にともなう祭祀については，信託行為により受託者に委託しておかなければならない。これについては「第2遺言」の7(2)(7(1)) を参照されたい。

5　信託財産と信託財産責任負担債務の範囲

(1) 文　　例

> 5　信託財産と信託財産責任負担債務の範囲
> (1) 信託財産は別紙信託財産目録記載のXのすべての財産とする。
> (2) 信託財産責任負担債務は信託法第21条に定めるもののほか，信託前に生じた委託者に対するすべての債権に係る債務とする。

(2) 解　　説

(a) 本遺言のような場合には，Xはその積極財産と消極財産を合わせて受託者に管理・処分してもらいたいと考えるであろうから，消極財産についても信託行為により受託者が債務引受けしなければならないこと，およびその範囲を明記しておく（信託21条1項3号）。

(b) 預貯金債権ではなく多額の現金が存在する場合は，誰の所有かをめぐって紛争が生じることもありうる。相談を受けた時点で資産の蓄積状況や蓄積能力を考慮し，真の帰属者を決めておくことが望ましい。そのプロセスを経て別紙信託財産目録を作成することを勧めたい。

(c) 不動産については，その処分のあり方次第ではZの心身に及ぼす影響が大きいと考えられる。したがって，Zの生い立ちやこれまでの居住状況からみて特にZのために処分の可否を検討すべき不動産（たとえば，居住用不動産等）については，信託監督人などの同意を条件とするよう，受託者の処分権に制限を加えておくことも考えられる。

(d) 信託財産中一定の財産の管理・処分については，専門的能力を有する第三者に委託できるので，その旨明記をしておくとよい。特に，有価証券の売買

については，めまぐるしく変動するものでありリスクが高いので，その分野の専門家に対して，受託者の信託事務の委託をすることも一方法である。その場合には，信託行為に有価証券の売買に関しては第三者を特定しておくかどうかは別として第三者に信託事務を委託する旨を明記しておくとよい。

(e) もろもろの契約上の地位については，相談を受けた弁護士は自ら受託者になるかどうかは別としても，Xと詳細な打ち合わせをしてXの現有するすべての契約上の地位を把握し，それを別紙信託財産目録に記載するよう心がけることが必要である。

(f) 契約の一種である生命保険契約について難題があると思われる。本事例のようなケースにおいて，Xが保険契約者兼被保険者となり，死亡保険金受取人をZに指定している生命保険契約が多く存在する。そのままでXが死亡した場合，死亡保険金はZの固有財産となり，委託者の信託財産にはならない。この場合，Zについて成年後見制度を利用すればその成年後見人が死亡保険金を管理することになり，それは一つの方法であろう。次に，Xの死亡により生ずる死亡保険金を受託者の信託財産に含ませる方法があるかどうかを考える。当面，死亡保険金の受取人をXの配偶者であるYに変更することは可能である。ただし，YがXより先に死亡した場合，Xの死亡により生ずる死亡保険金の受取人は，Yの相続人すなわちZが受取人となり，死亡保険金の受取人をZからYに変更することだけではすべてのケースで死亡保険金を信託財産に含ませることはできない。したがって，死亡保険金の受取人につき，「XがYより先に死亡した場合はYとする，XがYと同時またはYより後に死亡した場合は受託者とする」旨の指定の仕方を生命保険会社が認めない限り，死亡保険金を信託財産に帰属させることは困難と思われる。あるいは，死亡保険金の受取人をZからXに変更し，死亡保険金請求権を信託財産に帰属させ，受託者が死亡保険金請求権を行使することも理論上考えられるが，生命保険会社との事前の協議で同意を得ておくことが必要である。

6 信託終了時の信託財産の権利帰属者

(1) 文　　例

> 6　信託終了時の信託財産の権利帰属者
> (1)　次に記載する者に金〇〇万円を帰属させる。
> 　　　〇〇県〇〇市〇〇〇〇
> 　　　　　氏　　　名　　　〇　〇　〇　〇
> (2)　その他のすべての信託財産を次に記載する者に帰属させる。
> 　　　（法人であれば）
> 　　　〇〇県〇〇市〇〇〇〇
> 　　　　　社会福祉法人　　〇　〇　〇　〇

(2)　解　　　説

(a)　信託財産の権利帰属者は，Xの意思でZへの貢献などを考慮し，自由に決めればよい。ただし，残余が出ないようにその他の財産の帰属者を指定しておく必要性がある（信託183条）。

(b)　積極財産のみならず消極財産がある場合には受託者が消極財産を清算したうえで，積極財産を権利帰属者に帰属させることになる。本事例のようなケースで多額の消極財産が残存することは考えにくいので，積極財産が残存すると思われる。

(c)　税について，本事例では，信託財産の権利帰属者は受益者が死亡した時に受益者から遺贈により取得したものとみなされる（相税9条の2第4項）。課税されるのは相続税であり，権利帰属者が受益者の相続人ではない時は，相続税の計算方式に則って計算された額の2割増の相続税を支払わなければならない（相税18条1項）。

ただし，権利帰属者が公益法人であれば公益法人に対する課税は発生しない（相税12条1項3号）。したがって，本事例において，社会福祉法人に対する課税は発生しないこととなるが，相続税申告の際の手続が必要となる。

7　特記事項

(1)　文　　　例

> 7　特記事項
> (1)　受託者は必要に応じ，第2遺言発効時並びに信託終了時の税務処理を行うこと。
> (2)　遺言者Xは受託者に対し，受益者の葬儀・納骨・永代供養等一切の祭祀を執行する権限及びそのために必要な費用を信託財産から支払う権限を授与する。
> 　　　受託者はZの意思を尊重してその祭祀を執行するよう希望する。
> (3)　受託者は第2遺言発効後，Zについて成年後見人などがいない場合は，その制度の利用を実行すること。
> 　　　かつ，その手続によりZのための成年後見人などが選任されるまでの間，必要に応じ，Zを第三者とするZのための介護・福祉サービス利用契約などを締結し，Zの生活の質の確保・向上に最善の利益を追求すること

(2)　解　　説

Zの祭祀執行権限と義務については，本項でしか触れることができないので明記することが必要である。

なお，受託者が信託事務の一部を第三者に委託する場合は，(4)以下に明記しておくこと。

8　遺言執行者の指定，報酬

(1)　文　　例

> 8　第2遺言の遺言執行者の指定
> (1)　第1順位
> 　　　○○市○○○区○○○
> 　　　　　　弁護士　　　　　A
> (2)　第2順位 ((1)に記載した者が遺言執行業務をできない場合)
> 　　　○○市○○○区○○○
> 　　　　　　弁護士　　　　　B

> 9　受託者の報酬・信託事務の委託を受けた第三者・信託監督人の報酬
> (1)　受託者は，信託財産から信託期間中報酬として月〇〇万円
> (2)　受託者が弁護士である第三者に委託した信託事務の報酬として，当該第三者の定める報酬規程により算出された額
> (3)　信託監督人の報酬として月〇〇万円
> 　　受託者は信託財産から取得ないし支払う。

(2)　解　　説
(a)　細々としたことは，遺言信託付随契約書において触れればよい。
(b)　信託業法との関係で，反復継続して受託する者は，信託業法上の免許や登録を受けていない場合は信託報酬を受領することはできないことに留意すべきである。

9　信託監督人の指定

(1)　文　　例

> 10　信託監督人の指定
> 　信託期間中，受託者の業務を監督するために次の者を信託監督人に指定する。
> 　　　　〇〇県〇〇〇市〇〇〇
> 　　　　　　弁護士　　　　C

(2)　解　　説
　受託者が弁護士でない場合は，弁護士が信託監督人の指定を受けておくこともよい方法の一つである。

Ⅳ　「第3遺言」の文例と解説

(1)　文　　例

> 第3　Xが死亡した場合は次に記載する通り祭祀の執行を委託する（以下，第3遺言という。）。
> 　1　祭祀の主宰者（喪主を含む）の指定
> 　　(1)　第1遺言が発効した場合は，祭祀の主宰者をYに指定する。後記3に記載する遺言執行者は，Yと協力してXの祭祀・納骨・永代供養の祭祀を行うよう希望する。
> 　　(2)　第2遺言が発効した場合は，後記3に記載する遺言執行者を祭祀の主宰者と指定する。
> 　2　Xの遺骨・納骨・永代供養先の指定
> 　　　　　○○県○○○市○○○
> 　　　　　　　　宗教法人　　○○○○寺
>
> 　3　第3遺言の遺言執行者の指定
> 　　(1)　第1順位
> 　　　　　　　　弁護士　　　　　A
> 　　(2)　第2順位
> 　　　　　　　　弁護士　　　　　B
> 　4　祭祀執行費用（葬儀費用，永代供養費○○万円を含む）は，遺言者の財産（第1遺言発効の場合）または信託財産（第2遺言発効の場合）より支払う。
>
> 第4　第1遺言ないし第3遺言の遺言執行者の報酬等
> 　　　○○○○○○○○

(2)　解　　説

　すべての実費と報酬を具体化して記載しておくか，弁護士AまたはBの弁護士報酬規程を特定し，それに基づいて算出した金額としておくか，いずれでもよいと思われる。

◆岩　城　和　代◆

Q6 遺言代用信託

遺言をしなくとも，信託によって同じように財産を承継させることができると聞きましたが，どのような方法でしょうか。また，そのメリットはどのようなところにありますか。

A

　遺言代用信託を利用する方法がある。

　遺言で信託を設定する遺言信託の場合には，厳格に遺言としての要式を充たす必要があるが，遺言代用信託の場合，委託者および受託者間の信託契約の締結により設定され，格別な要式は不要である点，信託契約において，目的・運用等を柔軟に設定できる点がメリットといえる[注1]。

　また，信託契約締結後においても，遺言代用信託の特例として，委託者は，具体的な状況の変化等をふまえて，自由に，受益者を変更することができ，また信託を変更・終了させることができる点，受託者は目的の範囲で一定の裁量権を有するため不確実な将来の変化への対応力が備わっている点もメリットといえる。

　さらに，遺言信託では，委託者の死亡後に，信託財産を受託者に移転するための遺言執行手続が必要となり受益者が受益権を取得するまでに時間を要し，また，その間に利害関係人による紛争が起こりうるのに対し，遺言代用信託では，生前の信託契約によって委託者死亡後形式的に所有権が受託者に移転するので，受託者において確実に遺産の管理ができるし，受益者が円滑に受益権または給付を受ける権利を取得することができる点もメリットである[注2][注3]。

(注1) 遺言（遺贈）と信託との異同については，菊池学「第10章財産承継と信託」新井誠編『新信託法の基礎と運用』（日本評論社，2007）196〜207頁において詳しく検討されているので，参照されたい。

加えて，委託者死亡後の財産承継の問題だけでなく，委託者の生存中に判断能力が失われる場合に備えることができる点もメリットといえる[注4]。

I　意　義

信託法90条は，89条を前提として，いわゆる遺言代用信託に関する特則を定める。

すなわち，遺言代用信託とは，「委託者の死亡の時に受益者となるべき者として指定された者が受益権を取得する旨の定めのある信託」（以下「1号類型」という。），または，「委託者の死亡の時以後に受益者が信託財産に係る給付を受ける旨の定めのある信託」（以下「2号類型」という。）をいい，以下，各類型における受益者を死亡後受益者という[注5]。

具体的には，委託者が，生前に自己の財産を受託者に信託し，委託者生存中の受益者を委託者自身とし，死亡後受益者を委託者の配偶者や子その他第三者と定める場合[注6]など，委託者が生前に死後の財産の承継を図るなどの目的で設定する信託である。

現在の少子高齢化社会において，高齢者・障害者等の財産管理システムとして信託の機能が着目されている。これらは，個別性が強く，集団的・定型的処

(注2)　遺言代用信託は，「確実な財産の次世代等への移転方法」の新たな創設といわれる（小林徹「第8章高齢社会と民事信託の可能性」新井編・前掲（注1）165頁）。
(注3)　遺言代用信託と遺言信託の比較については，星田寛「第9章いわゆる福祉型信託のすすめ―家族のための信託」新井編・前掲（注1）179～180頁において詳しく検討されているので，参照されたい。
(注4)　小林・前掲（注2）159頁は，「委託者がその後意思能力を喪失しても存続させることが可能な制度であり，任意後見の代替制度として機能しうるものである。」と述べる。任意後見法と信託については，新井誠『信託法〔第3版〕』（有斐閣，2008）492～503頁が詳しいので参照されたい。
(注5)　「委託者の死亡の3日後」，「委託者の葬儀後」など，「委託者の死亡を期に通常生じ得る事実の発生を停止条件あるいは始期とする場合」を含むとされる（法務省民事局参事官室「信託法改正要綱案補足説明」（以下「補足説明」という。）第61（http//www.moj.go.jp/content/000011802.pdf）。
(注6)　死亡後受益者は定めているが，委託者生存中の受益者が定められていない形態の遺言代用信託もある（法務省民事局参事官室「補足説明」第61，星田寛「遺言代用信託」道垣内弘人＝小野傑＝福井修編・新しい信託法の理論と実務〔増刊〕金判1261号（2007）180頁）。

理になじまず，また福祉的要素も強いため，民事信託の分野における今後の展開が期待されるところである。

Ⅱ 設定方法

上述した2類型の遺言代用信託は，委託者が受託者との間で信託契約を締結することにより設定され（信託3条1号），委託者の生存中に効力が発生する。

Ⅲ 死亡後受益者の変更権

遺言代用信託は，生前行為により死後の財産承継を図る死因贈与と類似する機能を有するところ，死因贈与については，その方式に関する部分を除き遺贈の規定が準用される（民554条）[注7]ことから，死因贈与者は，いつでも贈与を取り消すことができる（民1022条）[注8]。

遺言代用信託を利用する委託者は，死因贈与者と同様，生存中いつでも受益者を変更しうる自由を維持したいと考えるのが通常であるが，遺言代用信託の場合，委託者の生存中すでに効力が生じているため，死亡によって効力を生ずる遺言や死因贈与の取消しの規定を類推適用することはできない[注9]。

そこで，信託法90条1項は，89条の特則として，別段の定めなき限り委託者が死亡後受益者の変更権を有するのを原則と定めた（任意規定）[注10]。なお，変更権の行使方法については，信託法89条の定めに従うものとされる。

(注7) 最判昭32・5・21民集11巻5号732頁。
(注8) 最判昭47・5・25民集26巻4号805頁——その方式に関する部分を除いて準用される。
(注9) 小野傑＝深山雅也編『新しい信託法解説』（三省堂，2007）260頁〔赤沼康弘〕，新井・前掲（注4）170頁。
(注10) 川淳一教授は，遺言代用信託の原型がアメリカにおける撤回可能信託であることは疑いがないものの，両者がまったく同じものか否かは疑問であるとして，「受益者死亡を理由とする受益者連続型遺贈・補論」（野村豊弘＝床谷文雄編著『遺言自由の原則と遺言の解釈：日本私法学会シンポジウム資料』（商事法務，2008）143頁注(6)）において両者の相違を検討している。また，アメリカにおいて，遺言の検認手続に時間と費用がかかることなどから，撤回可能生前信託が利用されていることについては，菊池・前掲（注1）196頁を参照されたい。なお，信託の撤回権留保については，能見善久『現代信託法』（有斐閣，2004）240〜242頁において論じられている。

Ⅳ 受益者の権利

　1号類型において，委託者の死亡の時に受益者となるべき者として指定された者は，委託者の死亡時までは，そもそも受益権を取得しない。
　2号類型において，受益者は，指定されると当然に受益権を取得するはずである（信託88条1項）が，委託者の死亡時以後まで信託財産に係る給付を受ける権利を有しない（信託90条1項2号）だけでなく，委託者が死亡するまでは，受益者としての権利（監督権能等）も原則として有しない（同条2項）。
　委託者の生存中，受益者が受益者としての権利（監督権能等）を有するとすると，委託者が信託の変更・終了を望む場合に受益者の同意を要することとなり，遺言代用信託を利用する委託者の通常の意思に合致しないことになる。したがって，信託法90条2項は88条1項の特則を定め，委託者による自由な信託の変更・終了を認めることを原則としたのである（任意規定）。

Ⅴ 委託者の権利

　受益者の権利が上述のようなものであることから，委託者の生存中，受託者に対する監督権等を有するものが存しない場合がありうる。そこで，適切な信託事務処理を確保すべく，信託法148条は，遺言代用信託における特則として，委託者が受益者に代わって監督的権利を行使することを原則と定めた（任意規定）。
　すなわち，通常の信託と異なり，「第90条第1項各号に掲げる信託」（遺言代用信託）において，「その信託の受益者が現に存せず」，または「同条第2項の規定により受益者としての権利を有しないとき」は，委託者が受託者に対する監督上の権利（信託145条2項各号）を有し，受託者は委託者に対する通知等の義務（同条4項各号）を負うのが原則である（信託148条本文）。この点，要綱試案の段階までは，遺言代用信託において受託者監督のための特別の定めは不要とされていた[注11]が，パブリックコメントにおいて異なる意見が出され，これを

（注11）　法務省民事局参事官室「補足説明」第61。

受けて議論された結果，遺言代用信託においても，委託者が，受益者の定めのない信託における委託者の権利（信託260条1項参照）と同様の権利を有する旨の規定が設けられることとなったものである[注12]。

この「受益者が現に存せず」とは，1号類型において，委託者生存中で死亡後受益者以外に受益者が存在しない場合，1号類型・2号類型ともに，死亡後受益者が未出生の場合などである[注13]。

なお，このような委託者の監督権・受益者変更権，受益権者の権利に関する各特則を定める遺言代用信託について，「信託法の創設である以上は，法定の信託類型であることは承認するとして，信託固有の効果は認められないと考えるべき」だから，「信託財産は未だ委託者に帰属し，当然に委託者の債権者は信託財産にかかっていける。遺言代用信託は，委託者生存中は倒産隔離機能がない」という見解も存することを付記する[注14]。

VI 相続法との関係

遺言代用信託は，委託者が受託者との間で信託契約を締結することにより設定され，委託者の生存中に効力が生ずるものであるが，その目的は，死後の財産承継・分配にあるため，相続法における特別受益者の持戻し制度・遺留分減殺制度の適用を受ける。以下，中心となる論点のみ取り上げるが，実務上，具体的検討を要する問題は多岐にわたる。

1 受益権の評価

遺留分の算定において，受益権は，「条件付きの権利又は存続期間の不確定な権利」として，家庭裁判所が選任した鑑定人の評価に従い，その価格が定め

(注12) この経過については，田中和明『新信託法と信託実務』（清文社，2007）289～290頁を参照されたい。

(注13) 法務省民事局参事官室「補足説明」第61によれば，死亡後受益者変更権の行使には，「死亡後受益者の指定を取り消すことによって誰も受益者に指定されていない状態を一時的に作出することも含まれる」とされるので，このような一時的な状態も「受益者が現に存せず」に該当する。

(注14) 新井・前掲（注4）486頁。

られることになる（民1029条2項）が，その算定に際しては，受益権取得請求における受益権の価格の決定に関する信託法104条が参考になるとされる。

2 遺留分減殺の順序

遺贈と「相続させる遺言」は同順位で，死因贈与は，その後とされる[注15]ことから，遺言信託は，遺贈等と同順位と解されるが，遺言代用信託は，死因贈与と同じく，遺贈等の減殺の後に減殺されるものと解される[注16]。

3 遺留分減殺請求の相手方

受益者とする見解，受益者だけでなく名義人である受託者も含まれるとする見解[注17]もある。川教授は，「原則として受託者とするべきである。しかし，受益者が相続人である場合には遺留分算定の基礎となる財産の確定および価額賠償の選択の有無との関係で，また，受益者が相続人でない場合であっても価額弁償の選択をするかどうかということとの関係で，受益者の発言権を確保することが適切である。」とする[注18]。

* 遺言代用信託による株式の信託については，「第10章 信託と事業活動 Q2 事業承継のための株式の信託」，受益者連続型信託については，「第2章 信託と身分法 Q7 後継ぎ遺贈型の受益者連続信託」，税制については，「第7章 信託と税法 Q10 信託財産の税務上の評価と受益者連続型信託の税務上の留意点」参照。

◆野　中　智　子◆

(注15)　最判平10・2・26民集52巻1号274頁。
(注16)　星田・前掲（注3）179頁，星田・前掲（注6）182頁，川・前掲（注10）154頁。
(注17)　四宮和夫『信託法〔新版〕』（有斐閣，1989）160頁(5)，星田・前掲（注6）182頁。
(注18)　川・前掲（注10）158頁。具体的検討は，152〜154頁で述べられている。

Q7 後継ぎ遺贈型の受益者連続信託

ある程度の財産がある者が，子供がいないので，配偶者にすべて遺贈したいが，その配偶者が死亡したあと，配偶者の兄弟姉妹に相続されるのは困るので公共に寄付したいと希望しています。どうすればよいでしょうか。

A

　子供のない者が遺産のすべてを配偶者に遺贈し，配偶者が死亡した後は第二受遺者が遺産を取得する，いわゆる後継ぎ遺贈は民法上無効であるとされているが，これと同様の効果を生じさせるものとして，後継ぎ遺贈型の受益者連続信託を利用することができる。これによって，配偶者を第一受益者とし，配偶者死亡後は公共に遺産が帰属するように信託を設定することができる。また，遺産を公共に寄付するにあたっては，公益信託を利用することが可能である。

I 後継ぎ遺贈型の受益者連続信託の活用

1 後継ぎ遺贈の効力

　子供のない者が遺産のすべてを配偶者に遺贈する旨の遺言をのこした場合，配偶者は遺言の内容どおりに，遺産のすべてを取得することができるが，その後，配偶者が死亡したときには，法定相続人である配偶者の兄弟姉妹（甥，姪を含む。）に遺産が承継されることになる。もちろん配偶者が遺言を作成し，兄弟姉妹以外の者に遺贈する旨を定めておくことは可能であるが，配偶者が遺言を作成するか否か，作成するとしてその内容は，配偶者の自由であって，これを制約することは法的にはできないことである。

そこで、このような事例において、配偶者の兄弟姉妹に自己の遺産が承継されることを望まない者が、いわゆる後継ぎ遺贈をすることができるか否かが問題とされていた。後継ぎ遺贈とは、遺言によって、遺言者が第一受遺者にその財産を遺贈するが、第一受遺者の死亡によって第一受遺者の当該財産に対する権利は終了することとし、当該財産に対する権利は、第二受遺者が取得することとするものである。

　ただし、この後継ぎ遺贈については、民法上無効であるとする見解が有力であった。その主たる論拠は、所有権は完全・包括的・恒久的な権利であり、存続期間を定めた所有権は認められないところ、後継ぎ遺贈を容認すると、期限付きの所有権を創設することになってしまうという点にあった。

2　後継ぎ遺贈型の受益者連続信託の明文化

　信託法は、後継ぎ遺贈と同様の効果を導くものとして、後継ぎ遺贈型の受益者連続信託を新設した（信託91条）。

　後継ぎ遺贈型の受益者連続信託とは、ある受益者の死亡により、その受益者の有する受益権が消滅し、他の者が新たな受益権を取得する旨の定め（受益者の死亡により順次他の者が受益権を取得する旨の定めを含む。）のある信託である（信託91条）。このような後継ぎ遺贈型の受益者連続信託は、個人企業経営、農業経営等における有能な後継者の確保や、生存配偶者の生活保障の必要等から、共同均分相続とは異なる財産承継を可能にする手段として、活用ニーズがあると指摘されていたものである。

　従来の信託では、受益者の死亡をもって信託が終了することとなっていたが、後継ぎ遺贈型受益者連続信託では、信託設定時に、第二受益者を指定することで、委託者の意思に基づき、遺産分割協議を行うことなく、信託受益権を第二受益者に確実に継承させることができる。

　たとえば、夫が自宅を受託者に信託し、自分の死後、認知症の妻を第一受益者とし、妻の死亡後は、長男を第二受益者とする受益権を設定する。夫が死亡した場合、妻が自宅に居住し使用収益するが、妻が受益権を有するのは、妻の生存中に限られる。その後、妻が死亡すると、妻の受益権は消滅し、第二受益者である長男が新たに受益権を取得することになる。

3 後継ぎ遺贈型の受益者連続信託の存続期間の制限

　後継ぎ遺贈型の受益者連続信託においては，後継ぎ遺贈と異なり，受益者が取得するのは受益権であるから，所有権に存続期間を設けるという問題は生じない。

　もっとも，ある世代の人間が相当の長期間にわたって，その後の財産の利用・承継のあり方を決め，次の世代の人間がこれに拘束されるのは，財産秩序を害するから好ましくない（いわゆる「死手支配」dead hand control）。また，受益権が受益者に実際に帰属するまでにあまり長い期間を要する信託は，物資の流通を害し，国民経済上の利益に反する（いわゆる「永久権禁止原則」rule against perpetuity）。

　そこで，信託法においては，受益者の死亡により他の者が新たな受益権を取得する旨の定めのある信託は，一定の期間内に限られることを要件として，その有効性を明文化した。すなわち，「当該信託がされた時から30年を経過した時以後に現に存する受益者が当該定めにより受益権を取得した場合であって当該受益者が死亡するまで又は当該受益権が消滅するまでの間，その効力を有する」旨を規定して（信託91条），一定の期間内に限り，その有効性を認めることにしたのである。

　たとえば，委託者Aが自己の生存中は自らが受益者となり，Aの死亡によりBが第一受益者となり，さらに，Bの死亡によりCが第二受益者となり，Cの死亡によりDが第三受益者になるというケースでは，Cが受益権を取得したのが信託設定後30年より前であれば，DはCの死亡により受益権を取得するが，Cが受益権を取得したのが信託設定後30年より後であれば，DはCの死亡によっても受益権を取得しないことになる。

4　後継ぎ遺贈型の受益者連続信託と遺留分

　信託法では特に規定されていないが，後継ぎ遺贈型受益者連続信託においても，遺留分に関する民法の規定の適用がある。すなわち，遺留分制度の潜脱は認められないのであって，後継ぎ遺贈型受益者連続信託も遺留分減殺請求の対象となる。その遺留分については，民法1029条1項によって算定されることに

なる。

　遺留分減殺請求をいつの時点で行うのかが問題となるが，これは，委託者が死亡し，第一受益者が受益権を取得する段階であると解される。後継ぎ遺贈型の受益者連続信託では，第一受益者が死亡すれば第二受益者が受益権を取得するが，受益権は第一受益者から第二受益者に相続されるわけではない。第一受益者が死亡した時点で第一受益者が保有した受益権は消滅し，新たに第二受益者が委託者から受益権を取得することになるのである。

　したがって，遺留分減殺請求を行う者は，委託者が死亡した際に，第一受益者が取得する存続期間不確定の受益権および第二受益者が取得する始期条件付きの受益権をもって，遺留分算定の基礎とすることになる。この第二受益者が取得する始期条件付きの受益権の価格算定は非常に難しいので，民法1029条2項に基づき，家庭裁判所が選任した鑑定人の評価に従うことになると思われる(注1)。

Ⅱ　公益信託の活用

　配偶者死亡後は，遺産を公共に寄付したいとの願いは，公益信託を利用することによっても実現することが可能となる。

　公益信託とは，信託の設定を通じて公益目的を実現すること，すなわち，広く社会全体の利益ないし不特定多数人の利益を追求することを目指した信託であって，具体的には，学術，技芸，慈善，祭祀，宗教その他公益の目的のため，受託者に対してその財産を移転し，受託者をしてその公益目的に従って財産を管理または処分させ，もってその公益目的を実現しようとする信託をいう（公益信託1条）。

　公益信託は，受益者の存在が予定されていないことから，受益者の定めのない信託（目的信託）の一種であると解されている。ただし，公益信託は，①引受けにあたり主務官庁の許可を要すること（公益信託2条1項），②信託期間中，

（注1）　新井誠『信託法〔第3版〕』（有斐閣，2008）487頁，小林徹「第8章高齢社会と民事信託の可能性」新井誠編『新信託法の基礎と運用』（日本評論社，2007）168頁。

主務官庁の監督を受けること（公益信託3条），③存続期間の制限がないこと（公益信託2条2項。信託259条参照）などの点で，一般の受益者の定めのない信託とは異なる特殊性を有する。

◆冨永　忠祐◆

Q8 離婚にともない支払われる養育費の信託と課税上の問題

離婚に際して，養育費を一括で払ってくれといわれています。しかし，支払ってしまった後では，相手方がどのように使うかわかりません。ほかの目的に使ってしまうおそれもあります。どのような条件をつけたらよいでしょうか。また，一括で支払うことで贈与税の課税対象になることはありませんか。

A

　均等割給付金の受給を前提とした金銭信託契約を活用し，信託銀行等の第三者を受託者とすることで，一括払によって将来にわたる養育費の履行確保の困難を回避しつつ，監護養育者による費消を防止して毎月一定額のみが子のために支払われるという状態を実現できる。その際，信託契約が一方的に解約できないように配慮することが必要である。

　一括払であっても，養育費として相当な金額であれば贈与税の課税対象にはならない。

I　養育費の一括払と信託の活用

1　養育費の一括払とその問題点

　離婚に際して，「いかにして未成年の子のために養育費を実質的に確保するか」は，養育費を受け取る側の親にとっても，養育費を支払う側の親にとっても重大な課題である。養育費を受け取る側にしてみれば，離婚後いつまで養育費を約束どおり支払ってもらえるのかという不安が強い場合，できることなら将来にわたって必要な養育費を一括で受け取ってしまいたいと希望するだろ

う。しかしながら，養育費を支払う側にしてみれば，一括で養育費を支払ってしまうと，離婚相手が子供のためより自分のために使ってしまうのではないか，という不安があるので一括払には応じたくないということになりかねない。そこで，養育費を一括払することが可能であり，かつ子の福祉にも資する場合において，双方の親の不安を解消する方法として信託を利用することが考えられる。

ただし，信託制度を利用することで，両親が直面する当面の不安や課題が解消できるとしても，子の福祉が害されたのでは本末転倒である。養育費の一括払自体がもつ問題点に十分配慮したうえで子の福祉にとって真に有益である場合に活用されることが必要である。信託を活用した養育費の一括払を論じる前に，この点について若干の付言をしたい。

まず，第１に，養育費とは，子を監護・養育していくために当該時点において必要とされるものであることから，定期給付が原則的な形態であると考えられている。そのため，裁判上の請求として養育費の一括払が認められることはほとんどない(注1)。

さらに，養育費を一括払したからといって，支払った側の親は子に対する扶養義務から終局的に免れるわけではない。事情の変更によって養育費に関する協議や審判は変更されうるし（民880条）(注2)，そもそも，父母間の養育費の分担に関する合意は，子の親に対する扶養請求権を消滅させるわけではない。

また，実際上の問題としては，父母間の協議の場で，親権確保の代償としての意味合いで少額の養育費一括払とその後の請求権放棄の合意が成立する可能性もある。

養育費の一括払を選択する場合は，何よりも子の福祉に反する点がないよう留意するとともに，その目的や想定範囲について父母間の理解に齟齬がないように注意しなければならない。

(注1) 東京高決昭31・6・26家月8巻7号46頁，仙台家審昭32・5・13家月9巻5号71頁はいずれも養育費や扶養の性質に照らして一括払請求を否定した。例外的に一括払を認めた例として長崎家審昭55・1・24家月34巻2号164頁。
(注2) もっとも事情変更による再請求は必ずしも容易に認められるわけではない（東京高決平10・4・6家月50巻10号130頁参照）。

2　信託を利用した養育費の一括払

　養育費の一括払を選択した場合に，双方の親が抱くそれぞれの不安を解消し，養育費の支払を確保しつつ子のための堅実な使用を実現する方策として，信託を活用することが可能である。

　調停条項や合意書においては，具体的には以下のようなパターンが考えられる。養育費を支払う側の親をA，養育費を受領する側の親をB，未成年の子をCとする。

【パターン1】
1　AはBに対し，AB間の子Cの平成○年○月分から満20歳に達する平成△年△月までの間の養育費として，金○万円を支払うこととし，これを平成○年○月○日限り，○○銀行○○支店のC名義の普通預金口座に振り込んで支払う。
2　Bは，前項記載の金員を受領したときは，受領日から15日以内に，Cを委託者兼受益者，信託銀行Dを受託者，Aを契約解除同意者とする下記内容の金銭信託契約を，信託銀行Dとの間で締結して，これを運用する。

記
(1)　受託者Dをして平成○年○月から平成△年△月までの間，毎月末日限り，金○万円をCに給付させる。
(2)　信託は平成△年△月をもって終了することとし，残余財産があるときは，これをCに帰属させる。
(3)　Cが平成△年△月以前に死亡した場合は，Cの死亡をもって信託は終了することとし，残余財産があるときは，これをAに帰属させる。

【パターン2】
1　AはBに対し，AB間の子Cの平成○年○月分から満20歳に達する平成△年△月までの間の養育費として，金○万円を支払うこととし，これを平成○年○月○日限り，Aを委託者，Cを受益者，Bを契約解除同

> 意者とする下記内容の金銭信託契約を信託銀行Dとの間で締結して，これをBにおいて運用させる。
> 　　　　　　　　　　　　　　　記
> 【パターン１】参照

　均等割給付金の受給を前提とした金銭信託契約とすること，信託銀行等の第三者を受託者とすることによって，一括払でありながら，定期給付の場合と同程度に，養育費が他目的に費消されることを防ぐことが可能になる。
　さらに，信託監督人を選任することで受益者である子の保護を徹底することも可能と考えられる。

Ⅱ　一括払養育費と税金

　相続税法は「扶養義務者相互間において生活費又は教育費に充てるためにした贈与により取得した財産のうち通常必要と認められるもの」は贈与税の課税対象としていない（相税21条の３第１項第２号）。
　しかしながら，この点に関する通達に以下の定めがある。

> 【相続税基本通達　21の３―５（生活費及び教育費の取扱い）】
> 　法第21条の３第１項の規定により生活費又は教育費に充てるためのものとして贈与税の課税価格に算入しない財産は，生活費又は教育費として必要な都度直接これらの用に充てるために贈与によって取得した財産をいうものとする。したがって，生活費又は教育費の名義で取得した財産を預貯金した場合又は株式の買入代金若しくは家屋の買入代金に充当したような場合における当該預貯金又は買入代金等の金額は，通常必要と認められるもの以外のものとして取り扱うものとする。（平15課資２―１改正）

　上記通達に加えて，一般的に，相当多額の資金の一括払であるという点からも，課税の可能性が懸念されるところであるが，この点については，離婚調停

時に信託を利用した養育費の一括払の条項を定めた場合に、課税対象から外すことができないかという調停協会連合会長からの照会に対する回答（昭和57年6月30日直審5－5）が存在する。

　この個別通達によれば、前述の2つのパターンと同旨の調停条項の方法によって支払われる養育料の金額が、「その支払いを受ける子の年齢その他一切の事情を考慮して相当な範囲内のものである限り、贈与税は課税されません。ただし、毎年支払を受ける信託の分配金のうち収益から成る部分については、所得税の課税の対象となります。」とされている。

　したがって、一括払であっても養育費として通常必要と認められる相当な金額である限り、贈与税の課税を心配する必要はないことになる。

　上記通達は、調停の場合に関するものではあるが、その趣旨に照らして、調停によらない当事者間の合意であろうと、同様に非課税になると考えられる。

◆黒　木　理　恵◆

Q9 死後の事務と信託

死亡した後の債務の支払，葬儀，永代供養などを依頼したのですが，そのためにあらかじめ一定の額の金銭を預けようと思います。どのような条件をつけたらよいでしょうか。また，永代供養のための信託ということもできるのでしょうか。

A

　死後において債務の支払，葬儀，永代供養等の事務を行うために，第三者に対して単に金銭を預託するのではなく，信託を設定することが合理的である。また，寺を受益者とし，供養料や墓地管理料などに信託金を用いる永代供養信託を設定することも可能である。

Ⅰ　死後の事務の委託

1　死後の事務の委託にともなう問題点

　自分が死亡した後に残された債務の支払や，自らの葬儀や永代供養を第三者に委託するケースは少なくない。しかし，こうした死後の事務を第三者に委託しただけでは，この第三者は，現実には債務の支払等をすることができないのが通常である。なぜなら，金融機関が委任者の死亡の事実を認知すれば，委任者の預貯金口座が凍結されてしまうからである。

　では，生前に遺言を作成しておいて，その遺言執行者にそれらの死後の事務を委託する場合はどうか。しかし，それらの死後の事務の委託は遺言事項ではないので，遺言としての法的効力が生じないことになる。すなわち，こうした死後の事務の委託を遺言書に記したとしても，法的には，遺言外で死後の事務の委託がなされたものと等しいことになる。したがって，遺言執行者も，死後

の事務を遂行するために金融機関から預貯金を引き出すことができないことになる。

　そこで，委託者が生前に，葬儀費用等の死後の事務に要する費用をあらかじめ第三者に預託しておくことが，実務上しばしば見受けられる。こうすれば，たとえ金融機関が委託者の預貯金口座を凍結しても，死後の事務の委託を受けた第三者は，葬儀費用等を預託金の中から支払うことが可能となる。ちなみに，受任事務に必要な費用に充てる目的で委任者から金銭の預託を受ける行為は，信託業法の規制から除外されている（信託業令1条の2第1号）。

　しかし，この預託金方式によった場合，委託者の死後，預託金が契約どおりに死後の事務の遂行のために使用されたか否かを監督する仕組みを作っておかない限り，預託金が流用される危険を払拭することができない。

　また，委任者よりも受任者が先に死亡した場合，当該預託金が受任者の相続財産に混入してしまうおそれがある。受任者が個人ではなく法人である場合には，受任者の死亡という事態は生じないが，法人にも，倒産や解散等のリスクが存在する。さらに，受任者の債権者からの執行に対して，預託金が隔離されていないという問題もある。

　そもそも，単に預託の関係があるだけでは，委任者の相続人と受任者との間で紛争が発生した場合に，受任者が委任者の相続人の意に反して職務を遂行することは期待できない。相続債務の支払をどうするか，葬儀や永代供養のあり方や費用負担は，いずれも相続人にとって重大な関心事であって，単に金銭の預託を受けただけの受任者は，相続人の意向に沿って動かざるをえなくなるのではないかと思料される。

　以上のようなさまざまな問題点にかんがみると，死後の事務を行うには，預託金方式によるのではなく，信託の設定によるほうが合理的である。

2　死後の事務を行うための信託

　死亡した後の債務の支払，葬儀，永代供養などの死後の実務を行うために信託を設定した場合，受託者は信託の目的に従って職務を遂行することになる。この受託者は，信託法上，善管注意義務（信託29条2項），忠実義務（信託30条〜32条），分別管理義務（信託34条），帳簿作成・報告義務（信託36条〜39条）等の義

務が課せられる。

そして，いうまでもなく信託財産は，委託者からも受託者からも独立性が保たれるので，たとえば，受託者の死亡により相続が開始しても，受託者の相続財産から信託財産が排除されるし，受託者が倒産しても，信託財産に対する強制執行等は禁止される。また，受託者が委託者の相続人の意向に縛られることもない。

死後の事務の終了後，残余金が生ずる場合もありうるが，その場合でも，あらかじめ信託の設定時に残余金の帰属権者を定めておけば，対処することができる。

Ⅱ　永代供養信託

永代供養信託は，寺を受益者とし，供養料や墓地管理料などに信託金を用いるものである。

永代供養信託は，生前信託として行うこともできるが，遺言者が自分の死後の墓地の維持・管理等について遺言で定めておくという遺言信託の方法も考えられる。

永代供養信託の実務では，あらかじめ墓地を管理する菩提寺や霊園との間で供養料等を取り決めたうえで，受益者を宗教法人とする他益信託の形態で，信託目的を「祖先の菩提を弔うための供養料と墓地管理料を支払う」旨の特約を付して，金銭信託（合同運用指定金銭信託）を設定することが通常である。

なお，「永代」と呼ばれるものの，あまりに長期にわたると受益者の確認などの事務管理上の問題が生ずることから，信託期間は永久ではなく，25年とし，その後は必要に応じて5年ずつ延長する取決めがなされることが多い[注1]。

◆冨永　忠祐◆

（注1）　新井誠編『高齢社会と信託』（有斐閣，1995）190頁。

Q10 福祉型信託の新たな担い手

福祉型の信託を引き受ける受託者には、どのような人たちがいますか。信託業法との関係はどのようになっているのですか。

A

　福祉型信託ということであっても、原則として信託業法の適用がある。そこで、信託業法上の届出をして、福祉型信託を受託しようとする信託会社も出てきているが、まだごくわずかである。
　他方、信託銀行は、不動産などを含む福祉型の信託は受託しない。
　このため、福祉型信託においては、その受託する内容により信託業法の適用を受けないとの解釈で法律専門家などが受託している例も出ている。

I　信託業法の規制

　民事信託を利用して高齢者や障がい者の財産を管理する福祉型信託は、成年後見制度を補完するものとして、最近、注目されるようになってきた。
　ところで、信託の受託に関しては信託業法が規制をしており、「信託業」を行うには同法3条により内閣総理大臣の免許が必要とされ、また「管理型信託業」を行うには、同法7条1項により内閣総理大臣の登録を受ける必要がある（同法87条1項により、金融庁長官に委任。）。そして、その「信託業」とは、同法2条1項により信託の引受けを行う営業をいうとされ、営利の目的をもって反復継続的に他人から財産権の移転その他の処分を受け、一定の目的に従いその財産の管理または処分を行うことを引き受けることと解されているため[注1]、福祉型信託といえども、報酬を得て信託を受託することは、信託業法の規制を受けることとなる。

わが国では，昭和18年，経営基盤の安定化のため信託会社と銀行とを合併させ，「金融機関ノ信託業務ノ兼営等ニ関スル法律」により，金融機関に信託業務を兼営させるようにしたことから，免許を取得して信託業を行う者は実際上信託銀行に限られるようになった(注2)。その結果，投資や金融の機能を活用する集団信託が中心となり，信託における個人の財産の管理という面は後退し，信託銀行以外の受託者が登場することもほとんどなくなった。2004年11月26日には受託可能財産の範囲の拡大，信託受託者の担い手の拡大などを目的として信託業法が改正されたが（同年12月30日施行），福祉型信託の分野では，大きな変動は見られない。

このため，新信託法の立法時，衆議院法務委員会で，「来るべき超高齢社会をより暮らしやすい社会とするため，高齢者や障害者の生活を支援する福祉型の信託について，その担い手として弁護士，NPO等の参入の取扱い等を含め，幅広い観点から検討を行うこと」との付帯決議がなされ，また参議院法務委員会でも同趣旨の付帯決議がなされている。

II 信託銀行等の福祉型信託

もっとも，いくつかの信託銀行等では，委託者の家族を受益者とする金銭信託を受託し，高齢者・障がい者等の身上監護のため任意後見人等をつけることを勧め，信託の利益は受益者にではなく，任意後見人等に支払うというスキームを運用している。受益者が重度の心身障がい者である場合は，6000万円まで贈与税を非課税とする「特別障害者扶養信託」（相税21条の4，相税令4条の8）という制度があるので，信託銀行ではこれに「特定贈与信託」等の名称をつけて，上記のスキームに加えている。

しかし，これらの運用は金銭信託に限定されており，信託銀行等は，一般市民がもつ小規模不動産の信託は引き受けない。

しかしながら，金銭の信託だけでは，自宅などを所有する高齢者等の財産管

(注1) 小林卓泰＝植田利文＝増島雅和＝青山大樹『Q&A 新しい信託業法解説』（三省堂，2005）16頁。
(注2) 新井誠『信託法〔第3版〕』（有斐閣，2008）19頁。

理には対応できない。高齢者等の生活を支える財産は，預貯金，債権，証券のほか，自宅から賃貸アパート，賃貸駐車場までさまざまである。資産が多様になればその個別性も強くなり，集団的処理にはなじまなくなるため，信託銀行等はこれらの受託を回避することになる。

そのため，福祉型信託を実現するには，新たな担い手が必要となる。

Ⅲ 信託業法の適用を受けない信託

1 委任にともなう金銭の信託

現状でも，受任者が委任事務に必要な費用に充てる目的で委任者から金銭の預託を受ける行為は，信託業法の規制を受けない（信託業令1条の2第1号）。したがって，委任契約で身上監護を引き受け，そのための費用等として金銭の信託を受けることには，信託業法上の規制はない。

2 金銭以外の財産の信託

金銭以外の財産の信託を引き受けても，無報酬であれば，信託業を営むことにはならないので，信託業法の規制は受けない。ただし，報酬を取得しなくとも，信託を引き受ければ信託法に基づく受託者の義務が生じ，不動産等の管理に関する責任を負わなければならない。

また，不動産等の受託で報酬を取得しても一回限りの限定的なものであれば，信託業法の適用はないと解される。

3 主たる事務についてのみ報酬を定める契約

高齢者や障がい者の生活を支援する事務には，単に財産を管理するだけでなく，その人たちのために福祉サービスの利用契約や医療契約，その費用の支払から公共料金の支払などさまざまな法律行為がある。したがって，この事務について報酬を定め，不動産等の受託にともなう事務に関しては報酬を受領せず，実費のみで管理すれば，信託法の問題は生じないと考えられる。

第三者の侵害から保護するため，信託によって財産を受託するが，その管理

は主として管理会社等に委託し，その賃料等を委託者の身上監護の費用として使用する。その生活支援，身上監護の事務についてのみ報酬を定めることとすればよい。

IV 弁護士の職務と信託

　弁護士は，法律事務一般を行うことができ（弁護3条1項），その限り，他の規制法に従った登録等は必要がない。福祉型信託の場合は，高齢者や障がい者の財産の管理とそれにともなうさまざまな法律行為，そして身上監護に関する法律行為の依頼を受けることになる。信託の引受けは，身上監護を行うための費用を捻出する手段ともいうことができ，また身上監護においては，医療契約や福祉サービス利用契約等の法律行為を行うことになる。したがって，その受任目的を達するために信託を受託することは，弁護士法に定められた「その他一般の法律事務」を行うものとして，信託業法の規制は受けないと解することもできる。もっとも金銭の管理は，それ自体が法律事務ということはできないが，受任事務に付随する事務ということになろう。ただし，この場合でも，弁護士法上の職務の範囲においてという限定がつくので，利殖のための運用を目的とする商事信託を受託することはできない。

　信託業法の規制は，財産の移転を行う信託受託者の信用の基盤を確実にしようという趣旨によるものである。他方，弁護士については，その高度の専門性と信頼性を根拠に，弁護士法72条で法律事務の独占を認めている。したがって，以上のように解しても，信託業法の規制の趣旨に反することにはならないと考えられる。

　ただし，Iで述べた信託業の定義に該当する限りすべて規制の対象となると解するのが通説である[注3]。

（注3）　高橋康文『詳解新しい信託業法』（第一法規出版，2005）59頁。

V 福祉型信託受託者の養成

　信託は財産の所有権を移転するものであるだけに，信託受託者には強い信用が必要である。したがって，信託業法の適用を受けない信託の引受けにおいても，誰でもが信託を引き受けてよいとは考えられない。委託者や受益者に対して，誠実で信用力があり，かつ信託法に定められている義務を果たすことのできる能力が必要である。

　成年後見においては，被後見人の財産について全面的な権限をもった第三者後見人が事務処理を行っている。その権限の大きさは所有名義を移転した場合とほとんど変わりがない。2000年の新しい成年後見制度施行以来，弁護士会，司法書士会等で，信頼できる成年後見人等を育成していることをみれば，要求される信用に応えられる候補者はそのなかに見いだすことができよう。

　ただし，信託業法の適用を受けない民事信託においては，監督機関がないので，委託者がいっそう安心できるよう，その点について，所属団体の個別の監督など何らかの整備が必要となる。

　受託者に関する次の問題は，信託は長期間に及ぶ可能性があるということである。障がい者の場合には，特にその点に問題がある。したがって，そのような場合は，個人での受託はふさわしくないといわざるをえない。経済的基盤の確実な法人が受託することが必要となる。

　今後，福祉型信託への期待は大きくなっていくものと推測される。これに応えるためには，不動産も含めた多様な資産を総合的に受託する新たな受託者が必要である。本来であれば，立法により，正面からそのような受託者を示すべきであろう。

◆赤　沼　康　弘◆

Chapter 3

信託と保険法

Q1 信託契約代理店制度

信託契約代理店制度とはどのようなものでしょうか。保険会社が信託代理店業務を営むことはできますか。

A

　信託契約代理店とは，内閣総理大臣の登録を受けて，所属する信託会社または所属する信託兼営金融機関のために，信託契約の締結の代理（信託会社または外国信託会社を代理する場合に限る。）または媒介の営業を行う者をいう。

　保険会社は，内閣総理大臣の認可を受けて，「信託会社等の業務の代理又は事務の代行業務」を行うことが可能となったが，これは少額短期保険業者には認められていない。

I　信託契約代理店制度

平成16年12月30日，改正信託業法の施行によって，信託契約代理店制度や信託受益権販売業者制度が創設され，信託サービスの利用者の窓口が広がった。

信託契約代理業とは「信託契約……の締結の代理（信託会社又は外国信託会社を代理する場合に限る。）又は媒介を行う営業」とされ，内閣総理大臣の登録を受けて営むことができる（信託業2条8項・9項）。また，信託契約代理店とは，内閣総理大臣の登録を受けて，所属信託会社または所属信託兼営金融機関のために信託契約代理業を営む者をいう。

従来，信託兼営金融機関については，平成16年改正前の金融機関の信託業務の兼営等に関する法律において代理店設置が認められてはいたものの，代理店たりうるのは金融機関と商工組合中央金庫（商工中金）に限られていた。

そこで，信託サービスの提供チャネルの拡大・利用者のアクセス利便向上を目的として信託契約代理店制度が導入され，法人・個人を問わず参入が可能になったのである[注1]。

内閣総理大臣の登録を受けた信託契約代理店は金融庁ホームページにおいて公表されている[注2]。

II　保険会社と信託契約代理店制度

保険会社は保険業法等の法令に定められた業務以外の業務を行うことは認められていないが（他業禁止の定め〔保険業100条〕），信託・投資顧問契約等に係るサービスの提供チャネルの拡大，利用者利便の向上を図るため，平成20年3月31日，「保険業法施行規則の一部を改正する内閣府令」の施行によって，保険会社は，信託会社等，外国信託会社もしくは保険金信託業務を行う生命保険会社等の業務の代理または事務の代行[注3]を行うことが可能になった（保険業規51

(注1)　永田俊一編『信託改革：金融ビジネスはこう変わる』（日本経済新聞出版社，2005）71頁。
(注2)　http://www.fsa.go.jp/menkyo/menkyoj/sintaku_a.pdf
(注3)　生命保険会社が行う保険金信託（保険業99条3項）に関する代理・代行も認められる点に注意が必要である。

条1項7号)。

　同時に，金融商品取引業者等の投資顧問契約または投資一任契約の締結の代理または事務の代行業務（保険業規51条1項6号）も可能となった。

　保険会社が信託会社等の業務の代理または事務の代行業務を営もうとする場合には，内閣総理大臣の認可を受けなければならないが（保険業98条2項），少額短期保険業者にはこれが認められていない点に留意を要する。

　上記に従って，保険会社が信託会社等のために「信託契約の締結の代理又は媒介」を営もうとする場合，それは「信託会社の業務の代理」に該当するため，保険会社は保険業法の定めに沿って内閣総理大臣の認可を受けなければならない。同時に，保険会社は信託業法の定めに沿って信託契約代理店として内閣総理大臣の登録を受ける必要がある。

　なお，損害保険代理業や生命保険代理業を営む者が信託契約代理業を営むことについて，信託業法上の特段の規制はないが，信託業法67条2項は信託契約代理業の復代理を認めていないことから[注4]，信託会社の業務の代理を受託した保険会社が，その信託契約代理業務を，当該保険会社に所属する損害保険代理店や生命保険代理店に再委託（復代理）することは認められない。

III　信託契約代理店の主な法規制

1　登録制度

　信託契約代理業は，内閣総理大臣の登録を受けた者でなければ営むことができない（信託業67条）。

2　登録拒否事由

　信託業法70条は，信託契約代理業に係る内閣総理大臣の登録に関して，「信託契約代理業務を的確に遂行するための必要な体制が整備されていると認められない者」，「他に営む業務が公益に反すると認められる者」等，登録が拒否さ

（注4）　金融庁・信託業法 Q&A（http://www.fsa.go.jp/policy/shintaku/10.pdf）2頁。

れる事由を明記している。

換言すれば，同条に定める登録拒否事由に該当しない限り，信託契約代理業の登録が認められる。

3 標識掲示，名板貸し禁止

信託契約代理業を営む営業所ごとに，公衆の見やすい場所に，法定の標識を掲示しなければならない（信託業72条）。

また，自己の名義をもって，他人に信託契約代理業を営ませてはならない（信託業73条）。

4 分別管理

信託契約代理店は，顧客から財産の預託を受けた場合には，当該財産を自己の固有財産および他の信託契約の締結に関して預託を受けた財産と分別して管理しなければならない（信託業75条）。

5 所属信託会社の損害賠償責任

信託契約代理店の所属信託会社は，信託契約代理店が行った信託契約の締結の代理または媒介につき顧客に加えた損害を賠償する責任を負う（信託業85条）(注5)。

IV 監督規制

信託契約代理店に対する行政上の監督に関しては，一義的には所属信託会社に対する監督を基本とすることが示されており，所属信託会社を通じた監督が行われている(注6)。

ところで，金融商品取引法の全面施行後，信託受益権は有価証券として扱わ

(注5) 金融仲介者の業務過誤行為について所属金融会社の代位責任を法定したものである。同様の代位責任を法定するものとして，銀行法52条の59，金融商品取引法66条の24，保険業法283条を参照。

(注6) http://www.fsa.go.jp/common/law/guide/shintaku/bessi01.pdf

れることから，受託者が有価証券の発行者である場合には，信託契約代理店が信託会社のために行う信託契約の締結または媒介は，有価証券の取得の申込みの勧誘行為となり，原則として金融商品取引業の登録が必要となった。

　このため，同法全面施行後，従来，信託業法で規定されていた信託契約代理業の大部分は金融商品取引法で規制されている。

　なお，従来の信託業法に基づき登録を受けていた信託契約代理店は，金融商品取引法施行日において第二種金融取引業の登録を受けたものとみなされ，原則として金融商品取引法が適用されている。

◆田爪　浩信◆

Q2 生命保険金信託（事業生命保険信託）

生命保険会社は，保険金信託業務を行うことができると聞いていますが，どのような仕組みなのでしょうか。

A

生命保険会社は，内閣総理大臣の認可を受けて保険金信託を行うことができる。

保険金信託とは，保険契約者または保険金受取人を委託者とし，生命保険会社を受託者として，当該生命保険会社が支払う保険金について行う信託である。なお，保険業法上，損害保険会社や少額短期保険業者が保険金信託を行うことは認められていない。

ただし，保険会社は「信託会社等もしくは保険金信託業務を行う生命保険会社等の業務の代理または事務の代行」が認められていることから，保険会社は，信託会社・生命保険会社の代理・代行業務の受託を通じて生命保険金信託に参入するみちが残されている。

I 生命保険金信託の意義

生命保険金信託とは，受託者に保険料支払基金を信託するとともに，またはそれを省いて，受託者を保険金受取人とする生命保険契約を締結させ，またはすでに成立した生命保険契約の受取人の権利を受託者に信託譲渡し，保険金請求権が発生すると，受託者が生命保険金を取り立てて，その金銭を運用し，または委託者の指示する受益者に交付するものである[注1]。

（注1）　四宮和夫『信託法〔新版〕』（有斐閣，1989）28頁。

Ⅱ 保険会社の他業禁止と生命保険金信託

　保険会社は，保険業法等の法令に定められた業務以外の業務を行うことは認められていない（他業禁止の定め〔保険業100条〕）。

　そこで，保険業法は「生命保険会社は，……業務の遂行を妨げない限度において，信託業法の規定にかかわらず，その支払う保険金について，信託の引受けを行う業務（以下『保険金信託業務』という。）を行うことができる」としている（保険業99条3項）。

　生命保険会社が保険金信託業務を行おうとする場合には，内閣総理大臣の認可を受けなければならない（保険業99条7項）。

　従来から，生命保険会社は約款の規定に基づいて保険金の分割・据置き払い等を行っており，これらをさらに進めて，生命保険会社が支払った生命保険金を信託財産とする信託の引受けを認めるものである(注2)。

　生命保険会社が保険金信託業務を行う場合を想定して，保険業法は信託業法・金融商品取引法等の準用や読替えの規定を設けている（保険業99条8項）ほか，生命保険会社が引き受ける保険金信託契約の締結の代理または媒介を第三者に委託する場合には，当該生命保険会社を信託会社とみなすなど（同条9項），所要の規定を設けている。

Ⅲ 生命保険金信託に関する代理・代行業務の可否

　保険業法は生命保険会社が保険金信託業務を行うことを認めているが，これを損害保険会社や少額短期保険業者が行うことは認めていない。

　ただし，本章Q1で触れたとおり，保険会社は内閣総理大臣からの認可取得を前提に，信託会社等の業務の代理または事務の代行業務を営むことが認められており，保険会社は信託契約代理業として信託業務に参入することが可能である。

　さらに，保険会社が受託する「信託会社等の業務の代理または事務の代行」

（注2）　安居孝啓編著『最新保険業法の解説〔改訂版〕』（大成出版社，2010）287頁。

には，「保険金信託業務を行う生命保険会社等の業務の代理または事務の代行」が含まれており，保険会社は生命保険会社の業務のうち保険金信託業務に関する業務の代理または事務の代行を受託することが可能である（保険業規51条1項7号）。

以上のとおり，保険会社は，生命保険会社の代理・代行業務の受託を通じて生命保険金信託に参入するみちが残されているのである。

なお，損害保険代理業や生命保険代理業を営む者が信託契約代理業を営むことについて，信託業法上の特段の規制はないが，信託業法67条2項は信託契約代理業の復代理を認めていないことから(注3)，生命保険会社の生命保険金信託に係る業務の代理を受託した損害保険会社が，その代理業務を，当該損害保険会社に所属する損害保険代理店等に再委託（復代理）することは認められない。

Ⅳ 生命保険金信託の引受け

わが国において，第2次世界大戦以前には，金銭債権信託の一種として，信託会社によって生命保険金信託の引受けがされていたものの，その引受け残高は全国信託財産の1％を占めたにすぎず，戦後に至っては受託例は皆無に等しかったといわれている(注4)。

ひるがえって，上述のとおり，保険業法上，生命保険会社には内閣総理大臣の認可を受けて保険金信託を行うことが認められているが，現実に，わが国において生命保険会社が保険金信託の引受けを行っている例はない。

かつて，英国の Married Women's Property Act, 1882. §11では，夫が夫自身を被保険者として，妻または子供を保険金受取人とする生命保険契約を締結した場合，当該保険証券（保険金請求権）は妻または子供のための信託財産を構成し，生命保険金は夫の債務の引当てにはならないこと等が法定されていたようである(注5)。

また，米国では，信託業務がそもそも保険会社の副業として開拓され始めた

(注3) 金融庁・信託業法 Q&A（http://www.fsa.go.jp/policy/shintaku/10.pdf）2頁。
(注4) 新井誠「生命保険信託—米国における現状」千葉大学法学論集11巻1号（1996）9頁。

という注目すべき歴史的事実もあり，生命保険金信託は，生命保険金の無意味な浪費を防止し，受益者たる遺族の生活保障を目的として，浪費者信託と並んで普及してきたといわれている(注6)。

わが国において，今後，民事信託の活用場面が広がることを想定すると，英米の例で見受けられとおり，保険契約と信託の接点はますます広がることが想定される。

生命保険会社による生命保険金信託にとどまらず，信託業務の代理・代行受託なども含めて，保険会社による信託業務への参入が期待されるのである。

Ⅴ 生命保険金信託の事例

1 米国の状況

米国における生命保険と信託との関係について，「取消不能信託の形で正しく設定し，この信託を生命保険金の受取人にしておけば，保険金には遺産税も掛からず，遺言検認や遺産の管理に伴う費用や手間暇も掛からないで済むことになるだけでなく，信託設定者の債権者の手からも逃れられるし，法定相続人による法定相続に関する規定の適用や，保険金を信託財産としていない場合に検認手続において当然適用されることになる配偶者の遺留分に関する規定の適用も免れることができる」(注7)。「米国では，生命保険と信託を組み合わせて利用するという考え方は，あらゆるエステイト・プランニングにとって重要なポイント」(注8)とされているのである。

ところで，「保険金の受取り方」に限っていえば，生命保険の商品設計いかんによって，実質的に信託同様の効果を発揮させることが可能であり，あえて信託スキームを用意する必要はない。しかし「受取保険金の使途」にまで広げ

(注5) 大阪谷公雄「生命保険信託の法律的構成」『信託法の研究(下)実務編』（信山社出版，1991，初出1935）136頁。なお，現在では，同条項は廃止されているようである。
(注6) 海原文雄「保険信託」信託200号（1999）142頁。
(注7) 新井・前掲（注4）12頁。
(注8) 新井・前掲（注4）29頁。

ると，保険金信託スキームを活用することが不可欠といわざるをえない。これを象徴しているのが，米国で行われている「事業生命保険信託」である。

2 事業生命保険信託[注9]

(1) ニーズ

　小規模閉鎖株式会社では，経営者と当該会社の支配株主はおおむね一致する。経営者は，ほとんどの場合，当該会社の発行済株式総数の過半数以上を所有し，自らが会社の意思を体現するものとして日常の業務執行を行っている。

　このような小規模閉鎖会社と取引をする相手方も，相手会社の資産というよりも，経営者自身の信用を基礎として取引に及ぶのが実態であろう。

　このような小規模閉鎖株式会社において，経営者（キーパーソン）の死に直面したとき，当該会社は業務執行の意思決定者と主たる経営資源とを一挙に失うことになる。このとき，残存する経営陣は，キーパーソンの死にともなう経営上のリスクを最小限にとどめ，企業活動を維持し，自らの経営への影響力を保持しつつ次の経営者への円満な経営継承を念じる。

　少なくとも，会社が第三者からの買収の標的とされたり，倒産の憂き目にあうことは何とか阻止したい。このために，生存する他の株主は，死亡したキーパーソンが保有していた支配株式を自ら取得することを望む。

　一方，キーパーソンの相続人が会社経営に関心を示さず，相続財産たる支配株式の売却を考慮したとき，生存する他の株主との間で株式の売買価格に合意ができない場合やその買取資金に不足が生じた場合に問題となる。このような事態に備え，株式の譲渡制限を行ったり，事前に株式買取契約を締結しておくのも方法であろう。しかし，やはりこの場合でも買取資金の手当てが問題となる。かようなニーズに対応するのが「事業生命保険信託」である。

　　(注9)　事業生命保険信託に関する主な文献は以下のとおりである。ボガード・樋口範雄＝折原誠訳「信託と受託者・事業関連信託㊥」信託173号（1993）40頁，砂田太士「中小企業の事業承継と信託」福岡大学法学論叢36巻4号（1992）311頁，砂田太士＝甘利公人「アメリカにおける事業生命保険信託」信託研究奨励金論集16号（1995）67頁，砂田太士「中小企業の事業の存続・承継と信託」信託法研究21号（1997）31頁。

(2) スキーム

　会社またはキーパーソン以外の株主（あるいは株主相互間で）は，キーパーソン（あるいは株主相互間）を被保険者とする生命保険契約を締結し，その保険料を負担する。そして保険金受取人に指定されるのは本スキームの受託者である。

　信託契約においては，①受託者が上記生命保険契約の保険金受取人になること，②受託者は取得した生命保険金により，キーパーソンが保有していた支配株式を購入すること，③買い取った支配株式を，受益者たる受領権限のある者（他の生存株主）に交付すること，などが定められる。

　上記スキームの実効性を担保するため，キーパーソンは信託契約に前後して，その保有株券をあらかじめ受託者に譲渡しておく手法がとられている。

　さらに受託者が買い付けた支配株式の最終的な帰属先を決定しておくべく，株主間において株式買取契約が締結され，これによって本信託スキームが有効に機能することが確保される。

(3) 経営者保険との異同

　わが国では，すでに「経営者保険」などと総称される小規模企業経営者向け生命保険商品が販売されている。

　経営者保険は，キーパーソンの死に直面した際，企業に生ずる経済的損失をてん補するという点では事業生命保険信託と同様である。

　しかし，経営者保険は，保険金の使途，すなわち支配株式の購入と購入株式の残存株主への再配分をスキーム内で制度設計することは困難であり，この点が小規模閉鎖株式会社のニーズに適応するに十二分とはいえず，これが経営者保険と事業生命保険信託との異同といえよう。

Ⅵ　今後への期待

　本設問では，米国で行われている事業生命保険信託を紹介したが，今後，民事信託の活用場面がいっそう広がることを想定すると，生命保険金信託の活用や保険会社による信託業務への参入が期待されるのである。

最近，生命保険会社が信託銀行と提携し，信託契約代理店として生命保険金信託の取扱いを開始するとの報道があった[注10]。

　また，損害保険会社が支払う自動車保険の対人賠償保険金のうち，介護費用に関する保険金支払について，損害保険会社が信託銀行と提携し，介護が継続している限り補償対象者に定期的に保険金を支払う信託スキームが開発されたことが公表されている[注11]。

◆田　爪　浩　信◆

（注10）　http://www.prudential.co.jp/pdf-files/20100728.pdf.
（注11）　http://www.sompo-japan.co.jp/news/download/200811171400.pdf。本章Q3を参照。

Q3 信託を利用した定期金賠償

自動車事故の被害者に対する損害賠償の方式として定期金賠償という考え方があると聞きましたが，定期金賠償においては信託はどのように利用できるのでしょうか。

A

　自動車事故の被害者に対して，加害者は，法律上の損害賠償責任を負い，その加害者が負担する損害賠償責任は，強制保険である自動車損害賠償責任保険（以下「自賠責保険」という。）のほか，加害者が任意に自動車対人賠償責任保険（以下「任意保険」という。）に加入している場合は，被害者に対する損害賠償金として任意保険で保険金が支払われる。被害者が死亡した場合は，被害者の相続人が，また，被害者が後遺障害を被った場合は，被害者自らが加害者に対して損害賠償金を請求するが，これは一時金によるものが一般的である。しかしながら，重度の後遺障害などで，必要となる将来の介護料は，一時金による支払にはいくつかの問題点があり，定期金による損害賠償金の請求が妥当とする考え方もある。定期金による損害賠償は，賠償義務者である加害者が任意保険に加入している場合は，加害者の将来にわたる定期金賠償資力が確保されていると考えられるが，保険会社の倒産という不確定要素があることから，保険会社が委託者となり，賠償相当額の保険金を信託財産とし，信託銀行等を受託者とし，被害者を受益者とする信託契約を締結することにより，より安定した定期金による損害賠償の制度とすることができる。

Ⅰ　交通事故による損害賠償責任

1　定期金賠償に関する考え方

　民法は，不法行為に基づく損害賠償については，債務不履行における損害賠償の規定（民417条）を準用し（民722条），別段の意思表示がないときは，金銭をもってその額を定めるとし，一時金賠償，定期金賠償のいずれの形式で行われるべきかについては何らの規定がない。自動車事故による人身損害賠償実務では，身体傷害に基づくすべての損害が不法行為時に発生したものと観念され(注1)，逸失利益など将来具体化する損害については中間利息を控除したうえで，一時金賠償を認めるのが通例であり，定期金賠償が認められた事例は多くはない。最高裁は，損害賠償請求権者からの一時金請求に対し定期金賠償を命じることは，当事者が申し立てていない事項についての判決であり，民事訴訟法246条に反し，できないとしている(注2)。さらに，将来にわたる定期金賠償の場合，賠償義務者の資力悪化の危険を被害者に負わせることは相当でなく，定期金賠償をとるべきではないと主張されることがある。

　これに対して，将来予測の不確実性や人身損害の悪化あるいは軽減，貨幣価値の変動等の事情変更への対応可能性から定期金賠償が妥当とする見解がある（肯定説）。ただし，定期金賠償に対して肯定的な見解であっても，定期金賠償を命ずる判決の改定可能性および履行確保の問題から，上記昭和62年最高裁判決（（注2））のように，被害者の申立てがない限り定期金賠償を命ずることはできないとする見解もありうる（否定説）。しかし，現在，定期金による賠償を命じた確定判決の変更を求める訴えを認める民事訴訟法117条が新設されたことにより，被害者の申立てがない場合であっても，定期金賠償を命ずることができるのではないかが問題となっている。

（注1）　最判昭37・9・4民集16巻9号1834頁。
（注2）　最判昭62・2・6判時1232号100頁。

2 定期金賠償認容要件

このように，定期金賠償を命ずるにあたって被害者の申立てを要するかについては，肯定説，否定説の両論がある。しかし，昭和62年最高裁判決に反して被害者の申立てがない場合であっても，定期金賠償を命ずることができるとする判決がある[注3]。

平成15年東京高裁判決（(注3)）は，定期金賠償を命ずる場合のもう一つの欠陥である履行確保の点については，賠償義務者が任意に損害保険会社と保険契約を締結しており，当該保険会社の経営状態は安定しているとはいいがたいとしながらも，将来倒産するとまでは予測はできないとして，定期金による賠償方式を採用している[注4]。平成15年東京高裁判決は，定期金賠償を命ずる場合の要件論について新たな展開を示唆するものである。

すなわち，民事訴訟法117条により判決後の事情変更に対応できることにより，昭和62年最高裁判決が実質的に変更されていると解釈されるとともに，賠償義務者側の賠償資力の確保は重要な要素となりうると考えられる。近年の保険市場の自由化や金融市場の混乱などにより，保険会社の倒産リスクは無視できないものがあり，裁判所が積極的に定期金賠償を認めるための手段として，保険会社の倒産リスクを排除し，履行確保を図る手段としての信託の活用が考えられる。

Ⅱ 交通事故賠償金の信託利用

1 一時金賠償の問題点を克服するための信託利用

自動車事故の被害者が遷延性意識障害（いわゆる植物状態）で重度の後遺障害

（注3） 東京高判平15・7・29判タ1184号94頁。
（注4） 一方，平成15年東京高裁判決以降の下級審裁判例で，損害賠償請求権者が定期金による賠償を求めていない場合に，あえて定期金による賠償を認めるのは処分権主義に照らし合理的根拠があるとはいえないとするものがあり（東京地判平17・2・24交民38巻1号275頁等），下級審は，昭和62年最高裁判決に従っているように思われる。

が残ったり，寝たきりになった場合，その推定余命をたとえば症状固定時より10年程度であるとまでは推定できないにしても，推定余命が短いことは統計的に認められるところである。そのような場合に，被害者の逸失利益の喪失による損害は，事故と相当因果関係のあるものとして統計的稼動年数（通常67歳まで）を基に算定する一方，介護費用損害については，事故による余命の減少は将来の介護費用損害に大きく影響することになるため，損害賠償方式において工夫する必要がある。

すなわち，将来介護費用を平均余命まで認めた場合に，実際に被害者が早期に死亡すると，損害の公平な分担という不法行為損害賠償の原則からしても，加害者側にとって過剰な賠償になるおそれがある。一方，将来の物価上昇や，平均余命を超えて生存した場合に，被害者としても実損害額を補償してもらえないというリスクがある。適切な損害賠償という観点での将来介護費用の支払については，生存期間中，毎年定期的に介護費用を支払うという方式，いわゆる定期金損害賠償という方式が合理的と考えられる。従来は，保険会社の支払能力が保証できないという理由から裁判所は定期金賠償による判決に慎重であったと思われるが，平成15年東京高裁判決に加えて，信託を利用することにより保険会社の倒産リスクから完全に遮断した履行確保手段を確保することによって，定期金賠償方式が広まっていくことが期待される。

2　信託の具体的利用方法

信託利用による定期金賠償方式については，次のようなスキームが考えられる。被保険者（加害者）は，保険会社に対して被害者に対する損害賠償義務が確定することを停止条件とする保険金請求権を有しており，保険会社が委託者となり，被害者が平均余命まで生存した場合の介護費用全額（上記の一時金の場合の中間利息控除前の賠償金相当額）について受託者を信託銀行として信託する。この場合の受益者は保険会社となる自益信託構成と，被害者が受益者となる他益信託構成が考えられる。現在，自動車対人賠償責任保険約款においては，被害者からの直接請求権が規定されており，被害者を受益者とする他益信託構成が合理的なものと考えられ，受託者は被害者の指定口座に毎年介護費用を支払うことになる。毎年，受託者たる信託銀行は，委託者たる保険会社を通じて被

害者たる受益者の生存を確認し，被害者死亡を信託の終了事由（信託163条1号）とし，被害者死亡時点で信託を終了させることとする。信託終了時の残存財産（上記信託財産から実際に支払われた介護費用の差額）がある場合は，委託者である保険会社に返還されることになる。

　一方，新信託法で認められた自己信託（信託3条3号）を活用する可能性については次のように考えられる。すなわち，保険会社自らが委託者兼受託者となる信託を設定することによって，保険会社の倒産リスクから被害者の保険金受領権を保護することができ，自己信託を活用することによって，信託報酬等のコストを軽減したスキームを構築することが可能になる。しかし，現在，生命保険会社は保険業法97条（固有業務）の業務の遂行を妨げない限度において，信託業法の規定にかかわらず，その支払う保険金について，信託の引受けを行う業務を行うことができるとされている（保険業99条3項）が，損害保険会社は認められていない。定期金賠償方式は信託を活用することにより，合理的な損害賠償方式として裁判あるいは訴訟外和解においても積極的に採用されることが期待されるところであり，保険業法の改定が望まれるところである。

　なお，従来から交通事故被害者が賠償金を保険会社から一括払いで受け取るほか分割払いで受け取ることもあったが，この方式の場合，分割払いの受取り方が限定されていたり，保険会社の破綻リスクも抱えることになる。そこで，信託銀行が賠償金を一括信託で引き受け，長期にわたって被害者の求める形で支払う方式の信託サービスが行われているが，これは単に一時金賠償金の分割払いを信託を活用して行っているにすぎず，定期金賠償の信託活用と区別して考える必要がある。

◆卯辰　昇◆

Q4 自己信託（損害保険代理店の活用例）

自己信託を利用して，損害保険代理店の保険料保管専用口座に信託設定が可能になったと聞きましたが，その仕組みについて教えてください。また，その他に預かった保険料に対する信託設定が有効と考えられるものはありますか。

A

　損害保険代理店は，損害保険会社との代理店委託契約の定めに基づき，保険契約者から領収した保険料を損害保険会社に送金するまでの一定期間，保険料を保管するためだけの目的で，金融機関に保険料保管専用口座を開設している。

　損害保険代理店が破綻した場合，保険料保管専用口座に係る預金債権は損害保険代理店の責任財産を構成するため，損害保険会社は保険料の全額または一部を回収できなくなるリスク（コミングリングリスク）が顕在化するおそれがある。

　そこで，損害保険代理店を委託者兼受託者，損害保険会社を受益者，そして保険料保管専用口座に係る預金債権を信託財産とする自己信託を設定することによって，保険料保管専用口座に係る預金債権を，損害保険代理店の債権者からの強制執行や破産財団への組入れから隔離することが実現できる。

　自己信託を利用してコミングリングリスクを回避する方法は，弁護士等の専門職業人や，マンション管理組合から修繕積立金等の管理業務の委託を受けたマンション管理業者，そしてサービサー（債権回収代行業者）など，他人のために金銭を一時的に預かる業務を行う者に幅広く活用が可能である。

Ⅰ 現行の実務運用

　損害保険代理店は，損害保険会社との代理店委託契約の定めに基づき，保険契約者から領収した保険料を損害保険会社に送金するまでの一定期間，当該保険料を保管するためだけの目的で，金融機関に保険料保管専用口座を開設している。

　当該専用口座の預金名義は，「X損害保険会社代理店　甲野太郎」のように，代理店主名の肩書きに所属する損害保険会社名を付記するよう指導されており，今日ではほぼ例外なく上記肩書を付記した口座が開設されている。

　同口座には，保険契約者から領収した保険料以外の入金を禁じているほか，代理店委託契約において預金払戻事由を制限している。

　一方，代理店委託契約において，同口座に付される利息については損害保険代理店の取得を認めている。

Ⅱ 代理店委託契約

　保険料保管専用口座に関する代理店委託契約の一般的な定めは，以下のとおりである(注1)。

> 第X条　代理店は，保険料を領収した場合，遅滞なく会社に納付し，またはこれを郵便官署銀行その他預金若しくは貯金の受入れをなす機関に設置した保険料専用の口座（当該口座には保険料以外の預入れをしてはならない。以下「保険料専用口座」という。）に遅滞なく預入れする。
> 2　代理店は，第1項の定めにより保険料専用口座を設定する場合，会社の指示に従うとともに，保険料を自己の財産と明確に区分し，保管する。

（注1）　以下の条項は，大塚英明＝東京損害保険代理業協会法制委員会『損害保険代理店委託契約書コンメンタール(上)』（保険教育出版社，2001）37頁による。

3　代理店が領収した保険料および保険料専用口座は会社の所有物であり，会社に帰属する。ただし，保険料専用口座に保管中の保険料について生じる利息については，代理店の所得として取得することができる。
　4　代理店は，次の各号に定める場合を除き，保険料専用口座に保管された保険料について払戻しをしてはならない。
　　(1)　第 XX 条により保険料を精算する場合〔筆者注──保険会社に送金する場合〕
　　(2)　保険契約者に対して保険料を返還する場合
　　(3)　前項の利息を自己の所得とする場合
　　(4)　その他，当社の指示する場合

Ⅲ　保険料保管専用口座に係る預金債権の帰属

　最判平15・2・21（民集57巻2号95頁・判時1816号47頁）は，以下の理由によって，保険料保管専用口座に係る預金債権は損害保険代理店に帰属すると判示した。
　①　口座開設者は損害保険代理店である。
　②　口座名義「X 損害保険会社代理店　甲野太郎」は，損害保険会社を表示しているとは認められない。
　③　損害保険会社が損害保険代理店に預金契約締結の代理権を授与した事情はない。
　④　通帳・届出印は損害保険代理店が保管しており，入出金管理は損害保険代理店のみが行っており，口座管理者は名実ともに損害保険代理店である。
　⑤　金銭の所有権は常に占有者（＝損害保険代理店）にあり，損害保険会社は損害保険代理店から保険料相当額の送金を受けてはじめて金銭の所有権を取得する。

　平成15年最高裁判決を踏まえて，損害保険会社としては，保険料保管専用口座に関するコミングリングリスクを回避するために，具体的な対策を講じてお

く必要がある。この対策として，自己信託の設定は極めて有効なツールと考えられる。

Ⅳ 自己信託構成における当事者の確定

　損害保険代理店の保険料保管専用口座に係る預金債権に自己信託を設定しようとする場合には，信託に関する当事者関係は以下のように構成される。

　すなわち，損害保険代理店を信託の委託者兼受託者とし，信託の受益者を損害保険会社とする他益信託であって，その信託財産は保険料保管専用口座に係る預金債権である。

Ⅴ 自己信託を設定した場合の法律効果

1　損害保険会社は金融機関に対して通帳・印鑑なしに保険料保管専用口座に保管された金員を払出し請求できるか

　損害保険会社が，直接，金融機関に対して通帳・印鑑なしに保険料保管専用口座に保管された金員の払出し請求を行うことはできない。

　しかし，損害保険会社の損害保険代理店に対する取扱保険料引渡請求権は，損害保険代理店委託契約上の債権であるとともに，自己信託の受益者たる地位に基づく受益債権でもある（信託2条7項）。

　受益債権に係る債務は信託財産責任負担債務とされていることから（信託21条1項1号），受益者である損害保険会社は保険料保管専用口座に係る預金債権（信託財産）に強制執行を行うことが可能と解される。

2　損害保険代理店の債権者は保険料保管専用口座に係る預金債権を差押えできるか

　信託法23条2項は，信託財産に対する執行禁止の原則（信託23条1項）を修正して，自己信託に関して「委託者がその債権者を害することを知って当該信託をしたときは，……当該委託者（受託者であるものに限る。）に対する債権で

信託前に生じたものを有する者は，信託財産に属する財産に対し，強制執行，仮差押え……をすることができる」としている。

そこで，損害保険代理店の債権者は，信託法23条2項に基づいて保険料保管専用口座に係る預金債権を差押えできるが，これに対して受益者（損害保険会社）等から異議の申立て（信託23条5項）があったときは，債権者において，自己信託の委託者（損害保険代理店）は当該信託の設定が債権者を害することを知っていたことを証明しなければならない。

一般論として，自己信託が債権者詐害・執行免脱の目的をもって濫用的に利用される場合を除き，保険料保管専用口座が保険料保管の目的で利用されている限り，同口座に係る預金債権に自己信託を設定しても，それが損害保険代理店の債権者を害することにはならないと考えられる。

かくして，真に保険料保管専用口座が保険料保管の目的で利用されている限りは，結果的に損害保険代理店の債権者が保険料保管専用口座に係る預金債権を差し押さえることは認められない。

3　損害保険代理店が破産した場合，保険料保管専用口座に保管された金員は破産財団に帰属するか，また損害保険会社の取戻権が認められるか

信託財産は破産財団には属さず（信託25条1項），信託財産が破産管財人によって破産財団に取り込まれた場合には，新受託者は破産管財人に対して取戻権を行使できる。さらに，新受託者等が信託事務の処理をするまでの間は，破産管財人が信託財産を処分しようとするときには，受益者たる損害保険会社は破産管財人に対し当該処分の差止めを請求できる（信託60条5項）。

4　金融機関は自らの貸付債権等と保険料保管専用口座に係る預金払戻し債務とを相殺できるか

受託者がその固有財産のみをもって履行する責任を負う債務の債権者は，当該債権をもって信託財産に属する債務と相殺をすることができない（信託22条1項）。したがって，金融機関が貸付債権と保険料保管専用口座に係る預金払戻債務との相殺を行うことは認められない。

Ⅵ 実務上の課題

1 普通預金債権を信託財産とすることの可否

日々刻々と変化する普通預金債権を信託財産とすることの可否，そして，これを可とする場合であっても，同一口座において信託財産と受託者の固有財産が混在して保管されている場合の可否等について議論がある。

保険料保管専用口座についていえば，保険契約者から領収した保険料のみを保管の対象としており，「回収金のみを入金するための専用の銀行口座が開設される場合において，当該専用口座（全体）に係る預金債権を自己信託することが可能であることについては，特段異論はないものと思われる」[注2]と解されており，保険料保管専用口座に係る普通預金債権を信託財産とすること自体には問題がないと考える。

なお，理論的に専用口座に係る普通預金債権に自己信託の設定が可能であることと，金融機関実務においてそれが許容されるかは別の議論であり，今後の金融機関実務の動向を注視する必要がある。

2 代理店委託契約（保険料帰属条項）との抵触

自己信託における信託財産は，「自己の有する一定の財産」であることを前提にする。一方，Ⅱの代理店委託契約Ⅹ条3項（保険料帰属条項）において，保険契約者から領収した保険料を保管する保険料保管専用口座（の預金債権）は損害保険会社に帰属するとしていることとの関係が問題となる。

そもそも，平成15年最高裁判決の判示に照らし，保険料帰属条項自体が無効との指摘もあるが[注3]，その議論とは別に，自己信託は委託者自ら有する財産を信託財産とする以上，Ⅱの保険料帰属条項は自己信託の設定にあたって抵触する関係にあるといわざるをえない。

（注2） 普通預金の法的性質や担保化とあいまった議論があり，金融法委員会「サービサー・リスクの回避策としての自己信託活用の可能性」金法1843号（2008）27頁が詳細に論じている。
（注3） 潮見佳男「損害保険代理店の保険料専用口座と預金債権帰属（下）――契約当事者レベルでの帰属法理と責任財産レベルでの帰属法理」金法1685号（2003）52頁。

したがって，損害保険会社がその代理店に対して，保険料保管専用口座に係る預金債権を信託財産とする自己信託の設定を指示する場合には，保険料帰属条項の見直しが必要となろう。

3　信託業法の適用

　信託業法施行令15条の3は，自己信託を行うに際して内閣総理大臣への登録を不要とする場合として，「弁護士又は弁護士法人がその行う弁護士業務に付随して管理する金銭等その他の委任契約における受任者がその行う委任事務に付随して管理する金銭等を信託財産として信託法第3条第3号に掲げる方法によって信託をする場合」（同条5号），または，「他の者に代わり金銭の収受を行う者が当該金銭の収受に付随して管理する金銭等を信託財産として信託法第3条第3号に掲げる方法によって信託をする場合」（同条7号）などを掲げている。

　保険料保管専用口座に係る預金債権を信託財産とする自己信託は，上記のいずれかに該当すると考えられることから，内閣総理大臣への登録は不要と解する。

4　保険料保管専用口座への預入れ前の手持ち保険料の取扱い

　損害保険代理店が領収した保険料＝金銭そのものを信託財産とする自己信託を設定する場合には，領収のつど自己信託に求められる要式を具備する必要があり，これは事務手続やコスト負担の面から現実的でないと考えられること，保険料を領収してから自己信託を設定するまでの間にコミングリングリスクが顕在化する可能性があること等の理由から，日々流動する金銭そのものを自己信託の信託財産とする方法は採用しがたい[注4]。

5　第三者の悪意・重過失等を推定させるプランニング

　信託財産を受働債権として相殺権を行使しようとする第三者（委託者の債権者）や，受託者と受益者との関係では利益相反に該当する取引を受託者との間

（注4）　金融法委員会・前掲（注2）26頁。

で行おうとする相手方の主観的事情によっては，受益者（損害保険会社）は相殺無効や利益相反による取引の取消しを主張できない場合がある（信託22条1項・31条1項4号後段・7項）。

　また，損害保険代理店による預金債権の譲渡は，受託者による信託財産に関する権限違反行為として，当該預金債権を譲り受けた第三者に悪意または重過失があった場合に限り，当該譲渡を取り消すことができる（信託27条1項）。

　以上の場面では，保険料保管専用口座に係る預金債権を損害保険代理店の倒産リスクから隔離しようとして設定する自己信託も万全なツールではない。

　そこで，預金債権が信託財産であることを，関係当事者が明確に覚知しうる状況を作出しておく必要がある。実務上「預金の場合，信託口であることが明示されるとか，通知されているとか，そういうプラスアルファが要求される」(注5)との指摘を参照した実務上の工夫が求められる。

6　多様なアプローチ

　保険料保管専用口座に係る預金債権を損害保険代理店の倒産リスクから隔離する方策としては，自己信託設定による方法のほか，預金債権に質権等の担保権を設定してその保全を図る方法が考えられる。

　また，上記とは別に，保険料保管専用口座に係る預金債権を損害保険会社に帰属せしめるべく，平成15年最高裁判決の判示事項に即した預金契約締結の方法を模索するアプローチも考えられる。

　想定される各アプローチを比較精査し，それらと予想されるリスク量との衡量によって，採用すべき方法が決せられることになる。

Ⅶ　活用可能性

　上記の自己信託スキームは，一般に，弁護士等の専門職業人や，マンション管理組合から修繕積立金等の管理業務の委託を受けたマンション管理業者，そ

（注5）　道垣内弘人ほか「パネルディスカッション　新しい信託法と実務」ジュリ1322号（2006）32頁〔沖野眞已発言〕。

してサービサー（債権回収代行業者）など，他人のため金銭を一時的に預かる業務を行う者には極めて有効なツールといえ，今後，幅広い活用が期待される[注6]。

◆田爪　浩信◆

（注6）　詳細については，田爪浩信「自己信託を利用した保険料保管専用口座の実務―コミングリングリスクの回避を目的とした自己信託の活用」保険学雑誌603号（2008）49頁，宮澤秀臣「コミングリングリスクを回避する手段としての自己信託①〜③」法時81巻1号（2009）70頁〜3号（2009）100頁を参照。

Q5　事業信託の活用（損害保険代理店の活用例）

損害保険代理店をめぐる環境は，金融機関の窓販参入など競争がますます激化しており，事業再編・事業承継を視野に入れた事業戦略の検討が必要な場合があります。
新信託法によって，事業再編や事業承継のビジネスプランニングとして信託の活用が可能になったと聞きましたが，どのようなものが考えられるのか教えてください。

A

　異業種参入などによる損害保険代理店間の競争激化，代理店経営者の高齢化，業務効率化による業容拡大など，さまざまな理由から損害保険代理店の再編が活発に行われており，他業態の中小事業者と同様に，損害保険代理店も事業再編や事業承継についてビジネスプランニングの検討が求められる場合がある。
　従来，事業再編は主として会社法，事業承継は主として会社法や相続法の規律に基づいてその方法が考案されてきた。新しい信託法は，事業信託や遺言代用信託，後継ぎ遺贈型受益者連続信託などを許容したことから，事業再編や事業承継を企図する事業者にとって，その選択肢の一つとして新たに信託スキームが加わったこととなる。
　事業信託と自己信託・限定責任信託・受益証券発行信託などを組み合わせた信託を設定する方法によって，事業再編・事業承継に関する従来の方法と代替的・競合的な新しいスキームの活用が期待される[注1]。
　また，事業信託のほか，特に事業承継のスキームとして，遺言代用信託（信託90条）や後継ぎ遺贈型受益者連続信託（信託91条）を活用する方法が考えられている。

Ⅰ　事業信託の意義

　新信託法は，信託の設定に際して，委託者から受託者に特定の事業に係る積極財産を信託譲渡することに加えて，受託者が信託設定以前に生じていた当該特定事業に係る債務（消極財産）を引き受け，当該債務を信託財産責任負担債務とすることを認めた（信託21条1項3号）。これによって実質的に当該特定事業全体について信託が設定されたことと同様の状態が作出される[注2]ことから，こうしたスキームを一般に「事業信託」と呼ぶ。もっとも，新信託法においても，積極財産と消極財産の集合体として運営されている事業そのものを信託財産として信託することは認められていない[注3]。

　事業信託は，新信託法で創設された自己信託・限定責任信託・受益証券発行信託等と組み合わせて設定することによって，事業再編の従来の手法である事業譲渡，会社分割，経営委任などと同様の効果を招来でき，これらと代替的・競合的なビジネスプランニングということができる[注4]。

　なお，事業譲渡について会社法で定められている株主総会承認等の法定要件（たとえば，会社法467条以下）は，事業信託の設定にあたっても省略されるわけではなく（たとえば信託法266条2項は，会社法の事業譲渡の規定の適用について，自己信託の設定による方法によって事業譲渡を行う場合も含むことを明記している。），そのほか，信託財産に関する対抗要件具備（信託14条）や債務引受けの法定手続等を要することに留意が必要である。

Ⅱ　事業信託を活用した損害保険代理店の事業再編[注5]

1　事業の集約化

（注1）　早坂文高「事業型商事信託─『事業信託』の導入」金判1261号（2007）173頁，田中和明『新信託法と信託実務』（清文社，2007）329頁。
（注2）　寺本昌広『逐条解説新しい信託法〔補訂版〕』（商事法務，2008）84頁。
（注3）　武井一浩＝上野元＝有吉尚哉「会社法・金商法の実務質疑応答(4)事業信託と会社分割・経営委任との相違点」商事1821号（2008）106頁。
（注4）　同上。

複数の損害保険代理店が参画し，それぞれの事業を一つの中核たるべき損害保険代理店に集約することを目的に，中核代理店に対してこれに参画する損害保険代理店の個々の事業を信託することが考えられる。

　これによって，事業の集約化・スケールメリットの追求を図ることが可能となり，この事業信託の設定による方法は，従来の合併・事業譲渡と代替的・競合的なビジネスプランニングということができる。

　信託スキームを活用する場合には，参画する損害保険代理店（信託委託者兼受益者）の中核代理店（受託者）に対する貢献度合いに応じて，受益権の数だけではなく，複数種類の受益権（たとえば，優先的受益権と劣後的受益権）を創設し付与するなど柔軟な設計が可能となる。この点についても，種類株式を用いて多様な収益分配を実現する会社法に基づく方法と代替的・競合的なビジネスプランニングということができる。

　なお，上記の手法は複数の損害保険代理店を集約する場合だけではなく，これとは反対に，一つの損害保険代理店を分社化するスキームとしても応用が可能である。

2　事業の承継

　損害保険代理店主の後継予定者が未確定であったり，後継予定者が次期経営者として時期尚早である場合に，次期経営者が確定または新たに就任するまでの間，現経営者が信頼のおける第三者や専門性を持つ第三者（同業者など）に事業の全部を信託し，現経営者は受益権を保有しつつ，次期経営者が新たに就任しようとする時に信託を終了させて，次期経営者に事業を承継させる方法が考えられる。

　また，後継予定者が承継者としてふさわしくない場合，信託行為の定めに従って，委託者である損害保険代理店主は受益者の変更権を留保し，受益権を新たな別の者に取得させ，信託終了時には当該人物に事業を承継させるといった柔軟な対応も可能となる。

　もっとも，上記の方法に関しては，第1に事業承継に際しては親族や従業員

（注5）　Ⅱの記述は，田中・前掲（注1）365頁を参照した。

による「中継ぎ」をおくのが一般的であること，第2に安心して経営を任せられる信頼のおける第三者（同業者）の存在が前提とされていること[注6]などの理由から，事業信託を活用する必要性・必然性は低いという指摘もある[注7]。

こうした懸念に対しては，自己信託による方法（信託3条3号。現在の経営者自ら委託者兼受託者とし承継候補者を受益者として，自社株式や事業用資産を信託財産として信託設定する方法）によっても同様の効果を導くことが可能であること，兼業の損害保険代理店であってかつ損害保険代理業部門のみを切り出して信託を設定しようとする場合（分社化）もありうること等を勘案すれば，事業信託は事業再編・事業承継の有効な一手法と評価できよう。

なお，自己信託以外の方法により他の事業者の事業の信託を受託する場合には，当該信託の反復継続性・営利性の有無によって信託業法の規制を受けるかどうかが決せられることになるから，信託業法の適用可能性について留意を要する[注8]。

Ⅲ 信託を活用した事業承継[注9]

1 遺言代用信託を活用した事業承継

信託の設定は遺言によって行うことができる（信託3条2号）。したがって事業承継を実現する方法として，遺言によって，信頼できる特定の親族や第三者に自社株式や事業用資産を信託譲渡することが可能である。たとえば，受託者は承継候補者（受益者）のために受託株式に係る議決権を行使し，信託終了時には受託株式を事業承継者に取得させるという内容の信託を，遺言で設定する方法である。

(注6) 委託者兼受益者である損害保険代理店主と受託者たる同業者とは，本質的に利益相反状態を内在するという点に留意が必要である。
(注7) 谷地向ゆかり「新信託法を活用した事業承継，財産管理手法と信託ビジネスへの期待—中小企業の事業承継等に活用できる新たな法制度の成立」産業企業情報18—16号（2007）3頁。
(注8) 福田政之＝大矢一郎＝月岡崇＝池袋真実『〔詳解〕新信託法』（清文社，2007）96頁。
(注9) Ⅲは，金澤浩志＝吉田伸哉「事業承継における信託法の活用可能性」弁護士法人中央総合法律事務所ニュース51号（2008）http://www.clo.jp/img/pdf/news_51_02.pdf を参照した。

もっとも，遺言の方法による信託の設定は「遺言の効力の発生」によってその効力が生ずることから（信託4条2項），現経営者（委託者）の存命中はもちろん，現経営者が意思能力を欠く状態になったとしても信託の効力を発生させることはできない。

　そこで，遺言代用信託（信託90条）を活用することによって，現経営者の存命中は現経営者自身を受益者とする自益信託，現経営者の死亡後は承継候補者を受益者とする他益信託を設定することが可能となる。すなわち，遺言による信託と異なり，信託自体の効力は信託契約時に生じ（信託4条1項），現経営者の死亡（または現契約者の意思能力の喪失など）をトリガーとして受益者の変更等が行われる信託の設定である。

　上記の信託契約では，たとえば，受託株式に係る議決権行使について，第1に，委託者兼受益者たる現経営者が意思能力を有する間はその指図に従って受託者が，第2に，現経営者が意思能力を欠くに至った後は現経営者のために受託者の裁量で，第3に，現経営者の死亡後は受益者（候補）となった承継者の指図に従い受託者が，それぞれ議決権を行使することを定めておく方法が考えられる。

2　後継ぎ遺贈型受益者連続信託を活用した事業承継

　後継ぎ遺贈型受益者連続信託とは，「受益者の死亡により，当該受益者の有する受益権が消滅し，他の者が新たな受益権を取得する旨の定め（受益者の死亡により順次他の者が受益権を取得する旨の定めを含む。）」のある信託のことをいう（信託91条）。なお，同信託は信託設定時から30年を経過したとき以後に存する受益者が死亡する時点まで，またはその受益権が消滅する時点までの間に限り有効であるとされており，無期限の信託設定は認められない。

　この類型の信託は，原始受益者の死後もあらかじめ順次の受益者を指定しておきたいという委託者のニーズ，つまり，遺言代用信託だけでは実現できないニーズが実現できる[注10]。具体的には，当初の事業承継者を自己の配偶者の

（注10）　具体的ニーズについては，福井秀夫「後継ぎ遺贈型受益者連続信託の法と経済分析」判タ1247号（2007）92頁参照。

兄弟や有能な従業員などの経営能力がある者とし，同人の死亡後は自己の息子に承継させたいといった場合など，現経営者が保有する株式や事業用資産を信託財産とし，経営権を委ねたい者を順次受益者として指定したうえで，当該受益者に議決権行使の指図権を与えるという活用法が考えられる。

Ⅳ 信託を活用した中小企業の事業承継円滑化

　上述の方法による場合であっても，民法上の遺留分による制限を受ける。ところで，中小企業の円滑な事業承継を図るため，遺留分制度を緩和する「中小企業における経営の承継の円滑化に関する法律」が成立した。こうした背景を踏まえて，中小企業庁は「信託を活用した中小企業の事業承継円滑化に関する研究会」を設け，信託スキームの活用について中間整理を提示した[注11]。

　この中間整理では，第1に上述した遺言代用信託を活用した自益信託スキーム，第2に委託者が議決権行使の指図権を保持しつつその他の株主権については承継候補者に取得させる他益信託構成スキームの2つの方法が提案されており，今後のさらなる検討が待たれる。

Ⅴ 結　　語

　事業再編・事業承継における信託の活用は，信託法の規律に加えて，会社法・相続法等の法制との比較のほか，税制や信託業法に基づく規制有無の視点をも含めた幅広い検討が必要である。

　新しい信託法は，柔軟な制度設計を可能にした点で大いに評価されるものであるが，それを利用する側としては，関係する法務・税務等についての十分かつ慎重な検討を踏まえた活用が求められる。

◆田　爪　浩　信◆

（注11）　http://www.chusho.meti.go.jp/zaimu/shoukei/2008/080901sintaku.htm

Q6 地震・風水災リスクの証券化スキームにおける信託利用

地震リスクや風水災リスク等の自然災害リスクの資本市場への移転手段として証券化スキームがあると聞きましたが，証券化スキームについてどのように信託を利用することができるのか教えてください。また，このようなスキームにおいて損害保険はどのように機能するのでしょうか。

A

　地震や風水災によって生産施設等に生ずる損害に対して，企業は損害保険を付保することによって損害を回避することができる。しかし，損害保険会社は，大規模な生産施設等に対して，地震や風水災など，破局的損害（Catastrophic Loss）が生ずる可能性の高いリスクを保険だけで引き受けることが困難な場合がある。このようなときに，ART（Alternative Risk Transfer）と呼ばれる保険に代わる代替的リスク移転手法の一つとして，破局的損害リスクを小口の債券に分割する証券化スキームを利用することが考えられる。証券化スキームには，損害保険会社が引き受けた地震保険や地震デリバティブを再保険会社にリスク移転し，再保険会社が設立する特別目的会社（SPC）を通じて機関投資家にCATボンド（Catastrophic Bond）として発行されるもの等がある。このようなスキームの場合，SPCの親会社である再保険会社の破綻によるSPCの解散リスクを回避するために信託スキームを活用することが考えられる。

I 破局的損害リスク転嫁の問題点

1 損害保険の活用と限界

　阪神・淡路大震災や米国でのハリケーン「カトリーナ」による損害等，大規模自然災害によって生ずる損害に対するリスクヘッジ（損失転嫁）手法として，損害保険の利用が考えられる。個人であれば，損害保険会社との間で，地震や風水災によって生ずる損害が補償される保険に加入することによって，一定程度の損害を回復することができる[注1]。一方，工場や発電所，鉄道等，企業が保有する生産施設は，規模が大きくその資産価値は数千億円に達するものもある。このような生産施設に地震や風水災によって損害が生じた場合，生産施設の物的損害だけではなく，生産施設の操業停止による逸失利益等を勘案すると，さらに巨額な損失が発生する可能性がある。さらに，当該生産施設から発生した火災の延焼や有害物質の漏洩により周辺住民の身体や財物に損害を与えたことによる損害賠償責任等の発生も想定される[注2]。企業がこのような生産施設に地震や風水災によって生ずる損害が補償される保険を付保しようとした場合，高額な保険料が必要なだけでなく，保険会社の引受能力（キャパシティー）の限界から引き受けてもらえない（契約をすることができない）可能性がある。すなわち，大規模な地震や風水災は，大数法則的に管理可能なリスクではなく[注3]，破局的損害（Catastrophic Loss）につながる可能性があることから，損害保険会社はその引受けに慎重になり，このようなリスクは再保険市場も含めて保険市場の中だけではリスク分散が困難な場合がある。

（注1）　個人の住宅に対する地震保険は，住宅に対する火災保険と同時に加入することが前提となり，火災保険金額の50%，5000万円を限度に補償される。また，風災については，住宅の火災保険金額と同額まで，水災は，損害の程度により保険金額の一定割合の補償が得られる保険がある。

（注2）　このような危険施設からの類焼による損害には失火ノ責任ニ関スル法律の適用はなく，企業は，民法709条（一般不法行為責任）や717条（土地工作物責任）により損害賠償責任を負うと解される。

（注3）　Law of Large Numbers. 独立な試行を多数回反復した場合に得られる標本平均は，母集団平均に近い値をとるという法則。この法則ははじめベルヌーイ（J. Bernoulli）により，多数回試行中の成功の相対回数が確率に近い値をとるという形で示された。保険料率算定の要素である事故発生確率もこの法則から導かれる。

2　代替的リスク移転手法の活用

このようなときに，ART（Alternative Risk Transfer）と呼ばれる保険に代わる代替的リスク移転手法の一つとして，破局的損害リスクを小口の債券に分割する証券化スキームを利用することが考えられる。証券化スキームは，ARTの一種として，破局的損害リスクのような保険関連リスクを債券として証券化することをいい，損害保険会社が再保険会社と特別目的会社（SPC）を通じて機関投資家にCATボンド（Catastrophic Bond）を発行するものを一つの形態として提示可能である[注4]。ボンドを保有する機関投資家は，平常時には国債のような安全確実な債券利率よりも高い利率を受け取ることができるが，契約により条件づけられる破局的リスクが生じた場合には，ボンド保有者は元本の全部または一部を失うというものである。企業にとっては，破局的損害リスクに対するキャッシュフローをあらかじめ確保しておくことが可能になる。一方，機関投資家にとっては，CATボンドは，景気や金利変動との相関が小さく，既存の株式や債券にCATボンドを組み入れることによって，資産ポートフォリオのリスク・リターンを改善する効果もあるところから近年増加傾向にあるといわれている。

3　CATボンドの具体例

CATボンドとしては，地震リスクや風水災リスクをヘッジするものがあるが，代表的なものとして地震リスクを対象としたCATボンドについて具体的にみていきたい。日本企業が地震リスクをヘッジするためにCATボンドを発行しようとした場合，企業は損害保険会社と地震デリバティブ契約[注5]を締結することが一般的である。地震デリバティブは，契約上の発動条件（トリガー）が，マグニチュードと明確であり，実損てん補を原則とする損害保険に比較して単純であることから，CATボンドとしては，通常，デリバティブが利用さ

（注4）　このようにして発行される証券を保険リンク証券といい，近年増加しているとはいえ，ARTの中では，自家保険やキャプティブに比較して規模は小さい。
（注5）　あらかじめ一定のオプション料を支払うことで，一定範囲で生ずる地震のマグニチュードが決められた規模に達した場合に，規模に応じて補償金が受け取れる仕組み。損害保険と異なり，実際の損害額にかかわらず，マグニチュードの条件を満たせば補償金が支払われる。

れる。

　損害保険会社は，再保険会社に当該地震リスクを移転するため再保険料を支払い，再保険会社は，再保険料のキャッシュフローを基にしてSPCを設立する。当該SPCが，機関投資家に対して，再保険料に上乗せした利率をもつ債券として発行するものがCATボンドである。SPCは，発行額を運用して収益をあげる一方，債券保有者である機関投資家は，通常の債券よりも高利回りの運用が可能になるが，地震デリバティブ契約で定められた規模の地震が発生した場合，投資元本のすべてを失う仕組みである。地震デリバティブ契約を締結した企業は，損害の有無，程度にかかわらず，補償が得られることになる。日本でこのようにして発行されたCATボンドとして有名なのが，ディズニーランドに対する地震デリバティブであるが，最近は，直接海外の再保険会社との間で地震デリバティブ契約を締結し，CATボンドが発行された例がある。この例も従来型のスキームと同様に，再保険会社が設立するSPCによってCATボンドが発行されている。SPCは英領ケイマン島に本拠地をおき，支払トリガーは，東京中心部から半径70km圏内で発生した一定規模以上の地震とするものである(注6)。

Ⅱ　CATボンド発行における信託利用

1　倒産隔離と信託

　地震デリバティブのリスクは，SPCを通じて証券化され，CATボンドとして販売されるが，企業にとっては，地震発生から短期間のうちに，確実にデリバティブによって資金が確保される必要がある。日本において損害保険会社との間で地震デリバティブ契約を締結し，損害保険会社を通じて海外の再保険会社に再保険した場合，海外の再保険会社と日本の損害保険会社双方の破綻リスクを抱えることになる。一方，海外の再保険会社との直接の契約の場合は，再

　　（注6）　仕組みの詳細については，「保険リンク証券―リスク管理・資本管理への価値あるソリューション」（http://www.munichre.co.jp/public/PDF/Topics_AIR_Insights.pdf）参照。

保険会社の破綻リスクのみを負うことになるが，前者のスキームの場合は，再保険会社の破綻にかかわらず，日本の損害保険会社が契約上の責任を負うことになり，海外の再保険会社の破綻リスクから遮断されており，一概にどちらのスキームがよいと断定はできないところである。

いずれのスキームの場合もSPCの親会社である再保険会社が破綻すると，管財人にSPCを解散・清算されてしまうリスクがある。SPCを親会社の破綻リスクから遮断する手段として，しばしば英領ケイマン諸島の法制度を利用して，現地で信託会社に慈善信託（Charitable Trust）を設定させて，その信託財産としてSPCの株式を保有してもらうことが行われている[注7]。このような慈善信託の活用による再保険会社の破綻リスクからの遮断が考えられる。上記海外直接契約スキームの場合も，英領ケイマン島にSPCが設立されており，SPCは投資家から集めた資金の保管口座に担保設定（Collateral Account）し，デリバティブの契約者である企業に優先権を付与しているが，信託スキームの活用はされていないと考えられる。

2　日本国内でのＣＡＴボンド発行

証券化において，主として倒産隔離の観点から，上記のようにケイマン諸島等の海外に設立するSPCを証券の発行体として利用することが多いが，一般社団法人（旧有限責任中間法人）を利用すれば，関係者全員が国内という案件組成も可能である。地震デリバティブを引き受ける保険会社がオリジネーターとして基金の拠出者となり，オリジネーターから独立した個人を議決権を有する社員にすることによって，倒産隔離性を高めることができる。海外（ケイマン島など）SPCの代わりとしての利用を考えるには，一般社団法人を出資者として国内で資産を有するSPCを会社法上の合同会社として設立する。この結果，日本語だけでかつ関係者全員が日本人による案件組成が可能になる。信用リスクとしての倒産隔離としては，①SPCの資本拠出者たるオリジネーターの破綻から遮断されること等の倒産予防措置，②債権者等による倒産・解散手続防止措置として，すべての関連契約書に責任財産限定特約，および倒産申立権放

（注7）　井上聡『信託の仕組み』（日本経済新聞出版社，2007）173頁。

棄特約を明記するなど，日本法の中でも工夫が可能である。

3　日本国内発行ＣＡＴボンドにおける活用方法

　証券化としてのCATボンドの発行において，倒産隔離を達成するための手段としての信託スキームの活用方法として，新信託法で認められたセキュリティトラストを利用する方法や，目的信託を利用することにより英米法の慈善信託に類似した効果を得ることが可能である。また，新信託法において受益証券発行信託制度が設けられたことにより（信託185条以下），受益権を有価証券化し，受益証券として譲渡することが可能になった。すなわち，受益証券は，株券同様，有因証券であり，無記名証券と位置づけられることから，受益証券の発行されている受益権の譲渡は，受益証券の交付がなければ効力が生じない（信託194条）(注8)。これによりCATボンドとしての流通性が高まり，多様な金融商品としてのボンド発行が可能になると考えられる。以下，受益証券発行信託を利用したCATボンドについて検討してみよう。

4　受益証券発行信託を利用したＣＡＴボンド

　地震リスクを対象としたCATボンドとしての組成は，①保険会社がマグニチュードをトリガーイベントとする地震デリバティブを引き受け，保険会社が信託会社との契約に基づき，受益証券発行信託としてCATボンドを発行させる方法と，②地震リスクのヘッジを必要とする事業会社自らが信託会社との契約に基づき，受益証券発行信託としてCATボンドを発行させる方法が考えられる。事業会社としては，保険会社の倒産リスクからの隔離がない①の方法よりは，②の方法によるほうが，単純な方法かもしれない。ただし，②の方法をとる場合は，CATボンドの組成についてのアドバイザーとして，保険会社を活用することが考えられる。したがっていずれの方法をとるにしろ，投資家に販売する受益証券の内容が問題になる。たとえば，10年を期間とする受益証券としてCATボンドを購入した投資家は，この間に，一定の範囲内（たとえば東京中心部から半径70km）で一定規模以上（たとえばM7.0以上）の地震が起きない限

（注8）　受益証券の占有者は，受益権を適法に有するものと推定され（信託196条1項），かつ，受益証券を善意無重過失で交付を受けた者は，受益権を善意取得する（同条2項）。

り，定められた利率を受け取り，満期時にはCATボンドの元本が償還される。しかし，このボンドは一定規模以上の地震が起きれば，元本が毀損する可能性をもっている。毀損する割合は，気象庁発表のマグニチュードにリンクし，マグニチュード7.0以上で元本の20%を失い，その後比例的に増大し，マグニチュード7.8で100%を失うといったものである。なお，受益証券発行信託として発行されるCATボンドは，金融商品取引法において株券，社債券，投資信託の受益証券などと同様の開示制度の適用を受けることに留意する必要がある。

　近時の世界的な金融市場の混乱により，デリバティブやボンド一般に対する保証機能や引受市場の収縮があるが，新信託法によって債券発行の多様性は格段に向上している。破局的リスクの有力な移転手段として信託を活用したボンド組成については着実な発展を期待したいところである。

◆卯辰　昇◆

Chapter 4

信託と倒産法

Q1 総論1——倒産隔離機能とは

信託の倒産隔離機能とはどのようなものですか。

A

　信託の倒産隔離機能とは，信託財産が，委託者や受託者という信託関係人の倒産の脅威から隔離されていることをいう。すなわち，委託者が特定の財産につき，信託を設定すると，信託財産の所有権は委託者から受託者に移転するので，当該信託財産は，委託者の債権者から強制執行されることはなく，かつ，委託者が倒産した場合でも倒産財団に組み込まれることはない。また，信託財産は，受託者の固有財産とは区別された独立性が認められるため，受託者個人の債権者が信託財産に強制執行することはできず（信託23条1項，旧信託16条1項），かつ，受託者が倒産した場合でも倒産

財団に組み入れられることはない（信託25条1項・4項・7項）。したがって，信託は，委託者や受託者の倒産の脅威から財産を隔離して，一定の目的による財産の管理運営の継続を可能にする制度である。

I 総　　論

委託者や受託者の信託関係者について，倒産手続，すなわち，破産，民事再生または会社更生の各手続が開始された場合において，信託財産はこれら倒産手続による法律関係の変容から隔離される。すなわち，信託がなされると，信託財産は委託者から受託者に移転するので，委託者の倒産手続に取りこまれることはなく，また，受託者の倒産の場合にも，信託財産は破産財団，再生債務者財産または更生会社財産に属する財産とはされないため，信託目的に従った信託管理運営が継続される。これを信託の倒産隔離機能という。なお，ここでは，破産，民事再生，会社更生を合わせて倒産といい，倒産財団等とは，破産財団，再生債務者財産または更生会社財産を意味するものとして使用する。

信託は，かような倒産隔離機能を有するため，企業の倒産から従業員の年金原資を確保するため企業年金に信託が利用されたり，また，企業の資金調達のための資産流動化・証券化スキームなどに信託が利用される。

II 信託財産が関係者の倒産財団等に属さないこと

1　委託者の倒産

(1)　委託者の倒産の場合に信託財産は委託者の倒産財団等に属さないこと

信託とは，委託者が拠出した信託財産を受託者が信託目的に従って管理処分およびその他の信託目的の達成に必要な行為を行うものである（信託2条1項）。自己の財産の管理処分を他者にゆだねる手段として，民法上は，代理や委任の手段がある。しかし，これらの場合，当該財産の所有権は委任者に属するから，委任者に破産，民事再生または会社更生の各手続が開始された場合に

は，当該財産は破産財団（破34条），再生債務者の財産または更生会社の財産として倒産手続の規制を受けることになる。これに対して，委託者がその財産につき，信託を設定すると，当該財産の所有権は委託者から受託者に移転するので，委託者の債権者は当該財産を差し押えることができなくなり，また，委託者が倒産した場合でも当該財産は委託者の倒産財団等を構成する財産ではなくなる。

よって，委託者が，倒産した場合であっても，信託財産は破産財団（破34条）を構成せず，破産管財人により換価処分され（破78条），破産債権者への配当原資（破193条以下）とされることない。また，民事再生や会社更生において，財産評定の対象財産（民再124条，会更83条）とされることはない。

(2) 委託者の倒産リスクから保護される信託とは

(a) 信託財産が受託者に移転し，かつ，移転の対抗要件を備えたものであること　旧信託法において，信託は，「財産権ノ移転其ノ他ノ処分ヲ為シ他人ヲシテ一定ノ目的ニ従ヒ財産ノ管理又ハ処分ヲ為サシムルヲ謂フ」（旧信託1条）とされ，信託行為には単なる当事者の合意に加え，財産権の移転が必要であるとされていた。これに対し，新信託法は，信託は諾成契約によって効力が生じることとした（信託4条）。委託者の倒産財産等に組み込まれないという倒産隔離機能を生じるためには，単なる信託契約だけでは足りず，信託財産が受託者に移転し，かつ，移転の対抗要件（民法177条・178条・467条2項など）を備えることが必要である[注1]。

ここでいう対抗要件とは，信託法14条の信託財産に属する財産の対抗要件ではなく，物権変動や債権譲渡の対抗要件のことである。破産管財人や民事再生・会社更生における管財人は，物権変動や債権譲渡における「第三者」に該当するとされているからである。なお，いわゆるDIP型[注2]の民事再生における再生債務者や更生会社についても同様に第三者性を認める見解が有力である。

(注1)　能見善久「1　総論（特集 新信託法とその利用―担保的利用を中心に）」金法1811号（2007）11頁。

(注2)　DIPとは，Debtor in Possession（占有する債務者）の略で，DIP型とは，経営者（再生債務者）がそのまま会社の経営執行権をもって再建にあたる型である。

したがって，信託契約が成立していても，同契約において所有権移転時期が定められ，その所有権移転時期が到来する前に委託者が倒産した場合や，所有権が移転しても対抗要件を備えていない場合には，倒産隔離機能は認められない。

(b) **詐害信託として取消し**（信託11条）**や否認**（信託12条）**を受けないこと**
委託者が債権者を害することを知って信託をした場合，債権者は受託者を被告として，民法の詐害行為取消権の規定（民424条1項）により，取り消すことができる（信託11条）。また，委託者が倒産した場合には，破産管財人（破173条），民事再生の監督委員や管財人（民再135条），会社更生の管財人（会更95条）により，信託が否認されることがある（破160条1項，民再127条1項，会更86条1項）。詐害行為取消しや否認権の行使が認められると，受託者に移転した信託財産は委託者の所有に戻り，委託者の責任財産となり，また，委託者の倒産財団等に組みこまれることになる。よって，詐害信託には倒産隔離機能は認められない。

なお，新信託法では自己信託が認められたが（信託3条3号），自己信託が債権者を害することを知ってなされた場合には，信託が設定される前からの委託者に対する債権で信託前に生じたものを有する者は，受益者が悪意であれば，自己信託設定から2年間は信託財産に対し，詐害信託として取り消すことなく直接強制執行できるので（信託23条2項・4項），委託者破産の場合には，包括執行たる破産手続においては，破産管財人は否認権を行使するまでもなく，信託財産に対する管理処分権を有し，その換価処分をすることができるものと解される。

(c) **信託財産に属する財産について信託前の原因によって生じた権利が付着していないこと**（信託21条1項2号）　委託者が所有不動産にその債務を担保するために抵当権を設定した後，当該不動産を信託譲渡した場合，信託財産は従前の抵当権が設定されているから，委託者が倒産し，借入金の返済をしない場合には，信託財産たる当該不動産は抵当権が実行される。したがって，この場合にも倒産隔離機能は認められない。

(d) **委託者に撤回権や指図権が留保されている場合に倒産隔離機能が認められるか**　委託者の債権者の責任財産とならないという倒産隔離機能をあらゆる信託に認めてよいかの問題である。

この点，信託が委託者の財産隠匿手段として利用されることを防ぐために，

倒産隔離機能が認められるためには，委託者の支配権からの完全な離脱を伴う財産移転がされていることが必要であるとして，委託者が信託財産からの受益の内容等をコントロールしうるような指図権や信託財産を受託者からいつでも取り戻せるような撤回権を留保し，委託者が信託財産からの利益を享受しているような場合には，倒産隔離機能を認めるべきではないとの見解があることに注意すべきである(注3)。

2　受託者の倒産

(1)　受託者の倒産の場合に信託財産は受託者の倒産財団等に属さないこと

信託が設定されると信託財産は受託者に移転し受託者に属する財産となるが(信託2条3項)，受託者は，受益者のために信託財産を管理処分する者であり，信託財産の経済的利益は受益者に帰属するものであるから，信託財産は受託者の固有財産とは区別され，受託者の債権者の責任財産とはならない(信託財産の独立性)。すなわち，

①　受託者固有の債権者が信託財産に対して，強制執行，仮差押え，仮処分，担保権実行，競売，国税滞納処分をすることはできない(信託23条1項)。

これに反して，受託者固有の債権者が信託財産に強制執行や滞納処分を行った場合には，受託者または受益者は民事執行法38条，民事保全法45条，国税滞納処分についての不服申立ての方法により異議を述べることができる。

なお，受託者固有の債権者は当該債権と信託財産に属する債権との相殺は禁止される(信託22条1項)。たとえば，金融機関の受託者に対する貸付金債権と，信託財産である受託者名義の預金債権と相殺することはできない。信託財産により受託者の債務を弁済したことになるからである。

②　受託者が倒産した場合，信託財産は，受託者の倒産財団等に組み込まれることはない。すなわち，受託者が破産手続開始決定を受けた場合，信託財産は，破産財団に属しないとされ(信託25条1項)，民事再生手続開始決定を受けた場合，信託財産は再生債務者財産に属しないとされ(同条4項)，会社更生手続開始決定を受けた場合は，更生会社財産に属しないと規定されている(同条

(注3)　新井誠『信託法〔第3版〕』(有斐閣，2008) 329頁。

7項)。旧信託法は，受託者が倒産した場合に信託財産が破産財団等に属しないことについて明文規定はなかったが，信託財産が倒産財団等に属さないことについて学説上異論はなかったものを[注4]，新信託法により明文化したものである。

(2) 受託者の倒産リスクから保護される信託とは
(a) **信託財産に属する財産の対抗要件**（信託14条）　信託財産は，受託者名義となっており，受託者倒産の場合に，倒産隔離されるためには，当該財産につき登記または登録が権利の得喪および変更の第三者対抗要件とされているものについては，信託の登記または登録がなされていなければならない（信託14条）。

登記または登録が第三者対抗要件となる財産とは，不動産（民177条）や特許権（特許登56条）などである。登記または登録が第三者対抗要件とされていない財産については，受託者の固有財産から分別管理されて，特定性が確保されていれば，登記または登録なくして，受託者の倒産からの隔離機能が認められる。

(b) **分別管理義務**（信託34条）　信託財産が，受託者固有の債権者により強制執行等を受けることなく，また，受託者の倒産財団等に組み込まれないという倒産隔離機能が認められるためには，信託財産についてその特定性が確保され，受託者の固有財産または他の信託から分別管理されていることが必要である。信託財産であることを受託者の債権者は破産管財人等に証明できなければ，受託者や受益者は結局，受託者の債権者の強制執行等を排除することができないからである。そのため，信託財産の管理者である受託者には分別管理義務が課されている（信託34条）。

なお，新信託法は，信託財産と受託者の固有財産が識別不能になった場合には，各財産の共有持分が信託財産と固有財産に属するものとみなすとする規定を設けたが，共有持分の範囲で信託財産は保護されるにすぎない（信託18条）。

そして，信託法は，財産の種類に応じて，信託財産と固有財産またはその他

（注4）　能見善久『現代信託法』（有斐閣，2004）46頁。

の信託財産との分別管理の方法を定める。ただし，この規定は任意規定であり，信託行為で異なる分別管理の方法を定めることもできるが（信託34条1項ただし書），信託の登記または登録ができる財産については，分別管理の方法として，信託の登記または登録を免除することはできない（同条2項）。

Ⅲ 関係者の倒産に関わらず，信託の運営が維持・継続されること

1 総　　論

　信託が設定されると，信託財産は委託者の倒産からも，受託者の倒産からも独立性が認められ，これらの者の倒産財団等に組み込まれることはない。そのため，信託関係人が倒産した場合でも，信託はこれらの者の倒産とは関わりなく，信託目的に従って運営維持が継続される。しかし，一定の場合には，委託者または受託者の倒産により，信託が終了する場合がある。

2 委託者の倒産（破産，民事再生，会社更生）の場合の双方未履行双務契約の解除

　双方未履行双務契約の解除の規定とは，契約当事者が相互に債務を負う双務契約の場合，一方当事者が倒産したときに，お互いの債務の履行が完了していない場合には，倒産者側が解除して契約を終了させるか，履行を選択して相手方の債権を共益債権または財団債権として扱うかの選択権をもつとする規定である（破53条1項，民再49条1項，会更61条1項）。委託者につき破産，民事再生，会社更生の手続開始決定がなされた場合，これらの規定により，信託契約が解除されると，信託財産は委託者に返還され，受益権は無効となる結果を来たし，信託の法的安定性を著しく損ねるので，信託への適用を排除すべきではないかが，信託法改正時に議論された。しかし，信託への適用排除は見送られ，双方未履行双務契約の解除の規定により信託契約が解除された場合には信託は終了する（信託163条8号）。したがって，委託者が倒産した場合，信託が双方未履行状態にある場合には，倒産者側から信託を解除されて終了し，信託の運営

が維持・継続されないこともある。

　そこで，委託者の倒産という予期しない事情により，一方的に信託が終了させられることを回避するため，委託者の債務（費用・報酬支払義務，追加信託義務，信託財産の引渡しに係る義務等）を発生させないようにするとか，発生しても受託者がその債務を免除するなどの条項を設け，「双方未履行」という事態が生じないようにするとか，あるいは，当事者双方に未履行の債務が存在する場合でも，契約を解除することによって相手方に著しく不公平な状況が生じるような場合には，解除権を行使することができないという判例[注5]を根拠にするなどして，適用場面を限定しようとする見解が多い[注6]。

3　受託者の倒産（破産，民事再生，会社更生）の場合

(1)　受託者の破産の場合

　受託者が個人か法人かにより，取扱いが異なる。

　まず，受託者が個人の場合，原則として，受託者の任務は終了し（信託56条1項3号），新受託者が選任されるまで（信託62条），破産管財人が信託財産を保管し，引き継ぎを行う（信託60条4項）。この点は，旧信託法と同様である（旧信託42条1項前段・2項）。ただし，新信託法は，あらかじめ信託行為において別段の定め，すなわち，受託者の破産が任務終了事由とならない旨を定めることができるものとした（信託56条1項ただし書）。これは，新信託法が破産者を受託者の不適格要件から除外したことに対応するものである（信託7条，旧信託5条）。したがって，信託行為において，受託者の破産は任務終了事由としない旨を定めることにより，受託者が破産しても，従前どおり信託の運営を継続することが可能となった（信託56条4項）。

　これに対して，受託者が法人の場合は，法人は破産手続開始決定により，当然に解散するので，信託行為により任務終了事由から除外することはできない（信託56条1項3号）。よって，法人を受託者とする場合には，あらかじめ従前の信託の運営に支障を来さないような新受宅者を選任するための定めをしておく

（注5）　最判平12・2・29判時1705号58頁。
（注6）　新井・前掲（注3）329頁，福田政之＝池袋真実＝大矢一郎＝月岡崇『詳解新信託法』（清文社，2007）166頁など。

べきことになる（信託62条1項）。

(2) 受託者の民事再生および会社更生の場合

旧信託法には，受託者に民事再生や会社更生の手続が開始された場合に受託者の任務が終了するか否かについて，何らの規定も置かれていなかった。新信託法は，受託者につき，これらの倒産手続が開始されたことは任務終了事由とならない旨明記された（信託56条5項本文・7項）。破産とは異なり，民事再生や会社更生は法人の解散事由とされておらず，原則として法人は継続して事業の再建を図るものであるから，受託者の任務は継続される。

民事再生や会社更生の手続開始により受託者の任務が終了しない旨の規定は任意規定であり，信託行為において別段の定めをすることができるとされているが（信託56条5項ただし書・7項），単に民事再生や会社更生の申立てや手続開始決定を受託者の任務終了事由とする定めは民事再生や会社更生の趣旨に反して無効であると解されうる。受託業務の継続が事業の再建に必要不可欠な場合があり，双方未履行双務契約につき再生債務者または更生会社に選択権が認められている趣旨にも合致しないからである。

また，民事再生や会社更生においては，管財人が選任されることがあり，その場合には管財人が受託者の職務遂行を行い，かつ，信託財産の管理処分権も管財人に専属する。保全管理人が選任された場合も同様である（信託56条6項・7項）。受託者に民事再生や会社更生の手続が開始された場合において，信託財産は再生債務者の財産あるいは更生会社財産に属しないものとされるが（信託25条4項・7項），再生債務者や更生会社の業務遂行および財産の管理処分権は管財人に専属し（民再66条，会更72条1項），再生債務者や更生会社の業務が信託の受託業務である場合，管財人がその業務遂行権を掌握する必要性があること，また，管財人が信託業務を遂行できないとすると，再建型倒産手続において，個人破産の場合の自由財産に類する財産を認めるのと同様の結果になるとの理由による。

◆渡邉　敦子◆

Q2 総論2——倒産隔離機能をもった信託

信託を設定する際，信託財産や信託事務をどのように特定すれば，「倒産隔離機能」をもった信託と認められるのですか。特に自己信託や事業信託を設定する場合はどうですか。

A

　倒産隔離機能が認められる信託であるためには，信託財産が固有財産や他の信託財産と区別できるように特定することが必要であり，信託法は，受託者に分別管理義務を課し，信託財産の種類ごとに特定性確保のための分別管理方法を規定し，かつ，帳簿等の作成義務，保存義務，報告義務を整備することによりその実効性確保の措置を講じている。

　自己信託の場合は，自己信託が詐害行為などに悪用されることを防ぐ観点からの特殊性があり，事業信託は，一定の事業目的のために組織された有機的一体として機能するまとまった財産の信託であることによる特殊性がある。

I 信託財産の特定，委託者の責任財産からの分離，公示

　信託の重要な機能の一つは，委託者や受託者が倒産した場合に，信託財産が，破産財団，再生債務者財産，更生会社財産に属するものとされず（信託25条），これら関係者の倒産リスクから隔離されていることである。この倒産隔離機能が認められるためには，信託財産が固有財産や他の信託財産から区別され特定されていることが必要である。

　まず，委託者からの倒産隔離として，信託財産が委託者の債権者から強制執行を受けることなく，また，委託者倒産の場合において，破産財団に取りこまれたり，再生債務者財産・更生会社財産として扱われないためには，信託行為

において，信託の対象たる信託財産は特定して定められている必要がある（信託3条）。信託財産が特定されていない契約等の合意は委託者と受託者間の債権関係にとどまる。

また，信託財産は，受託者に属する財産であるから（信託2条3項），当該財産が委託者から受託者に所有権が移転し，移転についての対抗要件が備わっていることが必要である。破産管財人，再生手続や会社更生手続における管財人は権利変動における第三者であると解されているので，単に信託契約をしたのみで，受託者への権利移転の対抗要件（民177条，178条，467条など）が具備されていないと，これら管財人は当該財産を委託者の財産として，「倒産財団等（破産財団，再生債務者財産，更生会社財産）」に取りこむことができるからである。なお，この関係は，DIP型(注1)の再生手続でも同様と解される。

Ⅱ　受託者の分別管理

1　受託者の分別管理義務の趣旨

受託者は，信託財産につき，固有財産や他の信託財産と分別して管理すべき義務を負う（信託34条1項本文）。受託者がかような分別管理義務を負うのは，受託者が信託譲渡を受けた信託財産につき，受託者の固有財産や他の信託と区別し，信託財産の特定性を確保して，受託者の倒産から信託財産を隔離するためである。

信託財産は，受託者が倒産した場合，倒産財団等に組みこまれることはないが（信託25条），特定性が確保されていなければ，結局，受託者の固有財産と区別できず，倒産手続に取りこまれてしまうことを排除できない危険生じるからである。

旧信託法においても，受託者の分別管理義務は定められていたが，分別管理の方法については規定されていなかったところ，新信託法では，財産の種類に

（注1）　DIPとは，Debtor in Possession（占有する債務者）の略で，DIP型とは，経営者（再生債務者）がそのまま会社の経営執行権をもって再建にあたる型である。

分けて，分別管理の方法を定めた（信託34条1項1号〜3号）。ただし，この分別管理の方法は信託行為により，信託法と異なる方法を定めることができる（同項ただし書）。信託法の定めた管理方法以外にも信託財産の特定性を確保できる管理方法によることを認めて効率的な信託財産の管理および処分を図る趣旨である。

　信託財産の特定性が失われ信託財産と受託者固有財産（あるいは他の信託財産）と識別できなくなった場合には，識別できなくなった時点における，各財産の価格の割合で共有持分が信託財産と固有財産（あるいは他の信託財産）に属する規定が設けられた（信託18条1項・3項）。よって，各財産の価格の割合がわかる程度に管理されていれば，信託財産の価格の割合の共有持分については，受託者の倒産手続に取りこまれることはない。価格割合が明らかでない場合には，共有持分は相等しいものと推定される（同条2項）。

2　信託法14条の信託の登記・登録ができる財産（信託法34条1項3号に掲げるものを除く。）

　信託の登記または登録ができる財産については，信託法14条の信託財産に属することの対抗要件である登記または登録を行うことが分別管理の方法となる。ここでいう対抗要件とは，信託財産に属することの登記または登録であり，民法177条や動産及び債権の譲渡の対抗要件に関する民法の特例等に関する法律4条などの権利移転の対抗要件ではない。対象となる財産としては，不動産，船舶上の権利，建設機械，企業担保権，特許権，著作権等がある。新信託法は，分別管理の方法につき，信託行為に別段の定めをすることはできるとして任意法規としているが（信託34条1項ただし書），信託の登記または登録ができる財産について，登記または登録する受託者の義務は免除することはできない（同条2項）。

　しかし，信託の登記または登録ができる財産であっても，信託財産の出入りが著しい等の事情がある場合には，取引の効率性等を考慮し，信託行為によって，平常時には登記・登録義務を免除し，受託者が経済的な窮境に至ったときには，遅滞なく信託の登記・登録をする義務がある旨定めておけば，新信託法34条2項違反とならないとする見解がある[注2]。しかし，受託者が経済的な窮

境に至ったのちにする対抗要件の具備は否認の対象とされているから（破164条，民再129条，会更88条），そのような方法による信託には倒産隔離機能は結果的に認められない可能性がある。

3　信託の登記・登録ができない財産

(1)　**金銭以外の動産**（信託34条1項2号イ）

金銭以外の動産は，信託財産と受託者固有財産および他の信託財産を外形上区別することができる状態で保管する方法による。

金銭以外の動産としては，機械類，各種商品等がある。これらの信託財産につき，受託者が倒産した場合に強制執行（民執123条）を受けない，あるいは倒産財団等に組み込まれないため外形上区別することができる状態で保管するには，受託者が占有する動産につき，受託者の責任財産ではないあるいは他の信託財産でないことが外部からわかるよう，ネームプレートを貼付するとか，倉庫や仕切りで区切る等保管場所を分けて，保管することが必要である。

(2)　**金銭と動産以外の財産**（信託34条1項2号ロ）

金銭と動産以外の財産は，計算を明らかにする方法で分別管理する。動産以外の財産としては，金銭債権（売掛債権，貸金債権，預金債権）がある。計算を明らかにする方法とは，帳簿その他の記録によって，いくらの金銭，どの債権の，どの部分が信託財産に属するのかが区別できるように管理をするということである。なお，本規定は，信託行為に別段の定めをすることができる任意規定であるが（信託34条1項ただし書），受託者は信託財産の状況等を明らかにするため，帳簿その他の書類または電磁的記録を作成する義務を負い，同規定は強行法規であるから（信託37条1項），信託行為により金銭や動産以外の財産の分別管理について，帳簿等の作成義務を免れることはできない。

(3)　**法務省令で定める財産**（信託34条1項3号）

信託法施行規則4条1項は，ここにいう財産として，信託法206条1項，そ

（注2）　福田政之＝大矢一郎＝月岡崇＝池袋真実『〔詳解〕新信託法』（清文社，2007）229頁。

の他の法令の規定により，当該財産が信託財産に属する旨の記載または記録をしなければ，信託財産に属することを第三者に対抗できないものと規定している。具体的には，受益証券を発行しない旨の定めがある受益権で，他の信託財産に属するもの（信託206条1項）である。

そして，かような財産を分別管理するには，信託法206条1項，その他の法令の規定により，当該財産が信託財産に属する旨の記載または記録をするとともに，その計算を明らかにする方法によることとなる（信託規4条2項）。

Ⅲ 自己信託の場合

1 問題点

自己信託とは，特定の者が一定の目的に従い，自己の有する一定の財産の管理または処分およびその他の当該目的の達成のために必要な行為を自らすべき旨の意思表示を，公正証書その他の書面または電磁的記録で当該目的，当該財産の特定に必要な事項その他法務省令で定める事項（信託規3条）を記載しまたは記録したものによってする方法をいう（信託3条3号）。

旧信託法においては，「信託」の定義において「他人ヲシテ」との文言があり，解釈上自己信託は認められないと解されていた。また，詐害行為や財産隠匿に悪用されるとの懸念が指摘されていたが，新信託法は成立要件等を厳格化する等の措置を講じることにより，自己信託を認めることとした。したがって，自己信託における信託財産の特定の問題は，委託者と受託者が同一であること，詐害行為等の悪用防止措置との関係からする特性がある。

2 自己信託における信託財産の特定と倒産隔離

(1) 自己信託は要式行為である（信託3条3号）

信託契約は特別の要式を必要としないが（信託3条1号），自己信託は公正証書その他の書面または電磁的記録でしなければならず，その公正証書等に信託財産の特定に必要な事項——その他信託の目的，自己信託をする者の氏名または名称および住所，受益者の定め（受益者を定める方法の定めを含む。），信託財産

に属する財産の管理または処分の方法，信託行為に条件または期限を付すときは条件または期限に関する定め，信託終了事由（当該事由を定めない場合はその旨），その他の信託の条項（信託規 3 条）――を記載または記録することが必要である。

(2) 信託財産に対する直接執行（信託23条 2 項）

委託者の債権者は，信託設定後において，信託財産に強制執行等をすることはできないが（信託23条 1 項），自己信託の場合においては，債権者を害する目的で自己信託がされた場合，自己信託設定前からの委託者の債権者は，信託財産に直接強制執行等をすることができ（同条 2 項），受託者または受益者がこの強制執行を排除するためには，第三者異議の訴えによらなければならない（同条 5 項）。

(3) 上記 II を踏まえた特定の方法

公正証書等に信託財産を特定するために必要な事項を記載することが必要であるとともに，固有財産や他の信託と区別するために，上記 II による分別管理を行い，特定性を保持する必要がある。

不動産については，自己信託によって所有権は移転しないが，公正証書等に信託財産とする不動産を明記したうえ，新たに設けられた自己信託による権利変更の登記（不登98条 3 項）により特定する。

動産については，公正証書等に動産の種類，機械類であれば製造番号，保管場所などを記載して特定し，外形上委託者および受託者の財産に属さない信託財産であることがわかるように保管して，特定する。

金銭や金銭債権については[注3]，公正証書等に，金銭の場合は金額を，金銭債権については，債権の種類，債務者，発生期間等で，破産管財人らに対し，受託者の固有財産や他の信託財産と区別できるように特定し，分別管理は，計算を明らかにする方法により行う（信託34条 1 項 2 号ロ）。

(注3) なお，公共工事の前払金について最判平14・1・17民集56巻 1 号20頁，損害保険代理店が保険契約者から受領した保険料について最判平15・2・21民集57巻 2 号95頁，弁護士の依頼者からの預り金について最判平15・6・12民集57巻 6 号563頁参照。

Ⅳ 事業信託の場合

1 事業信託とは

　事業信託とは，信託行為によって，積極財産を受託者に移転するとともに，信託前に生じた委託者の債務を当該信託財産の引当てとする信託財産責任負担債務と定めることにより（信託21条1項3号），積極財産と消極財産を一体として信託するものをいう。ただし，同規定により当然に債務が受託者に移転するわけではなく，債務の移転のためには債務引受け（免責的債務引受けには債権者の同意）が必要である。

2 事業信託における信託財産の特定と倒産隔離

　事業信託は，高い収益が見込める特定の事業を信託により分離し，それを担保とした資金調達を行ったり，反対に，新規事業を行う際に当該事業を信託により分離して，倒産隔離を図るなどの利用方法が想定されている。よって，限定責任信託，受益証券発行信託や自己信託との組合せによる利用が想定される。

　ここで，事業とは，一定の営業目的のため組織化され，有機的一体として機能する財産の全部または重要な一部であって，譲渡会社がその譲渡の限度に応じて競業避止義務を負う結果を伴うものをいい[注4]，具体的には，工場の土地建物，機械設備，在庫製品，売掛金，取引先や従業員との各種契約関係が含まれる。そして，事業信託を行う場合，本件事業に属する在庫商品すべてとか，本件事業に属する売掛金すべてなどと特定し，各個別財産につき，受託者に対する権利移転の対抗要件を備えることにより，委託者の倒産からの隔離機能が備わる。また，受託者の倒産からの隔離機能を備えるためには，各財産ごとに，上記Ⅱの区分に応じた分別管理により特定性を保持することが必要である。

◆渡邉　敦子◆

（注4）　最大判昭40・9・22民集19巻6号1600頁。

Q3 委託者の倒産①——委託者の倒産が信託に与える影響

信託の委託者が，その財産を受託者に信託譲渡した後で倒産した場合に，信託に影響を与える可能性があるのはどのような場合ですか。

A

信託の委託者が倒産すると，委託者の権利義務は破産法などの倒産法の規律を受けることになる。これによって倒産前に委託者が行った信託が影響を受ける場合があり，もっとも問題となりうるのが否認である。否認以外にも，双方未履行双務契約として信託契約が解除される可能性や，信託に基づく権利が倒産手続上担保権として扱われて倒産手続による規制が及ぶといった可能性がある。

I　倒産法の目的とそのための制度

破産法，民事再生法，会社更生法といった倒産法は，倒産状態に陥った者（倒産者）について，責任財産（倒産財団）を確保すること，債権者間の公平を図ること，さらに再建可能な事業についてその再建を図ることを基本的な目的としている。このような目的を達成するため，各倒産法は，債権者が倒産者に対して有する権利の行使を一般的に制限するだけでなく，さまざまな手段や権限を倒産者の管理機構に与えている。

そのうち，もっとも広く知られたものは，倒産手続開始前になされた一定の財産処分，担保設定，弁済等の効力を否定する否認の制度である。これについてはQ4において詳しく述べる。

否認以外の主な制度としては，双方未履行双務契約についての破産管財人等

による解除・履行の選択権，相殺制限，特に会社更生手続での担保権としての倒産法的再構成論，判例法上認められた倒産解除特約の無効論がある。これらのうち，信託の委託者が，その財産を受託者に信託譲渡した後で倒産した場合に特に問題となるのは，双方未履行双務契約についての破産管財人等による解除・履行の選択権と倒産手続における担保権としての再構成論である。

Ⅱ 双方未履行双務契約についての解除・履行の選択権

　倒産者と相手方が契約を締結していた場合において，倒産手続開始時に契約の相手方が有する契約上の権利は倒産債権となり，倒産者が有する契約上の権利は倒産財団に帰属する財産となるのが原則である。しかし倒産法は，相互の義務が対価的な関係にある双務契約について，双方が債務の履行を完了していない場合について特別の規定を設けている。これが双方未履行双務契約についての破産管財人・再生債務者・更生管財人による解除・履行の選択権である。つまり，双方が未履行となっている双務契約については，倒産者側に，契約を解除するか，もしくは倒産者の債務を履行して相手方の履行を請求するかの選択権が与えられる（破53条1項，民再49条1項，会更61条1項）。この制度は，双務契約における対価関係や対価的均衡を尊重し，他方で，倒産財団の確保，事業の再建，契約関係の整理を促進するという倒産者側の便宜を図るためのものであり，世界の多くの倒産法制で同様の制度が採用されている。

　信託法は，委託者が倒産手続開始の決定を受けた場合に，破産法53条1項等の双方未履行双務契約に関する規定に基づいて信託契約が解除されたときを，信託の終了事由としている（信託163条8号）。つまり，信託契約が双方未履行双務契約として倒産法に基づき解除される場合があることを信託法は認めている。

　信託法改正の際に，信託の安定性を確保するため破産管財人等による解除権の行使を一般的に制限すべきとの議論もなされた。しかし，信託契約について双方未履行双務契約の規律を完全に排除する根拠に欠け，また，一定の場合に解除を制限するにしてもその要件を明確化することは困難であるため，倒産法の解釈論にゆだねるという判断がなされたのである。この結果，信託契約も，他の種類の契約と同様，双方未履行双務契約への該当性という倒産法上の解釈

論の対象となることが確認された。

　具体的にどのような場合に信託契約が双方未履行双務契約に該当するかについては，個々の信託関係ごとに個別具体的に検討することが必要となる。信託においては一般的に，受託者は委託者に対して信託事務遂行義務を負っている（これ以外にも，残余財産の支払義務といった義務がありうる。）。これに対して，委託者が受託者に対して負う義務としては，(ｱ)信託財産の引渡義務，(ｲ)追加信託財産の引渡義務，(ｳ)費用・報酬の支払義務といったものが考えられる。

　これらのうち，諾成的に信託契約が締結されたものの，その後の委託者による信託財産の引渡義務が未履行となっている場合が双方未履行双務契約に該当することは明らかである。また，開発型の不動産流動化に見られるような，追加信託財産（たとえば，当初信託財産たる土地上に建築された建物）の引渡義務を委託者が負っている場合も同様である。

　委託者が信託に関する費用・報酬の支払義務を負っている場合には，これと受託者の信託事務遂行義務とが相互に対価関係に立っている以上，双方未履行双務契約に原則として該当すると考えざるをえない。ただ，信託契約において，費用・報酬は信託財産から支弁するとされ，これに不足を生じた場合に委託者が補塡義務を負うというような形で規定されている場合には，委託者の義務の補充性から，受託者の信託事務遂行義務との間の対価的均衡が否定され，したがって，双方未履行双務契約には該当しないという余地もありうる。

　双務契約や未履行の概念は必ずしも一義的ではなく，また，単純な典型契約であればともかく，現実の現代社会においては権利義務が複雑に組み合わさった契約が多く，そのような中で双方未履行双務契約の範囲をどのようにとらえるかは容易な問題ではない。

　双方未履行双務契約について解除・履行の選択権を認めた倒産法の趣旨に立ち帰ってみたところで，その趣旨は，双務契約における対価関係の尊重，倒産財団の確保・事業の再建・契約関係の整理の促進といったように多元的に理解されており，かつ，論者によってその中のどれに力点を置くかも異なっており，しかも，究極的には破産管財人等による解除・履行の選択権を積極的に評価するかそれとも消極的にとらえるかという倒産法制度をめぐる根本的な価値判断にも大きく影響される。このように，価値中立的に基準を明確化すること

はそもそも不可能とも考えられる。

　そうだとすれば，結局この問題は，倒産法が，破産管財人等の倒産者の管理機構に選択権を付与しているという点から考えるほかないと思われる。すなわち，倒産法が選択権を付与している倒産者の管理機構にとっては，その選択権を活用することが倒産法により自身に付託された権限であり，かつ責務であると解するほかなく，したがって，選択権の行使に関する判断は原則的には倒産者の管理機構の立場での判断とならざるをえないのである。そして，この原則を許容したうえで，個別具体的な事案ごとに，関係者が被る不利益の程度などをふまえて，解除・履行の選択権の行使が認められない例外的な場合についての検討判断をしていくというアプローチが必要と考えられる。

　最高裁判所もその裁判例[注1]において，預託金会員制ゴルフクラブ会員契約について，会員による預託金や年会費の支払義務と施設利用権（ゴルフ場が会員に施設を利用させる義務）は対価性を有する双務契約であり，したがって，会員が破産した場合の破産管財人は解除・履行の選択権を有するとしつつ，結論において解除はできないとした。そこで最高裁判所は，破産管財人の解除・履行の選択権を，契約当事者双方の公平を図りつつ，破産手続の迅速な終結を図るための権限であると位置づけたうえで，預託金支払と施設利用権の取得という中核的な義務がともに既履行である一方，将来の年会費の支払と将来の施設利用権が未履行という状況で，仮に破産管財人が契約を解除すれば，原状回復等の内容として給付内容にかなりの不均衡が生じるなど，相手方に著しく不公平な状況が生じることから解除権は行使できないと判断した。この最高裁判例に示されたところは，前述した選択権行使の判断枠組みと整合すると解される。

　一部の論者からは，信託においては委託者・受託者以外の第三者（受益者）が重要な利害関係人として存在しているのであるから，信託の安定性を可及的に確保すること，つまり，双方未履行双務契約への該当性を謙抑的に判断すべきといった立論もなされているが，倒産法の趣旨や倒産者の管理機構の職責を前提とする限り，このような解釈姿勢を一般的に承認することは不可能といわざるをえないであろう。

（注1）　最判平12・2・29民集54巻2号553頁。

信託には受益者が存在するという点についても，受益者が存在するから信託の解除を認めるべきでないといった形式的な議論ではなく，取引の実態に即した観察をせざるをえない。つまり，委託者が同時に受益者である場合はもちろん，委託者以外の者が受益者である場合であっても，関係者間の権利義務関係や対価関係を取引の実態に即して観察し，その結果，委託者と受託者の間に対価関係が見いだされる限り，倒産者の管理機構としては，双方未履行双務契約についての解除・履行の選択権の行使を検討する必要が存している。

III　担保権としての倒産法的再構成論（いわゆる真正譲渡の議論）

　破産手続や民事再生手続では，倒産手続開始時に倒産者の資産に担保権を有している担保権者は別除権者として倒産手続によらないでその権利を行使することができる（破65条1項，民再53条1項・2項）。したがって，債務者が倒産した場合の担保権者の立場と，委託者が倒産した場合の信託財産（委託者からの独立性が認められる。）についての権利者の立場との間には決定的な差異はないといえる（考えられる差異としては，担保権消滅請求〔破186条，民再148条〕の適用の可能性である。）。

　これに対して会社更生手続においては，担保権者である債権者も更生担保権者として倒産手続に取り込まれ，倒産手続外での権利行使はできなくなり，かつ更生計画によって権利内容が変更されることとなる。したがって，倒産者が倒産前に行った譲渡や信託がその法形式どおりのものとして扱われるのか，それとも倒産手続において担保取引として再構成（性質決定）され，それに基づく権利が更生担保権として扱われるのかの問題は，取引の相手方にとってきわめて重大な問題となる。これが資産流動化取引における真正譲渡の議論である。信託による譲渡についても同様の議論が生じることとなる。

　真正譲渡の問題については，わが国においては特に，平成13年に会社更生手続が開始されたマイカル・グループが行っていた不動産流動化スキームの取扱いをめぐって活発な議論がなされたが，依然として決着を見たといえる状況にはない。多岐にわたる議論がなされているが，関連諸事情を総合的に勘案して

判断すべきという点には異論がない。いかなる事情をどのように勘案するかについて支配的な見解は存しないが，①譲渡価格の時価相当性，②譲受人の譲渡人に対する被担保債権に相当する権利の有無，③譲受人の処分権の内容および譲渡人の債務不履行との関係，④譲渡人の受戻権・買戻権といった事情を中核に判断をすべきという見解が一般的と思われる。

　信託についても基本的に，真正譲渡に関する議論が前提になると解されるが，信託においては，委託者と受託者の間には継続的契約たる信託契約が存在し，受託者はその信託契約に基づいて信託事務を遂行する立場にあり，かつ，信託財産に関する実質的な権利が化体された受益権を保有する受益者が存在し，しかも信託法や契約に基づいて権利の優先劣後や各種の特約等が組み入れられるなどして，各関係者の間の権利義務関係は譲渡の場合よりも複雑に組成されているのが通常である。信託をその法形式どおりのものとして理解すべきか，それとも倒産手続上担保取引として再構成して扱うべきかの判断にあたっては，個々の信託取引における権利義務関係を客観的に分析検証する必要が存している。

　　　　　　　　　　　　　　　　　　　　　　　◆林　　康　司◆

Q4 委託者の倒産②──信託と倒産法上の否認権

信託の委託者が，その財産を受託者に信託譲渡した後で倒産した場合に，信託が倒産法に基づいて否認されるのはどのような場合でしょうか。また，信託宣言による自己信託についての否認には何か違いがあるでしょうか。

A

委託者が倒産した場合にも信託は影響を受けないというのが信託財産の独立性の原則であるが，その例外の一つが，倒産法により信託が否認される場合である。信託では，信託財産は委託者から受託者に譲渡されるが，受託者は信託財産の管理者であり，財産についての実質的な利益は受益権の形で受益者が保有する。信託の否認についても，信託のこの特徴を前提に判断されることになる。自己信託についても同様であるが，濫用防止の観点から詐害性が慎重に判断される傾向があることはやむをえないといえる。

I 否認とは何か

倒産法（破産法，民事再生法，会社更生法）上の否認とは，経済的に破綻した債務者が，その財産を安価で処分したり，少額の債務のために高額の財産に担保を設定したり，一部の債権者だけに弁済するといった，債権者等の利益や相互の公平性を損なう行為の効果を否定する制度である。

倒産法は，倒産状態に陥った者をめぐる法律関係を集合的な法的規律の下に置いて社会的な秩序の安定を図ることを目的とする制度である。倒産法が守ろうとする秩序は倒産法秩序ともいわれ，責任財産（倒産財団）の確保と債権者間の公平が基本的な内実である。このような法目的を有する倒産法の規律は，

債権者の債務者に対する権利行使の制限等，一般私法秩序の重大な変更や修正をともなう。したがって，その規律がどの時点から及ぶかはきわめて重要であり，明確性の観点から，倒産申立てや倒産手続開始をその基準時とするのが一般である。

わが国の倒産法は，裁判所による倒産手続開始の時点を倒産法による規律の基準時とし，したがって，倒産法の規律が及ぶのは倒産手続開始時における倒産者の財産ということになる。この原則論からすれば，倒産手続開始前の財産処分，担保設定，弁済等は，倒産手続の介入を受けないのが原則である。しかし，ある者が経済的破綻に至ることが予見され，もしくは現実に破綻状況となった後，法的な倒産手続が開始されるまでには，相応の時間的間隔があるのが通常であって，しかも，そのような倒産手続開始前の時点で不当な財産処分や不公平な弁済がなされることが少なくないのは経験則の教えるところである。このため，倒産手続開始をもって倒産法の規律の基準時とするという原則を過度に貫くと，責任財産の確保と債権者間の公平という倒産法の法目的が損われる事態が生じることとなる。否認はこれを是正するメカニズムである。いい換えれば，否認は，責任財産の保全と債権者間の公平という倒産法秩序を倒産手続開始前にも拡張・遡及して適用する制度ということができる。

II 信託の構造，否認との関係

信託財産については独立性が認められ，たとえ委託者が倒産したとしてもその影響を受けないという「倒産隔離効」があるとされる（信託23条1項参照）。このように，信託財産について，委託者の責任財産からの離脱という効果を信託がもたらすものである以上，信託も当然に否認制度の対象となりうる。

他方，信託においては，自己信託の場合を除いて，委託者から受託者に対する財産の譲渡（信託譲渡）という権利移転がなされるものの，受託者は受益者のために財産を管理する者にすぎず，財産に関する実質的な利益や価値は受益権に化体して受益者が保有することとなる。つまり，財産自体は委託者から受託者に，財産についての実質的利益は受益権の形で委託者から受益者にそれぞれ移転するという二面性が信託の基本的な特徴である。否認は倒産法秩序の回

復という実質的観点から責任財産の不当な減少といった行為の効力を否定するものであり，したがって，信託の否認の検討にあたっては，財産自体の譲渡と実質的な利益の移転が分離するという信託の二面性をふまえて考察する必要がある。

　自己信託においては，同一の法人格の下で信託が設定されるため，委託者から受託者への財産の移転は存在しない。つまり，自己信託では，財産自体は委託者（兼受託者）が保有したままであるが，財産に関する実質的な利益や価値は受益権に化体して受益者が保有するという形で二面性が生じることとなる。

　後述するとおり，信託法は，委託者の債権者を害する信託（詐害信託）に関して，11条で民法424条の詐害行為取消権についての特則を，12条で各倒産法上の否認権についての特則をそれぞれ置いているが，これらの特則の基本的な前提となっているのは上で述べた信託の二面性である。

III 「信託の詐害性」に関する意識

　信託をめぐって議論がなされる際に「信託が詐害的に利用されるおそれ」が強調されることが少なくない。確かに，財産自体の譲渡と財産に関する実質的利益の移転を分離することができるという信託の特性は，財産処分の形態に拡がりをもたせる機能を有しており，さまざまな財産処分行為や取引行為に利用されうる可能性を有している（金融手段としての信託の利用はその一例である。）。また，自己信託では，財産自体の譲渡をともなわずに，財産の実質的利益を第三者に移転することができるため，財産処分の簡便性はさらに高いといえる。ただ，信託以外の法律行為であっても，それが財産処分性を有する限り，債権者を害する手段として用いられるおそれは存しているのであり，問題は，その手段自体ではなく，手段が用いられた結果が責任財産の確保や債権者間の公平の観点から許容されないものかどうかである。

　わが国の伝統的法体系の中で信託が与える素朴な違和感，制度にまつわる歴史的経緯や取締法規的色彩が強かった旧信託法の影響等もあって，「信託が詐害的に利用されるおそれ」の意識は今後も根深く存在し続けるであろう。また，自己信託を含む信託が現実に濫用的に利用される事態も生じるであろう。

しかし，だからといって信託という法形式そのものを詐害性や有害性に直接結びつけることは，詐害行為取消権や否認権に関する議論自体を歪めるおそれがあり注意しなければならない。

IV　詐害信託に関する信託法の規定

1　信託法上の特則

　詐害信託に関して，旧信託法は民法424条の詐害行為取消権についての特則を置いていたが（旧信託12条），その内容は，受託者の主観を問わず詐害行為取消権を認め，かつ，受益者が受益権取得時に詐害性について善意であっても，取消権行使時に悪意・重過失である場合には受益者の受益も取消しの対象とし，しかも，たとえ取消権行使時に悪意・重過失でなくとも将来の受益は取消しの対象となるというものであった。信託について固有の利益を有しない受託者の善意・悪意を問題としないことは適切としても，受益者が受益権取得時に詐害性について善意であっても保護されないとするのは贈与の場合と比較して著しく不均衡である等，その他の点については諸々の批判がなされていた。

　このため新信託法は，信託の実質に即した整合性のとれた詐害行為取消権の特則を新たに整備した（信託11条）。また，倒産法上の否認について旧信託法には規定がなかったが，信託法12条は，詐害信託の取消し等に関する11条の規定に準じて詐害信託の否認に関する特則を規定している。民法上の詐害行為取消権と倒産法上の否認とは異なる制度であるが，類似・共通するところも多いため以下では合わせて説明をする。

2　詐害行為取消しについての特則

　信託法11条1項によれば，信託財産が受託者の下にある場合，委託者の債権者は，受託者を被告として詐害信託の取消訴訟を提起することができる。ここで，詐害の事実につき善意か悪意かという主観的要件は，信託財産の管理者にすぎない受託者を基準とするのではなく，財産に関する実質的利益を有する受益者を基準として判断することとされ，かつ，その基準時は受益権を取得した

時（取消権行使時や受益者が給付を受けた時ではない。）とされた。これらは信託の特性をふまえた整合性のある規律といえる。その一方で，信託法は取消権の行使に重大な制限を新たに設けている。受益権取引の安全を確保するため，受益者が複数存在する場合には受益者の全員が悪意の場合でなければ取消請求できないとされているのである（信託11条1項ただし書）。

取引の安全の保護は正当としても，悪意者が利益を享受することは適切でない。そのため信託法は，債権者が悪意の受益者に対して，個別に詐害行為取消権を行使する場合の信託財産の取戻し（信託11条4項）や，同様の機能を果たす特別の請求権として信託受益権の譲渡請求（同条5項）に関する規定を置いている。

なお，詐害信託の取消しが認められた場合に，信託法11条1項の規定のみでは，受益権を取得しない信託財産責任負担債務（受託者が信託財産に属する財産をもって履行する責任を負う債務）に係る信託債権者は，実質的には受益者と同じ利害関係を有するにもかかわらず，詐害信託の取消しによって受託者の下から信託財産が減少するリスクを負うこととなる。そこで，詐害信託取消請求を認容する判決が確定した場合に，善意の信託債権者は，委託者に対して，詐害信託の取消しによって受託者から委託者に移転する財産の価額を限度として，弁済の責任を追及することができることとされた（信託11条2項）。また，受託者が有する費用等償還請求権についても同様の趣旨に基づく規定が設けられている（同条3項）。

信託法11条7項および8項は，詐害行為取消しを不当に免れる目的で善意の受益者を利用して無償もしくは著しい低額で受益権を第三者に取得させる行為を禁止し，これに違反した場合の主観的要件による制限を解除している。このような行為は明らかな脱法行為であって当然の規定といえる。

3　否認についての特則

信託法12条1項は，詐害行為取消しに関する特則（信託11条1項）と同じ趣旨に基づいて，破産者が破産債権者を害することを知りながら委託者としてした信託については，受益者をもって破産法160条1項（否認の原則的規定）における「利益を受けた者」と扱うこととし，受益者の全部または一部が受益権取得時

に詐害性について善意であれば，否認権を行使することができないとしている（信託12条1項）。民事再生法や会社更生法等の否認制度を有する他の倒産手続についても同じ特則が適用される（同条3項・5項）。

また，信託法は，倒産法上の否認権の行使とは別に，悪意の受益者を被告として，受益権を破産財団に返還することを請求できる制度を新たに設けている（信託12条2項・4項・5項）。これは，信託法11条5項と同様，受益権取引の安全を確保するため信託の否認が制限される反面，悪意の受益者に対して個別に否認の効果を認めるため特に設けられた制度である。

V 自己信託に関する特則

信託法は，委託者が，自らを受託者としてその所有財産を他人（受益者）のために管理・処分する旨を宣言する方法により信託を設定する自己信託を認めた。このような自己信託が詐害的になされた場合，委託者の債権者は，通常の詐害信託の場合と同様に，その取消しを裁判所に請求することが可能である（信託11条1項）。すでに指摘したとおり，自己信託では，通常の信託のような信託財産の外部的移転（信託譲渡）をともなわないため，より容易に濫用的利用がなされるのではないかという懸念が強く，このため信託法は自己信託について幾つかの特別規定を置いている。

たとえば，自己信託が詐害的になされた場合，信託がされたときから2年間に限り，委託者の債権者が詐害信託取消訴訟を提起することなく，債務名義に基づいて直ちに信託財産に属する財産に対して強制執行ができるとされている（信託23条2項本文・4項）。ただ，詐害性の主張が仮に認められても，受益者の全部または一部が詐害の事実について善意であれば委託者は執行を免れることができる（同条2項ただし書）。債権者としては，信託法11条7項および8項の規定する脱法的信託の主張をすることになるが（信託23条3項），「不当に免れる目的」や無償性の立証が必要となる。

以上のほかにも，自己信託の効力要件として公正証書の作成が必要であること（信託4条3項），自己信託に対応した信託の登記・登録制度（信託14条，不登98条3項），公益の確保のための信託の終了を命ずる裁判の制度（信託166条）等，

信託法は詐害的な自己信託の濫用防止策を講じている。これらの諸制度をもって詐害的な自己信託の抑制が十分に図られるかどうかは、今後現実に自己信託が利用・活用されていくうえでの課題であろう。

なお、倒産法上の否認制度との関係では自己信託の特則は特に設けられていないが、これは信託法が規定する詐害信託一般の否認に関する特則（信託12条）や各倒産法の適用・解釈によって対応することを想定しているためと理解される。

いずれにしても、自己信託はその法形式自体が詐害性や有害性を根拠づける事由に該当するわけではないが、この制度を利用する者は詐害性が存しないことを積極的に説明する責務を事実上負っているということになろう。

Ⅵ 信託の否認要件への該当性

詐害信託に関する信託法の規定の内容は上で述べたとおりであるが、信託法が規定する特則に係る部分以外については、一般の詐害行為取消権および否認権と同様であり、その解釈についても裁判例や学説で議論されているところに従うこととなる。したがって否認については、倒産法の規定に従い、廉価売却などの財産減少行為である詐害行為の否認（破160条、民再127条、会更86条）、債権者間の平等を害する行為である偏頗行為の否認（破162条、民再129条、会更86条の3）等の要件への該当性がそれぞれ検討されることとなる。このうち、信託との関係で特に問題となるのは詐害行為（財産減少行為）であり、法が規定する詐害行為否認の各類型ごとに、故意否認（破160条、民再127条、会更86条の各1項1号）、危機否認（同各1項1号）、対価的均衡を欠く行為の否認（同各2項）、無償否認（同各3項）への該当性を検討することが必要となる。

いずれの類型についても、信託の否認要件該当性を検討するうえで前提となるのは、信託においては財産自体の帰属と実質的利益の所在が分離しているという点である。

たとえば、委託者自身が受益権を当初取得する自益信託においては、委託者が信託財産の見合いとして受益権を取得する以上、受託者への信託譲渡にかかわらず、資産の外部流出はなく、したがって、受益権と信託譲渡された財産と

は基本的に等価ということになる。よって，適正価格による財産処分の否認の要件（破161条，民再127条の2，会更86条の2の各1項1号～3号）を満たすのでない限り，信託自体が否認の対象になることはないと考えられる。なお，自己信託には処分行為が存在しないため，適正価格による財産処分の否認の特例が適用されるか問題となりうるが，そもそも，自益信託たる自己信託（つまり，委託者，受託者，受益者がすべて同一人の場合）について否認を検討する必要性は乏しいであろう。

　他方，委託者以外の者が当初受益者となる他益信託では，財産に関する実質的利益は委託者から受益者に移転しているため，通常の財産処分行為の一種として否認を検討すればよい。自益信託の当初受益者である委託者が，保有する受益権を第三者に譲渡した場合も同様である。これらの場合については，受益権という財産権の処分について否認要件への該当性が判断されることとなる。なお，受益権の処分価格の適正性判断等との関係で，受益権が不確定な将来収益を基礎とするものであったり，優先劣後など複雑な切り分けがなされていたりするため，受益権の評価が容易でないことがある。しかし，このようなことは他の金融商品についても同様に起こりうることであって，信託の否認に固有の問題ではない。種々の金融商品についての評価方法の問題の一つとして検討・整理されるべき問題である。

◆林　　康　　司◆

Q5 受託者の倒産①——受託者の破産による債権者への影響

受託者が破産した場合，受託者が，信託財産や固有財産に関して行った物品購入等の第三者との取引はどのような影響を受けますか。第三者が受託者に販売した物の売買代金債権や契約関係はどう取り扱われますか。

A

受託者が破産した場合，信託債権を有する債権者は，信託債権者として破産手続外で債権行使することができるとともに，破産債権者として破産手続に参加することもできる。また，受託者および破産債権者の双方の債務が未履行の場合には，受託者が負う債務が「破産財団に帰属すべき財産を基礎あるいは目的とする債務」と認められる場合に限り，破産法に基づく双方未履行双務契約の履行・解除選択権の対象となる。

I 受託者の破産と第三者との取引関係への影響

受託者が信託財産や固有財産に関して行った物品購入等の第三者との取引において，購入・引渡しのなされた物品に係る売買代金債権が，受託者の破産によって，破産債権になるか否かが問題となる[注1]。

また，物品が引渡未了で代金支払もされていないなど受託者および破産債権者の双方の債務が未履行の場合には，破産法に基づく双方未履行双務契約の履行・解除選択権の対象となるか否かが問題となる。

（注1） 第三者の目的物引渡債務が未履行の場合には，かかる目的物引渡請求権が破産財団を構成するかについても問題となるが，受託者の行った法律行為の効果が信託財産に帰属するかについては，Q6において取り扱うことから，本項目では割愛する。

以下，それぞれの点について検討する。

II 受託者の破産による売買代金債権の取扱い[注2]

1 信託債権としての取扱い

　信託債権とは，「信託財産責任負担債務に係る債権であって，受益債権でないもの」をいうところ（信託21条2項2号），信託財産責任負担債務は，信託法21条2項各号に該当しない限り，信託財産に属する財産と受託者の固有財産に属する財産とがともに責任財産となる[注3]。そして，受託者が破産した場合，信託債権を有する債権者は，信託財産を責任財産として破産手続外で債権行使することができるとともに，固有財産を責任財産として破産手続に参加することもできる。

　この点，本設問においても，受託者が信託財産に関して行った物品購入に基づく売買代金債権に係る受託者の債務は，信託財産責任負担債務に該当するため（信託21条1項5号），原則として，信託財産に属する財産と受託者の固有財産に属する財産とがともに責任財産となる。

　したがって，当該売買代金債権を有する債権者は，信託債権者として破産手続外で債権行使することができるとともに，破産債権者として破産手続に参加することもできることとなる。

　では，受託者が第三者との間で1つの取引で複数の物品購入等の取引を行い，物品の一部のみを信託財産に帰属させる場合にはいかなる帰結となるか。条文上，信託法21条2項2号は「債務」「債権」を問題にしているのであり，1つの債権債務の一部と残部とで取扱いを異にするかどうかは文言からは不分明であるため問題となる。

（注2）　本設問では破産法につき記述しているが，信託法25条4項～6項は信託財産と受託者の民事再生手続との関係について，同条7項は信託財産と受託者の会社更生手続との関係について，それぞれ破産手続の場合と同趣旨の規定を置いていることから，同様の取扱いが想定される。

（注3）　寺本昌広『逐条解説新しい信託法〔補訂版〕』（商事法務，2008）83頁。

この点，受託者が複数の売買目的物のうちの一部を信託財産に帰属させる場合には，信託財産に帰属する売買目的物の価額に相当する部分のみが，固有財産に加えて信託財産をも責任財産とされることになる結果，受託者が破産した場合には，固有財産を責任財産とする売買代金債権全額については破産債権として権利行使が可能である（破2条5項）うえに，信託財産を責任財産とする部分については信託債権として行使可能となると考えられる。すなわち，信託債権は，第三者の財産上に担保を設定している状態に類する経済的実質を有すると見ることができることから(注4)，債権者は，破産債権者として破産手続に参加することもできるし，かたや信託債権者として信託債権の限度において破産手続外で債権行使することもできるという選択権を有していると考えることが可能である(注5)。また，破産債権については，破産手続開始によって現在化される一方（破103条3項），信託債権については，信託財産に属する財産が破産財団に属しない以上（信託25条1項），現在化も生じないことになるが，上記と同様，第三者の財産上の担保に類する実質からすれば，破産債権となる固有財産を責任財産とする売買代金債権全額分について，期限到来に基づき債権行使（債権届出）が可能であると考えられる(注6)。

(注4)　免責許可の決定による債務の免責は，受託者の固有財産との関係では効力があるものの，信託財産との関係ではその効力を主張できないこととされる（破253条2項，寺本・前掲（注3）100頁）。
(注5)　信託財産のためにする意思がない第三者としては，受託者が破産した場合には，売買代金債権が破産債権になるとの認識で取引を行ったものと考えられるが，受託者が権限内においてかつ信託財産のためにした行為については，信託財産責任負担債務（信託21条1項5号）となることからすれば，信託財産を目的物とする売買代金債権の一部については破産債権とはならず，事実上，優先回収が可能となる（村松秀樹＝岡正晶＝深山雅也＝後藤出＝三村藤明＝井上聡＝髙山崇彦＝林康司「倒産と信託(下)」NBL888号（2008）62頁〔岡正晶発言〕）。この点，取引の相手方の意思を問わずして，望外に信託財産を目的物とする部分について優先回収が可能となることについては，取引の相手方の意思も考慮要素とすべきであるとの議論もありうるが，信託法21条6号イにおいて，「信託財産に属する財産について権利を設定し又は移転する行為」については，かかる行為の相手方において信託財産のためにされたものであることを知らなかった場合であっても，かかる行為から生じた権利に係る債務は信託財産責任負担債務となることから（寺本・前掲（注3）85頁），相手方の意思は不要であると考えられる。
(注6)　信託債権は，第三者の財産上の担保に類する実質はあるものの，別除権（破2条9項）の定義には該当しないため，不足額ではなく，全額について破産債権として権利行使が可能であると解される。

なお，かかる場合には，債権者としては，回収可能性の観点から，少なくとも信託債権の限度においては，破産手続外で信託債権を行使することが通常であると考えられる。ただし，動産の売買契約の場合には，動産売買の先取特権が生じ（民311条5号・321条），別除権行使が可能であることから（破65条1項・2条9項），破産手続内での回収を行うことも考えられる[注7]。

図）受託者破産の場合の法律関係図

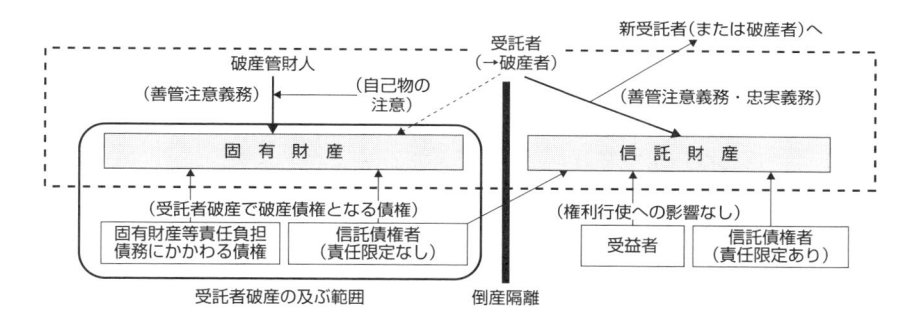

```
                                受託者
              破産管財人         （→破産者）      新受託者（または破産者）へ
           （善管注意義務）←（自己物の          （善管注意義務・忠実義務）
                             注意）
          ┌─────────┐         ┌─────────┐
          │ 固 有 財 産 │         │ 信 託 財 産 │
          └─────────┘         └─────────┘
          （受託者破産で破産債権となる債権）  （権利行使への影響なし）
          ┌────────┬────────┐   ┌────┬────────┐
          │固有財産等責任負担│信託債権者 │   │受益者│信託債権者 │
          │債務にかかわる債権│（責任限定なし）│   │    │（責任限定あり）│
          └────────┴────────┘   └────┴────────┘
           受託者破産の及ぶ範囲        倒産隔離
```

また，上記とは別の場合として，固有財産を責任財産とする売買契約（自己勘定）と，固有財産のほか，信託財産をも責任財産とする売買契約（信託勘定）として，2つの契約が締結されているものの，売買目的物は固有財産と信託財産とが混合して納入のうえ，保管されている場合には，いかなる部分が破産債権になるかが問題となる。

この点，受託者の行った法律行為の効果が信託財産に帰属するための要件は，①当該行為を受託者が信託財産のために行ったこと，②当該行為を行うことが受託者の権限の範囲内であることが必要とされていることからすると[注8]，固有財産と信託財産とが混合して保管されている場合においても，あくまで受託者が権限内において信託財産のために行った売買契約の効果は固有

(注7) 民事再生法でも同様の取扱いとなる（民再53条1項）。ただし，会社更生法においては，更生担保権は手続外での自由な権利行使は認められないことから（会更47条1項），取引債権者としては破産財団外の財産に対する回収を意図し，信託債権を行使すると考えられる。

財産のほか，信託財産にも帰属するため，現状において目的物が混合して納入のうえ保管されているか否かにかかわらず，受託者が信託財産に帰属させた目的物が明確な場合には，当該目的物に関する売買代金債権は，破産債権としての行使のほか，信託債権としても行使可能である(注9)。

　ただ，一方で上記とは異なり，受託者がいかなる目的物について信託財産に帰属させたかどうかが明確ではない場合もありうるところ，帰属が不明であることにより，当該目的物に関する売買代金債権が信託債権として行使することができないとすれば，信託法18条が，当初分別されていたものが事後的に識別不能になった場合につき共有を擬制することとのバランス，および信託行為により倒産隔離を意図した当事者の期待の観点からしても，不合理であると考えられる。

　そこで，信託法18条の趣旨が，信託財産に属する財産に関して識別不能状態が生じた場合の各財産の帰属関係を明確化するところにあることからすれば，受託者の信託財産のために行う意思が不明で，契約目的物のいかなる部分が信託財産に帰属するか否かが識別不能という状態が生じた場合においても，信託法18条を類推適用し，固有財産と信託財産の持分ごとに分けて取り扱い，固有財産に帰属する売買目的物の価額相当部分については破産債権となり，信託財産に帰属する売買目的物の価額相当部分については，破産債権としての行使のほか，信託債権としての行使も可能となると考える余地がある(注10)。

(注8)　山田誠一「責任財産の視点から見た信託」関西信託研究会『法形式と法実質の調整に関する総合研究Ⅱ』(トラスト60，2000) 5頁以下，道垣内弘人『信託法入門』(日本経済新聞出版社，2007) 106頁，村松秀樹・岡正晶・深山雅也・後藤出・三村藤明・井上聡・髙山崇彦・林康司「倒産と信託(上)」NBL886号 (2008) 27頁〔井上聡発言〕。

(注9)　この点，固有財産と信託財産とが「外形上区別することができる状態」(信託34条1項2号イ) で保管されているかの問題として扱い，目的物が固有財産と信託財産とが混合して納入，保管されている場合には「外形上区別することができる状態」ではなく，すべてが固有財産となり，かつ破産債権であると考えるとする見解もあるが (村松ほか・前掲 (注5) 62頁参照〔三村藤明発言〕)，同条は受託者の義務についての条文であり，むしろ，本文のとおり取引時点での効果帰属の問題と考えられる。

(注10)　村松ほか・前掲 (注5) 63頁参照〔井上発言・村松秀樹発言〕。

2 信託債権であって受託者が信託財産に属する財産のみをもってその履行の責任を負うもの（たとえば，受託者と第三者との間で責任財産限定特約が締結されている場合の売買代金債権〔信託21条2項4号〕）の取扱い

　信託法25条1項は，受託者が破産手続開始の決定を受けた場合であっても，信託財産に属する財産は，破産財団に属しないと規定し，「信託債権であって受託者が信託財産に属する財産のみをもってその履行の責任を負うもの」は破産債権とならない旨規定されているため（信託25条2項後段），受託者が破産した場合でも，信託債権であって受託者が信託財産に属する財産のみをもってその履行の責任を負うものについては，破産手続外で債権行使することができる。

　この点，受託者が第三者との間で1つの取引で複数の物品購入等の取引を行い，当該取引から生ずる売買代金債権が1つの場合において，受託者が複数の売買目的物のうちの一部を信託財産に帰属させ，かつ当該財産のみをもってその履行の責任を負う場合（信託21条2項），形式的に見れば，信託法25条2項後段が「信託債権」と定めており，債権の一部の価額相当分を想定した規定ぶりではないことからすると，同項後段が適用されず，信託財産に帰属する売買目的物の価額に相当する部分は「破産債権」となり，信託債権としては行使することができないとも思える。

　しかし，①信託法25条2項後段が信託債権であって受託者が信託財産に属する財産のみをもってその履行の責任を負うものにつき破産債権とならないと定めた趣旨が，信託財産に属する財産のみを引当財産とする場合には，信託財産が破産財団に属しないものである以上，破産債権として権利行使を制限する必要がないという点にあること，また，②通常の信託債権の場合には，信託財産に帰属する売買目的物の価額に相当する部分が，固有財産のほか，信託財産をも責任財産とされることとの整合性からすれば，債権が1つしかない場合にも(注11)，信託法25条2項後段との関係において，同項の「信託債権」に「信託財産のみを引当てとする債権の一部分」も含まれると解するか，あるいは同

（注11）　実務上，債権の個数についての事実認定の問題が前提として存することにつき付言する。

項の類推適用ということになるかは別として，当該契約により発生した債権のうち，信託財産に帰属する売買目的物の価額に相当する部分については，破産債権とはならず（信託25条2項後段），信託債権として行使することができると考えるのが妥当である。

III 当該取引が双方未履行双務契約の履行・解除選択権の対象となるか否か

信託財産に関し，受託者が売買契約等の双務契約を締結した場合，当該契約が，破産管財人等の有する双方未履行双務契約の履行・解除選択権（破53条1項，民再49条1項，会更61条1項）の対象になるか否かは，信託財産の利害関係人にとって問題となる[注12][注13]。

この点，破産管財人の双方未履行双務契約の履行・解除選択権は，破産財団の利益の保護を趣旨の一つとしており，履行を選択すれば，相手方が有する請求権は財団債権とされ，相手方に対する請求権は破産財団に属することから，対象となる双務契約は破産管財人の管理処分権の及ぶ契約である必要があると解されており，かかる破産管財人の管理処分権が及ぶ契約は，破産者側の債務が破産財団に帰属すべき財産を基礎あるいは目的とする債務である契約であるとされている[注14]。

したがって，受託者が信託財産に関して契約を締結した場合，その契約によ

(注12) なお，破産管財人が，信託法60条4項に基づき，信託財産に属する財産の保管および信託事務の引継ぎに必要な行為を行う義務を負っている場合にそのような契約について双方未履行双務契約の解除権を行使することは，当該義務との関係で問題が生じうる。このような場合，上記義務の衝突から逃れるため，破産管財人としては，委託者および受益者に信託法62条1項に基づく合意による新受託者の選任を働きかける，もしくは，信託法63条の信託財産管理命令の申立てを行うことが考えられる。

(注13) 民事再生法における再生債務者または管財人（再生債務者等）および会社更生法における更生管財人に，それぞれ双方未履行双務契約の履行・解除選択権が与えられた趣旨については，契約解消が原則となるか例外となるかという差異はあるものの，破産法において破産管財人に選択権が与えられた趣旨と概ね同様と考えられることからすれば，民事再生手続または会社更生手続における双方未履行双務契約の履行・解除選択権との関係においても概ね妥当すると考えられる。

(注14) 竹下守夫編集代表『大コンメンタール破産法』（青林書院，2007）207頁〔松下淳一〕。

り受託者が負う債務が「破産財団に帰属すべき財産を基礎あるいは目的とする債務」と認められない限り，当該契約に破産管財人の管理処分権は及ばず，双方未履行双務契約の履行・解除選択権の対象にならないと考えられる[注15]。

すなわち，①責任限定信託財産責任負担債務（信託21条2項4号）を生じさせる契約については対象とはならない。また，②責任限定がない信託財産責任負担債務については，受託者の固有財産も責任を負うため，当該債務を生ぜしめる契約は，双方未履行双務契約の履行・解除選択権の対象となりうる[注16]。そして，③固有財産に属する債権を生じさせる契約についても，同様に双方未履行双務契約の履行・解除選択権の対象となる。

なお，上記Ⅱ1と同様の問題として，受託者が第三者との間で物品購入等の取引を行った場合において，当該取引から生ずる売買代金債権が1つの場合に，受託者が，複数の売買目的物のうちの一部を信託財産に帰属させ，かつ当該財産のみをもってその履行の責任を負う場合には，契約の一部分についてのみ解除が可能かどうかが問題となるが，請負契約において，仕事完成前に請負人が破産した場合には，未履行部分についてのみ解除されると解されていることからすると[注17]，契約の一部分のみを解除することも許容される余地があると考えられることから，上記の場合にも，破産管財人の管理処分権が及ぶ部分についてのみ解除する，もしくは解除の効力が及ぶと考える余地がある[注18]。

◆大　西　雄　太◆

(注15)　なお，信託契約は，信託財産が受託者の破産財団に属しないことからすれば（信託25条1項），破産管財人の管理処分権の及ぶ契約ではないと考えられ（破78条1項），信託契約は破産法における双方未履行双務契約の履行・解除選択権の対象とはならないと解される。この点，信託法部会において，受託者の破産管財人が有する双方未履行双務契約の解除権に関する規定の適用を受けないことは明らかであるとの結論をとることで，特段の異論はなかったとされる（寺本・前掲（注3）101頁）。

(注16)　なお，当該契約により，信託事務の処理のために必要な費用を生ぜしめる場合には，信託財産から当該費用の償還を受けることができることから（信託48条1項本文），かかる債務は実質的には破産財団に帰属すべき財産を基礎とするものではなく，そのような債務を生ぜしめる契約は双方未履行双務契約の履行・解除選択権の対象とはならないと考える余地がある。

(注17)　竹下編集代表・前掲（注14）218頁〔松下〕。

(注18)　この点，たとえば，破産債権の現在化によるメリットを享受したい債権者としては，信託債権の金額の限度では依然行使可能であることを理由に，同金額の限度では破産債権部分についても契約解除はできないという主張も考えられるが，Ⅱ 1 で述べたとおり，債権者は破産債権となる固有財産を責任財産とする債権全額分について期限到来に基づき債権行使（債権届出）が可能であると考えられることの裏返しとして，債権全額分についての解除リスクも負うという帰結が公平の観点から妥当と考えられる。

Q6 受託者の倒産②——事業信託における信託財産への帰属構造

A社は，自らの固有業務としてX事業を運営していますが，これとは別に，B社からその事業部門の一つであるY事業について，C社からはその事業部門の一つであるZ事業についていわゆる事業信託をそれぞれ受託しました。X事業，Y事業およびZ事業を運営するために必要な原材料をA社が納入業者から調達する場合において，A社が倒産したとき，動産や契約関係の帰属はどのように取り扱われますか。

A

A社による原材料の納入契約の締結が信託財産のために行われた場合には，原則として，かかる納入契約により調達された原材料は破産財団等に含まれず，また，A社の負担する代金債務は信託財産との関係において倒産手続の影響を受けない。A社の行為が信託財産のために行われたか否かは，取引行為時の受託者の主観的な意思により決まり，諸般の事情を考慮して判断されることになる。

I　事業信託

新信託法においては，信託の設定時において(注1)，信託行為の定めにより，委託者の負担する債務を受託者が債務引受けすることによって，当該債務を信託財産責任負担債務とすることが可能であることが明らかにされたので（信託

(注1)　なお，信託設定後に，受託者が民法の一般原則に従って信託財産のために債務引受けをすることによって当該債務を信託財産責任負担債務とすることは，旧信託法においても認められていた（四宮和夫『信託法〔新版〕』（有斐閣，1989）133頁）。

21条1項3号），これにより，事業自体の信託をすることと実質的に同様の状況を実現することが可能となった。

かかる事業信託の場合，事業の遂行にともないさまざまな取引が行われることから，実体的な信託財産の入れ替わりが大きく，また，当該事業が受託者の固有の事業または受託者が別途信託を受けている事業と渾然一体として行われることにより，信託財産（および当該信託財産に係る信託財産責任負担債務）と当該信託に属さない財産（および当該信託財産を責任財産としない債務）との区別が困難となる状況が生じやすい。受託者が倒産した場合[注2]，当該受託者が受託している信託財産は，当該倒産手続における破産財団，再生債務者財産または更生会社財産（以下「破産財団等」と総称する。）には属しないこととされ，また，当該信託に係る信託債権は免責または変更の影響を受けないとされていることから（信託財産の独立性〔信託25条〕），受託者の保有する財産が信託財産であるか否か，また，受託者に対する債権が信託債権か否かは，受益者や債権者にとってきわめて深刻な問題となる。

このような問題意識から，以下では，受託者倒産時における，受託者の権利義務の信託財産への帰属性について検討する。

II 信託財産帰属の構造

単一の法主体である受託者の法律行為の効果が，実体的に，いかなる場合に信託財産に帰属し，いかなる場合に固有財産に帰属するのかという点に関する構造について，以下，信託財産に対する債務の帰属および信託財産への影響の各点に分け検討する。

(注2) 受託者が信託銀行や信託会社の場合には受託者が倒産する可能性は比較的小さいと思われるが，事業信託の場合は，業法上の規制，事業の専門性や経営能力その他のさまざまなニーズから，一般の事業会社を受託者とする場合や自己信託が活用される場合も出てくるものと思われ，信託銀行等を受託者とする伝統的なケースよりも受託者倒産の可能性は高くなっているのではないかと思われる。なお，事業信託について，一般の事業会社が信託の受託者となることと信託業との関係について，金融審議会金融分科会第二部会が公表した平成18年1月26日付「信託法改正に伴う信託業法の見直しについて」2頁注2によれば，「事業会社が他の会社の事業を複数回受託する場合についても，不特定多数の委託者を予定していない場合には，信託業の対象とはならないと考えられる」とされている。

1 信託財産に対する債務の帰属構造

受託者の法律行為により生じた債務が信託財産に帰属する債務（信託財産責任負担債務）となる要件は，主に信託法21条1項5号から7号に規定されている。もっとも，同項7号は受託者により利益相反行為が行われた場合という特殊な場合に関する規定なので，以下では5号および6号について検討の対象とする。

(1) 5号（受託者の権限に属する行為により生じた債務）

信託法21条1項5号は，受託者が信託財産のためにした行為であって受託者の権限に属するものにより生じた債務が信託財産責任負担債務となることを定めている。

「受託者が信託財産のためにした」とは，受託者が当該行為を信託財産のためにする意思をもって行ったことが必要とされる趣旨である[注3]。そして，かかる信託財産のためにする意思とは，新信託法の立案担当者らによれば，必ずしも信託財産の利益を図る意思である必要はなく，その行為により生じる経済的な利益・不利益を信託財産に帰属させようとする受託者の主観的意思でた

(注3) 寺本昌広『逐条解説新しい信託法〔補訂版〕』（商事法務，2008）89頁（注7）では，「受託者にこのような主観的意思が欠ける場合には，受託者の行為の効果が信託財産に帰属することはない。」とされている。なお，同書では続けて，「これに対し，受託者の行為の相手方の側において信託財産のためにする意思が欠ける場合には，第1項第6号イに関する解説のとおり，信託財産に属する財産について権利を設定しまたは移転する行為に限って，その行為の効果が信託財産に帰属することになる。」としており，取引の相手方についても原則として信託財産のためにする意思を必要としているようにも読める（村松秀樹＝岡正晶＝深山雅也＝後藤出＝三村藤明・井上聡＝髙山崇彦＝林康司「倒産と信託(下)」NBL888号（2008）62頁〔岡正晶発言〕も「取引の相手方の債権が信託財産にかかっていける債権になるのか，それとも純然たる破産債権になるのかに関し，取引の相手方の意思というのも問題になるのではないかと思います。」とする。）。しかし，信託法21条1項5号・6号イの文言からすれば，相手方の認識が要求されているのは，受託者が権限外の行為を行った場合に限られるものと思われるし，また，受託者が権限内の行為により信託のためにする意思をもって借入や資産の購入を行った場合において，当該行為の効果を信託に帰属させないことは，信託の趣旨・相手方の利益保護の両面から望ましくないものと思われる（「信託と倒産」実務研究会『信託と倒産』（商事法務，2008）108頁（注2）参照）。したがって，相手方の主観的意思は，受託者の行為が権限外の場合を除き，要件とはならず，相手方の意思が問題になるのは受託者が権限外の行為を行った場合に限るものとして理解されるべきものと思われる。

り[注4]，その認定は，取引行為時における受託者の主観的な意思を対象として，「受託者の有する権限の内容」，「当該取引がなされるに至った経緯」および「当該信託にとっての当該取引の必要性」などを考慮して判断することになるとされる[注5]。また，当該行為が信託財産の名義でなされることは必要とされておらず，信託財産のために行う旨の主観的意思があれば，受託者の個人名で取引を行う場合であっても，信託財産に効果が帰属しうる[注6]。

次に，信託財産責任負担債務となるには受託者の権限に属する行為によって生じた債務であることが必要とされる。受託者は基本的に信託目的を達成するために必要なすべての行為をする権限を有するが，信託行為によりその権限を制限されることがある（信託26条）。証券化目的の事業信託等においてはリスクコントロールの観点等から信託契約において受託者の権限について詳細な制限を設けることは十分考えられ，受託者の行為がかかる信託行為による制限の範囲内であったかが問題となる。

(2) 6号（受託者の権限に属しない行為により生じた債務）

受託者の権限に属しない行為により生じた債務については，受託者が信託財産のためにした行為により生じた債務であることに加え，(i)取引の相手方が，受託者の当該行為が信託財産のためになされたものであることを認識している場合[注7]または(ii)当該行為が，信託財産に属する財産について権利を設定しまたは移転する行為である場合であって，かつ，受益者により一定の要件の下で

(注4) 寺本・前掲（注3）85頁。
(注5) 村松秀樹＝富澤賢一郎＝鈴木秀昭＝三木原聡『概説新信託法』（金融財政事情研究会，2008）76頁（注1）。
(注6) 四宮・前掲（注1）229頁，山田誠一「責任財産の視点から見た信託」関西信託研究会『法形式と法実質の調整に関する総合研究Ⅱ』（財団法人トラスト60，2000）5頁以下。
(注7) 事業信託を行う場合，受託者は当該事業から生じるリスクを直接負担しないようにするため，取引の相手方との間で責任財産限定特約を締結するか（信託21条2項4号），限定責任信託（信託216条以下）を活用することが多いのではないかと思われるが（信託21条2項2号），前者の場合は取引の相手方は当該特約により信託のためにする取引であることを認識しうるし，後者の場合は限定責任信託である旨の登記がされ（信託232条），取引の相手方に限定責任信託である旨を示さなければいけないとされていることから（信託219条），相手方が信託のためになされた行為であることを認識していない場合というのは例外的な場合に限られるものと思われる。

取り消されない場合に限り（信託27条1項・2項），信託財産責任負担債務となる。

2 信託財産の帰属構造

(1) 信託財産への帰属性

　信託財産の範囲は，信託法16条1号において，「信託財産に属する財産の管理，処分，滅失，損傷その他の事由により受託者が得た財産」と定められているが，かかる規定からは，受託者の法律行為により取得した財産が，いかなる場合に信託財産に属することとなるのかが必ずしも明確ではない(注8)。

　この点について，受託者が信託財産のためにその権限に属する行為により財産を購入した場合に当該財産が信託財産となることについては問題がないものと思われる。したがって，信託財産の帰属についても，基本的には受託者が「信託財産のためにする意思」をもって行った行為により取得したか否かが問題となる。これに対して，受託者が権限に属しない行為により財産を購入したような場合には，かかる行為により生じた債務（代金債務等）が信託財産責任負担債務となる場合には信託財産となり，信託財産責任負担債務とならない場合には信託財産とはならないと考えてよいのではないかと思われる(注9)。

(2) 信託財産であることの主張の可否（特定性）

　特定の財産が実体法上信託財産に帰属する場合であっても，当該財産が信託財産に属することを管財人や再生債務者等の第三者に主張するためには，さら

(注8)　同規定は，いわゆる「信託財産の物上代位」を定めているものであるが，信託財産を引当として借り入れた金銭等，必ずしも信託財産に属する資産の代位物とはいえないものもこれに含まれるものと解されている（村松ほか・前掲（注5）44頁）。

(注9)　佐久間毅「受託者の『権限』の意味と権限違反行為の効果」信託法研究34号（2009）35頁・51頁（注3）。代金債務が信託財産責任負担債務になる場合には，これと対価関係にある売買目的物が信託財産になるとしなければ信託財産に負担のみを課すことになり妥当とはいいがたく，この場合には，売買目的物が信託財産となることを認めたうえで，受益者は売買契約の取消しをすることができる（これにより，代金債務は信託財産責任負担債務ではなかったことになり，売買目的物は信託財産に帰属しなかったことになる）一方，代金債務が信託財産責任負担債務にならない場合には，信託財産に権利のみを取得させる理由がないとする。

に，当該財産が信託財産として特定していることを証明する必要がある(注10)。

このため，特定の信託財産に属する財産を受託者の固有財産または他の信託財産に属する同種の財産と同一の保管場所で保管している場合等，両者を識別することができない状況において受託者が倒産すると，当該財産が信託財産であることを管財人に主張することができず，結局破産財団等に属する財産として取り扱われることになるおそれがある。

この点について，新信託法では，信託財産と受託者の固有財産または他の信託財産を識別することができなくなった場合(注11)には，その信託財産の性質に応じ，以下の2種類の取扱いがなされる。

① 信託財産と固有財産または他の信託財産との間で混和があった場合として，それぞれの財産が各別の所有者に属するとみなして民法242条から248条までの添付に関する規定を適用する（信託17条）。したがって，混和が生じた各財産について主従の区別ができればその主たる財産に帰属することになり，主従の区別ができなければ各財産の共有となる。

② ①の場合を除き，信託財産と固有財産または他の信託財産とを識別することができなくなった場合には，各財産の共有持分が信託財産と固有財産または他の信託財産に属するものとみなされる。また，その共有持分の割合は，識別することができなくなった当時における各財産の価格の割合に応じるものとされ，かかる割合が不明な場合には，相等しいものと推定さ

(注10) 最判平14・1・17民集56巻1号20頁，四宮・前掲（注1）184頁，能見善久『現代信託法』（有斐閣，2004）46頁，深山雅也「事業資金の調達方法の多様化と倒産法——信託スキームに対する倒産法理の適用（特集 倒産法制整備の評価と展望）」ジュリ1349号（2008）83頁，村松秀樹＝岡正晶＝深山雅也＝後藤出＝三村明homeowner＝井上聡＝髙山崇彦＝林康司「倒産と信託（上）」NBL886号（2008）26頁以下〔村松秀樹発言〕・27頁以下〔井上聡発言〕。

(注11) なお，信託法18条の「識別することができなくなった場合」との文言から，受託者が信託財産のためにある資産を購入した場合に，購入当初から識別不能である財産についても18条が適用されるかについて疑問があるとする指摘もあるが（深山・前掲（注10）82頁（注8）），「できなくなった場合」との文言は，信託行為がなされた当初から識別できない状態は想定されていないことに基づくものであり，信託設定後にある財産が固有財産と混蔵されたまま信託財産となることは十分想定できるので，かかる場合についても18条が適用されると解することに問題はないものと思われる（村松ほか・前掲（注5）48頁（注3），村松ほか・前掲（注3）63頁〔村松発言〕）。

れる（信託18条）。

①と②はいずれも各財産の識別ができなくなった場合の規定であるが，その適用関係については，「複数の物が混合又は融和して物理的に識別・分離することが不可能となった状態」の場合には①が，「複数の物が物理的には識別・分離できるが，その帰属関係が不明になった状態」の場合には②が適用されるものと説明されている(注12)。そして，①の場合において混和の結果信託財産が主たる財産とされる場合にはその識別不能財産のすべてについて，また，①の場合において主従の区別ができない場合または②が適用される場合には，その識別不能財産上の共有持分について，それぞれ信託財産であることを主張できることになる。なお，①と②の取扱いが異なることに関する問題については後述する。

(3) 対抗要件

登記または登録をしなければ権利の得喪および変更を第三者に対抗することができない財産については，信託の登記または登録をしなければ，受託者倒産時に当該財産が信託財産であることを管財人等に対抗することができない（信託14条）。これに対し，登記または登録をすべき財産ではない一般の金銭，動産，債権等については，信託の公示なしに，信託財産であることを善意の第三者にも対抗しうるものと解されている(注13)。

Ⅲ 受託者倒産に関する問題点

上記を前提に，以下，受託者の倒産に関連して，信託財産責任負担債務または信託財産の帰属・範囲に関し問題となる点を，冒頭の設問を題材として検討する。

(注12) 寺本・前掲（注3）79頁。
(注13) 最判平14・1・17民集56巻1号20頁，四宮・前掲（注1）169頁。

1　取引行為の帰属先の確定に関する認定要素

　受託者の倒産時の権利関係を検討する前提として、受託者による納入取引の効果が各信託財産にそれぞれ帰属するのかを認定する必要がある。

　この点は、結局は受託者が信託財産のためにする意思（Ⅱ1(1)参照）をもって取引を行ったかという事実認定の問題である。たとえば、A社がX事業およびY事業・Z事業の各信託勘定ごとに別々の契約を締結している場合であればもちろん、たとえ各事業について一括して一つの契約を締結する場合であっても、それぞれの各事業に係る納入数や代金額等の内訳を表示して取引を行っている場合であれば、各信託財産のためにする意思が認められ、それぞれの納入数および代金額について固有財産および各信託財産に直接取引の効果が帰属することになるものと思われる。

　これに対して、特に内訳等を示さず、A社の固有名義で単一の納入契約を締結している場合には微妙な判断となる場合もあると思われる。このような場合には、当該原材料の対価の支払原資がいずれの事業に係る財産から支出されたかが重要な判断要素となるものと思われる[注14]。たとえば各信託財産から直接原材料の代金の支払が行われている場合には、当該原材料は当該信託財産に係る事業にのみ使用する意思があると認定できる場合が多いと思われるし、これに対して、受託者の固有財産から代金全額が支払われている場合には、仮に事後的に当該原材料が各信託財産に係る事業において使用されることが予定されている場合であっても、いったんは受託者の固有財産に帰属させる意思と考えるのが自然ではないかと思われる[注15]。

　そして、当該納入契約の効果が各信託財産に帰属する場合には、納入業者の代金債権のうちY事業およびZ事業に係る部分について信託債権となり、各原材料は固有財産および各信託財産に帰属することになる。

（注14）　村松ほか・前掲（注3）60頁〔岡発言〕参照。
（注15）　もっとも、責任財産限定特約や限定責任信託による各措置が取られている場合には、当該信託財産から代金を捻出することが前提とされていると考えられるので、この場合には、受託者がいったん代金を立て替えたに過ぎず、当該信託財産にするための意思が認められることも多いのではないかと思われる。

なお，納入契約の締結が信託財産のために行われたと認められない場合であっても，その後に固有財産から信託財産への移転を内容とする自己取引が行われた場合（その際に信託財産から固有財産へ代金が支払われる。）には，その時点で各原材料が信託財産に帰属することになる[注16]。もっとも，受託者の納入契約が信託財産のために行われたわけではないので，納入業者の代金債権は信託債権とはならない。

2　1個の取引が複数の信託財産のために行われた場合における信託財産責任負担債務の取扱い

　上記に従い事実認定がされた結果，たとえば，A社が納入業者から代金1000万円で購入したすべての原材料（500単位）のうち100単位は固有事業であるX事業に，150単位は信託された事業であるY事業に，250単位は別に信託された事業であるZ事業のために購入したものであったとする。かかる場合に，A社による納入契約の締結がX事業のみならずY事業およびZ事業に関するA社の権限の範囲内の行為であれば，その効果はX事業のみならずY事業およびZ事業の各信託財産にもそれぞれの割合に応じて帰属すると考えられ，納入業者から購入した原材料は各信託財産に各該当数量に応じて帰属することになると考えられる。これに対し，当該納入契約に基づき生じた代金債務は，A社が1つの納入契約に基づき負担した1個の債務にすぎないことから，かかる代金債務が，A社の有する各財産についてどのように帰属するのかが問題となる。

　まず，信託は独立の法人格をなすわけではないので，代金債務自体はその全額について法人としてのA社に帰属していることになる。そのうえで，当該代金債務の責任財産が，A社の有する固有財産および各信託財産ごとに分割することができるかが問題となる。この点については，1つの契約に基づく1回の取引に係る債務であっても，各信託財産がそれぞれ代金債務全額の責任財

（注16）　複数の同種の事業の信託を受けている場合や，自己の行う同種の事業の一部を自己信託したような場合には，一括購入のメリットや従前の取引関係の継続その他取引上の要請から，受託者が一時的に一括して購入し，それを順次振り分けることもありえるのではないかと推測される。

Q6　受託者の倒産②——事業信託における信託財産への帰属構造

産となるとすると，それぞれの信託財産に帰属することとなった資産の価値以上の債務を負担することになり，受益者の利益を害することになるので妥当ではない。そのため，形式的に1個の債務しか生じていない場合であっても，実質的にはそれぞれの割合により固有財産および各信託財産のために行われている以上は，当該代金債務の責任財産はその割合に応じて分断されると解することが自然であるように思われる(注17)。

　かかる点を前提にして本件について検討すると，まず，受託者の固有財産については，債務全額（1000万円）の責任財産となるのが原則であるため，固有財産は債務全額である1000万円の責任財産となると考えられる。もっとも，当該納入契約において責任財産限定特約が締結されている場合（信託21条2項4号）や限定責任信託（信託216条以下，21条2項2号）が活用されている場合には，信託財産責任負担債務について履行の責任を負担しないこととなるので，その場合は，固有財産のために行った限度（1000万円×100/500＝200万円）で責任財産となると考えられる。

　次に，各信託財産については，それぞれの割合に応じた金額について責任財産となると解されるので，Y事業に係る信託財産は300万円（1000万円×150/500＝300万円），Z事業に係る信託財産は500万円（1000万円×250/500＝500万円）の限度で責任を負担することになると解される。したがって，受託者が倒産した場合であっても，納入業者は，これらの責任財産の範囲内で各信託財産から履行を求めることができることになる。

3　信託財産が混蔵された場合の問題点

　A社が納入契約に基づき各事業のために買い入れた原材料を一括して混蔵保管している状態（識別不能な状態）で受託者が倒産した場合に，Y事業・Z事業に係る各信託財産の受益者は，当該原材料が信託財産に属することを主張できるか。前述のとおり，混蔵保管された原材料が個々の独立性を失わない場合には，信託法18条に基づき各信託財産は各信託勘定で購入した部分につき共有持分権を有することとされているので，それぞれの購入部分について信託財産

(注17)　「信託と倒産」実務研究会・前掲（注3）110頁。

であることを主張できる。これに対して，A社の購入した原材料が液体や粉末等，混蔵保管されるとその独立性を失うようなものの場合は，少なくとも条文上は，17条が適用されることになり，固有財産が主たる財産と判断された場合には，当該財産は受託者の破産財団等に属することとなるように思われる[注18][注19]。

しかし，かかる信託法17条の取扱いは，主従の区別に関係なく共有とする18条の場合とバランスを失するようにも思われる。原材料の性質が独立性を有する資材等か独立性を失う性状のもの（たとえば液体等）かにより上記のような違いが生じることに合理性があるとは思われないし，仮に同種の液体が一か所に保管されていたとしても（たとえばガソリン等が1つのタンクに保管されている場合等），それぞれの量が記録されている限り再度分割することは容易なのであるから，これを強制的にいずれかの固有財産や信託財産に帰属せしめることは，当事者に煩瑣かつ無意味な保管方法を強いることになり，非効率的である。

この点について，同種・同等の種類物の混淆については，混蔵寄託の場合と同様に考え，混和物の共有持分が各信託財産および固有財産に属すると解する見解がある[注20]。混蔵寄託とは，穀物や石油等の代替物の寄託であって，受寄者が寄託された物と同種・同等の他の寄託物と混合して保管し，返還の際には，寄託されたものと同数量のものを返還する形式の寄託をいい，寄託者は混合保管された寄託物上に共有持分権を有するものとされている[注21]。同種・同等の物の混淆であれば，そもそも当初の部分を識別する必要はなく，各財産

(注18)　信託財産は固有財産に対して償金請求権を取得するが（民248条），かかる債権も破産債権等となる。なお，旧信託法に関しかかる取扱いとなることを述べたうえで，金銭について物権的優先権を認めることにより救済を図ることを意図するものとして，道垣内弘人『信託法理と私法体系』（有斐閣，1996）176頁以下。

(注19)　なお，金銭については，従来所有と占有が一致するというといわゆる「金銭ドグマ」の関係もあり多くの議論がなされてきたところであるが，新信託法の立案担当者は，金銭も18条の対象となり，識別不能の場合には共有となるものと考えているようである（寺本・前掲（注3）79頁（注3））。

(注20)　岸本雄次郎『信託制度と預り資産の倒産隔離』（日本評論社，2007）166頁以下参照（新井誠『信託法〔第3版〕』（有斐閣，2008）346頁以下もこれに依拠する。）。能見善久「特集 信託法改正要綱試案—信託法改正の基本理念について」信託223号（2005）29頁は，混和物が穀物の場合に関して，「混蔵寄託の法理を参考して共有的な処理ができないものであろうか」とする。なお，「信託と倒産」実務研究会・前掲（注3）111頁以下，村松ほか・前掲（注3）63頁〔井上聡発言〕も参照。

に帰属する量が記録されている限り物理的にも経済的にも現物分割が可能なのであるから，混蔵寄託の場合と同様に共有持分権を認めることもできるのではないかと思われる[注22][注23]。

上記を前提にすれば，A社の購入した原材料が穀物や液体など信託財産部分について独立性のあるものとして区分できないもの等であったとしても，混蔵された当該原材料について信託財産と固有財産の共有が認められれば，その共有持分は信託財産に属し，破産財団等には属さないことを主張することができることになる。

◆下 田 顕 寛◆

(注21) 我妻榮『債権各論中巻2（民法講義Ⅴ-3）』（岩波書店，1962）716頁以下，幾代通＝広中俊雄編『新版注釈民法(16)債権(7)』（有斐閣，1989）333頁以下〔明石三郎〕，三宅正男『現代法律学全集9契約法（各論）下巻』（青林書院，1988）1066頁以下等。なお，加藤雅信『新民法大系Ⅱ物権法〔第2版〕』（有斐閣，2005）270頁以下も参照。

(注22) ただし，法制審議会信託法部会における信託法17条の説明では，「『混和』というのは，複数のものの物理的な混交により事実上これを弁別することが不可能になった結果，全体を一つのものとみなさざるを得なくなった場合には，原則として主たる財産の所有者が合成物全体の所有権を取得することとし，所有権を失う従たる財産の所有者には不当利得に相当する償金請求権をもって対応すべき場合でございます。例えば，種類が異なるものとしてよく例が挙がりますが，信託財産に属するコシヒカリと固有財産に属するササニシキが混ざった，高級ワインと低級ワインが混ざった，あるいは，種類が同じであっても同じだと考えられまして，例えば，信託財産に属するコシヒカリと固有財産に属するコシヒカリが混交したと。いずれもこれらはもう事実上一つのものとみなさざるを得なくなったという場合でして，ここで言う「混和」に当たるものと理解するわけでございます。」（下線は筆者が付記）と説明されており，同種・同等のものも信託法17条により処理されることを前提としていると思われる（法制審議会信託法部会第3回会議議事録，法務省ホームページ（http://www.moj.go.jp/shingi1/shingi_041029-2.html）より）。

(注23) もっとも，混蔵寄託の理論に拠る場合，寄託者の所有権が混蔵寄託により共有持分権となる根拠は，寄託の当事者がそのような効果を生ずる契約（混蔵寄託契約）を締結したことに求められ，そのような合意がない場合には，株券等の保管及び振替に関する法律（社債，株式等の振替に関する法律の施行に伴い平成21年に廃止されている。）24条のような法令上の根拠がない限り，当然に共有状態が認められるわけではないものと思われる（混蔵寄託については，一般的に，混蔵して保管することについて寄託者の同意を要するものとされている（我妻・前掲（注21）716頁，幾代＝広中・前掲（注21）334頁〔明石〕））。この点については，動産について外形上区別することが要求されている分別管理義務（信託34条1項2号イ）について，同項ただし書に基づき，信託行為の別段の定めにより分別管理義務を緩和し，動産について混蔵保管を認める合意がなされている場合には，特段の事情なき限り，かかる合意が，信託財産を混蔵して保管のうえ，かかる混蔵された資産の上に共有持分権を留保する合意を含むものと考えられるのではないかと思われる。

Q7 受託者の倒産③——信託財産・固有財産の識別不能と受託者の倒産

　A社は，会社の債務整理を弁護士Bに委任し，Bは当該委任に基づいて，A社から預かった現金をB名義の普通預金口座を用いて管理しています。Bは，B自身の金銭の管理の目的にもこのB名義の口座を利用していますが，帳簿上A社からの預り金と区別して管理していました。ところが，その後，Bは自らの負債の返済に充てるため，A社からの委託の趣旨に背き，自らが管理するこの普通預金口座（この時の残高5000万円。帳簿計算上はうち4000万円が信託財産，1000万円がBの固有財産）から3000万円を費消してしまい，以後帳簿による管理も行っていません。その後，この口座に1000万円の入金がなされました(注1)。現在，B名義の普通預金口座には，3000万円の残高があります。

　この時点でBが破産した場合，A社は，Bの破産管財人に対し信託法に基づきどのような主張ができますか。

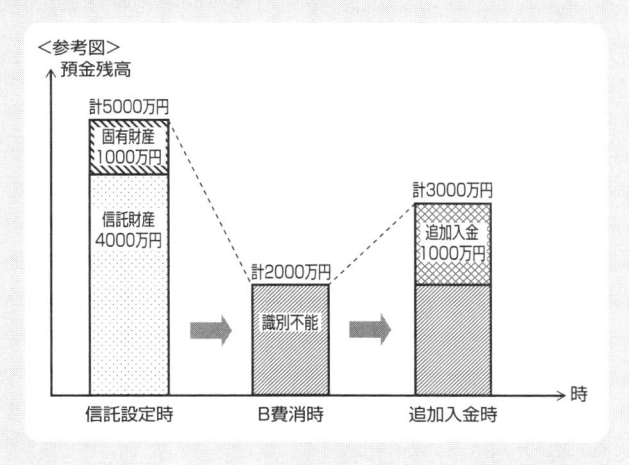

<参考図>

預金残高

計5000万円
固有財産 1000万円
信託財産 4000万円
信託設定時

計2000万円
識別不能
B費消時

計3000万円
追加入金 1000万円
追加入金時

時

(注1)　設問では事案を単純化して，1回の入金がなされたこととしているが，通常の場合，普通預金には少額，かつ多数回の出入金がなされるのであり，また，Bの意思によらない入金もありうることに留意が必要である。

A

　本設問の目的は，普通預金の性質に照らしつつ，預金された信託財産が固有財産との識別不能になった場合に（前記参考図参照），Ｂの破産時の預金のうちどの部分が信託財産となり，破産手続上どのような解決がなされるかを検討するという点にある。

　想定される利害関係人の主張を概観すると，Ａ社の主張として，信託財産は本来4000万円であるから現在の預金残高3000万円すべてが信託財産であるとの主張が考えられる。これに対するＢの破産管財人の反論として，Ｂは信託財産から優先的に費消し，かつ，費消後の1000万円の増加は信託財産にはならないから，信託財産は現在1000万円にすぎないという主張が考えられる(注2)。

　この問題を解決するには以下の3つのアプローチが考えられる。すなわち，識別不能の信託財産および固有財産について，①信託財産を優遇・優先するアプローチ，②按分するアプローチ，③Ｂの意思で確定するアプローチという3つである。そして，それぞれのアプローチの帰結は，①では信託財産として3000万円，損失てん補請求権1000万円，②では信託財産として2400万円，損失てん補請求権として1600万円，③では，Ｂが信託財産を優先的に費消する意思であることが認定される場合には信託財産として1000万円，損失てん補請求権として3000万円となる。

　そのうえで，これら権利は実体法上の権利であるから，Ａ社は破産手続上，信託財産であれば取戻権として，信託財産でなければ損失てん補請求権を破産債権として行使することになろう(注3)。

（注2）　なお，受託者が受託者の義務に違反して信託財産を処分した場合の救済方法には，信託財産のてん補請求権以外に，信託法上，2つの救済方法がある。1つは，受託者が不当に信託財産を処分した場合には，当該処分を取り消すことが考えられる（信託27条1項）。もっとも，本設問では，設問が「費消」となっているので，実質的に取消しの意味に乏しいと考えられこの点についての検討は加えていない。もう1つは，受託者Ｂが信託財産である預金により財産を取得した場合には，当該財産は信託財産に帰属する（信託16条1号）。もっとも，ここでも設問が「費消」とされているので，Ｂは財産を取得していない前提であるから，この点は検討対象とはしない。

また，A社が権利として行使するには，取戻権および破産債権のいずれについても信託を終了させる必要があり，また，信託が終了すれば預金先の銀行への直接請求も可能である。

I　A社の主張，破産管財人の主張

　A社は，信託財産は本来4000万円であるから現在の預金残高3000万円すべてが信託財産であると主張することが考えられる(注4)(注5)。これに対して，Bの破産管財人は，Bが信託財産から優先的に費消し，また，費消後の1000万円の増加は信託財産にはならないから，信託財産は1000万円にすぎないと主張す

(注3)　破産債権であれば，債権の一部が免除され，場合によっては全額免除される場合もあるため，信託財産に該当するか損失てん補請求権かによって大きな差が生じる。

(注4)　最判平14・1・17民集56巻1号20頁は，当事者が信託という文言を用いていたか否か，法的な意味において信託契約であるという認識を有していたか否かは信託契約の成否に決定的な意味をもたないことを前提として，当事者に必ずしも信託契約であることの認識のない場合に，信託が成立したと判示した。この判例からすると，本設問においても，仮に当事者に必ずしも信託契約であることの認識がないとしても，信託法2条1項の要件を満たし，信託の成立が認められよう。なお，最判平15・6・12民集57巻6号563頁の深澤武久，島田仁郎両裁判官補足意見は，債務整理事務のために弁護士が金銭を預かる契約について，信託法の規定する信託契約の締結とみることができる旨示唆している。

(注5)　普通預金のような決済性預金に係る債権は，その流動性から，振込等により記帳がなされる度にその時点における残高債権という新たな一個の債権になると解されている（森田宏樹「電子マネーの法的構成(3)私法上の金銭の一般理論による法的分析」NBL619号（1997）32頁）。
　したがって，厳密には，「信託財産は4000万円である」という本文の記載については，本設問の信託設定時で考えると，「消費寄託契約に基づく残高計5000万円の1つの債権のうち，信託財産は当該債権の一部の4000万円相当額部分である」というのが正確な記載となる。ただ，思考の便宜のため，かかる債権が可分債権であることを前提として，あたかも当該金額に相当する財産権が実在するかのように単に「4000万円」と省略して記載する。以下同様とする。
　関連して，金銭について委託者から占有を移転する方法により受託した場合において，受託者が当該金銭を消費寄託により銀行口座で管理したときに，当該預金債権は信託財産となるかも問題となりうる。この点，A社とBとの間の合意（信託契約）により預金口座による管理を許容していれば当然に信託財産となると思われ，また，そのような合意がないとしても，金銭が預金債権に転化したものとして信託財産としての同一性が維持されることから，信託財産となるものと解される。

ることが考えられる(注6)。

そこで，以下では，これらの主張が実体法上認められるかについて検討したうえ（Ⅱ），それら実体法上の権利を実現する方法について検討する（Ⅲ）。

Ⅱ A社の実体法上の権利

1 概　　　要

(1) 損失てん補請求権の発生

本設問では，Bにより信託財産の全額が費消し尽くされたものではなく，信託は終了していないから（信託163条1号），A社は，最少でも1000万円（最大で3000万円）について信託財産としての実体法上の権利を有する。また，いずれにしても信託財産の一部が費消されていて現存しないことには変わりがなく，

(注6) 加えて，Bの破産管財人が主張する可能性があるものとしてBがA社からの預り金についての個別の口座を設定していない点で，分別管理義務を懈怠しており，そもそも信託が成立しておらず，A社はBに対し不当利得返還請求権を有するにすぎないとの主張が考えられる（破産債権となる。）。すなわち，信託が成立していなければ，受益者は不当利得返還請求権のみ行使できるところ，物権的救済がなされるには信託財産の特定性が確保されていることが必要であるとして，分別管理がなされていることを信託成立の要素とする見解（道垣内弘人「信託の設定または存在認定」道垣内弘人＝大村敦志＝滝澤昌彦編『信託取引と民法法理』（有斐閣，2003）1頁）に立つと，分別管理がなされていない場合は，信託が成立しない（なおこの点について，この見解が新信託法制定後もこの説を維持するかは不明である（信託法制定過程においても検討の対象とされている。）ものの，この見解は信託法に明文がないという難点がある一方で旧信託法においても法律上の明示の規定はなかったから，致命的な難点ではないと思われる（旧信託1条参照））。

そこで，本設問で帳簿管理をしている当初の段階について，Bは分別管理義務を履行しているといえるかが問題となるが，道垣内弘人「展開講座　さみしがりやの信託法(11)『オカルト的担保』ってなあに（その2）」法教342号（2009）97頁によれば，預金については帳簿で管理していれば分別管理義務が尽くされているものとされる（同旨，新井誠『信託法〔第3版〕』（有斐閣，2008）280頁）。そのため，かかる見解に従えば，本設問ではBがA社から預かった金銭について別段預金をしていないが当初は帳簿上の管理をしているためその時点では分別管理義務違反にはあたらないと考えられる（同旨，村松秀樹＝富澤賢一郎＝鈴木秀昭＝三木原聡『概説新信託法』（金融財政事情研究会，2008）110頁）。

そのため，分別管理義務の履行が信託成立の要件であるとする見解からも，少なくとも本設問においては信託は成立しており，Bの破産管財人によって，A社の権利は不当利得請求権＝破産債権であるとの主張は認められないと解され，本設問ではそのことを前提に検討を進める。

費消された部分については，A社はBに対する損失てん補請求権を有することとなる。すなわち，Bは，預金の費消以後，帳簿の管理をしておらず分別管理義務に違反しているから（信託34条1項），Bに信託法40条に基づく損失てん補義務が生じ，受益者であるA社は受託者Bに対して損失を信託財産に対してん補するよう請求することができる。

(2) 3つのアプローチ

本設問では，現在の預金残高のうちどの部分が信託財産であるかがわからなくなっている(注7)。この問題の見方としては，次の3つのアプローチが考えられる。すなわち，①信託財産を優先するアプローチ（上記A社の主張），②按分するアプローチ，③Bの意思で確定するというアプローチである（さらに，Bの意思が信託財産を優先的に費消する意思であったとするのが上記Bの破産管財人の主張である。）(注8)。

以下，それぞれのアプローチについて検討する。

2　信託財産を優先するアプローチ

第1に，受託者Bは固有財産から費消したとして，信託財産を優遇・優先して扱うアプローチが考えられる(注9)。

(注7) これは，ある財産が信託財産に属するか，それとも固有財産に属するのかという信託財産の特定の問題である。信託財産の特定がなされれば，次に信託財産であることを第三者（本設問では破産管財人）に対抗できるかという問題を検討する必要が生じるが，本設問の信託財産である普通預金債権は登記・登録制度が用意されていないので，公示なくして当然に信託財産であることを対抗できる（信託14条）。

(注8) さらに，上記3つのアプローチで確定することができない場合には，信託財産と固有財産の持分割合を相等しいものと推定されることとなると思われる（信託18条2項）。この場合には，現在の預金残高を1：1で按分した結果，信託財産が1500万円，固有財産が1500万円という帰結となろう。ただし，上記3つのアプローチのいずれかの解釈をとるものとすれば，これらのアプローチで解決できないということはあまり想定できず，少なくとも上記3つのアプローチによる検討に先立って信託法18条2項を用いるという考え方には疑問がある。

(注9) 第1，第2のアプローチも，受託者の意思を推定するとすれば，第3のアプローチの下位のアプローチともいいうるが，ここでは，個別具体的な受託者の意思の認定の問題とせずに，具体的な紛争解決がいかになされるかを念頭に置いて，想定される3つのアプローチを考え方として取り上げて分析することとする。

この考え方は，イングランドの判例が採用している[注10]。その根拠は，受託者は信託財産に損失を与えない義務を負っており，受託者としての行為が正当に行われるべき場合は，受託者は，受益者等の正当な資格を有している者に対して，受託者が行為を不当に行ったと主張することは許されないことである。

　このような考え方のメリットは，信託財産・受益者を最大限に保護することができるという点である。

　しかしながら，このような考え方にはいくつかの難点がある。

　第1に，信託財産と固有財産のいずれを優先的に扱うかについて，少なくともわが国の信託法は中立的であると思われる点である。すなわち，信託法18条3項は[注11]，信託財産と別の信託財産が識別不能である場合に，同条1項を準用しており，信託財産と別の信託財産の識別不能の場合と，信託財産と固有財産の識別不能の場合とを区別していないことから，信託法は信託財産と固有財産とで差異を設けず中立の立場である（換言すれば，特に信託財産を優遇する立場ではない。）と思われる。

　第2に，このアプローチの基となっているイングランドの判例は，混和財産が当初の信託財産に満たなくなった場合には，受託者に補てん意思がない限り信託財産は増加しないといういわゆる「中間最低残高」（後記Ⅱ3(3)）の考え方を採用しているところ，中間最低残高が2000万円である本設問においては，Bによる費消後の1000万円についても信託財産であるとするには，イングランド判例の枠組みを前提とする限り，受託者Bが信託財産の補てんの意思で入金したと擬制する何らかの根拠を示す必要があると思われる（信託財産の保護を強調すること等が考えられよう。）。

3　按分するアプローチ

(1)　解決すべき前提論点

　第2に，信託財産と固有財産とが識別不能であるとして，信託法18条1項を

(注10)　Re Hallett's Estate (1880) 13Ch. D. 696.
(注11)　この議論は本設問に信託法18条が適用されることを前提としているが，このような前提について後掲（注12）参照。

適用して信託財産と固有財産の割合で現存する預金を按分することが考えられる(注12)。

(注12) 本設問のように，信託財産を預金として固有財産とともに帳簿上管理していたところ，分別管理をしなくなったために，固有財産と信託財産の区別をすることができなくなった場合，信託法17条と同法18条のいずれが適用されるかが問題となる。この点について明示的に検討したものは見当たらないようであるが，以下の理由から信託法18条が類推適用・準用されると解され，それを前提に本設問を検討する。

第1に，文言解釈として，信託法17条は，「信託財産に属する財産と固有財産若しくは他の信託の信託財産に属する財産との付合若しくは混和又はこれらの財産を材料とする加工があった場合には，各信託の信託財産及び固有財産に属する財産は各別の所有者に属するものとみなして，民法第242条から第248条までの規定を適用する。」と規定しており，「適用する」という文言を用いているところ，「準用する」とは規定していない。法制執務においては，「準用」とは，本来の適用対象ではないことを前提に，被準用条項に当然必要な変更が加えられるのに対して，「適用」とは本来その規定が対象とする事柄にあてはめるものである（法制執務研究会編『新訂ワークブック法制執務』（ぎょうせい，2007）196頁）ことから，信託法17条の場合には，民法242条から248条がそのまま変更なしに適用されることになるところ，民法242条から248条までの規定は，「付合」，「混和」および「加工」いずれも物についての概念であり，そのまま債権に適用する解釈はなされていない（我妻榮〔有泉亨補訂〕『新訂 物権法（民法講義II）』（岩波書店，1983）304頁，川島武宜編『注釈民法(7)物権(2)』（有斐閣，1968）282頁，川島武宜＝川井健編『新版注釈民法(7)物権(2)』（有斐閣，2007）394頁）。したがって，新信託法17条は物にのみ適用されると解される。これに対して，新信託法18条1項は，「信託財産に属する財産と固有財産に属する財産とを識別することができなくなった場合（前条に規定する場合を除く。）には，各財産の共有持分が信託財産と固有財産とに属するものとみなす。」と規定しており，信託法17条のような解釈上の難点はない。なお，新信託法17条は，旧信託法30条を引き継いだとされるところ，旧信託法30条は，物の付合等を前提として解釈論が展開されている（四宮和夫『信託法〔新版〕』（有斐閣，1989）193頁参照）。したがって，新信託法17条も物についての規定と解するのが自然であろう。

第2に，実質論として，仮に信託法17条が適用されるとした場合，民法242条から248条までが適用されるが，その場合，具体的な効果としては，原則として主従により決せられることになる（民242条・243条）。しかしながら，金額により明確に主従を決することのできる金銭債権について主従で決するのは，1円でも多額であれば本来信託財産に属すべきでない財産を固有財産とみなすことになり（逆も同様である。），不合理であろう。民法の添付の規定は物を念頭に置いているため主従を基準とすることには合理性があるが，債権の場合にも同様の規律を適用するのは問題があるように思われる（もっとも，厳密には，民法245条によって準用される民法244条が適用される場合には混和時の割合となる。）。したがって，債権の場合に信託法17条を準用・類推適用することも困難であると思われる。

以上から，債権の場合には信託法18条が準用・類推適用されると解すべきであろう。なお，「信託法改正要綱試案補足説明」19頁は，識別不能とは，複数の物が物理的には識別・分離可能であるものの，その帰属関係が不明となった状態をいうとして，信託法17条と同様に物を念頭に置いていると見ることもできる。したがって，本来は物である信託法18条の適用範囲を債権にも及ぼすものとして，債権の識別不能については信託法18条が準用ないし類推適用されるものと解する。

なお，「信託と倒産」実務研究会編『信託と倒産』（商事法務，2008）114頁〔林康司〕は，

この考え方の利点は，受託者の意思を逐一認定することが不要で客観的な基準であることである。

　ただ，この考え方を本設問に適用するには，前提として2つの論点を解決する必要がある。すなわち，1つは，信託法18条1項は受託者が分別管理義務違反を行っている場合にも適用されるかという点であり，もう1つは，識別不能後に財産が増加・減少した場合，当該増減部分にも信託法18条1項が適用されるかという点である[注13]。

(2) 分別管理義務違反と信託法18条

　上記のように，按分するアプローチを適用するうえでは，まず，受託者に分別管理義務違反がある場合も「識別することができなくなった場合」に該当するか（信託法18条の適用対象か）が問題となる。

　この点，旧信託法下の学説には，信託財産と固有財産が識別不能となった場合について，受託者に過失なく識別不能となった場合の信託財産の特定性を問題としたうえで，分別管理義務違反の場合には別の問題状況であるとして，別の解決を示唆するものがある[注14]。しかしながら，信託法改正に際して，「信託法改正要綱試案補足説明」[注15]は，識別不能の場合について受託者の義務違反の場合を含むとしており，また，法制審議会信託法部会においても分別管理

　「預金口座の混和」という表現を用いているが，信託法17条を単純に適用する趣旨であれば，上記のように考えると厳密には正確性を欠くように思われる（金銭そのものの混蔵・混和の事案であるイングランドの判例の用語法を，そのまま金銭債権の事案に用いた可能性もある。）。もっとも，添付であれ，識別不能であれ，主従に従うという解決を採らない限り効果は同じであるから，この点は結論には影響するものではない

(注13)　さらに，たとえば当初から受託者が帳簿の管理をせずに金銭を預かったような場合には，理論上は，信託設定の当初から識別不能の場合に信託法18条1項が適用されるかという問題が生じる。この点については，信託設定の当初から識別不能であることは想定しがたいことから，信託設定の当初から識別不能の場合には信託法18条1項は適用されないと解されている（村松ほか・前掲（注6）48頁注3）。

(注14)　能見義久『現代信託法』（有斐閣，2004）46頁。もっとも，具体的な解決までは明記されていない。なお，このような考え方については，損失てん補請求権（旧信託29条1項）として救済されるとするならば，受託者が破産した場合に，損失てん補請求権が破産債権となり，受託者に分別管理義務違反がある場合の方が受益者に不利になるという帰結が導かれうる点に疑問がある。

(注15)　「信託法改正要綱試案補足説明」18頁。

義務違反を含めることについての異論は出ておらず，さらに，立案担当者は，信託法18条1項の適用対象に分別管理義務違反の場合も含めるとしている(注16)。

また，信託法18条1項の文言上，識別不能の原因を限定せず，分別管理義務違反を除外していないことからも，分別管理義務違反の場合も「識別することができなくなった場合」に該当すると解される。

(3) 識別不能後の財産の増減

識別不能後に，識別不能な財産の価値等が増加または減少した場合，信託法18条は適用されるか。換言すれば，本設問において，信託財産と固有財産とが識別不能になった後の1000万円の入金がある場合にも，当該1000万円に相当する部分について信託法18条3項の「識別することができなくなったとき」に該当するかという問題である。

英米法においては，混和財産は当初信託財産の限りにおいて信託財産と推定される一方で，受託者が信託財産を補てんするという明示または黙示の意思をもって混和財産に追加した場合でなければ，信託財産を増やすことはできないとされ，言い換えれば，混和後の財産の最低の残高が信託財産の上限となるとされている（「中間最低残高」）(注17)(注18)。この考え方を本設問に適用すると，Bが費消したあとの残高2000万円は全額信託財産となるが，1000万円の入金は固有財産となる(注19)。

しかしながら，わが国においてはこのような考え方をそのまま適用することはできないと思われる。なぜなら，英米法においては，受益者は，混和後の財産全体について担保権を有し優先的な救済を受けることができ(注20)，信託財

(注16) 寺本昌広『逐条解説新しい信託法〔補訂版〕』（商事法務，2008）79頁注2。
(注17) 吉谷晋「数量的な財産の分別管理義務違反からの救済について」道垣内ほか編・前掲（注6）151頁。なお，岸本雄次郎『信託制度と預り資産の倒産隔離』（日本評論社，2007）26頁参照。
(注18) 信託財産が50で，固有財産が50あった状態で，識別不能になった（混和された）という設例で考えると，①20減少した場合は依然として信託財産は50とされるが，②60減少して，その後20増加した場合には，中間最低残高である40しか信託財産でないことになる。
(注19) 「信託と倒産」実務研究会編・前掲（注12）120頁〔林〕は，イングランドの判例の枠組みがわが国にも妥当するとする。

産の限度で固有財産に優先する制度となっており[注21]，これらの組合せで信託財産と固有財産の権衡が図られているのであり，それに対して，わが国ではそのような制度となっていないからである[注22]。

　この点については，信託法18条1項は識別不能となった当時の割合で按分すると規定しており，事後的な増減があった場合を区別していないことからも，金額が増減した場合にも，当初の割合で按分することも十分に可能であると考える[注23]。

(4)　按分アプローチからの帰結

　このように考えると，按分するアプローチからは，本設問は，Bの費消直前には帳簿上4000万円，1000万円という区別が可能であるが，Bが費消した時点で信託財産と固有財産のいずれを費消したか不明になっており，この時点で帰属関係が不明であり識別不能になったものといえること，また，上記のとおりBの費消後に増加した1000万円についても按分の対象となると解されることから，現存する識別不能財産3000万円を信託財産と固有財産について4：1に按分することになると考えられる（信託財産2400万円，固有財産600万円）。

(注20)　日本法に引き直すと，中間最低残高を超える部分は，損失てん補請求権を被担保債権とする先取特権の対象となるようである。

(注21)　吉谷・前掲（注17）150頁。

(注22)　「信託法改正要綱試案補足説明」および立案担当者の解説はこの点について言及がない。法制審議会信託法部会の議論では，「羊が信託財産と固有財産として存在していたところ，それらが識別不能になった」という設例において，識別不能となった羊のうち，識別不能財産の一部を構成する高級羊の価格が上昇した例について検討・議論しているが，最終的な結論は出ていない（法制審議会信託法部会第22回会議議事録（http://www.moj.go.jp/shingi1/shingi2_051007-1.html 参照））。ある論者は，信託法18条は受託者が第三者から取得した信託財産について，固有財産と信託財産のどちらに振り分けられるか不明な場合を想定しており，事後的に識別ができなくなるという状態が生じうることから「できなくなった」という文言が置かれたのであるから，比較的緩やかに解釈し，事後的に増減があった場合にも信託法18条の射程に含むとすることは立法の過程からすると不合理ではない旨述べる（村松秀樹＝岡正晶＝深山雅也＝後藤出＝三村藤明＝井上聡＝髙山崇彦＝林康司「信託と倒産(下)」NBL 888号（2008）63頁〔村松秀樹発言〕）。

(注23)　なお，預金の性質に着目すると，流動性の預金である普通預金債権は金額に増減があるのが当然と見ることもできる（森田宏樹「振込取引の法的構造─『誤振込』事例の再検討」中田裕康＝道垣内弘人編『金融取引と民法法理』（有斐閣，2000）123頁参照）。

4　Bの意思で確定するというアプローチ(注24)

　第3に，Bの意思で確定するというアプローチは，受託者が，信託財産を維持する意思で（言い換えると信託財産を毀損する意思なく），いったん預金を全額解約したうえで，新たに別の預金口座に預け入れた場合に，全額が固有財産となるのは不合理であり，それとパラレルに考えて，一部費消後の入金部分についてもBの意思を探求する必要があることを根拠とする。

　ある論者は，識別不能財産を減らしてしまう受託者の行為がどういう行為か検討すべきであるとして，受託者の意思の探求が必要である旨述べる(注25)。

　このアプローチは，受託者の意思を確定する必要があり，預金の出し入れが少ない場合にはそれほど問題にはならないものの，預金の出し入れの回数が多数になると，実際上Bの意思を確定することは困難であり，本設問のように比較的単純な場合はまだ現実性があるとしても，普通預金の場合には預金の出し入れが多数であるのが通常であること，普通預金の場合には第三者による振込入金など受託者の意思とは関係ない入金がありうること等の問題点があると思われる。

(注24)　Bの意思を判断基準とする考え方は，いわゆる預金者の認定の問題について，主観説を採る立場と親和性があるとみることができると思われる。預金者の認定については，定期預金の場合，判例は客観説（出捐説）を採用するとされる（最判昭32・12・19民集11巻13号2278頁，最判昭48・3・27民集27巻2号376頁等）。しかしながら，信託を設定する場合，信託財産は受託者にいったん移転するため，信託の設定により預金の対象となっている金銭の所有と占有が委託者から受託者に移転し受託者に帰属するから，預金は受託者に帰属すると思われる。加えて，普通預金については，上記昭和48年最判が採用した意味における客観説は採用されていない（誤振込に関する最判平8・4・26民集50巻5号1267頁）。したがって，本設問の消費寄託契約に基づく預金債権は，委託者＝受益者に帰属していないものと思われる。

(注25)　村松ほか・前掲（注22）65頁〔井上聡発言〕。井上発言は，続けて，信託事務としてもしくは信託のためにする意思で流用するということが仮にあるとすれば別であるものの，固有財産の関係でお金を勝手に使ったり従業員が横領したりという場合は，信託事務あるいは信託権限に属さない行為として信託財産には効果が帰属せず自分自身の行為の効果として固有財産に属すべき金銭から減っていくと考えるべきではないかとする。

5　小　括

　以上検討したところからすると，3つのアプローチのいずれも決め手を欠いており，いずれとも決しがたいと思われる。

　また，たとえば，まずは第3の受託者の意思によるアプローチにより受託者の意思を探求したうえで，なお受託者の意思が不明である場合に，第1の信託財産を優先するアプローチまたは第2の按分によるアプローチを採用するということも十分にありうる(注26)。

　それぞれのアプローチを適用した場合の帰結は，当初，信託財産は4000万円であったことから，最終的に，第1のアプローチでは信託財産3000万円，損失てん補請求権1000万円，第2のアプローチでは信託財産2400万円，損失てん補請求権として1600万円(注27)，第3のアプローチでは，信託財産として1000万円，損失てん補請求権として3000万円となろう。

Ⅲ　A社の実体法上の権利の実現方法

1　信託の終了

(1)　破産手続上の権利

　A社は，上記のとおり，実体法上，(金額の内訳はアプローチにより異なるが) 信託財産としての預金債権，および損失てん補請求権を有すると解される。

　これらの権利を実現するには，破産手続上，それぞれ取戻権および破産債権として権利行使することが考えられるが (それぞれの該当性については下記2で検討する。)，信託を終了させなければ，破産手続で権利行使することができないと思われる。なぜなら，まず取戻権を行使するには，受益者の受託者に対する信

(注26)　第1のアプローチについては信託財産の保護を前面に押し出す点で躊躇があること，また按分アプローチは客観的な基準であることから，第2の按分アプローチを中心に考えることも十分に可能であろう。

(注27)　費消後の1000万円の入金を按分の対象に含めないで固有財産とみるとすると，信託財産1600万円，損失てん補請求権として2400万円となる。

託財産の引渡請求が必要であるところ，信託が終了しない限り，受託者に信託財産の保有権原が存続するため，受益者は銀行に対して直接引渡しを請求できないからである。また，破産債権については，受益者は損失てん補請求権を行使できるものの，信託法40条1項の文言上，信託財産をてん補するにとどまり，受益者が自己に対して直接支払うよう請求することはできないことからも信託の終了が必要であると考えられる(注28)。

(2) 信託の終了原因

そこで，A社が信託を終了させることができるかについて検討すると，受託者Bは，破産した結果として弁護士として会社の債務整理をすることができないから，「信託の目的を達成することができなくなったとき」に該当し，信託は終了すると思われる（信託163条1号）(注29)。

本設問では，信託が終了することにより，A社は，信託終了前の信託財産および損失てん補請求権について，それぞれ取戻権および破産債権として破産手続において権利行使することができる。

2 取戻権，破産債権

信託終了後，預金債権のうち，信託財産とされた部分については，Bに保有権原がないから，破産財団（Bの固有財産）に属さず，信託終了前の受益者A社は，破産管財人に対して取戻権を主張することができる。

また，上記Ⅱにおいて，信託法18条1項を適用し按分するアプローチを採用

(注28) 藤原彰吾「(特集Ⅰ金融実務から見た信託法改正要綱試案）債権者（取引相手方）の視点から」金法1754号（2005）22頁は，信託財産と固有財産が混在した預金口座について，受託者が単独で金融機関に請求した場合と対比して，信託が終了し信託財産部分について受託者（預金名義人）から受益者や委託者に権利の帰属が移った場合でそれらの当事者から単独で請求された場合を論じており，受益者が金融機関に預金の払戻しを請求するには信託の終了が必要であることを前提としている。

(注29) 仮に信託法163条1号に該当しないとしても，委託者および受益者の合意により信託を終了させることができる（信託164条1項）。委託者と受益者が同一の場合には，その意思によっていつでも信託を終了させることができる（寺本・前掲（注16）366頁（注2））。Bに対する破産手続開始決定により，受託者の任務は終了する（信託56条1項3号）から，「受託者に不利な時期」の終了を理由とする損害賠償義務（信託164条2項）を負うこともないと思われる。

した場合，BおよびA社が預金債権を準共有することになり，かかる預金債権の分割請求が考えられる（なお，識別不能財産の分割については，信託法19条が分割の方法を定める[注30]）。

次に，受託者の分別管理義務違反に基づく損失てん補請求権は，破産手続開始決定前の原因に基づく財産上の請求権であるから，破産債権となる（破2条5項）。したがって，破産管財人に対して，破産手続において債権届出・調査・確定の手続を経て権利行使することができる。

3　銀行への直接請求

A社としては，信託財権に該当する部分の預金債権について，受託者に請求するよりも，銀行に直接請求した方が便宜であることもありうる。そこで，A社が銀行に対して預金のうち信託財産に相当する部分について直接払戻しを請求できないかが問題となる。

この点については，消費寄託契約に基づく預金の払戻請求権を保有するのは受託者であり，受益者は当然には払戻請求権を行使することができないため，払戻請求をするには，信託を終了させる必要がある。上記事例では，上記Ⅲ1(2)のとおり，受託者Bは，弁護士として会社の債務整理をすることができないから，「信託の目的を達成することができなくなったとき」に該当し，A社またはBの意思表示なく信託は終了すると思われる。そして，信託が終了し，預金債権の一部（信託財産とされた部分）が分割され，相当する部分の預金債権が直接信託終了前の受益者A社に帰属する結果，預金債権の債権者として預金の払戻しを請求することが考えられる[注31][注32]。

◆森　倫　洋＝豊　永　晋　輔◆

(注30)　本設問の場合，信託法19条1項2号（受託者と受益者の協議）または同項3号（受託者が適宜の方法による）が考えられるが，割合が明確でありその割合に応じて現物分割することは「受益者の利益を害さないもの」といえる（「信託法改正要綱試案補足説明」20頁）。

(注31) 藤原・前掲（注28）22頁は，銀行が信託財産と固有財産が混在していることを知った場合には，実務上，複数の法定相続人が存在する場合の相続預金の払戻対応と同様の対応を取らざるをえないとする。さらに，同頁注20は，相続の場合には戸籍という公的書類により法定相続分を確認することができるため，払戻請求を受けた相続人の法定相続分のみ任意に支払うという対応が可能であるが，信託の場合，各当事者の権利割合の確認は受託者が作成している帳簿によらざるをえないと考えられ，当事者の一部から帳簿の記載と違う割合を主張された（帳簿記載内容の正当性に疑義が生じた）場合はもちろんのこと，そうでない場合であっても任意の払戻しにつき躊躇せざるをえない場合が出てくるものと思われるとしている。これは，銀行実務において信託財産と固有財産の区別をいかに証明するかの問題であり，上記3つのアプローチのいずれについても問題となるから，この点は今後の課題となろう。

(注32) 民法423条を類推適用して（無資力要件は関係ないので，代位の転用の一種と考えられる。）債権者代位によりBが銀行に対して有する払戻請求権を代位行使することも考えられよう。

Q7　受託者の倒産③——信託財産・固有財産の識別不能と受託者の倒産　　289

Q8 受託者の倒産④——信託財産管理

受託者について、①破産手続が開始された場合、②民事再生手続または会社更生手続が開始された場合の信託財産の管理について、信託法はそれぞれいかなる定めを置いていますか。

A

　受託者が倒産した場合の信託財産の管理については信託法56条以下が規定しており、受託者について①破産手続が開始された場合、受託者の任務は原則として終了し、新受託者が選任されることになること、②民事再生手続または会社更生手続が開始された場合、受託者の任務は原則として終了せず、再生債務者（受託者）あるいは管財人が信託財産の管理処分権を有することを定めている。

I　破産手続が開始された場合

　信託法は、56条1項3号において、受託者が破産手続の開始決定を受けたことを受託者の任務終了事由と定め、同項ただし書において、信託行為に別段の定めがあるときは、その定めるところによると規定している。

　一方、受託者が法人の場合、その破産手続開始決定は、解散事由となることから（会社471条5号・641条6号）、「破産手続開始の決定により解散するもの」として信託法56条1項3号の適用が除外され、「受託者である法人が合併以外の理由により解散した」として同項4号に該当することとなる。よって、受託者たる法人の破産手続開始決定は受託者の任務終了事由に該当し、この場合、同項ただし書が適用されないことから、信託行為に別段の定めをおくことによって、受託者の任務を継続させることはできない。

　そこで、信託行為に別段の定めをおくことで破産手続開始後も受託者の任務

> **図** 受託者が倒産した場合の信託財産管理主体

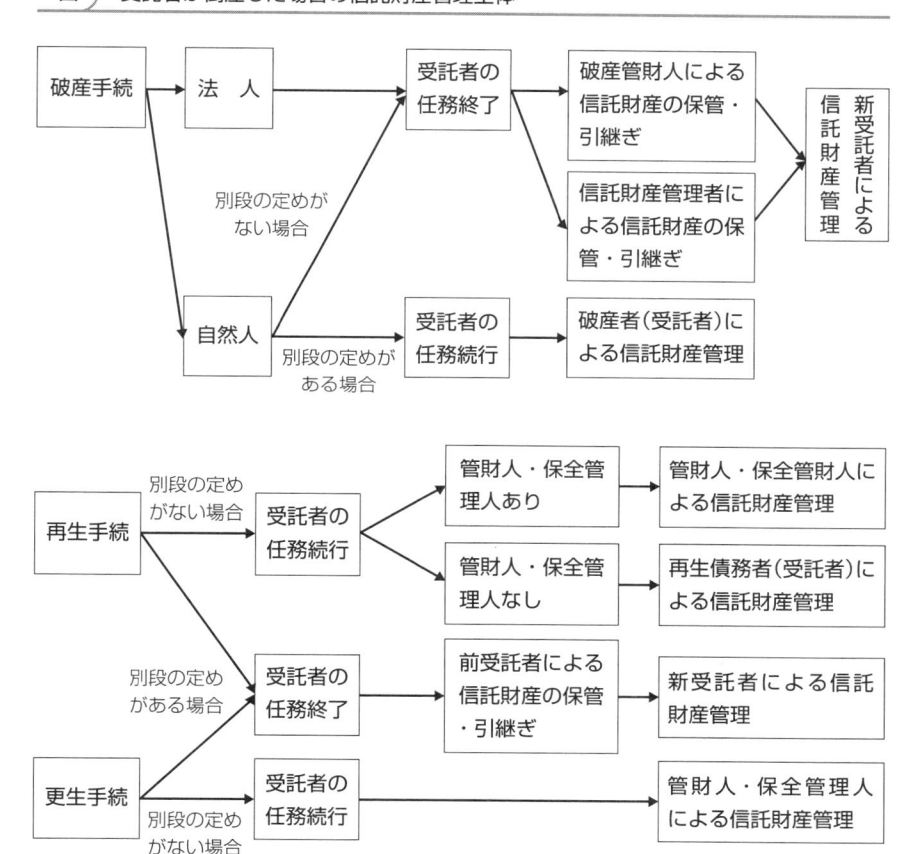

```
破産手続 → 法人 → 受託者の任務終了 → 破産管財人による信託財産の保管・引継ぎ → 新受託者による信託財産管理
                                → 信託財産管理者による信託財産の保管・引継ぎ → 新受託者による信託財産管理
        別段の定めがない場合
        → 自然人 → 受託者の任務終了（別段の定めがある場合）
                → 受託者の任務続行 → 破産者（受託者）による信託財産管理

再生手続 別段の定めがない場合 → 受託者の任務続行 → 管財人・保全管理人あり → 管財人・保全管財人による信託財産管理
                                          → 管財人・保全管理人なし → 再生債務者（受託者）による信託財産管理
        別段の定めがある場合 → 受託者の任務終了 → 前受託者による信託財産の保管・引継ぎ → 新受託者による信託財産管理

更生手続 別段の定めがない場合 → 受託者の任務続行 → 管財人・保全管理人による信託財産管理
```

を継続させることができるのは自然人の場合に限られることになる。以下，受託者が法人の場合と自然人の場合とに分けて，信託財産の管理について検討する。

1 自然人の受託者の破産手続の場合

(1) 受託者の任務が終了しない場合

旧信託法の下では，破産者は受託者不適格者とされていたが，新信託法は，

これを除外していることから（信託7条），受託者が自然人の場合は，信託行為で受託者について破産手続開始の決定がなされてもその任務は終了しない旨の定めをすることも有効であり，信託行為にこのような別段の定めがあるときは，受託者に破産手続開始決定がなされた場合も受託者の任務は終了しない。この場合，信託財産に属する財産は，破産財団に属さず（信託25条1項），破産者である受託者が引き続き管理処分権を有する自由財産として扱われ，破産者が受託者としての職務を行うことと規定されている（信託56条4項）。

したがって，受託者の任務が終了しない場合は，破産者である受託者が引き続き，信託財産を管理することになる。

(2) 受託者の任務が終了する場合

自然人である受託者に破産手続開始決定がなされ，信託行為に別段の定めもなく受託者の任務が終了する場合，新受託者が選任され，新受託者が信託財産の管理をすることとなる。その場合，信託財産は以下のとおり管理される。

(a) **受益者に対する通知義務**　受託者について破産手続が開始され受託者の任務が終了した場合，速やかに新受託者または信託財産管理者を選任し，信託財産が破産財団へ混入することを防止するとともに，信託財産を適切に管理・処分する必要がある。

そこで，かかる契機として，任務が終了した前受託者は，受益者に対し，信託行為に別段の定めがない限り，受託者の任務終了の事実を通知しなければならない（信託59条1項）。

(b) **破産管財人に対する通知義務**　受託者について破産手続が開始されると，破産管財人が，破産者である受託者の固有財産である破産財団（信託25条1項参照）の管理・換価にあたるところ，この際に信託財産が誤って換価されるおそれがある。

そこで，このような事態を防止して信託財産の保管や引継ぎが円滑に行われるよう，前受託者は，破産管財人に対し，信託財産に属する財産の内容および所在，信託財産責任負担債務の内容，受益者および残余財産の権利帰属者の氏名または名称および住所，ならびに信託行為の内容を通知しなければならないことが定められている（信託59条2項，信託規5条）。

(c) **新受託者が選任されるまでの間の信託財産の管理**　受託者の任務が終了してから新受託者が選任されるまでの間は，受託者が不在となり，その間に信託財産が散逸し，受益者に損害が生じるおそれがある。

そこで，受託者の破産管財人は，新受託者または信託財産管理者が信託事務の処理をすることができるようになるまで，信託財産の保管をし，信託事務の引継ぎに必要な行為[注1]をしなければならない（信託60条4項）。この場合，受託者の破産管財人は，新受託者または後述の信託財産管理者に対して，このような信託財産の保管等に要した費用および利息の償還を請求することができる（同条6項）。

(d) **新受託者の選任**　新受託者が選任[注2]されると（信託62条），新受託者によって信託財産が管理されることになる。新受託者が就任した場合は，前受託者は，遅滞なく信託事務に関する計算を行い，受益者・信託管理人に対してその承認を求めるとともに，新受託者等が信託事務の管理を行うのに必要な信託事務の引継ぎを行わなければならず（信託77条1項），前受託者がかかる権限内で行った行為の効力は新受託者に承継されることになり，新受託者は，前受託者の任務が終了した時に遡ってその時に存する信託に関する権利義務[注3]を

（注1）　破産管財人は，そもそも受託者の債権者の利益を図るものであり，新受託者が選任されない間，破産管財人が信託財産を分別管理がなされていない等の理由で破産財団に属するものとして処分しようとする事態が生じうる。かかる場合，受益者は自己の利益を守るべく，新受託者が信託事務を処理することができるようになるまでの間において破産管財人が信託財産に属する財産の処分をしようとするときは，破産管財人に対してこれをやめることを請求することができる（信託60条5項）（小野傑＝深山雅也編『新しい信託法解説』（三省堂，2007）52頁）。

（注2）　受託者の任務が終了した場合，信託行為において，新受託者が定められていればその者が，新受託者となるべき者として指定された者があればその者が就任の承諾をしたときにその者が新受託者となる。また，信託行為に新受託者に関する定めがないとき，あるいは，信託行為の定めにより新受託者として指定された者が信託の引受けをしない（もしくはできない）ときは，委託者および受益者は，その合意により，新受託者を選任することができる（信託62条1項）。また，裁判所は，信託法62条1項の合意に係る協議の状況その他の事情に照らして必要があると認めるときは，利害関係人の申立てにより，新受託者を選任することができる（同条4項）。

（注3）　旧信託法の「信託財産」という文言を「信託に関する権利義務」と改めた趣旨は，受託者の変更により前受託者と新受託者は法律上同一の地位を有するものであり，信託財産のみならず契約上の地位等も承継の対象となることを明確にすることにある（寺本昌弘『逐条解説新しい信託法〔補訂版〕』（商事法務，2008）228頁）。

前受託者から承継したものとみなされる（信託75条1項・3項）(注4)。

　(e)　**信託財産管理者の選任**　　前述のとおり，受託者につき破産手続開始決定がなされ，受託者の任務が終了した場合，新受託者が選任されるまでの間は，破産管財人が暫定的な事務処理者として，信託財産の保管等をすることになるが，このような暫定的な事務処理者に職務を遂行させることが，信託財産の保護の観点から相当ではない場合がある。そこで，受託者が不在の間，信託財産管理者を選任し，臨時の受託者として，信託財産の管理処分を専属的に帰せしめて受託者の職務を遂行させることができる（信託63条～72条）。

　(ア)　**信託財産管理者の選任手続**　　受託者につき破産手続開始決定がなされ，受託者の任務が終了した場合において，新受託者が選任されておらず，かつ必要があると認めるときは，当該信託に利害関係を有する者が，裁判所に信託財産管理者を選任するよう申立てを行うことができる。裁判所は，信託財産管理者を選任する必要があるかどうかを判断し，選任の必要があると認めたときは，新受託者が選任されるまでの間，信託財産管理者による管理を命ずることができる（信託63条1項）。

　裁判所が，かかる管理を命ずる決定（信託財産管理命令）を発する場合，裁判所によって信託財産管理者が選任されることになり（信託64条1項），この選任の裁判に対しては不服申立てはできない（同条2項）。

　(イ)　**信託財産管理者の権限・義務**　　信託財産管理者は，受託者の職務の遂行および信託財産の管理・処分に関する権利(注5)を専属的に有する（信託66条1項）。そのため，前受託者が信託財産管理者の選任の裁判後に信託財産に関してした法律行為は，信託財産との関係においては，その効力を主張することができない（信託65条）。

（注4）　このとき，前受託者は，信託債権に係る債務が新受託者に承継された場合にも，前受託者の固有財産をもって，その承継された債務を履行する責任を負う（信託76条1項）。したがって，信託債権の債権者は，前受託者の破産手続において信託債権を破産債権として届出をすることができる（井上聡編著『新しい信託30講』（弘文堂，2007）26頁）。

（注5）　ただし，信託財産管理者は，①保存行為や②信託財産の性質を変えない範囲でその利用または改良を目的とする行為の範囲を超える行為をするには，裁判所の許可を得なければならず（信託66条4項），これに違反する行為は無効であるが，これをもって善意の第三者に対抗することはできない（同条5項）。

信託財産管理者は，就職の後直ちに信託財産の管理に着手しなければならず（信託67条），その職務を行うにあたっては，受託者と同一の義務および責任を負う（信託69条）。

(ウ) **信託財産管理者の任務終了**[注6]　新受託者が就任した場合には，信託財産管理者は，信託者に対して，遅滞なく，信託事務の引継ぎを行って，任務を終了す（信託72条・77条）。

2　法人の受託者の破産手続の場合

(1)　任務の終了

　法人の受託者につき破産手続が開始した場合は信託法56条1項3号の適用が除外され，受託者が「合併以外の理由により」解散することになるため，同項4号に従って，受託者の任務が終了することとなり，「信託行為に別段の定め」（信託56条1項ただし書）を置くことによって受託者の任務を継続させることができないことは前述のとおりである。

　これは，かかる場合に当該法人は清算手続に移行するところ（会社475条1号等参照），清算中の法人の権利能力は清算の目的の範囲内に限られるため（会社476条等参照），もはや受託者として適切ではないことから規定されているものである。

(2)　信託財産の管理

　任務の終了した前受託者たる法人は，別段の定めのない限り，受託者の任務が終了したことを受益者に対して通知すべきこと（信託59条1項），新受託者の選任について，信託行為に定めがある場合はそれに従い，信託行為に定めがない場合または信託行為の定めにより指定された者が信託の引受けを行わない等の場合には，委託者および受益者がその合意によって新受託者を選任することができること（信託62条1項），信託財産管理者の選任等（信託63条～72条）については自然人の受託者の破産の場合と同様に規律されている。なお，明文の定め

(注6)　信託財産管理者の任務終了事由に関しては，受託者についての裁判所の許可による辞任および裁判所による解任の規定を準用している（信託70条）。ただし辞任については，やむをえない事由がある必要はなく，正当な事由があれば足りる。

はないが，信託法59条2項の規律を排除する理由はなく，受託者の任務終了時に，破産管財人に対し，信託財産に属する財産の内容および所在，信託財産責任負担債務の内容その他の法務省令（信託規5条）で定める事項を通知しなければならないことも自然人の場合と同様であると解される[注7]。

Ⅱ 民事再生手続または会社更生手続が開始された場合

　受託者の民事再生手続または会社更生手続が開始された場合は，破産手続の場合と異なり，信託行為に別段の定めがない限り，受託者の任務は終了しない（信託56条5項～7項）。破産手続の開始の場合とは逆に，再生手続等の再建型倒産手続の開始をもって受託者の任務は終了しないことを原則としたのは，債務者の事業の再生等を目的とする再建型倒産手続において，再建型倒産手続の開始をもって受託者の任務終了事由とすることはかかる目的に反することにあるとされている[注8]。

　そして，この場合において，管財人または保全管理人があるときは，受託者の職務の遂行ならびに信託財産に属する財産の管理および処分をする権利は，これら管財人等に専属することになる（民事再生手続につき信託法56条6項，会社更生手続につき信託法56条7項・6項）。この点，本来的には信託財産に属する財産は，再生債務者財産または更生会社財産に属しないものであるため（信託25条4項・7項），管財人等に属しないことになるはずである（民再66条・81条，会更72条）。しかし，再建型の倒産手続における管財人の職務は，債務者の財産全体を管理・処分し，債務者の事業の維持・再生を図ることにあるところ，受託業務を受託者が継続して行うことができるとすると，管財人等は債務者の業務の遂行権限を把握できないことになりかねず，再建型倒産手続において自由財産に類する財産を認めることになるという不都合が生じるため，受託者の職務の遂行ならびに信託財産に属する財産の管理および処分をする権利を管財人等へ専属することとしたものである[注9]。

　（注7）　「信託と倒産」実務研究会編『信託と倒産』（商事法務，2008）165頁〔西原一幸〕参照。
　（注8）　寺本・前掲（注3）196頁。
　（注9）　寺本・前掲（注3）196頁・198頁。

以下に，信託行為に別段の定めがあり受託者の任務が終了する場合とそうでない場合に分けて手続を概観する。

1 信託行為に別段の定めがなく受託者の任務が終了しない場合

(1) 民事再生手続

民事再生手続においては，再生債務者が再生手続開始後も業務遂行権と財産の管理処分権を有していることから（民再38条1項），基本的には，再生債務者である受託者が引き続き信託財産を管理することになる。

他方，（現状の実務ではまれであるが）再生債務者が債権者間の公平を害する財産処分を行うなど再生債務者に業務を遂行させるのが適当でない場合は，裁判所から管理命令が発令され（民再64条1項），再生債務者の業務遂行権と財産の管理処分権は管財人に専属することになり（民再66条。なお，再生手続開始申立ての後，開始決定までの間に，特に必要があれば，裁判所は保全管理命令を発令することができ〔民再79条1項〕，再生債務者の業務遂行権と財産の管理処分権は保全管理人に専属することになる〔民再81条1項本文〕。），その場合には，受託者の管財人が信託財産を管理することになる。

(2) 会社更生手続

会社更生手続では，更生手続開始決定と同時に管財人が選任され（会更42条），更生会社の事業の経営ならびに財産の管理および処分をする権利は管財人に専属することになる（会更72条1項）。また，裁判所は，更生手続開始の申立てがあった場合において，更生手続の目的を達成するために必要があると認めるときは，保全管理命令を発令することができる（会更30条1項）。この場合，開始前会社（会更2条6項）の事業の経営ならびに財産の管理および処分をする権利は保全管理人に専属することになる（会更32条1項本文）。

そのため，受託者につき会社更生手続がなされたときは，管財人（開始前は保全管理人またはその選任がないときは開始前会社である受託会社）が信託財産の管理を行うこととなる。

2 信託行為の別段の定めまたは辞任[注10]によって受託者の任務が終了する場合

　信託行為において受託者につき民事再生手続や会社更生手続の申立て・開始があった場合でも受託者の任務を終了させまたは受託者を交代させる旨の別段の定めがある場合（信託56条1項7号）や，または受託者が辞任した場合（同項5号）には，受託者の任務は終了する。受託者の辞任は，委託者および受益者の同意を得るか（信託57条1項），あるいは，やむをえない事由がある場合において裁判所の許可を得る（同条2項）必要がある。

　この場合，前受託者は，受益者に対し，信託行為に別段の定めがない限り，受託者の任務終了の事実を通知しなければならない（信託59条1項）。

　また，信託行為の別段の定めによる任務終了の場合，前受託者は，新受託者または信託財産管理者が信託事務の処理をすることができるようになるまで，信託財産の保管および信託事務の引継ぎに必要な行為をしなければならず（信託59条3項），前受託者の辞任の場合（受託者が委託者および受益者の同意を得て辞任した場合または信託行為の定めに従って辞任した場合に限る。）は，前受託者は，新受託者等が信託事務の処理をすることができるようになるまで，引き続き受託者としての権利義務を有することとなる（同条4項）。

◆森　　倫　洋＝齋　藤　　梓◆

（注10）　再建型の民事再生や会社更生の手続が開始された場合，受託者の任務は終了せず，管財人・再生債務者が受託者の任務を行うことが原則とされているため，管財人・再生債務者は，受益者との関係で信託財産を守る義務と，一般債権者との関係で固有財産を守る義務の両方を負うことになる。そこで，管財人・再生債務者としての立場と受託者としての立場の両者が二律相反する場合が生じうるため，そのような場合は，委託者および受益者の同意を得るか裁判所の許可を得て，受託者の地位を辞任（信託57条1項・2項）することが考えられるとの指摘がなされている（村松秀樹＝岡正晶＝深山雅也＝後藤出＝三村藤明＝井上聡＝髙山崇彦＝林康司「信託と倒産(下)」NBL888号（2008）66頁以下，森倫洋「最新論点倒産手続から見た新信託法の問題―受託者の再建型倒産を中心に」事業再生と債権管理122号（2008）117頁参照）。

Q9 受託者の倒産⑤——民事再生・会社更生と受託者の任務終了

(1) 受託者の民事再生・会社更生手続の申立てあるいはこれらの手続開始決定を受託者の任務終了事由とする旨の信託行為の定めは有効ですか。
(2) 受託者の民事再生・会社更生手続の申立てあるいはこれらの手続開始決定が受託者の任務終了事由とされていない場合に、かかる申立てあるいは手続開始決定があったときに、受託者は受託者たる地位を辞任することはできますか。

A

(設問(1)について)

　受託者の民事再生・会社更生手続の申立てあるいはこれらの手続開始決定を受託者の任務終了事由とする旨の信託行為の定めは、原則として有効であるものと考えられる。もっとも、かかる信託行為の定めにより、受託者が、その任務を終了させられることが、民事再生の目的あるいは会社更生の目的に反するとされるような場合には、かかる信託行為の定めにより、受託者の任務を終了させることが制限される場合はありうる。

(設問(2)について)

　受託者の民事再生・会社更生手続の申立てあるいはこれらの手続開始決定が、信託行為において受託者の任務終了事由とされていない場合に、かかる申立てあるいは手続開始決定があったときに、受託者が受託者たる地位を辞任することは、委託者および受益者の同意があれば問題なく認められる。また、受託者および受益者の同意がない場合であっても、受託者は信託法57条2項の「やむを得ない事由」があるものとして、裁判所の許可を得て受託者の地位を辞任することが認められる場合はありうる。なお、

双方未履行双務契約としては，原則として解除できないものと考えるべきである。

I 設問(1)について

1 受託者の任務終了事由に関する規定

受託者の任務終了事由については，信託法56条に定めがあり，破産手続開始決定があった場合には，受託者の任務は原則として終了するとされている（信託56条1項3号）(注1)。

これに対し，再生手続開始の決定および更生手続開始の決定があった場合には，原則として受託者の任務は終了しないとされている（再生手続開始の決定について信託法56条5項本文，更生手続開始の決定については信託法56条7項・5項本文）(注2)。もっとも，信託法56条5項ただし書は，「信託行為に別段の定めがあるときは，その定めるところによる」と規定しており，再生手続開始の決定および更生手続開始の決定があった場合に，これを受託者の任務の終了事由とすることは，かかる「別段の定め」として可能である。

それでは，これらの手続開始決定ではなく，再生手続または更生手続の申立てが行われただけの場合はどうか。

この点，破産手続の申立て，再生手続の申立ておよび更生手続の申立てのい

(注1) なお，受託者が破産手続開始決定を受けたことを，受託者の任務の終了事由としないこととする信託行為の定めをおくことも可能である。これは，受託者の資格を欠く者から，破産者が除外されたことによる（寺本昌弘『逐条解説新しい信託法〔補訂版〕』（商事法務，2008）194頁参照）。もっとも，受託者が，破産手続開始の決定により解散する場合は，当該法人の受託者としての任務は，解散により終了する。この点につき，「信託と倒産」実務研究会編『信託と倒産』（商事法務，2008）172頁〔岡田綾子〕参照。
(注2) 破産と異なり，再建型倒産処理手続である民事再生および会社更生について，このような規定が設けられているのは，「再建型倒産処理手続の開始をもって受託者の任務終了事由とすることはこの目的に反することになること，現行法上，再建型倒産処理手続の開始をもって契約の終了事由とする例は見当たらないこと等を考慮したもの」であると説明されている（寺本・前掲（注1）196頁参照）。なお，新井誠監修／鈴木正具＝大串淳子編『コンメンタール信託法』（ぎょうせい，2008）236頁も参照。

ずれについても，受託者の任務終了事由を列挙する信託法56条1項各号には挙げられていない。したがって，これらの申立てが行われたことは，原則として，それだけでは受託者の任務終了事由とはならない。

もっとも，信託法56条1項7号は，受託者の任務の終了事由の一つとして，「信託行為において定めた事由」と規定している。そうであれば，信託行為で再生手続の申立ておよび更生手続の申立てがなされたことそれ自体を受託者の任務の終了事由として定めることも，条文上は可能であるように思われる[注3]。

ただし，再生手続・更生手続の申立てないし再生手続・更生手続開始の決定により受託者の任務が終了するとの信託行為の定めの有効性については，なお検討を要する。すなわち，信託銀行等受託業務を主たる業務とする受託者について再生手続・更生手続の申立てないし再生手続・更生手続開始の決定がなされた場合に，受託者の任務が終了するとすれば当該受託者たる信託銀行等は，主たる業務を実施することができなくなり，再生手続や更生手続による再建を図ることはきわめて困難になる。そうすると，「再生手続・更生手続の申立てないし再生手続・更生手続開始の決定により受託者の任務が終了する」という信託行為の定めにより，受託者にとって，経済的に窮境にある債務者の事業または経済生活の再生を図るという民事再生法の目的（民再1条）や，窮境にある株式会社の事業の維持更生を図るという会社更生法の目的（会更1条）を達成することは困難となるということになる。

そこで，設問のような信託行為の定めが，民事再生法ないし会社更生法の目的から，制限されないかが問題となる。

2　裁判例等の状況

この点について直接判断した裁判例はないが，倒産解除特約に関する判例は参考になるものと思われる。すなわち，最高裁判所は，所有権留保付売買契約において更生手続開始の申立てが売買の解除原因となる旨の定めについて会社更生手続の目的に反するものとして無効であると判断している[注4]。また，最

（注3）「信託と倒産」実務研究会編・前掲（注1）172頁〔岡田〕参照。

高裁判所は，ファイナンス・リース契約において，ユーザーに民事再生手続開始の申立てがあった時を解除原因とする特約についても，民事再生手続開始の申立てがあったことを解除事由とする特約に基づく解除を認めることは，担保としての意義を有するにとどまるリース物件を，一債権者と債務者との事前の合意により，民事再生手続開始前に債務者の責任財産から逸出させ，民事再生手続の中で債務者の事業等におけるリース物件の必要性に応じた対応をする機会を失わせることを認めることにほかならず，「民事再生手続開始の申立てがあったことを解除事由とする部分は，民事再生手続の趣旨，目的に反するものとして無効と解するのが相当である」と判断している(注5)。

3　検　　討

　以上から，信託法上は，条文上信託行為に別段の定めがある場合には，その定めによるものとしているので，かかる別段の定めによるものとして設問(1)のような特約により受託者の任務を終了させることも有効となる可能性はあるものといえる。

　ただし，一定の場合には倒産解除特約は会社更生法ないし民事再生法の目的に照らし，無効とされる可能性はある。たとえば，信託銀行等，受託業務がすべて終了してしまうと，民事再生・会社更生の途が絶たれるような場合には，設問(1)のような信託行為の定めが無効とされる可能性は高まるものと考えられる(注6)。他方，ある者が，受託業務を行っているものの，その者の業務において，受託業務の占める割合が少ない場合などは，信託法上は設問(1)のような信託行為の定めも禁止されていないので有効となる可能性が高まるものと考えられる。

(注4)　最判昭57・3・30民集36巻3号484頁。
(注5)　最判平20・12・16民集62巻10号2561頁。なお，本判決には田原睦夫裁判官の補足意見がある。
(注6)　民事再生手続における各種契約条項の拘束力について，同様の分析を行うものとして，森倫洋「民事再生手続における各種契約条項の拘束力の有無」事業再生研究機構編『民事再生の実務と理論』（商事法務，2010）76頁以下参照。

Ⅱ 設問(2)について

1 受託者の地位の辞任に関する信託法上の規律

委任については民法上は各当事者が自由に解除できるものとされている（民651条）が，信託法においては，受託者の辞任については，委託者，受益者の同意を得た場合か（信託57条1項本文），信託行為に別段の定めがあるときに限定されており（同項ただし書），受任者の意思によって辞任できるのは「やむを得ない事由」がある場合に裁判所の許可を得た場合のみである（信託57条2項）。

このように，信託において，受託者からの一方的な辞任が制限されているのは，委任のように委任者と受任者間でいわば双方向的な信頼関係があるというよりは，委託者および受益者の側から受託者に対するいわば一方向的な信頼関係を重視すべきであること[注7]や，受託者が重大な責任を負っていることに加え，委託者および受益者が受託者の辞任後の新受託者を選任することは困難であること[注8]などの理由による。

2 再生手続・更生手続と辞任の「やむを得ない事由」

しかるところ，受託者について，再生手続・更生手続の申立てないし再生手続・更生手続開始の決定があった場合に，信託法57条2項の「やむを得ない事由」にあたるとして，辞任することができるかが問題となる。

この点，再生手続・更生手続が開始されても受託者たる地位は（再生債務者または管財人において）継続するものとされており（信託56条5項～7項），そのことからみて，再生手続・更生手続があったことにより直ちに「やむを得ない事由」があるとして受託者による辞任が許容されるものでないことは明らかである。

しかしながら，受託者は受託者としての善管注意義務（信託29条2項）を負う一方で，再生手続や更生手続において管財人・保全管理人（以下，便宜上，特に

(注7) 寺本・前掲（注1）199頁参照。
(注8) 信託法改正要綱試案補足説明97頁。

保全管理人の場合を区別せず「管財人」と記す。）は管財人としての善管注意義務（民再78条・83条・60条，会更80条・34条1項）を負い，また，再生債務者は債権者に対する公平誠実義務を負う（民再38条2項）ことになる。すなわち，信託財産と，倒産手続における総債権者の引き当てとなる固有財産は分別管理されるので，管財人や再生債務者にとっては，倒産財団をなす固有財産の管理に加えてさらに受託者として信託財産の管理の負担が生じていることになる。

　このように，倒産手続の遂行主体として管財人・再生債務者は債権者の利益を保護する立場にある一方，他方で受託者としては信託財産の維持，委託者・受益者の保護を図る必要があり，管財人としての義務と受託者としての義務が衝突する場面も生じうる[注9]。

　このような場面でも，第1次的には，管財人・再生債務者としては，義務の衝突に留意しつつ，両立していく必要があると考えられるものの，義務の衝突が避けられない場合においては辞任が必要となる場合もあると考えられる。このような場合に，管財人・再生債務者としては，まず，委託者・受益者の同意を得て辞任することが望ましいが，これが得られない場合にも裁判所の許可を得て辞任する道が認められるべきである。そこで，受託者につき，受託者の再生手続・更生手続の申立てあるいは，各手続開始の決定があった場合に，信託法57条2項の「やむを得ない事由」を広くとらえ，義務の衝突を生じうる場合には，原則として「やむを得ない事由」があったと考えるべきである[注10]。

3　双方未履行双務契約の解除の可能性の有無について

　以上のとおり，信託法57条2項の規定に基づき，再生手続・更生手続の申立てないし再生手続・更生手続開始の決定があった場合に受託者が辞任することができるとされる可能性はあるが，さらに，民事再生法および会社更生法上の規定に基づき，信託行為自体を双方未履行双務契約として解除（民再49条1項，

[注9]　「信託と倒産」実務研究会編・前掲（注1）185頁〔上田慎〕参照。
[注10]　受託者が倒産した場合の辞任については，「信託と倒産」実務研究会編・前掲（注1）188頁以下〔西原一幸〕が詳しい。

会更61条1項）する余地がないかも問題となりうる。

　この点につき，管財人・受託者のいずれの立場でも善管注意義務を負うという重い負担や，受託者の固有財産と信託財産が分別されるとしても，いずれに帰属するか明らかでない財産の扱いなど，事実上生じる問題は無視できないことなどを理由に，これを肯定できるのではないかとする指摘もある。

　しかし，受託者につき，再生手続・更生手続開始の決定がなされたとしても，信託財産に影響を与えない（倒産隔離）ことからすれば，たとえ，信託行為が双方未履行双務契約に該当するとしても，民事再生法49条1項，会社更生法61条1項に基づく解除はできないものと解される(注11)。このように考えても，上記で検討したとおり，信託法57条2項の「やむを得ない事由」にあたり，裁判所の許可を得たうえで受託者を辞任できるとすれば，実際上双方未履行双務契約として解除する必要性はないであろう(注12)。

　　　　　　　　　　　　　　　　　　◆森　　倫　洋＝上島　正道◆

(注11)　深山雅也「信託と倒産」道垣内弘人＝小野傑＝福井修編・新しい信託法の理論と実務〔金判増刊1261号〕(2007) 120頁参照。なお，倒産状態に至ったまたは倒産状態に至る具体的なおそれのある受託者について固有財産との分別管理を含めた信託事務遂行能力が低下するおそれ等にかんがみ，証券化・流動化取引において用いられる信託契約では，受託者について倒産手続開始の申立てがあった場合等を受託者の任務終了事由とすることが考えられると指摘されている（水野大「新信託法・改正信託業が証券化・流動化取引に及ぼす影響と実務対応」Lexis企業法務20号（2007）46頁参照）。このように，任務終了事由として定めることも有効な対応策の一つであるが，設問(1)で検討したとおり，再生手続・更生手続開始の申立てを行うことを任務終了事由とすることが，民事再生法ないし会社更生法の目的から制限される可能性があることには注意を要する。

(注12)　以上，全般につき，森倫洋「倒産手続から見た新信託法の問題——受託者の再建型倒産手続を中心に」事業再生と債権管理122号（2008）116頁参照。

Q10 信託財産破産

信託財産の破産制度とは，どのようなものですか。また，信託財産に対して破産手続開始の申立てをするのが相当な場合とは，どのような場合ですか。

A

　信託法の制定に伴い，信託財産の破産制度が破産法に創設され，信託財産について支払不能または債務超過の状態にあるときは，破産手続開始の申立てができることとされた。信託債権者および受益者の数，信託財産の規模，信託契約の内容等を勘案し，裁判所の監督の下に債権者間の公平を図りつつ破産管財人による清算手続を行う必要があるものについては，破産手続開始の申立てをするのが相当であると考えられる。

I　信託財産の破産制度の概要等

1　制度創設の理由

　信託法が制定される前においては，信託財産について破産手続を設ける必要はないと考えられていた。その理由としては，信託財産それ自体には法人格が認められず，また，信託財産を責任財産とする債権についても受託者が固有財産をもって弁済する義務を負う以上は，受託者に対する破産手続を設けておけば十分であるといった点が挙げられていた(注1)。

　しかし，①信託法の制定に伴い，限定責任信託（信託21条2項2号・216条以下）が新設され，また，信託財産に履行責任を限定する特約の有効性が確認された

（注1）　道垣内弘人『信託法入門』（日本経済新聞出版社，2007）230頁。

ため（信託21条2項4号），信託財産に属する財産のみを責任財産とする取引が増加することが想定される。さらには，②平成16年の信託業法の改正を契機に，十分な固有財産を有しない受託者が増加しており，受託者の固有財産をもってしても信託債権（同項2号）および受益債権（同項1号）に係る債務が履行できなくなる事態も生じうる[注2]。

そこで，このような場合に備えて，信託財産に破産能力を認め[注3]，信託財産の破産手続に関する特則が破産法に設けられた（破産法第10章の2，信託法の施行に伴う関係法律の整備等に関する法律〔以下「整備法」という。〕68条）。なお，信託財産の再建型倒産処理手続に関しては，信託財産は財産の集合体にすぎず，これについてのれん等の財産的価値を計上できるか明確でなく，また，再建型倒産処理手続を利用するニーズも定かでないこと[注4]などから，これを設けないこととされた。

2 特則の概要

前記のとおり，信託財産についても破産能力が認められたことから，信託財産について，通常の破産手続が適用されることはもちろんであるが，次のような特則も適用される。以下，破産法の規定の順番に従い概説する。

(1) 管　　轄

(a) 国際裁判管轄　信託財産に属する財産の所在地または受託者の住所が日本国内にあるときに限って信託財産についての破産手続開始の申立てをすることができる（破244条の2第1項）。すなわち，信託財産に属する財産が日本国内にある場合のみならず，信託財産の管理処分権者である受託者の住所が日本国内にある場合にも，管轄が認められる。受託者が複数の場合には，そのうちのいずれかの住所が日本国内にあれば管轄が認められると解される[注5]。

（注2）　竹下守夫編集代表『大コンメンタール破産法』（青林書院，2007）1013頁〔村松秀樹〕。
（注3）　信託財産と同様に，帰属主体が別に存在する財産を単位として破産能力が認められ，破産手続の特則が設けられているものとして相続財産がある（破産法第10章参照）。
（注4）　深山雅也「信託と倒産」道垣内弘人＝小野傑＝福井修編・新しい信託法の理論と実務〔増刊〕金判1261号（2007）122頁。
（注5）　竹下編集代表・前掲（注2）1013頁〔村松〕。

(b) **土地管轄等**　信託財産の破産事件の管轄は，①受託者の住所地を管轄する地方裁判所（破244条の2第2項），②これによる管轄裁判所がないときは，信託財産に属する財産の所在地（債権については，裁判上の請求をすることができる地）を管轄する地方裁判所となる（破244条の2第3項）。さらに，破産債権者が多数に及ぶ大規模事件の管轄の特例（破5条8項・9項）も適用され，複数の管轄裁判所がある場合には，先に申し立てられた裁判所が管轄することとなる（破244条の2第5項）。

(2)　**破産手続の開始**
(a) **破産手続の開始原因**　信託財産の破産手続開始の原因は，支払不能または債務超過である（破244条の3）。

(ア)　**支払不能**　「支払不能」とは，信託財産による支払能力を欠くため，一般的かつ継続的に，弁済期にある信託財産責任負担債務（信託2条9項。信託債権および受益債権に係る債務をいう。以下同じ。）を受託者が弁済できない状態をいう。信託財産責任負担債務に係る債権者は，受託者の固有財産にも執行することができるが，その場合には，受託者はその弁済額について信託財産から償還を受けるため，結局，信託財産の負担は異ならない。そのため，信託財産の破産手続開始の原因としての「支払不能」の判断においては，受託者の固有財産は考慮されない[注6]。

(イ)　**債務超過**　「債務超過」とは，受託者が信託財産責任負担債務について信託財産に属する財産では完済することができない状態，すなわち，信託財産責任負担債務の総額が信託財産に属する資産の総額を上回る状態をいう。信託財産責任負担債務の評価においては，残余財産の給付を内容とする受益債権（信託182条1項1号参照）に係る債務は，その性質上，考慮されない。また，未発生の受益債権に係る債務も同様と考えられる。

(b) **申立権者**　信託財産について破産手続開始の申立てをすることができるのは，①債権者（信託債権者および受益債権者）または②信託財産に属する財産の管理処分権を有する者（受託者，信託財産管理者，信託財産法人の管理人，管理命

[注6]　竹下編集代表・前掲（注2）1020頁〔村松〕。

令〔信託170条1項〕における管理人。以下「受託者等」と総称する。）である（破244条の4第1項）。なお，信託財産については，信託が終了した後（信託177条・176条）であっても，残余財産の給付が終了するまでの間は，破産手続開始の申立てをすることができる（破244条の4第4項）。

(3) 破産財団の範囲

破産手続開始の時において信託財産に属する一切の財産（外国にある財産も含む。）は，破産財団となる（破244条の5）。したがって，受託者の固有財産および他の信託の信託財産に属する財産は破産財団とはならない。

(4) 受託者等の説明義務等

信託財産は財産の集合にすぎず，法主体性を有しないことから，信託財産の破産手続においては「破産者」に相当する者が存しない。そこで，信託財産に属する財産の管理処分権を有する受託者等および受託者等であった者に説明義務が課されている（破244条の6第1項1号・2項）。さらに，受益証券発行限定責任信託（信託248条1項）における会計監査人および会計監査人であった者も，信託についての計算関係書類を監査することを任務とすることから，説明義務が課されている（破244条の6第1項2号・2項）。

また，受託者等は，重要財産開示義務（破41条）を負う（破244条の6第4項）ほか，個人である場合に限って，居住制限（破37条）および引致（破38条）の規定が準用される（破244条の6第3項）。

(5) 信託債権者および受益者の地位

(a) **手続参加**　信託債権者は，受託者が信託財産に属する財産のみをもってその履行責任を負う場合（信託21条2項参照）を除き，信託財産に属する財産に加えて，受託者の固有財産にも強制執行等をすることができる。そこで，信託債権者および受益者は，受託者に破産手続が開始された場合であっても，債権の全額について信託財産の破産手続に参加することができることとされた（破244条の7第1項）。これは，全部義務者が複数存する場合において，その全員について破産手続開始の決定があったときは，債権者は債権の全額につ

いて各破産手続に参加することができるとされているのと同様である。
　(b) 信託債権と受益債権との優先関係　信託財産の破産手続においては，実体法上の優先関係（信託101条）が反映され，信託債権が受益債権に優先する（破244条の7第2項）。すなわち，受益債権は約定劣後破産債権と同順位であるとされ（破244条の7第3項本文），配当の順序は，信託債権（優先的破産債権，一般の破産債権，劣後的破産債権の順）の後に受益債権および約定劣後破産債権に対して債権額に応じた配当がされることとなる。

(6)　受託者の地位
　受託者の信託財産に対する費用等の償還請求権（信託49条1項）および報酬請求権（信託54条1項）は，実質的には信託財産に対する請求権であるため，破産債権と構成することが合理的であるから，金銭債権とみなされる（破244条の8）。なお，受託者がこれらの請求権に基づいて破産手続に参加することができることはもちろんであるが，危機時期に受託者が権利行使した場合には，一部債権者に対する偏頗行為否認の対象となりうることにも注意を要する（破244条の10参照）。
　また，破産手続開始の決定後は，破産財団に属する財産（信託財産に属する財産）の管理処分権は破産管財人に専属する（破2条14項・78条1項）。したがって，破産手続係属中は，受託者は，信託財産に属する財産の管理処分に関係しない権限（信託の変更，併合等への合意に関する権利〔信託149条・151条〕，信託の変更を命ずる裁判の申立権〔信託150条〕，破産手続開始の決定前の費用償還請求権〔信託48条〕，報酬請求権〔信託54条〕等）を除いて，信託に関する権限を有しないこととなる。

(7)　固有財産等責任負担債務に係る債権者の地位
　固有財産等責任負担債務とは，受託者の固有財産または他の信託財産に属する財産のみをもって履行責任を負う債務をいい（信託22条1項），当該債務に係る債権者は，信託財産に属する財産に対して強制執行等ができない（信託23条1項）。したがって，固有財産等責任負担債務に係る債権は，信託財産の破産における破産債権とはならず，信託財産について破産手続開始の決定があったとしても，当該債権を有する者は，破産債権者として権利行使ができない（破

244条の9）。

(8) 否認権

前記のとおり，信託財産の破産手続においては「破産者」に相当する者が存しないため，否認権に関する規定（破産法第6章第2節）の適用については，信託財産に属する財産の管理処分権を有する受託者等が信託財産に関してした行為を破産者がした行為とみなすこととされている（破244条の10第1項）。

また，信託財産の破産手続において，受託者等および受益証券発行限定責任信託における会計監査人は，いわゆる内部者に相当するため，①これらの者は，否認対象行為の当時，受託者等が隠匿等の処分をする意思を有していたことを知っていたものと推定され（破244条の10第4項），また，②偏頗行為否認において，受託者等または会計監査人が相手方である場合には，行為の当時，支払不能であったことまたは支払停止があったことなどについて知っていたものと推定される（破244条の10第3項）。

(9) 破産管財人の権限

受益者は，受託者が信託目的に従って信託財産を管理処分するように，受託者を監督するための権限を有するが，信託財産について破産手続が開始された場合には，破産管財人が一元的にこの権限を行使した方が相当な場合がある。そこで，受託者の権限違反行為の取消権等の破産法244条の11第1項各号に掲げる行為については，破産管財人が行うものとされた（破244条の11第1項）。

また，受託者等または会計監査人に対する責任追及を簡易・迅速に行うことができるように，受託者等または会計監査人に対する損害賠償請求権の査定の裁判等や，その財産に対する保全処分の手続も用意されている（破244条の11第3項）。

(10) 保全管理命令

受託者による信託財産の管理処分が失当である場合には，信託財産に属する財産を確保するために，破産手続開始の申立て直後において，受託者の財産管理処分権を喪失させることが相当である。もっとも，保全管理命令の発令は，

債務者が法人である場合に限定されている（破91条1項）ことから，信託財産の破産における破産法第3章第2節の規定の適用については，「債務者の財産（法人である場合に限る。）の財産」および「債務者の財産」との用語は「信託財産に属する財産」と読み替えられ，信託財産の破産の場合においても，保全管理命令を発令しうることとされた（破244条の12）。

(11) **破産債権者の同意による破産手続廃止の申立て**

信託財産の破産手続においては「破産者」に相当する者が存しないため，受託者等に信託財産の破産における破産債権者の同意による破産手続廃止の申立権（破218条1項）が付与されている（破244条の13）。また，受託者等が数人いる場合には，それぞれが独立して同意破産手続廃止の申立てをすることができる（破244条の13第2項）。なお，破産者が法人である場合と同様に（破219条），受託者等が同意破産手続廃止の申立てをするには，信託の変更に関する規定に従い，あらかじめ，当該信託を継続する手続（信託149条1項）をする必要がある（破244条の13第3項）。

(12) **経 過 措 置**

信託法の施行の日（平成19年9月30日）から信託財産の破産に関する特則（破産法第10章の2）が適用されている（整備法1条）。もっとも，旧信託法の下での信託（新信託法の施行日の前日までに効力を生じた契約による信託および施行日の前日までに遺言によってされた信託）については，①信託行為に信託法の適用を受ける旨の定めがされている場合，②委託者，受託者および受益者の合意による変更により信託法が適用されるとした場合に限って，信託財産の破産手続の特則が適用される（整備法2条・3条1項）。

また，上記の①および②の場合には信託財産の破産に関する特則が適用されるものの，信託法の施行日前にされた行為の取引の安全を図るため，信託法の施行日前にされた行為については，否認に関する規定（破244条の10，破産法第6章第2節）は適用されない（整備法69条1項）。さらに，相殺の禁止についても，信託法の施行前に生じた相殺への期待を保護するため，①信託法の施行日前に破産債権者につき受託者に対する債務（信託財産に属する債権に係る債務に限る。以

下同じ。）の負担の原因が生じたときにおける破産債権者による相殺の禁止、②信託法の施行日前に受託者に対して債務を負担する者につき破産債権の取得の原因が生じたときにおける当該者による相殺の禁止に関する規定（破71条・72条）は適用されない（整備法69条2項）。

II 信託財産に対して破産手続開始の申立てをするのが相当な場合

1 破産手続が適用される信託財産の範囲

　通常の信託においては、信託債権が複数発生し、それらについて支払不能が生ずることは一般的には想定しがたい。そこで、破産手続が適用される信託財産の範囲を、「事業を目的とする信託」または「限定責任信託」に限定することも考えられる。

　しかしながら、「事業を目的とする信託」に限定した場合には、「事業」という概念が破産手続の適用の有無を分かつ基準となるところ、その内容を明確に規定することは困難であるため、その該当性について争いが生じ、信託財産の円滑かつ迅速な清算が阻害されるおそれがある。また、理論的には、無限責任社員の存する合名会社についても破産手続の適用があることとの平仄から、限定責任信託のみならず、受託者がその固有財産でも責任を負う信託の信託財産に破産手続の適用があるとすることも矛盾しない。さらには、破産手続には債権者が少人数の場合の簡易な手続も用意されていること等からすれば、実際上も、通常の信託に破産手続の適用を認めたとしても不都合はないと考えられる。以上の考慮から、破産手続が適用される信託財産の範囲に限定が付されなかったものである。

2 破産手続開始の申立てをするのが相当な場合

　上記のとおり、すべての信託財産について破産手続の適用があることとされた。しかし、実際には、信託債権者および受益者の数、信託財産の規模、信託契約の内容等を勘案して、裁判所の監督の下に債権者間の公平を図りつつ破産

管財人による清算手続を行う必要があるものについて，破産手続が利用されることになると考えられる。具体的には，事業を目的とする信託において，信託財産に属する財産によって多数の者に損害を与えたような場合などが想定される。このような場合には，多数の信託債権者または受益者が存在し，その間の公平を図る必要が高いことから，債権者間の公平を期すためにも，破産手続開始の申立てをするのが相当であるといえる。

◆髙山　崇彦◆

Q11 受益債権の取扱い・倒産不申立特約

(1) 受益債権とは何ですか。また，信託財産の破産手続では，どのように取り扱われますか。
(2) 資産流動化取引における，いわゆる倒産不申立特約は有効ですか。

A

(1) 受益債権とは，信託行為に基づいて受託者が受益者に対して負う債務であって信託財産に属する財産の引渡しその他の信託財産に係る給付をすべきものに係る債権をいい，信託法においては，受益権とは別個の概念として整理されている。また，受益債権は，信託財産の破産手続においては，原則として，破産債権として取り扱われるが，将来発生する受益債権については，個別に検討する必要があるので，注意を要する。
(2) 債務者がすべての債権者とした倒産不申立特約は有効であるが，一部の債権者とのみした場合には無効であると考えられる。また，債権者がした倒産不申立特約は有効である。

I 受益債権

1 受益権との関係

受益債権とは，信託行為に基づいて受託者が受益者に対して負う債務であって信託財産に属する財産の引渡しその他の信託財産に係る給付をすべきものに係る債権をいう（信託2条7項）。これに対して，受益権とは，受益債権およびこれを確保するために信託法の規定に基づいて受託者その他の者に対し一定の行為を求めることができる権利（帳簿等の閲覧請求権〔信託38条〕等）をいい（信託

2条7項），受益債権が個別の財産給付に係る債権であるのに対し，受益権はこれら受益者の有する各種権利の総体または包括的な地位を意味する概念であると整理される[注1]。

たとえば，「甲が所有するマンションを信託会社に信託譲渡し，信託会社は受益者である乙に対して，毎月末日に賃料収入から費用等を控除した金額を支払い，7年後には当該マンションを引き渡す。」旨の内容が信託行為において定められている場合には，乙は，①受益者の有する権利の総体としての「受益権」を有するとともに，②7年後を弁済期とするマンションの引渡請求権，1か月が経過するごとに金銭の支払を受ける請求権を生じさせる定期金債権（基本権）およびこれに基づいて1か月が経過するごとに発生する金銭の支払を受ける定期給付債権（支分権）という受益債権を有することとなる。

また，受益債権の履行遅滞による損害賠償請求権も，受益債権に含まれると考えられる。この場合において，履行遅滞について受託者に過失があるときは，受託者は信託財産から支払った損害金について損失てん補責任を負うこととなり，また，過失がないときは，受託者がその固有財産で責任を負う必要はないと考えられる[注2]。

2　受益債権の譲渡性

受益権の譲渡性については，信託法に規定が設けられ明確化された（信託93条）が，受益債権は受益権とは独立した権利であるから，受益権と切り離して譲渡することも当然に可能であると考えられる。もっとも，受益債権は受益権の本質的な要素であるから，受益権とは別に，受益債権の全部の譲渡をすることはできないと考えられる。また，受益債権と受益権とは別個のものであるから，受益債権の譲受人が直ちに受益者になるのではなく，譲受人が受益者となるためには，受益権自体の譲渡を受ける必要がある。

（注1）　能見善久『現代信託法』（有斐閣，2004）173頁。
（注2）　村松秀樹＝富澤賢一郎＝鈴木秀昭＝三木原聡『概説新信託法』（金融財政事情研究会，2008）230頁。

3 物的有限責任

　受託者は，受益債権に係る債務については，信託財産に属する財産のみをもってこれを履行する責任を負う（信託100条）。すなわち，受益債権に係る債務については，信託財産に属する財産のみが責任財産となるため，受益者は，受託者の固有財産に属する財産に対しては，受益債権に基づいて強制執行をすることができない(注3)。

　そもそも信託とは，受託者が一定の目的に従って特定された財産の管理・処分等をすることをいうのであるから（信託2条1項），信託財産に属する財産の引渡しその他の信託財産に係る給付に関する責任は信託財産に限定される。そのため，受託者には，信託財産に属する財産と固有財産および他の信託の信託財産に属する財産とを分別して管理する義務が課されている（信託34条1項）。なお，受益者が受託者に対して，受益債権の履行を求める訴えを提起した場合における判決主文は，「被告（受託者）は，原告（受益者）に対し，別紙物件目録記載の財産（信託財産）の範囲で，○○円を支払え。」という留保つきになるものと考えられる。

4 消滅時効

　受益債権の消滅時効は，原則として，債権の消滅時効の例による（信託102条1項）。すなわち，民事信託における受益債権の消滅時効期間は10年，商事信託における受益債権の消滅時効期間は5年となる。また，債権の消滅時効は，「権利を行使することができる時」（民166条1項等）から進行するところ，受益者であれば当然に受益債権を行使できるため，受益者として指定されたことを知らない間に受益債権が時効消滅してしまう事態を生じうる。このような不都合を防ぐため，受益債権の消滅時効は，受益者が受益者としての指定を受けたことを知るに至るまでの間（受益者が現に存しない場合には，信託管理人が選任される

（注3）　受益者が受託者の固有財産に属する財産に対して強制執行をした場合には，受託者は，異議の訴えを提起することができると考えられる。なお，逆に，受託者の一般債権者が信託財産に属する財産に対して強制執行をした場合には，受託者または受益者は異議の訴えを提起できることが明文で認められている（信託23条1項・5項・6項）。

までの間）は進行しないこととされている（信託102条2項）。なお，受託者が消滅時効を援用するには，その公平義務との関係から[注4]，信託法102条3項各号に掲げる要件を充たすことを要し，また，20年の除斥期間に服する（同条4項）。

II 信託財産の破産手続における受益債権の取扱い

1 破産手続開始の原因

信託財産の破産手続開始の原因は，支払不能または債務超過である（破244条の3）。このうち「債務超過」とは，受託者が信託財産に属する財産のみでは信託財産責任負担債務（信託2条9項。信託債権および受益債権に係る債務をいう。以下同じ。）を完済することができない状態，すなわち，信託財産に係る資産の総額が信託財産責任負担債務の総額を下回る状態をいう。この要件は，限定責任信託に限らず，それ以外の信託財産の破産についても適用される。以下，資産と負債とに分けて検討する。

(1) 信託財産に係る資産の範囲・評価

信託財産に係る資産とは，信託財産に属する一切の財産をいう。そして，破産手続開始原因としての債務超過の判断における資産の評価については，争いがあるものの，近時は，少なくとも事業活動が継続している場合には，清算価値ではなく継続事業価値によるべきであるとする見解が有力であり[注5]，これは信託財産の破産においても同様であると考えられる。したがって，いわゆる事業信託においては，信託の対象となる事業を継続するものとして評価した金額の総額が信託財産に係る資産の評価額となる。

(2) 信託財産に係る負債の範囲

信託財産に係る資産と対比される負債は，信託財産責任負担債務（信託21条

(注4) 村松ほか・前掲（注2）235頁参照。
(注5) 竹下守夫編集代表『大コンメンタール破産法』（青林書院，2007）69頁〔世森亮次〕，伊藤眞『破産法・民事再生法〔第2版〕』（有斐閣，2009）85頁ほか。

1項）である。ただし，信託の清算が終了した後の残余財産の給付を内容とする受益債権（信託182条1項1号参照）に係る債務は，破産手続開始の原因としての債務超過の判断における負債の範囲には含まれない。これは，仮に破産手続の終結時に残余財産が存する場合には，信託の清算手続によって，残余財産の給付を受けることができるという当該受益債権の権利の内容に由来するものである。したがって，当該受益債権のみを有する受益者は，権利の性質上，破産手続において配当を受けることができないから，債務超過を原因としてはもちろんのこと，支払不能を原因としても，信託財産破産の申立てをすることはできないと考えられる(注6)。

　では，将来発生することが予定されている受益債権は，債務超過の判断における信託財産責任負担債務に含まれるであろうか。破産手続開始の原因としての債務超過の判断において将来債権をどのように取り扱うかという問題は，信託財産の破産に固有の問題ではなく，およそ破産手続開始の申立てに関して一般的に生じるものであるが，信託財産破産の場合には，信託行為によって将来発生する受益債権が広く予定されている場合が多いことから特に影響を及ぼす場面が多い。

　将来発生する予定の受益債権は，次の2つに類型化することができる。1つは，信託財産の状況に関係なく一定の時期が到来すれば確定額を定期的に受領することができる受益債権（以下「定期金型」という。）であり，もう1つは，一定の期間における信託財産の運用状況に応じて，利益が生じている場合には配当を受領することができる受益債権（以下「実績配当型」という。）である。まず，定期金型については，期限の到来によって受益債権が発生すること自体はすでに信託行為により確定していることからすれば，期限が未到来の場合であっても，その発生の確実性を認識しうることから，信託財産責任負担債務に含まれると考えられる。これに対して，実績配当型については，利益が生じて初めて受益債権が発生するものであり，破産手続が開始された場合はもちろんのこ

（注6）　この意味で，信託の清算が終了した後の残余財産の給付を内容とする受益債権に係る受益者は，株主に類似する。株主も残余財産請求権を有しているが，破産手続においては配当を受けることができず，また，破産手続開始の申立権も認められていない（破18条・19条参照）。

と，破産手続開始の申立てがされた時点においても，将来において，実績が生じることは想定しえない場合がほとんどであろう。そうだとすれば，実績配当型については，その発生の確実性を認識しえないことから，信託財産責任負担債務には含まれないと考えられる[注7]。

2 受益者の地位

(1) 手続参加

受益者は，信託財産について破産手続開始の決定があった場合には，受託者に破産手続が開始された場合であっても，破産手続開始の時において有する債権の全額について破産手続に参加することができる（破244条の7第1項）。この点について，通常の破産債権者と異なるところはない。もっとも，前記のとおり，信託の清算が終了した後の残余財産の給付を内容とする受益債権または将来発生する実績配当型の受益債権のみを有する受益者については，破産手続開始の時において具体的な債権の発生を認識できないことから，破産手続に参加することはできないと考えられる。

(2) 信託債権との優先関係

受益債権は信託債権に劣後する（信託101条）。このような実体法上の優先劣後関係を受けて，破産手続においても，受益債権は信託債権に劣後する（破244条の7第2項）。すなわち，受益債権は約定劣後破産債権と同順位であるとされ（破244条の7第3項本文），信託債権の配当後に受益債権および約定劣後破産債権に対して債権額に応じた配当がされることとなる。

受益債権および信託債権は，いずれも信託財産に属する財産を責任財産とするが，受託者の信託事務処理によって信託財産の価値が維持・増加して受益者が利益を得るという関係にあることにかんがみれば，信託事務処理によって生

(注7) そもそも「債務超過」は，その有する財産のみが債権者への弁済の基礎となる物的会社，信託財産および相続財産についてのみに特に認められた破産手続開始の原因であることからすれば，その判断に際しては，当該時点において発生している債務のみを形式的に対象にすべきであるとして，定期金型と実績配当型の区別なく，およそ将来債権は信託財産責任負担債務には含まれないとする見解もある（浅田隆ほか「〔座談会〕銀行から見た新たな信託法制─想定され得る設例を契機に」金法1810号（2007）22頁〔村松秀樹発言〕）。

ずる信託債権が受益債権に優先するとすることが公平であることから，このような規律が設けられたものである。

III　倒産不申立特約（申立権放棄特約）の効力

1　倒産不申立特約の必要性

　信託を用いた資産流動化取引においては，スキームの確実性を期するため，オリジネーターの信用状態から受託者を隔離する倒産回避措置が採られている。この倒産回避措置には，①受託者が倒産状態に陥ることを予防するもの（倒産予防措置）と，②すでに倒産状態に陥った受託者について，法的倒産手続を開始させないようにする措置（倒産手続防止措置）とがある(注8)。倒産不申立特約は，このうち倒産手続防止措置にあたるものであり，債務者（受託者）自身が法的倒産手続開始の申立てをしないことを債権者と合意する場合と，債権者（信託債権者および受益者）が受託者について法的倒産手続開始の申立てをしないことを受託者と合意する場合とに分かれる。そこで，以下においては，法的倒産手続のうち，破産手続に関するこのような合意（特約）の効力について検討する。

2　債務者（受託者）の倒産不申立特約の効力

　債務者は，債権者との合意により破産手続開始の申立権を放棄することができるであろうか。

　債務者は破産手続開始の申立てをすることによって，債権者からの個別執行を免れ，免責により経済的再生を図るという利益を受けることができる。このような利益を債務者自身が放棄することは私的自治の原則からしても可能であると考えられる(注9)。

（注8）　山本和彦「債権流動化スキームにおけるSPCの倒産手続予防措置」金融研究17巻2号（1998）106頁。
（注9）　もっとも，オリジネーターや金融機関との力関係から，受託者が倒産不申立特約をどうしても受け入れざるをえない状況にあるときは，債務者自身の利益放棄という観点からみて，

もっとも，債務者に破産手続開始の申立権が付与されている趣旨には，上記のような債務者自身の利益のみならず，裁判所の監督の下に債権者間の公平を図りつつ破産管財人によって総債権者に対する配当を行うという公益的な側面も存する。このような観点からすれば，債務者が一部の債権者との間でのみ倒産不申立特約をしたとしても，公序に反して無効と解さざるをえない。特に債務者に比して強い立場にある債権者との間の合意であれば，なおさら，その傾向が強いといえよう(注10)(注11)。

　では，すべての債権者との間において，債務者が倒産不申立特約を締結していた場合はどうであろうか。この場合には，破産手続における利害関係人のすべてが同意しているのであるから，前記の公益的な観点からしても，倒産不申立特約の効力を否定する理由はないと考えられる。もっとも，実務上は，債務者が破産手続開始の申立てをした時点におけるすべての債権者と倒産不申立特約を締結することは困難であると考えられるが，資産流動化スキームにおいて，債権者の範囲が限定されているような場合には，このような処理も可能であろう(注12)。

　　　　例外的に，倒産不申立特約は公序に反して無効と解される余地があるとの指摘がされている（山本・前掲（注8）113頁）。
(注10)　債務者が一部の債権者（債務者の労働組合）との間で，破産手続を申し立てるには事前の協議を要する旨の合意があったにもかかわらず，債務者が労働組合との事前協議をせずに破産手続開始の申立てをしたため，その適法性が問題となった事案において，東京高決昭57・11・30下民集33巻9～14号1433頁は，「破産手続は，……いわば総債権者のためのものであって，一部の債権者その他の権利者との間の合意によってその申立てを制限されるとするのは相当でない」旨を判示している。
(注11)　井上聡編著『新しい信託30講』（弘文堂，2007）126頁は，受託者が信託財産から費用等の償還または費用の前払いを受けることができる限り，信託財産が費用等の償還または前払いに不足すれば，委託者または受益者に対して「相当の期間内に委託者または受益者から費用等の償還または前払いを受けないときは信託を終了させる」旨を通知したうえで，相当期間経過後において費用等の償還または前払いを受けないことをもって信託を終了させることも可能であるから（信託52条），受託者にこのような手段が留保されている限り，債務者（受託者）の倒産不申立特約が公序に反して無効と解される余地は少ないとも考えうれるのではないかと指摘する。
(注12)　井上編著・前掲（注11）126頁は，リース債権の証券化取引について，このような可能性について指摘する。

3　債権者(信託債権者または受益権者)の倒産不申立特約の効力

　債権者は債務者との合意により,債務者に対する破産手続開始の申立権をあらかじめ放棄することができるであろうか。

　この点に関しては,前記の破産手続の公益的観点から否定する見解もある[注13]。しかし,民事訴訟における不起訴の合意,控訴権の放棄(民訴284条)や,民事執行における不執行の合意が認められていることとの平仄からすれば,同じ民事手続である破産手続における破産手続開始の申立権の放棄も認められるものと考えられる[注14][注15]。

　したがって,倒産不申立特約をした債権者が債務者に対して破産手続開始の申立てをし,破産手続開始の決定がされた場合には,債務者および他の債権者は,当該特約の存在を理由として即時抗告をすることができるものと考えられる(信託23条1項)。

◆髙 山　崇 彦◆

(注13)　加藤正治『破産法要論〔訂正増補版〕』(有斐閣,1950)277頁,石原辰次郎『破産法和議法実務要覧〔全訂版〕』(酒井書店,1981)316頁ほか。
(注14)　斎藤秀夫＝麻上正信＝林屋礼二編『注解破産法(下)〔第3版〕』(青林書院,1999)680頁。
(注15)　山本・前掲(注8)121頁は,債権者による倒産不申立特約の有効性を認めながらも,破産手続が後見的に総債権者間の公平を図る役割をも有していることを考慮して,債権者が専門家ではなく個人投資家であるような場合に,一律に約款によって倒産不申立特約を合意させたりすることは問題であり,不執行の合意も併せてしたり,特約の有効期間を設けるなど,一定の制限を設けることが必要であると指摘する。

Chapter 5

信託と知的財産法

Q1 信託を利用した知的財産権の活用

知的財産を信託の目的としてその利用を図ることが期待される信託の利用方法を教えてください。

A

　知財信託の利用方法として，知的財産の管理と知的財産を利用した資金調達が考えられる。管理のための知財信託を管理型の知財信託といい，資金調達のための知財信託を資金調達型の知財信託という。いずれの知財信託についても活用の途が模索されているが，デメリットを明確に凌駕するメリットがないため，期待されていた成果はあがっていないのが現状である。

Ⅰ はじめに

　知的財産とは、法律上、「発明、考案、植物の新品種、意匠、著作物その他の人間の創造的活動により生み出されるもの（発見又は解明がされた自然の法則又は現象であって、産業上の利用可能性があるものを含む。）、商標、商号その他事業活動に用いられる商品又は役務を表示するもの及び営業秘密その他の事業活動に有用な技術上又は営業上の情報をいう」（知財基2条1項）と定義されている[注1]。

　近時のわが国は、いわゆる知財立国を目指して、各種の政策を打ち出しているが、知的財産の信託もその一つと位置づけられる。すなわち、知財立国の実現のためには、知的財産のさらなる活用が求められるが、その一つのツールとして、信託制度の利用が検討されている。

Ⅱ 知的財産の受託可能性

　信託法上は、受託可能な財産の要件は、①金銭に見積もることができるものであること、②積極財産であること、③委託者の財産権から分離・移転することができる財産であること、④特定可能であることと解されている。したがって、知的財産権も、これらの要件を充足する限り、受託可能な財産ということになる[注2]。また、知的財産法においても、たとえば、特許登録令56条以下（実用新案登録令7条、商標登録令10条、意匠登録令7条にて特許登録令56条以下準用）、著作権法施行令35条以下に、知的財産権の信託の登録に関する規定が定められていることからも明らかなとおり、知的財産権の信託がなされることが予定されていたといえる。

　しかるに、平成16年改正前の信託業法（以下「旧信託業法」という。）4条は、

（注1）　なお、法律上、「知的財産権」とは、「特許権、実用新案権、育成者権、意匠権、著作権、商標権その他の知的財産に関して法令により定められた権利又は法律上保護される利益に係る権利をいう」と定義されている（知財基2条2項）。

（注2）　たとえば、著作者人格権および発明者名誉権については、金銭に見積もることができないから、受託可能な財産ではないことになる。他方、特許を受ける権利は、譲渡可能なものであるから（特許33条1項）、受託可能な財産である。

信託会社が受託可能な財産として，①金銭，②有価証券，③金銭債権，④動産，⑤土地およびその定着物，⑥地上権および土地の賃借権の6種類を制限列挙していたため，知的財産権の信託を信託銀行が受託することはできなかった。つまり，信託業法の改正前は，知的財産権の信託がなされる例は限られていた。

しかし，信託に対する社会的ニーズの高まりとともに，受託可能な財産を制限列挙する旧信託業法4条は時代遅れとなった。そこで，改正信託業法においては，旧信託業法4条に相当する規定は設けられておらず，結果的に，信託法上受託可能とされる財産権一般について信託会社による受託が認められるようになった。

以上のとおり，現行法上は，信託会社が知的財産を信託財産として受託することが可能となっており，現に，いくつかの実例(注3)も現れている(注4)。そして，知的財産の信託（以下，単に「知財信託」という。）は，大別すると，管理型と資金調達型とに分かれる。以下，管理型知財信託と資金調達型知財信託のそれぞれについて若干の解説を加える。

III 管理型知財信託

1 総論

管理型知財信託としては，信託業法上，企業グループ内における知財の一括管理のための手段としてのグループ内信託のための規定（信託業51条）と大学等の研究機関の研究成果の民間移転のための手段としてのTLO（Technology Licensing Office）信託のための規定（信託業52条）が整備されている。

(注3) 特許権信託の例として，三菱UFJ信託銀行の取組みがある（中央知的財産研究所研究報告21号「知財信託について」(2007) 19頁。）。
(注4) ただし，平成16年信託業法改正当時に期待されていたほど活発化はしていない。その理由として，兼業制限の存在が指摘されている（道垣内弘人＝井上聡＝沖野眞已＝吉元利行「パネルディスカッション 新しい信託法と実務」ジュリ1322号 (2006) 35頁）。

2 グループ内信託

(1) グループ内信託の意義

グループ内信託とは,「同一の会社集団に属する者の間における信託」であり,以下のすべての要件を満たす信託をいう（信託業51条1項,信託業規52条）。

① 委託者,受託者および受益者が,同一の会社集団に属する会社であること
② 資産の流動化に関する法律（以下「資産流動化法」という。）上の特定目的会社が受益者である場合には,当該特定目的会社が発行する資産対応証券を受託者と同一の会社集団に属さない者が取得していないこと
③ 信託の受益権に対する投資事業に係る匿名組合契約,組合契約または投資事業有限責任組合契約が受託者と同一の会社集団に属さない者との間で締結されていないこと
④ 社債券（相互会社の社債券を含む。）またはCP（資産流動化法上の特定約束手形を除く。）の発行を目的として設立または運営される会社が受益者である場合には,当該有価証券を受託者と同一の企業グループに属しない者が取得していないこと
⑤ 当該信託の受益権,上記②の資産対応証券,上記③に係る匿名組合持分,任意組合持分または投資事業有限責任組合持分,上記④の有価証券その他これらに類する権利を担保とする貸付契約が,受託者と同一の企業グループに属しない者との間で締結されていないこと
⑥ 上記①から⑤の要件のいずれかを満たさなくなった場合には,委託者および受益者の同意なく,受託者がその任務を辞することができる旨の条件が信託契約において付されていること

グループ内信託について,内閣総理大臣に対する事前の届出で足り（信託業51条2項）,免許や登録が不要とされるのは,信託関係が企業グループ内で完結するため,第三者に特段の不利益を与えるものではなく,過度な規制は不要であるとの判断によるものである。したがって,この趣旨に反するような利害関係人が存在する（またはその可能性がある）信託は,信託業法51条が定める特例制度を用いることができない。上記②から⑤の要件は,実質的な第三者が利害関

係人として関与している信託について，企業グループ内信託の特例の適用を排除するために，規定されたものといえる。

(2) グループ内信託のメリット・デメリット

　グループ内信託においては，知的財産の帰属が受託者に集中するので，知的財産の一括管理が可能となり，効率的な知財管理に有益であるといわれている。また，信託の倒産隔離機能により，特許権者である受託者が倒産しても，ライセンス契約は影響を受けない。さらに，知的財産を管理会社に譲渡するスキームにおいては，知的財産の譲渡益が発生するとの問題があるが，グループ内信託においては，受益権の譲渡をともなわない限り，かかる問題は生じない。

　他方，グループ内信託導入にともなうコスト（従業員の教育・訓練，規定等の整備のための弁護士費用等）が発生する，特許権侵害が発生した場合，特許法102条1項・2項(注5)の適用を受けることができないのではないかという疑義が生じる等のデメリットがある。

3　ＴＬＯ信託

(1) TLO 信託の意義

　TLO とは，技術移転機関のことであり，信託業法上は，一定の要件の下，承認 TLO(注6)による信託の引受けについては，内閣総理大臣の登録を受けれ

(注5)　特許法102条1項・2項は，特許権者の逸失利益の立証の困難性を救済する観点から設けられた規定であり，簡単に述べると，同条1項は，侵害者の製品の譲渡数量に権利者製品の単位利益を乗じることにより得られた額を損害額とすることができる旨の規定であり，同条2項は，侵害者が得た利益を権利者の損害と推定する旨の規定である。いずれの規定も特許侵害訴訟において損害額を算定する際に多用されているところ，この規定の適用を受けるためには，権利者自身による特許権の実施が必要と解されており，他方，グループ内信託においては，受託者は管理者であり自ら実施をしないことが想定されているから，結局，グループ内信託における受託者は，特許権者に有利な規定である特許法102条1項・2項の適用を受けることができないという相対的に不利な立場に置かれることになる。この点につき，波多野晴朗＝戸崎豊「『特許権信託における特許法102条1項，2項の適用に関する考え方』について」NBL836号（2006）11～13頁を参照。

(注6)　TLO 事業の実施計画の承認を受けた TLO をいう。補助金の交付，債務保証等の公的支援を受けることができる。

ばたり，信託会社としての免許は不要である（信託業52条1項）。グループ内信託と異なり，届出ではなく登録を要する[注7]とされる理由は，TLO については，「事業計画承認後，業務運営をモニタリングして，改善を求めていく規定が不十分である」ためと説明されている[注8]。

(2) TLO 信託のメリット・デメリット
前記2(2)と同様である。

IV 資金調達型の知財信託

1 知的財産の流動化による資金調達

近時，特定の資産の生み出すキャッシュフローを引当てにしたファイナンスが盛んである。本項目においては，かかるファイナンスを一般のコーポレート・ファイナンスと対比してアセット・バック・ファイナンスということにする。他方，本項目においては，資産の流動化とは，原資産の原保有者（オリジネーター）が特定の資産を当該資産を保有することを唯一の目的とするビークル（SPV：Special Purpose Vehicle）に譲渡する一方，ビークルは，証券発行またはノン・リコース・ローンにより譲渡代金の原資を確保するというファイナンス手法をいうことにする。したがって，資産の流動化は，アセット・バック・ファイナンスの一類型として位置づけられることになる。

資産の流動化のオリジネーター側のメリットは，主として，①原資産のオフバランス化が可能になること，②相対的に低いコスト[注9]による資金調達が可能になることであり，投資家側のメリットは，①原資産よりも流動性が高い証券等に対する投資が可能になること，②自己の投資ポートフォリオに即したリスク・プロファイルを保有する資産に対する投資機会が拡大することが指摘で

（注7）　管理型信託会社と同様の扱いである。
（注8）　神田秀樹監修・著／阿部泰久＝小足一寿『新信託業法のすべて』（金融財政事情研究会，2005）194頁。
（注9）　コーポレート・ファイナンスとの対比においてこのようにいうことができる。

きる。

　知的財産による資金調達は，資産の流動化における「(原) 資産」として知的財産を想定するものである。

2　ビークルとしての信託の優位性

　ビークルの法形態は，信託，組合および法人に大別できる。このうち，ビークルとしての法人は，会社法，資産流動化法等の根拠法の規律に従う必要があること，二重課税（ビークルレベルと投資家レベルの2段階にて課税されること）の問題があること（税制上の優遇措置を受けられる場合(注10)を除く。）等の理由から，相対的にコストが高いといえる。また，ビークルとしての組合は，かかる問題点は回避されるものの，民法上の組合の場合には無限責任を負うことになるし，商法上の匿名組合の場合には投資家に受動性が要求されるため，営業者の行う投資判断に対する関与のあり方について慎重な検討を要するという問題点がある。

　これに対して，ビークルとしての信託は，①投資家である受益者の有限責任性を確保できること，②原則として二重課税の問題が生じないこと，③信託契約等に基づく柔軟な制度設計が可能であること，④受託者には財産の適切な管理能力が備わっており，ビークルとしての信託と別に管理者をアレンジする必要がないこと，⑤信託法および信託業法の各規律により，受託者の的確な信託事務の遂行を担保することができること等のメリットがあり，これらの点において，ビークルとしての信託には，組合および法人と対比して優位性があるといえる(注11)。

（注10）　この要件を充足させるための仕組み作りも容易ではないことがある。
（注11）　土井宏文「第4章　資金調達目的での知的財産信託の活用法」別冊 NBL 編集部編・知的財産信託の活用法〔別冊 NBL102号〕（2005）71頁以下。

V 知財信託（主として資金調達型信託に関して）の問題点（知財信託の普及を妨げている事由）

1 無効リスク

　知的財産のうち，特許，実用新案および意匠に関しては，知的財産権が無効審判により無効とされるリスクがある（特許123条）。特許権を例にとると，無効審判請求については，期間の制限はなく（特許権消滅後でさえも可能〔特許123条3項〕），請求人適格も制限がないと解するのが特許庁の実務である(注12)。さらに，その効果は遡及し，原則として，特許は初めから存在しなかったものとみなされる（特許125条1項本文。例外として同項ただし書）。これらの規律は，実用新案権および意匠権にも該当する（実用新案37条・41条，意匠48条・49条）(注13)。

　以上のとおり，特許権，実用新案権および意匠権については，常に相当程度の無効リスクがつきまとうものであり，これらの権利を資産として資金を調達することには相当の困難がともなう(注14)。

　他方，商標権については，無効審判請求(注15)には商標の設定登録から5年間という期間制限が基本的にはあるため，無効リスクは限定的ともいえる（商標47条）。しかし，商標権侵害訴訟において，無効審判請求の請求期間が経過した場合，商標法39条により準用される特許法104条の3に定める権利不行使の抗弁および商標の無効理由があることを基礎とする権利濫用の抗弁が許容されるか否かは議論のあるところであり，設定登録後5年経過した商標であっても，無効リスクがないとはいえない。また，そもそも，投資家の投資意欲を刺激するような商標の保有者の多くは優良企業であり，資産の流動化により資金を調達するニーズに乏しいと考えられる。

(注12)　類型化を志向するものとして，中山信弘『工業所有権法㊤特許法〔第2版増補版〕』（弘文堂，2000）240頁。
(注13)　唯一の制限は特許法167条である。
(注14)　たとえば，不動産の流動化の場合，土壌汚染等の例外的場合を除き，大地震等により建物が倒壊したとしても，土地の価値がゼロとなることはないと考えられるため，投資家・レンダーにとっては安心感がある。
(注15)　効果についての規律は特許権の場合と同様（商標46条の2）である。

著作権については，創作的な表現であることのみが成立要件であり，登録が成立要件ではないから，いったん登録され，権利として成立したものが，事後的に無効になることはないものの，他方，権利の成立については，諸般の事情から推認するほかないうえ，二次的著作物についても原著作者の著作権が及ぶこと（著作権28条）等の理由から，一つの著作物について複数の著作権が複層的に及んでいることがあり，権利処理が複雑であるという問題がある。かかる観点に加え，資産の流動化を実現するためには，資産の流動化にかかるコストを吸収できるだけのロット（1案件あたりの調達金額）の大きさおよびキャッシュフロー予測の確実性が必要になることに照らせば，著作権の流動化に適するのは，映画・ビデオゲームのシリーズもの，リメイクもの，漫画等の原作を映画化・ゲーム化したものということになろうか。

2　価値評価の困難性

　資産の流動化においては，対象資産の価値の客観的評価がなされることが不可欠である。この点，知的財産に関しては，無効リスクをさておくとしても，その評価はきわめて困難である。理論的には，知的財産から将来得られるキャッシュフローを見積もり，リスクに応じた割引率を乗じる方法（DCF法）によることが考えられるが，①将来キャッシュフローの見積もり，②割引率の設定の2点については，評価者の裁量による部分が大きく，客観性を担保することは困難である。知的財産に対する担保設定，強制執行の実行，事業目的の譲渡または流動化等を通じて知的財産の価値評価の事例が積みあがることにより，判断手法の精緻化・緻密化が図られることが期待されるが，他方，知的財産の価値の客観的評価が定まることが，知的財産に対する担保設定または流動化の前提条件でもあり，これらは，いわば鶏と卵の関係にある[注16]といえる。

（注16）　不動産の場合，流動化・証券化が活発化するはるか以前から不動産取引が存在し，かつ，不動産の評価基準が存在していた。つまり，不動産流動化・証券化の前提条件はすでに存在していたのである。通常の取引市場自体がきわめて小さい知的財産に関しては，信託という仕組みの利用についてどのような考察をしようとも，知的財産の流動化・証券化の前提条件が存在しない以上，実りは少ない。ブレイクスルーのための唯一の方策は，知的財産の流動化・証券化（信託を含む。）することが，経済的かつ明白なメリットをともなうような制度設計を行うことである。

3　特許法102条1項・2項の適用

　前掲（注5）に記載のとおり，知財信託の場合，特許権者たる受託者が自ら特許権の実施をしないことから，特許法102条1項・2項の適用がされず，知財信託を行うことにより，受託者が相対的に不利な立場に置かれるおそれがあるとの指摘がある。

(1)　特許法102条1項について

　第1に，特許法102条1項の適用について検討するに，特許法102条1項は，「特許権は特許発明を独占的に実施できるという権利であり，何人も権利者の許諾なしには実施できないのであるから，権利者の実施能力の範囲内では，侵害者が譲渡した数量分だけ権利者は販売の機会を喪失して損害を被ったと考えられるとの立場を表明したものであり，具体的な事案によって侵害者の営業努力や今日業者の存在等の要因によって権利者が販売できないとする事情がある数量が侵害者によって立証された場合には当該数量を控除してゆく，という新たな損害額の算定ルールを定めたものである」(注17)。他方，知財信託の場合には，特許権者たる受託者は自ら特許権の実施をしないのであるから，「販売の機会を喪失した」とはいえず，特許法102条1項の適用がないと解さざるをえない。

　もっとも，このように解しても，以下のとおり，特段の不都合はないと思われる。まず，管理型知財信託の場合には，委託者兼受益者が実施許諾を受けることになろうが（ライセンス・バック），委託者兼受益者が専用実施権または独占的通常実施権の許諾を受けるならば，委託者兼受益者が特許法102条1項の適用を受けることができる。信託の利益享受者は受益者であるから，委託者兼受益者が特許法102条2項の適用を受けることができるならばそれで十分であり，受託者について特許法102条1項の適用を受けるという結論を導く必要はないと思われる。この点，委託者兼受益者が非独占の通常実施権の許諾を受ける場合には，特許法102条2項の適用を受けることができないが，この場合には，

(注17)　中山信弘編著『注解特許法(上)〔第3版〕』（青林書院，2000）102頁〔青柳昤子〕。

委託者兼受益者が独占的利益を享受することを選択しなかったのであるから，やむをえないであろう。次に，資金調達型知財信託の場合，ライセンシーが専用実施権または独占的通常実施権の許諾を受けるならば，ライセンシーが特許法102条1項の適用を受けることができるのであるから，受託者に特許法102条1項の適用がないとしても特段の問題はない。また，ライセンシーが非独占の通常実施権の許諾を受ける場合には，特許法102条2項の適用を受けることができないが，この場合には，受託者がライセンシーに対し独占的利益を享受させることを選択しなかったのであるから，やむをえないであろう。さらに，そもそも，資金調達型知財信託の場合には，ライセンス料収入を原資として受益者に対して配当することが想定されているはずであり，したがって，受託者が特許法102条1項の適用を受けるとの結論が導けないとしても，特段の問題はないはずである。

(2)　特許法102条2項について

上記(1)と同様の議論が妥当する。

Ⅵ　グループ内信託の資金調達型への利用

1　知的財産の流動化とロイヤルティ債権の流動化

知的財産の流動化については，Ⅳ1に記載した原資産を知的財産自体とするもののほかに原資産を知的財産に基づくロイヤルティ債権とするものがある[注18]。知的財産の流動化を検討するにあたっては，不動産・動産の流動化の場合と同様ロイヤルティ債権のみの流動化と知的財産自体の流動化を比較検討する必要がある[注19]。不動産の流動化では，一般に原所有者の倒産からの隔離（倒産手続での双方未履行双務契約を理由とした契約解除のリスクを含む。）および

(注18)　経済産業省知的財産政策室「知的財産の流通・資金調達事例調査報告―目にみえない経営資源の活用」（平成19年11月）（http : //www.metigo.jp/policy/intellectual_assets/pdf/IP-circulation&finance/finance.pdf）。日本の事例は58頁，米国の事例は69頁から。渡辺宏之「知的財産の流動化と信託」知的財産権研究所編『知的財産権の信託』（雄松堂出版，2004）193頁。

流動化満了時における不動産の確実な金銭化の観点から，賃料債権だけではなく，不動産自体も原資産とされる。知的財産の流動化でも日本では一般にロイヤルティ債権だけではなく知的財産自体も原資産とされる。これに対して，米国における知的財産の流動化の主な事例はロイヤルティ債権の流動化といわれ，そのスキームは，通常，事業会社が知的財産自体およびライセンス契約をいったんSPCに譲渡し，SPCが譲り受けたライセンス契約に基づくロイヤルティ債権を投資家に譲渡またはそれを担保に金融機関から融資を受けるというものである。米国では，2007年の金融危機以降バイオメーカーがそのロイヤルティ債権を売却または担保に入れて資金調達するケースが増えているといわれ，米国の医薬品メーカーであるエテルナ・ゼンタリスは，2008年12月に，ドイツの医薬品大手であるメルクに対する不妊治療薬のロイヤルティ債権を投資ファンドに売却し，5,250万ドルを調達した。

2 グループ内信託を利用してのロイヤルティ債権の流動化による資金調達

本項目末尾チャートのようなスキームにてロイヤルティ債権の流動化を前述のグループ内信託と組み合わせることにより，原所有者の倒産からの隔離を一定程度確保できるように思える。すなわち，受託者につき破産手続等の開始決定がされても信託財産は破産等財団に属さない（信託25条）。委託者が倒産した場合についても，委託者の管財人等による双方未履行双務契約の解除による信託契約の終了（信託163条8号参照）は契約上の手当て等をすることによりそのリスクを低減できる[注20]。また信託財産自体の倒産については破産手続があるが（破産法第10章の2），受益者および受託者等からの倒産手続不申立ての誓約書の差入れ[注21][注22]等により，信託財産自体の倒産リスクを軽減しうる。

(注19) 不動産・動産の流動化での原資産ごとの分析は瀬川信久「資産流動化・証券化の実態と法理Ⅲ流動化・証券化の法律問題（I）―資産の移転と証券の発行・流通」金融法研究・資料編⒄（2001）87頁以下において詳しい。
(注20) その他，真正な信託が否定され，委託者兼受益者の倒産手続において知的財産が委託者兼受益者の財産とされ倒産手続の影響を受けるか問題となるも，スキームおよび契約上の手立てをすることにより，真正な信託性は確保しうると思われる（金融法委員会平成13年6月12日「信託法に関する中間論点整理」(http://www.flb.gr.jp/jdoc/publication08-j.pdf) 21頁以下参照）。

さらに，ロイヤルティ債権の譲受人は，受託者の管理処分する信託財産たる知的財産自体に質権または譲渡担保の設定を受けることにより，仮に信託財産の破産手続が開始されたとしても質権等を別除権として行使できる[注23]。

　以上のように，本項目末尾チャートのようなスキームを用いることにより，知的財産の原保有者における破産等法的倒産手続の影響を低減し，それにより，実務的に対抗要件を備えていないことが多いライセンス契約のライセンシーを保護し，また，ロイヤルティ債権の譲受人を保護することが実質的に可能となると思われる。さらに，知的財産を担保とした融資をする場合でも借入人につき会社更生手続が開始された場合担保権者は手続外で担保権の実行ができなくなることを考えると，知的財産を担保とした融資を目的とする場合でも，グループ内信託を用いて知的財産を倒産隔離されたグループ内の受託者に集約する下記スキームに意義を見出しうるものと思われる。

　なお，グループ内信託は，下記スキームにあるロイヤルティ債権の売却を通した資金調達のほかに，受託者とグループ内開発会社との間で請負契約を締結することにより，受託者による借入を通してグループ内企業が新規開発のための資金を調達することも可能と思える。

(注21)　ライセンシーが対抗要件を備えていないライセンス契約においてライセンサーが倒産した場合ライセンサーの管財人により双方未履行双務契約として解除されるリスクがある（片山英二「更生手続開始とライセンス契約」山本克己＝山本和彦＝瀬戸英雄編・新会社更生法の理論と実務〔臨増〕判タ1132号（2003）101頁参照）。なお，特許法等の一部を改正する法律（平成20年法律第16号）において，①特許権を受ける権利を有する者が破産した場合における破産管財人によるライセンス契約の解除のリスクを回避するために，特許を受ける権利についての仮専用実施権および仮通常実施権の登録制度を創設するとともに，②通常実施権の登録を促進するために，通常実施権等の登録に係る開示事項を制限した（特許庁総務部総務課編『平成20年特許法等の一部改正 産業財産権法の解説』（発明協会，2008）17頁および18頁）。

(注22)　受託者の倒産不申立誓約の有効性については一定の限界はあるものと思われる。会社の取締役等の自己破産申立権放棄の効力については山本和彦「債権流動化のスキームにおけるSPCの倒産手続防止措置」金融研究17巻2号（1998）において詳しい。

(注23)　特許権および専用実施権への質権設定は登録が効力発生要件（特許98条1項3号）となり，通常実施権への質権設定は登録が対抗要件（特許99条3項）となる。なお，特許を受ける権利については特許法33条2項により質権設定ができないので譲渡担保によることになる（中山・前掲（注12）163頁）。

| 図 | グループ内信託 |

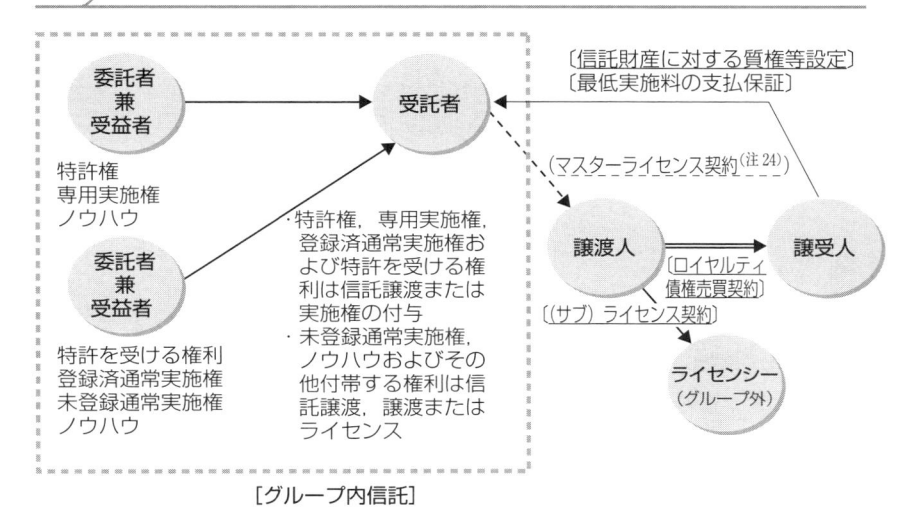

[グループ内信託]
- 委託者兼受益者
  - 特許権
  - 専用実施権
  - ノウハウ
- 委託者兼受益者
  - 特許を受ける権利
  - 登録済通常実施権
  - 未登録通常実施権
  - ノウハウ
- 受託者
  - ・特許権、専用実施権、登録済通常実施権および特許を受ける権利は信託譲渡または実施権の付与
  - ・未登録通常実施権、ノウハウおよびその他付帯する権利は信託譲渡、譲渡またはライセンス

〔信託財産に対する質権等設定〕
〔最低実施料の支払保証〕
（マスターライセンス契約（注24））
譲渡人 → 譲受人
〔ロイヤルティ債権売買契約〕
〔（サブ）ライセンス契約〕
ライセンシー（グループ外）

◆髙橋　淳＝辻河　哲爾◆

（注24）マスターライセンス契約はロイヤルティ債権の売却の会計処理方針により不要となる場合があり，その場合は上記スキームにおいて受託者がロイヤルティ債権の譲渡人となる。マスターライセンス契約を用いる場合，当該ライセンス契約におけるロイヤルティの支払方法は，受託者の調達資金の使途目的およびロイヤルティの会計処理方針に応じ，決める必要がある。たとえば，「譲渡人」がロイヤルティ債権売買契約の代わりにローン契約を締結して借入を行い，「譲渡人」がマスターライセンス契約に従い受託者にロイヤルティを支払えば，受託者は受益者に一定額の配当が交付できる。

Q2 信託の対象となる知的財産の範囲

出願中の発明，外国特許権およびノウハウについて，信託を利用して有効活用ができますか。

A

出願中の発明（特許を受ける権利）については，信託の対象財産としての要件である，①金銭への換算可能性，②積極財産性，③移転ないし処分の可能性，④現存・特定性の4要件を通常いずれも満たすものといえ，信託の対象とすることが可能である。

外国特許権についても基本的に上記4要件を満たすが，信託の成立や対抗要件の具備についてどの国の法令に準拠すべきか等，課題も残っている。

ノウハウについても，上記4要件を満たすことができれば信託の利用が可能である。特に上記④の要件が問題となる。

I 信託の対象となる財産の要件

信託法2条1項によれば，信託とは，「次条各号に掲げる方法のいずれかにより，特定の者が一定の目的（専らその者の利益を図る目的を除く。同条において同じ。）に従い財産の管理又は処分及びその他の当該目的の達成のために必要な行為をすべきものとすることをいう。」とされており，信託の対象が「財産」であることが明らかにされている。これは，旧信託法1条が信託の対象を「財産権」と定めており，「○○権」と称されるような具体的権利のみを指すかのような体裁であったものを改め，金銭的価値に見積もりうるものすべてが含まれることを明らかにしたものである。

一般に，信託の対象となりうる財産の要件としては，①金銭への換算可能性，②積極財産性，③移転ないし処分の可能性，④現存・特定性の4つが挙げられている(注1)。

1　金銭への換算可能性

　信託財産は金銭的価値に見積もりうるものでなければならないとされている。不動産や動産はもちろんのこと，債権や知的財産権等についても金銭的価値に見積もりうる限り含まれるが，身分権や人格権等の金銭的価値に見積もりえないものは含まれない。

2　積極財産性

　信託財産は積極財産でなければならず，消極財産（負債）は含まれないとされている。積極財産と消極財産の双方が含まれ，積極財産のほうが消極財産より多額であったとしてもやはり許されない。

　なお，委託者と受託者との合意（信託行為）で委託者の債務を受託者が信託財産責任負担債務として引き受けることによって，実質上は積極財産と消極財産の双方を信託したのと同様の状態とすることができる（信託2条9項・21条1項3号）。ただし，この場合でも当該債務の債権者が同意しない限り委託者が当該債務を免れることがない（重畳的債務引受けにとどまる）ことは通常の債務引受けと同様である。

3　移転ないし処分の可能性

　信託財産は，委託者から受託者への財産の移転またはその他の処分を前提としており，移転または処分の可能性が必要であるとされている。これは，信託においては，委託者から受託者への「財産の譲渡，担保権の設定その他の財産の処分」（信託3条1号・2号）が予定されていることから導かれる要件である。

　よって，譲渡が禁止されている財産は信託の対象とならない。法律上譲渡が禁止されているような場合のみならず，債権に譲渡禁止特約が付されているよ

（注1）　新井誠『信託法〔第3版〕』（有斐閣，2008）324頁。

うな場合でも同様である(注2)。

なお，委託者自身が受託者となる自己信託（信託宣言）については，委託者から受託者への財産の移転等は前提とされず，委託者兼受託者自身が「一定の財産の管理又は処分及びその他の当該目的の達成のために必要な行為」〔圏点筆者〕（信託3条3号）を行うとのみ規定されていることから，移転・処分可能性の要件は必ずしも要求されていないものと考える。

4　現存・特定性

信託財産には，存在可能性と特定可能性が必要であるとされている(注3)。しかし，集合動産や将来債権についても現存性や特定性が認められるとされているので(注4)，発生する蓋然性が著しく低いものを除くとともに（現存性），一般的に譲渡対象物として要求される程度の特定がされていればたりる（特定性），という程度の趣旨と解される。

また，これらの要件は信託行為自体の有効要件ではなく，処分の効果が目的物に帰属するための要件にすぎないと解されている(注5)。

Ⅱ　信託の対象となる知的財産

①金銭への換算可能性，②積極財産性，③移転ないし処分の可能性，④現存・特定性の4要件を満たす限り，知的財産も信託の対象となる。法務省民事局参事官室作成の「信託法改正要綱試案の補足説明」（以下「補足説明」という。）によれば，信託の対象となる財産には「金銭的価値に見積もり得るものすべてが含まれ，特許権等の知的財産権はもちろんのこと，特許を受ける権利，外国の財産権等も含まれる。ただし，委託者の生命，身体，名誉等の人格権が含まれないのは，これまでと同様である。」とされている(注6)。

著作権や特許権については前述の4要件を満たすものと考えられ，信託の目

(注2)　新井・前掲（注1）326頁。
(注3)　新井・前掲（注1）326頁。
(注4)　新井・前掲（注1）326頁。
(注5)　新井・前掲（注1）326頁。
(注6)　補足説明3頁。

的とされた実例も複数存在している。一方，著作者人格権（著作権18条〜20条）や発明者名誉権（特許26条，パリ条約4条の3）等については金銭への換算可能性を欠き，信託財産とすることはできない。なお，著作者人格権については著作者の一身に専属して譲渡できないものとされており（著作権59条），移転ないし処分可能性についても欠如していることが法律上明らかである。

1 特許を受ける権利

　特許を受ける権利については，特許法上その移転可能性が明示されており（特許33条1項），補足説明に触れられているとおり，原則として前述の4要件を満たし，信託の対象となるものと考えられる。特許を受ける権利の信託は，グループ会社内において，出願手続や審査対応の窓口を一本化して特許管理の効率化を図るような場合等に活用できるであろう。特許を受ける権利は，出願の前後で性質を異にするので，以下分けて論じる。

(1) 特許を受ける権利（出願前）

　出願前の特許を受ける権利は，その内容を登録・公示する制度がなく，特定性に欠けているのではないかが問題となる。しかし，少なくとも出願の際の願書に記載するのと同程度の内容を信託行為において定めておけば特定性に問題はないし，場合によってはそれより抽象的な記載であってもその限度で特定性の要件は満たしているものと解される。ただし，抽象的な特定であればあるほど，結果的に成立した特許権との同一性が問題となる可能性は高まるであろう。

　出願前の特許を受ける権利の譲渡については，効力要件が法文上定められておらず，当事者間の意思表示のみにて効果が発生すると考えられるが，第三者への対抗要件は承継人による出願である（特許34条1項）。よって，受託者は自らを特許出願人として特許出願を行う必要がある。この場合，願書には，委託者および受託者の氏名または名称および住所または居所，信託の目的，信託財産の管理の方法，信託の終了の理由その他の特許法施行規則26条1項所定の事項を記載する必要がある。

(2) 特許を受ける権利（出願後）

　出願後の特許を受ける権利は，願書ならびにこれに添付された明細書，特許請求の範囲（クレーム），図面および要約書の記載によってその内容が特定されており（特許36条），特定性に問題はない。

　出願後の特許を受ける権利の譲渡については，特許庁長官への届出が効力要件と定められている（特許34条4項）。よって，委託者と受託者との間の合意のみでは信託譲渡の効力は発生せず，届出を行って初めて効力が発生することになる。この場合，届出書には特許法施行規則26条3項所定の事項（同条1項と同じ事項）を記載する必要がある。

(3) 特許を受ける権利を信託した場合の流れ

　特許を受ける権利の信託譲渡を受けた受託者は，受託者の善管注意義務（信託29条2項）に基づき，できる限り広範な権利を取得すべく出願や審査対応を行う必要がある反面，広範なクレームによって新規性または進歩性が欠如するおそれがある場合等には補正等によって請求の範囲の減縮等を行う必要がある。

　特許出願に対して特許査定があり，特許料の納付を経て特許権の設定登録がされると特許権が発生するが，成立した特許権は，信託にかかる特許を受ける権利が変容したものであるから，信託財産の物上代位性（信託16条1号）によって信託財産となるものと解される。

　これに対し，拒絶査定があってこれが確定した場合，信託財産が消滅したものとみることができ，「信託の目的を達成することができなくなったとき」に該当して信託は終了し（信託163条1号），清算が開始される（信託175条）ものと解する。

(4) 特許を受ける権利を信託した場合のリスク

　特許を受ける権利の信託においては，前述のとおり，出願・審査の結果，権利が減縮された特許権となったり特許権として成立しなかったりするリスクがある。また，出願前の特許を受ける権利を信託した場合には，信託行為における権利の特定が不十分であると，結果的に成立した特許権との同一性に争いが

生じるリスクもある。

　さらに，特許権が成立した後であっても無効審決によって無効とされるリスクや技術革新によって陳腐化するリスクは残る。これらのリスクを考慮したうえで信託行為の内容を定める必要がある。

2　専用実施権・通常実施権

　専用実施権（特許77条）や通常実施権（特許78条）についても，①金銭への換算可能性，②積極財産性，③移転ないし処分の可能性，④現存・特定性の4要件を満たすものと解され，信託の対象とすることができる。

　この場合，上記②の要件との関係で，実施料（ライセンス料）の支払債務は信託の対象とならないものと解されるが，信託行為によって実施料債務を信託財産責任負担債務とすることは可能である。

(1)　専用実施権

　専用実施権については，設定の登録が効力要件とされており（特許98条1項2号），譲渡についても登録が効力要件である（同号）。

　また，専用実施権の譲渡には原則として特許権者の承諾が必要であるので（特許77条3項），信託に際しても承諾を得ておく必要がある。

　専用実施権者が第三者に通常実施権の許諾をする場合には特許権者の承諾が必要であるので（特許77条4項），委託者が信託後も当該特許権の実施を予定しており受託者からライセンスを受ける必要がある場合や受託者において第三者にライセンスを付与する場合には特許権者の承諾をとる必要がある。

(2)　許諾による通常実施権

　通常実施権については，許諾の登録は効力要件ではなく対抗要件であり（特許99条1項），譲渡についても登録が対抗要件である（同条3項）。よって，通常実施権を信託する場合で登録が未了である場合には，いったん委託者において許諾の登録を行ったうえで受託者への譲渡を登録する必要がある。

　また，通常実施権の譲渡にも原則として特許権者の承諾が必要である（特許94条1項）。

3　外国特許権

外国特許等の外国法に基づく知的財産についても，前述の4要件を満たす限り信託の対象となるものと解される。補足説明においても，「外国の財産権」が信託の対象となる旨述べられている(注7)。

外国特許権を信託する場合，信託譲渡の成立要件および対抗要件ならびに信託の成立要件および対抗要件について，どの国の法令を適用すべきかが問題となる。法の適用に関する通則法には信託に関する準拠法の定めはないが，信託も法律行為の一種ととらえられており(注8)，同法7条によれば「法律行為の成立及び効力は，当事者が当該法律行為の当時に選択した地の法による。」とされているので，信託行為によって準拠法を定めることができるものと解する。

信託契約においてわが国の法を準拠法と定めた場合，わが国の信託法においては契約の締結のみで信託の効力が発生するため（信託4条1項），契約締結と同時に信託譲渡および信託は成立するものと解される。その一方，信託法14条によれば，「登記又は登録をしなければ権利の得喪及び変更を第三者に対抗することができない財産については，信託の登記又は登録をしなければ，当該財産が信託財産に属することを第三者に対抗することができない。」とされているが，前半の「登記又は登録」には，当該外国における登記・登録が含まれるのであろうか。もし含まれるとすれば，外国において信託の登記・登録を行うことによって第三者への対抗要件が満たされることになるが，そもそも当該外国に信託制度（または信託の登記の制度）がない場合には信託の登記をする術がない。含まれないとすれば，登記・登録制度がない場合と同様，信託の登記または登録をしなくても第三者に対抗可能となるはずであるが，公示性に欠けるのではないかとの疑問がある。

経済のグローバル化にともない世界各国で特許権の登録を行っている企業は多く，管理型，資金調達型を問わず外国特許の信託ニーズは今後拡大していくものと考えられるので，明確かつ利用しやすい制度の構築が望まれる。

（注7）　補足説明3頁。
（注8）　新井・前掲（注1）117頁。

4 特許権等が共有やクロスライセンスの対象である場合

　信託の対象としようとする特許権等が共有であった場合，持分を譲渡するには他の共有者の同意が必要なので（特許73条1項・33条3項），信託譲渡を行うにも他の共有者の同意を得る必要がある。また，持分のみを信託した場合には，受託者において管理・処分等を行うに際しても他の共有者の同意が必要となるので（特許73条1項・3項・33条3項・38条），持分のみの信託というのは現実的に困難であろう。

　また，当該特許権等がクロスライセンスの対象に含まれている場合には，その中の特定の特許権のみを取り出して信託譲渡することは困難である。実施権者の同意なく特許権を譲渡すること自体は法律上可能であるが，対抗要件としての登録（特許99条1項）がない通常実施権者は，譲受人である受託者に通常実施権を対抗できなくなり，クロスライセンスの前提が失われてしまうからである。

　特許権等が共有やクロスライセンスの対象である場合には，このように特許権等の信託が制限される状況に陥ってしまうため，信託を検討している特許権等がある場合には，こうした状況を避けるよう注意すべきである。

5 技術的ノウハウ

　ノウハウについても，現実に譲渡や実施許諾等の取引の対象とされており，前述の4要件を満たすものといえる。ノウハウが従業員等の頭の中にあるだけの状態では④現存・特定性の要件を満たさないものと考えられるが，マニュアル等によって具体的な形を与えることによって特定することが可能である。また，公証人による事実実験公正証書（公証人35条）を活用してノウハウを具体化することも考えられる[注9]。

　特許権を信託し，受託者が第三者にライセンスを供与する形で運用する場合，当該特許権を十分に活用するためには当該特許製品を製造するためのノウハウ等についても同時に開示・許諾させる必要が生じる場合がある。このよう

（注9）　新井誠「信託と特許権」青柳幸一編『融合する法律学(下)』（信山社出版，2006）804頁．

な場合にノウハウの信託が活用できる。

　ただし，ノウハウには公示手段がなく第三者対抗要件も存在しないため，安定性に乏しい面があることは否めない。

◆中　村　知　己◆

Q3 著作権信託の利用と実際

音楽，映画などの著作権の信託は，実際にどのようになされているのですか。

A

2004年12月30日に改正信託業法が施行され，財産権一般が信託業法上も受託可能となった。その結果，著作権の管理に関し，信託業法上の信託の利用にも関心が高くなっている。しかしながら，現状では著作権等管理事業法上の信託の利用が圧倒的に多く，信託業法上の信託の利用例は多くはない。利用例として増加しているのは，資金調達スキームの受け皿（SPV：Special Purpose Vehicle）としての利用である。

I 著作権における信託利用の実際

1 著作権等管理事業法上での信託の利用

著作権の管理は，その多くが，著作権ニ関スル仲介業務ニ関スル法律（昭和14年法律第67号）（以下「仲介業務法」という。）および同法を廃止し新たに平成13年10月1日に施行された「著作権等管理事業法」（平成12年法律第131号）によって行われてきた。著作権等管理事業法上で，その管理事業とは委託者との信託契約または委任契約（取次ぎまたは代理によるもの）に基づき著作物の利用の許諾その他の著作権等の管理を行う事業とされており，信託が利用されている。仲介業務法においても，著作物の利用契約につき著作権者のために代理または媒介を業としてなすこと，もしくは，著作権の移転を受け他人のために著作物を管理する行為を業としてなすこと（信託）であった。著作権においては仲介業務

法および著作権等管理事業法上の信託利用が長年，なされてきたわけである。

2　著作権等管理事業法上での著作物の範囲

仲介業務法においては，その管理する著作物の範囲が「小説，脚本，楽曲ヲ伴フ場合ニ於ケル歌詞，楽曲」に限定されていた（旧昭和14年法律第57号第1条第3項ノ規定ニ依リ著作物ノ範囲ヲ定ムル件〔昭和14年勅令第835号〕）。この適用対象範囲が，著作権等管理事業法によって，著作権および著作隣接権の及ぶすべての分野（著作物一般，実演，レコード，放送，有線放送）に拡大された。現在，著作権等管理事業者として登録されているのは35団体もしくは法人であり，音楽の著作物，レコード，言語の著作物，美術の著作物，図形の著作物，写真の著作物，舞踊または無言劇の著作物，プログラムの著作物，編集著作物，映画の著作物，データベースの著作物，建築の著作物などが管理されている。

3　信託業法上での信託の利用および範囲

一方，2004年12月30日に改正信託業法が施行された。この施行により，受託可能財産の範囲が拡大され，財産権一般が受託可能となった。著作権を含めた知的財産権全般が受託可能財産となったのである。信託することにより，信託財産の利用許諾契約等の契約の一元管理がなされ，ロイヤルティなどの資金管理，素材・設備等の信託財産に関連する動産の管理，信託された知的財産への侵害対応などの面で管理コストが軽減されることから，管理のみを目的とした信託の利用にも関心が高いが，これまでの利用は言語の著作物，図形の著作物，映画の著作物などに限られ，数としてはあまり多くはないようである。最も関心が寄せられるのは，やはりSPV機能であろう。現状では，主に映画の著作物において利用されている。

Ⅱ 著作権等管理事業法上の信託と信託業法上の信託との違い

1 著作権等管理事業法について

　著作権等管理事業法は，「この法律は，著作権及び著作隣接権を管理する事業を行う者について登録制度を実施し，管理委託契約約款及び使用料規程の届出及び公示を義務付ける等その業務の適正な運営を確保するための措置を講ずることにより，著作権及び著作隣接権の管理を委託する者を保護するとともに，著作物，実演，レコード，放送及び有線放送の利用を円滑にし，もって文化の発展に寄与することを目的とする」（同法1条）としている。管理の対象および対象事業は前述したとおりである。事業者は文化庁に登録する必要があるほか，管理委託契約約款および使用料規程を届け出なければならない。主な事業者としては社団法人日本音楽著作権協会（JASRAC），協同組合日本脚本家連盟，協同組合日本シナリオ作家協会，社団法人日本複写権センター（JRRC），社団法人日本レコード協会（RIAJ），社団法人日本芸能実演家団体協議会（芸団協）などの指定著作権等管理事業者のほか株式会社などの一般法人も登録している。

2 信託業法について

　改正信託業法の施行により，著作権および著作隣接権を信託として取り扱うことができるようになった。この改正は財産権一般が受託可能になったという点で意義が大きいだけでなく，信託の担い手が拡大したことにも意味がある。株式会社，技術移転機関（TLO：Technology Licensing Organization）などが信託業務を行うことができるようになったことから，著作権等知的財産権を取り扱う信託会社が誕生した。管理型信託会社の場合は金融庁への登録，また，資産流動化等も行うことのできる運用型信託会社の場合には内閣総理大臣（金融庁長官）からの免許の取得が必要である。現在，管理型信託会社8社，運用型信託会社6社，そのほかグループ企業内の信託会社（届出制）数社がある。そのなかで，著作権等を取り扱っているとみられるのは，管理型信託会社に1社ある

ものの，運用型信託会社にはない。

3 著作権等管理事業法と信託業法との違い

前述のように，まず両者は所管官庁が異なるわけだが，最も大きな違いは信託業法では運用型の信託が存在するということである。すなわち，著作権等管理事業法では，著作権等の管理だけを行い，信託業法では著作権等を用いて資金調達もできる点が違う。また，信託業法では，管理委託契約約款および使用料規定の届出の必要がない。著作権等管理事業法では多数の権利者を画一的に保護していくのに対し，信託業法では各権利者の状況に応じた取扱いを行っていく。権利者の立場によって，どちらを選択するかが決まってくることになるだろう。もしくは，オーダーメイド型の信託業法においても画一的な処理の必要があれば，著作権等管理事業者へ再委託を行うケースがあるかもしれない。

III 信託を利用した資金調達事例（音楽以外の著作物の場合）

1 著作権信託のみを利用した例

この事例には，劇場用の映画やゲームソフトなどがある。スキームは簡単である。「図1 著作権信託方式」のように著作権者である委託者が受託者に著作権を信託する。受託者は委託者に対して信託受益権を交付する。委託者は資金調達必要額に応じて，その信託受益権を投資家（受益者）に受託者を通して販売し，資金調達を図る。なお，この場合の投資家は法人である。個人を投資家とする場合には，別のスキームとなる。

図1　著作権信託方式

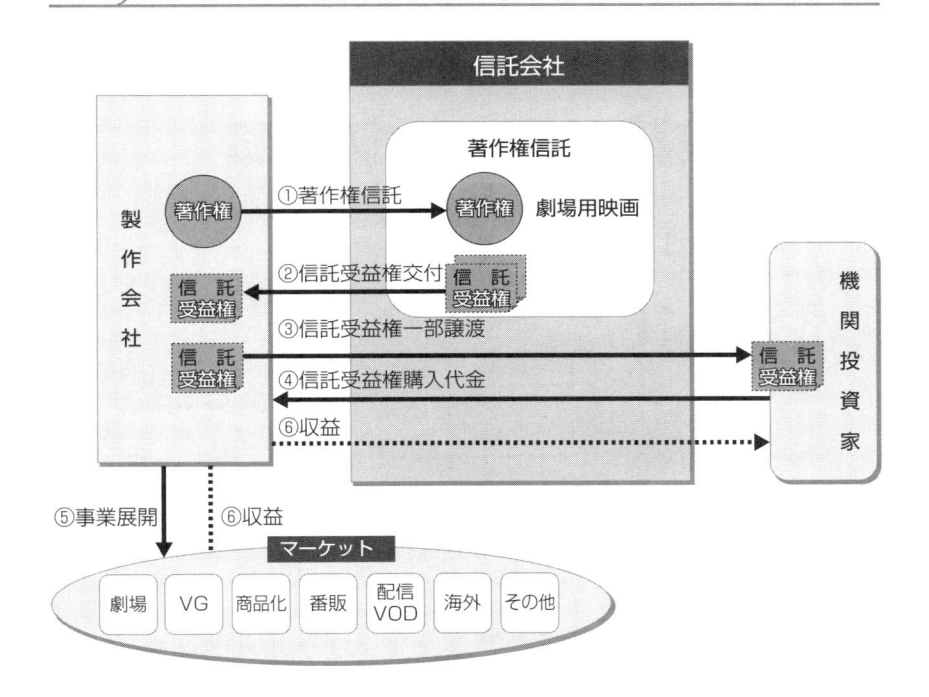

[図：著作権信託方式のフロー図]
- 信託会社：著作権信託（著作権　劇場用映画）
- 製作会社：著作権
- ①著作権信託
- ②信託受益権交付（信託受益権）
- ③信託受益権一部譲渡
- ④信託受益権購入代金
- ⑥収益
- ⑤事業展開
- マーケット：劇場、VG、商品化、番販、配信VOD、海外、その他
- 機関投資家：信託受益権

2　著作権信託と金銭信託を組み合わせて利用した例

　この事例はもっぱら劇場用の映画である。「図2　著作権信託と金銭信託の組合せ方式」のように著作権者である委託者は受託者に著作権を信託し，信託受益権を取得する。委託者は，受託者が設定する合同運用指定金銭信託を通して信託受益権を投資家（委託者兼受益者）に販売し，資金調達を図る。この合同運用指定金銭信託は，著作権信託対象作品の運用により，投資家に配当することになる。この場合の投資家には個人も含まれる。著作権信託において信託受益権を小口化して個人投資家に販売する場合には，税務面での整備が行われていないため，種々の不都合が生じることが予見される。このリスクを回避するために，金融商品としての課税が認められている合同運用指定金銭信託を組み

合わせている。

> 図2　著作権信託と金銭信託の組合せ方式

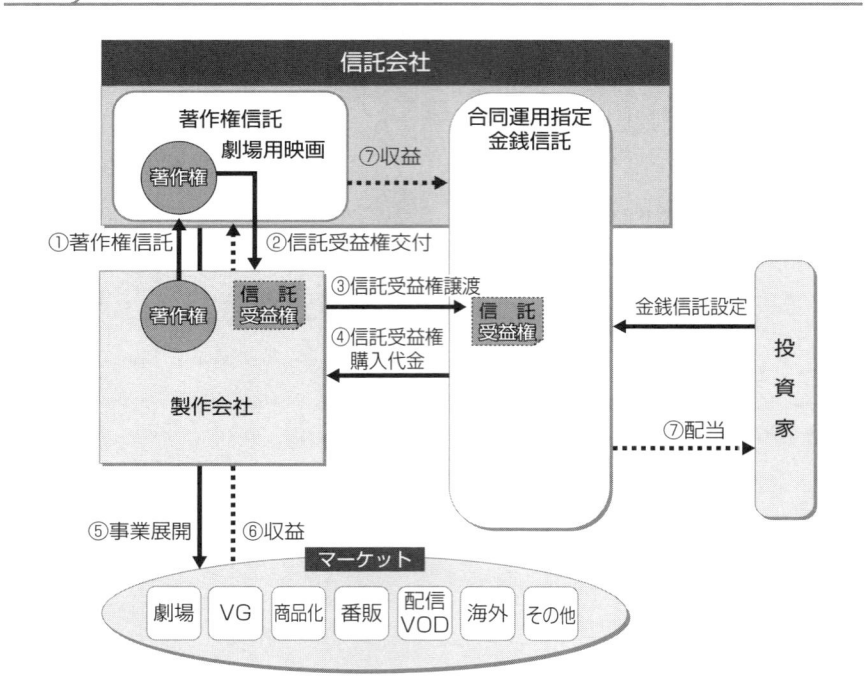

3　金銭信託のみを利用した例

　この事例は著作権信託の事例ではないが，結果的には著作権を用いて資金調達を図ったものである。これも劇場用映画である。著作権者は著作権を信託するのではなく，投資家（委託者兼受益者）から資金を集めた合同運用金銭信託へ著作権を譲渡している。

図3　金銭信託方式

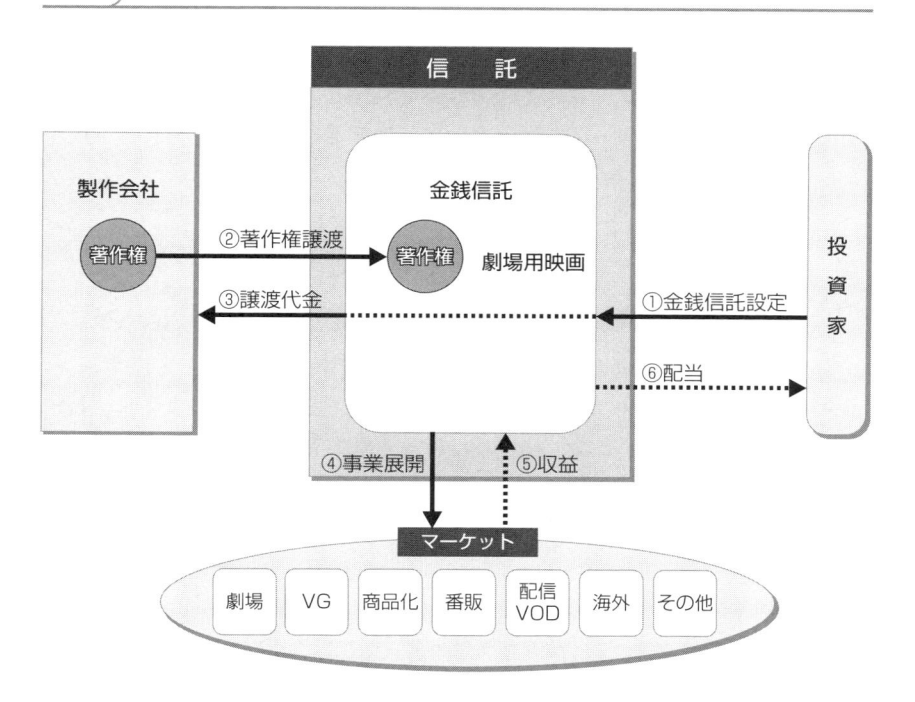

（図）
信託
製作会社　著作権　②著作権譲渡　→　金銭信託　著作権　劇場用映画
③譲渡代金　←
①金銭信託設定　←　投資家
⑥配当　→　投資家
④事業展開　↓　⑤収益　↑
マーケット
劇場／VG／商品化／番販／配信VOD／海外／その他

Ⅳ　問題点

　著作権者のニーズが多様化するなか，画一的な著作権等管理事業法だけでは，そのニーズを満たすことが難しくなってきているようである。一方，信託業法上の信託では，個別に条件が異なる場合もしくは仕組みが複雑な場合には画一的な場合に比べてコストが高くなることが予想される。その結果，信託業法上では比較的小さな案件は扱いづらくなってしまう。規模の大小にかかわらず，さまざまな著作権を取り扱う工夫が必要であろう。

◆土　井　宏　文◆

Q4 著作権における資金調達での信託利用

映画やゲームなどの著作物を利用して信託方式により資金調達をしたケースがあると聞いていますが，そのメリットと問題点はどういうところにありますか。

A

著作権ビジネスの場合，期待収益率の振れ（リスク）などを考慮すると企業金融（コーポレートファイナンス）よりも事業金融（プロジェクトファイナンス）のほうがより適しているといわれる。事業金融構造を構築しようとした場合，組合関連などの受け皿（SPV：Special Purpose Vehicle）を利用するのに比べ，信託では財産管理機能面などすべての機能を兼ね備えており，バランスのとれたSPVという意味においてメリットがある。ただし，信託においても投資資金の流動性の面などで，なお改善すべき点がある。

Ⅰ 事業金融構造を構築するために必要な機能

1 事業金融において必要とされるSPVの機能

著作権ビジネスの場合，期待収益率の振れ（リスク）が大きく，融資など企業金融による資金調達では対応が難しい。そこで考えられるのが著作物の製作事業もしくは著作権そのものを切り出した事業金融である。事業金融構造を構築するために必要とされる機能には以下の項目が考えられる。信託方式のメリットを考えるには，必要な機能をどの程度満たしているかを考察することが重要であろう。

2　エクイティ性の資金調達機能

　事業金融であるとすれば，当然ながら，実績配当型の構造設計をすることが必要である。つまり，いつまでにいくら支払うかを約束する融資等の資金調達手段ではなく，特定の事業もしくは財産から生じるキャッシュフローに応じて配当を投資家へ還元する形が必要である。資金調達サイドにおいては，投資家へ還元するキャッシュを定期的に確保する必要性はなく，キャッシュポジションが不安定な事業を行う企業にとっては，事業に専念できるというメリットがある。なお，投資家からみた場合には投資分のみの責任ですむ有限責任性を有することが必要になる。信託においては，まさに実績配当型の資金調達を可能にするほか，投資家の有限責任性も有している。

3　プロジェクト性資金の調達機能

　エクイティ性の資金調達ではあるが，株式によるものではなく，会社の支配権や資本政策に影響を及ぼすものとはならないことが必要である。たとえば，信託では純粋に特定の事業もしくは財産だけを切り出して投資対象にすることから，会社の支配権や資本政策とは一線を画すことができる。なお，この点では，他のSPVも同様の機能を有しているといえる。

4　財産管理機能

　この機能が特に重要である。なぜならキャッシュフローを生み出す特定の事業もしくは財産が適切に管理されなければ，そもそも事業金融が成り立たないからである。たとえば，信託法2条1項は，信託とは，「特定の者〔委託者〕が一定の目的〔信託目的〕……に従い財産〔信託財産〕の管理又は処分及びその他の当該目的の達成のために必要な行為をすべきもの」としている。また，同法2条5項で，受託者とは，「信託行為の定めに従い，信託財産に属する財産の管理又は処分及びその他の信託の目的の達成のために必要な行為をすべき義務を負う者」と定めており，受託者は信託財産について対外的には唯一の管理処分権者となり，信託契約に定められた信託目的に従い，受益者のために，自らの名において信託財産の管理処分等の信託事務を執行する。

5　導管機能

　この機能には倒産隔離や二重課税の回避などがある。倒産隔離とは，資金調達者もしくは特定の事業もしくは財産の受け皿となるSPVが倒産したとしても，特定の事業もしくは財産が倒産リスクから隔離されるということである。たとえば，信託法は，信託設定後に生じた事由による信託財産に対する強制執行等を禁止しており，これにより信託財産は委託者の破産等から法的に保護されることになり，倒産隔離がなされている。

　また，二重課税の回避とは，SPVに特定の事業もしくは財産から流れ込むキャッシュフローが，途中で減少することなく投資家へ流れるよう，SPVが課税されないことである。つまり，税務上透明であること（tax transparency）が要求される。tax transparencyを確保する方法はいくつかあるが，税法の特別の規定で確保する場合と，組織のあり方から本源的に確保される場合の2通りがある。日本の税法は，課税対象を原則として組織の法形式に基づいて分類していることから，法人格を認める余地のない信託については原則としてtax transparencyを認めている。

6　転換機能

　具体的な転換の機能には，財産の性状・性質の転換，キャッシュフローの転換，リスク・リターン属性の転換，金額規模の転換などがある。

(1)　財産の性状・性質を転換する機能

　たとえば，テナントが入居している建物等の不動産の保有にかかわる管理事務負担が大きい場合，これを不動産信託し，信託受益権の形態で保有することによりその負担が軽減される。ほかにも，譲渡手続が煩雑もしくは困難をともなう資産であっても，受託者への信託譲渡を行うことにより，信託受益権の形態に変換でき，譲渡については簡易な手続で行うことができるというようなことである。

(2) キャッシュフローの転換
　特定の事業もしくは財産から生じる本来のキャッシュフローを，SPVを用いることにより異なる内容のキャッシュフローに転換することである。

(3) リスク・リターン属性の転換
　対象事業もしくは財産本来のリスク・リターンを，優先劣後構造その他の信用補完措置を通じて，対象事業もしくは財産とは異なるリスク・リターン属性を有するものに転換することである。

(4) 金額規模の転換
　小口分割することが困難な資産であっても，たとえば，いったん信託を設定し信託受益権で保有することにより，以降は小口分割・譲渡が可能となるようなことである。すなわち，土地を信託し，その受益権を分割して売却すれば，土地の権利者は受託者だけであるが，実質的な権利者は受益権を取得した者の数だけ存在する。逆に，不特定多数の者が信託した金銭を，1つの運用団にまとめて運用すれば，形式的な権利者の数は受託者1人となる。このように信託には，権利者を単数から多数に，また多数から単数に転換することである。

Ⅱ　信託以外の資金調達手法

1　信託以外のSPV

　信託以外のSPVにはどのようなものがあるだろうか。列挙すると，民法上の任意組合，商法上の匿名組合，投資事業有限責任組合契約に関する法律上の有限責任組合，資産の流動化に関する法律（以下「資産流動化法」という。）上の特別目的会社（SPC：Special Purpose Company）もしくは会社法上のSPCなどがある。

2　組合関連のSPV

　民法上の任意組合を利用した代表的な資金調達手法の一つは製作委員会方式

である。これは，特定のコンテンツにかかわる周辺ビジネスの関係当事者が出資する形態のもので，純粋な投資というよりもリスクを分散するための共同事業という性格が強いととらえられる。このスキームが業界内で多く使用される理由は，会計上の処理において，各窓口権に関連した費用の計上や配当の配分等が容易にできる点にある。その一方で，任意組合において投資家は無限責任を負うという性格を有しており，事業金融に必要な機能の一部を満たしていないことになる。また，この共同事業で生じる権利・義務は，それぞれの持分に応じて各組合員に帰属する。著作権に関しては出資比率に応じた権利はもつものの，個別に権利行使が許されない合有という所有形態である。つまり，組合員全員の同意が得られなければ，あらかじめ規定された目的以外に使うことはできない。

　匿名組合とは，投資家が事業のプロである営業者に対して出資をし，対外的な行為はすべて営業者が行うという契約形態である。すなわち，営業者が投資家からの出資を受けて，自己の名において組合契約で定められた営業を行い，当該営業から生じた利益を組合員に分配するという契約である。匿名組合の特徴は，民法上の任意組合とは違って，出資者の有限責任が法的に担保されており，投資家にとっては投資しやすいという点があげられる。しかしながら，匿名組合の財産は営業者に帰属していることから，事業金融に必要な倒産隔離機能を有していない。

　なお，投資事業有限責任組合契約に関する法律上の有限責任組合は，任意組合をベースとしており，業務執行を行う組合員は無限責任組合員であるが，一般組合員は有限責任組合員となっている。任意組合と匿名組合の中間形態ととらえられる。

3　SPC関連

　資産流動化法のSPCには，いくつかの課題や問題点がある。最大の課題は，組成コストがかかりすぎることである。この場合，スキーム組成者がSPCの発起人，株主となるケースが多く，スキーム組成者が倒産した場合に，恣意的にSPCを倒産手続に移行させるリスクがあった。こうしたリスクを軽減するため，SPCの株主・取締役を中立的な立場におき，倒産隔離を確定する必要

があり，ケイマン法人，特定持分信託，有限責任中間法人等を本来の株主とSPCの間におくような手段がとられる。さらにSPCは，特定資産の管理および処分にかかわる業務を行わせるため，これを信託会社等に信託するか，当該資産の譲渡人または当該資産の管理および処分を適正に遂行するにたる財産的基盤および人的構成を有するものに，その管理および処分にかかわる業務を委託しなければならない。このほか，SPCにかかわる規定としては，二重課税を回避するための租税特別措置法で定められた要件がある（租特67条の14）。利益の配当支払額が配当可能金額の90％を超えていること，資産対応証券のうち，特定社債券の募集による発行総額が1億円以上であること，または適格機関投資家のみに引き受けられていること，もしくは資産対応証券のうち，優先出資証券が50人以上の者に引き受けられていること，または適格機関投資家に引き受けられていることなどであり，機能上も活用しにくい面がある。なお，会社法上のSPCにおいては，二重課税が回避できないという機能上の問題点があるほか，資産流動化法上のSPCと同様に，何らかの倒産隔離の手段を講じる必要がある。

III 信託方式のメリットと問題点

1 信託方式のメリット

事業金融構造を構築するために必要な機能をみた場合，信託方式はすべての機能を有している。他の方式では，何らかの機能が欠けており，たとえば，民法上の任意組合を利用した製作委員会方式のように，投資家が業界のプロに実質限定されているようなケースでは問題ないものの，一般の投資家が入るとなると不都合が起きる。また，資産流動化法上のSPCのようにさまざまな要件が厳しい場合には，資金調達構造を構築するコストが高くなってしまうために，不動産などと比べ規模の小さな著作権では使い勝手が悪いということになる。その点，すべての機能を満たしている信託方式は，さまざまなケースで利用可能であり，製作会社自体が著作権ビジネスを自ら手がけるために，一般の投資家から資金を導入しようとする際には，バランスのとれた資金調達手段と

なりうる。

2　信託方式の問題点

　2007年9月30日に施行された新信託法において，信託を利用した資金調達の要請に応える観点から，受益権の有価証券化が可能となる受益証券発行信託の制度が設けられたものの，著作権信託受益権の流通市場が未整備な状況にあり，投資資金の流動性は未だ低い状況である。この点の整備が進めば，一般投資家の投資がいっそう容易になり，信託の利用価値がさらに高まるものと考えられる。また，Q3でも述べたように，税務面での整備が行われていないため，多数の個人投資家に対して受益権を販売する場合には，資金調達スキームが複雑になる。個人の税制面の整備が進めば，スキームは簡素化されることとなり，組成コストをさらに低くすることができる。

◆土井　宏文◆

Q5 特許のグループ企業内管理と信託の利用

特許をグループ企業内において管理する場合，信託はどのように利用することができるでしょうか。

A

　特許のグループ内における管理方法としては，グループ内の各会社が特許をグループ内の特許管理会社に譲渡する譲渡型および特許の管理をグループ内の特許管理会社に委託する委託型とがある。グループ内の各会社が特許をグループ内の特許管理会社に信託する信託型は新しい特許のグループ内における管理方法といえるが，そのメリットはデメリットを明らかに凌駕するものとはいえず，信託型の利用は現実にはきわめて少ない。

I　信託型以外の管理方法

1　譲渡型と委託型

　特許のグループ内管理方法のうち，信託型以外のものとしては，譲渡型と委託型とが考えられる。

　譲渡型とは，各グループ会社が保有する特許権をグループ会社内の特許管理会社（以下「管理会社」という。）に対して譲渡するものであり，委託型とは，各グループ会社が保有する特許の管理を管理会社に対して委託するものである。

2　譲渡型・委託型のデメリット[注1]

(1)　譲渡型のデメリット

　譲渡型のデメリットとしては，第1に，特許権の譲渡にともない譲渡人であ

る各グループ会社に譲渡益が発生し，課税対象となるという問題がある。第2は，適正な対価の算定の困難性である。第3は，譲渡にともない登録免許税の負担が発生するということである。

(2) 委託型のデメリット

委託型のデメリットとしては，第1に，特許権の管理会社が特許権者ではないため，「グループ全体の知的財産戦略の強制力に限界がある上，対外的なライセンス交渉等における柔軟・迅速な対応が阻害される可能性がある」ことが指摘されている(注2)。第2に，「弁護士法72条により，紛争対応は権利者である個別のグループ会社が当事者とならざるを得ない」ことが指摘されている(注3)。

Ⅱ 信託型のメリット・デメリット

1 信託型のメリット

信託型は，譲渡型・委託型のそれぞれのデメリットを一定程度解消することが可能である。まず，特許権が信託されるのであるから，受託者である管理会社が特許権者となるため，委託型のデメリットは解消できる。また，信託による譲渡がなされても，委託者である各グループ会社が受益権を保有している限り，譲渡益は認識されず，課税の問題は生じないし，信託による譲渡に際して対価を算定する必要はないから，一定の限度において，譲渡型のデメリットも解消できる。ただし，受益権を譲渡する場合には，譲渡益課税の問題および価格算定の困難性の問題は不可避である。また，受益権の譲渡をともなわない信託譲渡に際しても，相応の登録免許税は発生する。

(注1) 全体について，小林卓泰「第7章知的財産信託における法的留意点」別冊NBL編集部編・知的財産信託の活用法〔別冊NBL102号〕（2005）139頁以下を参照。
(注2) 小林・前掲（注1）140頁。
(注3) 小林・前掲（注1）140頁。

2 信託型のデメリット

　以上のとおり，信託型の場合，譲渡型および委託型のデメリットを一定の限度において解消することができるが，信託型も万能ではなく，デメリットないし課題は残る。たとえば，信託された特許権が侵害された場合，受託者たる管理会社は特許権の実施を行っていないため，特許法102条1項および2項の適用が可能か否かについて議論がある。これが不可能となると，特許法102条1項および2項が適用される場合と比較して損害賠償の金額が小さくなるおそれがある。また，そもそもの問題として，信託型導入にともなうさまざまなコストを無視することはできない。信託型は新しいスキームであるため，法務・会計・税務の観点からの検討が不可避であるから，弁護士費用・公認会計費用・税理士費用が必要となるし，管理会社においては，信託実務に通じた人員を新規に雇用するか，あるいは，既存の人員に信託実務に関する教育・訓練を受けさせる必要もあろう。

3　ま　と　め

　このように見てくると，信託型のメリットは，信託型導入にともなうさまざまなコストその他の信託型のデメリットを明らかに上回るとはいえず，現実に信託型の利用がきわめて少ないことも首肯できるものがある。

Ⅲ　信託業法との関係

　信託型を利用した特許のグループ企業内管理として，信託業法51条に定めるグループ内信託を用いる方法がある。自己信託を用いたグループ内信託も信託業法50条の2ではなく，同法51条により，内閣総理大臣の登録を受けることなく，事前の届出で足りる。グループ内信託の要件は既述（Q1参照）したので，以下，受託者および受益者に対する規制を中心に概観する。

1　受託者に対する規制

(1)　受託者の資格

受託者は会社である必要があるが（信託業51条1項1号），会社法上の株式会社，合名会社，合資会社もしくは合同会社のいずれでもよく[注4]，外国会社でもよい。

(2)　信託会社に対する業務規制および監督規制の不適用

信託業法51条のグループ内信託は，受託者につき，免許や登録が不要とされ，内閣総理大臣に対する事前の届出で足り（信託業51条2項），受託者は，信託業法上の信託会社に対する業務規制や監督規制には服さず，原則として，信託法の定めに従い受託者の義務を負うにとどまる。受託者によるグループ内信託の届出は信託契約ごとに行う必要があるが，信託契約において受託者が信託財産の取得日以後に信託財産を追加取得できる旨を記載できる[注5]。なお，信託契約に，グループ内信託の要件を満たさなくなった場合には，委託者または受益者の同意がなくても，受託者が任務を辞任することができる旨を定める必要がある（同条1項5号）。

(3)　受託者等の届出義務等

もっとも，グループ内信託の受託者は，①グループ内信託の受託者でなくなったとき，または②グループ内信託の要件に該当しなくなったことを知ったときは，遅滞なく，その旨を内閣総理大臣に届け出なければならない（信託業51条5項）。さらに，受託者は，グループ内信託の要件に該当しないことになったときは，内閣総理大臣より，受託者でなくなるための措置その他必要な措置の命令を受ける（同条4項）。「必要な措置」には，同一の会社集団に属さない受益者からの受益権の買取り等のほか，信託業法に基づく免許または登録の申請を行うこと等を含む[注6]。措置命令に違反した者は1年以下の懲役もしくは

(注4)　小出卓哉『〔逐条解説〕信託業法』（清文社，2008）265頁。
(注5)　金融庁平成21年7月「信託会社等に関する総合的な監督指針」8—2—1(1)。
(注6)　金融庁平成21年7月「信託会社等に関する総合的な監督指針」8—2—2。

300万円以下の罰金またはこれらの併科となる（信託業93条16号）。

　内閣総理大臣は，グループ内信託に係る状況を確認するため特に必要があると認めるとき，グループ内信託の委託者，受託者または受益者に対して，グループ内信託の届出（信託業51条2項）またはグループ内信託の要件を満たさなくなった場合等における届出（同条5項）もしくは措置命令（同条4項）に関して，報告もしくは資料提出の命令，立入検査または物件検査等を行うことができる（同条6項）。グループ内信託に係る状況を確認するために特に必要があると認めるときとは，グループ内信託につき信託業法51条1項の要件を満たさなくなった懸念が生じた場合等である[注7]。届出義務に違反した者は1年以下の懲役もしくは300万円以下の罰金またはこれらの併科となる（信託業93条17号）。

2　受益者に対する規制

　グループ内信託の受益者は以下のような第三者がグループ内信託の実質的な受益者となるような行為をしてはならず（信託業51条8項，信託業規52条6項），違反した者は1年以下の懲役もしくは300万円以下の罰金またはこれらの併科となる（信託業93条20号）[注8]。

① 　信託の受益権を受託者と同一の会社集団に属さない者に取得させること。
② 　信託の受益権に係る資産対応証券を受託者と同一の会社集団に属さない者に取得させること。
③ 　信託の受益権に対する投資事業に係る匿名組合契約，組合契約または投資事業有限責任組合契約を受託者と同一の会社集団に属さない者との間で締結すること。
④ 　社債券（相互会社の社債券を含む。）またはCP（資産流動化法上の特定約束手形を除く。）の発行を目的として設立または運用される会社が受益者である場

（注7）　金融庁平成21年7月「信託会社等に関する総合的な監督指針」8－3。
（注8）　その他，金融商品取引業者または登録金融機関は，グループ内信託の受益権を受託者と同一の会社集団に属さない者に販売し，またはその代理もしくは媒介をしてはならず（信託業51条9項），違反した者は1年以下の懲役もしくは300万円以下の罰金またはこれらの併科となる（信託業93条20号）。

合には，当該有価証券を受託者と同一の会社集団に属しない者に取得させること。
⑤ 当該信託の受益権，上記②の資産対応証券，上記③に係る匿名組合持分，任意組合持分，投資事業有限責任組合持分または④の有価証券その他これらに類する権利を担保とする貸付契約を受託者と同一の会社集団に属さない者との間で締結すること。

Ⅳ 信託型の資金調達への利用

1 信託型の資金調達への利用

信託型は主に知的財産をグループ企業内において一元管理する目的のために設けられたが，この信託型を使ってロイヤルティ債権を譲渡することにより資金調達を図ることも可能と思われる。

2 信託受益権譲渡スキームとの比較

(1) 信託会社等を受託者とするスキーム

知的財産を信託しその信託受益権を第三者に譲渡する場合は，受益者が同一の会社の集団に属さなくなる結果，信託業法51条1項に定める要件を満たさなくなるため，同法51条に定めるグループ内信託の特例を用いることができない。したがって，この場合，受託者として，免許もしくは登録を受けた信託会社または信託銀行（以下「信託会社等」という。）を利用するスキームをとることになる。しかし，この方法だと信託会社等に対する信託報酬等がグループ内信託に比べ高くなるおそれがある。

(2) 自己信託を用いるスキーム

信託法3条3号に定める自己信託を信託業法50条の2の登録を要求されないスキームにて用いることで信託受益権を譲渡するスキームが考えられる。これだと信託報酬等の問題には対応しうる。

しかし，通常実施権についてほとんど登録されていない現状[注9]の下では，

委託者の保有する通常実施権につき通常実施権変更登記および信託の登録(注10)をすることは困難であり，自己信託された実施権が信託財産であることを第三者に対抗しえないおそれがある（信託14条）(注11)。また，自己信託においては設定的な自己信託は認められないと解されているため(注12)，委託者は受託者に対してライセンスする方法により実施権を信託財産とすることができない。その結果，一つの法人が特許権，専用実施権および登録済通常実施権（以下「登録済特許権等」という。）ならびに未登録の通常実施権または登録できないノウハウ等知的財産（以下「未登録知的財産」という。）を併有している場合に自己信託により信託財産とできるのは登録済特許権等のみであり，一つの製品群に関連する知的財産群から生じる収益のうち，信託財産となる登録済特許権等に相当する部分のみが資金調達可能な譲渡対象となってしまう。これを避けるためには，登録済特許権等を保有する法人と未登録知的財産を保有する法人とに分け，登録済特許権等を保有する法人が自己信託により信託を設定し，未登録知的財産を保有する法人が成立した信託にサブライセンスして，一つの製品群に関連する知的財産群を一つの信託に集約することも考えられる。ただ，この手法だと，既存の知的財産群の帰属を分ける作業が必要であり，また，登録済特許権等の移転および設定ならびにその登録を行う場合には登録免許税が非課税とならないためコストが増加する(注13)。これに対して，グループ内信託

(注9) 特許庁総務部総務課編『平成20年特許法等の一部改正 産業財産権法の解説』（発明協会，2008）18頁脚注参照。
(注10) 特許庁出願支援課登録室編『産業財産権登録の実務〔改訂5版〕』（経済産業調査会，2008）586頁以下参照。なお，特許権および専用実施権については自己信託による変更の登録が自己信託の効力発生要件と解される（特許98条1項1号・2号，特許庁総務部総務課編・前掲（注9）100頁参照）。
(注11) 村松秀樹＝富澤賢一郎＝鈴木秀昭＝三木原聡『概説新信託法』（金融財政事情研究会，2008）36頁参照，ならびに特許庁出願支援課登録室編・前掲（注10）600頁以下参照。
(注12) 村松ほか・前掲（注11）13頁注4。なお，特許を受ける権利を特許出願前に信託譲渡する場合は，特許出願時の願書に特許法施行規則26条1項各号の信託に関する事項を記載し，特許を受ける権利を特許出願後に信託譲渡する場合は，効力発生要件としての届出が必要（特許34条4項）となり，この届出書に上記各号の信託に関する事項を記載する。信託譲渡された特許を受ける権利の信託の登録は，当該特許出願が設定登録され特許権が発生すると同時になされる（特許庁出願支援課登録室編・前掲（注10）589頁）。
(注13) 登録免許税法7条1項1号により，委託者から受託者に信託のために財産を移す場合における財産権の移転の登記または登録は，登録免許税が課税されない。なお，信託登録には登録免許税を要する（特許権等については1件ごとに3000円である。）。

の場合，委託者の保有する登録済特許権等については受託者に信託し(注14)，委託者の保有する未登録知的財産については設定された信託に譲渡，ライセンスまたはサブライセンスする(注15)ことにより，一つの製品群に関連する知的財産群を一つの信託に集約し，そのうえで受託者が知的財産群のライセンス契約を締結できるので，一つの製品群に関連する知的財産群からの収益（ロイヤルティ債権）を譲渡対象とできる。登録免許税に関し信託設定による特許権等の移転または設定については課税されない。

また，知的財産群が数社に分散保有されている状況で自己信託を利用すると，複数の信託を設定したうえでライセンスまたは信託受益権の譲渡により一つの信託に知的財産群を集約して譲渡対象を一つの信託受益権とするか，譲渡対象を複数の信託受益権とすることになるが，前者の場合でライセンスを用いるときは信託設定としてのライセンスでないため登録免許税が課税され，前者の場合で信託受益権譲渡によるとき，および後者の場合は，各受益権の価値算

(注14) 信託契約の締結による信託設定について定める信託法3条1号の「財産の処分」には地上権や賃借権の設定による信託を含むと解されている（村松ほか・前掲（注11）3頁）ところ，専用実施権は用益物権である地上権であり，通常実施権は債権的利用権である賃借権にたとえられ（特許庁編『工業所有権法（産業財産権法）逐条解説〔第18版〕』（発明協会，2010）244頁），通常実施権の設定による信託についても登録できる（特許庁出願支援課登録室編・前掲（注10）596頁）。

(注15) 通常実施権のサブライセンスについては，専用実施権の場合（特許77条4項）とは異なり，特許法に規定がなく認められるか問題となるが，認められると考えるのが通説である。サブライセンスの法的性質については，通常実施権者からの再実施許諾という構成と特許権者からのサブライセンシーに対する直接の通常実施権の許諾という構成があるが，サブライセンス契約の実態からすると，通常実施権者からの再実施許諾と考えるべきと思える（中山信弘『工業所有権法〔上〕特許法〔第2版増補版〕』（弘文堂，2000）447頁注2）。ここで，通常実施権者からの再実施許諾については現行法の下では登録することができない（中山・上掲書447頁注2）ため，受託者がサブライセンスを信託財産に属することを第三者に対抗できるかが問題となる。この点，登録等すべき財産権にあたらない債権等については公示制度が整備されていないことから，信託の公示なしに，信託財産に属することを第三者に対抗できる（村松ほか・前掲（注11）34頁）が，サブライセンスについて同様に取り扱えるかは検討を要する。なお，サブライセンスの法的性質を特許権者からのサブライセンシーに対する直接の通常実施権の許諾と考えた場合，特許権者とサブライセンシーが共同で通常実施権の設定登録を申請することは現行法でも技術的に可能である。また，包括的ライセンス契約に基づく通常実施権については，産業活力の再生及び産業活動の革新に関する特別措置法58条以下に基づき特許番号を特定することなく登録して，第三者対抗要件を具備できるが，同制度上は包括的なライセンス契約に基づく通常実施権の設定または移転に伴う信託の登録手続が設けられていない。

出，管理および課税において手間とコストを要する。また，複数の自己信託を設定すると公正証書の作成費用[注16]が高くなるおそれがある。これに対して，グループ内信託の場合は，知的財産群が数社に分散していても各自が委託者として知的財産を信託するだけで，知的財産群を一つの信託に集約することができる。登録免許税に関し信託設定による特許権等の移転または設定については課税されない。

(3) 信託受益権譲渡一般

信託受益権の譲渡で会計上売買取引として処理することを意図している場合には，委託者は特許権の買戻しができないおそれがある[注17]。

3 グループ内信託を資金調達で利用する場合の注意点

(1) バックアップ受託者の選任

グループ内信託の利用にあたり，知的財産の倒産隔離の観点から，受託者等から倒産手続不申立ての誓約を得て，受託者の役員を中立的な第三者としても，受託者は同一グループ内の法人のため，受託者自体の倒産および受託者による信託財産の破産手続開始の申立ての可能性を完全に排除できず，グループ外の第三者である受託者をバックアップとしてあらかじめ選任する措置も考えられる。

グループ内信託では信託業法51条1項により，受託者および受益者は同一の会社の集団に属していなければならないので，受託者をグループ外の第三者に変更する場合，信託業法51条に定めるグループ内信託の要件を満たさなくなる。したがって，受託者または受益者がグループ外の第三者となる場合に備えて必要なバックアップの受託者は，免許もしくは登録を受けた信託会社または信託銀行である必要がある。

(注16) 事後に受益権を第三者に売却することを予定して自己信託の当初受益者を委託者兼受託者自身とする場合には，信託法4条3項2号の確定日付のある証書で行えず，公正証書または公証人の認証を受けた書面もしくは電磁的記録によってなす必要がある（村松ほか・前掲（注11）15頁）。

(注17) 長谷部智一郎＝北地達明「第8章会計上の取扱いと課題」別冊NBL編集部編・知的財産信託の活用法〔別冊NBL102号〕（2005）164頁参照。

(2) 受託者の信託財産を担保とするグループ外第三者からの借入れ

　グループ内信託の受託者が信託財産を担保としてグループ外の第三者から実質的に借り入れる場合（マスターライセンシーが第三者よりの借入金をマスターライセンス契約に基づく受託者に対するロイヤルティの支払にあてるスキームにおいて，マスターライセンシーによる借入れに際し，その有するロイヤルティ債権を担保に供することに加え，受託者が信託財産を貸付人のために担保に供する場合，または，受託者が改良技術の開発のための資金調達にあたり信託財産を担保として借り入れる場合等），グループ内信託に係る権利を担保とする第三者からの借入れを禁じるグループ内信託の規制（信託業51条1項4号，信託業規52条1項4号および信託業51条8項4号，信託業規52条6項4号）に反しないかが問題となる。

　証券化における信託借入れにおいてローンの出し手はローンを通じて実質的に受益権を保有しているのと同様の経済効果を受けるともいわれることから，受託者による第三者からの借入れはグループ内信託の受益者を同一グループ内の会社に限定したグループ内信託の規制に反するようにもみえる。しかし，信託業法施行規則52条1項4号および6項4号は「信託の受益権，……有価証券その他これらに類する権利を担保」とする第三者からの借入れを禁ずるのみで，第三者からの借入れ一般を禁ずるものではない。また，同規則の文理からすれば信託受益権またはそれを保有する投資ビークルへの投資持分を担保とした借入れを意味し，信託受益権または投資持分ではない信託財産自体を担保とした借入れは文理上前記各号に含まれない。委託者，受益者が企業グループ内に限定されている場合にはそれらの保護も企業グループの自治に委ねるというグループ内信託の趣旨ならびに信託の利益を企業グループ外の者が取得することを禁止する信託業法51条1項4号の趣旨[注18]からすれば，信託財産の経済的利益が第三者に移転または配分されていても，グループ内信託の受益権から生ずる収益（ロイヤルティ収入等）は企業グループ内の受益者のみに帰属していれば，依然委託者，受益者の保護を企業グループに委ねてもよいように思われる。

　したがって，グループ内信託の受託者が信託財産を担保としてグループ外の

(注18)　高橋康文『詳解新しい信託業法』（第一法規出版，2005）174頁および176頁参照。

第三者から実質的に借り入れる行為は、グループ内信託に係る権利を担保とする第三者からの借入れを禁じるグループ内信託の規制に反しないと解される。

　　　　　　　　　　　　　　　◆髙　橋　　淳＝辻　河　哲　爾◆

Q6 信託された知的財産権の侵害行為に対する権利行使

信託の目的となっている知的財産権(特許権)が第三者によって侵害されているとき、侵害者に対する差止請求や損害賠償請求は誰が権利行使しますか。損害賠償はどの程度請求できますか。

A

　信託財産が特許権、専用実施権の場合は、受託者は差止請求や損害賠償請求の権利行使が可能である。侵害者を排除することは　信託の目的から明示的に除外されない限り、受託者の受託財産管理の範囲に含まれるので、受託者は善管注意義務に従って権利行使を行う義務がある。ロイヤルティ相当額の損害賠償請求は可能であるが、特許発明を自ら実施しない受託者の損害賠償額に関し、特許法102条1項・2項が適用されるか否かは未解決の問題である。

I 特許信託の利用形態

1 知的財産権の種類と信託のスキーム

　映画製作を中心とした著作物に関しては、従来から資金調達目的のための製作委員会方式や信託型コンテンツファンド等のスキームの実績がある。しかし、特許庁への登録によって権利化されるいわゆる工業所有権(特許権・実用新案権、意匠権、商標権)については、信託制度を用いた商業的利用は低調であり、実績も少ない。特許発明は、知的創造サイクルの促進が提唱される(創作活動の促進、権利化の促進、有効的利用の促進、創作活動への再投資)ことから、その有効的利用における手段として信託制度が期待されている。知的財産権に権利者に

実施権の独占を認めることに大きな特色があり，未利用発明等を除けば，社会的実態として特許権者等の権利者と実施行為者の各範囲はおおかた一致している（例外はライセンシーや法定実施権者）。しかし，特許権等を受託財産とする信託制度は，権利者となる受託者は必ずしも自ら実施による利益を享受するものではないのに（信託業法21条の兼業禁止規制との関係が指摘されている[注1]。）受託財産の処分管理権を通じて独占的実施権を支配することになるので，権利行使面においていかなる問題が生じうるかを検討することは意味がある。財産権として評価できる発明は，出願中の発明や技術的ノウハウ等があり，対応外国特許権を含めると各種の態様がありそれらはいずれも信託財産となりうる。それらの利益保護についてはそれぞれ特有の問題があるが，本項目は，日本国特許権を受託財産とした場合について説明する。

2 特許信託の具体的利用形態

出願中の発明や特許権等を受託財産とする信託制度は以下のタイプが提唱されている[注2]。

(1) グループ企業内信託

グループ内の特定会社に知的財産権を集約して，一元的管理を行うことによって統一的特許戦略，効率的特許利用を図る目的で行われる。信託の引受けを行う者は内閣総理大臣に届出を要する（信託業51条）。

(2) 管理目的型信託

企業から特許権等の管理を受託し，ライセンス管理，侵害者対応等を行い，特許権の利用の極大化を図る目的で行われる。信託財産は独占権を有する特許権（特許68条）または専用使用権（特許77条）のいずれかである。委託者が信託財産である特許発明を継続して実施する場合は，信託契約において委託者の無

(注1) 小林卓泰「知的財産信託をめぐる現状（特集 知的財産法の新展開）」ジュリ1326号（2007）121頁は，信託業務の遂行そのものとして兼業にはあたらない場合があるとする。
(注2) 日本弁理士会中央知的財産研究所研究報告21号「知財信託について」(2007) 15頁。

償実施権を留保する合意（ライセンスバックの合意でも同じ。）がなされる。他益信託と自益信託の双方がありえる。信託の目的をいかなる範囲で定めるかは，後記の侵害者排除の管理事務と関係する。管理型信託会社として内閣総理大臣の登録を受ければ営むことができる（信託業2条4項・7条）。ただし，特定大学技術移転事業に係る信託（承認TLO）の場合は，株式会社でなくとも信託業を営むことができ，届出だけで認められる（信託業52条）。

(3) 資金調達型信託

映画と同様に，資金調達目的のファンドの構成が考えられる。運用型信託会社として内閣総理大臣の免許を受けなければならない（信託業2条1項・3条）。

(4) 特許信託の現状

上記の(1)と(2)のタイプは，少ないながら実例がある。(3)は現在実績がない（信託財産につき資金調達が可能な経済的・技術的価値が必要であり，おそらく，医薬特許発明，先端技術の基本発明，事業化に必要な膨大なパテントフォーリオに基づく特許群〔たとえば，液晶表示装置製造のための技術〕など，事業化利益が見込まれるもの以外は実現性がないであろう。）。

(2)は，中小企業の優れた特許発明や，大企業の未利用特許などを有効活用するための手段として考えられている[注3]。特許権は維持年金支払等の管理費用が発生し，信託報酬の負担も考慮すると，信託財産の有効活用が期待できなければ，費用倒れにおわるリスクがある。特に，侵害者排除のための訴訟を含めた権利行使事務は，多くの費用と期間を要するばかりか敗訴リスクをかかえている。そのため，信託契約の締結の際には，信託の目的の範囲，受託者の管理義務の程度，費用負担等の取決めにつき，信託財産の価値や性質などを考慮して合意をすべきである。

(注3) 管理目的型信託として，前掲（注2)「知財信託について」は中小企業の保有する特許発明を利用した実例，2008年7月9日付日経新聞は大手企業の休眠特許発明を利用した実例をそれぞれ紹介している。

Ⅱ　特許権侵害者に対する権利行使上の問題

1　侵害者排除と受託者義務の関係

　信託財産の価値を基礎づける特許権等の独占権を侵害する侵害者を市場から排除することは，信託財産の価値を維持することにつながり，通常，信託財産の管理に該当する事務と考えられる。とすれば，受託者は信託の目的の達成に必要な行為として侵害者排除をすべき義務を負うことになる（信託2条5項）。しかし他方，侵害者の排除は，高度な専門的能力と費用および期間を要し，受託者にとって大きな負担と管理コストとなる。したがって，侵害者とのライセンス交渉の事務を超えて，受託者はライセンス契約締結を拒否する相手方を常に排除する義務を負うとなると受託者に過重な負担を課すことになりかねない。侵害者排除のための訴訟に敗訴した場合の訴訟コストが信託財産によってまかないきれないときは，信託の終了も考えられるので（信託52条），訴訟等の手段による侵害者排除の方法は，その見きわめが重要である。受託者としては，侵害者排除が受託者の善管注意義務の範囲に含まれると解しても，容易に侵害訴訟を提訴することはできないであろう。

　そこで，侵害者排除の事務につき，受託者の義務から除外または，軽減することが考えられ，そのための方法として，

　①　信託の目的から明示的に除外する

　②　信託行為において受託者の注意義務を軽減する（信託29条2項ただし書）

ことが考えられる。

　①の場合は，受託者以外の誰が侵害者を排除する権利（差止請求権限）と責任を有するか問題となる。信託行為により受託者の侵害者排除権限に制限を加えた場合（信託26条ただし書）も同様の問題が生ずる。また，②の場合は，信託会社が業として受託者になる場合は軽減が許されないと解されていること（信託業28条2項）から実効的な手段でない。

　侵害者の存在によって信託財産の価値が減少し，信託財産に損害が生ずるおそれがあれば，信託契約によってあらかじめ侵害者を排除する方法を決めておくことが必要である。上記①の合意をして信託の目的を特許権の維持および通

常実施権付与業務に限定した場合は，受託者は対外的な権利があっても，その権利を行使して侵害者を排除する義務を負わないことになるので，委託者ないし受益者が侵害者排除の権利を行使可能なスキームにする必要があろう。専用実施権を信託財産とすれば委託者は特許権に基づく差止請求権を行使できるが[注4]，損害賠償については法的に未解決の問題がある。

2　差止請求権・損害賠償請求権の代位行使の可否

　侵害者排除が信託の目的から除外されている場合，または，受託者において管理責任がありながら，侵害者排除の事務を行わない場合は，誰がその行為を行うことができるかが問題になる。委託者に特許権が留保されて専用実施権が信託財産になっている場合は，委託者は固有の権利として特許権に基づく差止請求権を行使できる（ただし，信託の利益は受益権を介して受益者に帰属するので，委託者に固有の損害賠償請求権は生じないであろう。）。しかし，特許権が信託財産になっている場合は，委託者（通常実施権を有していても）および受益者はいずれも固有の権利として侵害者に対する差止請求等の権利行使を認めることは困難である。受託者が侵害者排除の管理責任を負う場合であっても，受益権の性質論（債権かまたは物権類似のものか）にかかわらず，受益者に固有の権利として第三者に対する差止請求権を認めることはできない。

　そこで，信託の設定後は当該信託について主たる利害関係を有するのは受益者であるので，受益者は受益権を被保全権利として，受託者の有する特許権に基づく権利を代位行使できないか問題となる。侵害者を排除することによって信託財産の保護を図ることは受益者の利益に直結することになり，任務を怠る受託者の交代を待っていては損害の回復が困難になるので，その必要性は高い。受益権は受益債権とそれを確保するための受益者その他の者に対する一定の行為を求めることができる権利であり（信託2条7項），単なる金銭的給付を求める権利ではないので，代位権の転用事例として代位行使が認められるべきである[注5]。

（注4）　最判平17・6・17判時1900号139頁。

3 侵害訴訟と委託者（または受益者）の補助参加の可否

　受託者は，信託財産が特許権であっても専用実施権であってもその権利者として侵害者に対して差止請求および損害賠償請求ができる。この場合，特許発明に関して委託者らの技術的サポート（特に発明者等からの）を適切に受ける場合は，有効に侵害差止請求権等を行使できよう。訴訟の結果は受益権の給付内容に影響するので受益者は利害関係者として補助参加できる（民訴42条）。また，実施権を有する場合は，侵害者を市場から排除することにつき正当な利益を委託者が有するので通常実施権者と同様に参加の利益が肯定されよう。しかし，委託者自身が特許発明を実施することがない場合は，訴訟の結果に対する固有の利害関係が希薄になるので，問題があろう。

4 損害賠償請求と特許法102条1項・2項の適用の可否

　特許法は，権利者が受けた損害賠償額の立証負担を軽減する趣旨の下に損害額の推定等の規定を設けている。商標法，意匠法，著作権法，不正競争防止法にも同様の規定がある。しかし，特許法102条1項は特許権者の販売行為を適用要件とする規定ぶりになっており，また，同条2項は判例によって特許権者の実施が適用要件と解釈されている[注6]。特許権者または専用実施権者自身が特許発明の実施者であることを要求しているので，信託財産である特許権を実施することが予定されない受託者が侵害行為者に対して損害賠償請求をするとき，委託者が発明を実施している場合にその実施行為をもって102条1項または2項が適用されるかが問題になる。適用されないとすれば，102条3項に基づく相当金額の請求が認められるにとどまる。

　この問題に関して，委託者，受託者および受益者の利益状況の実質的一体性を根拠に適用を認める見解がある[注7]。グループ企業内信託の場合は，特許発明についてグループ企業間の経済的一体性が認められることもありうる。しか

(注5)　能見善久『現代信託法』（有斐閣，2004）237頁は，受益者が受託者の損害賠償請求権を代位行使することを認めているが，差止請求権については指摘されていない。
(注6)　下級審判例であるが，たとえば1項につき東京地判平14・3・19判時1803号78頁，2項につき東京高判平3・8・29知的裁集23巻2号618頁。

し，信託の機能は，信託財産の委託者からの分離，信託財産の独立性にあるので，信託制度一般において利益状況の一体性なるものがいかなるものを意味しているか定かではない。特許法102条1項および2項の立法は，独占権に基づく実施行為すなわち独占的権利者と実施行為者の結びつきがある場合に逸失利益の損害立証の観点において保護を与える趣旨であることを考慮すると，信託制度の利用によって知的財産権を分離独立させて保護を与えながら，同時にその独立した財産権自体についてその独立性を実質的に否定することによって102条による保護を認める必要性があるとは思われない。特許権の活用すなわちライセンスの供与が信託の目的である場合は，もともと特許発明の独占的実施は放棄されているのであるから，侵害者に対して損害賠償を請求するとしても，相当金額の賠償の範囲（特許102条3項）で認めれば（実施料相当額ではない。），信託の目的に沿うともいえる[注8]。

5　訂正審判（訂正請求）と善管注意義務

　特許権は常に無効化リスクにさらされているといってよい[注9]。受託者は，第三者からの信託財産の無効審判請求に対して，権利維持を図る善管注意義務を負っている。特許権の無効が確定すれば，信託の目的の喪失による信託の終了原因になるし，特許権は初めから存在しなかったものとみなされることから（特許125条），受託者から信託財産につきライセンスを受けた第三者の既払い実施料の返還の可否も問題となる。また，無効審判請求に対する防御として権利

(注7)　俣野敏道「特許権者における特許法102条1項，2項の適用に関する考え方について」前掲（注2）「知財信託について」25頁，愛知靖之「新信託法と知的財産信託（下）」NBL870号（2007）51頁，波田野晴朗＝戸崎豊「『特許権信託における特許法102条1項，2項の適用に関する考え方』について―産業構造審議会知的財産政策部会流通・流動化小委員会資料」NBL836号（2006）11頁，小林・前掲（注1）127頁。

(注8)　中山信弘ほか編・特許判例百選〔第3版〕〔別冊ジュリ170号〕（2004）191頁〔青柳昤子〕は，特許管理会社等は製造・販売行為自体を行っていない場合には，自らの製造・販売行為による得べかりし利益喪失損害の発生がありえないのであるから，2項を適用する余地はないと解するのが一貫した判決例であり，通説であるという。信託の受託者と特許管理会社とでは実施行為者との関係において利益状況が異ならないと理解すれば，同様の考えになろう。

(注9)　特許庁の公表データによれば，2009年度においては，特許権無効審判事件の47%が無効審決になっている。

減縮を目的とする訂正請求により無効が回避される場合があるが，訂正請求にはライセンシーの承諾が必要であるので（特許127条），この承諾が得られないと特許権は無効に帰するおそれがある。受託者はライセンス契約においてこれらの処理を適切に行っていないと善管注意義務違反の責任を問われかねない。

　受託者が特許権侵害訴訟を提起し，被告が無効審判請求を行って争った場合，受託者（特許権者）が対抗手段として権利減縮を目的とする訂正請求を行うとしても[注10]，権利が減縮されたことにより既存のライセンシーとの契約が解消されて信託財産の収益が減少することがありうる。したがって，不必要な権利の減縮は，善管注意義務違反になりうる。被疑侵害者との特許権侵害に関する争いは，無効原因を顕在化させる要因になるので，受託者は信託の本旨に従い，的確な見通しの下に信託財産たる知的財産権を適正に管理する必要がある。

◆高　橋　隆　二◆

（注10）　被告が無効審判の申立てをせず，特許法104条の3による無効抗弁の主張をする場合においては，特許権者は訂正審判の申立てを行うことになる。これらの場合の侵害訴訟の取扱いにつき，知財高判平21・8・25判時2059号125頁。

Q7 知的財産権と登録制度

特許権や著作権などの知的財産権につき信託登録をする場合，どのようにすればよいですか。また，信託登録の仕組みはどのようになっていますか。

A

　特許権等につきなされた信託は，特許庁における登録が効力要件となっており，その信託登録制度は不動産登記制度に準じた手続が整備されている。著作権の信託は文化庁に対してその登録申請が可能であり，その登録は第三者対抗要件である。

I 特許権について

1 特許信託原簿

　特許権の信託譲渡は，これまで特許法上の規定にはなかったが権利移転の一種と考えられ，信託登録制度が存在している。平成20年特許法改正により，権利移転と区別して「信託による変更」を特許原簿への登録事項とし，その登録が効力要件であることを明文化した（特許27条1項1号・98条1項1号）。信託登録制度の基本原理は不動産登記法の例によっている。

　特許原簿には，特許登録原簿，特許仮実施権原簿，特許関係拒絶審決再審査請求原簿および特許信託原簿の4つがあり（特許登令9条），特許権の信託登録は特許信託原簿をもってなされる。

　特許信託原簿は帳簿をもって調製し，その様式および記載の方法は，経済産業省令で定めるものとされている（特許登令10条2項）。

　まず，様式については，特許登録令施行規則1条の3が規定している。同条

には，特許信託原簿の様式は様式第3により，様式第4による目録を附さなければならず，バインダー式帳簿とする旨が規定されている（特許登規1条の3第2項・3項・5項）。また，特許信託原簿は信託財産に属する特許権その他特許に関する権利ごとに一用紙を備えなければならない（特許登規2条3項）。

次に，記載の方法については，特許登録令施行規則9条が規定している。①特許信託番号欄には特許信託原簿に最初に登録した順序により特許信託番号を記載しなければならない（特許登規9条1項）。②特許信託原簿の表題部のうち，表示欄には，信託財産に属する特許権その他特許に関する権利の表示をし，その変更および消滅ならびにこれらの権利の信託の終了を記載し，表示番号欄には，表示欄に登録事項を記載した順序を記載しなければならない（特許登規9条2項）。③特許信託原簿の事項区のうち，事項欄には，特許登録令58条1項各号に掲げる事項およびその変更または更正を記載し，順位番号欄には，事項欄に登録事項を記載した順序を記載しなければならない（特許登規9条3項）(注1)。

2　特許権の信託登録

特許権の信託に関する手続については，特許登録令の第3章「登録の手続」の中の第6節「信託に関する手続」（56条～70条）に規定されている。

信託の登録の申請は，信託に係る特許権についての移転もしくは変更または信託に係る特許権以外の権利についての設定，移転もしくは変更の登録の申請と同時にしなければならない（特許登令60条）。

したがって，特許権について信託の登録の申請を行おうとする場合，当該特許権についての①「信託」の登録申請と②「移転」の登録申請とを同時にする必要がある。後者の「移転」の登録申請は登録権利者および登録義務者の共同申請が原則であるのに対して（特許登令18条），前者の「信託」の登録申請については「特許権その他特許に関する権利の信託の登録は，受託者だけで申請することができる」とされ受託者の単独申請が認められている（特許登令56条）(注2)(注3)(注4)(注5)。

（注1）　特許登録原簿の甲区には特許権の設定，移転，処分の制限および信託による特許権についての変更に関する事項を記載しなければならない（特許登規7条5項）。

信託の登録の申請書の様式は，様式第11の２による（特許登規10条７項）。信託の登録を申請するときは，申請書に次の①ないし⑪に掲げる事項を記載した書面を添付しなければならず（特許登令58条１項），特許庁長官は，特許登録令58条１項各号に掲げる事項を，職権で，特許信託原簿に登録しなければならない（同条３項）。なお，②ないし⑥までに掲げる事項のいずれかを記載した書面を添付したときは，①の受益者の氏名または名称および住所または居所を記載した書面を添付することを要しない（同条２項）(注6)。

① 　委託者，受託者および受益者の氏名または名称および住所または居所（１号）

② 　受益者の指定に関する条件または受益者を定める方法の定めがあるときは，その定め（２号）

③ 　信託管理人があるときは，その氏名または名称および住所または居所（３号）

④ 　受益者代理人があるときは，その氏名または名称及および住所または居所（４号）

⑤ 　信託法185条３項に規定する受益証券発行信託であるときは，その旨（５号）

⑥ 　信託法258条１項の受益者の定めのない信託であるときは，その旨（６号）

（注２）　特許登録令第３章「登録の手続」の第１節「通則」において，「登録は，法令に別段の定めがある場合を除き，登録権利者及び登録義務者が申請しなければならない」（特許登令18条）と共同申請の原則が規定されており，「申請書に登録義務者の承諾書を添附したとき」（特許登令19条）および「判決又は相続その他の一般承継による登録」（特許登令20条）は登録権利者だけで申請することができるとされている。

（注３）　自己信託による特許権その他特許に関する権利についての変更の登録は，受託者だけで申請することができる（特許登令57条）。

（注４）　受益者または委託者は，受託者に代位して信託の登録を申請することができる（特許登令59条１項）。

（注５）　特許権の設定の登録をする場合において，当該特許を受ける権利が信託財産に属するときは，その設定の登録と同一の順位で信託の登録をしなければならない（特許登規39条１項）。

（注６）　特許信託原簿の事項欄に登録をするときは，申請書の受付の年月日，受付番号，受託者の氏名または名称および住所または居所ならびに登録の目的その他申請書に掲げた事項のうち登録をすべき権利に関する事項を記載しなければならない（特許登規52条６項）。

⑦　公益信託ニ関スル法律 1 条に規定する公益信託であるときは，その旨（7号）
⑧　信託の目的（8号）
⑨　信託財産の管理の方法（9号）
⑩　信託の終了の理由（10号）
⑪　その他の信託の条項（11号）

3　受託者の変更による移転登録

　受託者の変更があった場合には（信託75条 1 項・ 2 項・56条 1 項参照），特許権その他特許に関する権利の「移転」の登録を申請する必要がある。この場合，申請書に受託者の変更を証明する書面を添付しなければならない（特許登令62条 1 項）。そして，受託者の任務が死亡，破産手続開始の決定，後見開始もしくは保佐開始の審判，法人の合併以外の理由による解散，または，裁判所もしくは主務官庁の解任の命令により終了したときは，この移転の登録は新受託者だけで申請することができるものとされている（特許登令63条 1 項）。

　特許登録原簿に信託法75条 1 項または 2 項の規定による権利の移転の登録をするときは，特許庁長官は，職権で，特許信託原簿にも登録しなければならないものとされている（特許登令67条 1 号）。

　なお，受任者の解任の裁判があったときには，裁判所書記官は，職権で遅滞なく特許信託原簿の登録を特許庁に嘱託するものとするとされており（特許登令64条），また，主務官庁が受託者を解任したときも職権で遅滞なく特許信託原簿の登録を特許庁に嘱託するものとされている（特許登令65条）。そして，特許登録令64条または65条の規定により受託者の解任に関し特許信託原簿に登録したときは，特許庁長官は，職権で，特許登録原簿にその旨を付記しなければならない（特許登令69条）。

4　信託事項の変更の登録

　特許登録令68条は，「第64条から前条までに規定する場合を除き，第58条第 1 項各号に掲げる事項について変更があったときは，受託者は，遅滞なく，その変更を証する書面を添付して，特許信託原簿の登録を申請しなければならな

い。」と規定し（同条1項），この申請については，受益者または委託者が受託者に代位して申請することができるものとされている（同条2項）。

なお，裁判所書記官は，信託の変更を命ずる裁判があったときには，職権で遅滞なく特許信託原簿の登録を特許庁に信託するものとされており（特許登令66条1項），また，主務官庁が信託の変更を命じたときは遅滞なく特許信託原簿の登録を特許庁に嘱託するものとするとされている（同条2項）。

5　信託の抹消登録

信託財産に属する特許権その他特許に関する権利が移転または変更により信託財産に属さないこととなった場合においてすべき信託の登録の抹消の申請は，特許権その他特許に関する権利についての移転または変更の登録の申請と同時にしなければならない（特許登令61条1項）。信託の登録の抹消は，受託者だけで申請することができる（同条2項）(注7)。

信託の併合または分割により特許権その他特許に関する権利が一の信託の信託財産に属する財産から他の信託の信託財産に属する財産となった場合における当該特許権その他特許に関する権利に係る当該一の信託についての信託の登録の抹消および当該他の信託についての信託の登録の申請は，信託の併合または分割による特許権その他特許に関する権利についての変更の登録の申請と同時にしなければならない（特許登令68条の2第1項第1文）。

信託の併合または分割以外の事由により特許権その他特許に関する権利が一の信託の信託財産に属する財産から受託者を同一とする他の信託の信託財産に属する財産となった場合も，同様である（特許登令68条の2第1項第2文）。

Ⅱ　実用新案権について

実用新案信託原簿は実用新案登録令施行規則の様式第3により作成され（実

（注7）　特許権や専用実施権などについて消滅の登録をした場合は，当該特許権その他特許に関する権利が信託財産に属するときは，その事実を特許信託原簿に反映させるため同時に特許信託原簿にその登録をしなければならない（特許登規40条1項）。

用新案登令3条1項・3条の2第2項，実用新案登規1条の2第2項），実用新案信託原簿の甲区には信託による実用新案権についての変更に関する事項を記録しなければならないとされている（実用新案登規2条の2第5項）。このほか特許権についての説明で触れた特許登録令18条，56条ないし70条，特許登録令施行規則1条の3第5項，2条3項，9条，10条7項，40条などの規定が準用されている（実用新案登令7条，実用新案登規3条）。

Ⅲ　商標権について

商標信託原簿は商標登録令の様式第3によるものとされ（商標登令3条1項・4条2項，商標登規1条の2第3項），商標登録原簿の甲区には信託による商標権および防護標章登録に基づく権利についての変更に関する事項を記録しなければならないとされている（商標登規3条6項）。このほか特許権についての説明で触れた特許登録令18条，56条ないし69条，特許登録令施行規則1条の3第5項，2条3項，9条，10条7項，40条などの規定が準用されている（商標登令10条，商標登規17条）。

Ⅳ　意匠権について

意匠信託原簿は意匠登録令の様式第3によるものとされ（意匠登令3条1項・3条の2第2項，意匠登規1条の2第2項），意匠登録原簿の甲区には信託による意匠権についての変更に関する事項を記録しなければならないとされている（意匠登規3条6項）。このほか特許権についての説明で触れた特許登録令18条，56条ないし69条，特許登録令施行規則1条の3第5項，2条3項，9条，10条7項，40条などの規定が準用されている（意匠登令7条，意匠登規6条）。

Ⅴ　著作権について

著作権は著作物の創作によってその権利が発生し，著作権の移転や処分等の登録は第三者対抗要件にすぎない（著作77条）。著作権の信託は対抗要件として

その登録は可能である。

著作権登録原簿，出版権登録原簿および著作隣接権登録原簿を総称して著作権登録原簿等という（著作権令13条）。著作権登録原簿等の事項区のうち信託欄には信託に関する事項が記載される（著作権規5条・8条6項・11条1項3号・2項）。

信託に関する登録については，著作権法施行令第8章「登録」第2節「登録手続等」の第4款「信託に関する登録」（35条〜45条）に規定されている。信託の登録の申請は，当該信託に係る著作権等の移転，変更または設定の登録の申請と同時にしなければならない（著作権令35条1項）。著作権の登録については原則として共同申請とされているが（著作権令16条〜19条），信託の登録は受託者だけで申請することができ（著作権令35条2項），自己信託による著作権等の変更の登録は受託者だけで申請できる（同条3項）。信託の登録の申請書の記載事項は，特許登録令58条1項の記載事項とほぼ同一であり（著作権令36条1項），2号ないし6号までに掲げる事項のいずれかを信託の登録の申請書に記載したときは，1号の受益者の氏名または名称および住所または居所を記載することを要しない（著作権令36条2項）。

受益者または委託者は，受託者に代位して信託の登録を申請することができる（著作権令37条1項。特許登令59条1項参照）。

信託財産に属する著作権等について信託法75条1項または2項（信託に関する権利義務の承継等）の規定による著作権等の移転の登録をするときは，文化庁長官は，職権で，信託の変更の登録をしなければならないものとされている（著作権令43条1号。特許登令67条1項参照）。

受託者の変更があった場合に，著作権等の移転の登録を申請するときは，申請書に受託者の変更を証明する書面を添付しなければならない（著作権令39条1項。特許登令62条1項参照）。そして，受託者の任務が死亡，破産手続開始の決定，後見開始もしくは保佐開始の審判，法人の合併以外の理由による解散，または，裁判所もしくは主務官庁の解任の命令により終了し，新たに受託者が選任されたときは，この移転の登録は新たに選任された受託者だけで申請することができる（著作権令40条1項。特許登令63条1項参照）。

受任者の解任の裁判があったときには，裁判所書記官は，職権で遅滞なく信

託の変更の登録を文化庁長官に嘱託するものとするとされており（著作権令41条。特許登令64条参照），また，主務官庁が受託者を解任したときも職権で遅滞なく信託の変更の登録を文化庁長官に嘱託するものとされている（著作権令42条。特許登令65条参照）。

著作権法施行令44条は，「前3条に規定するもののほか，第36条第1項各号に掲げる事項について変更があったときは，受託者は，遅滞なく，信託の変更の登録を申請しなければならない。」と規定し（同条1項。特許登令68条1項参照），この申請については，受益者または委託者が受託者に代位して申請することができるものとしている（著作権令44条2項。特許登令68条2項参照）。

信託財産に属する著作権等が移転，変更または消滅により信託財産に属さないこととなった場合における信託の登録の抹消の申請は，当該著作権等の移転もしくは変更の登録または当該著作権等の登録の抹消の申請と同時にしなければならず，信託の登録の抹消は受託者だけで申請することができる（著作権令38条。特許登令61条参照）。信託の併合または分割により著作権等が一の信託の信託財産に属する財産から他の信託の信託財産に属する財産となった場合における当該著作権等に係る当該一の信託についての信託の登録の抹消および当該他の信託についての信託の登録の申請は，信託の併合または分割による著作権等の変更の登録の申請と同時にしなければならない（著作権令45条1項第1文。特許登令68条の2第1項第1文参照）。信託の併合または分割以外の事由により著作権等が一の信託の信託財産に属する財産から受託者を同一とする他の信託の信託財産に属する財産となった場合も，同様である（著作権令45条1項第2文。特許登令68条の2第1項第2文参照）。

◆財 津 守 正＝高 橋 隆 二◆

Q8 知的財産の価値評価と信託

知的財産の財産的評価ができない場合でも信託を利用することはできますか。財産的評価をする場合にはどのように評価すればよいのでしょうか。

A

著作者人格権や発明者名誉権といったおよそ財産的評価が不可能であるものでない限り，財産的評価が困難な知的財産であっても信託を利用することは可能である。

知的財産の財産的評価の手法には，取得費用を基にしたコスト・アプローチ，市場価格を基にしたマーケット・アプローチ，将来収益を基にしたインカム・アプローチ等が考えられるが，現段階ではインカム・アプローチを基礎として，当該知的財産の性質や付随するリスク等を勘案して総合的に評価すべきである。

I 信託と財産的評価の必要性

信託の対象となるためには，①金銭換算可能性，②積極財産性，③移転・処分可能性，④現存・特定性の4要件が必要であるとされている(注1)。信託の対象としようとする財産について「財産的評価ができない」場合には，上記①の要件を満たさないのではないかが問題となる。

思うに，金銭換算可能性とは，主に身分権や人格権といったおよそ金銭に換算できない権利を除外するための要件であり，財産的評価が一義的に定まっていることまでをも要求するものではない。

(注1) 新井誠『信託法〔第3版〕』（有斐閣，2008）324頁。

後述（Ⅱ１）のとおり，不動産や金銭債権と異なり知的財産についてはその価値評価の困難性が指摘されているが，評価が困難であることは金銭換算「可能性」を否定するものではない。一般に経済的取引や担保権の対象となるような財産であれば金銭換算可能性を有しているといえる。

　よって，設問における「財産の評価ができない」知的財産というのが，およそ金銭に換算できない著作者人格権（著作権18条～20条）や発明者名誉権（特許26条，パリ条約４条の３）を指すのであれば信託の対象とはならないが，単に財産的評価が非常に困難な著作権，特許権等を指すのであれば信託の対象となると考えられる。

Ⅱ　知的財産の財産的評価の手法

1　知的財産の財産的評価の困難性

　特許権，著作権等の知的財産については，企業の貸借対照表に計上されておらず，いわゆるオフバランスの状態となっていることが多い。もし当該知的財産を外部から購入したのであれば，購入に要した費用を取得原価として貸借対照表上の無形固定資産に計上されることになるが，そのような例は少なく，自社で開発しているのが通常であろう。自社開発の場合には，開発に要した試験研究費や特許維持のための年金については，いずれも原則として損金となるため，無形固定資産には計上されないのである。

　このように簿価のない知的財産について，改めて財産的評価を行おうとすると，さまざまな困難が生じる。まず，知的財産はその保有者や利用方法等によって価値が多様に変動するものであり，流通市場も整備されていないため流動性に乏しく取引事例の集積がないし，取引事例があっても公表されることが少ないため参考とすることができない。また，知的財産は個別性が高いため，評価の参考となる類似の知的財産を見つけることも困難である。仮に合理的な方法で価格を算定することができたとしても，算定にかかるコストに比して算定された価格は低額となる場合も多い。

　さらに，特許権であれば，無効審判によって無効となるリスクや当該特許が

第三者の権利を侵害してしまうリスク，新技術の誕生による陳腐化リスク等も評価に加味する必要があるであろう。

2　考えられる知的財産の財産的評価方法

　知的財産の評価において主に用いることが考えられる手法は，①コスト・アプローチ，②マーケット・アプローチ，③インカム・アプローチという3つに分けられる。以下，それぞれについて述べる。

(1)　コスト・アプローチ（原価法，再構築費用法）

　コスト・アプローチとは，当該知的財産を取得するために要した費用の額をもって評価を行う手法である。開発または購入に要した費用を用いる手法を原価法，同等のものを開発または購入する場合に必要となる費用を用いる手法を再構築費用法という。

　知的財産の場合には，投下したコストと成果物たる知的財産の価値との間には相関関係が乏しいものと考えられるため，一般的には知的財産の評価として用いることは困難であろう。

　また，当該知的財産を外部から購入した場合には取得原価は明確であるが，自社開発の場合には，当該知的財産を生み出すために要した費用の額を特定することは必ずしも容易ではないと思われる。

(2)　マーケット・アプローチ（類似取引比較法）

　マーケット・アプローチとは，当該知的財産に類似した知的財産が過去に取引市場で売買された際の売買価格に基づいて評価を行う手法である。

　不動産や株式等，流通市場が整備されている場合にはマーケット・アプローチが最も適正な評価を導き出せるが，前述のとおり未だ知的財産の流通市場が整備されていない状況では，事例の集積に乏しいとともに，類似事例の選択にも困難がともなうため，これが一般的な評価手法となるには流通市場の整備を待つ必要があるだろう。

(3) インカム・アプローチ（収益還元法，DCF法）

インカム・アプローチとは，当該知的財産の生み出す利益に基づいて評価を行う手法である。当該知的財産から得られる純利益を還元利回りで割り戻す手法を収益還元法，当該知的財産から得られる純現金収支を現在価値に割り戻す手法をディスカウント・キャッシュ・フロー法（DCF〔Discounted Cash Flow〕法）という。

収益還元法は，中長期にわたって安定収入が見込める場合に適した手法であり，法定の存続期間があるうえに技術革新等による価値の変動が大きい知的財産の評価にはなじまないため，DCF法を用いるのが一般的であるとされる[注2]。

将来の収益の予測をともなうため，どのように恣意性を排除して客観的な評価を行うかが問題となる。実際に締結中のライセンス契約に基づくライセンス料のみであるような場合には将来収益の予測も比較的容易であると思われるが，自社実施している場合には，どのように客観的な将来収益を予測するかという点に困難がともなう。

3 採用すべき評価方法と課題

前述のような特徴から，知的財産の評価においてはインカム・アプローチが妥当であるとされている[注3]。

(1) インカム・アプローチによる評価の流れ[注4]

(a) 事業全体のキャッシュフローの予測　事業計画に基づき，当該知的財産を用いた製品等から得られる事業全体のキャッシュフローを予測する。過去の実績，将来の市場動向，当該企業の市場シェア等を勘案して可能な限り合理

[注2]　土生哲也『よくわかる知的財産権担保融資』（金融財政事情研究会，2008）228頁。
[注3]　財団法人知的財産研究所編『知的財産権の信託』（雄松堂出版，2004）184頁，土生・前掲（注2）221頁。
[注4]　産業構造審議会知的財産政策部会流通・流動化小委員会「知的財産（権）の価値評価手法の確立に向けた考え方中間論点整理」別紙1（http://www.meti.go.jp/policy/economic_industrial/press/0005333/0/040618chiteki3.pdf），土生・前掲（注2）229頁。

的な予測を行う必要がある。

 (b) 寄与分による按分　上記キャッシュフローの獲得に対して，当該知的財産がどの程度寄与しているのかを判断し，寄与分での按分を行う。上記キャッシュフローが当該知的財産のライセンス料からのみ発生するのであれば100％の寄与となるが，自社で実施している場合には当該知的財産の貢献度を決定する必要がある。当該知的財産の保有によって支払が不要となったロイヤリティ部分を当該知的財産による収益とみなす方法や当該知的財産がある場合とない場合との各キャッシュフローの差額を当該知的財産による収益とみなす方法等があるが，より簡易に，貢献度を3分の1（利益三分法）または4分の1（25％ルール）とする考え方もある[注5]。

 また，当該製品等に関して複数の知的財産が用いられている場合には，そのうち当該知的財産の貢献度も決定する必要がある。

 (c) 現在価値への割引　各年について算出された上記按分後のキャッシュフローについて，割引率を適用して割引現在価値を算出する。算出された割引現在価値の合計額が当該知的財産の理論的価値となる。

 (2) インカム・アプローチによる場合の課題

 前述のとおり，将来の予測を含むため，予測の客観性・合理性を確保することが必要である。

 また，当該知的財産以外に当該事業に必要不可欠なノウハウや関連する知的財産等がある場合，それらを寄与度に応じて按分し分離して評価することが妥当かという点も問題となろう。特に資金調達型の信託においては，評価の問題以前に，当該知的財産のみを分離して信託したのでは目的を達成できず，関連する知的財産を含めて，あるいは事業自体を一括して信託することが必要となる場合もあるであろう。

 また，特許の場合でいえば，無効リスクや陳腐化リスク，特許を受ける権利の場合にはさらに拒絶査定リスクや権利縮減リスク等の各種リスク要因を勘案して評価額を減額することが必要であろうが，これらのリスクをどの程度見込

（注5）　土生・前掲（注2）231頁以下。

むのかについては，同種事例の集積が必要であろう。また，計算上，これらのリスクをキャッシュフロー予測の段階で反映させるのか，割引率に反映させるのか，あるいは最終的に一定の掛け目を乗じるのかといった点も検討する必要がある。

◆中村　知己◆

Q9 自己信託，事業信託と知的財産権

新信託法によって自己信託ができるようになったということですが，知的財産権について自己信託にはどのような利用方法がありますか。

A

開発した新技術およびそれを実施するためのノウハウ等を含む事業を信託の目的とする事業信託と自己信託とを組み合わせて，受益権を転売して投下開発資本の早期回収を図る手法が考えられる。

I　はじめに

自己信託は，知的財産権を活用した資金調達の方法として利用することが考えられる。

II　知的財産権に対する担保権の設定

知的財産権を資金調達のために利用する方法としては，知的財産権に質権や譲渡担保権などの担保権を設定して資金を調達する方法が考えられる。

しかし，知的財産権に担保権を設定する方法では，被担保債権について債務の本旨に従った弁済がなされない場合に，必ずしも回収はうまくいかない。

まず，質権によって被担保債権の回収を得るには，民事執行法に基づき特許権を差し押さえて譲渡命令を得，あるいは売却命令を得て換価しその換価代金から弁済を受けるという方法がある（民執193条〜195条・161条・167条）。また，民法上は流質契約（債務者が債務不履行をしたときに，質権者に弁済に代えて対象となる権利を取得せしめその他法律の定める方法によらずに当該権利を処分せしめることを約束する

こと）は禁止されているが（民349条・362条），商法515条により商行為により生じた債権を担保とする場合には流質契約が許容されている。

　次に，譲渡担保権の場合には，特許権を第三者に譲渡してその換価代金から回収して残額を設定者に交付する方法（処分清算型），または，目的となる特許権を適正に評価してその評価額と被担保債権額との差額を清算金として設定者に交付する方法（帰属清算型）によることになる。

　ところが知的財産権は，必ずしも誰でもが利用できるという性質のものではない。このことは知的財産権を不動産と比較すれば明らかであろう。不動産は通常は誰でも利用可能であり取引市場において換価も可能である。これに対して，知的財産権はそれを単体で保有していても経済的価値を生み出さないことがあり，換価価値が認められない場合がある。たとえば特許権はその特許権に関する知識やノウハウやこれを実施するための機械設備等や人材がなければ利用できない場合がある。そのような場合，当該特許権の取得を希望する者は限られてしまい，そのためその換価は必ずしも容易ではない。また，同様の理由から債権者にとって利用価値がない場合には帰属清算の方法も敬遠されるであろう。

　さらに，たとえば，担保権を設定した特許権を利用した事業が失敗したために被担保債権の弁済ができなくなってしまったというケースを考えてみよう。特許権を利用した事業が失敗したわけであるから，その時点では，当該特許権に価値はないと判断されてしまうことが多いと考えられる。すなわち，担保権を設定する時に認められていた価値が，いざ担保権を実行しようという時点，つまり担保権者にとってまさに価値が必要な時点において認められない（そのため債権回収ができない）という皮肉な現象が生じうるのである。

　以上のほか，特許権に質権を設定しても，特許権者は実施を継続することができ，専用実施権や通常実施権を設定することができることから（特許95条。なお商標34条1項，著作権66条1項），いわゆる留置的効力も発揮できないといわれている。もちろん，担保権の設定を受けたということそのものにより弁済促進の効果はあると思われるが，これは心理的な効果にすぎない。

　このように，担保権を設定する方法は，知的財産権の場合には必ずしも有効に機能するとはいえない。そして，そのために，知的財産権を担保に設定する

方法は，債権者（資金の供給者）から敬遠されることがある。

Ⅲ 知的財産権の証券化・流動化

知的財産権を活用した資金調達の方法として次に考えられるのが，資産の証券化・流動化の方法である。

1 基本的な考え方

資産の証券化・流動化の基本的な考え方は，ある資産をオリジネーター（原保有者）の信用力から切り離し，その資産自体の価値と収益力の信用に基づいて資金調達を行う点にある。すなわち，資産の証券化・流動化とは，ある資産をオリジネーターの信用力から切り離して，当該資産（当該資産の価値と収益力）の信用力を裏づけとした資金調達を行うことである。

資産の証券化・流動化は，資金調達を目的とするものである。より具体的にいえば，資産の証券化・流動化は，資金調達が困難な場合に資金調達を可能にし，あるいは，より有利な調達コストを実現することを目的とする。

そして，そのための手段として，資産の信用力をそのオリジネーターの信用力から切り離すことが要請される。

そのため，資産の流動化・証券化の際には，当該資産の信用力が他から毀損されることがないように，①オリジネーターからの倒産隔離（bankruptcy remote）（原保有者の倒産リスクからの隔離，およびオリジネーターの債権者からの隔離）と，②資産を譲り受けた SPV（Special Purpose Vehicle）の倒産リスクからの隔離，の2つが要請される。

資産の信用力が他から毀損されるようなスキームでは，目的である資金調達を実現することができないからである。これが倒産隔離と呼ばれるものである。

2 信託の利用

信託は，財産権の管理や処分を受託者に委ねて，財産権の実質的な価値を受益権という権利に変換して受益者に帰属させるものであり，それ自体が資金調達の機能を有するものではない。しかし，信託は，いわゆる倒産隔離機能を有

することから，資金調達のための手段としても利用される（なお，信託が倒産隔離機能を有するといってもそれは完全なものではない。）。

信託を利用した資産流動化のスキームとしては次の①②があり，さらにこの両者を組み合わせることも行われている

① 資産のオリジネーターが受託者に対し流動化の対象資産を信託譲渡し，それにより取得した受益権を投資家に売却することによって，当該売却に係る売却代金をもってオリジネーターの資金調達を図るという受益権譲渡型のスキーム。

② オリジネーターが受託者に対して対象資産を信託譲渡し，受託者が信託財産である流動化対象資産を引当てとして投資家から限定責任特約付ローンを借り入れ，この借入金をもってオリジネーターが取得した受益権の一部を償還することにより，当該受益権の償還金をもってオリジネーターの資金調達を図るというスキーム。

Ⅳ 知的財産権の自己信託

企業が特定の資産を自己信託し，その受益権を投資家に販売することにより，当該資産の収益力を引当てにした資金調達が可能となる。

自己信託の長所は次の点にある。

① まず，自己信託の場合には，委託者が資産を第三者に移転することなく自らが受託者となって資産の管理・運営にあたることができ，信託銀行等の第三者を受託者とする場合よりもコスト（信託報酬など）を節約できる。ただし，自己信託については濫用や脱法の危険性が指摘されており，実際に利用可能なものとするには，投資家に受け入れられるにたりる管理体制を整えることが必要でありそのためのコストが必要である。

② また，特許の場合には，特許の保有者が最もその特許の活用に関するノウハウを有していることが一般的である。管理運営能力が他者よりも優れている特許権者自らが受託者となって信託財産たる特許権を運用することにより，他者に信託するよりも高い収益性が確保でき，調達資金も増えることが期待される。

③　加えて，自己信託の場合には，ノウハウや営業秘密の流出のリスクを避けることができるという長所がある。

V　知的財産権の証券化の限界と事業の証券化の必要性

1　ライセンス契約が存在する場合

図「信託を利用した特許権の流動化の例」は，信託を利用した特許権の流動化の例を図示したものである。オリジネーター（委託者）が受託者に特許権を信託し，受託者はライセンシーからロイヤルティを徴収する。オリジネーターは受益権を投資家に販売して資金を調達する。

このようにライセンス契約がある場合，その収益力（すなわちロイヤルティ）を裏づけとする証券化は比較的容易である。

2　自己実施の場合

しかし，ライセンス契約がない場合において，知的財産権を利用した事業の収益力を切り離そうとしても（すなわち知的財産権だけを単体で信託しあるいは SPC〔Special Purpose Company〕に移転しても）必ずしもうまくいかない。

なぜならば，知的財産権は事業の中で利用されることによって収益を生み出すのであり，事業から切り離された状態では知的財産権は収益を生み出さないからである。知的財産権を生かして収益を得るためには，多くの場合，オリジネーターが有するところのノウハウ，人材，ブランド，工場施設などが必要とされる。

これを無理に切り離して，知的財産権単体で信託しあるいは SPC に移転した場合において，オリジネーターが倒産した場合には，もはや収益を生み出すために必要とされるノウハウ，人材，ブランド，工場施設などを利用できず，そのため収益を生み出すことができなくなってしまう（これはオリジネーターからの倒産隔離ができていないということを意味する。）。

同様に，知的財産権をオリジネーターから切り離して SPC や受託者に移転し，オリジネーターにライセンスするという方法をとったときにも，オリジ

ネーターが倒産すれば、必要なノウハウ、人材、ブランド、工場などが利用できなくなり、当該知的財産権はもはや収益を生み出すことができない状態となってしまう。

これでは証券化の要となる収益力（資金調達の引当てとなるもの）が維持できない。

そこで、このような場合には、ノウハウ、人材、ブランド、工場施設などをまとめてSPCや受託者に移転する方法（いわゆる事業の証券化、事業の信託）が必要となってくるのである。

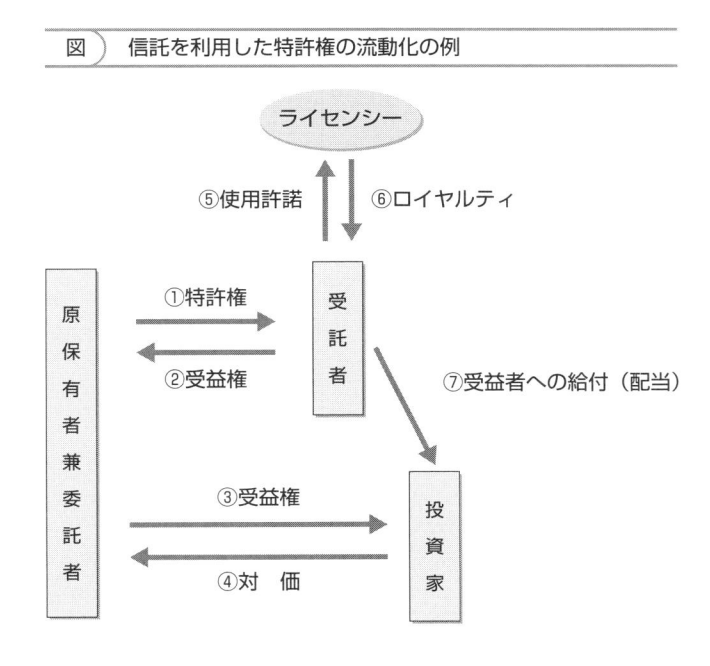

図　信託を利用した特許権の流動化の例

```
                        ライセンシー
                   ⑤使用許諾 ↑ ↓ ⑥ロイヤルティ
原              ①特許権        受
保         ――――――――→        託
有              ②受益権        者
者         ←――――――――              ⑦受益者への給付（配当）
兼                                    ↓
委              ③受益権        投
託         ――――――――→        資
者              ④対　価        家
           ←――――――――
```

Ⅵ 事業の自己信託

1　事業信託と自己信託の組合せ

事業の信託と自己信託とを組み合わせることも可能である。企業が特定の事

業部門を自己信託し，その受益権を投資家に販売する方法によれば，自らが自身のノウハウなどを生かして当該事業部門の経営を続けながら，当該事業部門の収益力のみを引当てにした資金調達が可能となる。優良事業部門と不良事業部門を抱える会社の場合，融資や社債・株式等によって資金調達をする方法では，不良事業部門が足かせになって有利な資金調達ができないことがあり，このような場合には会社分割や事業譲渡などの手段により特定の事業部門の収益を引当てとする資金調達を行うことも考えられるが，これらの方法では，従業員の出向・転籍の問題や機密情報の社外への流出といった問題があるし，会社の設立費用および維持のための費用が必要となる。自己信託ではこれらの問題を避けながら優良な事業部門の収益力を引当てとする資金調達が可能となる。

2　組合せによる長所

「事業の自己信託」は，自己信託以外の「事業の信託」と対比して，次のような長所を有している。

① 自らが事業を維持継続しつつ，それを引当てとして資金調達が可能となる。

② 事業の自己信託の場合には，事業主体自身が受託者であるので，当該事業部門に係る人材や営業秘密・ノウハウの他社への流出を防ぎつつ資金調達をすることが可能になる。

③ 契約上の地位について，契約の相手方の承諾を要しない（ただし，限定責任信託の場合は別である。）。

④ 従業員の出向・転籍の問題を生じない[注1]。

(注1)　事業の自己信託における労働契約について
　(1)　事業の自己信託の場合には，労働契約に影響はないと説明されている。しかし，信託の対象となる事業に従事する労働者について年金，雇用保険，労災保険等については信託勘定で処理する必要があると思われ，そのために手当てが必要となることがあるかもしれない（この点は今後の検討に委ねたい。）。
　　また，破産等により受託者の任務が終了し，新受託者が選任される場合も想定され（受託者が破産手続開始決定を受けた場合，受託者の任務は終了し〔信託56条1項3号〕，新受託者が選任されて〔信託62条〕，新受託者に信託事務が引き継がれ〔信託77条・73条〕，信託に関する権利義務が新受託者に承継される〔信託75条〕。)，倒産隔離を徹底するためには，このような場合に対処するための措置を講じておく必要がある。たとえば，信託行為において

⑤　会社の設立および維持のための費用の発生といった問題が生じない。ただし，分別管理のためのコスト負担は必要である。
⑥　以上のほか，当該事業のため必要となる許認可を改めてとる必要がないということも挙げられているが，この点はよく確認する必要があると思われる。

　　　　　　　　　　　　　　　◆財津　守正＝高橋　隆二◆

新受託者を指定しておき，委託者＝受託者が破産等した場合には当該新受託者に転籍する旨の承諾を従業員から得ておく方法が考えられる。なお，この場合には，委託者＝受託者と新受託者との間で転籍に関する契約を別途交わしておく必要がある。
　(2)　事業の自己信託に際して労働契約上の地位も信託した場合において，信託財産が破産したとしても，労働者は，固有財産に対して未払賃金の請求ができる（この点は異論はないであろう。）。さらに，労働契約上の地位も固有財産に対して主張できると解すべきである（ただし，この点は私見である。）。未払賃金だけではなく，その後の賃金の支払も会社に請求でき（労働契約は当該会社との間に存在するので，この点は異論はないであろう。），その場合の責任財産は，信託財産と固有財産の双方であると考えるわけである。そして，信託財産が破産した場合には当該労働契約を信託勘定から自己勘定に戻すということにしておけば（この点について信託行為において規定しておくべきであろう。），以後は固有財産に対してのみ請求できることになる。ただ，以上について述べたものは見あたらず，私見にとどまる。
　(3)　先に述べたとおり，限定責任信託の場合には，労働者の会社に対する債権についても責任財産が信託財産に限定される。したがって，事業の自己信託にあたって労働契約上の地位も信託する場合には，労働者保護の見地から，限定責任信託の方法を採用すべきではないと考える。
　また，仮に，限定責任信託の方法を採用したとしても，信託財産の破産の場合には，当該労働契約を信託勘定から自己勘定に戻す旨を信託行為において規定しておくべきであろう（ただし，私見であり，方法についてなお検討を要する。）。

Chapter 6

信託と信託業法

Q1 信託業法の全体像

信託業法とはどのような法律でしょうか。その目的と全体像を教えてください。

A

　信託業法は，信託業を営む者等（信託会社）に関し必要な事項を定め，信託に関する引受けその他の取引の公正を確保することにより，信託の委託者および受益者の保護を図り，もって国民経済の健全な発展に資することを目的とするもので，この目的達成のために，業規制（免許制・登録制）や信託会社が遵守すべきさまざまな行為規制を定めている。信託業法に違反すれば，監督当局より業務改善命令や業務停止命令等のペナルティが課せられるほか，刑事罰の対象ともなるため，信託会社にとって，その遵守

はまずもって肝要といえる。

I 信託業法とは

1 信託業法の目的

　信託業法 1 条には，「この法律は，信託業を営む者等に関し必要な事項を定め，信託に関する引受けその他の取引の公正を確保することにより，信託の委託者及び受益者の保護を図り，もって国民経済の健全な発展に資することを目的とする」旨の定めがある。

　つまり，「信託業が国民の信頼を確保し，信託の活用が促進されるためには，ア）信託会社が信託財産について十分な管理・運営能力を持ち，健全かつ適切に業務運営を行うとともに，イ）信託会社が，信託業務を安定的・継続的に行うために財務の健全性を確保することが重要である。信託会社の健全かつ適切な業務運営と財務の健全性が確保されることは，信託の受益者の保護に資するものと考えられる。」[注1]ため，このような目的が規定されているところである。

2 信託業法の全体像

　受益者保護の観点から，信託会社における，分別管理等の受託者責任を履行し，信託業務を適正に遂行しうる資質と能力の確保，および業務の健全かつ適切な運営・財務内容の健全性の確保はきわめて重要である。そのため，信託業法においては，参入基準，行為規制等のさまざまな規制が設けられている。信託業法の各規定の具体的内容は，本設問以降の各設問に譲ることとするが，ここでは，信託業法の全体像を概観するため，その主要な規定について簡略に紹介したい。

（注 1 ）　金融審議会金融分科会第二部会「信託業のあり方に関する中間報告書」（平成15年 7 月28日公表） 6 頁。

なお，信託業法上，信託業とは，信託の引受けを行う「営業」をいうものとされている（信託業2条1項）。この「営業」とは，反復継続性，収支相償性が要件となるものとされ，この反復継続性については，不特定多数の委託者・受益者との取引が行われえるかという実質に即して判断されるべきものである。よって，特定少数の委託者から複数回信託の引受けを行う場合には，反復継続性がないため，信託業の対象とされないこととなる[注2]。

(1)　免許制・登録制
　まず，「信託業は，内閣総理大臣の免許を受けた者でなければ，営むことができない。」（信託業3条）とされ，信託業には免許制が導入されている。
　この免許を得るためには，資本金の額および純資産額が1億円以上であること[注3]のほか（信託業5条2項2号・3号，信託業令3条），さまざまな基準が設けられている（信託業5条）。
　一方で，「管理型信託業」については，内閣総理大臣の登録でも足りるものとされている（信託業7条）。「管理型信託業」とは，要約すれば，①委託者[注4]または委託者から指図の権限を受けた者のみの指図により信託財産の管理または処分が行われる信託，②信託財産につき保存行為または財産の性質を変えない範囲内の利用行為もしくは改良行為のみが行われる信託のみの引受を行う営業を指すものとされている（詳細は信託業法2条3項参照）。
　この登録を得るためには，資本金の額および純資産額が5000万円以上であることのほか（信託業10条1項2号・3号，信託業令8条），さまざまな登録拒否要件が設けられている（信託業10条）。

　(注2)　金融審議会金融分科会第二部会「信託法改正に伴う信託業法の見直しについて」（平成18年1月26日公表）。
　(注3)　このような財産規制が設けられる趣旨は，信託会社は，分別管理等を的確に行うなど受託者責任を履行し信託業務を健全・適切に行うことが求められるが，管理失当等により信託財産の復旧や損害賠償が必要となる場合に備え，あるいは信託業務を安定的・継続的に行っていくためにも，信託会社の固有財産の健全性確保は重要と考えられるためである（金融審議会金融分科会第二部会「信託業のあり方に関する中間報告書」〔平成15年7月28日公表〕16頁）。
　(注4)　委託者の地位の譲渡を受けた者も「委託者」に含まれるものと解されている（金融庁「『信託業法』の施行に伴う政令・府省令の整備案に対するパブリックコメントの結果について」〔平成16年12月27日公表〕1頁）。

(2) 信託会社

この登録を受けた者を，信託業法においては，「管理型信託会社」といい，上述の信託業免許を受けた者と「管理型信託会社」を併せて，「信託会社」と定義している（信託業2条2項・4項）。

(3) 営業保証金

信託会社は，営業保証金を最寄りの供託所に供託しなければならないものとされており，その額は，下記のようになっている（信託業11条1項・2項，信託業令9条）。

① 管理型信託会社以外の信託会社および管理型外国信託会社[注5]以外の外国信託会社[注6]　2500万円
② 管理型信託会社および管理型外国信託会社　1000万円
③ 自己信託に係る信託業法50条の2第1項の登録を受けた者　1000万円
④ 承認事業者　1000万円

(4) 商　号　等

信託会社は，その商号中に「信託」という文字を用いなければならないものとされている。他方，信託会社でない者は，その名称または商号のうちに信託会社であると誤認されるおそれのある文字を用いてはならないものとされている（ただし，担保付社債信託法3条の免許または金融機関の信託業務の兼営等に関する法律1条1項の認可を受けた者は除かれる〔信託業14条〕。）。また，信託会社は，自己の名義をもって，他人に信託業を営ませること，いわゆる名義貸しが禁止されている（信託業15条）。

(5) 取締役の兼職の制限

信託会社の常務に従事する取締役（委員会設置会社においては執行役）は，他の

(注5) 外国信託業者（外国の法令に準拠して外国において信託業を営む者）のうち，信託業法54条1項の内閣総理大臣の登録を受けた者をいう（信託業2条7項）。
(注6) 外国信託業者（外国の法令に準拠して外国において信託業を営む者）のうち，信託業法53条1項の内閣総理大臣の免許を受けた者，および管理型外国信託会社をいう（信託業2条6項）。

会社の常務に従事し，または事業を営む場合には，内閣総理大臣の承認を受けなければならないものとされている（信託業16条）。

(6) 信託会社の業務の範囲

信託会社の業務の範囲は，原則として①信託業，②信託契約代理業，③信託受益権売買等業務，④財産の管理業務（業務方法書に記載される信託財産と同じ種類の財産につき，その管理方法と同じ方法により管理を行うものに限る。），とされ，他業を行うことが制限されている。上記以外の業務については，①信託業務を適正かつ確実に営むことにつき支障を及ぼすおそれがない業務であって，②当該信託業務に関連するものを，③内閣総理大臣の承認を受けることを条件に行うことが可能となっている（信託業21条）。

(7) 信託業務の委託

信託会社が信託業務の一部を第三者に委託する場合には，①信託業務の一部を委託することおよびその信託業務の委託先（確定していない場合には，委託先の選定に係る基準および手続）が信託行為において明らかにされていること，②委託先が委託された信託業務を的確に遂行することができる者であること，の要件が求められている（信託業22条）。

(8) 信託の引受けに関する行為準則

信託会社の信託の引受けに関し，以下の禁止行為が定められている（信託業24条，信託業規30条）。
① 委託者に対し虚偽のことを告げる行為
② 委託者に対し，不確実な事項について断定的判断を提供し，または確実であると誤解させるおそれのあることを告げる行為
③ 委託者もしくは受益者または第三者に対し，特別の利益の提供を約し，またはこれを提供する行為
④ 委託者もしくは受益者または第三者に対し，信託の受益権について損失を生じた場合にこれを補てんし，もしくはあらかじめ一定額の利益を得なかった場合にこれを補足することを約し，または信託の受益権について損

失を生じた場合にこれを補てんし，もしくはあらかじめ一定額の利益を得なかった場合にこれを補足する行為
⑤　委託者に対し，信託契約に関する事項であってその判断に影響を及ぼすこととなる重要なものにつき，誤解させるおそれのあることを告げ，または表示する行為
⑥　自己との間で信託契約を締結することを条件として自己の利害関係人が委託者に対して信用を供与し，または信用の供与を約していることを知りながら，当該委託者との間で当該信託契約を締結する行為
⑦　その他法令に違反する行為

さらに，「信託会社は，委託者の知識，経験，財産の状況及び信託契約を締結する目的に照らして適切な信託の引受けを行い，委託者の保護に欠けることのないように業務を営まなければならない」ものとされ，信託の引受けに関して適合性原則の適用があることが明文化されている（信託業24条2項）。

(9)　信託契約の内容の説明
　信託会社は，信託契約による信託の引受けを行うときは，あらかじめ，委託者に対し所定の事項（当該信託会社の商号および信託業法26条1項3号から16号までに掲げる事項）を説明しなければならないものとされ，信託会社の情報提供義務が法定化されている（信託業25条）。

(10)　信託契約締結時の書面交付
　信託会社が信託契約による信託の引受けを行ったときには，遅滞なく，所定の事項を明らかにした書面を交付しなければならないものとされ，信託契約締結時の書面交付義務が明定されている（信託業26条）。

(11)　信託財産状況報告書の交付
　信託会社は，その受託する信託財産について，当該信託財産の計算期間ごとに，信託財産状況報告書を作成し，当該信託財産に係る受益者に対し交付しなければならないものとされ，受益者への情報開示が一定の範囲で，義務づけられている（信託業27条）。

⑿　信託会社の忠実義務

信託会社は，信託の本旨に従い，受益者のために忠実に信託業務その他の業務を行わなければならないものとされ，その忠実義務が定められている（信託業28条1項）。

⒀　信託会社の善管注意義務

信託会社は信託の本旨に従い，善良な管理者の注意をもって，信託業務を行わなければならないものとされ，信託会社の善管注意義務が定められている（信託業28条2項）。

⒁　信託会社の体制整備義務

信託会社は，内閣府令で定めるところにより，信託法34条の規定に基づき信託財産に属する財産と固有財産および他の信託に属する財産とを分別して管理するための体制その他信託財産に損害を生じさせ，または信託業の信用を失墜させることのない体制を整備しなければならないものとされ，その体制整備義務が定められている（信託業28条3項）。

⒂　信託財産に係る行為準則

信託会社に対し，以下の禁止行為を定めている（信託業29条1項，信託業規41条2項）。

① 通常の取引の条件と異なる条件で，かつ，当該条件での取引が信託財産に損害を与えることとなる条件での取引を行うこと
② 信託の目的，信託財産の状況または信託財産の管理もしくは処分の方針に照らして不必要な取引を行うこと
③ 信託財産に関する情報を利用して自己または当該信託財産に係る受益者以外の者の利益を図る目的をもって取引を行うこと
④ 信託財産の売買その他の取引を行った後で，一部の受益者に対し不当に利益を与えまたは不利益を及ぼす方法で当該取引に係る信託財産を特定すること
⑤ 他人から不当な制限または拘束を受けて信託財産に関して取引を行うこ

と，または行わないこと
⑥ 特定の資産について作為的に値付けを行うことを目的とした取引を行うこと
⑦ 通常の取引の条件と比べて受益者に不利益を与える条件で，信託財産に属する財産につき自己の固有財産に属する債務に係る債権を被担保債権とする担保権を設定することその他第三者との間において信託財産のためにする行為であって受託者または利害関係人と受益者との利益が相反することとなる取引を行うこと。
⑧ 重要な信託の変更等をすることをもっぱら目的として，受益者代理人を指定すること。

(16) 利益相反取引

信託会社に対し，次のような利益相反取引を，原則として，禁止している（信託業29条2項〜4項）。
① 自己またはその利害関係人と信託財産との間における取引
② 信託財産と他の信託の信託財産との間の取引
③ 第三者との間において信託財産のためにする取引であって，自己が当該第三者の代理人となって行うもの

一方で，信託会社が，例外的に利益相反取引を行うことが可能とされる場合が法定されているが，その場合にも，信託財産の計算期間ごとに，当該期間における当該取引の状況を記載した書面を作成し，当該信託財産に係る受益者に対して交付しなければならないものとされている。

(17) その他の規定

その他，信託会社の経理に関する規定（信託業法第2章第4節），合併・会社分割等企業再編行為を行う場合の手続（信託業36条〜40条），届出義務・立入検査等の当局の監督のための義務（信託業41条・42条），業務改善命令等の行政処分（信託業43条〜45条）についての定めがある。

Ⅱ　まとめ

　上述のとおり，信託業法には，信託会社の信託業務の健全かつ適切な運営を確保するためのさまざまな規制が設けられている。そのような規制に違反すれば，監督当局より業務改善命令や業務停止命令等のペナルティが課せられるほか，刑事罰の対象ともなり，信託会社の業務運営に大きな影響を与えることになるため，信託会社としては，信託業法の各規定を遵守することがまずもって肝要といえる。

　本設問以降の各設問においては，そのうち実務上重要と思われる点をピックアップし，より詳細な解説を加えていきたい。

◆錦　野　裕　宗◆

Q2 他業制限および兼業の範囲，手続

信託会社が信託業以外に行うことができる業務には，どのようなものがありますか。また，そのような業務を兼業する場合の要件等についても教えてください。

A

　信託会社は，信託業のほか，①信託契約代理業，②信託受益権売買等業務，③一定の財産の管理業務を営むことができる（法定他業）。

　加えて，①信託業務を適正かつ確実に営むことにつき支障を及ぼすおそれがない業務であって，②当該信託業務に関連するものを，③内閣総理大臣の承認を受けることを条件に，営むことができる（兼業業務）。

　そして，上記法定他業，および兼業業務以外の業務を行うことができないものとされており，これに違反した場合には，罰則の適用を受けることとなる。

I　信託会社の他業制限

　信託会社は，信託業のほか，①信託契約代理業，②信託受益権売買等業務，③財産の管理業務（業務方法書に記載されている信託財産と同じ種類の財産につき，その管理方法と同じ方法により管理を行うものに限る。），を営むことができるものとされている（法定他業〔信託業21条1項〕）。

　そして上記以外の業務については，①信託業務を適正かつ確実に営むことにつき支障を及ぼすおそれがない業務であって，②当該信託業務に関連するものを，③内閣総理大臣の承認を受けることを条件に，営むことができるものとされている（兼業業務〔信託業21条2項，信託業規28条〕）。

　そして，上記法定他業，および兼業業務以外の業務を行うことができないも

のとされており（他業制限〔信託業21条5項〕），これに違反した場合には，罰則の適用を受けることとなる（信託業93条3号）。

　このように，信託会社に他業制限が設けられている趣旨は，受益者保護の観点から，信託会社は信託業務にその経営資源を適切に投入することが適当であり，他業についてはそのリスク管理を適切に行うことができ，受託者としての業務遂行に影響を及ぼさない範囲に制限することが適当と考えられるためである(注1)。このようななか，信託会社には，定型的・定性的に信託業務と関連性・親近性があると認められる法定他業，および信託業務との関連性・親近性があるものとして内閣総理大臣の承認を受けた兼業業務を行うことが認められている。

II　法定他業における留意点

　①信託契約代理業，②信託受益権売買等業務，③財産の管理業務（業務方法書に記載されている信託財産と同じ種類の財産につき，その管理方法と同じ方法により管理を行うものに限る。），については，上述のとおり，法定他業として信託会社が行うことが可能とされている。

　これは，あくまで信託業法上の他業制限という規制の適用を受けないという意味を有するにすぎず，当然，当該業務に係る法規制の適用を受けることまで排除するものではない。

　たとえば，信託契約代理業については，信託業法67条に定める内閣総理大臣の登録が，信託受益権売買等業務を行うには，金融商品取引法上の第二種金融商品取引業者としての登録が求められることとなる（ただし，金融商品取引法65条の5により，管理型信託会社を除く信託会社等については，同登録は不要とされていることには留意が必要である。）。

　なお，法定他業として認められる財産の管理業務は，「業務方法書に記載さ

（注1）　信託会社の他業の状況が悪化する場合に，信託会社が分別管理義務・忠実義務等の管理運用上の義務を適切に遂行せず，信託財産を毀損する事態となることを未然に防止するため，とも説明される（金融審議会金融分科会第二部会「信託法改正に伴う信託業法の見直しについて」〔平成18年1月26日公表〕4頁）。

れている信託財産と同じ種類の財産につき，その管理方法と同じ方法により管理を行うもの」に限られており，それ以外の態様により行われる財産の管理業務については，次に説明する兼業業務に位置づけられ，その要件を充足する必要がある。

Ⅲ 兼業業務における留意点

1 承認手続と審査

信託会社が，信託業，法定他業以外の業務（兼業業務）を行うにあたっては，①信託業務を適正かつ確実に営むことにつき支障を及ぼすおそれがない業務であって，②当該信託業務に関連するものを，③内閣総理大臣の承認を受けることを条件に，営むことができるものとされている（信託業21条2項）。

承認手続については，信託業法施行規則28条に規定されており，①申請書には，兼業業務の種類，兼業業務の開始予定年月日を記載する必要があること，②添付書類としての「業務の内容及び方法を記載した書類」には，兼業業務が信託業務の適正かつ確実な遂行に支障を及ぼすおそれがないこと，兼業業務が信託業務に関連するものであること，が明確となるように記載しなければならないこと，等が定められている。

当該承認申請があったときは，金融庁長官等は，次に掲げる基準に適合するかどうかを審査することとなる。

① 兼業業務が次に掲げるところにより営まれることが見込まれ，信託業務の適正かつ確実な遂行に支障を及ぼすおそれがないこと。
   (ア) 人員配置その他の兼業業務の執行体制の状況に照らして，兼業業務が信託業務に付随するものとなっていること。
   (イ) 兼業業務を行う部門と信託業務を営む部門が明確に分離されていること。
   (ウ) 兼業業務を的確に遂行するための体制が整備されていること。
   (エ) 兼業業務の運営に関する法令遵守の体制が整備されていること。
   (オ) 兼業業務の運営に関する内部監査および内部検査の体制が整備されて

いること。
② 　信託業務を的確に遂行するために必要とされる知識および経験と兼業業務を的確に遂行するために必要とされる知識および経験の共通性その他の業務の内容および方法を勘案して，兼業業務が信託業務に関連するものであると認められること。

2　みなし承認

　なお，免許・登録申請書に，兼業業務を営む旨の記載がある場合において，当該申請者が免許・登録を受けたときには，兼業業務の承認を受けたものとみなされる（信託業21条6項）。

◆錦 野 　裕 　宗◆

Q3 信託業務の委託

信託会社が，信託業務を他者に委託することは可能でしょうか。その場合の要件についても教えてください。

A

信託会社が信託業務の一部を他者に委託することは，①信託業務の一部を委託することおよびその信託業務の委託先（確定していない場合には，委託先の選定に係る基準および手続）が信託行為において明らかにされていること，②委託先が委託された信託業務を的確に遂行することができる者であること，の要件を満たす場合であれば可能である。

なお，信託財産の保存行為に係る業務，信託財産の性質を変えない範囲内において，その利用または改良を目的とする業務等については，必ずしも委託先が信託会社と同様の機能を有するとはいえないため，①の要件は不要とされている。

I 信託業務の一部を第三者に委託する場合の要件（原則）

1 信託業法における要件

信託会社が信託業務の一部を第三者に委託する場合には，①信託業務の一部を委託することおよびその信託業務の委託先（確定していない場合には，委託先の選定に係る基準および手続）が信託行為において明らかにされていること，②委託先が委託された信託業務を的確に遂行することができる者であること，の要件を充足する必要があるものとされている（信託業22条1項）。

2　信託法における要件

　私法である信託法においては，(a)信託行為に信託事務の処理を第三者に委託する旨または委託することができる旨の定めがあるとき，(b)信託行為に信託事務の処理の第三者への委託に関する定めがない場合において，信託事務の処理を第三者に委託することが信託の目的に照らして相当であると認められるとき，(c)信託行為に信託事務の処理を第三者に委託してはならない旨の定めがある場合において，信託事務の処理を第三者に委託することにつき信託の目的に照らしてやむをえない事由があると認められるとき，については，信託事務の処理の第三者への委託が可能とされている（信託28条）。

3　小　　　括

　信託業法においては，信託業務の委託先は，顧客からすれば，信託会社と同様の機能を有しうることを理由とし，顧客保護の観点から，信託法により定められた信託事務処理を委託できる場合の要件が過重されているものと理解することができる。

Ⅱ　信託会社から委託を受けた者の義務（原則）

　信託会社から委託を受けた者は，忠実義務，善管注意義務等，信託業法28条および29条（ただし，3項を除く。）所定の義務について，信託会社と同様に負担しなければならないものとされている（信託業22条2項）。

Ⅲ　Ⅰ，Ⅱの例外

　この点，上記を原則としつつも，信託業務の円滑な遂行を確保するとの観点から，必ずしも委託先が信託会社と同様の機能を有するとはいえない下記1～5の場合には，①信託業務の一部を第三者に委託する場合の要件のうち，「(a)信託業務の一部を委託すること及びその信託業務の委託先（確定していない場合には，委託先の選定に係る基準および手続）が信託行為において明らかにされている

こと」，との要件は不要とされ，また，②信託会社から委託を受けた者について，上記Ⅱ記載の信託業法上の義務は発生しない，ものとされる（信託業法22条3項，信託業規29条）。

1　信託業法22条3項1号に定める業務

信託財産の保存行為に係る業務（信託業22条3項1号）に関しては，金融庁による「信託会社等に関する総合的な監督指針」[注1]において，次のような明確化が図られている。

> 信託会社等に関する総合的な監督指針（3—4—5(1)）
> 　信託業法22条3項1号に規定する「信託財産の保存行為に係る業務」とは，信託財産の現状を維持するために必要な一切の行為をいう。
> 　例えば，以下のような行為にとどまっているか。
> ①　知的財産権等に対する侵害を排除するための行為
> ②　未登記不動産等について登記等を行う行為
> ③　消滅時効の中断等財産権の消滅を防止する行為
> ④　配当，利息の受取り等財産権からの予定された収益を収受する行為
> ⑤　建物の修繕を行う行為
> ⑥　信託財産の保管
> ⑦　第三者が行う金銭債権の回収事務の内容が，債務者から当該第三者の預金口座に入金された弁済金を受託者の預金口座に入金する行為

2　信託業法22条3項2号に定める業務

信託財産の性質を変えない範囲内において，その利用または改良を目的とする業務（信託業22条3項2号）に関しては，上記監督指針において，次のような明確化が図られている。

(注1)　金融庁「信託会社等に関する総合的な監督指針」（平成21年7月公表）（http://www.fsa.go.jp/common/law/guide/shintaku/index.html）。

信託会社等に関する総合的な監督指針（3—4—5⑵）

　信託業法22条3項2号に規定する「信託財産の性質を変えない範囲内において，その利用又は改良を目的とする業務」とは，物や権利の性質を変更しない範囲で，収益を図る行為（利用行為）または利用価値もしくは交換価値を増加させる行為（改良行為）をいう。

① 財産の性質を変えない範囲内における利用行為

　　財産の通常の用法により収益を得ることを図る行為になっているか。また，長期にわたり他の方法による利用ができなくなるなど実質的に財産の処分を行っていることがないか。

　　例えば，以下のような行為にとどまっているか。
　　イ　信託財産の管理又は処分により生じた金銭を普通預貯金により管理する行為
　　ロ　民法（明治29年法律第89号）602条に規定する短期賃貸借に該当する行為
　　ハ　知的財産権に関し他者の利用を制限しない通常実施権を設定する行為
　　ニ　知的財産権に関し他者の利用を制限する専用実施権を短期間（3年以内）設定する行為

　　また，例えば，以下のような行為を行っていないか。
　　イ　預貯金を貸付債権に変更する行為
　　ロ　上記ロの短期賃貸借に該当しない賃貸借に該当する行為
　　ハ　知的財産権に関し専用実施権を長期間設定する行為

② 財産の性質を変えない範囲内における改良行為

　　財産の価値を増加させる行為になっているか。また，財産の内容を実質的に変更するものとなっていないか。

　　例えば，以下のような行為にとどまっているか。
　　イ　無利息債権を利息付債権に変更する行為
　　ロ　財産権から担保権という負担を除去する行為

　　また，例えば，以下のような行為を行っていないか。
　　イ　農地を宅地に変更する行為
　　ロ　預貯金を株式に変更する行為

3 信託業法22条3項3号，信託業法施行規則29条1号に定める業務

　信託行為に信託会社が委託者または受益者（これらの者から指図の権限の委託を受けた者を含む。）のみの指図により信託財産の処分その他の信託の目的の達成のために必要な行為に係る業務を行う旨の定めがある場合における当該業務（信託業22条3項3号，信託業規29条1号）である。この「指図」の内容は，信託財産の管理または処分の方法を受託者または委託先の裁量を生じないように特定する必要があるものとされている（信託会社等に関する総合的な監督指針3―4―5(3)①）。

4 信託業法22条3項3号，信託業法施行規則29条2号に定める業務

　信託行為に信託業務の委託先が信託会社（信託会社から指図の権限の委託を受けた者を含む。）のみの指図により委託された信託財産の処分その他の信託の目的の達成のために必要な行為に係る業務を行う旨の定めがある場合における当該業務（信託業22条3項3号，信託業規29条2号）である。この「指図」の内容についても**3**と同様である。

5 信託業法22条3項3号，信託業法施行規則29条3号に規定する業務

　信託会社が行う業務の遂行にとって補助的な機能を有する行為（信託業22条3項3号，信託業規29条3号）である。これに関しては，上記監督指針において，次のような明確化が図られている。

> 信託会社等に関する総合的な監督指針（3―4―5(3)②)
> 　信託業法施行規則29条3号に規定する「信託会社が行う業務の遂行にとって補助的な機能を有する行為」とは，「定型的なサービス提供者がそのサービスを提供する行為」，「単純な事務を処理する行為」，「弁護士・会計士等が専門家として提供する行為」のように，信託会社から委託を受けた業務が，信託の目的，信託会社が行う業務の内容等に照らして，信託事務処理の手段である行為を補助するに過ぎないものをいう。
> （注）例えば，以下のような行為が「信託会社が行う業務の遂行にとって

補助的な機能を有する行為」に該当すると考えられる。
イ　運送会社が信託財産を運搬する行為
ロ　証券会社が有価証券を補助的に売買する行為
ハ　不動産会社が不動産を補助的に処分する行為
ニ　振替機関および口座管理機関が社債等の振替に関する法律（平成13年法律第75号）に規定する振替口座簿の記載又は記録（これに類似するものを含む。）をする行為
ホ　日本銀行又は証券保管振替機構が有価証券の預託を受ける行為
ヘ　弁護士が訴訟の委託を受ける行為

◆錦野　裕宗◆

Q4 信託の引受けに関する禁止行為

信託の引受けに関する禁止行為について、教えてください。

A

　信託業法においては、信託の引受けに係る行為準則として、虚偽告知、断定的判断の提供、特別の利益の提供、損失補てん等を禁止している。
　加えて、信託の引受けに関して適合性原則の適用があることが明文化されている。

I　信託の引受けに関する行為準則

　信託業法においては、信託の引受けに係る行為準則として、信託会社の信託の引受に関し、以下の禁止行為が定められている（信託業法24条、信託業規30条）。

1　虚偽告知

　委託者に対し虚偽のことを告げる行為（信託業24条1項1号）である。「虚偽」とは、真実に反することをいう。「告げる」とは、必ずしも口頭で行われる必要はなく、それが書面等により委託者に対して提供された場合でも当該条項に該当するものと考えられる。

　なお、法文は「委託者に対し」となっており、「委託者になろうとする者に対し」となっていないため、結果として信託引受けが行われなかった場合の虚偽告知が信託業法24条の適用対象となるかが問題となるも、勧誘の結果にともない、適用の有無が異なることは、信託業法24条の、信託引受けに係る信託会

社の行為規制としての性格上違和感があるため，積極的，つまり適用対象となるものと解すべきものと考えられる。

2 断定的判断の提供

委託者に対し，不確実な事項について断定的判断を提供し，または確実であると誤解させるおそれのあることを告げる行為（信託業24条1項2号）である。いわゆる断定的判断の提供禁止であり，将来において不確実な事項（たとえば信託財産たる株式等の投資対象の価格）であるにもかかわらず，それが確実である（たとえば値上がりが確実である。）と告げる行為が該当する。

「誤解させるおそれのある」とは，信託行為の内容や，それぞれの事案の事実関係，勧誘状況等により個別具体的に判断されるものであるが，いずれにしても，あくまで予測であることや，予測の前提条件等を記載し，また複数の前提条件等によるシュミレーションを示すなどし，この規定に違反しないよう慎重な配慮を行っていく必要がある。

3 特別の利益の提供

委託者もしくは受益者または第三者に対し，特別の利益の提供を約し，またはこれを提供する行為（第三者をして特別の利益の提供を約させ，またはこれを提供させる行為を含む。）（信託業24条1項3号）である。特別の利益が提供された場合，他の受益者等との間においてその公平性が害されることとなり，また不公正な競争が行われるおそれもあり，信託業の健全な発展や，適切な業務運営が阻害されることとなるため，特別の利益の提供が禁止されている。

「特別の利益」に該当するかどうかは，その内容が社会的相当性を超えるものとなっていないか，他の受益者等の公平性を著しく阻害するものとなっていないか，との観点から，社会通念に照らし，総合的に判断されるべきものと考えられる。不当景品類及び不当表示防止法における景品類の制限および禁止（同法3条）の基準も，上記社会通念の一つとして位置づけられるものと解される。

4　損失補てん等

　委託者もしくは受益者または第三者に対し，信託の受益権について損失を生じた場合にこれを補てんし，もしくはあらかじめ一定額の利益を得なかった場合にこれを補足することを約し，または信託の受益権について損失を生じた場合にこれを補てんし，もしくはあらかじめ一定額の利益を得なかった場合にこれを補足する行為（第三者をして当該行為を約させ，または行わせる行為を含み，自己の責に帰すべき事故による損失を補てんする場合を除く。）（信託業24条1項4号）である。あらかじめ，損失補てんや利益の補足を約束し，あるいは実際に損失補てんや利益の補足を行った場合に信託業法24条の適用対象となる。このようなことを行えば，固有財産による補てんが必要となり，信託会社において預金取扱金融機関並みの参入基準が採用されていない現状においては，信託会社の財務の健全性を損なう場面も想定されるためである。

　なお，自己の責に帰すべき事故による損失を補てんする行為は，信託業法24条による禁止対象には含まれない。

　この点，第三者による保険，保証を付すことが一般的である場合において，保険料，保証料等に相当する費用を実質的に信託財産・受益者が負担している場合には，信託業法24条1項4号に違反するものではないと解されている[注1]。

5　誤解させるおそれのある表示

　委託者に対し，信託契約に関する事項であってその判断に影響を及ぼすこととなる重要なものにつき，誤解させるおそれのあることを告げ，または表示する行為（信託業規30条1号）である。重要事項について，誤解させるおそれのあるものを告げ，または表示する行為が禁止されている。「表示する行為」とは，ビラの配布，テレビコマーシャル，インターネット上のホームページへの掲載等不特定多数を相手方とするものを広く含むものと解せられる。いわゆる表示

（注1）　金融庁「『信託業法』の施行に伴う政令・府省令の整備案に対するパブリックコメントの結果について」（平成16年12月27日公表）2頁。

規制としての性格も有する条項である。

6　バックファイナンス

　自己との間で信託契約を締結することを条件として自己の利害関係人が委託者に対して信用を供与し、または信用の供与を約していることを知りながら、当該委託者との間で当該信託契約を締結する行為（委託者の保護に欠けるおそれのないものを除く。）（信託業規30条2号）である。バックファイナンスを禁止する条項である。委託者の保護に欠けるおそれのないものは禁止の対象外とされているが、それぞれの事案の諸事情から総合的に判断されるべきものである[注2]。

7　その他法令に違反する行為

　法令に違反する信託の引受けが禁止されている。たとえば、信託法で禁止される脱法信託（信託9条）、訴訟信託（信託10条）の引受けが、信託業法上も禁止されることとなる。

Ⅱ　適合性原則

　「信託会社は、委託者の知識、経験、財産の状況及び信託契約を締結する目的に照らして適切な信託の引受けを行い、委託者の保護に欠けることのないように業務を営まなければならない」ものとされ、信託の引受けに関して適合性原則の適用があることが明文化されている（信託業24条2項）。
　一般的に適合性原則は、狭義の適合性原則（ある特定の利用者に対しては、どんなに説明を尽くしても一定の商品の販売・勧誘を行ってはならない。）、と広義の適合性原則（販売業者は利用者の知識・経験・財産力、投資目的等に適合した形で販売・勧誘を行わねばならない。）に分類のうえ説明される[注3]。

（注2）　小出卓哉『〔逐条解説〕信託業法』（清文社、2008）31頁によると、決済円滑化のための一時的信用供与や、貸付金額が非常に少額である場合、セキュリティトラストで、信託会社の利害関係人がレンダーとして貸付を行う場合については、基本的には、委託者保護に欠けるおそれがないものと解されている。

適合性原則を遵守するためには、「委託者の知識、経験、財産の状況及び信託契約を締結する目的」といった、顧客（委託者）側の情報を収集しなければならない。この適合性原則のいわば当然の前提とされている要請を、ノウ・ユア・カスタマー・ルールという。

　また、上記の狭義の適合性原則が適用される場面においては、信託の引受け自体が禁止されることに留意が必要である。このような狭義の適合性原則は、いわば国家が後見的に、本来であれば自由に行われるべき私人間の取引に介入し、これを禁止するものであるため、その適用は原則として、制限的・謙抑的であるべきものといえよう。

◆錦野　裕宗◆

（注3）　金融審議会第一部会「中間整理（第一次）」（平成11年7月6日公表）14～15頁（http://www.fsa.go.jp/p_mof/singikai/kinyusin/tosin/kin0003a.pdf）。

Q5 信託の引受けに関する信託契約の内容の説明，書面交付

信託会社が，信託の引受けを行う際の，委託者に対する説明義務や書面交付義務について，教えてください。

A

　信託会社は，信託契約による信託の引受けを行うときは，あらかじめ，委託者に対し所定の事項（当該信託会社の商号および信託業法26条1項3号から16号までに掲げる事項）を説明しなければならないものとされ，信託会社の情報提供義務が法定化されている（信託業25条）。

　加えて，信託会社が信託契約による信託の引受けを行ったときには，遅滞なく，所定の事項を明らかにした書面を交付しなければならないものとされ，信託契約締結時の書面交付義務が明定されている（信託業26条）。

I　信託会社の情報提供義務（説明義務）

1　信託契約の内容の説明

　信託会社は，信託契約による信託の引受けを行うときは，あらかじめ，委託者に対し所定の事項を説明しなければならないものとされ，信託会社の情報提供義務が法定化されている（信託業25条）。

　説明の内容は，当該信託会社の商号，および信託業法26条1項3号から16号までに掲げる事項とされており，信託契約締結時交付書面（信託業26条）の記載内容について，説明義務を課すことにより，委託者に対する情報提供を行い，委託者が信託契約を締結するか否かの合理的判断を行うことを可能とすること

426　　　《各論》　第6章　信託と信託業法

を目的とする。

なお，信託業法24条2項では，「信託会社は，委託者の知識，経験，財産の状況及び信託契約を締結する目的に照らして適切な信託の引受けを行い，委託者の保護に欠けることのないように業務を営まなければならない」と適合性原則が規定されており，これには，広義の適合性原則（販売業者は利用者の知識・経験・財産力，投資目的等に適合した形で販売・勧誘を行わねばならない。）も含むものと解されている。よって，信託業法25条の説明義務も上記規定の存在により，「委託者の知識，経験，財産の状況及び信託契約を締結する目的」を踏まえた，いわば実質的な説明が要請される点に，留意が必要である。

信託業法25条の説明義務は，下記の場合には例外的に適用されない（信託業規31条）。

① 委託者が適格機関投資家等である場合（当該適格機関投資家等から説明を求められた場合を除く。）
② 委託者との間で同一の内容の金銭の信託契約を締結したことがある場合（当該委託者から説明を要しない旨の意思の表明があった場合に限る。）
③ 信託会社の委託を受けた信託契約代理店が委託者に対して説明を行った場合
④ 貸付信託法2条1項に規定する貸付信託の契約による信託の引受けを行う場合において，委託者に対して貸付信託法3条2項に規定する信託約款の内容について説明を行った場合
⑤ 資産の流動化に関する法律223条に規定する特定目的信託契約による信託の引受けを行う場合において，委託者に対して同法226条1項各号および同法施行規則116条3号から21号までに掲げる事項について説明を行った場合

2 特定信託契約

信託業法においては，下記の①～③(i)(ii)に掲げる信託契約以外の契約が広く「特定信託契約」に該当するものとされ，その場合には，金融商品取引法の一定の行為規制が準用されることとなっている（信託業24条の2，信託業規30条の2）。

① 公益信託に係る信託契約
② 金融機関の信託業務の兼営等に関する法律6条に規定する信託契約のうち，元本に損失を生じた場合にその全部を補てんする旨を定めるもの
③ 信託財産を次に掲げるもののみにより運用することを約する信託契約であって，顧客が支払うべき信託報酬その他の手数料の額が信託財産の運用により生じた収益の額の範囲内で定められるもの
  (i) 預金等（預金保険法2条2項参照）のうち，決済用預金（同法51条の2第1項参照），預金保険法施行令3条各号（4号を除く。）に掲げる預金等および特定預金等以外のもの
  (ii) 貯金等（農水産業協同組合貯金保険法2条2項参照）のうち，決済用貯金（同法51条の2第1項参照），農水産業協同組合貯金保険法施行令6条各号（4号を除く。）に掲げる貯金等および特定貯金等以外のもの

よって，信託会社は，特定信託契約の引受けにあたっては，上記1の信託業法25条の説明義務に加え，信託業法24条の2によって準用された金融商品取引法上の説明義務も併せて負担することとなる点に留意が必要である（金融商品38条6号，信託業規30条の24第2号）。この準用金融商品取引法上の情報提供義務は，上記1で記載した，例外的に信託業法25条の説明義務が適用されない場合（信託業規31条）においても，免除されることはないため，注意する必要がある。

Ⅱ 信託契約締結時の書面交付義務

1 交付すべき書面の内容

信託会社が信託契約による信託の引受けを行ったときには，遅滞なく，委託者に対し，以下の事項を明らかにした書面を交付しなければならないものとされ，信託契約締結時の書面交付義務が明定されている（信託業26条）。なお，この契約締結時交付書面は，信託契約書に，記載事項を網羅したうえで信託契約書を交付するという形で，交付することも可能とされている[注1]。
① 信託契約の締結年月日
② 委託者の氏名または名称および受託者の商号

③　信託の目的
④　信託財産に関する事項

　　当初取得する信託財産の種類および価額または数量，信託財産の権利の移転に関する事項（対抗要件の具備に関する事項を含む。），後に信託財産を取得する予定がある場合においては，その取得予定日，信託財産の種類および取得にあたっての条件等が内容となる（信託業規33条1項）。
⑤　信託契約の期間に関する事項
⑥　信託財産の管理または処分の方法に関する事項

　　管理型信託を除く信託等においては，信託財産の管理または処分の方針を含むこととされている。

　　信託財産の管理・処分により取得する財産の種類，信託財産である金銭を固有財産・他の信託財産である金銭と合同運用する場合は，その旨および当該信託財産と固有財産または他の信託財産との間の損益の分配に係る基準等が内容となる（信託業規33条2項）。
⑦　信託業務を委託する場合（信託業法22条3項各号に掲げる業務を委託する場合を除く。）には，委託する信託業務の内容ならびにその業務の委託先の氏名または名称および住所または所在地（委託先が確定していない場合は，委託先の選定に係る基準および手続）
⑧　利益相反取引（信託業法29条2項各号に掲げる取引）を行う場合には，その旨および当該取引の概要

　　当該取引の概要には，その態様・条件についても，記載の必要がある（信託業規33条3項）。
⑨　受益者に関する事項

　　次の(i)〜(iv)に掲げる事項も含む（信託業規33条4項）。
　　　(i)　不特定または未存在の受益者がいる場合は，その範囲，資格その他受益者となる者を確定するために必要な事項
　　　(ii)　信託管理人，信託監督人または受益者代理人を指定する場合は，

（注1）　金融庁「『信託業法』の施行に伴う政令・府省令の整備案に対するパブリックコメントの結果について」（平成16年12月27日公表）2頁。

　　　　　当該信託管理人，信託監督人または受益者代理人に関する事項
　　　(ⅲ)　委託者が受益者を指定または変更する権利を有する場合は，当該権利に関する事項
　　　(ⅳ)　受益権の取得につき受益者が信託の利益を享受する意思を表示することを要件とする場合は，その旨
⑩　信託財産の交付に関する事項
　　受益者に交付する信託財産の種類，交付する時期および方法，これらに関し受益者により異なる内容を定める場合は，その旨等が内容となる（信託業規33条5項）。
⑪　信託報酬に関する事項
　　信託報酬の額または計算方法，信託報酬の支払の時期および方法等が内容となる（信託業規33条6項）。
⑫　信託財産に関する租税その他の費用に関する事項
⑬　信託財産の計算期間に関する事項
⑭　信託財産の管理または処分の状況の報告に関する事項
⑮　信託契約の合意による終了に関する事項
⑯　以下に掲げる事項（信託業規33条7項・30条の23第1項2号〜6号・11号）
　　　(ⅰ)　損失の危険に関する事項
　　　(ⅱ)　当該信託に係る受益権の譲渡手続に関する事項
　　　(ⅲ)　当該信託に係る受益権の譲渡に制限がある場合は，その旨および当該制限の内容
　　　(ⅳ)　受託者が複数である場合における信託業務の処理，受託者の辞任，受託者の任務終了の場合の新受託者の選任，信託終了の事由について特別の定めをする場合は，当該定めに関する事項
　　　(ⅴ)　受託者の公告の方法（公告の期間を含む。以下同じ。）
　　　(ⅵ)　指定紛争解決機関に関する事項

2　書面交付が不要な場合

　以下の場合には，信託契約締結時の書面交付は不要とされている（信託業26条1項ただし書，信託業規32条）。

①　委託者が適格機関投資家等であって，書面または信託業法34条1項に規定する電磁的方法により当該委託者からあらかじめ信託契約締結時交付書面の交付を要しない旨の承諾を得，かつ，当該委託者からの要請があった場合に速やかに当該書面を交付できる体制が整備されている場合
②　委託者と同一の内容の金銭の信託契約を締結したことがあり，かつ，当該委託者に当該信託契約に係る信託契約締結時交付書面を交付したことがある場合（当該委託者から信託契約締結時交付書面の交付を要しない旨の意思の表明があった場合に限る。）
③　貸付信託法2条1項に規定する貸付信託の契約による信託の引受けを行った場合において，委託者に対して同条2項に規定する受益証券を交付した場合
④　資産の流動化に関する法律223条に規定する特定目的信託契約による信託の引受けを行った場合において，委託者に対して同法2条15項に規定する受益証券を交付した場合

◆錦 野　裕 宗◆

Q6 信託財産状況報告書の作成・交付義務

信託財産状況報告書において，どのような事項を報告すべきなのでしょうか。また，その交付が不要なのは，どのような場合でしょうか。

A

　信託会社は，その受託する信託財産について，当該信託財産の計算期間ごとに，信託財産状況報告書を作成し，当該信託財産に係る受益者に対し交付しなければならないものとされ，受益者への情報開示が一定の範囲で，義務づけられている（信託業27条）。

I 信託財産状況報告書の交付義務

　信託会社は，その受託する信託財産について，当該信託財産の計算期間ごとに，信託財産状況報告書を作成し，当該信託財産に係る受益者に対し交付しなければならないものとされている（信託業27条）。

　この信託財産状況報告書は，「当該信託財産の計算期間ごと」に作成しなければならないものとされているが，この期間は，原則として1年を超えることができないものとされている（信託業27条2項・26条3項）。

II 信託財産状況報告書の記載事項

　信託財産状況報告書の記載事項については，信託業法施行規則37条に規定されており，以下の項目について記載の必要がある。

① 　計算期間の末日（当期末）現在における資産，負債および元本の状況ならびに当該計算期間中の収支の状況

② 株式につき，計算期間中における売買総数および売買総額ならびに銘柄（信託財産の2分の1を超える額を金融商品取引法2条1項に規定する有価証券〔同条2項の規定により有価証券とみなされる権利を含む。〕に投資することを目的とする信託であって，当期末現在において信託財産の総額の100分の1を超える額を保有している場合における当該銘柄に限る。③において同じ。）ごとに次に掲げる事項
　(i) 信託財産の計算期間の直前の計算期間の末日現在における株式数
　(ii) 当期末現在における株式数
　(iii) 当該株式の売却を予定する信託の場合には，当期末現在における株式の時価総額
③ 公社債につき，種類ごとに計算期間中における売買総額および銘柄ごとに当期末現在における額面金額の総額（当該公社債の売却を予定する信託の場合には，時価総額を含む。）
④ デリバティブ取引が行われた場合につき，取引の種類ごとに，当期末現在における取引契約残高または取引残高および計算期間中における取引契約金額もしくは取引金額
⑤ 不動産，不動産の賃借権または地上権につき，次に掲げる事項（(ii)，(iii)については，受益者〔受益者である資産の流動化に関する法律2条3項に規定する特定目的会社が発行する資産対応証券を取得した者その他実質的に当該信託の利益を享受する者からあらかじめ記載を要しない旨の承諾を得た場合を除く。〕）
　(i) 不動産の所在，地番その他の不動産を特定するために必要な事項
　(ii) 不動産の売却を予定する信託の場合につき，物件ごとに，当期末現在における価格（鑑定評価額，公示価格，路線価，固定資産税評価額，その他の資料に基づき合理的に算出した額をいう。）
　(iii) 不動産に関して賃貸借契約が締結された場合につき，物件ごとに，当期末現在における稼働率および当該物件に関して賃貸借契約を締結した相手方の総数ならびに計算期間中における全賃料収入（当該全賃料収入について，やむをえない事情により記載できない場合には，その旨）
　(iv) 当該不動産の売却が行われた場合につき，計算期間中における売買金額の総額
⑥ 金銭債権につき，次に掲げる事項

(ⅰ) 当期末現在における債権の種類及び額（債権の種類ごとの総額）その他の債権の内容に関する事項
　　(ⅱ) 債権の売買が行われた場合につき，計算期間中における債権の種類ごとの売買総額
⑦　知的財産権につき，次に掲げる事項（(ⅲ)については，受益者からあらかじめ記載を要しない旨の承諾を得た場合を除く。）
　　(ⅰ) 知的財産権の種類その他の知的財産権を特定するために必要な事項
　　(ⅱ) 知的財産権に関して，設定行為により，実施権および使用権その他の権利が設定された場合につき，知的財産権ごとに，実施権等の範囲その他の実施権等の設定行為の内容に関する事項
　　(ⅲ) 知的財産権の売却を予定する信託の場合につき，知的財産権ごとに，当期末現在における評価額
　　(ⅳ) 知的財産権ごとに，計算期間中における取引の状況
⑧　上記以外の財産（対象財産）につき，対象財産の種類ごとに，次に掲げる事項（ただし，(ⅲ)については，受益者からあらかじめ記載を要しない旨の承諾を得た場合を除く。）
　　(ⅰ) 当期末現在における対象財産の種類，権利者の氏名または名称その他の対象財産を特定するために必要な事項
　　(ⅱ) 対象財産に関して権利が設定された場合につき，対象財産ごとに，当該権利の権利者の氏名または名称その他の当該権利の内容に関する事項
　　(ⅲ) 対象財産の売却を予定する信託の場合につき，対象財産ごとに，当期末現在における評価額
　　(ⅳ) 対象財産ごとに，計算期間中における取引の状況
⑨　受益権を他の信託の受託者に取得させることを目的とする信託に係る受益権につき，当該受益権に係る信託財産の種類ごとに，直前の計算期間に係る上記②から⑧までの事項
⑩　信託事務を処理するために債務（信託事務処理に関し通常負担する債務を除く。）を負担している場合には，当該債務の総額および契約ごとの債務の金額その他当該債務の内容に関する事項（当該債務が借入れである場合にあっては，総借入金額ならびに契約ごとの借入先の属性，借入金額，返済期限，当期末残

高，計算期間および借入期間における利率，返済方法，担保の設定に関する事項ならびに借入れの目的および使途を含む。）
⑪　信託業務を第三者に委託する場合にあっては，委託先の氏名または商号もしくは名称，住所または所在地，委託に係る報酬および委託する業務の内容

Ⅲ　信託財産状況報告書の交付が求められない場合

信託財産状況報告書の交付が求められない場合については，信託業法施行規則38条に規定されている。
①　受益者が適格機関投資家等であって，書面または電磁的方法により当該受益者等からあらかじめ信託財産状況報告書の交付を要しない旨の承諾を得，かつ，当該受益者からの信託財産の状況に関する照会に対して速やかに回答できる体制が整備されている場合
②　受益者が受益証券発行信託（信託185条3項参照）の無記名受益権（信託110条3項参照）の受益者であって，当該受益者のうち，信託会社に氏名または名称および住所の知れている者に対して信託財産状況報告書を交付し，かつ，その他の者からの要請があった場合に速やかに信託財産状況報告書を交付できる体制が整備されている場合
③　信託管理人または受益者代理人が現に存する場合において，当該信託管理人または受益者代理人に信託財産状況報告書を交付する場合
④　委託者指図型投資信託契約（投信3条参照）による信託の引受けを行った場合において，投資信託委託会社に対し，当該投資信託委託会社が運用報告書を作成するために必要な情報を提供している場合
⑤　金融商品取引業者等（投資運用業〔金融商品28条4項参照〕を行う者に限る。）の指図により信託財産の管理または処分を行う旨の信託契約による信託の引受けを行い，当該信託の受益者が当該金融商品取引業者等の顧客のみである場合において，当該金融商品取引業者等に対し，当該金融商品取引業者等が運用報告書を作成するために必要な情報を提供している場合
⑥　商品投資顧問業者（商品投資に係る事業の規制に関する法律2条4項参照）の

指図により信託財産の管理または処分を行う旨の信託契約による信託の引受けを行い，当該信託の受益者が当該商品投資顧問業者の顧客のみである場合において，当該商品投資顧問業者に対し，当該商品投資顧問業者が商品投資に係る事業の規制に関する法律20条に規定する報告書を作成するために必要な情報を提供している場合

⑦　確定拠出年金法2条7項1号ロに規定する資産管理機関として信託財産の管理または処分を行う旨の信託契約による信託の引受けを行った場合において，企業型記録関連運営管理機関等（同法23条参照）に対し，当該企業型記録関連運営管理機関等が同法27条の通知をするために必要な情報を提供している場合

⑧　取引について，当該取引ごとの内容を書面または電磁的方法により提供することにより信託財産状況報告書の交付に代える旨の承諾を受益者からあらかじめ書面または電磁的方法により得ている場合であって，かつ，当該取引の内容が書面または電磁的方法により受益者に提供される場合

⑨　他の目的で作成された書類または電磁的記録に，信託財産状況報告書記載事項が記載または記録されている場合であって，かつ，当該書類または電磁的記録に記載または記録された内容が書面または電磁的方法により受益者に提供される場合

◆錦　野　裕　宗◆

Q7 善管注意義務・忠実義務

信託会社の善管注意義務,忠実義務は,信託業法上どのように具体化されていますか。

A

　信託会社は信託の本旨に従い,善良な管理者の注意をもって,信託業務を行わなければならないものとされ,信託会社の善管注意義務が定められている(信託業28条2項)。

　また,信託会社は,信託の本旨に従い,受益者のために忠実に信託業務その他の業務を行わなければならないものとされ,その忠実義務が定められている(信託業28条1項)。

　なお,上記善管注意義務・忠実義務を具体化したものとして,信託業法においては,利益相反取引の禁止等信託財産に係る行為準則を規定している(信託業29条)。

Ⅰ　総　　論

　信託は,受託者に対する信認を基礎とするものであり,信託業の担い手たる信託会社においては,善管注意義務(信託会社は信託の本旨に従い,善良な管理者の注意をもって,信託業務を行わなければならない義務),忠実義務(信託会社は,信託の本旨に従い,受益者のために忠実に信託業務その他の業務を行わなければならない義務)等の受託者責任を果たすことが重要である。

　よって,信託業への信頼確保の観点から,業法たる信託業法においても,善管注意義務・忠実義務に係る一般的な義務規定が規定され,受託者責任が明確に位置づけられることとなっている(信託業28条1項・2項)[注1]。

加えて，上記善管注意義務・忠実義務を具体化したものとして，信託業法においては，利益相反取引の禁止等信託財産に係る行為準則を規定している（信託業29条）。

II 善管注意義務

信託会社は信託の本旨に従い，善良な管理者の注意をもって，信託業務を行わなければならないものとされ，信託会社の善管注意義務が定められている（信託業28条2項）。

この点，信託業法上の善管注意義務は，顧客に管理運用を託される信託業の最低限かつ共通の義務とされており信託会社と顧客の間の情報量・交渉力格差を考えれば，善管注意義務の水準を当事者間の契約にすべて委ねると，信託会社に過度に有利な契約となり，顧客保護が確保されない可能性があるため[注2]，当事者間の合意により軽減が許されない，強行規定として整理されている。

しかしながら，信託契約において義務の具体的内容・範囲を規定することは，合理的な範囲内のものであれば，許容されるものと解されている。

III 忠実義務

信託会社は，信託の本旨に従い，受益者のために忠実に信託業務その他の業務を行わなければならないものとされ，その忠実義務が定められている（信託業28条1項）。

要するに，受託者は受益者との間で利益が相反するような行為等をすることができないという義務である。

受託者の権限濫用や利益相反行為を防止するとともに，それによって信託の

(注1) 金融審議会金融分科会第二部会「信託業のあり方に関する中間報告書」（平成15年7月28日公表）20頁。
(注2) 金融審議会金融分科会第二部会「信託法改正に伴う信託業法の見直しについて」（平成18年1月26日公表）7頁。

倒産隔離機能を確保する観点から重要なものと位置づけられている。

IV 信託財産に係る行為準則

上記善管注意義務・忠実義務を具体化したものとして，信託業法においては，利益相反取引の禁止等信託財産に係る行為準則を規定している（信託業29条）。

1 信託財産に係る禁止行為

信託会社に対し，以下の禁止行為を定めている（信託業29条1項，信託業規41条2項）。

① 通常の取引の条件と異なる条件で，かつ，当該条件での取引が信託財産に損害を与えることとなる条件での取引を行うこと

「通常の取引の条件と異なる条件」および「信託財産に損害を与えることとなる条件」のいずれも満たす場合に，信託業法29条1項1号違反となる。

通常であるか否かは，当該時点において，一般の信託会社が同様の取引を行った場合の条件等からそれぞれの事例ごとに社会通念に照らし判断されることとなる。

② 信託の目的，信託財産の状況または信託財産の管理もしくは処分の方針に照らして不必要な取引を行うこと

不必要であるか否かは，信託の目的，信託財産の状況，管理・処分方針等にかんがみ，社会通念に照らして判断されることとなる。有価証券の過当取引を行うこと等が考えられる。

③ 信託財産に関する情報を利用して自己または当該信託財産に係る受益者以外の者の利益を図る目的をもって取引を行うこと

これについては，以下の例外が設けられている（信託業規41条1項）。

（i） 取引の相手方と新たな取引を行うことにより自己または信託財産に係る受益者以外の者の営む業務による利益を得ることをもっぱら目的としているとは認められない取引

(ⅱ)　第三者が知り得る情報を利用して行う取引
　　(ⅲ)　当該信託財産に係る受益者に対し，当該取引に関する重要な事実を開示し，書面または電磁的方法による同意を得て行う取引
　　(ⅳ)　その他信託財産に損害を与えるおそれがないと認められる取引
④　信託財産の売買その他の取引を行った後で，一部の受益者に対し不当に利益を与えまたは不利益を及ぼす方法で当該取引に係る信託財産を特定すること
⑤　他人から不当な制限または拘束を受けて信託財産に関して取引を行うこと，または行わないこと
⑥　特定の資産について作為的に値付けを行うことを目的とした取引を行うこと
⑦　通常の取引の条件と比べて受益者に不利益を与える条件で，信託財産に属する財産につき自己の固有財産に属する債務に係る債権を被担保債権とする担保権を設定することその他第三者との間において信託財産のためにする行為であって受託者又は利害関係人と受益者との利益が相反することとなる取引を行うこと
　　ただし，受益者に対し，取引に関する重要な事実を開示し，書面または電磁的方法による同意を得て行う場合は許容されている。
⑧　重要な信託の変更等（信託業29条の2第1項参照）をすることをもっぱら目的として，受益者代理人を指定すること

2　利益相反取引の禁止

信託会社に対し，次のような利益相反取引を，原則として，禁止している（信託業29条2項～4項）。
①　自己またはその利害関係人（株式の所有関係または人的関係において密接な関係を有する者として政令で定める者をいう。）と信託財産との間における取引
②　信託財産と他の信託の信託財産との間の取引
③　第三者との間において信託財産のためにする取引であって，自己が当該第三者の代理人となって行うもの
一方で，信託会社が，例外的に利益相反取引を行うことが可能な場合が法定

されているが，その場合にも，信託財産の計算期間ごとに，当該期間における当該取引の状況を記載した書面を作成し，当該信託財産に係る受益者に対して交付しなければならないものとされている。

　これについては，Ｑ９で詳しく説明することとする。

◆錦　野　裕　宗◆

Q8 分別管理義務

信託業法により求められる，信託会社の分別管理等に係る体制整備義務について，教えてください。

A

信託会社は，内閣府令で定めるところにより，信託法34条の規定に基づき信託財産に属する財産と固有財産および他の信託に属する財産とを分別して管理するための体制その他信託財産に損害を生じさせ，または信託業の信用を失墜させることのない体制を整備しなければならないものとされ，その体制整備義務が定められている（信託業28条3項）。

I 分別管理に係る体制整備義務について

1 体制整備義務

信託会社は，内閣府令で定めるところにより，信託法34条の規定に基づき信託財産に属する財産と固有財産および他の信託に属する財産とを分別して管理するための体制その他信託財産に損害を生じさせ，または信託業の信用を失墜させることのない体制を整備しなければならないものとされる（信託業28条3項）。

この点，体制整備義務とは，信託会社における体制整備を義務づけるものであり，たとえば，信託業法29条のような個々の行為を禁止するいわゆる行為規制とは概念上異なる。行為規制においては，一つの行為が当該規制に違反した場合に即法令違反となるが，体制整備義務においては，個々の行為ではなく，体制整備がなされていたかということが法令違反のメルクマールとなる。よっ

て，理念上は，個々の行為が体制整備義務により究極的に求められる一つの規範（たとえば分別管理）に反するものであったとしても，体制整備自体に問題がなければ，法令違反とはならず，また，その規範に違反する行為がなかったとしても，体制整備に問題があれば，法令違反となる。

本来的には，体制整備義務のほうが，信託会社の主体性が重んじられるべきものであるが，当然のことながら，結果として分別管理等がなされていなかったという事実が体制整備の不備を根拠づける大きな要素となることは否定できず，信託会社としては，行為規制同様その遵守には万全の留意を払うことが肝要といえる。

2 具体的内容

分別管理等に係る体制整備義務については，信託業法施行規則39条1項に具体的に規定されている。

信託会社（信託業務の委託を受けた者も含む。）は，管理場所を区別すること等により信託財産に属する財産と固有財産および他の信託の信託財産に属する財産とを明確に区分し，かつ，当該信託財産に係る受益者を判別できる状態で管理しなければならないものとされる。

なお，分別管理の方法は，信託法34条の規定に従うことが求められている。

つまり，①信託の登記・登録が可能な財産については，登記・登録，②それができない動産については，外形上区別することができる状態での保管，③その他の金銭等については，その計算を明らかにする方法（つまり帳簿による分別管理）によることとなる。

ただし，信託の登記・登録が可能な財産以外については，信託法34条1項ただし書により，信託行為で別段の定めを設けることが許容されている。

3 信託財産の管理を委託する場合の体制整備

また，信託会社が信託財産の管理を第三者に委託する場合においては，当該委託を受けた第三者が，信託財産の種類に応じ，信託財産に属する財産と自己の固有財産その他の財産とを区分する等の方法により管理することを確保するための十分な体制を整備しなければならないものとされる（信託業規39条2

項)。

　加えて，信託会社は，信託業務の処理および計算を明らかにするため，所定の書式による信託勘定元帳，総勘定元帳を作成し，信託勘定元帳については，信託財産の計算期間の終了の日または信託行為によって設定された期間の終了の日から10年間，総勘定元帳については作成の日から5年間，信託業務の委託契約書については，委託契約の終了の日から5年間，保存しなければならないものとされている（信託業規39条3項）。

Ⅱ　信託財産に損害を生じさせ，または信託業の信用を失墜させることのない体制の整備

　Ⅰ以外にも，信託会社には，信託財産に損害を生じさせ，または信託業の信用を失墜させることのないための体制整備義務として，以下の内部管理体制を整備することが求められている（信託業規40条）。

① 内部管理に関する業務を的確に遂行することができる人的構成を確保すること。

　なお，「内部管理に関する業務」とは，法令遵守の管理に適合するかどうかを判断し，役職員に遵守させる業務，内部監査および内部検査，財務に関する業務を指す。

② 内部管理に関する業務を遂行するための社内規則（当該業務に関する社内における責任体制を明確化する規定を含むものに限る。）を整備すること。

③ 内部管理に関する業務に従事する者を信託財産の管理または処分を行う部門から独立させること。

④ 委託を行った信託契約代理店の信託契約代理業務の適切な運営を確保するため，信託契約代理店に対する指導および信託契約代理店の信託契約代理業務に係る法令の遵守状況の検証を行うための体制整備。

⑤ 営業所等を他の信託会社等の営業所等と同一の建物に設置してその業務を営む場合には，顧客が当該信託会社を当該他の信託会社等と誤認することを防止するための適切な措置。

⑥ 電気通信回線に接続している電子計算機を利用してその業務を営む場合

には，顧客が当該信託会社と他の者を誤認することを防止するための適切な措置。

⑦　個人顧客情報の安全管理，業務委託先の監督について，当該情報の漏えい，滅失またはき損の防止を図るために必要かつ適切な措置。

⑧　信用情報に関する機関（資金需要者の借入金返済能力に関する情報の収集および信託会社に対する当該情報の提供を行うものをいう。）から提供を受けた情報であって個人である資金需要者の借入金返済能力に関するものを，資金需要者の返済能力の調査以外の目的のために利用しないことを確保するための措置。

⑨　個人顧客に係るセンシティブ情報（人種，信条，門地，本籍地，保健医療または犯罪経歴，その他の特別の非公開情報）を，適切な業務の運営の確保その他必要と認められる目的以外の目的のために利用しないことを確保するための措置。

◆錦　野　裕　宗◆

Q9 利益相反取引

信託業法上，利益相反取引についてどのような規制が存在しますか。あわせて，それを行う場合の留意点についても教えてください。

A

信託業法においては，信託会社に対し，次のような利益相反取引を，原則として禁止している（信託業29条2項～4項）。
① 自己またはその利害関係人（株式の所有関係または人的関係において密接な関係を有する者として政令〔信託業令14条〕で定める者をいう。）と信託財産との間における取引
② 信託財産と他の信託の信託財産との間の取引
③ 第三者との間において信託財産のためにする取引であって，自己が当該第三者の代理人となって行うもの

一方，信託会社が，例外的に利益相反取引を行うことが可能な場合が法定されているが，その場合にも，信託財産の計算期間ごとに，当該期間における当該取引の状況を記載した書面を作成し，当該信託財産に係る受益者に対して交付しなければならないものとされている。

I 利益相反取引の禁止

信託業法においては，信託会社に対し，次のような利益相反取引を，原則として禁止している（信託業29条2項～4項）。
① 自己またはその利害関係人（株式の所有関係または人的関係において密接な関係を有する者として政令〔信託業令14条〕で定める者をいう。）と信託財産との間における取引

②　信託財産と他の信託の信託財産との間の取引
　③　第三者との間において信託財産のためにする取引であって，自己が当該第三者の代理人となって行うもの
　自己取引（①），信託財産間取引等（②），双方代理的行為（③）をそれぞれ禁止するものである。

Ⅱ　利益相反取引禁止の例外

1　利益相反取引が許容される場合

　Ⅰのとおり，信託業法においては，利益相反取引を原則として禁止しているが，①(ⅰ)信託行為において利益相反取引を行う旨および当該取引の概要についての定めがある場合，または，(ⅱ)当該取引に関する重要な事実を開示してあらかじめ書面もしくは電磁的方法による受益者等の承認を得た場合（信託行為に当該利益相反取引を行うことができない旨の定めがある場合は除かれる。）であり，かつ，②受益者の保護に支障が生じることがない場合として内閣府令（信託業規41条3項）で定める場合，には，例外的に利益相反取引が許容されるものとされている。
　②については，信託業法施行規則41条3項に以下のとおり規定されている。
(ⅰ)　委託者もしくは委託者から指図の権限の委託を受けた者（これらの者が信託業法施行令14条1項各号に掲げる者である場合は除かれる。）または受益者もしくは受益者から指図の権限の委託を受けた者のみの指図により取引を行う場合
(ⅱ)　信託の目的に照らして合理的に必要と認められる場合であって，次に掲げる取引の種類に応じ，それぞれ次に定める方法により取引を行う場合
　　(ア)　次に掲げる有価証券（金融商品取引法2条1項および2項に規定する有価証券をいい，有価証券に係る標準物〔同法2条24項5号に掲げるものをいい，以下単に「標準物」という。〕ならびに同条1項20号に掲げる有価証券であってこれらの有価証券に係る権利を表示するものおよび同条2項の規定により有価証券とみなされる権利のうちこれらの有価証券に表示されるべきものを含む。）の売買

ア．金融商品取引所に上場されている有価証券（標準物を除く。）　取引所金融商品市場において行うものまたは前日の公表されている最終価格に基づき算出した価額もしくはこれに準ずるものとして合理的な方法により算出した価額により行うもの
イ．店頭売買有価証券　店頭売買有価証券市場において行うものまたは前日の公表されている最終価格に基づき算出した価額もしくはこれに準ずるものとして合理的な方法により算出した価額により行うもの
ウ．アおよびイに掲げる有価証券以外の有価証券で，次に掲げるもの　前日の公表されている最終価格に基づき算出した価額またはこれに準ずるものとして合理的な方法により算出した価額により行うもの
　(1)　金融商品取引法2条1項1号から5号までに掲げる有価証券（同項17号に掲げる有価証券であって，これらの有価証券の性質を有するものを含む。(2)において同じ。）
　(2)　金融商品取引法2条1項9号に掲げる有価証券のうち，その価格が認可金融商品取引業協会または外国において設立されている認可金融商品取引業協会と類似の性質を有する団体の定める規則に基づいて公表されるもの
　(3)　金融商品取引法2条1項10号および11号に掲げる有価証券
(イ)　金融商品取引法2条21項に規定する市場デリバティブ取引および同条23項に規定する外国市場デリバティブ取引　取引所金融商品市場または外国金融商品市場において行うもの
(ウ)　不動産の売買　不動産鑑定士による鑑定評価を踏まえて調査した価格により行うもの
(エ)　その他の取引　同種および同量の取引を同様の状況の下で行った場合に成立することとなる通常の取引の条件と比べて，受益者に不利にならない条件で行うもの
(iii)　個別の取引ごとに当該取引について重要な事実を開示し，信託財産に係る受益者の書面または電磁的方法による同意を得て取引を行う場合
(iv)　その他受益者の保護に支障を生ずることがないものとして金融庁長官等の承認を受けて取引を行う場合

2 自己取引等報告書

 1により，信託会社が，例外的に利益相反取引が行うことが可能な場合にも，信託財産の計算期間ごとに，当該期間における当該取引の状況を記載した書面（自己取引等報告書）を作成し，当該信託財産に係る受益者に対して交付しなければならないものとされている（信託業29条3項）。

 自己取引等報告書に記載すべき事項については，信託業法施行規則41条4項に定められており，具体的には，以下の事項を記載すべきこととなる。

① 取引当事者が法人の場合にあっては商号または名称および営業所または事務所の所在地，個人の場合にあっては個人である旨
② 信託財産との取引の相手方となった者が信託会社の利害関係人である場合には，当該利害関係人と信託会社との関係（信託財産との取引の相手方となった者が信託会社から信託業務〔信託業法22条3項各号に掲げる業務は除かれる。〕の委託を受けた者の利害関係人である場合にあっては，当該利害関係人と委託を受けた者との関係）
③ 取引の方法
④ 取引を行った年月日
⑤ 取引に係る信託財産の種類その他の当該信託財産の特定のために必要な事項
⑥ 取引の対象となる資産または権利の種類，銘柄，その他の取引の目的物の特定のために必要な事項
⑦ 取引の目的物の数量（同一の当事者間における特定の継続的取引契約に基づき反復してなされた取引にあっては，当該信託財産の計算期間における取引の数量）
⑧ 取引価格（同一の当事者間における特定の継続的取引契約に基づき反復してなされた取引については，当該信託の計算期間における当該価格の総額）
⑨ 取引を行った理由
⑩ 当該取引に関して信託会社（当該信託会社から信託業法22条3項各号に掲げる業務を除く信託業務の委託を受けた者を含む。）またはその利害関係人が手数料その他の報酬を得た場合には，その金額
⑪ 当該書面の交付年月日

⑫　その他参考となる事項

　この自己取引等報告書は，たとえば，受益者が適格機関投資家等であって，書面または電磁的方法により受益者からあらかじめ書面の交付を要しない旨の承諾を得，かつ，当該受益者からの個別の取引に関する照会に対して速やかに回答できる体制が整備されている場合等，所定の場合には，交付する必要がないものとされている（信託業29条3項ただし書，信託業規41条5項）。

◆錦　野　裕　宗◆

Chapter 7

信託と税法

Q1 信託における会計の概要

信託における会計の概要と,信託法の改正が会計に及ぼす影響について教えてください。また,信託における会計と税務の関係について教えてください。

A

　信託の会計は,委託者会計・受託者会計・受益者会計に分けられるが,これらを包括的に定めた会計基準というものはなく,一般に公正妥当と認められる会計の慣行に従うことになる。信託法の改正により信託計算規則や信託実務対応報告が定められ,受託者会計についてはこの点がより明確に示された。ただし,委託者会計や受益者会計,さらに受託者会計のうち限定責任信託や受益者が多数に及ぶ信託については,企業会計の基準に従うこととされている。
　一方税務上は,会計以上に詳細な規定が必要であり,他の税法との課税

の公平性や租税回避行為の防止といった観点も必要なため，会計と取扱いが異なることも想定される。

I 信託における会計の基本的な考え方

信託法13条において，信託の会計は一般に公正妥当と認められる会計の慣行に従うものとされている。信託における会計は，委託者，受託者および受益者にかかわってくるが，包括的に定めた規定や基準は存在しない。ここでは慣行も含めた，会計の基本的な考え方を説明する。

1 委託者会計，受託者会計，受益者会計

委託者にとっての会計の目的は，自らの財産を信託した事実を自らの債権者や株主等の利害関係者に報告することにある。一方，受託者にとっての会計の目的は，委託された信託財産の管理や処分の状況を受益者に報告することにある。さらに受益者にとっての会計の目的は，信託財産から得られる便益の状況を自らの債権者や株主等の利害関係者に報告することにある。

このことからわかるように，信託期間を通じて信託財産そのものの状況を報告するのは受託者会計である。受託者は信託財産を自らの固有財産と区別し管理するように，会計も自らの会計とは区別した別個の会計としなければならない。ただし，前述のように信託の会計について会計基準はなく，信託法でも「信託の会計は，一般に公正妥当と認められる会計の慣行に従うものとする」（信託13条）とされているのみである。したがって受託者会計においても，受託者と受益者の合意によって信託行為の趣旨に沿った合目的的な会計処理によることができるとされている。

2 原則的な会計処理

一般に公正妥当な会計の慣行に従う場合，信託により財産が委託者から受託者へ譲渡された時点で譲渡の会計処理を行うのが原則であるが，会計上は取引を実質的に判断するため，形式的な譲渡と判断される場合は当該譲渡がなかっ

たものとして取り扱われるという点には注意が必要である。この点について，以下では他益信託と自益信託に分けて説明する。なお，他益信託と自益信託という分類は，受益者から見た信託の分類方法である。

(1) 他益信託の場合

他益信託とは，委託者以外の第三者が当初受益者となる信託のことをいう。

他益信託においては原則として，委託者は自らの財産を信託財産として受託者に譲渡した段階で，通常の売却と同様の会計処理を行う。一方受託者は，自らの財産とは別の勘定を用いて，受益者から預かった金銭等の対価を用いて信託財産を取得する会計処理を行う。また受益者は，金銭等の対価と引き換えに受益権を取得する会計処理を行う。

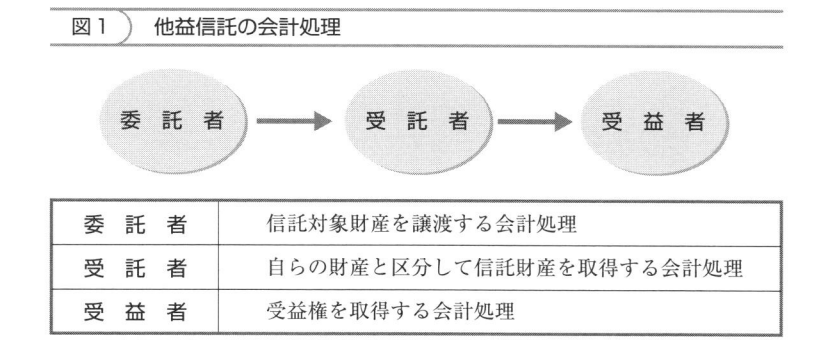

図1　他益信託の会計処理

委託者　→　受託者　→　受益者

委 託 者	信託対象財産を譲渡する会計処理
受 託 者	自らの財産と区分して信託財産を取得する会計処理
受 益 者	受益権を取得する会計処理

(2) 自益信託の場合

自益信託とは，委託者と当初受益者が同一である信託のことをいう。

自益信託の仕組みでは，信託財産を譲渡した委託者が引き換えに受益権を取得し受益者となるので，場合によっては当該信託財産を保有し続けたのと実質的には変わらないと見ることも考えられる。そのため，実質判断に基づき信託設定時には信託財産を譲渡する会計処理はとらない。ただし，委託者（兼当初受益者）が受益権を第三者に譲渡した際には実質判断により譲渡の処理を行う。一方受託者は，他益信託と同様の処理となる。

図2　自益信託の会計処理

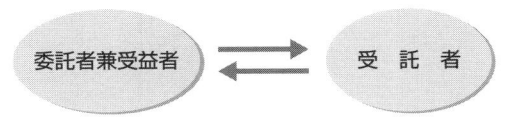

委託者兼受益者	信託設定時　：譲渡の会計処理はとらない 受益権譲渡時：譲渡の会計処理
受　託　者	自らの財産と区分して信託財産を取得する会計処理

Ⅱ　信託法の改正が会計に及ぼす影響

　新信託法と同時に信託計算規則（平成19年法務省令第42号）が施行され，また企業会計基準委員会から信託法の改正を受けて「信託の会計処理に関する実務上の取扱い」（平成19年8月2日実務対応報告第23号。以下「信託実務対応報告」という。）が公表された。信託計算規則は主として受託者会計について規定しており，信託実務対応報告は主として委託者会計および受益者会計について規定している。ただし，これらは信託法の補足ないし会計慣行の整理のためのものであり，信託法の改正により信託の会計が大きく変更されたわけではない。

1　信託計算規則

(1)　概　　要

　信託計算規則（法務省令第42号）は，信託法施行令（政令第199号）および信託法施行規則（法務省令第41号）とともに平成19年7月4日に定められ，平成19年9月30日に信託法およびこれら政省令と同時に施行された。信託法施行規則33条で，信託法37条1項および2項，222条2項，3項および4項，225条，252条1項に規定する法務省令で定めるべき事項は，信託計算規則の定めるところによるとされ，信託計算規則は，この委任規定に基づき，信託の計算等に関する技術的・細目的事項を定めている。信託法の改正前は，信託がどのような会計を行うべき明文化されていなかったが，信託計算規則により信託会計の慣行

に従うことと，企業会計に準じて会計を行う信託の計算書類の作成方法等が明らかにされた。なお，前述の委託者会計，受託者会計，受益者会計という区分でいうと，信託計算規則は受託者会計に関する規定である。

信託会計の慣行については，信託法13条の規定を受け，信託計算規則3条において，信託計算規則の「用語の解釈及び規定の適用に関しては，一般に公正妥当と認められる会計の基準その他の会計の慣行をしん酌しなければならない」，とされている。ただし，具体的な規定としては信託帳簿を作成する旨の記述があるのみで，会計処理方法に関する記述はない。一方で，限定責任信託等は企業会計に準じて会計を行うものとし，資産および負債の評価や計算書類の作成方法等に関して具体的な規定がある。

なお，信託計算規則の条文構成は，以下のようになっている。
① 一般規定（1条～5条）
② 限定責任信託の計算（6条～24条）
③ 清算中の信託の特例（25条～29条）
④ 受益証券発行限定責任信託の会計監査（30条～33条）

(2) 信託帳簿の作成

信託法37条1項の信託財産に係る帳簿その他の書類または電磁的記録の作成義務の規定を受けて，信託計算規則4条において，受託者は信託財産に係る帳簿（以下「信託帳簿」という。）と信託財産の状況を開示する資料（以下「財産状況開示資料」という。）を作成するものとされている。いずれも，信託行為の趣旨をしん酌したうえで作成されなければならない，とされているのみで様式や会計処理方法に関する定めはない。

(3) 限定責任信託等の計算

限定責任信託は信託債権者保護の必要性が高いことから，信託法でも特例が設けられているが，信託計算規則においても会計情報の開示を会社並みに充実させることを目的に，信託計算規則6条から24条までにおいて，貸借対照表・損益計算書の作成や資産・負債の評価等について規定がなされている。

また，①受益権の譲渡に制限がない信託や，②受託者が第三者の承諾を得る

ことなく信託財産に属する主要なものの売却等を行う権限を有する信託についても，同様とされている（信計規5条）。

(4) 受益証券発行限定責任信託の会計監査

受益証券発行限定責任信託は，受益証券発行信託と限定責任信託とを組み合わせたものであるが，不特定多数の受益者に対して会計の適正を確保する観点から，信託法で特例を設け会計監査人を置くことができるとされている（信託248条1項）。これを受け，信託計算規則30条から33条までにおいて，会計監査報告の内容および会計監査報告の通知期限等について規定されている。なお，会計監査人は公認会計士または監査法人でなければならず（信託249条1項），負債合計額が200億円以上の場合は会計監査人を置かなければならない（信託248条2項）。

2　信託実務対応報告

(1) 概　　要

信託実務対応報告とは，前述のように信託法の改正を受けて企業会計基準委員会より平成19年8月2日付で公表された，実務対応報告第23号「信託の会計処理に関する実務上の取扱い」である。

信託実務対応報告は，信託法の改正を受けてそれまでに公表されていた他の会計基準における信託の基本的な会計処理を整理するとともに，新たに導入された信託（事業信託，目的信託，自己信託）についての会計処理を明らかにすることを目的としている。

信託実務対応報告は，Q&A形式となっておりその構成は以下のようになっている。

① Q1～Q4　委託者および受益者の会計処理（これまでの信託の一般的な分類による）
② Q5～Q7　委託者および受益者の会計処理（新信託法による新たな類型の信託等）
③ Q8　受託者の会計処理

ここで明らかなように，信託実務対応報告は主として委託者・受益者の会計

に関する取扱いが中心となっており，一方で受託者の会計の取扱いはＱ８において信託の会計慣行に委ねる旨の記述があるのみである。これは，企業会計基準委員会の考え方として，受託者会計は受託者自身の会計とは区別して行われるため，受託者と委託者および受益者との間で信託行為の定めに基づいて行われるべきとするのに対して，委託者および受益者の会計は自身の会計の一部であり債権者や株主等に対する報告を目的とするため，企業会計基準委員会で取扱いを定めるべきである，という立場に拠っていることによる。

(2) 受託者の会計の例外

信託実務対応報告では，上記の考え方にかかわらず次のような信託については，債権者が存在したり現在の受益者以外の者が受益者になることが想定されたりするなど，多様に利用される信託のなかで利害関係者に対する財務報告をより重視する必要性があると考えられるため，原則として一般に公正妥当と認められる企業会計の基準に準じて行うこととしている。

① 限定責任信託
② 受益者が多数となる信託

なお，受託者が信託行為の定めに基づくなど財産管理のための信託の会計を行っていても，委託者および受益者の会計処理は原則として一般に公正妥当と認められる企業会計の基準に基づいて行うことになる。

3 信託に関連する会計基準

信託実務対応報告Ｑ１からＱ４において，信託の基本的な会計処理を整理しているが，具体的には金融商品会計基準等において定められた会計処理がこれに該当する。信託実務対応報告や金融商品会計基準など，信託に関連する会計基準をそれぞれ適用が想定される信託と対比して整理すると次表のようになる。

表　信託に関連する主な会計基準等

会計基準等	適用が想定される信託
企業会計基準第10号「金融商品に関する会計基準」（金融商品会計基準）	金銭の信託やその他の金融資産の信託
日本公認会計士協会会計制度委員会報告第14号「金融商品会計に関する実務指針」（金融商品会計実務指針）	
日本公認会計士協会会計制度委員会報告第15号「特別目的会社を活用した不動産の流動化に係る譲渡人の会計処理に関する実務指針」（不動産流動化実務指針）	不動産の信託
企業会計基準委員会実務対応報告第23号「信託の会計処理に関する実務上の取扱い」（信託実務対応報告）	新信託法下の信託全般

Ⅲ　信託の会計と税務の関係

　信託法の改正を受けて，平成19年度税制改正により信託税制も見直しが行われた。信託税制の概要についてはここでは触れないが，信託の分類をより細分化して税制上の取扱いを定めたことと，税目横断的な視点を導入したことがその特徴である。

　信託の税務では，原則としていわゆる信託導管論に基づき受益者または委託者が信託財産を直接所有するとみなすものの，信託財産の譲渡は取引実態に基づいて認定することになる点は会計と同様である。ただし，税務においては会計以上に詳細な規定が必要となっていること，信託と同様の経済効果を生み出す他の行為と課税の公平性を担保するとともに租税回避行為を防止する必要があることなどから，会計と税務とで取扱いが異なるケースも想定される。

◆髙　野　角　司◆

Q2 受託者会計

受託者が行う会計について教えてください。

A

信託において信託財産は受託者の分別管理義務などにより法的に独立性が認められるため，受託者が行う会計は受託者の固有財産に係る会計とは区別して行われる。受託者の会計は，信託の会計の慣行に従うことを原則としているが，例外として企業会計の基準に準じて行うべきとされる信託もある。その場合の会計帳簿や計算書類の作成方法が，信託計算規則において規定されている。

I 信託慣行会計

1 信託慣行会計に関する規定

受託者会計は，信託財産の管理や処分等の状況について受益者等へ報告することを目的としている。信託法13条を受けて信託計算規則3条では，信託計算規則の「用語の解釈及び規定の適用に関しては，一般に公正妥当と認められる会計の基準その他の会計の慣行をしん酌しなければならない」とされている。

また，信託法の改正を受けて公表された信託実務対応報告においても，信託の会計を一般に公正妥当と認められる企業会計の基準に準じて行うことも妨げられないものの，信託は財産の管理または処分のための法制度であり，これを適切に反映するために，その会計は主に信託行為の定めや信託の会計慣行に基づいて行われてきたという認識の下，今後もこれまでと同様に明らかに不合理

と認められる場合を除き，引き続き信託行為の定め等（信託会計の慣行も含むものとされている。）に基づいて会計は行われるべきとされた（信託実務対応報告Q8）。

2 信託慣行会計の特徴

わが国の信託は，受託者を信託銀行（信託業務を営む金融機関）として貸付信託等の預金類似のものを中心に発展してきた経緯があり，受託者の会計慣行は信託銀行が旧大蔵省などの行政指導の下で行ってきた実務によって形成されてきた。その特徴として以下のような点が挙げられる。

① 金銭を受託するときは，金銭そのものが信託価額となる。
② モノ（不動産等）を受託するときは，時価によらず，委託者の帳簿価額や固定資産税評価額等の何らかの客観的価額が信託価額となる。
③ 資金の運用により取得した資産（貸付金，有価証券等）は，原則として取得原価で計上し，時価による価格修正は行わない。
④ 収入・支出は厳格な保守主義基準を採用し，未収収益，未払費用等は計上しない（現金主義）。

このように受託者における信託慣行会計は，保守的かつ計算が簡便という特徴を有しており，預金類似の信託を中心に発展してきたわが国の信託実務において，多数の受益者に対する配当可能価額を迅速に算出することが可能であるという点で適したルールであった。

その一方で，資産の時価評価を原則として行わない点や，未収収益や未払費用等を計上しないという点は，現在の企業会計の基準から乖離しているといえる。そのため，受益者が多数にのぼる等，影響が大きい一定の信託については，企業会計に近い形に修正する必要があると考えられていた。

なお，信託の会計は信託財産に係る帳簿等の作成義務を負う受託者によって行われるものの，信託財産は受託者の分別管理義務などにより法的に独立性が認められるため，受託者が行う会計は受託者の固有財産に係る会計とは区別して行われる。信託銀行は，当然に自己の会計を企業会計の基準に準じて行う一方で，信託財産に係る会計は信託勘定として区別したうえで信託会計慣行に従い行っている。

Ⅱ 帳簿，開示書類の作成

信託計算規則では，信託の会計は信託慣行会計をしん酌するものとしたうえで，作成すべき帳簿や計算書類等の開示書類が規定されている。

1 信託帳簿の作成

受託者は信託事務に関する計算ならびに信託財産に属する財産および信託財産責任負担債務の状況を明らかにするため，法務省令で定めるところにより，信託財産に係る帳簿その他の書類または電磁的記録を作成しなければならない（信託37条1項）。これらの信託財産に係る帳簿その他の書類または電磁的記録は「信託帳簿」とされるが（信計規4条1項），信託帳簿は一の書面その他の資料として作成することを要せず，他の目的で作成された書類または電磁的記録をもって信託帳簿とすることができる（同条2項）。そして，信託帳簿の作成にあたっては信託行為の趣旨をしん酌しなければならない（同条6項）。これは，信託帳簿については実際の信託の状況に応じて信託行為の趣旨に合う形で作成すればよく，合理性の観点から会社のような専用の会計帳簿を作成する必要はないとの判断によるものである。

2 財産状況開示資料の作成

受託者は毎年1回，一定の時期に，法務省令で定めるところにより，貸借対照表，損益計算書その他の法務省令で定める書類または電磁的記録を作成しなければならない（信託37条2項）。これらの貸借対照表等の書類または電磁的記録は「財産状況開示資料」とされ（信計規4条3項），信託財産に属する財産および信託財産責任負担債務の概況を明らかにするものでなければならない（同条4項）。そして，財産状況開示資料の作成にあたっては信託行為の趣旨をしん酌しなければならない（同条6項）。これは，財産状況開示資料については実際の信託の状況に応じて信託行為の趣旨に合う形で作成すればよく，合理性の観点から会社のように信託財産の状況を詳細に示す書類を作成する必要はないとの判断によるものである。

Ⅲ 企業会計に準じて行う受託者会計

前述のように信託慣行会計は，現在の企業会計の基準から乖離している面がある。このため，信託実務対応報告と信託計算規則で，一定の信託については企業会計に準じて会計を行うものとしている。

1 信託実務対応報告での取扱い

信託実務対応報告Ｑ８において，債権者が存在したり現在の受益者以外の者が受益者になることが想定されたりするなど，多様に利用される信託のなかで利害関係者に対する財務報告をより重視する必要性があると考えられる信託については，原則として一般に公正妥当と認められる企業会計の基準に準じて行うこととし，以下の２つの信託を挙げている。

① 限定責任信託
② 受益者が多数となる信託(注1)

2 信託計算規則での取扱い

信託法222条の規定を受け，信託計算規則５条および６条において，以下の信託において受託者は，会計帳簿および貸借対照表・損益計算書等を作成しなければならないとしている。

① 限定責任信託
② 信託の性質上，受益権の譲渡が可能であり（信託法93条１項ただし書の適用がない。），かつ，当該受益権の譲渡制限がない信託
③ 受託者が，第三者の同意または承諾を得ることなく信託財産に属する財産のうち主要なものの売却等を行う権限を信託行為によって有している信託

これは，これらの信託については，債権者または受益者および取引を行う第三者との関係で，信託に関する財務状況を明らかにする必要性が高いため，会

（注１） 受益権の分割や譲渡が有価証券の募集または売出しにあたる場合の信託や，受益証券発行信託が該当する。

社並みの会計帳簿の整備と開示を求めたものである。

なお,信託実務対応報告では,企業会計に準じる場合の具体的な会計の基準は示されていないが,ある信託に関して法令等により作成すべき財務諸表の用語,様式および作成方法についての定めが設けられている場合には,当該法令等の定めによることとなるとされ,財務諸表の作成方法の規定については信託に関する他の法令等にゆだねている。したがって,会計帳簿等を作成すべき信託において受託者が作成する計算書類等については信託計算規則に従うことが明らかにされている。

3 その他の計算規則での取扱い

特定目的信託および投資信託については,それぞれ「特定目的信託財産の計算に関する規則」(平成12年11月17日総理府令第132号) および「投資信託財産の計算に関する規則」(平成12年11月17日総理府令第133号) という政令が定められており,会計上,作成すべき財務諸表の用語,様式および作成方法は「財務諸表等の用語,様式及び作成方法に関する規則」(昭和38年大蔵省令第59号) によりこの政令に従うこととされている (財務規2条の2)。さらに,受益証券を発行する

表) 計算規則等において企業会計に準じた財務諸表等の作成方法が規定されている信託

対象となる信託	計算規則等
限定責任信託 (信託2条12項)	信託計算規則第3章 (限定責任託の計算)
受益権が譲渡可能でかつ譲渡制限がない信託 (信計規5条1項1号)	同上
受託者が,第三者の同意または承諾を得ることなく主要な信託財産を売却等できる権限を信託行為によって有している信託 (信計規5条1項2号)	同上
会計監査人設置信託 (信託248条)	同上
特定目的信託[注2]	特定目的信託財産計算規則[注3]
投資信託[注4]	投資信託財産計算規則[注5]
受益証券発行信託 (信託185条3項)	受益証券発行信託計算規則[注6]

信託の会計慣行をまとめたものとして社団法人信託協会より「受益証券発行信託計算規則」が公表されている（平成19年9月26日）。これらの計算規則は，若干の相違はあるものの，信託計算規則における限定責任信託等と多くの共通点がある。

　信託計算規則における限定責任信託等も含め，企業会計に準じた会計を行うものとして財務諸表等の作成方法が規定されている信託をまとめると，前頁の表のようになる。

IV　企業会計に準じる場合の会計帳簿，計算関係書類等の作成

　企業会計に準じる場合の会計帳簿や計算関係書類等の作成方法について，信託計算規則では以下のような規定がなされている。

1　会計帳簿の作成

(1)　資産および負債の評価

　会計帳簿の作成に関し，資産および負債の評価方法についての主な規定は以下のとおりである。

　①　資産の評価は，原則として取得価額による（信計規7条1項）。

　②　償却すべき資産は，信託事務年度の末日（それ以外の日に評価すべき場合にあっては，その日。以下同じ。）において，相当の償却をする（信計規7条2項）。

　③　信託事務年度の末日において，時価が著しく下落した場合や予測できない減損が生じた資産は，当該時価または減損後の価額で評価する（信計規

（注2）　「資産の流動化に関する法律」（平成10年法律第105号）が適用される信託。
（注3）　「特定目的信託財産の計算に関する規則」（平成12年11月17日総理府令第132号）。
（注4）　「投資信託及び投資法人に関する法律」（昭和26年6月4日法律第198号）が適用される信託。
（注5）　「投資信託財産の計算に関する規則」（平成12年11月17日総理府令第133号）。
（注6）　平成19年9月26日，社団法人信託協会。

7条3項)。
④　取立不能のおそれのある債権については，信託事務年度の末日において取り立てることができないと見込まれる額を控除する（信計規7条4項)。
⑤　負債の評価は，原則として債務額による（信計規8条)。
⑥　将来の費用または損失に備えて繰り入れるべき引当金は，その時の適正な評価により計上することができる（信計規8条2項1号)。
⑦　のれんは，(a)有償で譲り受けた場合，(b)信託の併合または分割により取得した場合，(c)のれんを計上しなければならない正当な理由があり適正なのれんを計上する場合，に限り計上することができる（信計規9条)。

(2)　当初拠出財産等の評価

　上記の資産の評価方法のほかに，特に委託者より拠出された財産等については，以下の規定がある。
①　信託行為において信託財産に属するべきものと定められた財産（当初拠出財産）で金銭以外のものは，原則として，委託者における信託直前の適正な帳簿価額を付さなければならない（信計規10条1項)。ただし，当該当初拠出財産の取得原価を市場価格（市場価格がない場合は，一般に公正妥当と認められる評価慣行により算定された価額）をもって測定することとすべき場合は，当該市場価格による（同条2項)。
②　金銭以外の信託財産に属する財産を受益者に給付するとき，当該財産の価額は，(a)市場価格のある財産は市場価格，(b)市場価格がない場合であって一般に合理的と認められる評価慣行が確立されている財産は当該評価慣行によって算定された価額，(c)市場価格がなく一般に合理的と認められる評価慣行も確立されていない財産は，給付直前における適正な帳簿価額，とする（信計規11条1項)。ただし，(a)(b)の規定にかかわらず，一般に公正妥当な会計慣行等により給付直前の適正な帳簿価額によるべき場合には，当該帳簿価額を付さなければならない（同条2項)。

2　計算関係書類等の作成

計算関係書類等の作成についての主な規定は，以下のとおりである。

① 信託の効力が生じた後は速やかに，効力が生じた日における貸借対照表を会計帳簿に基づき作成する（信計規16条）。
② 受託者は毎年，信託事務年度経過後3か月以内に，貸借対照表，損益計算書，および信託概況報告ならびにこれらの附属明細書を作成しなければならない（信計規12条）。
③ これら計算関係書類は会計帳簿に基づき作成し，また，計算関係書類の作成に係る期間は，前信託事務年度の末日の翌日から当該信託事務年度の末日までとし1年を超えることはできない（信計規17条）。
④ 貸借対照表は「資産の部」「負債の部」「純資産の部」に区分し，純資産の部は，信託拠出金，剰余金その他の適当な項目に細分できる（信計規18条）。
⑤ 計算書類には企業会計と同様，重要な会計方針や追加情報に係る注記事項を記載するほか，貸借対照表には信託法225条に規定する給付可能額[注7]を注記する（信計規14条・15条・20条）。
⑥ 計算書類の附属明細書には，計算書類の内容を補足する重要な事項を表示する（信計規22条）。
⑦ 信託概況報告には，計算書類等の内容以外で，当該信託の状況に関する重要な事項を記載する（信計規23条1項）。
⑧ 信託概況報告の附属明細書には，信託概況報告の内容を補足する重要な事項を記載する（信計規23条2項）。

なお，上記において計算書類とは，貸借対照表および損益計算書を指し，計算関係書類とは計算書類およびその附属明細書を指している[注8]。

(注7) 給付可能額の算定方法
　　信託法225条では，限定責任信託においては，受益者に対する信託財産に係る給付は，法務省令で定める方法によって算定された給付可能額を超えてすることはできないとされたのを受け，信託計算規則24条では算定方法を以下のように定めている（信計規24条1項・2項）。
　　給付可能額＝前信託事務年度の末日の純資産額（※1）−（100万円（※2）＋前信託事務年度末日以降の給付額）
　　（※1） 自己受益権（受益者が当該受益権に係る信託の信託財産に属する場合における当該受益権）は資産の額に含めずに算定する。
　　（※2） 信託行為において信託留保金の額またはその算定方法を定めた場合で，その額またはその算定方法によった額が100万円を超えるときは，当該信託留保金の額。

| 図 | 計算書類，計算関係書類，計算関係書類等の範囲 |

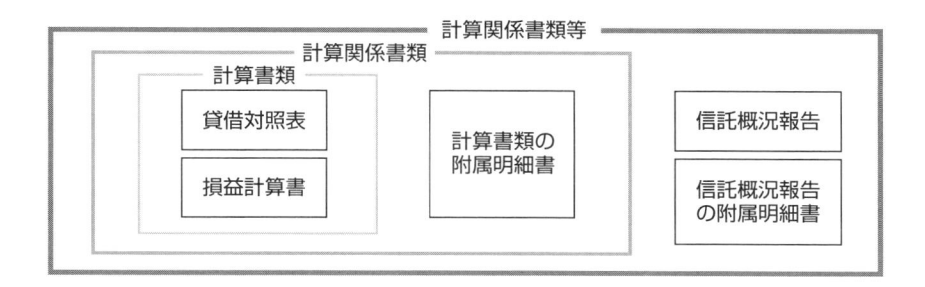

```
┌─ 計算関係書類等 ──────────────────────┐
│  ┌─ 計算関係書類 ──────────┐               │
│  │  ┌─ 計算書類 ─┐                │               │
│  │  │ 貸借対照表 │  ┌──────────┐  │  ┌──────────┐ │
│  │  │            │  │ 計算書類の │  │  │ 信託概況報告 │ │
│  │  │ 損益計算書 │  │ 附属明細書 │  │  ├──────────┤ │
│  │  └───────────┘  └──────────┘  │  │ 信託概況報告 │ │
│  │                                │  │ の附属明細書 │ │
│  └────────────────────────────┘  └──────────┘ │
└─────────────────────────────────────────┘
```

Ⅳ 受益証券発行限定責任信託の会計監査

1 会計監査人

信託法248条において，受益証券発行限定責任信託は信託行為の定めにより，会計監査人を置くことができるとされ，受益証券発行限定責任信託のうち貸借対照表の負債の部の合計額が200億円以上の信託については会計監査人の設置義務がある（信託248条2項）。なお，会計監査人は公認会計士または監査法人でなければならない（信託249条1項）。

2 会計監査報告

会計監査人の監査報告は，会計監査の方法および内容のほか，①無限定適正意見，②限定付適正意見，③不適正意見，④意見不表明，のいずれかが記載されることになる（信計規32条）。

（注8） この定義は信託計算規則の条文におけるものである（信計規14条・32条参照）。しかしながら，信託計算規則上の見出しでは，計算書類とその附属明細書を含めて「計算書類等」と表現し（第3章第2節第2款），さらに信託概況報告およびその附属明細書を含めて「計算関係書類」と表現しており（第3章第2節），計算関係書類等の指すものが条文上の定義と見出しが一致していない。この点について本設問では，条文上の定義に従って「計算書類」および「計算関係書類」を用いるとともに，条文上の定義はないものの，計算関係書類および信託概況報告ならびにその附属明細書を含めて「計算関係書類等」とした。

会計監査人は，①計算書類全部の受領日から4週間経過した日，②計算書類の附属明細書(注9)を受領した日から1週間経過した日，③信託行為で定めた日または受託者等と会計監査人の合意で定めた日，のいずれか遅い日までに会計監査報告の内容を通知するものとされている（信計規33条1項）。会計監査を受ける信託は，信託事務年度の経過後，3か月以内に会計監査を受けなければならないが（信計規12条4項），会計監査人から会計監査報告の内容の通知を受けた日に会計監査人の監査を受けたものとされる（信計規33条2項）。もし，会計監査人が当該通知をすべき日までに通知しない場合には，当該通知をすべき日に監査を受けたものとみなされる（同条3項）。

◆髙　野　角　司◆

(注9)　なお，受益証券発行限定責任信託の会計監査人の監査対象について，信託法252条1項では信託法222条4項の書類とあることから，信託計算規則12条に規定する貸借対照表・損益計算書およびその附属明細書のほか，信託概況報告およびその附属明細書も含まれると解されるが，一方で信託計算規則32条以降では貸借対照表・損益計算書およびその附属明細書に限定しているように読め，判然としない。会社法と同様の趣旨であれば，会社法における会計監査人監査において事業報告およびその附属明細書が会計監査の対象に含まれないのと同様に，受益証券発行限定責任信託の会計監査においても信託概況報告およびその附属明細書は会計監査の対象に含まれないと推察される。よって，会計監査の範囲について，信託計算規則12条に規定するもののうち貸借対照表・損益計算書およびその附属明細書に限るよう，条文上明確化する必要があると思われる。

Q3 委託者および受益者の会計

委託者および受益者の会計について教えてください。

A

　委託者および受益者の会計は，一般に公正妥当と認められる企業会計の基準に従うことが原則となる。従来より委託者および受益者の会計は，金融商品会計基準や不動産流動化会計基準によって行われてきたが，信託法の改正を受けて公表された信託実務対応報告において分類整理された。それによると，信託財産を直接保有するものとみなして処理する場合と，有価証券とみなして処理する場合とに大きく分けられる。

I 委託者および受益者の会計の概要

　委託者会計は，自らの財産を信託した事実を自らの債権者や株主等の利害関係者に報告することを目的としている。一方，受益者会計は，信託財産から得られる便益の状況を自らの債権者や株主等の利害関係者に報告することを目的としている。したがって両者とも，一般に公正妥当と認められる企業会計の基準に従うことが原則となる。

1 企業会計の基準

　委託者および受益者の会計は，信託実務対応報告が公表される以前から，ほかの会計基準の定めに従って行われていた。すなわち，金銭その他の金融資産の信託については，企業会計基準第10号「金融商品に関する会計基準」（以下「金融商品会計基準」という。）や日本公認会計士協会会計制度委員会報告第14号

「金融商品会計に関する実務指針」（以下「金融商品会計実務指針」という。）に従って会計が行われ，不動産の信託については，日本公認会計士協会会計制度委員会報告第15号「特別目的会社を活用した不動産の流動化に係る譲渡人の会計処理に関する実務指針」（以下「不動産流動化実務指針」という。）に従って会計が行われていた。

2　信託と「消滅の認識」

　これらの会計基準を信託に適用する場面では，財産の「消滅の認識」がいつ行われるのかが重要となる。バランス・シート（貸借対照表）から資産や負債がなくなることを会計上は消滅の認識と呼ぶが，資産や負債の譲渡が形式的で，実際は当該資産や負債に対する支配が継続している場合は消滅を認識しない。信託の場合，通常は委託者がその財産を信託に拠出した時点で，当該財産の消滅の認識が行われるが，信託の法的要件を満たしていても信託行為等の定めにより委託者が引き続き支配しているとみなされる場合は，消滅の認識を行わないことになる。

　消滅の認識を判断する際の考え方として，2つのアプローチがある。
　① 　リスク・経済価値アプローチ：資産を一体としてとらえ，そのリスクと経済価値のほとんどすべてが他に移転した場合に当該資産の消滅を認識する方法
　② 　財務構成要素アプローチ：資産を構成する財務構成要素ごとにとらえ，財務構成要素に対する支配が移転した場合に当該移転した財務構成要素の消滅を認識し，留保される財務構成要素の存続を認識する方法

　金融資産については，たとえば債権流動化スキームなどにおいて譲渡人の債権買戻義務の留保や買戻しオプション，回収サービス業務の受託等，さまざまな条件が付加されることが多いため，当該債権の譲渡取引を財務構成要素に分解したうえでその経済効果を財務諸表に適切に反映する必要がある。そのため，金融商品会計基準において金融資産について財務構成要素アプローチに基づいて消滅の認識を行うものと定められている。

　一方，金融資産でない不動産については，流動化スキームにおいても不動産に係る権利の譲渡であり，リスクと経済価値が不動産の所有と一体化してい

る。そのため，不動産流動化実務指針においてリスク・経済価値アプローチに基づいて消滅の認識を行うものと定められている。

　信託においても，この会計基準の考え方に従い，金銭の信託については財務構成要素アプローチに基づき，金銭以外の信託についてはリスク・経済価値アプローチに基づき消滅の認識を行い，会計処理を行うことになる。このような前提の下で，信託法の改正を受けて公表された信託実務対応報告では，信託の基本的な会計処理が整理されている。

Ⅱ 一般的な分類方法による会計処理

　信託実務対応報告では，下表のように，一般的な分類方法として金銭の信託と金銭以外の信託に分けたうえで，それぞれ委託者兼当初受益者が単数の場合（合同運用を除く。以下同じ。）と複数の場合（合同運用を含む。以下同じ。）に分類した合計4つのケースについて会計処理の方法が明らかにされている。

表1　信託実務対応報告での分類

信託財産の種類	委託者兼当初受益者	
	単数（合同運用を除く。）	複数（合同運用を含む。）
金銭の信託	Q1	Q2
金銭以外の信託	Q3	Q4

注：Q1～Q4は，信託実務対応報告における番号を指す。

　なお，信託実務対応報告は委託者が当初受益者となる信託（自益信託）を対象としており，委託者以外の第三者が受益者となるもの（他益信託）は原則として消滅の認識を行うことから，対象としていない。

1　委託者兼当初受益者が単数である金銭の信託（Q1）

　特定金銭信託[注1]や指定金外信託[注2]がこれにあたり，有価証券と同様の会計処理を行う。すなわち，委託者兼当初受益者は信託設定時に，信託となる金

銭を金銭の信託であることを示す適切な科目に振り替えるとともに，期末時には，有価証券と同様に，その保有目的により運用目的，満期保有目的，その他に区分して評価を行う。ただし，特定金銭信託や指定金外信託については，一般に運用を目的とすると考えられており，運用を目的とする金銭の信託の指定財産である金融資産および金融負債については，金融商品会計基準および金融商品会計実務指針により付すべき評価額を合計した額をもって貸借対照表価額とし，その評価差額は当期の損益として処理する。

2 委託者兼当初受益者が複数である金銭の信託（Q2）

合同運用信託(注3)である投資信託や商品ファンドがこれにあたり，有価証券または有価証券に準じて会計処理を行う。すなわち，委託者兼当初受益者は信託設定時に，信託財産となる金銭を有価証券または合同運用の金銭の信託であることを示す適切な科目に振り替えるとともに，期末時や受益権の売却時には，有価証券としてのまたは有価証券に準じて会計処理を行う。ただし，預金と同様の性格を有する合同運用の金銭の信託は，取得原価をもって貸借対照表価額とする。

3 委託者兼当初受益者が単数である金銭以外の信託（Q3）

財産を管理する目的で行われる証券投資信託などのほか，不動産流動化取引における不動産信託などがこれにあたる。

(1) 原　　　則

委託者兼当初受益者は，信託財産を直接保有する場合と同様の会計処理を行う。このため，信託設定時に譲渡損益は計上されない。

期末時には原則として，信託財産を直接保有する場合と同様の会計処理を，総額法により行う。ここで総額法とは，信託財産のうち持分割合に相当する部

(注1) 委託者により，信託財産の運用方法が具体的に特定されている金銭の信託。
(注2) 委託者は信託財産の運用方法をおおまかに指定し，具体的な対象は受託者の裁量に任せる金銭の信託で，信託期間終了時に，原則，信託財産を現状のまま交付するもの。
(注3) 運用方法を同じくする信託金を合同して運用する信託。

分を受益者の貸借対照表における資産および負債として計上し，損益計算書についても同様に持分割合に応じて処理する方法をいう。

そして受益権の売却時に，それまで信託財産を直接保有していたものとみなして消滅の認識の要否を判断する。

(2) 例　　外

次の場合には，信託財産を直接保有するものとみなして会計処理を行うことは困難なため，受益権を当該信託に対する有価証券の保有とみなして会計処理を行う。

① 受益権が質的に異なるものに分割されており，かつ，譲渡等により受益者が複数となる場合
② 受益権の譲渡等により受益者が多数（多数になると想定されるものも含む。）となる場合

ここで，受益権の譲渡等により受益者が多数となる場合とは，受益権の分割や譲渡が有価証券の募集または売出しにあたるときが該当する。また，受益権の譲渡等により受益者が多数になると想定される場合とは，受益権が私法上の有価証券とされている受益証券発行信託の受益証券を発行しているときが該当する。

(3) 他から受益権を譲り受けた受益者

受益権取得時に，原則として信託財産を直接取得したものとみなして会計処理を行うが，上記(2)と同様に，当該信託に係る受益権が質的に異なるものに分割されている場合や，受益者が多数となる場合には，例外として当該信託に対する有価証券の取得とみなして会計処理を行う。

4　委託者兼当初受益者が複数である金銭以外の信託（Q4）

複数の者が共有している不動産を信託する場合などがこれにあたる。

(1) 信託設定時

原則として，信託財産を直接保有するのと同様の処理を行い，譲渡損益は計

上しない。

ただし，委託者兼当初受託者が複数である金銭以外の信託を設定した場合，委託者兼当初受益者は，受託者に対してそれぞれの財産を移転し，受益権を受け取ることになり，当該信託の設定は共同で現物出資により会社を設立することに類似するものである。そのため，企業会計基準第7号「事業分離等に関する会計基準」（以下「事業分離等会計基準」という。）に従い，委託者兼当初受益者の当該信託に対する支配や重要な影響が認められない場合には，譲渡損益を計上する。

(2) 期末時および受益権の売却時
(a) **受益権が各委託者兼当初受益者からの財産に対応する経済的効果を実質的に反映し，かつ，売却後の受益者が多数とはならない場合**　このような場合，委託者兼当初受益者が複数であっても，経済的効果が信託前と実質的に異ならないため，期末時には信託財産を直接保有する場合と同様の会計処理を行う。原則として総額法により行うが，重要性が乏しい場合には純額法（貸借対照表および損益計算書の双方について持分相当額を純額で取り込む方法）によることができる。

受益権の売却時には，それまで信託財産を直接保有していたものとみて消滅の認識の要否を判断する。

(b) **(a)以外の場合**　このような場合には，委託者兼当初受益者の経済的効果が信託前から変化したり，また，受益権を多数の受益者へ売却する際に各受益者に帰属する持分を計算する必要が生じたりするため，信託財産を直接保有するものとみなして会計処理を行うことは困難である。このため，期末時には，受益権を有価証券の保有とみなして会計処理を行うとともに，受益権の売却時には，有価証券の売却とみなして消滅の認識を判断する。

(3) 他から受益権を譲り受けた受益者
原則として，受益権取得時には信託財産を直接取得したものとみなして会計処理を行うが，例外として，当該信託に係る受益権が質的に異なるものに分割されている場合や受益者が多数となる場合においてほかから受益権を譲り受け

た受益者は，当該信託に対する有価証券を取得したものとみなして会計処理を行う。

Ⅲ 新たな類型の信託の会計処理

信託実務対応報告では，これまでの信託の基本的な会計処理を踏まえて，信託法改正による新たな類型の信託（事業の信託，受益者の定めのない信託，自己信託）について，その会計処理が明らかにされた。

表2　信託実務対応報告で示された新たな類型の信託

事業の信託における委託者および受益者の会計処理	Q5
目的信託における委託者の会計処理	Q6
自己信託における委託者および受益者の会計処理	Q7

注：Q5～Q7は，信託実務対応報告における番号を指す。

1　事業の信託（Q5）

事業の信託の会計処理については，基本的にこれまでの信託と変わらない。事業の信託は金銭以外の信託にあたることから，委託者兼当初受益者が単数か複数かによって，前述のQ3またはQ4に準じて処理を行う。

2　受益者の定めのない信託（Q6）

受益者の定めのない信託（いわゆる目的信託）は，委託者がいつでも信託を終了できるなど，通常の信託とは異なるため，原則として，委託者の財産として処理する。ただし，信託契約の内容等からみて，委託者に信託財産の経済的効果が帰属しないことが明らかであると認められる場合には，もはや委託者の財産ではないものとして処理する。

3 自己信託（Q7）

　自己信託は，委託者が受託者となるという点に特徴があるが，会計上は基本的には他者に信託した通常の信託と変わらない。金銭の信託か金銭以外の信託かによって，委託者兼当初受益者が単数の場合のQ1またはQ3に準じて処理を行う。したがって，信託設定時に損益は計上されない。ただし，次の点に留意する必要がある。

(1) 売却を前提とした会計処理

　自己信託では，受託者が受益権の全部を固有財産で有する状態が1年間継続した場合，信託は終了するため，通常，受益権の一部または全部を信託設定後，売却することになると考えられる。そのため，受益権を売却していないときでも信託設定時に，通常，売却を前提とした会計処理を行うことが適当とされている。その例としては，①満期保有目的の債券を自己信託した場合，②固定資産を自己信託した場合，が挙げられる。①の場合には，保有目的の変更があったものとして取扱い，②の場合には，企業会計基準適用指針等6号「固定資産の減損に係る会計基準の適用指針」8項を適用するにあたって，独立したキャッシュ・フローを生み出す最小の単位として取り扱うことになる。

(2) 追加情報の注記

　自己信託では，自己信託の信託財産に属する財産について，財務諸表に係る追加情報として①貸借対照表計上額，②自らが委託者兼受託者である自己信託の信託財産に属する旨，の注記を行うことが適当とされている。また，受益権が質的に異なるものに分割されている場合や受益者が多数となる場合においては，委託者兼受託者が受益権の一部を保有している受益権についても，追加情報として，①貸借対照表計上額，②自らが委託者兼受託者である自己信託の受益権である旨，の注記を行うことが適当とされている。

◆髙　野　角　司◆

Q4 信託と連結会計

委託者または受益者が連結財務諸表を作成している場合，信託が連結の対象範囲になることはあるのでしょうか。

A

　信託はもともと財産管理の制度であるが，さまざまな経済的効果を狙って信託が活用されることがあり，そのような場合には，信託を会社に準じる事業体ととらえて受益者の連結の対象に加えることが適切な場合もある。信託実務対応報告では，企業会計における連結範囲の規定をふまえて，受益者が複数である金銭の信託のほか，信託を有価証券の保有とみなす場合において，信託も連結の対象範囲となりうることを明らかにしている。

I 企業会計における連結範囲の規定

　現在，企業会計は上場企業を中心に連結重視に移行しており，委託者および受益者の会計にとって，委託者における財産の消滅の認識が重要であるとともに，信託財産そのものが連結対象となるのかが重要である。

1 連結範囲の原則

　連結会計上，親会社は原則としてすべての子会社を連結の範囲に含めなければならないとされ（連結財務諸表原則第三－一－1），親会社とは，「他の会社等（会社，指定法人，組合その他これらに準ずる事業体〔外国におけるこれらに相当するものを含む。〕をいう。以下同じ。）の財務及び営業又は事業の方針を決定する機関（株主総会その他これに準ずる機関をいう。以下「意思決定機関」という。）を支配している

会社」をいい，子会社とは，「当該他の会社等」をいうものとされている（財務規8条3項）。

また，非連結子会社と関連会社については原則として持分法[注1]を適用しなければならないとされている。関連会社とは，「会社等及び当該会社等の子会社が，出資，人事，資金，技術，取引等の関係を通じて，子会社以外の他の会社等の財務及び営業又は事業の方針の決定に対して重要な影響を与えることができる場合における当該子会社以外の他の会社等」をいう（財務規8条5項）。

2　連結の範囲に関する会計基準等

次に示すとおり，連結の範囲に関係する会計基準等は非常に多い。その原因の一つは，企業が開示したくない取引や財産を連結外の会社等を用いて処理する「連結外し」の例が後をたたないためである。特に最近は，特別目的会社や投資事業組合を用いた取引が，会計不祥事として大きく報道され，社会問題に発展したケースも見られた。

【連結範囲に関係する会計基準等】
- 企業会計審議会「連結財務諸表原則・同注解」（昭和52年6月24日公表，最終改正平成9年6月6日）
- 企業会計審議会「連結財務諸表制度における子会社及び関連会社の範囲の見直しに係る具体的な取扱い」（平成10年10月30日公表）
- 日本公認会計士協会監査委員会報告第52号「連結の範囲及び持分法の適用範囲に関する重要性の原則の適用に係る監査上の取扱い」（最終改正平成20年9月2日）
- 日本公認会計士協会監査委員会報告第60号「連結財務諸表における子会社及び関連会社の範囲の決定に関する監査上の取扱い」（平成20年9月2日の改正にともない廃止）
- 日本公認会計士協会監査・保証実務委員会「『連結財務諸表における子

（注1）　持分法とは，投資会社が被投資会社の純資産および損益のうち投資会社に帰属する部分の変動に応じて，その投資の額を連結決算日ごとに修正する方法をいう（持分法会計に関する実務指針2）。

会社及び関連会社の範囲の決定に関する監査上の取扱い」に関するQ&A」（最終改正平成20年9月2日）
・企業会計基準委員会・実務対応報告第20号「投資事業組合に対する支配力基準及び影響力基準の適用に関する実務上の取扱い」（平成18年9月8日公表）
・企業会計基準委員会・企業会計基準適用指針第22号「連結財務諸表における子会社及び関連会社の範囲の決定に関する適用指針」（平成20年5月13日公表）（最終改正平成21年3月27日）

　信託は財産管理の制度であるため，通常は「会社に準ずる事業体」に該当するとはいえないが，信託を活用することにより特別目的会社や投資事業組合と同様の経済的効果を得ることも可能であるため，そのような場合は信託を「会社に準ずる事業体」としてとらえ，会計上バランスを取る必要がある。

Ⅱ　信託における連結範囲の判定

1　信託における連結範囲の考え方

　信託を活用することにより，たとえば不良資産を自らの貸借対照表からはずしたり，資産を担保とした金融取引を資産の信託拠出による受益権取得として財務指標を向上させたり，開示したくない取引を信託内部で行い自らの財務諸表に影響を及ぼさないようにする，ということが形式上は可能となる。そのため会計上は実態に即して，個別財務諸表上，信託財産の消滅の認識を行うか否かを判定するとともに，連結財務諸表上，委託者および受益者の子会社および関連会社に該当するか否かを判定することになる。
　また，他から受益権を取得した受益者においても，信託法改正により受益者集会の制度（信託106条以下）など，受益者が2人以上ある信託における受益者の意思決定の方法が明示され，会社における株主総会と類似する仕組みが定められた。このため，受益者が複数である金銭の信託については，受益権を株式，受益者を株主とみなして，当該受益者の連結財務諸表上，子会社および関

連会社に該当するか否かを判定することになる。

2 連結対象とすべき信託

信託実務対応報告では，受益者が単数である金銭の信託（Q1）については，その信託財産に係るすべての損益が当該受益者に帰属し，改めて子会社や関連会社に該当するか否かについて判定する必要はないとしている。

そして委託者兼当初受益者が複数である金銭の信託（Q2）のうち，以下に挙げる信託を子会社として取り扱うべき受益者が定められている。これらは「連結財務諸表制度における子会社及び関連会社の範囲の見直しにかかる具体的な取扱い」（以下「子会社等の範囲の見直しにかかる具体的な取扱い」という。）を信託に準用した形となっている。

表1　信託を子会社として取り扱うべき場合

連結対象の信託	親会社となる受益者
すべての受益者の一致によって受益者の意思決定がされる信託（信託105条1項）	自己以外のすべての受益者が緊密な者（※1）または同意している者（※2）であり，かつ，「子会社等の範囲の見直しにかかる具体的な取扱い」一－3－(2)の②から⑤までのいずれかの要件に該当する受益者
信託行為に受益者集会における多数決による旨の定めがある信託（信託105条2項）	「子会社等の範囲の見直しにかかる具体的な取扱い」一－3で示す「他の会社等の議決権」を，「信託における受益者の議決権」と読み替えて，「子会社等の範囲の見直しに係る具体的な取扱い」一－3の会社に該当することとなる受益者
信託行為に別段の定めがあり，その定めるところによって受益者の意思決定が行われる信託（信託105条1項ただし書）	その定めにより受益者の意思決定を行うことができることとなる受益者

注：（※1）　自己と出資，人事，資金，技術，取引等において緊密な関係があることにより，自己の意思と同一の内容の意思決定を行うと認められる者。
　　（※2）　自己の意思と同一の内容の意思決定を行うことに同意していると認められる者。

【子会社等の範囲の見直しに係る具体的な取扱い】
一　子会社の範囲
　3　他の会社等の意思決定機関を支配している会社とは，次の会社をいう。ただし，財務上又は営業上若しくは事業上の関係からみて他の会社等の意思決定機関を支配していないことが明らかであると認められる会社は，この限りでない。
　　(1)　他の会社等（更生会社，整理会社，破産会社その他これらに準ずる会社等であって，かつ，有効な支配従属関係が存在しないと認められる会社等を除く。下記(2)及び(3)においても同様。）の議決権の過半数を自己の計算において所有している会社
　　(2)　他の会社等の議決権の100分の40以上，100分の50以下を自己の計算において所有している会社であって，かつ，次のいずれかの要件に該当する会社
　　　①　自己の計算において所有している議決権と自己と出資，人事，資金，技術，取引等において緊密な関係があることにより自己の意思と同一の内容の議決権を行使すると認められる者及び自己の意思と同一の内容の議決権を行使することに同意している者が所有している議決権とを合わせて，他の会社等の議決権の過半数を占めていること。
　　　②　役員若しくは使用人である者，又はこれらであった者で自己が他の会社等の財務及び営業又は事業の方針の決定に関して影響を与えることができる者が，当該他の会社等の取締役会その他これに準ずる機関の構成員の過半数を占めていること。
　　　③　他の会社等の重要な財務及び営業又は事業の方針決定を支配する契約等が存在すること。
　　　④　他の会社等の資金調達額（貸借対照表の負債に計上されているもの）の総額の過半について融資（債務の保証及び担保の提供を含む。）を行っていること（自己と出資，人事，資金，技術，取引等において緊密な関係のある者が行う融資を合わせて資金調達額の総額の過半となる場合を含む。）。
　　　⑤　その他他の会社等の意思決定機関を支配していることが推測される事実が存在すること。

> (3) 自己の計算において所有している議決権（当該議決権を所有していない場合を含む。）と自己と出資，人事，資金，技術，取引等について緊密な関係があることにより自己の意思と同一の内容の議決権を行使すると認められる者及び自己の意思と同一の内容の議決権を行使することに同意している者が所有している議決権とを合わせて，他の会社等の議決権の過半数を占めている会社であって，かつ，上記(2)の②から⑤までのいずれかの要件に該当する会社

　同様に，信託実務対応報告では委託者兼当初受益者が単数である金銭以外の信託（Q3），委託者兼当初受益者が複数である金銭以外の信託（Q4），事業の信託（Q5），自己信託（Q7）において，信託を有価証券の保有とみなす場合には，連結の範囲の判定を行う必要があるとされている。

3　持分法適用対象とすべき信託

　信託実務対応報告では，以下に該当する受益者は，その信託を関連会社として取り扱うことになるとされている。対象となる信託の類型は，連結の範囲で対象とされる信託と同様，委託者兼当初受益者が複数である金銭の信託（Q1），委託者兼当初受益者が単数である金銭以外の信託（Q3），委託者兼当初受益者が複数である金銭以外の信託（Q4），事業の信託（Q5），自己信託（Q7）である。これらも「子会社等の範囲の見直しにかかる具体的な取扱い」を信託に準用した形となっている。

表2　持分法適用を行う受益者

持分法適用を行う受益者
「子会社等の範囲の見直しにかかる具体的な取扱い」二－2で示す「他の会社等の議決権」を，「信託における受益者の議決権」と読み替えて，当該会社に該当することとなる受益者

【子会社等の範囲の見直しに係る具体的な取扱い】
二　関連会社の範囲
　2　子会社以外の他の会社等の財務及び営業又は事業の方針の決定に対して重要な影響を与えることができる場合とは，次の場合をいう。ただし，財務上又は営業上若しくは事業上の関係からみて子会社以外の他の会社等の財務及び営業又は事業の方針の決定に対して重要な影響を与えることができないことが明らかであると認められるときは，この限りでない。
　⑴　子会社以外の他の会社等（更生会社，整理会社，破産会社その他これらに準ずる会社等であって，かつ，当該会社等の財務及び営業又は事業の方針の決定に対して重要な影響を与えることができないと認められる会社等を除く。下記の⑵及び⑶においても同様。）の議決権の100分の20以上を自己の計算において所有している場合
　⑵　子会社以外の他の会社等の議決権の100分の15以上，100分の20未満を自己の計算において所有している場合であって，かつ，次のいずれかの要件に該当する場合
　　①　役員若しくは使用人である者，又はこれらであった者で自己が子会社以外の他の会社等の財務及び営業又は事業の方針の決定に関して影響を与えることができる者が，当該子会社以外の他の会社等の代表取締役，取締役又はこれらに準ずる役職に就任していること。
　　②　子会社以外の他の会社等に対して重要な融資（債務の保証及び担保の提供を含む。）を行っていること。
　　③　子会社以外の他の会社等に対して重要な技術を提供していること。
　　④　子会社以外の他の会社等との間に重要な販売，仕入れその他の営業上又は事業上の取引があること。
　　⑤　その他子会社以外の他の会社等の財務及び営業又は事業の方針の決定に対して重要な影響を与えることができることが推測される事実が存在すること。
　⑶　自己の計算において所有している議決権（当該議決権を所有していない場合を含む。）と自己と出資，人事，資金，技術，取引等に

> ついて緊密な関係があることにより自己の意思と同一の内容の議決権を行使すると認められる者及び自己の意思と同一の内容の議決権を行使することに同意している者が所有している議決権とを合わせて，子会社以外の他の会社等の議決権の100分の20以上を占めているときであって，かつ，上記(2)の①から⑤までのいずれかの要件に該当する場合

◆髙　野　角　司◆

Q5 信託税制の概要

信託法改正にともない信託に関する税務も見直されたと聞きました。改正後の信託税制の概要について教えてください。

A

新しい信託税制(注1)においては，信託を「受益者等課税信託」「集団投資信託」「法人課税信託」「退職年金等信託」および「特定公益信託等」の5つに分類し，「受益者等課税信託」については受益者段階課税（発生時課税）を，「集団投資信託」「退職年金等信託」および「特定公益信託等」については受益者段階課税（受領時課税）を，「法人課税信託」については信託段階法人課税を適用している。

I 所得税または法人税の課税方法

1 受益者等課税信託

受益者等課税信託とは，ほかの4つの分類のいずれにも属さない信託で，財産の管理または処分を行う一般的な信託がこれに該当する。なお，受益者等とは，受益者およびみなし受益者を指す。みなし受益者とは，受益者以外で信託の変更をする権限を現に有し，かつ，信託財産の給付を受けることとされている者をいう（所税13条2項，法税12条2項。Q6参照）。

受益者等課税信託については，信託に関する原則的な課税方法である受益者

(注1) 信託税制改正は，平成19年度税制改正により行われた。原則として新信託法の施行日（平成19年9月30日）以後に効力が生ずる信託について適用されている。

段階課税（発生時課税）が適用される。これは，信託財産の法律上の所有者である受託者において信託収益が発生した段階で，信託をいわば導管とみなし（パススルー），信託財産の実質的な所有者である受益者等に対して所得税または法人税を課税するものであり，税法の実質所得者課税の原則に基づいている（所税13条１項，法税12条１項）。

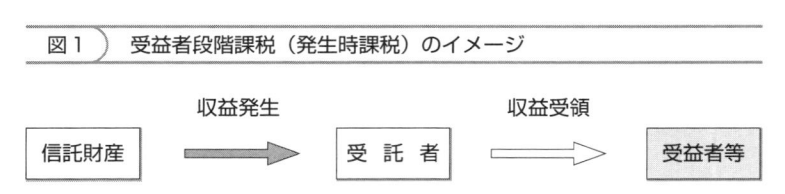

```
図１  受益者段階課税（発生時課税）のイメージ

                 収益発生              収益受領
  信託財産   ━━━━━━▶   受託者   ━━━━━━▶   受益者等

注：色つきが課税時期と納税義務者を表す。
　　収益発生時に受益者等に課税する。
```

２　集団投資信託

　集団投資信託とは，合同運用信託，証券投資信託等の一定の投資信託および特定受益証券発行信託をいう（所税13条３項１号，法税２条29号。Ⅲ参照）。

　集団投資信託については，受益者段階課税（受領時課税）が適用される。これは，受益者において信託収益を実際に受領した段階で，その受益者に対して所得税または法人税を課税するものである（所税13条１項ただし書，法税12条１項ただし書・３項）。

　一般的に受益権が有価証券化され，転々と流通するタイプの信託については，信託収益発生時に信託を導管とみなして受益者に課税することが困難であるため，次項において述べる信託段階法人課税（信託収益発生時に受託者に法人税を課税し，信託収益受領時に受益者に所得税または法人税を課税する２段階方式）が適用される。しかし，この集団投資信託については，受託者に信託収益がプールされるおそれが比較的少ないため，信託収益受領時に受益者に課税するのみとしたものである。

　ちなみに，退職年金等信託（各種退職年金契約に係る信託。所税13条３項２号，法

図2　受益者段階課税（受領時課税）のイメージ

```
            収益発生              収益受領
信託財産   ────────▶   受 託 者   ────────▶   受 益 者
```

注：色つきが課税時期と納税義務者を表す。
　　信託収益受領時に受益者に課税する。

税12条4項1号，法税令15条5項）および特定公益信託等（一定の要件を満たす公益信託。法税12条4項2号）についても受益者段階課税（受領時課税）が適用されるが，紙面の都合によりQ6以降のこれらの解説は省略する。

3　法人課税信託

　法人課税信託とは，特定受益証券発行信託以外の受益証券発行信託，受益者等が存しない信託，法人が委託者となる一定の信託，集団投資信託に該当しない投資信託および特定目的信託をいう（法税2条29号の2。Ⅲ参照）。

　法人課税信託については，信託段階法人課税が適用される（所税13条1項ただし書，法税4条・12条1項ただし書）。これは，受託者において信託収益が発生した段階で，受託者に対して法人税を課税し，その後受益者において信託収益を受領した段階で，受益者に対して所得税または法人税を課税するものである（なお，配当控除または受取配当等の益金不算入の規定の適用により二重課税を排除する措置が取られている。Q6参照）。原則的な課税方法である受益者段階課税（発生時課税）を適用することが困難な場合や，租税回避のおそれがある場合に適用される。

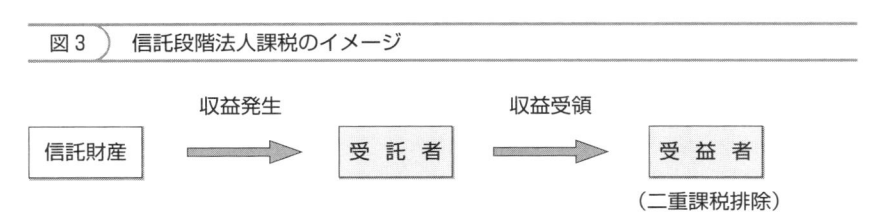

図3　信託段階法人課税のイメージ

```
            収益発生              収益受領
信託財産   ────────▶   受 託 者   ────────▶   受 益 者
                                            （二重課税排除）
```

注：色つきが課税時期と納税義務者を表す。
　　信託収益発生時に受託者に法人税課税，信託収益受領時に受益者に課税（二重課税排除措置あり）する。

Ⅱ 消費税の課税方法

1 受益者等課税信託

所得税または法人税の課税方法と同様，受託者において課税資産の譲渡等[注2]が行われた段階で，信託をいわば導管とみなし（パススルー），受益者等に対して課税される（消税14条1項）。

2 集団投資信託

集団投資信託については，所得税または法人税の課税方法（受益者段階課税）とは異なり，受託者において課税資産の譲渡等が行われた段階で，その受託者に対して課税される（消税14条1項ただし書，消税基本通達4―2―2）。これは，信託収益を課税対象とする所得税または法人税とは異なり，消費税は個々の取引等を課税対象とするため，受益者が多数となる集団投資信託については，個々の受益者を納税義務者とすることは困難だからである。ちなみに，退職年金等信託および特定公益信託等についても同様の課税方法となっている。

3 法人課税信託

所得税または法人税の課税方法と同様，受託者において課税資産の譲渡等が行われた段階で，その受託者に対して課税される（消税14条1項ただし書，消税基本通達4―2―2）。

Ⅰ・Ⅱにおいて述べた信託に対する課税方法の概要を一覧にすると表1のとおりとなる。

（注2） 事業として対価を得て行われる資産の譲渡および貸付ならびに役務の提供のうち，非課税とされるもの以外のものをいう（消税2条1項8号・9号）。

表1　信託に対する課税方法の概要

		受益者等課税信託	集団投資信託 退職年金等信託 特定公益信託等	法人課税信託
所得税または法人税	課税方法	受益者段階課税 (発生時課税) 信託を導管とみなす	受益者段階課税 (受領時課税)	信託段階法人課税
	課税時期	信託収益発生時	信託収益受領時	(1)信託収益発生時 (2)信託収益受領時
	納税義務者	受益者等	受益者	(1)受託者 (2)受益者
消費税	課税時期	課税資産の譲渡等が行われた時	課税資産の譲渡等が行われた時	課税資産の譲渡等が行われた時
	納税義務者	受益者等	受託者	受託者

注：改正前の呼称は，受益者等課税信託は「本文信託」，集団投資信託，退職年金等信託，特定公益信託等は「但書信託」，法人課税信託は「特定信託」（但書信託の一部）である。

Ⅲ　集団投資信託および法人課税信託の範囲

　集団投資信託および法人課税信託の範囲を一覧にすると表2のとおりとなる（所税13条3項1号，法税2条29号・29号の2）。下線は，信託税制改正により追加されたものである。信託法の改正によって可能となった新たな類型の信託に対応する措置が取られている。

表2	集団投資信託および法人課税信託の範囲
集団投資信託	合同運用信託 一定の投資信託および外国投資信託 特定受益証券発行信託
法人課税信託	集団投資信託に該当する投資信託以外の投資信託 特定目的信託 受益証券発行信託 法人が委託者となる信託 ・事業の重要部分の信託で委託者の株主等を受益者とするもの ・自己信託等で存続期間が20年を超えるもの ・自己信託等で損益分配割合が変更可能であるもの 受益者等が存しない信託

1　集団投資信託

(1)　**合同運用信託**（所税2条1項11号，法税2条26号・29号イ）

　信託会社（信託銀行を含む。）が引き受けた金銭信託で，共同しない多数の委託者の信託財産を合同して運用するもの（投資信託及び投資法人に関する法律2条2項に規定する委託者非指図型投資信託およびこれに類する外国投資信託〔同条22項に規定する外国投資信託をいう。〕ならびに委託者が実質的に多数でない信託を除く。）をいう。合同運用指定金銭信託および貸付信託などがこれに該当する。

　従来から親族などの特殊関係者が，「共同しない多数の委託者」として形式のみを整えて合同運用信託を設定し，信託収益受領時まで課税の繰延べを図る事例が散見されたことから，平成19年度税制改正により，「委託者が実質的に多数でない信託を除く」として，特殊関係者のみが委託者であるものを除外する措置が取られている（所税令2条の2，法税令14条の2）。

(2)　**一定の投資信託および外国投資信託**（法税2条29号ロ）

　投資信託及び投資法人に関する法律2条3項に規定する投資信託のうち，同条4項に規定する証券投資信託および受益権の募集が公募により行われ，かつ，主として国内において行われるもの（国内公募投資信託）ならびに同条22項

に規定する外国投資信託をいう。

(3) 特定受益証券発行信託（法税2条29号ハ）
信託法185条から215条に規定する受益証券発行信託のうち、受託者に留保される信託収益の割合が低い（2.5％以下）ものとして、法人税法上の一定の要件を満たすものをいう（法税令14条の4）。平成19年度税制改正により創設された。

2 法人課税信託

(1) 集団投資信託に該当する投資信託以外の投資信託（法税2条29号の2ニ）
具体的には、私募投資信託等が該当する。

(2) 特定目的信託（法税2条29号の2ホ）
資産の流動化に関する法律2条13項に規定する特定目的信託をいう。類似する機能を有する特定目的会社について法人税の課税対象としていることから、課税のバランスを考慮し、特定目的信託の受託者に対しても法人税を課すこととした。

(3) 受益証券発行信託（法税2条29号の2イ）
信託法185条から215条に規定する受益証券発行信託をいう。

(4) 法人が委託者となる信託
(a) **事業の重要部分の信託で委託者の株主等を受益者とするもの**（法税2条29号の2ハ(1)、法税令14条の5第1項・2項） 委託者である法人が、その事業の全部または重要な一部（総資産の5分の1超〔会社467条1項2号、会社規134条〕）を信託し、かつ、信託効力発生時において、その法人の株主等が50％超の受益権を取得することが見込まれているものをいう（図4参照）。
このような場合において、信託を導管とみなして受益者に課税する方法によると、通常の法人に比べて、信託した事業の収益については法人税の課税が行われないこととなる。そのため、このようなパターンの信託については法人課税信託とされ、受託者に対して法人税が課されることとなった。

図4　事業の重要部分の信託で委託者の株主等を受益者とするもの

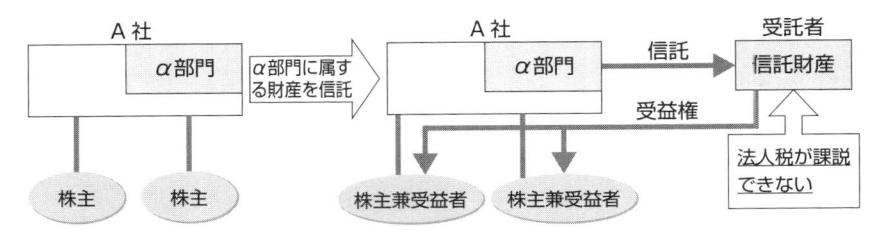

出典：(財)大蔵財務協会編『改正税法のすべて〔平成19年版〕』(大蔵財務協会, 2007) 309頁参照。

(b) 自己信託等で存続期間が20年を超えるもの（法税2条29号の2ハ(2)，法税令14条の5第3項〜5項）　自己信託等（委託者である法人またはその特殊関係者〔子会社など〕が受託者である信託）であり，かつ，信託効力発生時等においてその信託の存続期間が20年を超えるとされているものをいう（図5参照）。

(a)と同じ趣旨により，信託した事業の収益について法人税の課税が長期間行われないこととなるため，受託者に対して法人税が課されることとなった。

図5　自己信託等で存続期間が20年を超えるもの

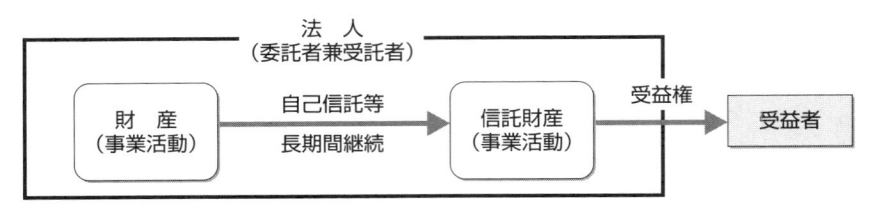

出典：(財)大蔵財務協会編『改正税法のすべて〔平成19年版〕』(大蔵財務協会, 2007) 310頁参照。

(c) 自己信託等で損益分配割合が変更可能であるもの（法税2条29号の2ハ(3)，法税令14条の5第6項）　信託効力発生時において委託者である法人またはその特殊関係者を受託者と，その特殊関係者（受託者である特殊関係者に限らない。）を受益者とし，かつ，その時において受益者に対する収益分配割合の変更が可能であるものをいう（図6参照）。

このような場合において，信託を導管とみなして受益者に課税する方法によると，親会社の事業収益を子会社に付け替えることにより，親会社の黒字と子

図6　自己信託等で損益分配割合が変更可能であるもの

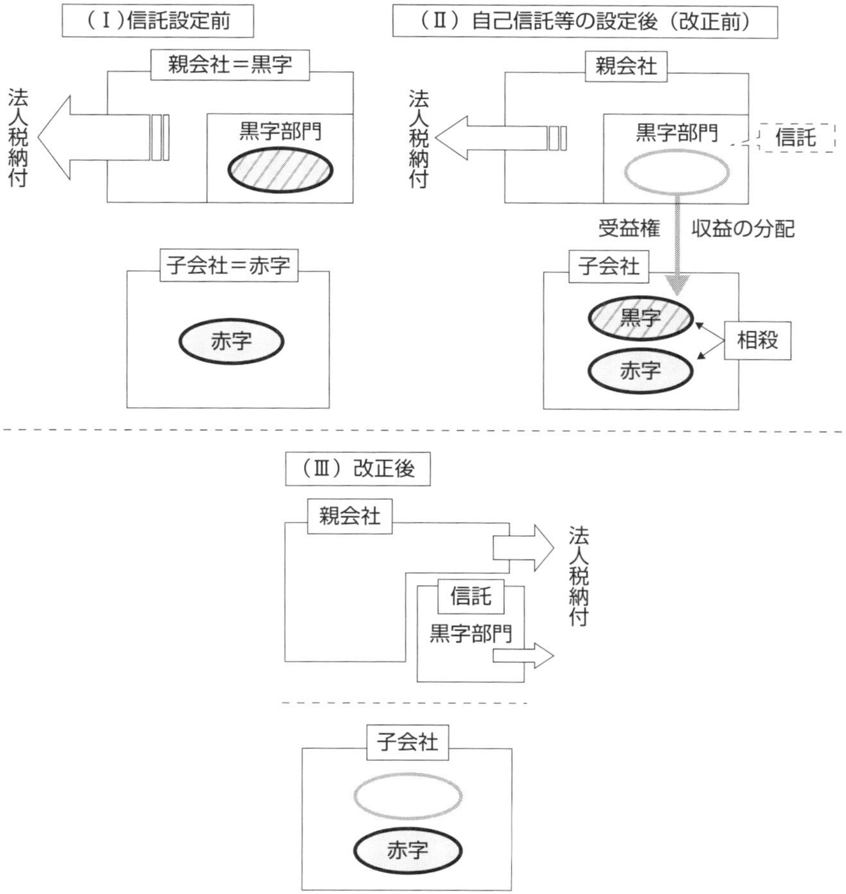

（Ⅰ）信託設定前

親会社＝黒字
　黒字部門
→法人税納付

子会社＝赤字
　赤字

（Ⅱ）自己信託等の設定後（改正前）

親会社
　黒字部門　信託
→法人税納付
受益権　収益の分配
↓
子会社
　黒字
　赤字
→相殺

（Ⅲ）改正後

親会社
　信託
　黒字部門
→法人税納付

子会社
　赤字

出典：(財)大蔵財務協会編『改正税法のすべて〔平成19年版〕』(大蔵財務協会，2007) 312頁参照。

会社の赤字を損益通算し，法人税を回避することが可能となる。そのため，受託者に対して法人税が課されることとなった。

(5) **受益者等が存しない信託**（法税2条29号の2ロ）
　信託法258条から261条に規定する「受益者の定めのない信託」の概念に加えて，みなし受益者（法税12条2項）すらも存在しない信託をいう。受益者等が存在しないため，受託者に対して法人税が課されることとなった。

◆村　野　文　男◆

Q6 受益者課税の概要

信託税制においては，信託財産から生ずる利益について，原則としてその利益が最終的に帰属する受益者に対して課税を行うと聞きました。受益者に対する課税の概要について教えてください。

A

受益者（受益者等課税信託については受益者等）に対しては，信託財産に係る信託収益について所得税または法人税が課税される。なお，受益者等課税信託の受益者等に対しては，信託財産に係る課税資産の譲渡等について消費税が課税される。

I 受益者等課税信託における「受益者等」概念

受益者等課税信託においては，平成19年度税制改正前は，形式基準により，受益者が特定している場合には受益者が，受益者が不特定または不存在の場合には委託者が，信託財産に帰せられる収益費用および信託財産に属する資産に係る資産の譲渡等の帰属対象とされていた（旧所税13条1項，旧法税12条1項，旧消税14条1項）。

平成19年度税制改正により，実質基準が導入され，受益者以外で信託の変更をする権限を現に有し，かつ，信託財産の給付を受けることとされている者をみなし受益者として，本来の受益者とともに，信託財産に属する資産負債および信託財産に帰せられる収益費用ならびに信託財産に係る資産等取引[注1]の帰

(注1) 資産の譲渡等，課税仕入れおよび課税貨物の保税地域からの引取りをいう（消税14条1項）。

属対象とすることとなった（所税13条2項，法税12条2項，消税14条2項）。新信託法においては，委託者は，信託行為に別段の定めがない限り信託の変更をする権限を有するとされ（信託149条1項・2項・4項），残余財産受益者または帰属権利者の定めがなければ委託者を帰属権利者として指定する旨の定めがあったものとみなすとされているので（信託182条2項），このような場合には委託者がみなし受益者に該当する。ただし，受益者および委託者以外の者も，信託の変更権限および信託財産の給付受領権限を有すれば，みなし受益者に該当する点に注意する必要がある。

受益者およびみなし受益者を受益者等というが，受益者等が2以上ある場合には，信託財産に属する資産負債および信託財産に帰せられる収益費用ならびに信託財産に係る資産等取引の全部が，それぞれの受益者等にその有する権利の内容に応じて帰せられるものとされている（所税令52条4項，法税令15条4項，消税令26条4項）。

Ⅱ 受益者等課税信託の受益者等に対する課税

表1は，受益者（受益者等課税信託の場合は受益者等）に対する所得税または法人税の課税関係の概要をまとめたものである。以下，これを基に説明する。

受益者等課税信託は，他のどの区分にも属さない信託であるため，信託財産およびその管理処分によって生ずる信託収益のバリエーションにはさまざまなものがある。したがって，受益者等は，受託者から分配された信託収益について，その内容に応じた適切な所得区分（個人受益者の場合）または勘定科目（法人受益者の場合）で取り扱う必要がある。

また，同じパススルーの考え方に基づき課税が行われる組合[注2]について組合損失の必要経費（損金）算入制限規定が存在する関係で，受益者等課税信託についても平成19年度税制改正により信託損失の必要経費（損金）算入制限規

（注2） 民法667条1項に規定する組合契約および投資事業有限責任組合契約に関する法律3条1項に規定する投資事業有限責任組合契約並びに外国におけるこれらに類する契約並びに匿名契約等をいう（租特41条の4の2第2項1号・67条の12第3項1号，租特令26条の6の2第5項・39条の31第11項）。

定が設けられた（租特41条の4の2・67条の12，租特令26条の6の2・39条の31）。その概要は表2のとおりであるが，個人受益者は，法人受益者に比べて損失額の繰

表1　受益者（受益者等課税信託の場合は受益者等）に対する課税関係の概要

	受益者			
	個　人		法　人	
	所得区分	受託者の源泉徴収義務	勘定科目	受託者の源泉徴収義務
受益者等課税信託	信託収益の内容に応じる （配当所得，利子所得，不動産所得，事業所得等） ＊信託損失の必要経費算入制限あり	—	信託収益の内容に応じる （受取配当金，受取利息，受取家賃等） ＊信託損失の損金算入制限あり	—
集団投資信託	原則：配当所得 ＊配当控除の適用なし （証券投資信託は適用あり）	上場（所7％，住3％），非上場（所20％）	原則：受取配当金 ＊受取配当等の益金不算入の適用なし（証券投資信託は適用あり）	上場（所7％，非上場（所20％）
	例外：合同運用信託，公社債投資信託，公募公社債等運用投資信託→利子所得	（所15％，住5％）	例外：合同運用信託，公社債投資信託，公募公社債等運用投資信託→受取利息	（所15％，住5％）
法人課税信託	配当所得 ＊配当控除の適用あり （特定目的信託および一定の投資信託は適用なし）	上場（所7％，住3％）非上場（所20％）(注1)	受取配当金 ＊受取配当等の益金不算入の適用あり（特定目的信託および一定の投資信託は適用なし）	上場（所7％，非上場（所20％）(注1)

注：(注1)　私募公社債等運用投資信託等については，所得税15％，住民税5％（租税特別措置法8条の2）。
　　表中，上場の源泉徴収税率は平成23年12月31日までのもの。
　　表中，所＝所得税，住＝住民税。

| 表2 | 信託損失の必要経費（損金）算入制限規定の概要 |

個　人	法　人
・信託による不動産所得の損失の金額は生じなかったものとみなす。 ・当然ながら，損失額の繰越しは認められない。	・信託損失額のうち調整信託金額(注1)を超える部分の金額は，損金の額に算入しない。 ・信託財産に帰せられる損益が（受託者の損失補てん等により実質的に欠損とならない場合には，信託損失額全額が損金不算入となる。 ・損金不算入となった損失額は翌期以降への繰越しが認められる。

注：(注1)　信託財産の帳簿価額を基礎として計算した金額。

越しができない等の点で，より不利な取扱いとなっている。

なお，受益者等課税信託の受益者等に対しては，信託財産に係る課税資産の譲渡等について消費税が課税される。

Ⅲ　集団投資信託の受益者に対する課税

集団投資信託については，信託収益は原則配当所得（個人受益者）または受取配当金（法人受益者）に該当するが（所税24条1項，法税23条1項），合同運用信託・公社債投資信託(注3)・公募公社債等運用投資信託(注4)については，その性質が利子に近いため利子所得（個人受益者）または受取利息（法人受益者）に該当する（所税23条1項）。

(注3)　証券投資信託のうち，その信託財産を公社債に対する投資として運用することを目的とするもので，株式または出資に対する投資として運用しないものをいう（所税2条1項15号）。
(注4)　証券投資信託以外の投資信託のうち，信託財産として受け入れた金銭を公社債等（公社債および手形など）に対して運用するものをいう（所税2条1項15号の3）。
(注5)　個人投資家について，配当等に係る法人税と所得税の二重課税を排除するため，配当所得のうち一定の割合を所得税額から控除する制度（所税92条）。
(注6)　法人投資家について，配当等に係る法人税の二重課税を排除するため，配当等の額のうち一定の割合を課税所得から減算する制度（法税23条）。

配当所得または受取配当金に該当する場合には，それぞれ配当控除[注5]または受取配当等の益金不算入[注6]の規定の適用はない。これは，集団投資信託は受益者段階のみの課税であり，受託者に対する法人税課税は行われないため，二重課税とはならないからである。ただし，例外的に証券投資信託については配当控除または受取配当等の益金不算入の規定の適用がある（所税92条，法税23条）。これは，株式投資との類似性を考慮したものと思われる。

IV 法人課税信託の受益者に対する課税

法人課税信託については，信託収益は配当所得（個人受益者）または受取配当金（法人受益者）に該当する（所税6条の3第8号・24条1項，法税4条の7第10号・23条1項）。それぞれ配当控除または受取配当等の益金不算入の規定の適用がある（所税92条，法税23条）[注7]。法人課税信託は受託者段階と受益者段階の二重課税となるためである。

◆村野　文男◆

(注7) 例外的に特定目的信託および一定の投資信託については，配当控除または受取配当等の益金不算入の規定の適用はない（租特9条1項5号・68条の3の2第7項・68条の3の3第7項）。これは，これらの信託については，一定の要件を満たした場合に受託者において収益分配額の損金算入が認められるため，二重課税とはならないからである。

Q7 受託者課税の概要

信託税制においては，信託財産から生ずる利益について，例外的に受託者に対して課税が行われる場合があると聞きました。受託者に対する課税の概要について教えてください。

A

法人課税信託の受託者に対しては，信託財産に係る信託収益について法人税が課税されるとともに，信託財産に係る課税資産の譲渡等について消費税が課税される。集団投資信託の受託者に対しては，信託財産に係る課税資産の譲渡等について消費税が課税される。

Ⅰ 法人課税信託の受託者に対する課税

1 課税方法の原則

法人課税信託の受託者は，各法人課税信託の信託資産等[注1]および固有資産等[注2]ごとに，それぞれ別の者とみなして，所得税法および法人税法ならびに消費税法の規定を適用することとされ，各法人課税信託の信託資産等および固有資産等は，そのみなされた各別の者にそれぞれ帰属するものとされた（所税6条の2，法税4条の6，消税15条1項・2項）。たとえば，信託銀行が受託者であ

(注1) 所得税法および法人税法においては，信託財産に属する資産および負債ならびにその信託財産に帰せられる収益および費用をいい，消費税法においては，信託財産に属する資産およびその信託財産に係る資産等取引をいう（所税6条の2第1項，法税4条の6第1項，消税15条1項）。
(注2) 所得税法および法人税法においては，法人課税信託の信託資産等以外の資産および負債ならびに収益および費用をいい，消費税法においては，法人課税信託の信託資産等以外の資産および資産等取引をいう（所税6条の2第1項，法税4条の6第1項，消税15条1項）。

る場合には，銀行業務や信託報酬を対価とする事業等を行う固有事業に係る分 (固有資産等) と各法人課税信託の運用等に係るそれぞれの信託事業分 (信託資産等) ごとに，それぞれ別の者が行ったものとして申告納税を行うこととなる (図参照)。

なお，法人課税信託の受託者である法人 (個人を含む。) について，法人課税信託に係る信託資産等が帰属する者として法人税法の規定を適用する場合におけるその受託者である法人を受託法人という (所税6条の3，法税4条の7)。消費税法上は，受託法人に相当する概念を受託事業者といい (消税15条3項)，法人課税信託に係る固有資産等が帰属する者として消費税法の規定を適用する場合におけるその受託者を固有事業者という (消税15条4項)。

以上の課税方法の整備は平成19年度税制改正により行われ，従前の特定信託の各計算期間の所得に対する法人税は廃止された。

2 法人課税信託と通常の法人の相違

法人課税信託に対する法人税法および消費税法の規定の適用について，通常の法人に対するこれらの適用との相違点にスポットを当ててまとめたのが表で

図　法人課税信託の課税方法

出典：㈶大蔵財務協会編『改正税法のすべて〔平成19年版〕』（大蔵財務協会，2007）315頁参照。

ある。以下，これを基に説明する。

(1) 法人税法の規定の適用
(a) **納税義務者**　内国法人，外国法人および個人は，法人課税信託の引受けを行うときは，法人税を納める義務があることとされた（法税4条）。これにより，個人受託者についても法人税の納税義務が生ずることとなる。

これは，法人課税信託の収益は個人受託者ではなく最終的にはその受益者に

表）法人課税信託と通常の法人の相違

			法人課税信託	通常の法人
法人税		納税義務者	法人および個人	法人
		届出書	受託者の変更等の届出が必要	
	受託法人関係	内外判定	信託された営業所が国内→内国法人 信託された営業所が国内にない→外国法人	国内に本店または主たる事務所を有する→内国法人 内国法人以外→外国法人
		事業年度	信託の計算期間(注1)	会計期間
		中小法人の軽減税率	なし	あり
		仮決算による中間申告	不可	可
		留保金課税	大法人扱いとし，利益積立金基準は不適用	
消費税		納税義務および簡易課税制度の判定	固有事業者および受託事業者の課税売上高を合算して判定	当該法人の課税売上高により判定
		届出書（下記以外）	固有事業者の立場のみで提出	当該法人について提出
		課税期間の短縮の届出および売上割合に準ずる割合の届出	固有事業者および受託事業者それぞれの立場で提出	当該法人について提出

注：(注1) 特定目的信託および一定の投資信託についての例外規定あり。

帰属することとなり，この点会社の利益が最終的に株主のものとなることと類似している側面があることから，個人受託者であっても信託部分について法人と同様に扱うことが適当であると考えられることによる。

(b) **届出書の提出**　法人課税信託の受託者は，次に掲げる場合には，一定の事項を記載した届出書を納税地の所轄税務署長に提出しなければならない。

① 法人課税信託について新たな受託者が就任した場合（法税149条の2第1項）

② 法人課税信託について受託者の任務が終了した場合（法税149条の2第2項）

③ 1の法人課税信託の受託者が2以上ある場合において，その法人課税信託の信託事務を主宰する受託者の変更があったとき（法税149条の2第3項）

(c) **受託法人の内外判定**　法人課税信託の信託された営業所が国内にある場合には，その法人課税信託に係る受託法人は，内国法人とすることとされ，同営業所が国内にない場合には，その法人課税信託に係る受託法人は，外国法人とすることとされた（所税6条の3第1号・2号，法税4条の7第1号・2号）。

通常の法人の内外判定は，「本店又は主たる事務所」の場所で行われ，国内に本店または主たる事務所を有する法人は内国法人とされ，内国法人以外の法人は外国法人とされている。信託には，法人のように本店登記制度がなく，また，本店または主たる事務所に相当する概念も存在しないことから，委託者が信託設定時に信託財産の管理地として予定していた場所（法人課税信託の信託された営業所）で内外判定を行うこととされたものである。

(d) **受託法人の事業年度**　受託法人の事業年度は，信託行為に定められたその信託の計算期間となる（法税13条1項）。なお，通常の法人の事業年度は，会計期間である。

(e) **受託法人に対する中小法人の軽減税率の適用**　受託法人には中小法人の軽減税率（期末資本金1億円以下の法人の所得のうち，年800万円相当額以下の部分について，22%の軽減税率を適用する制度。なお，平成21年4月1日から平成23年3月31日までの間に終了する事業年度に限り，軽減税率が18%に引き下げられている。）を適用しないこととされている（法税66条6項）。これは，法人課税信託については，中小企業の税負担の軽減という政策的配慮をする必要性が乏しいと考えられること

による。

　(f)　**受託法人における仮決算による中間申告**　　法人税の中間申告は，前事業年度の法人税額を基準に計算する予定申告と，事業年度開始の日から6か月の期間を1事業年度とみなして所得金額を計算する仮決算のいずれかを選択することができるが，受託法人については，仮決算による中間申告の選択ができないこととされている（法税72条1項）。

　(g)　**受託法人に対する留保金課税の適用**　　留保金課税とは，期末資本金1億円超の一定の要件を満たす同族会社が留保した所得が一定の限度額を超える場合に，通常の法人税のほか，その超える金額に応じた特別税率による法人税を課す制度である。受託法人については資本金が存在しないため，資本金1億円超の法人とみなし，限度額の一つである利益積立金基準は適用しないとされている（法税令14条の10第6項）。

(2)　消費税法の規定の適用

　(a)　**納税義務および簡易課税制度の判定**　　消費税法においては，事業者の納税義務および簡易課税制度(注3)の適用の有無の判定は，その課税期間の基準期間（原則として個人は前々年，法人は前々事業年度）における課税売上高により行う。具体的には，事業者の納税義務は基準期間における課税売上高が1千万円を超える場合に発生し，簡易課税制度は同売上高が5千万円以下の場合に適用される。固有事業者および受託事業者のこれらの判定については，それぞれの基準期間における課税売上高により行うのではなく，固有事業者および受託事業者の課税売上高を合算して行う点に留意する必要がある（具体的には，固有事業者において合算した課税売上高により判定を行い，受託事業者のこれらの判定は固有事業者の判定結果に従う。）（消税15条4項・6項，消税令27条1項・2項）。これは，納税義務の免除および簡易課税制度は，中小企業の事務処理能力に配慮した制度であり，固有事業者および受託事業者については，申告納付は別々に行うとはいっても，事務処理を行う者は同一であるから，両者を合算して事務処理能力を判

　（注3）　課税売上に係る消費税額に一定の割合（みなし仕入率）を乗じて課税仕入れに係る消費税額を計算する方法（消税37条）。

断することが適当であるからである。

　(b)　**届出書の提出**　消費税に関する届出書は，固有事業者および受託事業者それぞれで提出することは煩雑であるから，固有事業者の立場のみで提出すればよいこととされた（消税基本通達4―4―3）。ただし，通常1年である課税期間を3か月または6か月に短縮するための課税期間の短縮の届出および課税売上割合に準ずる割合の届出[注4]については，固有事業者および受託事業者ごとに適用が異なることも考えられるため，それぞれの立場で提出することとした（消税基本通達4―4―3ただし書）。

3　その他の調整規定

　2で述べたほか，受託法人（受託事業者）について法人税法および消費税法の規定を適用する場合に調整が必要となる場面について，各種の取扱いが定められているが（所税6条の3各号，法税4条の7各号），紙面の都合により省略する。

II　集団投資信託の受託者に対する課税

　集団投資信託の受託者に対しては，信託財産に係る課税資産の譲渡等について消費税が課税されるが，法人課税信託とは異なり，受託者の固有事業に係る分と信託事業に係る分とを区別することなく申告納付を行うこととなる。

◆村　野　文　男◆

（注4）　課税売上割合とは，課税対象となるすべての売上げのうちに課税売上げの占める割合のことであり，消費税の計算上使用される（消税令48条）。課税売上割合に準ずる割合の届出とは，課税売上割合に代えて，使用人の数や床面積等の合理的に算定された割合を使用するための届出である（消税30条3項）。

Q8 信託設定にともなう相続税・贈与税の課税関係

信託を設定した場合に相続税や贈与税が課税されることがあると聞きましたが，相続税や贈与税が課税される要件について教えてください。

A

信託の効力が生じた場合において適正な対価を負担せずに信託の受益者等となった場合や信託が終了した場合において適正な対価を負担せずに残余財産の給付を受けた場合には，その無償で受けた経済的利益に対して相続税または贈与税が課税されることがある。

I 相続または遺贈により取得したものとみなす場合の基本形

信託の効力が生じた時において，適正な対価を負担せずにその信託の受益者等となる者がある場合には，その信託の受益者等（信託の受益者としての権利を現に有する者および特定委託者(注1)をいう。以下同じ。）となる者はその信託に関する権利をその信託の委託者から贈与により取得したものとみなされ，贈与税の課税対象となる（図1参照）。

この場合において，委託者の死亡に基因して信託の効力が発生した場合には，遺贈により取得したものとみなされ，課税関係は相続税となる（相税9条の2第1項）。

(注1) 特定委託者とは，信託の変更をする権限（他者との合意によりできる権限を含み，信託の目的に反しないことが明らかである場合に限り変更できる権限を除く。）を現に有し，かつ，当該信託の信託財産の給付を受けることとされている者（受益者を除く。）をいう（相税9条の2第5項）。

図1　遺贈または贈与により取得したものとみなす基本形

```
        財産の信託
委託者 ──────────→ 受託者
  │                    │
  │信託の利益を         │
  │受ける権利を         │信託の利益
  │「遺贈」または       │
  │「贈与」により       │
  │取得したものとみなす │
  │         対価の支払  │
  │         なし        │
  ↓      ←┄┄┄┄┄┄┄   │
  受益者  ←────────────┘
```

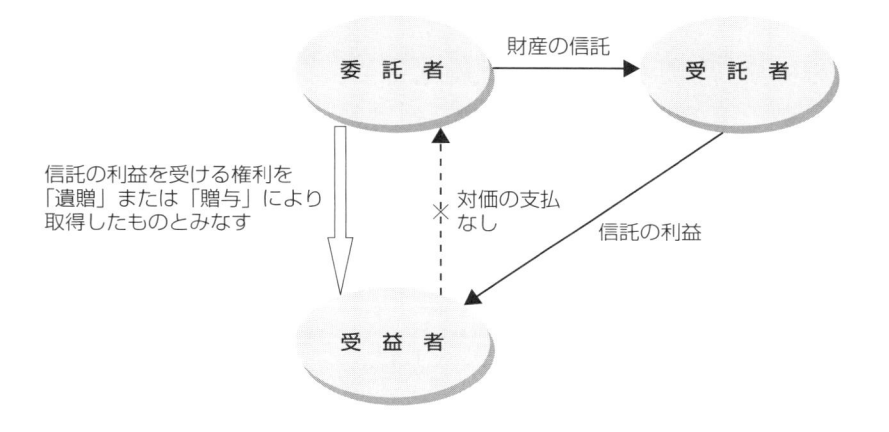

図2　新たな受益者等が存することとなる場合

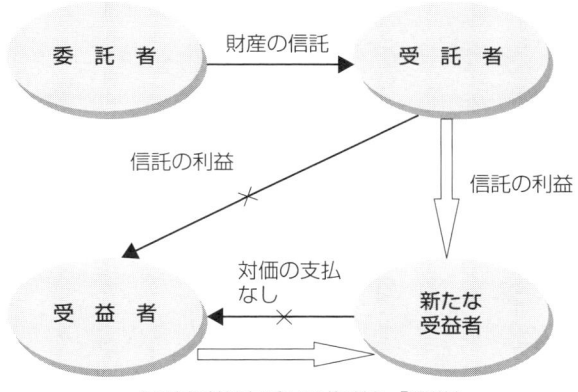

```
         財産の信託
委託者 ──────────→ 受託者
                      │ │
       信託の利益     │ │信託の利益
       ╲            │ │
        ╲×          │ ↓
         ↘          新たな
  受益者 ←────────  受益者
         対価の支払
         なし ×
         
  信託の利益を受ける権利を「遺贈」
  または「贈与」により取得したものとみなす
```

Q8　信託設定にともなう相続税・贈与税の課税関係

Ⅱ 受益者等の存する信託で新たな受益者等が存することとなる場合

　受益者等の存する信託について，適正な対価を負担せずに新たにその信託の受益者が存することとなった場合には，新たに受益者等が存することとなった時において，その信託の受益者となる者は，その信託に関する権利をその信託の受益者等であった者から贈与（その受益者であった者の死亡に基因して新たに受益者等が存することとなった場合には遺贈）により取得したものとみなされ，相続税または贈与税の課税関係が生じる（相税9条の2第2項）（図2参照）。

Ⅲ 受益者等の一部が存しなくなった場合

　受益者等の存する信託について，その信託の一部の受益者等が存しなくなった場合に，適正な対価を負担せずにすでにその信託の受益者等である者が，その信託に関する権利について，新たに利益を受けることとなるときは，その信託の一部の受益者等が存しなくなった時において，その利益を受けることとなる者は，その利益をその信託の一部の受益者等であった者から贈与（その受益者等であった者の死亡に基因してその利益を受けた場合には遺贈）により取得したものとみなされ，相続税または贈与税の課税関係が発生する（相税9条の2第3項）。

Ⅳ 受益者等の存する信託が終了し残余財産の給付を受けることとなった場合

　受益者等の存する信託が終了した場合において，適正な対価を負担せずにその信託の残余財産の給付を受けるべき，または，帰属すべき者となる者があるときは，その給付を受けるべき，または，帰属すべき者となった者は，その信託の残余財産をその信託の受益者等から贈与（その受益者等の死亡に基因してその信託が終了した場合には遺贈）により取得したものとみなされ，相続税または贈与税の課税関係が発生する（相税9条の2第4項）（図3参照）。

図3　信託が終了し残余財産の給付を受けることとなった場合

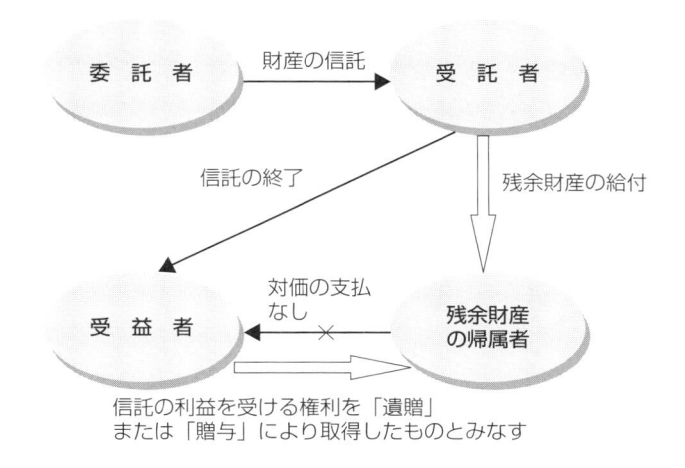

委託者 →財産の信託→ 受託者
委託者 →信託の終了→ 受益者
受託者 →残余財産の給付→ 残余財産の帰属者
残余財産の帰属者 →対価の支払なし×→ 受益者
信託の利益を受ける権利を「遺贈」または「贈与」により取得したものとみなす

V　受益者等が存在しない場合の特例

1　予定される受益者等が存在しない場合の受託者課税

　受益者等が存在しない信託の効力が生ずる場合において，その信託の受益者等と予定されている者がその信託の委託者の親族であるとき（その信託の受益者等となる者が明らかでない場合にあっては，その信託が終了した場合にその委託者の親族がその信託の残余財産の給付を受けることとなるとき）は，その信託の効力が生ずる時において，その信託の受託者は，その委託者からその信託に関する権利を贈与（その委託者の死亡に基因してその信託の効力が発生する場合には遺贈）により取得したものとみなされる（相税9条の4第1項）（図4参照）。

　この取扱いは，本来であれば受益者が存しない信託については，受益者が存在することになった時に，その受益者に課税するのが原則であるが，その時期がいつになるか不明確な場合には，受益者が存在しない信託が設定された段階で，将来の受益者に代わって受託者に課税しようという趣旨である。

　なお，これらの規定の適用がある場合において，これらの信託の受託者が個

図4　受益者等が存在しない場合の受託者課税

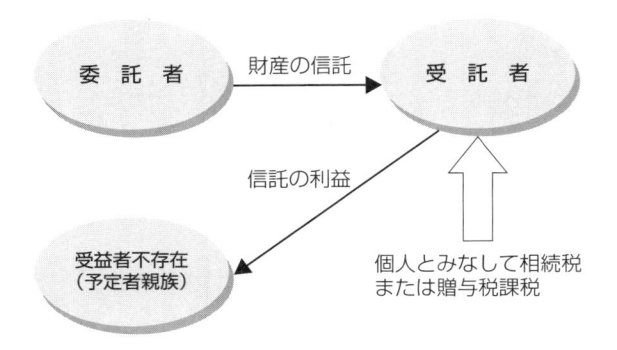

（図：委託者 →財産の信託→ 受託者、受託者 →信託の利益→ 受益者不存在（予定者親族）、受託者に「個人とみなして相続税または贈与税課税」）

人以外であるときは、その受託者を個人とみなして、相続税または贈与税を課税することとされている（相税9条の4第3項）。この場合において、受託者に課税された相続税または贈与税については、受託者に課税される法人税から税額控除される取扱いとなっている（相税9条の4第4項）。

2　受益者等が存しない信託に受益者等が存することとなった場合

受益者等が存しない信託について、その信託の契約締結時等において存しない者がその信託の受益者等となる場合において、その信託の受益者等となる者がその信託の契約締結時における委託者の親族等であるときは、その存しない者がその信託の受益者等となる時において、その信託の受益者等となる者はその信託に関する権利を個人から贈与により取得したものとみなされる（相税9条の5）（図5参照）。

図5 受益者等が存しない信託に受益者等が存することとなった場合

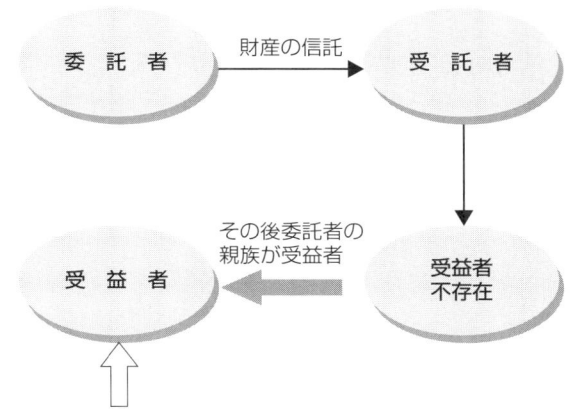

```
委託者 ──財産の信託──→ 受託者
                          │
                          ↓
受益者 ←──その後委託者の── 受益者
        親族が受益者      不存在
  ↑
不特定の個人から贈与により信託に関する権利を
取得したものとみなして贈与税課税
```

Ⅵ 受託者不存在の場合の受託者課税の方法

上記Ⅴ1のように受託者が不存在の場合には受託者に対して相続税または贈与税が課税される。また、受託者が個人でない場合には、その受託者を個人とみなして課税することとしている（相税9条の4第3項）。

1 贈与税の計算方法

信託の受託者として贈与により取得したものとみなされる財産とそれ以外に贈与により取得した財産がある場合には、それぞれ別の者が財産を取得したものとみなして贈与税額を計算する（相税令1条の10第1項）。また、信託の受託者が同一で、信託が2以上ある場合には、それぞれの信託ごとに別のものとみなして贈与税額を計算する（相税令1条の10第2項）。

2 相続税の計算方法

信託の受託者がその信託の委託者から遺贈（贈与者の死亡により効力を生じる贈与を含む。）により取得したものとみなされる信託に関する権利およびその信託

に関する権利以外のその信託に係る被相続人から相続または遺贈により取得した財産ごとに，それぞれ別の者とみなして相続税額を計算する（相税令1条の10第4項）。

◆清　水　謙　一◆

Q9 信託の事業承継への活用

事業承継の円滑化に信託を活用する方法があると聞きましたが，スキームの概要を教えてください。また，信託を利用することのメリットもあわせて教えてください。

A

　新信託法により，事業承継の円滑化のため，信託を活用した後継ぎ遺贈型受益者連続信託や遺言代用信託をはじめとする中小企業の事業承継の円滑化に活用可能な信託の類型が創設，明確化された。
　中小企業の事業承継の円滑化を目的とする信託には，事業承継の確実性・円滑化，後継者の地位の安定性，議決権の分散化の防止，財産管理の安定性などといった面でメリットがあると考えられており，今後広く利用されることが期待されている。

I 遺言代用信託を活用した事業承継スキーム

1 基本スキーム

　遺言代用信託を活用した事業承継スキームとは，次頁のスキーム1のように，オーナー（経営者）が事前に自社株式を対象に信託を設定し，信託契約において，当初は自らが受益者として会社経営を行い，自身に相続が発生した段階で，後継者に受益権を取得させる旨を定めるものである。
　この遺言代用信託を活用した事業承継スキームは事業承継の確実性・円滑化，後継者の地位の安定化につながるなどのメリットが考えられるが，具体的なメリットは以下のとおりである。
　① 遺言の場合には複数の遺言が存在する場合などのトラブルの可能性もあ

図1　スキーム1：遺言代用信託を利用した自益信託スキーム①

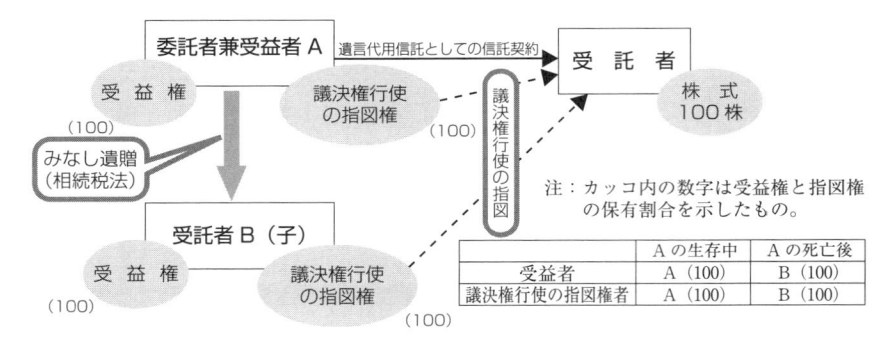

出典：信託を活用した中小企業の事業承継に関する研究会「中間整理―信託を活用した中小企業の事業承継の円滑化に向けて」（中小企業庁，平成20年9月）3頁。

るが，信託の場合にはオーナーの相続発生時に後継者に受益権を取得させる旨を定めることにより，後継者が確実に経営権を取得できる。

② オーナーの存命中は自身が経営権を保持することで経営の安定性などが保持できる。

③ 信託銀行等の第三者が受託者として財産を管理することとなるため，オーナー存命中の株式の分散等が防止され，後継者への安定的な経営権の承継が可能となる。

④ オーナーに相続が発生した場合には，遺産分割協議等の手続を経ることなく，信託契約に基づいて後継者が受益権を取得することとなるため，経営の空白期間が発生しない。

2　受益権を分割するスキーム

オーナーに相続人が複数存在し，後継者候補が1人の場合には非後継者の遺留分にも配慮した事業承継スキームの策定が重要となる。このような問題は会社法の改正により種類株式の発行が容易となったため，種類株式を利用することにより回避することも可能だが，信託を利用することも考えられる。

具体的には，以下のスキーム2のように，受益権を「議決権行使の指図権を

図2　スキーム2：遺言代用信託を利用した自益信託スキーム②

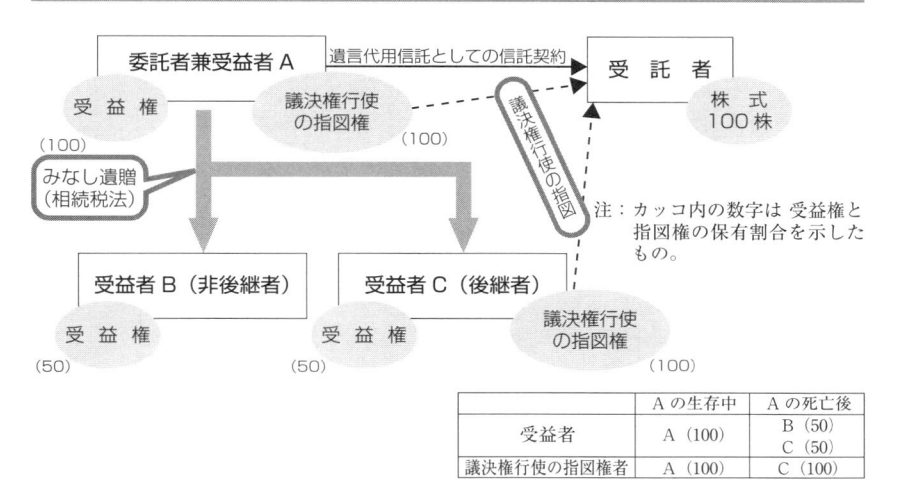

	Aの生存中	Aの死亡後
受益者	A (100)	B (50) C (50)
議決権行使の指図権者	A (100)	C (100)

出典：信託を活用した中小企業の事業承継に関する研究会「中間整理―信託を活用した中小企業の事業承継の円滑化に向けて」（中小企業庁，平成20年9月）4頁。

有するもの」とそれ以外に分割して，後継者には議決権行使の指図権を非後継者にはそれ以外の受益権を付与することで，非後継者の遺留分や生活保障にも配慮した種類株式と同様の効果を得ることが可能となる。

このように，信託スキームを活用することにより，遺留分に配慮しつつ議決権の分散化を回避できるという種類株式と同様の効果があるが，信託スキームと種類株式とを比較した場合のメリット・デメリットは以下のとおりである。

(1) メリット

① 種類株式を発行するためには，株主総会の招集，特別決議が必要であるなど手続が煩雑であるが，信託の場合には契約当事者の契約のみで手続が完了する。

② 種類株式を発行した場合には，後継者への議決権の移転に際して遺言等の手当てが必要となるが，信託スキームの場合には契約のみで手続が完了する。

③　種類株式を活用した事業承継対策には，議決権制限株式の発行，拒否権付株式（いわゆる黄金株）の発行，議決権・配当等についての株主ごとの異なる取扱いなどの活用が想定されるが，これらの手法に比して信託を活用したスキームは簡便で，より確実に議決権を後継者に集中させやすい。
④　オーナーの存命中は自身が経営権を保持することで経営の安定性などが保持できる。

(2) デメリット
①　信託スキームの場合には受託者に対する毎年の信託報酬が発生する。
②　信託スキームを構築する際に引受先となる信託銀行等の受託者を探す必要がある。

なお，遺言代用信託を活用した事業承継スキームの場合には，基本形スキームおよび受益権を分割するスキームともに，オーナー死亡後の財産移転となるため，課税関係は相続税の課税となる。

Ⅱ　他益信託を活用した事業承継スキーム

他益信託を利用した事業承継スキームとは，オーナー（経営者）が生前に，自社株式を対象に信託を設定し，信託契約において，後継者を受益者と定めるものである。この場合において，①受益権のすべてを後継者に移転させる方法と，②オーナーが引き続き経営にタッチするために議決権行使の指図権は現オーナーに残したまま，財産的部分のみを後継者に移転する手法が考えられる。

いずれの手法においても，信託契約において，信託終了時に後継者が自社株式の交付を受ける旨を定めておくことで，後継者の地位を確立することが可能となる。また，信託終了の時期についても，信託設定から数年経過時，あるいは，オーナーの相続発生時など，オーナーの意向に応じた柔軟なスキームを構築することが可能となる。

なお，他益信託のスキームの場合には，オーナーの生前に財産的部分が後継者に移転することとなるため，課税関係は贈与税となる。贈与税の場合には税

図3　スキーム3：他益信託を利用したスキーム

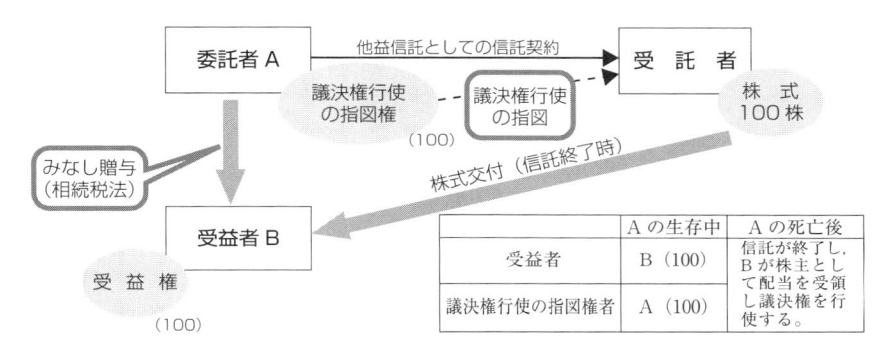

注：カッコ内の数字は受益権と指図権の保有割合を示したもの。
出典：信託を活用した中小企業の事業承継に関する研究会「中間整理―信託を活用した中小企業の事業承継の円滑化に向けて」（中小企業庁，平成20年9月）5頁。

負担が多額に及ぶことも多くなることから，相続時精算課税制度を併用して一時的な税負担の軽減することの検討も重要となる。

◆清　水　謙　一◆

Q10 信託財産の税務上の評価と受益者連続型信託の税務上の留意点

信託財産について相続税または贈与税の課税関係が発生する場合の評価額について教えてください。また，受益者連続型信託の場合には税務上の評価額，課税関係が特殊になるそうですが，概要について教えてください。

A

　信託財産の評価は原則的には信託財産を収益受益権と元本受益権とに分け，それぞれの取得者が同一人か別々かにより評価の仕方が変わる。
　一方，受益者連続型信託の評価は元本受益権の価額が零とみなされるなど特殊な評価額となり，また，課税関係も複雑になるので注意が必要である。

I 信託財産の評価の原則

　信託の利益を受ける権利の評価は，収益受益権と元本受益権（収益受益権以外の議決権行使の指図権など）を同一の受益者が取得するのか，あるいは，それぞれ別々の受益者が取得するのかによって評価の仕方が変わってくる（財産評価基本通達202）。具体的には以下のとおりである。

(1) 収益受益権と元本受益権を別々の者が取得する場合

① 収益受益権

　課税時期の現況において推算した受益者が将来受けるべき利益の価格ごとに課税時期からそれぞれの受益の時期までの期間に応ずる基準年利率による複利現価率を乗じて計算した金額の合計額。

② 元本受益権

財産評価基本通達に従って評価した課税時期における信託財産の価額から，①により評価した収益受益者に帰属する信託の利益を受ける権利の価額を控除した価額。

(2) 収益受益権と元本受益権を同一の受益者が取得する場合

信託財産について，財産評価基本通達に従って評価した課税時期における価額。

簡単な事例を設定して整理すると以下のようになる。

【事例】
　Xは駐車場として賃貸している土地（1,000m^2：路線価評価5億円）を信託財産として，元本受益権を長男に，収益受益権を信託期間30年として配偶者に信託設定。年間収益は1,000万円前後の場合，課税関係・信託財産の評価額について教えてください。
　〈整理〉
　上記(1)に該当し，元本受益権と収益受益権に分けて評価する。なお，課税関係はXから配偶者および長男が贈与に取得したものとみなして贈与税を課税する（死亡を起因とした移転の場合には相続税課税）。
　〈具体的評価〉
　①　配偶者：収益受益権
　　　1,000万円×22.396（基準年利率2％の複利年金現価率）＝2億2,396万円
　②　長男：元本受益権
　　　5億円－①＝2億7,604万円
【参考】
　収益受益権・元本受益権ともに配偶者の場合の評価は上記(2)となり，課税時期における信託財産の価額によって評価する。すなわち土地そのものの価額5億円となる。

Ⅱ 受益者連続型信託の課税関係

1 受益者連続型信託の活用例

　新信託法により信託を活用したさまざまなスキームが構築されているが，受益者連続型信託は事業承継の場面において，現オーナーが自身の子供の代の後継者のみならず，孫の代まで後継者を指定しておきたい場合などに活用されることが想定される。

　受益者連続型信託を活用した簡単なスキームの具体例は以下のようになる。

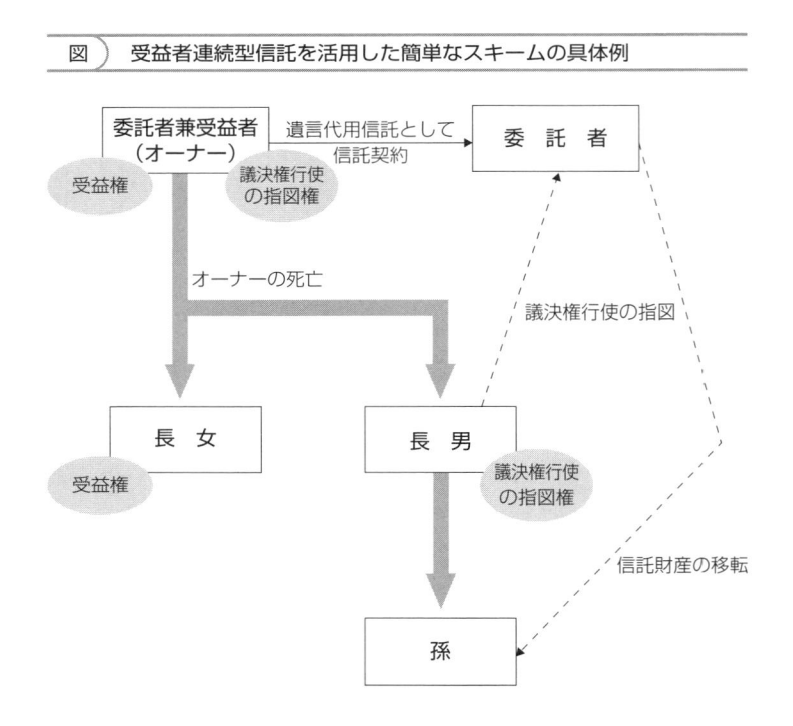

図　受益者連続型信託を活用した簡単なスキームの具体例

```
委託者兼受益者          遺言代用信託として         委託者
 (オーナー)              信託契約
受益権  議決権行使
       の指図権                                   議決権行使の指図
    │
オーナーの死亡
    │
    ▼               ▼
  長女             長男
  受益権           議決権行使
                  の指図権
                    │
                    ▼               信託財産の移転
                    孫
```

①　生前にオーナーが受託者と信託契約を締結し，自社株式を信託する。
②　遺言により株式の権利である「議決権行使の指図権」を後継者である長男に承継させることとして会社の経営権を確保させる。
③　非後継者の長女には配当その他の収益を受ける「収益受益権」を取得させて収入の確保を行う。
④　長男および長女死亡後は信託財産である自社株式を孫に取得させる旨を遺言に記載しておく。

2　受益者連続型信託の評価と課税関係

　1のスキーム図のように，オーナー死亡後には長男および長女へ，長男および長女死亡後は孫にというように受益者の指定が一人で終わらない受益者連続型信託の場合には，信託財産の評価は原則的な評価の仕方とまったく異なるので注意が必要である。

　詳細は相続税基本通達9の3−1に規定されているが，要約すると収益受益権の価額は「信託財産の全部の価額」とされており，逆に元本受益権は零，すなわち無価値とみなされている。

　このように，受益者連続型信託を活用したスキームの場合には評価がかなり特殊なものになるため，課税上留意が必要である。

　1のスキーム図にあてはめて考えてみると，オーナーに相続が発生し，信託受益権の移転が行われた場合には，会社の支配をできる長男の財産評価は0である一方，配当を受ける権利を取得した長女は信託財産の全部の価額，すなわち自社株式のすべてを取得したものとみなして相続税が課税されることになる。現実的な価値から考えれば長女が取得した収益受益権は原則的に配当を受ける権利しかないため，配当還元価額にきわめて近い価額が評価額として妥当とも考えられる。しかし，自社株全額の評価で課税を受けるため，税負担の納得感などなかなか理解をしにくい部分もあると思われる。そのため，受益者連続型信託を実際に検討する場合には，評価の特殊性も十分に考慮することが求められる。

> 相続税基本通達9の3―1
> （受益者連続型信託に関する権利の価額）
> 受益者連続型信託に関する権利の価額は，例えば，次の場合には，次に掲げる価額となることに留意する。（平19課資2―5，課審6―3追加）
> (1) 受益者連続型信託に関する権利の全部を適正な対価を負担せず取得した場合　信託財産の全部の価額
> (2) 受益者連続型信託で，かつ，受益権が複層化された信託（以下「受益権が複層化された受益者連続型信託」という。）に関する収益受益権の全部を適正な対価を負担せず取得した場合　<u>信託財産の全部の価額</u>
> (3) 受益権が複層化された受益者連続型信託に関する元本受益権の全部を適正な対価を負担せず取得した場合（当該元本受益権に対応する収益受益権について法第9条の3第1項ただし書の適用がある場合又は当該収益受益権の全部若しくは一部の受益者等が存しない場合を除く。）　零
> （注）　法第9条の3の規定の適用により，<u>上記(2)又は(3)の受益権が複層化された受益者連続型信託の元本受益権は，価値を有しないとみなされる</u>ことから，相続税又は贈与税の課税関係は生じない。ただし，当該信託が終了した場合において，当該元本受益権を有する者が，当該信託の残余財産を取得したときは，法第9条の2第4項の規定の適用があることに留意する。

◆清　水　謙　一◆

Chapter 8

信託と弁護士業務

Q1 弁護士業務と信託業

弁護士は，業務に付随して依頼者から金銭等を預かったり，その預かった金銭等を管理し処分することもありますが，このような業務と財産の管理・処分を目的とする信託との関係はどのようなものと考えられますか。

A

　弁護士が業務に付随して依頼者から金銭等の預託を受ける行為については，その性質上信託として認定される可能性があり，反復継続的に行われる場合には，信託業法との関係が問題となる。この点，信託業法上，「弁護士又は弁護士法人がその行う弁護士業務に必要な費用に充てる目的で依頼者から金銭の預託を受ける行為その他の委任契約における受任者がその行う委任事務に必要な費用に充てる目的で委任者から金銭の預託を受ける行為」で信託の引受けに該当するものは，同法の適用対象から除外すると

されており（信託業令1条の2第1号），弁護士のかかる行為が同法上問題とされることは，原則としてない。

I　弁護士業務と金銭等の預託行為等

　弁護士は依頼者からの依頼に基づいて法律事務を行うことを職務としているが，その依頼に係る職務の遂行過程においては，金銭その他の財産の預託を受け，あるいはその預託を受けた金銭等を管理・処分するなどといった場面が少なからず生じる。
　たとえば，弁護士が，依頼者の負担する債務についての私的整理を受任するような場合においては，あらかじめ依頼者からその有する金銭等を預かり，債権者への支払の原資や債務整理事務遂行のための費用に充てることがある。また，依頼者が損害賠償を請求されているような場合において，相手方と交渉のうえ和解するにつき，弁護士があらかじめ依頼者から和解金相当額を受領して，相手方に対して和解成立と同時に現金を交付するなどといったこともよく行われる。
　弁護士はそのほかにも，法律事務の処理に要する実費を預かったり，財産管理の依頼に基づいて依頼者の財産を管理・処分するなど[注1]の業務を日常的に行っており，このように弁護士業務と金銭等の預託行為等は切り離すことのできないものであるといえる。

II　弁護士による金銭等の預託行為等と信託

　上記のような弁護士業務にともなう金銭等の預託行為等については，信託と

（注1）　平成18年11月20日付日本弁護士連合会「法律業務に伴う弁護士による信託の引受けを信託業法の適用除外とする法整備案について」（以下「平成18年日弁連意見書」という。）1頁以下，および平成19年5月2日付日本弁護士会連合会『「信託法及び信託法の施行に伴う関係法律の整備等に関する法律の施行に伴う金融庁関係政令等の整備に関する政令（案）』及び『信託業法施行規則等の一部を改正する内閣府令等（案）』に関する意見書」（以下「平成19年日弁連意見書」という。）3頁以下。

して認定される可能性があるといえる。

　なぜならば，信託法は，信託について，「特定の者が一定の目的……に従い財産の管理又は処分及びその他の当該目的の達成のために必要な行為をすべきものとすること」(信託2条1項)との定義を与えているところ，上記のような，弁護士が業務に基づいて金銭の預託を受ける行為については，形式的にはかかる定義に該当しうるものであるからである。

　この点，最判平15・6・12(民集57巻6号563頁)における深澤武久・島田仁郎両裁判官の補足意見は，依頼者の債務整理のために弁護士が開設した「預り金口座」に係る預金債権に対して，依頼者の債権者たる所轄税務署長からの差押えがなされたという事実関係の下，当該差押えの有効性が争われた事案に関して，「会社の資産の全部又は一部を債務整理事務の処理に充てるために弁護士に移転し，弁護士の責任と判断においてその管理，処分をすることを依頼するような場合には，財産権の移転及び管理，処分の委託という面において，信託法の規定する信託契約の締結と解する余地もあるものと思われるし，場合によっては，委任と信託の混合契約の締結と解することもできる」として，依頼者からの金員預託行為に関して信託と認定されうることを示唆している。

Ⅲ　信託業法上の取扱い

1　信託業法における「信託業」

　信託業法は，「信託に関する引受けその他の取引の公正を確保することにより，信託の委託者及び受益者の保護を図り，もって国民経済の健全な発展に資することを目的とする」法律であり(信託業1条)，「信託業」を行う者に関する参入基準，行為規制，監督規制等を定めている。

　そして，かかる信託業法の適用対象となる「信託業」については，「信託の引受け（他の取引に係る費用に充てるべき金銭の預託を受けるものその他他の取引に付随して行われるものであって，その内容等を勘案し，委託者及び受益者の保護のため支障を生ずることがないと認められるものとして政令で定めるものを除く。以下同じ。）を行う営業をいう。」と規定する(信託業2条1項)。

ここに「営業」とは，「営利の目的」をもって「反復継続」して行為を行うことをいうとされており，また「反復継続」性の判断においては，行為の回数のみならず，行為者の主観も併せて考慮すべきとされている[注2]。

2　弁護士による金銭等の預託行為等と信託業

この点，前述のように，弁護士が行う依頼者の金銭等の預託行為等については，明示的に信託設定する旨を示さなくても，信託と認定される可能性があるというべきであるところ，弁護士業務と依頼者からの金銭等の預託行為が不可分である以上「反復継続」性は認定されることとなると思われるし，弁護士が依頼者から報酬を受領するものである以上「営利の目的」を有しているとされる可能性もあるものといわざるをえない。

したがって，弁護士のかかる行為については，信託業法上の「信託業」に該当するとされる可能性も否定できない。

そこで，信託業法施行令1条の2第1号は，「弁護士又は弁護士法人がその行う弁護士業務に必要な費用に充てる目的で依頼者から金銭の預託を受ける行為その他の委任契約における受任者がその行う委任事務に必要な費用に充てる目的で委任者から金銭の預託を受ける行為」であって，「信託の引受けに該当するもの」は，信託業法2条1項の「他の取引に係る費用に充てるべき金銭の預託を受けるものその他他の取引に付随して行われるものであって，その内容等を勘案し，委託者及び受益者の保護のため支障を生ずることがないと認められるもの」（信託2条1項括弧書）に該当するとして，信託業法の規制の適用対象から除外するという扱いをしている。

なお，この点に関して，信託業法の所轄官庁である金融庁は，「『信託法及び信託法の施行に伴う関係法律の整備等に関する法律の施行に伴う金融庁関係政令の整備に関する政令（案）』及び『信託業法施行規則等の一部を改正する内閣府令等（案）』に対するパブリックコメントの結果について」（以下「平成19年パブコメ回答」という。)[注3]を公表している。

（注2）　小出卓哉『〔逐条解説〕信託業法』（清文社，2008）17頁。
（注3）　http://www.fsa.go.jp/news/19/ginkou/20070713-1/01.pdf

平成19年パブコメ回答においては,「施行令第1条の2において規定されている者は,必ずしも信頼性が確保されている者ではなく,また,委任契約や請負契約を隠れ蓑にして,実質的な信託を受ける者が現れるおそれがあるため,信託業法の適用除外範囲を限定すべきである。」との意見に対して,「本規定は,委任契約や請負契約に付随して金銭の預託を受けるような場合にまで信託業法の適用をすることは妥当でないため,そのような場合に限り,信託業法を適用しないことを示したものになります。仮に,委任や請負の外形をとっているものの,実質的には信託契約を締結しているといえるケースについてまで信託業法の適用除外としているものではありません。」旨の回答がなされている。この点に関しては,「信託業法の適用除外とされているのは,他の契約を締結することにより,当事者間でも予期せぬ形で信託の成立が認められるような類型だけであり,信託契約を締結する行為そのものが適用除外とされているものではない」との見解が存することには留意が必要である[注4]。

3　日本弁護士連合会の見解

　なお,日本弁護士会連合会は,かような信託業法における弁護士の預託金等受入行為に関して,かかる信託業法等の改正に際する平成18年日弁連意見書および平成19年日弁連意見書において,次のような見解を提示している。

　すなわち,平成19年日弁連意見書は,弁護士業務の本質にかんがみて,弁護士の金銭等預託行為については,信託業法にいう「営業」に該当しないと考えるべきであるとする。また,弁護士の行う法律業務については,刑事罰をともなう形で弁護士法上の行為規制が存在しており,また強制加入である弁護士会の各会規において全般的に規制されていることから,行政官庁の懲戒権に服している他の士業と比較にならないほどの自立的規制を達成しているため,信託業法施行令1条の2において[注5],弁護士または弁護士法人が行う弁護士業務にともなう金銭の預託行為を,委任業務にともなう金銭の預託行為の単なる例示として位置づけてこれらと同列に取り扱っている点において不当であると考

(注4)　小出・前掲(注2)20頁。
(注5)　当該意見書が公開された時点では,未だ「施行令案」の段階であった。

えるとしている。

◆金澤　浩志◆

Q2 弁護士業務と福祉型の信託

弁護士が高齢者等の財産の管理に関する業務を行うことと，信託との関係はどのように考えられますか。

A

　弁護士が任意後見制度や成年後見制度において行う高齢者等の財産の管理に関する業務は，それ自体だけでは財産管理や生活保障という依頼者の具体的なニーズを十分に反映できないことも少なくない。

　そこで，弁護士がこれらの制度を用いる場合においても，個々の事案において求められている高齢者や障害者等の財産管理・生活保障に一番適したスキームを提案することが必要であり，信託を用いるメリット等も踏まえたうえで，他の制度に代えて，あるいは他の制度と併用することで信託を積極的に活用していくことが求められる。また，判断能力等の減退がなく成年後見制度等の利用が困難な場合であっても障害者や高齢者等の身上監護に配慮したうえで，福祉型の信託の活用を検討していくことが，重要な弁護士の職責であるといえる。

Ⅰ　福祉型信託とは

　新信託法の成立過程において，福祉型信託という言葉が積極的に用いられるようになってきた。しかし，福祉型信託という概念についての定義規定はなく，そのとらえ方には種々の解釈がありうる。ここではひとまず，福祉型信託とは，高齢者や障害者等の財産管理のために用いられる民事信託をいうものと定義したうえで，かかる福祉型信託と弁護士業務の関係について論じることとする。なお，民事信託の定義も一様ではないものの，ここでは営利を目的とせ

ず，したがって信託業法の適用を受けない信託を意味するものとして用いることとする。

II 高齢者・障害者等の財産管理制度

　弁護士が，業務として高齢者や障害者等のために財産管理を行う場面としては，任意後見契約や成年後見制度の利用が考えられる。たとえば，大阪弁護士会では，高齢者・障害者総合支援センター「ひまわり」において財産管理・身上監護のために財産管理人等を紹介する業務が行われ，その積極的な運用と利用のための対策がなされており，これらの制度の今後のさらなる発展が期待されているところである。

　この任意後見制度や成年後見制度における弁護士の主たる業務としては，任意後見人や成年後見人等に就任し，判断能力が減退した者のための身上監護や財産管理等を行うことになる（後見人について民法858条。保佐人について民法876条の5。補助人について民法876条の10・同条の5。任意後見人について任意後見契約に関する法律6条）。

　他方で，福祉型信託は，判断能力の減退の有無を問題とすることなく，もっぱら財産管理のために用いられるものである点において，任意後見制度や成年後見制度とは性質を異にするものといえる。

　したがって，弁護士が，高齢者や障害者の財産の管理に関する業務を実施するに際しては，福祉型信託を選択し，あるいは福祉型信託と任意後見制度や成年後見制度を併用して，高齢者等のニーズに的確に応えるためのスキームを提案していくことが肝要となってくるものと考えられる。

III 弁護士業務と福祉型信託

1 障害者や高齢者等を委託者とする福祉型信託

　重度の障害や難病というだけでは，あるいは高齢者というだけでは，成年後見制度を利用して成年後見人による財産管理を実施することができない。現行

法上，成年後見制度は，重度の障害，難病，高齢などの理由だけでは利用できず，判断能力の減退があることが必要となっているからである。

このように成年後見制度を利用することができない場合，弁護士としては，依頼者のニーズを的確に実現するために，かかる成年後見制度に代わるスキームを提案することが必要となってくる。そして，このような場合の選択肢の一つとして，福祉型信託を用いるスキームが考えられる。

たとえば，高齢者・障害者等の預金や現金を信託財産とし，高齢者・障害者等を委託者兼受益者，これらの身の回りの世話を行う者で財産管理を任せてもよいと考えられる親族等を受託者として，高齢者・障害者等の生活保障を目的とする信託を設定するという方法が考えられる。

この点，特に預金や現金等の資産に関しては，高齢者・障害者等が詐欺や悪徳商法等による被害を受けやすいことや，預金や現金の性質上容易に流出しやすいものであること等からして，かかるスキームを用いて高齢者・障害者等の権益を保護することが可能であると思われる。

また，不動産については，容易に換価ができるものではない反面，その価値は高く，高齢者や障害者等の財産の大部分を占めることも少なくないため，特に高齢者・障害者等の生活の本拠である場合にはかかる財産が容易に処分できないように対応する必要性が高いといえる。この点について，社会福祉協議会が権利擁護事業として，権利証の保管等の財産保全サービス等を行っているが[注1]，かかるサービスのみでは高齢者・障害者等を詐欺や悪徳商法等による被害から十分に守りきれない場合も多い。このような場合に，高齢者・障害者等を委託者兼受益者として不動産を信託し，信頼に足る親族等の適切な受託者に不動産管理を行わせることで，詐欺や悪徳商法により当該不動産を失ってしまうことを防止し，高齢者・障害者等の財産の保全をより確実にすることも検討すべきであろう。

なお，自宅不動産の信託に際しては，信託行為において，委託者の死亡までは当該不動産について売却等の処分をしないこと，委託者の生存中は当該不動産を委託者に使用貸借する旨を定めて，委託者の生存中の生活保障を図るとと

(注1) 一例として，東京都社会福祉協議会 http://www.tcsw.tvac.or.jp/activity/kenriyougo.html

もに，委託者の死後は，受託者に委託者の介護に最も献身的であった者を受益者に選定する裁量権を与えるなどの取扱いを定めることもありうるであろう(注2)。

さらに，新井誠教授は，自宅不動産について，不動産の管理および処分代金に関する債務弁済を目的とした不動産信託契約を締結し，高齢者等に受益権を取得させ，受託者が当該受託者の受益権を年金基金等に譲渡斡旋し，資金化することによって障害者や高齢者等の生活に必要な資金を得て，障害者や高齢者等が死亡した時は不動産を売却した売却代金によって精算するスキームを挙げられている(注3)。このスキームは，高齢者・障害者等に自宅不動産のほかにめぼしい財産がない場合でも，かかる財産を有効に活用したうえで，これらの者の生活保障を図りうるという点で非常に興味深く，弁護士がスキームを提案する際に，検討に値する信託の活用方法といえよう。

成年後見制度を利用できる場合であっても，保佐や補助の場合には高齢者・障害者等自身による財産処分の可能性があることから，これらの制度の利用のみでは十分な対応ができないことがあるので，上記に述べたようなスキームと併用することによって，障害者や高齢者等の財産管理・生活保障をより強固にすることも弁護士としては検討すべきと考える。

2 配偶者や子に障害者や高齢者等がいる場合における福祉型信託

障害を有する子供をもつ親や，障害を有する配偶者をもつ者にとって，自己の死亡後，これらの者のための財産管理と身上監護をどのように行っていくかという点は，非常に頭を悩ませる難しい問題である。特に，親の死亡後，障害を有する子供の財産管理と身上監護をどうするかという問題は，いわゆる「親亡き後問題」といわれ，信託法の改正過程でもさまざまな議論がなされてきたところである。

弁護士がこれらの問題に対応する際には，障害をもつ配偶者や子供等に対して生活費等を安定的に給付することを可能とするために，あるいは，成年後見

(注2) 新井誠『信託法〔第3版〕』(有斐閣，2008) 462頁。
(注3) 新井・前掲(注2) 470頁。

人等に課せられている長期的な財産管理の負担が軽減され、より身上監護面に注力することを可能とするために、信託制度の活用を積極的に検討していくことが肝要である。

具体的には、収益不動産を所有する親が、自己の死亡した後であっても、当該不動産から生ずる収益を子供の生活費として給付することを可能とするために、自己を委託者兼受託者とし、子供を受益者として自己信託を設定し、自己の死亡後は適切な受託者を指定しておくなどの方法が考えられるところである。

なお、成年後見制度等の利用が可能である場合には、当該制度を併用し、障害をもつ子供らが適正に生活費を利用することができるよう、信託の受託者が成年後見人等の支援者と連携することも有効であり、相談を受けた弁護士としてはこのような対応も検討すべきといえる。

他方で、前述のように、たとえ重度の身体障害により財産管理ができない場合でも判断能力の減退等がみられないときは成年後見制度を利用することができない。

そこで、実務上は、任意後見制度における任意後見人と同様の役割を受任者が担う「任意代理契約」を締結し、財産管理や身上監護を遂行しているが(注4)、任意代理契約には法律上の監督者が存在せず、横領等の問題が発生する可能性がある。そこで、かかる問題点に対処するために任意代理契約を締結する前提として、その財産に関して信託契約を締結することが提言されており(注5)、弁護士にはこのような視点も踏まえたうえで対応することが求められている。

また、上記1と同様、自己の所有する不動産を信託し、高齢または障害をもつ配偶者や子が死亡までの間生活の本拠となる場所を確保することも、相談を受けて対応する弁護士に求められているといえよう。

なお、たとえば、障害をもつ配偶者を受益者として信託を設定する場合に、かかる者の死亡後、その親族に当該信託に係る財産が相続されることになるこ

(注4) 金融審議会金融分科会第二部会(第45回)合同会議録(http://www.fsa.go.jp/singi/singi_kinyu/dai2/gijiroku/20071219.html)。
(注5) 同上。

とを回避し，自己の親族等他の一定の者へ当該財産を承継させたいという意向がある場合も少なくないと思われる。そのような場合には，いわゆる受益者連続信託を利用することによってかかるニーズに対応することも考えられることから，弁護士としてはこのような点にも留意したうえで，信託制度の活用により依頼者の具体的ニーズに応えることができるかを検討すべきである。

3 まとめ

　弁護士が高齢者・障害者等の財産管理や生活保障に関する事案の相談を受ける場合，これらの者が多額の預金・現金や収益不動産を有している場合には，信託銀行等の信託業務を通じて，その財産管理や生活保障を図ることも可能となるが，そのような豊かな財産は有していないことが通常である。

　わが国においては自宅不動産を所有している比率が高いといわれているが，その反面他にみるべき資産がない場合も多いと思われるため，弁護士としては，成年後見制度等の活用が可能か，自宅不動産を実質的に担保にすることによって障害者や高齢者等の生活保障を図りうるか，財産の保全強化等の側面から信託を検討する余地がないかという観点から，他の制度に代えてあるいは他の制度と併用することによって信託制度の活用が望ましいかを，高齢者および障害者等の状況，財産の状況等を踏まえたうえで提案し，依頼者のニーズを的確に実現できるようにスキームを提案することが専門家たる弁護士の職責といえる。

◆吉　田　伸　哉◆

Q3 弁護士の預り金の法的性質と信託的側面

弁護士が，私的整理の目的で依頼者から預かった金銭を管理するために弁護士名義の銀行普通預金口座を開設することがありますが，依頼者の債権者が預金債権を差し押さえる場合や，開設者である弁護士が倒産した場合，当該口座に係る預金債権をめぐる法律関係はどうなりますか。信託の観点をふまえて説明してください。

A

　私的整理の目的で弁護士が依頼者から預かった金銭については，事実関係によっては，委任契約に基づく前払費用として弁護士に帰属するものであり，本件預金口座はかかる金員をもって開設されたものとして，当該口座に係る預金債権も弁護士に帰属するとされる場合がある。この場合，依頼者の債権者は当該口座に係る預金債権を差し押さえることはできない一方で，当該口座を開設した弁護士の債権者による差押えがなされる可能性や，弁護士に倒産手続が開始された場合には当該手続に組み込まれる可能性は否定できない。

　他方で，当該預り金の管理について，弁護士と依頼者の間で信託契約が成立したとする信託構成がとられる場合には，当該口座に係る預金債権は信託財産として，弁護士の資産とは異なる扱いがなされることとなるため，弁護士の倒産手続等からも隔離されることとなる。

I 私的整理にともなう銀行普通預金口座の開設

　弁護士は，資金繰りに行き詰まり窮境に陥った企業等から，その債務整理の依頼を受けることがあるが，法的倒産手続の開始を申し立てずに私的整理の手法によりその処理を図っていく事例も相当数存する。私的整理とは，債務者と

債権者との間の任意協議に基づいて整理手続を進めていく手法のことをいうが，その類型は多様であり，私的整理をして企業再建を図っていく場合もあれば，最終的には企業清算を図っていく場合もある。

このように私的整理にも多様な類型があり，その取扱いもさまざまであるが，弁護士が私的整理を受任する際には，依頼者等から当該私的整理のために金員を預かり，いわゆる「預り金口座」として，銀行に当該私的整理の遂行のための普通預金口座を開設するということが一般に行われている。弁護士は，私的整理を円滑に進めるために，依頼者に代わって，当該「預り金口座」から，依頼者の負担する租税公課や従業員に対する給与，取引先に対する買掛債務の支払を行うことになる。また，依頼者が取引先から受ける支払についても当該「預り金口座」に対して振り込まれるようにするのが通常であり，このように依頼者の事業に関する入出金が当該「預り金口座」において統一的に管理されることとなる。

各弁護士会においても，それぞれ当該「預り金口座」に関する内規を定めており，たとえば第一東京弁護士会では「弁護士業務上の預り金品の保管方法等に関する会規」（同会会規第12号）を定め，「弁護士会員及び弁護士法人会員は，受任事件につき，依頼者から又は依頼者のために預かった金銭を保管するため，銀行，郵便局その他の金融機関の預貯金口座を自己の預貯金口座とは別個に開設して，預り金を保管しなければならない。」と規定している（同規定2条）。

しかしながら，実体法上かかる「預り金口座」に関する権利関係がどのように取り扱われることとなるかについては一義的に明確であるとはいえず，依頼者の債権者からの差押えがなされる場合や，当該「預り金口座」の開設者たる弁護士が倒産するような場合には，その不明確性が顕在化することとなる。

II 最高裁平成15年6月12日判決について

1 事案の概要

最判平15・6・12（民集57巻6号563頁）（以下「本判決」という。）[注1]は，依頼者

の債務整理のために弁護士が開設した「預り金口座」に係る預金債権に対して，依頼者の債権者たる所轄税務署長からの差押えがなされたという事実関係の下，当該差押えの有効性が争われた事案に関するものである。

すなわち，本判決の事案[注2]は，依頼者（X₁）から債務整理の依頼を受けた弁護士（X₂）が，当該債務整理事務の遂行のためにA銀行にX₂名義の普通預金口座（以下「本件預金口座」という。）を開設し，X₁から受領した500万円を当該口座に入金のうえ，その通帳および届出印を管理して，X₁に関する入出金事務を行っていた[注3]ところ，口座開設から約5か月経過後，残高が274万8678円になっていた当該口座に係る預金債権に対して，所轄税務署長（Y）から，当該預金債権はX₁の財産であるとして，X₁の滞納国税等の徴収のために差押えおよび交付要求がなされたのに対し，Xらが当該差押えおよび交付要求の無効確認ないし取消しを求めたというものである（以下「本事案」という。）。

2　争点および判決の要旨

本事案に関してはいくつかの争点が存したが，主要な争点は，本件預金口座に係る預金債権が誰に帰属するのか（具体的にはX₁に帰属するのか，あるいはX₂に帰属するのか）という点であった。すなわち，Yによる差押えは，YのX₁に対する債権に基づいてなされているものであるから，本件預金口座に係る預金債権がX₁，X₂のいずれに帰属するかが決定的に重要であり，裁判においては主にこの点が争われた。

本判決の原審は，本件預金の原資は，X₂がX₁から当初受領した金員，X₂がX₁の資産を売却した代金，X₁の取引先から支払われた金員等であるという事実や，本件預金口座のX₂による管理状況等の事実関係を前提として，私的整理を受任した弁護士が委任者から受領する前払費用としての弁済資金は，弁護

(注1)　なお，全体として本判決につき，大橋寛明・最判解民平成15年度(上)308頁以下参照。
(注2)　本設問における検討に必要な範囲で事実関係を省略している。詳細な事実経緯については，大橋・前掲（注1）参照。
(注3)　当該口座には，X₁の売掛金および請負代金，X₁への公租公課の還付金等が，X₂の依頼により，X₁の債務者から振り込まれ，他方で当該口座からは，X₁の債権者に対する配当金およびその振込手数料，X₁の従業員の給料，社会保険料，税金等が出金された（大橋・前掲（注1）309頁）。

士が自由に処分できるものではなく，善管注意義務をもって管理し，委任契約が解約されたときにはその返還義務を負うものであるという委任契約の内容を考慮すると，本件預金の出捐者は X_1 であると認められ，本件預金に係る預金債権は X_1 に帰属すると認めるのが相当であるとし，Y による差押えの有効性を認めた。

しかしながら，本判決は次のとおり判示し，上記原審の判断を覆し，結論として本件預金に係る預金債権は X_2 に帰属するものとして，Y による差押えはできないとした。すなわち，「債務整理事務の委任を受けた弁護士が委任者から債務整理事務の費用に充てるためにあらかじめ交付を受けた金銭は，民法上は同法649条の規定する前払費用に当たるものと解される。そして，前払費用は，交付の時に，委任者の支配を離れ，受任者がその責任と判断に基づいて支配管理し委任契約の趣旨に従って用いるものとして，受任者に帰属するものとなると解すべきである。……そうすると，本件においては，上記500万円は，X_2 が X_1 から交付を受けた時点において，X_2 に帰属するものとなったのであり，……本件口座は，X_2 が自己に帰属する財産をもって自己の名義で開設し，その後も自ら管理していたものである」ので，本件口座に係る預金債権は，すべて X_2 の銀行に対する債権であると認めるのが相当であるとした。

Ⅲ 本判決補足意見に示された「信託」構成とそのメリット

1 本判決の法律構成とその不都合性

本事案は，債務整理のために依頼者から受領した資金をもって弁護士が開設した預金口座に係る預金債権に対する，依頼者の債権者による差押えの可否について判断したものであり，本判決は結論として当該差押えを認めなかった。その事実認定および法律構成は，前述のとおりであるが，要するに，委任契約に基づく前払費用として依頼者から受領した資金は弁護士に帰属するものであり，本件預金口座はかかる金員をもって開設されたものであるから，当該口座に係る預金債権も弁護士に帰属するとするものである。

しかしながら，このように預金債権が弁護士に帰属すると考える以上は，当該弁護士について破産手続が開始される場合には，当該預金債権は破産財団に組み込まれると考えざるをえないし，また，弁護士の個別債権者が当該預金債権を差し押さえる場合には，その有効性を承認せざるをえないこととなり，依頼者にとって不測の損害が発生する可能性がある。このように，依頼者が事件を依頼するにあたって弁護士の信用リスクを負担しなければならないという事態は社会的にきわめて大きな問題を生じ，弁護士業務一般に対する信頼を著しく損なう結果を招来しうる。

　本判決に関しては，その判断内容と預金債権の帰属認定に関する従前の学説・判例との関係が盛んに議論されているところではあるが[注4]，以下では本判決に付された深澤武久・島田仁郎両裁判官の補足意見（以下「本補足意見」という。）に着目して，「預り金口座」をめぐる法律関係につき信託の考え方を取り込むことで，上記のような問題点を回避することができるかを検討する。

2　本判決補足意見の内容

　深澤・島田両裁判官は補足意見において，「会社の資産の全部又は一部を債務整理事務の処理に充てるために弁護士に移転し，弁護士の責任と判断においてその管理，処分をすることを依頼するような場合には，財産権の移転及び管理，処分の委託という面において，信託法の規定する信託契約の締結と解する余地もあるものと思われるし，場合によっては，委任と信託の混合契約の締結と解することもできる」として，本件における契約関係を，信託契約ととらえることができるのではないかと指摘する（以下，かかる構成を「信託構成」という。）。

　続けて，「会社の資産は，弁護士に移転する（同法1条〔筆者注―旧信託法の条文。以下同じ。〕）が，信託財産として受託者である弁護士の固有財産からの独立

(注4)　例として，天野佳洋＝正田賢司＝田爪浩信＝道垣内弘人「〔座談会〕預金の帰属をめぐる最新判例と実務対応」金法1686号（2003）9頁以下，岩原紳作＝森下哲朗「預金の帰属をめぐる諸問題」金法1746号（2005）24頁以下，福井章代「預金債権の帰属について―最二小判平15・2・21民集57巻2号95頁及び最一小判平15・6・12民集57巻6号563頁を踏まえて〔民事実務研究〕」判タ1213号（2006）25頁以下等。

性を有し，弁護士の相続財産には属さず（同法15条），弁護士の債権者による強制執行等は禁止され（同法16条1項），弁護士は信託の本旨に従って善管注意義務をもってこれを管理しなければならず（同法20条），金銭の管理方法も定められており（同法21条），弁護士は原則としてこれを固有財産としたりこれにつき権利を取得してはならない（同法22条1項）など，法律関係が明確になるし，債務者が債権者を害することを知って信託をした場合には，受託者が善意であっても債権者は詐害行為として信託行為を取り消すことができる（同法12条）のである。これらの規定が適用されるならば，授受された金銭等をめぐる紛争の生ずる余地が少なくなるものと考えられる」として，信託構成を採用することのメリットについて触れられている。

　本判決は旧信託法下におけるものであり，本補足意見指摘の条項は旧法に係るものであるが，いずれの内容も新信託法でも同様に規定されており，さらに新信託法では受託者に関する倒産手続が開始された場合でも信託財産は受託者の倒産手続に取り込まれない旨を明確に規定している（信託25条）。このように，「預り金口座」をめぐる法律関係について信託構成を採用することで，依頼者が事件を弁護士に依頼するに際して，当該弁護士の信用リスクを負担しなければならないというような不合理な事態を回避することができるといえる。

　なお，本事案は，かように弁護士に倒産手続が開始されたというようなものではなかったということもあって，当事者から信託構成に関する主張はなかったようであり，本補足意見も，単に「その可能性を指摘する」ものとされている。

Ⅳ　信託構成を採用する場合の法律関係等

1　はじめに

　前述のとおり，弁護士の開設する「預り金口座」をめぐる法律関係に信託構成を持ち込むことは，弁護士の信用リスクを依頼者に負担させるという不合理な結論を回避するために有益であると思われるが，なお明らかにするべき一定の法律上の問題が存すると思われるので，以下各指摘する。

2　信託構成の採用と当事者意思の関係

　本事案におけるX₁とX₂の間では、私的整理の目的で、X₁がX₂に資金の管理および処分を任せるという合意は成立しているが、少なくともこれを「信託契約」として成立させる明示的な意思表示はまったくなかった。それでもなお本補足意見は、上記のとおり、「信託契約の締結と解する余地もあるものと思われる」としており、この点をどのように考えるかということは検討すべき大きな課題である。

　この点、当事者間に信託契約を成立させる明示的な意思表示がなかったにもかかわらず、信託契約の成立を認定した事例として、最判平14・1・17（民集56巻1号20頁）が存する。当該最高裁判決の信託契約の成立認定に係る要件については学説上争いがあって、未だ確定した見解は存しないようであり(注5)、いかなる要件が充足されれば「信託契約の締結と解」されることとなるかは依然として不明確であるといえる。

　そのため、前述のような信託構成におけるメリットを確実に享受することを求める場合には、意思解釈による信託構成の採用を待つのではなく、預り金の管理について、明示的に信託契約を締結することが必要と思われる。ただし、その場合には信託業法との関係が問題となってくるが、この点については後述する。

3　受益者の確定

　信託は、原則として、委託者、受託者および受益者の三者から構成される法律関係であるところ、本補足意見は、本事案における各当事者を当該法律関係上の地位のいずれにあてはめるべきかということについて明示的に触れてはいない。

　この点、私的整理事案における「預り金口座」をめぐる法律関係について信

（注5）　かかる点について諸学説を詳細に検討したものとして、杉浦宣彦＝徐熙錫「信託の成立要件をめぐる一考察―最一小判平14・1・17を起点として」金融庁金融研究研修センター平成15年度ディスカッションペーパー（http://www.fsa.go.jp/frtc/seika/discussion/2003/20030909.pdf）。

託構成を採用する場合に，依頼者（本事案ではX1）を委託者，弁護士（本事案ではX2）を受託者と考えることについて特段の問題はないと思われる。

他方で，誰を受益者ととらえるべきかという点については若干疑義があるが(注6)，信託の内容としては，依頼者から拠出された資金を，債権者への弁済を含む依頼者の債務整理のための諸費用の支払のために支出することであり，当該債務整理の結果は依頼者に帰属するというべきであるから，依頼者（本事案ではX1）を受益者ととらえ，自益信託が設定されたとするのが妥当と考える(注7)。

本補足意見も，「債務者が債権者を害することを知って信託をした場合には，受託者が善意であっても債権者は詐害行為として信託行為を取り消すことができる」旨指摘しており，債権者は，本補足意見が念頭に置く法律関係の中において受益者の地位にあるものではないということが前提とされているように思われる。

4　依頼者の債権者の権利行使との調整等

そもそも，債務者が弁護士の信用リスクを負担しなければならないという事態は，債権者としても回避すべきであることは明らかである。そのため，依頼者の債権者の立場からしても，私的整理における「預り金口座」をめぐる法律関係について信託構成が採用されることが望ましいといえる。

なお，私的整理において，弁護士が依頼者の資金をもって「預り金口座」を開設する場合に，依頼者の債権者が当該「預り金口座」に係る預金債権に対して差押えをすることができなくなることについては，本判決が採用した構成と信託構成とで差異はないが，このように，依頼者の債権者が弁護士の開設する

（注6）　田原睦夫現最高裁判事は，弁護士が依頼者から詐欺被告事件の弁護の委任を受け，当該弁護士らの着手金，依頼者の保釈金および被害者に対する弁償金の支払に充てる資金を保管するために開設された「○法律事務所弁護士△・□預り金」なる口座に係る預金債権に対して国税滞納処分がなされた事件につき（東京地判平14・3・15），当該預金口座設定の趣旨が上記のとおりのものであることにかんがみると，受益者を当該弁護士らおよび依頼者の刑事事件の被害者とする信託が設定されたものと解するのが自然であると指摘される（田原睦夫「弁護士の依頼者からの預り金口座の預金とその帰属」金法1662号（2002）4頁以下）。

（注7）　天野佳洋「預金者の認定と信託法理㈢」銀法623号（2003）48頁に同旨。

「預り金口座」に係る預金債権に手出しできないということになると，依頼者の資産隠匿に利用されるおそれがあるとの指摘がある(注8)。また，私的整理が適正に遂行されず，整理方針に従うことができないと考える債権者において，その権利行使が不当に制限される可能性があるのではないかということも指摘されている(注9)。

　かような場合における債権者の権利行使の方法として，まず，本判決が採用した構成においては，依頼者の弁護士に対する交付金返還請求権を差し押さえるという方法が考えられるが，この返還請求権の履行期は委任事務終了時であると解されるところ，私的整理事務の終了時には残金が生じないのが通常であるので，かかる方法の実効性には疑問がある。このことは，信託構成を採用する場合に，信託終了および信託の清算結了後に依頼者が取得することとなる信託財産返還請求権を差し押さえる場合でも同様と思われる(注10)。

　そこでこのような場合，依頼者の債権者が取りうる措置として，まず，民法424条1項に基づく詐害行為取消権の行使（本判決が採用した構成の場合），もしくは信託法11条1項に基づく詐害信託取消権の行使（信託構成の場合）が考えられるが，詐害信託取消権の行使に際しては受託者の主観的要件は問われないため，当該局面においては信託構成のほうが依頼者の債権者の権利保護として優れているといえるのではないか。

　また，民法423条1項に基づいて，依頼者の弁護士との間の委任契約の任意解除権（民651条1項）（本判決が採用した構成の場合），もしくは依頼者が委任者兼受益者たる地位に基づき有する弁護士との間の信託契約を終了させる権利(注11)（信託構成の場合）を代位行使したうえで，かかる依頼者の弁護士に対す

(注8)　髙岡信男「弁護士預り金口座取扱いの実務」金法1686号（2003）51頁。
(注9)　大橋・前掲（注1）317頁以下。
(注10)　信託の目的ないし趣旨からして，私的整理事務の終了により信託が終了し（信託163条1号），かつ信託の清算が結了した後の残余財産は，受益者たる依頼者に帰属することになると思われる（信託182条1項参照）が，信託目的が債務整理であるから残金が生じることは想定しがたいといえる。
(注11)　信託法164条1項は委託者と受益者との合意による信託の終了について規定するのみであるが，両者が同一である自益信託の場合には，その者の意思によっていつでも信託を終了させることができる（寺本昌広『逐条解説新しい信託法〔補訂版〕』（商事法務，2008）366頁）。

る交付金返還請求権を差し押さえるなどということも考えられる[注12]。

　ほかにも、弁護士が当該資産を横領して他に流用費消してしまうという事態も考えられるが、信託構成の場合には、債権者は、依頼者が受益者として有する受託者たる弁護士の権限違反行為の取消権を代位行使するという方法を取りうると思われる（信託27条）。

　これらの点を総合的に考慮すると、私的整理における依頼者からの資金受入れについては、依頼者の債権者の立場からは、信託構成が採用されることが望ましいといえると思われる。

5　弁護士の金員預託受入れと信託業法との関係

(1)　信託業法における規定内容

　前述のとおり、私的整理の事案に限らず、弁護士が依頼者から金員の預託を受け、「預り金口座」を開設することは通常一般に行われているところであるが、「預り金口座」をめぐる法律関係につき信託構成を採用する場合、あるいは明示的に信託契約を締結するような場合には信託業法との関係が問題となる。

　信託業法上「信託業」とは「信託の引受けを行う営業をいう」ものとされている（信託業2条1項）。そして、「営業」とは、「営利の目的」をもって「反復継続して」行為を行うことをいうものとされるところ[注13]、弁護士が依頼者から金員を預かる行為が「信託の引受け」ということになると、弁護士は依頼者から報酬を受領するという意味で「営利の目的」を有しているといえ、かつ多数の依頼者から業務に付随して金員預託を受けることから「反復継続」性も認められてしまう可能性があり、結局「信託業」を実施しているものと評価されるおそれがある。

　そこで、信託業法2条1項・同法施行令1条の2は、「弁護士又は弁護士法

　（注12）　この点、委任契約の任意解除権の安易な行使は慎重にすべきとする解釈もありうるなかで（内田貴『民法Ⅱ債権各論〔第2版〕』（東京大学出版会、2007）279頁）、信託構成のほうが上記の代位行使が実行しやすいということはいえるかもしれないが、権利行使における実際上の差異はそれほど大きくないと思われる。
　（注13）　小出卓哉『〔逐条解説〕信託業法』（清文社、2008）17頁。

人がその行う弁護士業務に必要な費用に充てる目的で依頼者から金銭の預託を受ける行為その他の委任契約における受任者がその行う委任事務に必要な費用に充てる目的で委任者から金銭の預託を受ける行為」を「信託業」の適用除外としている。

(2) 信託業法上の適用除外の対象範囲

それでは，依頼者と弁護士が明示的に信託契約を締結するような行為についても，かような適用除外の対象となりうるか。

信託業法の所轄官庁である金融庁は，「『信託法及び信託法の施行に伴う関係法律の整備等に関する法律の施行に伴う金融庁関係政令の整備に関する政令（案）』及び『信託業法施行規則等の一部を改正する内閣府令等（案）』に対するパブリックコメントの結果について」(以下「平成19年パブコメ回答」という。)(注14)において，「施行令第1条の2において規定されている者は，必ずしも信頼性が確保されている者ではなく，また，委任契約や請負契約を隠れ蓑にして，実質的な信託を受ける者が現れるおそれがあるため，信託業法の適用除外範囲を限定すべきである。」との意見に対して，「本規定は，委任契約や請負契約に付随して金銭の預託を受けるような場合にまで信託業法の適用をすることは妥当でないため，そのような場合に限り，信託業法を適用しないことを示したものになります。仮に，委任や請負の外形をとっているものの，実質的には信託契約を締結しているといえるケースについてまで信託業法の適用除外としているものではありません。」と回答している。

この点については，「信託業法の適用除外とされているのは，他の契約を締結することにより，当事者間でも予期せぬ形で信託の成立が認められるような類型だけであり，信託契約を締結する行為そのものが適用除外とされているものではない」との見解があるが(注15)，上記の平成19年パブコメ回答内容や，信託構成をとることのメリットおよび明示的に信託契約が締結されない場合における信託構成採用の可否の不明確性等にかんがみれば，少なくとも，私的整

(注14) http://www.fsa.go.jp/news/19/ginkou/20070713-1/01.pdf
(注15) 小出・前掲（注13）20頁。

理事案の場合のように具体的な委任契約に付随した形であれば，信託契約を締結する行為そのものについても適用除外とされると解されるのが望ましいというべきである。

◆金澤　浩志◆

Q4 信託財産と債権回収

信託財産責任負担債務に係る債権の回収を依頼された弁護士は、どのように債権回収を図っていくことになるでしょうか。受託者の固有財産等責任負担債務に係る債権の回収を依頼された場合はどうでしょうか。

A

信託財産責任負担債務に係る債権の回収を依頼された弁護士は、信託法上、受託者の固有財産からの回収が可能な場合かどうかを検討し、可能な場合には信託財産のみならず受託者の固有財産に対する保全・強制執行も視野に入れる必要がある。その際には信託法上、相殺が可能かという視点も忘れてはならない。

また、固有財産等責任負担債務に係る債権の回収を依頼された弁護士は、信託財産に対する保全・強制執行も視野に入れて債権回収を図る必要がある。そして、債権者が受託者に対して債務を負担している場合には、信託法上、相殺が可能かという検討も行っておく必要がある。

I 信託財産責任負担債務と債権回収

1 信託財産責任負担債務

信託財産責任負担債務とは、受託者が信託財産に属する財産をもって履行する責任を負う債務（信託2条9項）をいい、信託財産責任負担債務の具体的な範囲については信託法21条により規定されている。

① 受益債権（信託21条1項1号）
② 信託財産に属する財産について信託前の原因によって生じた権利（信託

21条1項2号）
③　信託前に生じた委託者に対する債権であって，当該債権に係る債務を信託財産責任負担債務とする旨の信託行為の定めがあるもの（信託21条1項3号）
④　重要な信託の変更または信託の併合・分割がなされる場合における受益権取得請求権（信託21条1項4号）
⑤　信託財産のためにした行為であって受託者の権限に属するものによって生じた権利（信託21条1項5号）
⑥　信託財産のためにした行為であって受託者の権限に属しないもののうち，次に掲げるものによって生じた権利（信託21条1項6号）
　(i)　信託法27条1項または2項の規定(注1)により取り消すことができない行為(注2)
　(ii)　信託法27条1項または2項の規定(注3)により取り消すことができる行為であって取り消されていないもの
⑦　信託法31条6項に規定する処分その他の行為または同条7項に規定する行為のうち，これらの規定により取り消すことができない行為またはこれらの規定により取り消すことができる行為であって取り消されていないものによって生じた権利（信託21条1項7号）
⑧　受託者が信託事務を処理するについてした不法行為によって生じた権利（信託21条1項8号）
⑨　⑤～⑧までに掲げるもののほか，信託事務の処理について生じた権利（信託21条1項9号）

(注1)　信託法27条1項または2項の規定を75条4項において準用する場合を含む（信託21条1項6号）。
(注2)　当該行為の相手方が，当該行為の当時，当該行為が信託財産のためにされたものであることを知らなかったもの（信託財産に属する財産について権利を設定しまたは移転する行為を除く。）を除く（信託21条1項6号）。
(注3)　信託法27条1項または2項の規定を75条4項において準用する場合を含む（信託21条1項6号）。

2 債権回収における引当対象財産

(1) 引当対象財産の確定

上記のとおり、信託財産責任負担債務は、信託法上受託者の債務という側面から規定されているが、この債務に対応する債権について回収を依頼された弁護士としては、どのように債権回収を図っていくことになるであろうか。

たとえば、委託者のその財産について信託設定した場合において、当該信託の設定前に、金融機関が委託者に対して金銭を貸し付けていた場合を考える。この場合の金融機関の委託者に対する貸金債権は、原則として信託財産責任負担債務とはならない。しかし、当該債権に係る債務を信託財産責任負担債務とする旨の信託行為の定めがある場合においては、当該貸金債権は、「信託前に生じた委託者に対する債権」(信託21条1項3号) といえるため、このような権利に係る債務については信託財産責任負担債務となる (同項)。

信託財産責任負担債務となる場合、上記金融機関の貸金債権は信託財産をも回収の引当てとすることができることとなるため、当該債権の回収を委託された弁護士としては、当該債権に係る債務を信託財産責任負担債務とする旨の信託行為の定めがあるかどうかを確認し、そのような定めがある場合には、他のめぼしい信託財産の有無を確認のうえ、保全・強制執行等によって債権の回収を図ることが可能かどうかという点を踏まえ具体的な回収方針を決定する必要がある。

また、この場合には原則として、信託財産のみならず受託者の固有財産に対しても保全・強制執行等をなしうる点については留意が必要である[注4]。ただし、限定責任信託がなされている場合 (信託21条2項2号) や責任財産限定特約が付されている場合 (同項4号) 等の一定の場合には、受託者は信託財産のみをもって履行の責任を負うことになるため、かかる場合には受託者の固有財産に対して保全・強制執行等によって債権回収を図ることはできない。

(注4) 新井誠『信託法〔第3版〕』(有斐閣、2008) 340頁。

(2) 相殺による債権回収可能性の検討

　また，債権者が信託財産責任負担債務に係る債権を有している場合において，同時に債権者が受託者に対して債務を負担しているようなケースにおいては，債権回収の方法の一つとしての相殺の可能性の検討も重要となってくる。

　この点，受託者の固有財産を引当てとすることができる場合においては，債権者は相殺の意思表示を行うことによって自己の有する債権を実質的に回収できることになる。他方，限定責任信託がなされている場合等のように，受託者の固有財産を引当てにすることができない場合には，原則として債権者は相殺をすることができない（信託22条3項）。

　しかし，この相殺禁止の趣旨は受託者のために認められているものであるから，①受託者の承諾がある場合（信託22条4項），②当該信託財産責任負担債務に係る債権を有する者が，当該債権を取得した時または当該固有財産に属する債権に係る債務を負担した時のいずれか遅い時において，当該固有財産に属する債権が信託財産に属するものでないことを知らず，かつ，知らなかったことにつき過失がなかった場合（同条3項ただし書）には，相殺は可能である。

　相殺によって，少なくとも債権者が受託者に対して負担している債務額の限度においては債権回収を図ることができることとなるため，上記相殺の要件をみたすかについて検討することは必要である。

(3) 対抗要件具備の確定

　以上のように，信託設定前に金融機関が委託者に対して金銭を貸し付けた場合には，当該債権に係る債務を信託財産責任負担債務とする旨の信託行為の定めがある場合（信託21条1項3号）等の一定の場合を除いては，金融機関の貸金債権については，これの回収のために信託財産に対し強制執行等を行い，債権回収を図ることはできないこととなるのが原則である。

　もっとも，信託財産に属する財産の対抗要件については，「登記又は登録をしなければ権利の得喪及び変更を第三者に対抗することができない財産については，信託の登記又は登録をしなければ，当該財産が信託財産に属することを第三者に対抗することができない」(信託14条)とされているため，たとえば不動産について信託の登記がなされていない場合や自動車について信託の登録が

なされていない場合等には，仮差押え等の保全措置や差押え等の強制執行を講じることができることとなる可能性もあるため，弁護士としては対抗要件の具備等を確認したうえで，このような措置が可能かどうかを検討すべきこととなる。

II 固有財産等責任負担債務と債権回収

固有財産等責任負担債務とは，受託者が固有財産または他の信託の信託財産に属する財産のみをもって履行する責任を負う債務をいう（信託22条1項）。

かかる債務に係る債権については，原則として受託者が受託している信託財産を引当てにすることはできないため，信託財産に対して保全・強制執行等の措置を講じることはできない（信託23条）。

ただし，信託財産の特定性が確保されていない等の場合には，受託者や受益者は，当該財産が信託財産に属することを差押債権者等に対して対抗できないとされており[注5]，このような場合には信託財産に対して保全・強制執行等の措置を講じうることになる。

しかし，このような例はあまり多くないと思われることから，実際問題としては，受託者が信託契約に基づいて報酬を受領している場合に当該信託報酬に対する差押え等についても念頭に置くことは別として，受託者の固有財産を調査し，受託者に対する通常の保全・訴訟・強制執行によって債権回収を図るほかないと思われる。

もっとも，固有財産に対して債権を有している債権者が，他に信託財産に対して債務を負担しているような場合には，相殺が可能かという検討も忘れてはならない。

この点，信託法上，上記のような相殺は原則として禁止されている（信託22条1項）。もっとも，①利益相反行為の例外に該当する場合（信託31条2項各号）において，受託者の承認がある場合には相殺ができるとされている（信託22条2項）。

（注5） 福田政之＝池袋真実＝大矢一郎＝月岡崇『〔詳解〕新信託法』（清文社，2007）157頁。

また，②当該固有財産等責任負担債務に係る債権を有する者が，当該債権を取得した時または当該信託財産に属する債権に係る債務を負担した時のいずれか遅い時において，当該信託財産に属する債権が固有財産等に属するものでないことを知らず，かつ，知らなかったことにつき過失がなかった場合（信託22条1項1号），あるいは，③当該固有財産等責任負担債務に係る債権を有する者が，当該債権を取得した時または当該信託財産に属する債権に係る債務を負担した時のいずれか遅い時において，当該固有財産等責任負担債務が信託財産責任負担債務でないことを知らず，かつ，知らなかったことにつき過失がなかった場合（同項2号）においても相殺は可能となる。

　相殺によって，少なくとも債権者が信託財産に対して負担している債務額の限度においては債権回収を図ることができるため，上記の相殺要件をみたすかについて検討することは，債権回収の委託を受けた弁護士としては必須の事項であるといえよう。

◆吉　田　伸　哉◆

Q5 信託を用いた事業承継

中小企業経営者の事業承継に関する相談を受けた弁護士として，信託を用いて何らかの具体的スキームを提案することができますか。

A

中小企業経営者の事業承継に関する相談を受けた弁護士としては，当該事業承継における依頼者の具体的なニーズを的確に把握したうえで，民法や会社法等を用いた他のスキームとの相違点を踏まえながら，信託を用いたスキームの適用可能性を検討していくことが重要である。

信託を用いたスキームには，遺言信託のみならず，自己信託や事業信託のスキームを用いるものなども考えられるところであるが，特に，いわゆる遺言代用信託や後継ぎ遺贈型受益者連続信託を用いるものについては有用性が高いと思われるため，これらのスキームの利点を踏まえたうえで，事業用資産と株式の集中を図りつつ，個々の事業承継におけるニーズに最も適したスキームの提案を行っていく必要がある。

I はじめに

1 近時の動向

事業承継に関しては，中小企業経営者の高齢化の進行にもかかわらず，各企業においてこれを円滑に進めるための十分な対策が取られていないという状況にかんがみて，平成17年10月，中小企業庁により事業承継協議会が設立され，種々の施策が検討されているところである。

事業承継の際には，民法における遺言，生前贈与などを活用したり，会社法

における議決権制限株式，拒否権付種類株式，相続人に対する売渡請求などを活用するスキームなどがあるが，84年ぶりに実質的改正がなされた信託法における信託を用いたスキームをも活用することで，事業承継に関する相談を受けた弁護士として，よりニーズに即したきめ細かな対応が可能となると考えられる。

なお，これらの方法を用いた事業承継の手法においても，民法上の遺留分による制限を受けることになるのが原則であるが，この制限の特則を定めるものとして，「中小企業における経営の承継の円滑化に関する法律」(平成20年法律第33号) が立法化され，平成20年5月16日公布，同年10月1日より施行されている（ただし，民法の特則に関する規定は平成21年3月1日から施行）。今後は，かかる法律も踏まえたうえで，企業の事業承継の場面において弁護士の果たすべき役割は増大していくことが期待される。

2　事業承継における留意点

円滑な事業承継のためには，後継者育成のための社内外での教育，取引先や金融機関，役員，親族等関係者の理解獲得のための方策等さまざまな点に留意する必要があるが，最も重要なのは，主として，事業承継のための承継者への財産的基盤および事業の経営支配権の獲得という観点からの検討という点にあるものと考えられる。

すなわち，現在の事業を承継者へ円滑に承継させるためには，まず，事業用資産（農業における農地・農耕具，工業における工場，工場敷地および機械等）の確実な承継を達成する必要があるといえる。また，事業承継の対象となる事業が個人事業ではなく，株式会社等によって行われている場合には，会社経営権の集中と円滑な企業経営という観点から当該会社の保有株式についても承継者に集中させる必要があると思われる。

以下では，これらを達成するための方策として，信託を用いたスキームの利用可能性を検討するが，具体的スキームの構築に際しては，税理士等による税務面からの検討も不可欠である。弁護士としては，かかる税務上の効果も踏まえたうえで，当該事業承継における当事者のニーズを具体的かつ的確に把握し，民法や会社法等の他のスキームとの相違点を踏まえながら，それに代えて

あるいは併用することで当該事業承継に最も適した方策を提案することが重要と考えられる。

Ⅱ 信託法を活用した事業承継

1 遺言による信託と事業承継

　信託は遺言によってなすことも可能である（信託3条2号）。そこで，遺言により，自社の株式等を信頼できる第三者に信託することにより事業承継を行うことが考えられる。

　たとえば，信託の期間中は，信託を受けた第三者（受託者）が承継候補者（受益者）のために当該株式等に係る議決権を行使し，信託期間の終了時に信託した株式等を承継候補者に取得させることを内容とする信託を，遺言により設定するといった方法が考えられる。

　このような方法は，たとえば，承継候補者である推定相続人が複数存在するが，遺言作成の時点ではいずれもまだ若年であって経営手腕が未知数であることから，今後承継者を誰にするかを見極める必要があるというときに，自己の死後は第三者（受託者）にその選定をゆだね，適切な時期に適切であると思われる者へ事業承継を行いたい場合などに用いることができる。

　また，事業承継においては会社等の事業所の敷地や建物が当該会社の代表者個人の名義になっている場合も少なくない。その場合には，当該事業用資産を信託し，信託の期間中は，信託を受けた第三者（受託者）が承継候補者（受益者）のために当該事業用資産を管理し，信託期間の終了時に承継候補者に取得させることを内容とする信託を，遺言により設定するといった方法も考えられる。

2 いわゆる遺言代用信託を用いた事業承継

(1) 遺言による信託の限界

　遺言による信託は，遺言者の死亡によって効力が生じる（信託4条2項，民985条1項）。

そのため，遺言による信託を設定した場合，現経営者が認知症に罹患するなど生前にその意思能力を欠くに至ったとしても，同人が死亡し遺言の効力が発生するまでの間は，所有する株式に基づく議決権行使や経営者個人の事業用資産に対する担保設定・処分などを単独で行うことはできなくなるといった不都合がある。
　このような場合には，事業の継続に関する重大な業務執行に関して支障が生じることとなるため，弁護士としてはあらかじめそのような事態も十分に想定したうえで，何らかの手当てを図っておく必要がある。

(2)　遺言代用信託
　(1)のように遺言による信託では十分に対応できない場合には，いわゆる遺言代用信託の活用可能性を検討すべきであると思われる。
　遺言代用信託とは，委託者の死亡を始期として，信託から給付を受ける権利を取得する受益者について，①「委託者の死亡の時に受益者となるべき者として指定された者が受益権を取得する旨の定めのある信託」(信託90条1項1号)，または，②「委託者の死亡の時以降に受益者が信託財産に係る給付を受ける旨の定めのある信託」(同項2号) をいう。
　これは，遺言によって信託を設定するのと異なり，委託者の存命中の契約による信託の設定であり，遺言のような厳格な要件が要求されない。

(3)　遺言代用信託の活用可能性
　遺言代用信託を用いることにより，たとえば，現経営者の存命中は現経営者自身を受益者とし，現経営者の死亡後は承継候補者を受益者とするといったことが可能となる。
　そこで，信託契約において，①委託者兼受益者である現経営者が意思能力を有する間はその指図に従い受託者が，②現経営者が意思能力を欠くに至った後は現経営者のために受託者の裁量で，③現経営者の死亡後は受益者となった承継者の指図に従い受託者が，それぞれ議決権を行使することを定めておくことなどの活用が考えられる。

3 いわゆる後継ぎ遺贈型受益者連続信託を用いた事業承継

(1) 遺言代用信託の限界

　上記のとおり，遺言代用信託は，現経営者が死亡するまでの間に意思無能力となってしまった場合の不都合を回避できるという点で有用であるといえる。しかしながら，たとえば承継候補者の妻子には事業を承継させたくないなど，現経営者として，承継候補者の死亡後の事業承継についても自己の要望を反映したいという場合も少なからずあるといわれているところ，上記の方法ではかかるニーズには対応できない。

　そこで，弁護士としては，いわゆる後継ぎ遺贈型受益者連続信託を単独で，あるいは遺言代用信託と併用して設定することを検討することが考えられる。

(2) 後継ぎ遺贈型受益者連続信託

　後継ぎ遺贈型受益者連続信託とは「受益者の死亡により，当該受益者の有する受益権が消滅し，他の者が新たな受益権を取得する旨の定め（受益者の死亡によって順次他の者が受益権を取得する旨の定めを含む。）」のある信託をいう（信託91条）。

　なお，後継ぎ遺贈型受益者連続信託は，信託設定時から30年を経過したとき以後に現に存する受益者が死亡する時点まで，またはその受益権が消滅する時点までの間に限り有効であるとされている（信託91条）。

(3) 後継ぎ遺贈型受益者連続信託の活用可能性

　後継ぎ遺贈型受益者連続信託は，受益者の順位を自由に設定できること，受益者間の親族関係の有無は問わないこと等からさまざまな場面で用いることが可能であると考えられ，信託法を用いた事業承継を検討するにあたり，一考に値する方法といえる。

　たとえば，当初の事業の承継者を自己の配偶者の兄弟や有能な従業員などの経営能力がある者とするが，同人の死亡後は自己の息子に承継させたいといった場合など，現経営者が保有する株式を信託財産とし，経営権をゆだねたい者を順次受益者として指定したうえで，当該受益者に議決権行使の指図権を与え

るといった活用法が想定されるところである。

4　自己信託を用いた事業承継

(1)　自　己　信　託
　自己信託とは，委託者自らが受託者となる信託設定の方法であり（信託3条3号），新信託法において新たに導入された。自己信託は，公正証書その他の書面または電磁的記録により一定の方式を備えた方法で行われる必要がある。

(2)　自己信託のメリットと設定時の留意点
　事業承継との関係では，自己信託の方法により，現経営者が自ら委託者兼受託者となり，承継候補者を受益者として，株式や事業用資産について信託設定するという方法が考えられる。これにより第三者（受託者）への信託コストが不要となるほか，適切な受託者がいない場合にもいわゆる信託を利用することが可能となる。
　なお，現経営者は，事業承継の対象会社が金融機関から借入れをする際にその連帯保証人となっていることも多いと思われるところ，自己信託の設定により現経営者の責任財産が減ぜられることにより当該金融機関が害される可能性もあり，弁護士としては，かように債権者らから詐害行為信託と主張されないか等の視点も踏まえて検討する必要があると思われる。

5　いわゆる事業信託のスキームを用いた事業承継

(1)　事　業　信　託
　新信託法により，信託行為の定めにより，会社の事業用資産などの積極財産の信託と同時に，借入金などの債務（消極財産）を引き受けることが可能であるとされた（信託21条1項3号）。
　このような債務引受けを行うことで，積極財産と消極財産の集合体たる特定の事業を信託したのと同様の効果を発生させることが可能となるといえ，かかるスキームは一般に「事業信託」と呼ばれている。

(2) 事業信託の活用可能性

　自己が高齢である等の理由から，事業運営の一線を退きたいが，承継候補者がまだ若年であって，同人に事業を運営させるには時期尚早であるといったような場合に，事業信託を利用することが考えられる。すなわち，承継候補者の育成が完了するまでの一定期間，事業を同業者等の経営の能力ある第三者に信託し，当該第三者に事業を運営してもらうという方法などである。

　また，たとえば，現経営者による事業運営が芳しくないような場合に，事業信託を利用して，受託者たる第三者の主導により事業の経営改善や再建を行ったうえで，事業承継を行うといったことも考えられる。

　なお，会社の事業の信託の場合には，信託終了・清算後は，当該会社に事業を帰属させることとなると思われるため，その場合には現経営者は別途，承継候補者へ自己名義の会社株式や事業用資産を譲渡したり，承継候補者を受益者として信託を設定したりするなど，会社株式等を承継候補者に集中させる方策を講じておくことが必要となるであろう。

6　信託を用いた事業承継と遺留分

　すでに述べたとおり，信託を用いた事業承継の方法による場合であっても民法上の遺留分による制限を受けるため，弁護士としては，信託を用いたスキームを提案する際にもこの点には十分に留意する必要がある。

　かかる遺留分による制限の観点から，承継予定者への株式や事業用資産の集中を図るために，これらの資産以外の現経営者の財産を承継予定者以外の推定相続人に生前贈与・遺言等によって承継させることも重要となってくると思われる。その際の財産の分配方法や具体的にどのようなスキームを用いるかについては，弁護士として，遺言や遺産分割等に関する知識・経験を踏まえて適切なアドバイスを行う必要があることはいうまでもないことである。

　なお，前述の「中小企業における経営の承継の円滑化に関する法律」では，一定の要件を満たす後継者が，遺留分権利者全員との合意および所要の手続（経済産業大臣の確認，家庭裁判所の許可）を経ることを前提として，以下の民法の特例の適用を受けることができることには留意が必要である。すなわち，民法に基づく遺留分放棄は当事者全員が個別に申立てを行うことが必要であるのに

対して，この法律に基づく手続については，承継者が単独で申し立てることができる。

また，この法律により，①生前贈与株式を遺留分の対象から除外することが可能となった。これによって，贈与株式が遺留分減殺請求の対象外となるため，相続にともなう株式分散を未然に防止することができるという利点もある。

さらに，②生前贈与株式の評価額をあらかじめ固定することも可能となり，これにより，承継者の貢献による株式価値上昇分が遺留分減殺請求の対象外となるため，承継者による経営意欲が阻害されない利点があるといわれている。

ただし，上記制度の利用が可能なのは一定の要件を満たす場合に限られるため，必ずしも事業承継一般に用いることが可能な制度ではないと思われるが，反面この制度の利用が可能な場合には，その利点を生かしつつ，信託を用いたスキームを用いることにより，その有用性が増すものと思われ，弁護士としては，この点を含めて十分に検討しておく必要があると思われる。

Ⅲ おわりに

以上の事業承継の場面における信託の活用可能性については，これまであまり議論がなされてこなかった分野でもあり，信託業法の適用の有無や信託にかかる税制に関する点など複数の検討課題が残っており，今後のこの分野をめぐる議論や事例の集積が待たれるところではある。

事業承継について相談を受けた弁護士としては，これらの議論の動向も踏まえたうえで，事業用資産と株式の集中を図りつつ，個々の事業承継における当事者のニーズを的確に把握し，民法や会社法等の他のスキームとの相違点を踏まえながら，それに代えてあるいは併用することで当該事業承継に最も適した方策の提案を行っていく必要があり，事業承継における信託の活用可能性には十分留意しておく必要があろう。

◆金澤　浩志＝吉田　伸哉◆

Q6 信託に関係する契約書の作成時の留意点

弁護士が信託に関係する契約書を作成したり，その内容をレビューしたりする際に，特に留意すべきなのは，どのような点でしょうか。

A

弁護士が信託に関係する契約書を作成したり，その内容をレビューしたりする際には，主に，①信託法の強行規定あるいは他の諸法令の強行規定等に抵触していないかどうかという信託契約の有効性の観点と，②当該契約の具体的ニーズを的確に実現するために当該契約書にかかる目的を実現するための適切な条項（任意規定）が定められているかという信託契約条項の適切性の観点から検討することが特に重要となると思われる。

この検討の前提として，信託法のみならず信託契約の当事者を取り巻く環境を踏まえつつ，契約当事者に関係する諸法令に留意するとともに，当該信託契約の背後にある事案の背景および信託のスキームを用いることでクライアントがどのような事態に対処したいと考えているのかという具体的なニーズを的確に把握したうえで，契約書を作成したり，レビューを行うことが不可欠である。

I 契約書作成またはレビュー上の視点

弁護士が信託に関係する契約書を作成したり，その内容をレビューしたりする際に，特に留意すべき点は，大別すると，①信託法上の強行規定あるいは他の諸法令の強行規定等に抵触し，その有効性に疑義が生じることはないかという点と，②当該契約の具体的ニーズを的確に実現するために当該契約書にかかる目的を実現するための適切な条項（任意規定）が定められているかという点

に分けることができると思われる。この2つは，①適法性・有効性の視点と，②必要性・有用性の視点ということができよう。

以下では，弁護士が信託に関係する契約書を作成したり，その内容をレビューしたりする際に，信託法上特に留意すべき点を解説するが，信託業法の適用がある信託会社等においては，かかる業法上の規制内容も踏まえたうえで，具体的に検討する必要がある点には留意する必要がある。

II 信託法および他の関係諸法令の強行規定との関係

1 信託法との関係

強行規定とは，法令の規定中，それに反する当事者間の合意のいかんを問わず適用される規定のことをいう。かかる強行規定に抵触するような契約条項については，法律行為としての有効性が否定されることとなる。

信託法上，未成年者または成年被後見人もしくは被保佐人を受託者とする信託は禁止されている（信託7条）。また，受託者は，受益者として信託の利益を享受する場合を除き，何人の名義をもってするかを問わず，信託の利益を享受することはできない（信託8条）。さらに，権利能力の制限に関する強行規定を信託を利用して回避しようとする脱法行為(注1)もいわゆる脱法信託として禁止されているほか（信託9条），訴訟行為をさせることを主たる目的として信託することもできない（信託10条）。

これらの信託法上の禁止規定は，その趣旨から強行規定と考えられている。また，信託の重要な変更，信託の変更または分割がなされる場合における受益者の受益権取得請求権も，信託行為の定めによって制限できないものであり（信託92条18号），かかる規定も強行規定とされている。

上記のような，信託法上の強行規定に反するような信託契約の条項が存することで，当該条項が無効となるばかりではなく，当該条項を含む契約全体が無効とされるリスクも存し，弁護士が信託に関する契約書の作成を依頼された

（注1） 寺本昌広『逐条解説新しい信託法〔補訂版〕』（商事法務，2008）154頁。

り，その内容のレビューを依頼されたりする際には，特に上記のような信託法の定める強行規定に反する条項がないかをチェックすることは，その職務上必須のことであるといえる。

2 他の諸法令との関係

また，当然のことながら，信託法上の規定のみならず他の諸法令との関係でも問題がないかを検証することも必要である。

たとえば，会社の事業承継のために信託を用いる場合には，民法の遺留分に関する規定の適用を受けるため，後に遺留分減殺請求権を行使される可能性がある。このため，会社の事業承継の目的で信託を利用する場合には，当該契約の作成・レビューの過程において遺留分の規定に反しないかを確認する必要がある。

さらに，信託業法においては信託法よりも厳しい規制がなされているところ，たとえば，信託業法上の受託者の善管注意義務の定めは強行規定とされており，これを当事者間の合意で排除することができない。このように信託法上は問題がない場合においても，他の諸法令の強行規定に反する場合もあるため，弁護士としては，契約当事者に信託業法の適用があるケースか否かを確認のうえ，適用がある場合には信託業法等の強行規定と抵触しないかについても検討を要することとなる。

なお，会社の重要な財産，たとえば事業用資産を信託する場合などは，取締役会等の決議が必要となる（会社362条4項1号）。また，独占禁止法は，他の国内会社の株式を取得し，または所有することにより，一定の取引分野における競争を実質的に制限することとなる場合には，当該株式を取得し，または所有してはならないことを定めているところ（独禁10条1項），かかる「所有」には，同法10条2項との対比から，金銭または有価証券の信託に係る株式について，自己が，委託者もしくは受益者となり議決権を行使することができる場合または議決権の行使について受託者に指図を行うことができる場合を含むものと考えられている。したがって，かような規制に該当する可能性のある取引の場合には，当該規制の対象となる者に関して，かかる要件を充足している旨，もしくは当該規制に不該当である旨を表明保証する文言を挿入することも検討する

必要がある。

このように，信託契約の当事者が置かれている状況に留意しつつ，当該当事者に特有の関係諸法令の規定に反することにならないかをチェックすることは，契約の適法性・有効性の観点にとどまらず，当事者内部におけるコンプライアンスの観点や，ひいては当事者の社会的信用にまで影響を及ぼす可能性もある事項であると思われる。

Ⅲ 当該契約によって目的を達成するための条項（任意規定）

信託契約の各条項が信託法や他の関係諸法令上の強行規定等に抵触しない旨をチェックした場合でも，その契約書の作成やレビューを依頼された弁護士としては，それだけで職務を全うしたとはいえない。すなわち，弁護士としては，さらに法律上任意規定とされている点について，当該契約に必要かつ適切な条項が設けられているかをチェックすることが重要となる。

信託契約は，財産管理の確実性や倒産隔離という観点から用いられるのみならず，その契約の背後にあるさまざまなニーズを的確に実現するために用いられることも少なくない。というのも信託法においては任意規定も多く，その柔軟性から当事者の特約によって信託契約の内容を異なるものとすることも可能とされているからである。

そのため，弁護士が信託契約の作成・レビューをする際には，なぜ信託のスキームが採用されたのかという事案の背景や信託のスキームを用いることでどのような事態に対処したいと考えているのかというクライアントの具体的なニーズを的確に把握したうえで，それを実現するために必要かつ適切な条項を盛り込む必要がある。なお，特に任意規定に係る部分については，法的文書を作成する能力を有する弁護士が，当事者間においてその取扱いにつき疑義が生じないように，あらゆる場合を想定して条項を起案していく必要性が高いといえよう。

以下では，信託契約に特有の点に関して，特に留意すべき点について，具体例を踏まえながら個々の条項との関係で検討することとしたい。

1 信託の目的

　信託はさまざまな目的を達成するために用いられることから，信託の目的については特に明確に記載する必要があり，留意が必要な条項の一つである。

　たとえば，弁護士が関わる可能性のある福祉型信託における不動産信託においても，障害者や高齢者等の受益者のために，最終的には不動産を売却して生活に必要な資金を調達または回収する場合には，信託の目的として当該不動産を「処分」することができることを明記する必要がある。他方，福祉型信託でも居住用不動産を信託し，受益者の生存中は当該居住用不動産に無償または有償で居住させる場合には，信託の目的で，「管理・運用等」にとどめ「処分」という文言を外しておいたり，あるいは，「処分」という文言を入れておいたうえで，同条項または他の条項にて，受益者の生存中は処分しないという規定を設けておく必要があろう。

　また，信託法上，信託事務の第三者への委託が許容されているが，信託行為に，信託事務の第三者への委託に関する定めがない場合には，信託の目的に照らしてその適否が認められるとされている（信託28条）。また，限定責任信託とする際には限定責任信託の目的を定めて登記することで効力を生じる（信託216条）。

　このような点から，弁護士としては，信託契約の目的については，特に注意して確認することが必要な事項であるといえよう。

2 受託者に関する条項

　旧信託法と異なり，新信託法においては，信託事務の処理を第三者へ委託することについては，これが信託の目的に照らして相当である場合にも可能であるとされた（信託28条）。このように，信託事務の処理のために，第三者にその一部の処理を委託する必要性がある場合は少なくないと考えられることから，前述のように信託の目的を明確化するのみならず，個別条項において第三者に対して事務処理を委託することができる旨の規定を設けておくことは，受託者として有用である場合が多いといえる。

　また，新信託法においては受託者の善管注意義務が任意規定であることが明

文化されたが（信託29条2項），これにより，信託契約等の信託行為において別段の定めをすれば，その定めるところによる程度にまで善管注意義務を軽減することができることとなった。信託を業としない一般の者が受託者となって信託を行う場合には，信託の目的等に照らして，必要に応じて善管注意義務の軽減の条項を設けることも弁護士の職務として必要なことであろう。

信託契約において受託者の報酬を支払うべき場合には，その基準や方法についても契約条項に盛り込んでおく必要があり，弁護士としては，信託業法の適用を受けることとならないかという視点も含めて，当該条項の内容を検討する必要がある。

さらに，受託者が信託を受託する際には，一定の場合を除いて，受託者の固有財産に対する保全・強制執行を免れることはできない。そこで，受託者の固有財産が引当てとなることを防止するために，受託者が信託財産のみによって履行の責任を負う限定責任信託とする場合も考えられ，その場合には限定責任信託の目的，名称，信託財産に属する財産の管理または処分の方法等の所定事項を定め，かつこれを登記することが必要となる（信託216条）。そのためこのような場合，契約上，限定責任信託の特約および所定事項が定められているかを確認する必要がある。

3 委託者に関する条項

委託者は，信託行為の定めによって，自らの信託法上の権利を放棄または拡充できることとされている（信託145条）。権利の拡充としては，たとえば，①信託財産に属する財産に対する強制執行等の制限（信託23条）に反してなされた強制執行等に対して異議を主張することができる権利（信託145条2項1号・23条5項・6項），②受託者の権限違反行為についての信託法27条1項または2項に基づく取消権（信託145条2項2号），③受託者の利益相反行為の取消権（信託145条2項3号・31条6項・7項），④受託者がなした利益相反行為（信託32条1項・2項）について，委託者が，当該行為を信託財産のためになされたものとみなすことができる権利（信託145条2項4号・32条4項）などがある。

弁護士としては，上記のような，一定の権利の放棄または拡充の条項を契約に設けることで，当事者の具体的なニーズに的確に応えることが必要となる。

4 受益者に関する条項

　信託契約締結の際には，当該信託に係る受益者が定まっている場合が多いと思われるが，いわゆる受益者連続信託のように受益者の死亡等により受益者が変わる場合，あるいは事業信託のスキームにおいて委託者兼受益者の死亡後の承継予定者（受益者）が未定であり，その選定につき受託者に裁量権を与える遺言代用信託等については，それぞれの特質に合わせた条項の設定が必要となる。

　また，受益者が複数となる場合の信託において，受益者の意思決定の方法については，信託行為の定めによって例外的に多数決とすることも認められる（信託105条1項ただし書）。

　そのため，事業信託のスキームにおいて，複数の者を受益者として株式を信託する場合等，受益権が複数となる場合であり，かつ多数決により迅速な意思決定を可能としておいたほうがよいと考えられるような場合には，受益者の意思決定の方法が適切に規定されているかについても検討が必要となろう。

◆吉田　伸哉◆

Chapter 9

信託と登記

Q1 信託法と登記（総論）

信託法改正により今までの信託の登記手続に変更点はありますか。また，新たにできるようになった登記にはどのようなものがありますか。

A

　信託の登記手続を規定する不動産登記法（平成16年法律第123号）（第4章登記手続第3節権利に関する登記第5款信託）は信託法の施行に伴う関係法律の整備等に関する法律（平成18年法律第109号）71条により一部改正された。改正不動産登記法（以下「新不動産登記法」または単に「不動産登記法」という。）は，新信託法によって新設された規定を盛り込んだ形で展開しており，改正前不動産登記法（以下「旧不動産登記法」という。）からの主要な変更点としては，①信託目録の記載事項の変更，②受託者の単独申請の拡大，③権利の変更の登記等の特則（信託の併合・分割等）が挙げられる。

つまり，基本的には，従来の登記手続を踏襲し，そのうえで新しく導入された信託の登記手続を追加したものであると捉えることができる。

そこで，本項目では，信託法の改正による信託の登記手続を次のとおり3つに分けて説明する。
① 従来の手続を基本的に踏襲するもの
② 従来の手続から変更されたもの
③ 従来にはない登記手続が新信託法により新設または可能になったもの

要約すると，新信託法における信託の登記を理解するには，まず従来の手続を把握し，いくつかの変更点を押さえ，新たな登記手続を学ぶことが近道であると考える。

I 従来の手続を基本的に踏襲するもの

1 はじめに

信託の登記を信託行為における局面（信託が開始されてから終了するまでの過程のなか）で分類すると次のようになる。
① 信託財産となるべき不動産の権利の処分による信託の開始の際にする「信託の登記」
② 信託開始後，登記事項たる信託の内容に変更があった際にする「信託の変更の登記」
③ 信託の終了または信託財産たる不動産の権利の処分により信託財産に属しないこととなった際にする「信託の抹消の登記」

上記3つのどの局面においても，信託目録の記載内容を除いて，従来の手続から大きく変更された点は特に見当たらない（信託目録の記載内容に関してはIIで説明）。

すなわち，おおむね従来どおりの登記手続でよいことになる。以下，詳説する。

2　信託の登記

①の信託の開始の際にする「信託の登記」は，当該信託に係る権利の処分（保存，設定，移転，変更）の登記と同時に信託の登記をすることを要する（不登98条1項）。

この不動産登記法98条1項では，旧不動産登記法に規定のない「変更」が権利の処分の一類型に追加されているが，これは同条3項の自己信託や同法104条の2の権利の変更の登記の特則の規定にあわせて追加されたと考えられる。

典型的な事例である不動産を信託財産とする（不動産〔権利〕の移転による）信託の登記を例に挙げて説明すると，従来どおり，登記の目的は「所有権移転および信託」，原因は「年月日信託」として，受託者を登記権利者，委託者を登

図表①—1　信託の登記1（不動産の処分による信託）

登記の目的　所有権移転および信託
原　　　因　平成○○年○月○日　信託
権　利　者　乙某（受託者）
義　務　者　甲某（委託者）
添 付 情 報　登記原因証明情報　登記識別情報　印鑑証明書　住所証明書
　　　　　　代理権限証書　信託目録
登録免許税　移転分　登録免許税法7条1項1号により非課税
　　　　　　信託分　課税価格の1000分の4（登税別表第1—1—(10)イ）
　　　　　　ただし，土地の税率に関しては，租税特別措置法の軽減措置が適用される。

権　利　部（甲　区）（所有権に関する事項）			
順位番号	登記の目的	受付年月日・受付番号	権利者その他の事項
1	所有権移転	平成○○年○月○日 第○○○○号	原因　平成○○年○月○日売買 所有者　○○市○○町○○番地 　　　　甲某
2	所有権移転	平成○○年○月○日 第○○○○号	原因　平成○○年○月○日信託 受託者　○○市○○町○○番地 　　　　乙某
	信託	余白	信託目録第○○○号

記義務者として登記申請をすることになる。添付書類・登録免許税も従来と同様である（図表①―1）。

なお，信託財産たる金銭の処分により不動産を信託財産とする信託の登記の場合は，委託者が当初信託していた財産は金銭であり，不動産の取得という行為は受託者の権限である信託行為自体であることから，登記の目的・原因・申請当事者は図①―1とは異なるが，これも従来の登記手続と同様である（図表①―2）。

図表①―2　信託の登記2（信託財産たる金銭の処分による信託）

登記の目的	所有権移転および信託財産の処分による信託
原　　因	平成○○年○月○日　売買
権 利 者	乙　某（受託者）
義 務 者	戊　某（当該不動産の登記名義人）
添 付 情 報	登記原因証明情報　登記識別情報　印鑑証明書　住所証明書 代理権限証書　信託目録
登録免許税	移転分　課税価格の1000分の20（登税別表第1―1―（2）ハ） 信託分　課税価格の1000分の4（登税別表第1―1―（10）イ） ただし，土地の税率に関しては，租税特別措置法の軽減措置が適用される。

権　利　部（甲　区）（所有権に関する事項）			
順位番号	登記の目的	受付年月日・受付番号	権利者その他の事項
1	所有権移転	平成○○年○月○日 第○○○○号	原因　平成○○年○月○日売買 所有者　○○市○○町○○番地 　　　　戊某
2	所有権移転	平成○○年○月○日 第○○○○号	原因　平成○○年○月○日売買 所有者　○○市○○町○○番地 　　　　乙某
	信託財産の処分による信託	余白	信託目録第○○○号

ここで新不動産登記法98条2項の解釈に疑問が生じる。

Q1　信託法と登記（総論）

旧不動産登記法98条2項では「委託者から受託者に対し信託財産となるべき不動産に関する権利が処分された場合における信託の登記については，当該受託者を登記権利者とし，当該委託者を登記義務者とする。」と共同申請主義によることとされていた。
　一方，新不動産登記法98条2項は「信託の登記は，受託者が単独で申請することができる。」となっている。これは，共同申請主義から単独申請主義へ変更されたものと考えられる。よって，図表①—1等の登記が受託者の単独申請で行えるようになったと読み取れるが，実際には図表①—1等の登記は，従来と同様に共同申請で行われる。
　そこで，まず新旧不動産登記法98条1項を解釈すると，次のようになる。
　信託の登記の申請は，新旧不動産登記法を問わず，当該信託による権利の移転等の登記の申請と同時にしなければならないと規定されている。当該登記は「信託の登記」と「権利の移転等の登記」の2つの登記が混在し，その2つを同時かつ同一申請当事者で申請しなければならない。
　つまり，「信託の登記」自体は受託者の単独申請であっても，権利（財産）の移転等の登記申請は登記名義人である委託者と信託により権利（財産）を新たに受ける受託者の共同で行うことは従来と同様に考えられているため，上記2つの登記申請が併存する以上当該登記申請は，外形上共同申請の形をとらざるをえないのである。
　また，理論的には，信託の登記は信託を設定する委託者が権利者でそれを受託し信託契約に拘束される受託者が義務者であるにもかかわらず，権利（財産）の移転等の登記の局面では上述のとおりその関係が逆転する形となる。そのため旧不動産登記法98条1項は，便宜上，受託者を登記権利者とし，委託者を登記義務者とする旨を規定していると解釈されていた。よって，信託の登記を共同申請から単独申請に改めても別段不都合は生じないと解する。
　さらに信託の内容を変更するという重要な局面で行う信託の変更登記が旧不動産登記法では受託者の単独申請である旨規定されていたことを考えても，信託の登記の単独申請への移行に異を挟む実益はあまりないと考えられる。
　なお，「信託の抹消の登記」に関しても同様の考え方により，外形上共同申請の形をとっている。

3 信託の変更の登記

次に，②の「信託の変更の登記」とは，信託目録の記載内容を変更する登記である。主なものとしては，受益権の売買による受益者の変更登記（図表②―1），その他信託の目的や管理方法の変更登記などが挙げられる。

図表②―1　受益者の変更登記

登 記 の 目 的　（三）受益者変更
原　　　　因　平成〇〇年〇月〇日　売買
変更後の事項　受益者　丁　某
申　　請　　人　乙　某（受託者）
添 付 情 報　登記原因証明情報　代理権限証書
登 録 免 許 税　不動産1個につき1,000円（登税別表第1―1―（14））

信託目録の記載

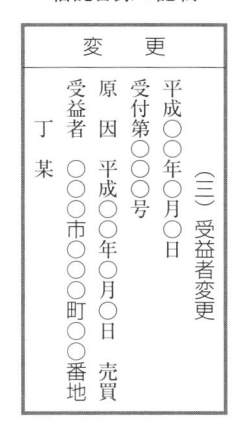

変　更
受益者　丁某　〇〇市〇〇町〇〇番地 原因　平成〇〇年〇月〇日　売買 受付第〇〇〇〇号　平成〇〇年〇月〇日 （三）受益者変更

信託の変更の登記は，従来から受託者の単独申請であるが，新不動産登記法において「信託の登記」および「信託の抹消登記」の規定とは若干表現方法が異なる。つまり「信託の登記（不登98条）」および「信託の抹消の登記（不登104条）」では「受託者が単独で申請することができる」と規定されているが，「信託の変更の登記（不登103条）」では「受託者は，遅滞なく，信託の変更の登記

Q1　信託法と登記（総論）　　573

を申請しなければならない」と旧不動産登記法と同様の表現で規定されている。

ともに原則的に単独申請主義を唱えているものと思われるが，前述のとおり，「信託の登記」および「信託の抹消の登記」は，外形上共同申請の形をとっており権利者および義務者が登記申請に登場するが，信託の変更登記の申請人は受託者のみであるため，実務的には登記原因証明情報の提供の仕方に注意を要する。たとえば，受益権の売買による受益者変更登記の登記原因証明情報には，当事者として受託者だけではなく新受益者および旧受益者の関与も必要であると考えられている。

次に，信託の変更の登記に類似したものとして「受託者の変更の登記（不登

図表②—2　受託者の変更の登記（1項）

登記の目的　所有権移転
原　　因　平成○○年○月○日　受託者変更
権 利 者　丙　某（新受託者）
義 務 者　乙　某（旧受託者）
添付情報　登記原因証明情報　登記識別情報　住所証明書　印鑑証明書
　　　　　代理権限証書
登録免許税　登録免許税法7条1項3号により非課税

権　利　部（甲　区）（所有権に関する事項）			
順位番号	登記の目的	受付年月日・受付番号	権利者その他の事項
1	所有権移転	平成○○年○月○日 第○○○○号	原因　平成○○年○月○日売買 所有者　○○市○○町○○番地 　　　　甲某
2	所有権移転	平成○○年○月○日 第○○○○号	原因　平成○○年○月○日信託 受託者　○○市○○町○○番地 　　　　乙某
	信託	余白	信託目録第○○○号
3	所有権移転	平成○○年○月○日 第○○○○号	原因　平成○○年○月○日受託者 　　　　変更 受託者　○○市○○町○○番地 　　　　丙某

100条)」がある。条文上の並びは「信託の登記（不登98条）」と「信託の変更の登記（不登103条）」に挟まれた形で配置され，死亡や法定資格の喪失等による受託者の変更の登記が規定されている。受託者の変更は，「変更」と規定はしているものの，実体的には権利（財産）が旧受託者から新受託者へ移転するため，単独受託者の場合は権利の移転登記（不登100条1項）を，共同受託者の場合は権利の変更登記（同条2項。図表②─3）をすることになり，ともに受託者の単独申請である。

なお，受託者の辞任（図表②─2）・解任および受託者が法人であった場合の合併による受託者の変更（図表②─4）は不動産登記法100条において規定されてないため，権利の登記の通則より，前者は不動産登記法60条の共同申請およ

図表②─3　受託者の変更の登記（2項）

登 記 の 目 的　○番合有登記名義人変更
原　　　　因　平成○○年○月○日　受託者乙某死亡による変更
変更後の事項　受託者　丙　某
申　請　人　丙　某（他の受託者）
添　付　情　報　登記原因証明情報　代理権限証書
登 録 免 許 税　登録免許税法7条1項3号により非課税

権　利　部（甲　区）		（所有権に関する事項）	
順位番号	登記の目的	受付年月日・受付番号	権利者その他の事項
1	所有権移転	平成○○年○月○日第○○○○号	原因　平成○○年○月○日売買 所有者　○○市○○町○○番地 　　　　甲某
2	所有権移転（合有）	平成○○年○月○日第○○○○号	原因　平成○○年○月日信託 受託者　○○市○○町○○番地 　　　　乙某 　　　　○○市○○町○○番地 　　　　丙某
付記1号	信託	余白	信託目録第○○○号
	2番合有登記名義人変更	平成○○年○月○日第○○○○号	原因　平成○○年○月○日受託者乙某 　　　死亡による変更 受託者　丙某

Q1　信託法と登記（総論）

び後者は同法62条の一般承継人により登記することとなる。

図表②—4　受託者の変更の登記（受託者合併）

登記の目的　所有権移転
原　　　因　平成○○年○月○日　受託者合併による変更
合併による権利承継者　（被合併会社　乙　某）
　　　　　　　　丙　某　（新受託者）
添 付 情 報　登記原因証明情報　住所証明書　代理権限証書
登録免許税　登録免許税法7条1項3号により非課税

権　利　部（甲　区）（所有権に関する事項）			
順位番号	登記の目的	受付年月日・受付番号	権利者その他の事項
1	所有権移転	平成○○年○月○日 第○○○○号	原因　平成○○年○月○日売買 所有者　○○市○○町○番地 　　　　甲某
2	所有権移転	平成○○年○月○日 第○○○○号	原因　平成○○年○月○日信託 受託者　○○市○○町○○番地 　　　　乙某
	信託	余白	信託目録第○○○号
3	所有権移転	平成○○年○月○日 第○○○○号	原因　平成○○年○月○日受託者合併 　　　による変更 受託者　○○市○○町○○番地 　　　　丙某

4　信託の抹消の登記

③の「信託の抹消の登記」は，①の登記と同様に，信託財産に属する権利の処分（移転，変更）の登記と同時に信託の抹消登記をすることを要する（不登104条1項）。

信託の抹消登記も信託の登記と同様に受託者の単独申請と明文化されたが，その理由は前述のとおりである。

信託財産が信託契約に基づいた処分の場合は，登記の目的は「所有権移転および信託登記抹消」，原因は「年月日売買」として，当該不動産の譲受人が登

記権利者となり，受託者が登記義務者となる。添付書類・登録免許税も従来と同様である（図表③—1）。

また信託自体を終了する場合は，登記の目的は「所有権移転および信託登記抹消」，原因は「年月日財産引継」として，当該信託財産の帰属権利者が登記権利者となり，受託者が登記義務者となる（図表③—2）。

図表③—1　信託の抹消の登記1（信託財産の処分）

登記の目的　所有権移転および信託登記抹消
原　　　因　平成○○年○月○日　売買
権　利　者　丁某（当該不動産の譲受人）
義　務　者　乙某（受託者）
添 付 情 報　登記原因証明情報　登記識別情報　印鑑証明書　住所証明書
　　　　　　代理権限証書
登録免許税　移転分　課税価格の1000分の20（登税別表第1—1—（2）ハ）
　　　　　　　　　　ただし，土地の税率に関しては，租税特別措置法の軽減措置が適用される。
　　　　　　信託抹消分　不動産1個につき1,000円（登税別表第1—1—（15））

権　利　部（甲　区）（所有権に関する事項）			
順位番号	登記の目的	受付年月日・受付番号	権利者その他の事項
1	所有権移転	平成○○年○月○日 第○○○○号	原因　平成○○年○月○日売買 所有者　○○市○○町○○番地 　　　　甲某
2	所有権移転	平成○○年○月○日 第○○○○号	原因　平成○○年○月○日信託 受託者　○○市○○町○○番地 　　　　乙某
	<u>信託</u>	余白抹消	<u>信託目録第○○○号</u>
3	所有権移転	平成○○年○月○日 第○○○○号	原因　平成○○年○月○日売買 所有者　○○市○○町○○番地 　　　　丁某
	2番信託登記抹消	余白	原因　信託財産の処分

図表③—2　信託の抹消の登記（信託の終了）

　　登記の目的　　所有権移転および信託登記抹消
　　原　　　因　　平成○○年○月○日　信託財産引継
　　権　利　者　　丁　某（当該信託財産の帰属権利者）
　　義　務　者　　乙　某（受託者）
　　添付情報　　　登記原因証明情報　登記識別情報　印鑑証明書　住所証明書
　　　　　　　　　代理権限証書
　　登録免許税　　移転分　登録免許税法7条1項2号により非課税
　　　　　　　　　　　※継続委託者が受益者である場合
　　　　　　　　　　　課税価格の1000分の20（登税別表第1—1—（2）ハ）
　　　　　　　　　　　※上記以外の場合
　　　　　　　　　ただし，土地の税率に関しては，租税特別措置法の軽減措置が適用される。
　　　　　　　　　信託抹消分　不動産1個につき1,000円（登税別表第1—1—（15））

権　利　部（甲　区）　（所有権に関する事項）			
順位番号	登記の目的	受付年月日・受付番号	権利者その他の事項
1	所有権移転	平成○○年○月○日 第○○○○号	原因　平成○○年○月○日売買 所有者　○○市○○町○○番地 　　　　甲某
2	所有権移転	平成○○年○月○日 第○○○○号	原因　平成○○年○月○日信託 受託者　○○市○○町○○番地 　　　　乙某
	<u>信託</u>	<u>余白抹消</u>	信託目録第○○○号
3	所有権移転	平成○○年○月○日 第○○○○号	原因　平成○○年○月○日信託財産引継 所有者　○○市○○町○○番地 　　　　丁某
	2番信託登記抹消	余白	原因　信託財産引継

Ⅱ 従来の手続から変更したもの

従来の手続から変更されたものとして，①信託目録の記載事項，②受託者の解任，③合併制限の緩和が挙げられる。

1 信託目録の記載事項

まず，信託目録の記載事項であるが，従来は，①委託者・受託者・受益者の氏名または名称および住所，②信託の目的，③信託財産の管理方法，④信託終了の事由，⑤その他の信託条項が絶対的記載事項であり，この他に任意的記載事項として⑥信託管理人の氏名または名称および住所があった。

新不動産登記法97条では，新信託法の規定にあわせ，次のとおり任意的記載事項を拡充している。

(1) 受益者の指定に関する条件または受益者を定める方法の定め

信託行為時に受益者が特定されていないかまたは受益者が変動する場合に特定の受益者を定める代わりに，その指定される条件や方法を定めることである。

(2) 受益者代理人の氏名または名称および住所

新信託法第4章第4節第3款に規定する受益者代理人のことで，受益者の権利に関する一切の裁判上・裁判外の行為をする権利を有する者のことである。

(3) 受益証券発行信託

新信託法第8章に規定する受益証券発行信託のことであり，資産の流動化に関する法律や貸付信託法，投資信託及び投資法人に関する法律など特別法に定める受益証券が発行される信託は対象とされていない。

信託行為において受益証券を発行する旨を定めた信託の場合に，信託目録にその旨を記載することになる。なお，受益証券を発行する旨の定めは，信託の変更によってすることはできないので，受益証券発行信託の定めの登記は，信託を設定する際にする「信託の登記」において行うことを要する。

(4)　受益者の定めのない信託

　いわゆる「目的信託」といわれるもので信託終了まで受益者という観念がないものである。従来は公益信託のみに有効であった目的信託が新信託法では一般的に認められるようになった。

　信託行為において受益者の定めのない信託の旨を定めた信託の場合に，信託目録にその旨を記載することになる。なお，受益者の定めのない信託には，存続期間が20年を超えることができず，また自己信託での利用ができない等，利用上の制限があるため，信託の登記を行う際に注意を要する。また受益者の定めのない信託は，信託の変更によってすることはできないので，受益者の定めのない信託の登記は，信託を設定する際にする「信託の登記」において行うことを要する。

(5)　公 益 信 託

　新信託法施行にともない旧信託法66条以下に規定されていた公益信託の特則が，「公益信託ニ関スル法律」として基本的に維持されている。この公益信託であるときに信託目録にその旨を記載することになる。

　これらの記載事項（公益信託を除く。）は新信託法で新たに規定された信託であり，それを信託目録に反映する必要があるため新たに追加されたものである。

　そして上記⑥および(1)～(4)の事項を登記した場合は，受益者の氏名または名称および住所の記載をすることは要しなくなった。これは，受益者がそもそも存在しない場合は受益者を登記すること自体が不可能であり，また受益者が多数存在する場合や変動が予定されている信託について受益者の変更があるつど，変更の登記をしなければならなくなるとその負担ははかり知れないものとなるためである。よって受益者の登記の省略は，こうしたことを考慮して簡素化されたものである。

　また信託目録の様式も不動産登記規則別記第5号が改正され，従来の「一　委託者の住所及び氏名」，「二　受託者の住所及び氏名」，「三　受益者の住所及び氏名」，「四　信託管理人の住所及び氏名」，「五　信託条項」という分類から「一　委託者に関する事項」，「二　受託者に関する事項」，「三　受益者に関す

る事項等」,「四 信託条項」に整理された。任意的記載事項は,この4つの区分の中の「三 受益者に関する事項等」に記載する。

2 受託者の解任

次に,受託者の解任についてであるが,旧信託法では任務違背等の重要な事由があることを理由として委託者,その相続人または受益者の請求により裁判所が受託者を解任する方法のみしか規定されておらず（旧信託47条),当事者の合意による解任はできなかった。よって受託者の解任の登記も裁判所の嘱託登記で行われていた。

しかし新信託法では,この当事者の合意による解任が可能となり,よって受託者の解任の登記は嘱託に加え,申請手続でも行えるようになった（新信託58条1項)。また旧不動産登記規則では,裁判所からの受託者解任による信託変更の登記嘱託が行われた際に,登記官が職権で受託者解任の付記登記をすることになっていたが（平成18年改正前不登規177条),この条文も削除された。

3 合併制限の緩和

最後に,合併制限の緩和であるが,従来の先例では,土地を合筆または建物を合併する場合に当該土地または建物に信託の登記がされていると信託の分別管理義務規定に違反すると解され,信託の登記がされている土地（または建物）の合筆（または合併）は否定されていた。

しかし一連の改正に伴う改正不動産登記規則107条1項に第4号が追加され,不動産登記法97条1項各号に掲げる登記事項が同一であれば合筆または合併できるようになった。

Ⅲ 新信託法により新設された登記

信託法の改正により，今まで認められていない信託スキームが法定化され，それに伴って登記も新設された。詳細は，各テーマで説明するため，ここでは主な項目を列挙するにとどめる。

1 セキュリティ・トラスト

旧信託法では受託者を権利者とする抵当権等の設定登記と同時に当該抵当権等を信託財産に属する財産とする信託の可否が明確ではなかったが，新信託法において明文化された（信託3条1号，不登98条1項）。

2 自己信託

信託の方法として契約または遺言による方法のほか，公正証書等を作成する方法により，委託者が信託財産に属する財産の管理・処分等を自らが受託者となって行うことができるようになった（信託3条3号，不登98条1項・3項）。

3 信託財産と固有財産の共有物分割

受託者に属する特定の財産について，共有持分として信託財産と固有財産または他の信託財産とに属する場合に法律に定める一定の方法により，当該財産の共有物の分割をすることができるとされた（信託19条，不登104条の2）。

4 信託の併合・分割

信託設定後に状況に対応して信託の形態を再編する方法として信託の併合と信託の分割が新設された。受託者を同一とする2つ以上の信託の信託財産の全部を1つの新たな信託の信託財産にすることを信託の併合といい，ある信託の信託財産の一部を受託者を同一とする他の信託の信託財産として移転することを信託の分割という（信託法第6章，不登104条の2）。

5 限定責任信託

受託者が当該信託のすべての信託財産責任負担債務について信託財産に属す

る財産のみをもってその履行の責任を負うもので,「限定責任信託の定め」の登記をすることによって効力が生ずるものである。この登記は,限定責任信託登記規則（平成19年法務省令第46号）により「限定責任信託登記簿」が用意されている（信託法第 9 章,限定責任信託登記規則）。

◆平井　祐一朗＝角　口　　猛◆

Q2 自己信託と登記手続

自己信託が可能になりましたが，その登記手続を説明してください。

A

自己信託の登記の申請は，当該権利が信託財産となった旨の権利の変更登記の申請と同時にしなければならず（不登98条1項），信託登記の申請と当該信託に係る権利の変更登記の申請とは，一つの申請情報によってしなければならない（不登令5条2項）。

また，自己信託による権利の変更登記の申請は，共同申請の例外として，受託者が単独で申請することができる（不登98条3項）。

I 自己信託の設定方法

1 自己信託の設定方法と効力発生時期

自己信託とは，信託の方法の一種であり，委託者が自己の一定の財産の管理・処分を受託者として自らすべき旨の意思表示を公正証書等の書面によってする方法であり（信託3条3号），自己の固有財産について自らを受託者として信託を設定する方法をいう。

自己信託の意思表示は，公正証書その他の書面または電磁的記録で行われる必要があり，これらの書面または電磁的記録には，信託の目的，信託の対象財産の特定に必要な事項，その他法務省令で定める事項を記載し，または記録しなければならない（信託3条3号，信託規3条）。

自己信託の効力は，公正証書または公証人の認証を受けた書面もしくは電磁

的記録（以下「公正証書等」という。）によってされる場合は，その作成によって当然に効力が生ずる（信託4条3項1号）。これに対し，公正証書等以外の書面または電磁的記録によってされる場合は，受益者となるべき者として指定された第三者（当該第三者が2人以上ある場合にあっては，その1人）に対する確定日付のある証書による当該信託がされた旨およびその内容の通知によって，はじめて信託の効力が生ずる（同項2号）。

2 通常の信託登記と自己信託登記の相違点

通常の信託では，委託者と受託者が異なるため，委託者から受託者へ信託財産に係る権利の移転が必要となり，当該権利の移転登記と同時に信託登記を申請する必要がある。

一方，自己信託では，委託者と受託者が同一人であるため，信託財産に係る権利の移転は必要ではなく，当該権利の移転登記を申請する余地はない。しかし，自己信託の設定により，信託財産に係る権利の移転はともなわないが，受託者の固有財産から信託財産に属することとなる点で，当該権利の「変更」に該当し（不登3条），当該権利が信託財産となった旨の権利の変更登記と同時に信託登記を申請する必要がある（不登98条1項）。

なお，所有権を自己信託の対象とした場合における権利の変更登記は，付記登記によらずに，主登記による。

Ⅱ 自己信託による登記申請手続

1 登記申請手続

(1) 申　請　人

自己信託による権利の変更登記の申請は，共同申請の例外として，受託者が単独で申請する（不登98条3項）。

(2) 添付情報

(a) 登記原因証明情報　自己信託を，信託法4条3項1号に規定する公正

証書等によってした場合は，当該公正証書等（公正証書については，その謄本）を，同項2号に規定する公正証書等以外の書面または電磁的記録によってした場合は，当該書面または電磁的記録および同号の通知をしたことを証する情報を提供する（不登令別表65項添付情報欄イ，同別表66の3項添付情報欄）。

　（b）**登記識別情報または登記済証**　　自己信託による権利の変更登記の申請にあたっては，当該申請人が申請権限を有する者であることを担保するため，登記識別情報を提供しなければならない（不登令8条1項8号）。委託者が，当該不動産の権利を取得した際の登記識別情報または登記済証を提供する。

　（c）**印鑑証明書**　　受託者の印鑑証明書を提出する（不登令16条2項）。受託者が個人の場合は，市区町村長の作成した印鑑証明書，会社等の法人の場合は，登記官の作成した当該法人の代表者の印鑑証明書である。これらの印鑑証明書は，作成後3か月以内のものでなければならない（同条2項・3項）。

　（d）**資格証明書**　　会社等の法人が申請人となる場合，その代表者の資格を証する書面として，代表者事項証明書または登記事項証明書を提出する。この資格証明書は，作成後3か月以内のものでなければならない（不登令17条1項）。

　（e）**代理権限証書**　　代理人による申請の場合には，委任状を提出する（不登令7条1項2号）。

　（f）**信託目録**　　自己信託においても，登記の申請を書面申請によりするときは，信託目録に記録すべき情報を記載して提出することは，通常の信託の登記と同様である（不登規176条2項，不登令別表65項添付情報欄ハ）。信託目録は，不動産ごとに1通を提出する。

(3) 登録免許税

　自己信託による権利の変更登記の登録免許税は，信託の登記について課税価格に1000分の4の割合を乗じた額（登税別表第1─1─(10)イ）とし，信託財産となった旨の登記は変更登記として不動産1個につき1,000円（登税別表第1─1─(15)）が課されると解されている。ただし，土地の税率に関しては租税特別措置法の軽減措置が適用される。

2　申請書の記載事項と自己信託の登記記録例

申請書の記載事項と登記記録例は，次のとおりである。

(1)　申請書の記載事項

```
登記の目的　信託財産となった旨の登記および信託
原　　　因　平成○○年○月○日　自己信託
申　請　人　(権利者兼義務者)　甲某（委託者兼受託者）
添付書類　　登記原因証明情報　登記識別情報　印鑑証明書　代理権限証書
　　　　　　信託目録
登録免許税　信託分　課税価格の1000分の4（登税別表第1―1―(10)イ）
　　　　　　　　　　ただし，土地の税率に関しては，租税特別措置法の軽減措置
　　　　　　　　　　が適用される。
　　　　　　変更分　不動産1個につき1,000円
　　　　　　　　　　（登税別表第1―1―(14)）
```

(2)　自己信託の登記記録例

権　利　部（甲　区）（所有権に関する事項）			
順位番号	登記の目的	受付年月日・受付番号	権利者その他の事項
1	所有権移転	平成○○年○月○日 第○○○○号	原因　平成○○年○月○日売買 所有者　○○市○○町○○番地 　　　　甲某
2	信託財産となった旨の登記	平成○○年○月○日 第○○○○号	原因　平成○○年○月○日自己信託 受託者　○○市○○町○○番地 　　　　甲某
	信託	余白	信託目録第○○○号

◆平井　祐一朗＝角　口　　猛◆

Q3 抵当権設定と信託

抵当権の設定による信託とはどのようなものですか。その登記手続について説明してください。

A

　抵当権の設定による信託，いわゆるセキュリティトラストの登記手続には，当初から抵当権設定者が債権者を受益者と指定したうえで，受託者に抵当権を設定することによって信託を設定する方法の「直接設定方式」と，債権者が抵当権設定者から抵当権の設定を受けたうえで，当該抵当権を被担保債権から分離して受託者に移転することによって信託する方法の「二段階設定方式」がある。

　後者の二段階設定方式は，信託法改正以前より実務上行われており，一般的にセキュリティトラストとは前者の直接設定方式のことをいう。

Ⅰ　抵当権の設定による信託

1　抵当権の設定による信託とは

　抵当権の設定による信託，いわゆるセキュリティトラストとは，債務者が自己の所有する不動産について，債務者を委託者，抵当権者を受託者，被担保債権の債権者を受益者として抵当権を設定する信託をいう。

　旧信託法では，受託者を権利者とする抵当権の設定と同時に当該抵当権を信託財産に属する財産とし，受託者がその管理・処分を行うとする内容の信託の明確な規定はなく，理論上も，抵当権の付従性の観点から，抵当権者と被担保債権の債権者が分離することが法律の明文の規定なくしてこれを認めうるのか

という問題点が指摘されていた。

　新信託法では，信託の設定方法を規定した信託法3条1号および2号において，「財産の譲渡，担保権の設定その他の財産の処分」として，セキュリティトラストの有効性を明確にした。

2　抵当権の設定による信託の設定方法

　抵当権の設定による信託の設定方法には，いわゆる直接設定方式と二段階設定方式の二方式がある。

　直接設定方式とは，当初から抵当権設定者が債権者を受益者と指定したうえで，受託者に抵当権を設定することによって信託を設定する方法である。

　二段階設定方式とは，債権者が抵当権設定者から抵当権の設定を受けたうえで，当該抵当権を被担保債権から分離して受託者に移転することによって信託を設定する方法である。

　前者の場合は，抵当権設定者を委託者，抵当権者を受託者として，抵当権設定登記の申請をする。後者の場合は，受託者を権利者，委託者兼受益者である抵当権者を義務者として抵当権移転登記の申請をする。この場合，被担保債権の債権者が受益者となるが，登記手続に直接関与することはない。

II　抵当権の設定による信託の登記申請手続

1　登記申請手続

(1)　申　請　人

　直接設定方式の場合，抵当権設定者である委託者が登記義務者となり，抵当権者である受託者が登記権利者となって，共同で抵当権設定登記を申請する。

　二段階設定方式の場合，委託者兼受益者である抵当権者が登記義務者となり，受託者が登記権利者となって，共同で抵当権移転登記を申請する。

(2)　添 付 情 報
(a)　**登記原因証明情報**　　登記原因証明情報として，直接設定方式の場合

は，抵当権設定契約書と信託契約書を，二段階設定方式の場合は，抵当権移転契約書と信託契約書を提供する（不登令別表65項添付情報欄ロ）。

(b) **登記識別情報または登記済証**　直接設定方式の場合は，登記義務者である委託者が所有権移転登記をして登記名義人となったときに通知を受けた登記識別情報または登記済証を，二段階設定方式の場合は，登記義務者である委託者兼受益者が抵当権の設定を受け登記名義人となったときに通知を受けた登記識別情報または登記済証をそれぞれ提供する（不登8条1項8号）。

(c) **印鑑証明書**　直接設定方式の場合は，登記義務者である委託者の印鑑証明書を提出する（不登令16条2項）。委託者が個人の場合は，市区町村長の作成した印鑑証明書，会社等の法人の場合は，登記官の作成した当該法人の代表者の印鑑証明書である。これらの印鑑証明書は，作成後3か月以内のものでなければならない（同条2項・3項）。

(d) **資格証明書**　会社等の法人が申請人となる場合，その代表者の資格を証する書面として，代表者事項証明書または登記事項証明書を提出する。この資格証明書は，作成後3か月以内のものでなければならない（不登令17条1項）。

(e) **代理権限証書**　代理人による申請の場合には，委任状を提出する（不登令7条1項2号）。

(f) **信託目録**　登記の申請を書面申請によりするときは，信託目録に記録すべき情報を記載して提出する（不登規176条2項，不登令別表65項添付情報欄ハ）。信託目録は，不動産ごとに1通を提出する。

(3) 登録免許税

直接設定方式の登録免許税は，抵当権設定については課税価格に1000分の4の割合を乗じた額（登税別表第1―1―(5)）とし，信託の登記について課税価格に1000分の2の割合を乗じた額（登税別表第1―1―(10)ロ）となる。

二段階設定方式の登録免許税は，抵当権移転についてはその移転が委託者から受託者にするものであれば非課税（登税7条1項1号）となる。信託の登記について課税価格に1000分の2の割合を乗じた額（登税別表第1―1―(10)ロ）となる。

2　抵当権の設定による信託の申請書の記載事項と登記記録例

申請書の記載事項と登記記録例は，次のとおりである。

(1)　申請書の記載事項
(a)　**直接設定方式**

```
登記の目的　抵当権設定および信託
原　　　因　平成○○年○月○日　金銭消費貸借　平成○○年○月○日　信託
債　権　額　金○○○万円
利　　　息　年○.○%
損　害　金　年○.○%
債　務　者　戊某
受　託　者　乙某
義　務　者　何某（委託者）
添 付 書 類　登記原因証明情報　登記識別情報　印鑑証明書　代理権限証書
　　　　　　信託目録
登録免許税　設定分　課税価格の1000分の4　（登税別表第1－1－(5)）
　　　　　　信託分　課税価格の1000分の2　（登税別表第1－1－(10)ロ）
```

(b)　**二段階設定方式**

```
登記の目的　抵当権移転および信託
原　　　因　平成○○年○月○日　信託
権　利　者　乙某（受託者）
義　務　者　甲某（委託者）
添 付 書 類　登記原因証明情報　登記識別情報　代理権限証書　信託目録
登録免許税　移転分　登録免許税法7条1項1号により非課税
　　　　　　　　　　※委託者から受託者にする場合
　　　　　　信託分　課税価格の1000分の2　（登税別表第1－1－(10)ロ）
```

Q3　抵当権設定と信託

(2) 抵当権の設定による信託の登記記録例
(a) 直接設定方式

権　利　部（乙　区）	（所有権以外の権利に関する事項）		
順位番号	登記の目的	受付年月日・受付番号	権利者その他の事項
1	抵当権設定	平成〇〇年〇月〇日 第〇〇〇〇号	原因　平成〇〇年〇月〇日金銭消費 　　　　貸借平成〇〇年〇月〇日信託 債権額　金〇〇〇万円 利　息　年〇．〇％ 損害金　年〇．〇％ 債務者　〇〇市〇〇町〇〇番地 　　　　戊某 受託者　〇〇市〇〇町〇〇番地 　　　　乙某
	信託	余白	信託目録第〇〇〇号

(b) 二段階設定方式

権　利　部（乙　区）	（所有権以外の権利に関する事項）		
順位番号	登記の目的	受付年月日・受付番号	権利者その他の事項
1	抵当権設定	平成〇〇年〇月〇日 第〇〇〇〇号	原因　平成〇〇年〇月〇日金銭消費 　　　　貸借平成〇〇年〇月〇日設定 債権額　金〇〇〇万円 利　息　年〇．〇％ 損害金　年〇．〇％ 債務者　〇〇市〇〇町〇〇番地 　　　　戊某 抵当権者　〇〇市〇〇町〇〇番地 　　　　甲某
付記1号	1番抵当権移転	平成〇〇年〇月〇日 第〇〇〇〇号	原因　平成〇〇年〇月〇日信託 受託者　〇〇市〇〇町〇〇番地 　　　　乙某
	信託	余白	信託目録第〇〇〇号

◆平井　祐一朗＝角　口　猛◆

Q4 信託財産と固有財産等に属する共有物の分割と登記手続

信託財産と固有財産等とに属する共有物の分割の登記手続を説明してください。

A

　受託者に属する特定の財産について、その共有持分が信託財産と固有財産または他の信託の信託財産とに属する場合には、一定の方法により、当該財産の分割をすることができるようになった（信託19条）。共有物分割の態様として、①固有財産と信託財産の共有関係を信託財産の単有とする場合、②固有財産と信託財産の共有関係を固有財産の単有とする場合、③A信託財産とB信託財産の共有関係をB信託財産の単有とする場合の3通りが考えられる。

　この場合、信託財産や固有財産または他の信託財産は、いずれも受託者が同一であるため、その不動産の権利の帰属に変更が生じても、信託財産に属する不動産に関する権利の登記名義人に変更は生じない。よって、実体的には権利の移転がともなうものの、登記手続では、権利の変更の登記をすることになる（不登104条の2第1項）。

　上記①の場合、当該権利の変更の登記と当該共有物分割により新たに信託財産となる持分に対する信託の登記を同時に申請する。②の場合、当該権利の変更の登記と当該共有物分割により固有財産になったことによる持分に対する信託の抹消の登記を同時に申請する。③の場合、当該権利の変更の登記、A信託財産の持分に対する信託の抹消の登記および新たにB信託財産となる持分に対する信託の登記を同時に申請する。

I 信託財産と固有財産等とに属する共有物の分割

1 はじめに

　信託法19条は，受託者に属する特定の財産について，その共有持分が信託財産と固有財産または他の信託の信託財産とに属する場合には，一定の方法により，当該財産の分割をすることができると規定する。この規定は，信託法17条または18条の規定により，特定の財産の共有持分が，信託財産に属する財産と固有財産または他の信託の信託財産に属する財産に帰属することにより共有関係が生じた場合の共有物分割の方法を定めたものであり，民法256条ないし258条の特則となっている。

2 信託財産と固有財産との間での共有物の分割

　信託財産と固有財産との間での共有物の分割は，①信託行為において定めた方法，②受託者と受益者との協議による方法，③分割をすることが信託の目的の達成のために合理的に必要と認められる場合であって，受益者の利益を害しないことが明らかであるときなどにおいて受託者が決する方法，のいずれかの方法より行う（信託19条1項）。

3 ある信託の信託財産と他の信託の信託財産との間での共有物の分割

　ある信託の信託財産と他の信託の信託財産との間での共有物の分割は，①各信託の信託行為において定めた方法，②各信託の受益者の協議による方法，③各信託について，分割をすることが信託の目的の達成のために合理的に必要と認められる場合であって，受益者の利益を害しないことが明らかであるときなどにおいて各信託の受託者が決する方法，のいずれかの方法より行う（信託19条3項）。

Ⅱ 信託財産と固有財産等とに属する共有物分割による登記申請手続

1 登記申請手続

(1) 申請人

信託財産や固有財産または他の信託財産は，いずれも受託者が同一であるため，その不動産の権利の帰属に変更が生じても，信託財産に属する不動産に関する権利の登記名義人に変更は生じないため，実体的には権利の移転がともなうものの，登記手続では，権利の変更の登記をすることになる（不登104条の2第1項）。

この共有物分割の態様を前述のとおり3パターン別に登記手続を説明すると次のとおりになる。

① 固有財産と信託財産の共有関係を信託財産の単有とする場合は，当該権利の変更の登記と当該共有物分割により新たに信託財産となる持分に対する信託の登記を同時に申請する。

② 固有財産と信託財産の共有関係を固有財産の単有とする場合は，当該権利の変更の登記と当該共有物分割により固有財産になったことによる持分に対する信託の抹消の登記を同時に申請する。

③ A信託財産とB信託財産の共有関係をB信託財産の単有とする場合は，当該権利の変更の登記，A信託財産の持分に対する信託の抹消の登記および新たにB信託財産となる持分に対する信託の登記を同時に申請する

（不登104条の2第1項）。

そしてこの登記手続の申請人は，上記①の場合，受益者が登記権利者，受託者が登記義務者となり，②の場合，受託者が登記権利者，受益者が登記義務者となり，③の場合，B信託の受益者および受託者が登記権利者，A信託の受益者および受託者が登記義務者となる（不登104条の2第2項前段）。

(2) 添 付 情 報

(a) 登記原因証明情報 共有物の分割により持分の移転がされるときの登

記の申請においては，登記原因証明情報として，信託法19条1項・3項に定める各方法により，共有物分割が行われたことを証する情報を提供する（不登令別表65項添付情報欄ロ）。

（b）**登記識別情報または登記済証**　登記義務者が，当該不動産の権利を取得した際の登記識別情報または登記済証を提供する（不登令8条1項8号）。なお，受益者が登記義務者となる場合は，登記識別情報の提供を要しない（不登104条の2第2項後段）。

（c）**印鑑証明書**　登記義務者の印鑑証明書を提出する（不登令16条2項）。登記義務者が個人の場合は，市区町村長の作成した印鑑証明書，会社等の法人の場合は，登記官の作成した当該法人の代表者の印鑑証明書である。これらの印鑑証明書は，作成後3か月以内のものでなければならない（同条2項・3項）。

（d）**資格証明書**　会社等の法人が申請人となる場合，その代表者の資格を証する書面として，代表者事項証明書または登記事項証明書を提出する。この資格証明書は，作成後3か月以内のものでなければならない（不登令17条1項）。

（e）**代理権限証書**　代理人による申請の場合には，委任状を提出する（不登令7条1項2号）。

（f）**信託目録**　登記の申請を書面申請によりするときは，信託目録に記録すべき情報を記載して提出する（不登規176条2項，不登令別表65項添付情報欄ハ）。信託目録は，不動産ごとに1通を提出する。

(3)　登録免許税

　信託財産と固有財産等との共有物分割による信託の登記の登録免許税は課税価格に1000分の4の割合を乗じた額（登税別表第1―1―(10)イ）とし，信託の抹消の登記（登税別表第1―1―(15)）および権利の変更の登記のうち信託財産となった旨の登記（登税別表第1―1―(14)）はおのおの不動産1個につき1,000円が課されると解されている。権利の変更の登記のうち固有財産となった旨の登記に関しては，実質的に共有物分割による所有権の移転の登記であることから，課税価格に1000分の20を乗じた額（登税別表第1―1―(2)ハ）が課される

と解されている。

なお，固有財産となった旨の登記の登録免許税において登録免許税法施行令9条の適用がある場合は，課税価格に1000分の4を乗じた額となる。また信託の登記において土地の税率に関しては租税特別措置法の軽減措置が適用される。

2 申請書の記載事項と信託財産と固有財産等とに属する共有物分割の登記記録例

申請書の記載事項と登記記録例は，次のとおりである。

(1) 申請書の記載事項
(a) ①（固有財産と信託財産の共有関係を信託財産の単有とする場合）**の場合**

```
登記の目的　乙某持分2分の1（順位1番で登記した持分）が信託財産と
　　　　　　なった旨の登記および信託
原　　　因　平成○○年○月○日　共有物分割
権　利　者　受益者
義　務　者　受託者（乙某）
添付書類　　登記原因証明情報　登記識別情報　印鑑証明書　代理権限証書
　　　　　　信託目録
登録免許税　信託分　課税価格の1000分の4（登税別表第1－1－(10)イ）
　　　　　　　　　　ただし，土地の税率に関しては，租税特別措置法の軽減措置
　　　　　　　　　　が適用される。
　　　　　　信託財産となった旨の登記分　不動産1個につき1,000円（登税
　　　　　　別表第1－1－(14)）
```

(b) ②(固有財産と信託財産の共有関係を固有財産の単有とする場合)の場合

```
登記の目的   受託者乙某(順位2番で登記した持分)の固有財産となった旨
         の登記および信託登記抹消
原　　因   平成○○年○月○日　共有物分割
権 利 者   受託者(乙某)
義 務 者   受益者
添付書類   登記原因証明情報　印鑑証明書　代理権限証書
登録免許税   信託抹消分　不動産1個につき1,000円(登税別表第1―1―
         (15))
         固有財産となった旨の登記分　課税価格の1000分の20(登税別
         表第1―1―(2)ハ)
           ただし,登録免許税法施行令9条の適用がある場合は,課税
         価格の1000分の4を乗じた額となる。
```

(c) ③(A信託財産とB信託財産の共有関係をB信託財産の単有とする場合)の場合

```
登記の目的   受託者乙某持分2分の1(順位2番で登記した持分)が他の信
         託財産となった旨の登記,2番信託登記抹消および信託
原　　因   平成○○年○月○日　共有物分割
権 利 者   (B信託の)受益者および受託者
義 務 者   (A信託の)受益者および受託者
添付書類   登記原因証明情報　登記識別情報　印鑑証明書　代理権限証書
         信託目録
登録免許税   信託分　課税価格の1000分の4(登税別表第1―1―(10)イ)
           ただし,土地の税率に関しては,租税特別措置法の軽減措置
         が適用される。
         信託抹消分　不動産1個につき1,000円(登税別表第1―1―
         (15))
         他の信託財産となった旨の登記分　不動産1個につき1,000円
         (登税別表第1―1―(14))
```

(2) 登記記録例
(a) ①の場合

権利部（甲区）（所有権に関する事項）			
順位番号	登記の目的	受付年月日・受付番号	権利者その他の事項
1	所有権移転	平成○○年○月○日第○○○○号	原因　平成○○年○月○日売買 所有者　○○市○○町○○番地 　　　持分2分の1　甲某 　　　○○市○○町○○番地 　　　持分2分の1　乙某
2	甲某持分2分の1移転	平成○○年○月○日第○○○○号	原因　平成○○年○月○日信託 受託者　○○市○○町○○番地 　　　乙某（受託者持分2分の1）
	信託	余白	信託目録第○○○号
3	乙某持分2分の1（順位1番で登記した持分）が信託財産となった旨の登記	平成○○年○月○日第○○○○号	原因　平成○○年○○月○日共有物分割 受託者　○○市○○町○○番地 　　　乙某（受託者持分2分の1）
	信託	余白	信託目録第○○○号

Q 4　信託財産と固有財産等に属する共有物の分割と登記手続

(b) ②の場合

権利部（甲区）（所有権に関する事項）			
順位番号	登記の目的	受付年月日・受付番号	権利者その他の事項
1	所有権移転	平成○○年○月○日 第○○○○号	原因　平成○○年○月○日売買 所有者　○○市○○町○○番地 　　持分2分の1　甲某 　　○○○市○○○町○○○番地 　　持分2分の1　乙某
2	甲某持分2分の1 移転	平成○○年○月○日 第○○○○号	原因　平成○○年○月○日信託 受託者　○○市○○町○○番地 　　乙某（受託者持分2分の1）
	信託	余白抹消	信託目録第○○○号
3	受託者乙某（順位2番で登記した持分）の固有財産となった旨の登記	平成○○年○月○日 第○○○○号	原因　平成○○年○月○日共有物分割 所有者　○○市○○町○○番地 　　持分2分の1　乙某
	2番信託登記抹消	余白	原因　共有物分割

(c) ③の場合

権　利　部（甲　区）　（所有権に関する事項）			
順位番号	登記の目的	受付年月日・受付番号	権利者その他の事項
1	所有権移転	平成○○年○月○日 第○○○○号	原因　平成○○年○月○日売買 所有者　○○市○○町○○番地 　　　持分2分の1　甲某 　　　○○市○○町○○番地 　　　持分2分の1　何某
2	甲某持分2分の1移転	平成○○年○月○日 第○○○○号	原因　平成○○年○月○日信託 受託者　○○市○○町○○番地 　　　乙某（受託者持分2分の1）
	信託	余白抹消	信託目録第○○○号
3	何某持分2分の1移転	平成○○年○月○日 第○○○○号	原因　平成○○年○月○日信託 受託者　○○市○○町○○番地 　　　乙某（受託者持分2分の1）
	信託	余白	信託目録第○○○号
4	受託者乙某持分2分の1（順位2番で登記した持分）が他の信託財産となった旨の登記	平成○○年○月○日 第○○○○号	原因　平成○○年○月○日共有物分割 受託者　○○市○○町○○番地 　　　乙某（受託者持分2分の1）
	2番信託登記抹消	余白	原因　共有物分割
	信託	余白	信託目録第○○○号

◆平井　祐一朗＝角　口　　猛◆

Q5 信託の併合または分割と登記手続

信託の併合または分割による登記手続をそれぞれ説明してください。

A

　信託の併合とは，受託者を同一とする2以上の信託の信託財産の全部を1つの新たな信託の信託財産とすることをいう（信託2条10項）。

　信託の分割とは，ある信託の信託財産の一部を，受託者を同一とする他の信託の信託財産として移転すること（吸収信託分割），またはある信託の信託財産の一部を，受託者を同一とする新たな信託の信託財産として移転すること（新規信託分割）をいう（信託2条11項）。

　この信託の併合または分割の登記手続は，不動産登記法104条の2に規定されている。

　信託の併合または分割は，いずれも受託者が同一である信託についてなされるため，その不動産の権利の帰属に変更が生じても，信託財産に属する不動産に関する権利の登記名義人に変更は生じない。そこで，登記手続では，信託の併合または分割を原因とする権利の変更の登記をすることになる（不登104条の2第1項）。

　また，信託の併合または分割による当該権利の変更の登記と併せて，当該不動産に関する権利が属していた信託についての信託の登記を抹消し，新たに当該権利が属することとなる信託についての信託の登記をすることになり，これらの登記は同時にしなければならない（不登104条の2第1項）。

　この登記手続では，当該不動産に関する権利が属していた信託の受託者および受益者が登記義務者となり，当該不動産に関する権利が属することとなる信託の受託者および受益者が登記権利者となる（不登104条の2第2項

前段)。

I 信託の変更，併合および分割

1 信託の変更

　信託の併合または分割は，信託法第6章「信託の変更，併合及び分割」に規定されている。信託の変更とは，信託行為に定められた信託の目的，信託財産の管理方法，受益者への財産の給付内容その他の事項について，事後的に変更を行うものである。旧信託法では，裁判所による信託財産の管理方法の変更に関する規定以外に信託の変更に関する規定は存在しなかったが，新信託法では，信託設定当初に予期できなかった事態に柔軟かつ迅速に対応できるようにするため，信託の変更に関する一般的な規定を設けた（信託149条）。また，裁判所による信託の変更命令の対象の範囲が拡大されている（信託150条）。

　そして，この広義の信託の変更の一類型として，信託の併合・分割の手続が新設された。

2 信託の併合

　信託の併合とは，受託者を同一とする2つ以上の信託の信託財産の全部を1つの新たな信託の信託財産とすることをいう（信託2条10項）。

　信託の併合は，原則として，従前の各信託の委託者，受託者および受益者の合意によって行うが（信託151条1項），例外として，信託の併合が信託の目的に反しないことが明らかであるときは，受託者および受益者の合意で，また信託の併合が信託の目的に反せず，かつ受益者の利益に適合することが明らかであるときは，受託者の書面または電磁的記録によってする意思表示によって行うことができる（同条2項）。

　次に，信託の併合は，信託に関して債権を有する者に大きな影響を与える可能性があることから，信託の併合をする場合には，債権者保護手続が必要とされる。ただし，信託の併合をしても債権者を害するおそれのないことが明らか

Q5　信託の併合または分割と登記手続　　603

であるときは，債権者保護手続は不要である（信託152条）。

3 信託の分割

信託の分割とは，ある信託の信託財産の一部を，受託者を同一とする他の信託の信託財産として移転すること（吸収信託分割），またはある信託の信託財産の一部を，受託者を同一とする新たな信託の信託財産として移転すること（新規信託分割）をいう（信託2条11項）。

信託の分割は，原則として，委託者，受託者および受益者の合意によって行うが（信託155条1項・159条1項），例外として，信託の分割が信託の目的に反しないことが明らかであるときは，受託者および受益者の合意で，また信託の併合が信託の目的に反せず，かつ受益者の利益に適合することが明らかであるときは，受託者の書面または電磁的記録によってする意思表示によって行うことができる（信託155条2項・159条2項）。

信託の分割の場合も，債権者保護手続については，信託の併合の場合と基本的に同様である（信託156条・160条）。

Ⅱ 信託の併合および分割による登記申請手続

1 登記申請手続

(1) 申　請　人

信託の併合または分割は，前述のとおり当該権利の変更の登記と併せて，当該不動産に関する権利が属していた信託についての信託の登記を抹消し，新たに当該権利が属することとなる信託についての信託の登記をすることになるが，この登記手続では，当該不動産に関する権利が属していた信託の受託者および受益者が登記義務者となり，当該不動産に関する権利が属することとなる信託の受託者および受益者が登記権利者となる（不登104条の2第2項前段）。

(2) 添付情報
(a) 登記原因証明情報　　信託の併合・分割の登記原因証明情報として信託

の併合・分割をする当事者の合意書，または合意の内容を記載した報告形式の登記原因証明情報を提供する（不登令別表65項添付情報欄ロ）。

（b）**登記識別情報または登記済証**　登記義務者である受託者が，当該不動産の権利を取得した際の登記識別情報または登記済証を提供する（不登令8条1項8号）。なお，受益者については，登記識別情報の提供を要しない（不登104条の2第2項後段）。

（c）**印鑑証明書**　登記義務者である受託者および受益者の印鑑証明書を提出する（不登令16条2項）。登記義務者が個人の場合は，市区町村長の作成した印鑑証明書，会社等の法人の場合は，登記官の作成した当該法人の代表者の印鑑証明書である。これらの印鑑証明書は，作成後3か月以内のものでなければならない（同条2項・3項）。

（d）**資格証明書**　会社等の法人が申請人となる場合，その代表者の資格を証する書面として，代表者事項証明書または登記事項証明書を提出する。この資格証明書は，作成後3か月以内のものでなければならない（不登令17条1項）。

（e）**代理権限証書**　代理人による申請の場合には，委任状を提出する（不登令7条1項2号）。

（f）**信 託 目 録**　登記の申請を書面申請によりするときは，信託目録に記録すべき情報を記載して提出する（不登規176条2項，不登令別表65項添付情報欄ハ）。信託目録は，不動産ごとに1通を提出する。

（g）**債権者保護に関する情報**

　（ア）　信託の併合または分割をしても従前の信託または信託法155条1項6号に規定する分割信託もしくは同号に規定する承継信託の同法2条9項に規定する信託財産責任負担債務に係る債権を有する債権者を害するおそれのないことが明らかであるときは，これを証する情報を提供する（不登令別表66の2項添付情報欄ハ(1)）。

　（イ）　(ア)以外の場合においては，受託者において信託法152条2項，156条2項または160条2項の規定による公告および催告（信託法152条3項，156条3項または160条3項の規定により公告を官報のほか時事に関する事項を掲載する日刊新聞紙または同法152条3項2号に規定する電子公告によってした法人である受託者にあっては，これらの方法による公告）をしたこと，ならびに異議を述べた債権者があるときは，

当該債権者に対し弁済しもしくは当該債権者に弁済を受けさせることを目的として相当の財産を信託したこと，または当該信託の併合もしくは分割をしても当該債権者を害するおそれがないことを証する情報を提供する(不登令別表66の2項添付情報欄ハ(2))。

(3) 登録免許税

信託の併合または分割後に属することとなる新たな信託についての信託の登記の登録免許税は課税価格に1000分の4の割合を乗じた額(登税別表第1－1－(10)イ)とし，信託の抹消登記(登税別表第1－1－(15))および別の信託財産となった旨の登記(登税別表第1－1－(14))は各々不動産1個につき1,000円が課されると解されている。ただし，土地の税率に関しては租税特別措置法の軽減措置が適用される。

2　申請書の記載事項と信託の併合・分割の登記記録例

申請書の記載事項と登記記録例は，次のとおりである。

(1) 申請書の記載事項

登記の目的	信託併合（または信託分割）により別信託の目的となった旨の登記，信託登記抹消および信託
原　　　因	平成○○年○月○日　信託併合（または信託分割）
権　利　者	新受益者，新受託者
義　務　者	旧受益者，旧受託者
添 付 書 類	登記原因証明情報　登記識別情報　印鑑証明書　代理権限証書　信託目録　債権者保護に関する情報
登録免許税	信託分　課税価格の1000分の4（登税別表第1－1－(10)イ） 　　　ただし，土地の税率に関しては，租税特別措置法の軽減措置が適用される。 信託抹消分　不動産1個につき1,000円（登税別表第1－1－(15)） 別信託の目的となった旨の登記分　不動産1個につき1,000円（登税別表第1－1－(14)）

(2) 信託の併合・分割の登記記録例

権　利　部（甲　区）　（所有権に関する事項）			
順位番号	登記の目的	受付年月日・受付番号	権利者その他の事項
1	所有権移転	平成○○年○月○日 第○○○○号	原因　平成○○年○月○日売買 所有者　○○市○○町○○番地 　　　　甲某
2	所有権移転	平成○○年○月○日 第○○○○号	原因　平成○○年○月○日信託 受託者　○○市○○町○○番地 　　　　乙某
	信託	<u>余白抹消</u>	信託目録第○○○号
3	信託併合（または信託分割）により別信託の目的となった旨の登記	平成○○年○月○日 第○○○○号	原因　平成○○年○月○日信託併合 　　　（または信託分割）
	2番信託登記抹消	<u>余白</u>	原因　信託併合（または信託分割）
	信託	<u>余白</u>	信託目録第○○○号

◆平井　祐一朗＝角　口　猛◆

Q5　信託の併合または分割と登記手続

Q6 限定責任信託と登記手続

限定責任信託の登記手続を説明してください。

A

　限定責任信託とは，受託者が当該信託のすべての信託財産責任負担債務について信託財産に属する財産のみをもってその履行の責任を負う信託である（信託2条12項）。限定責任信託においては，受託者は，信託財産に属する財産のみをもって，信託財産責任負担債務の履行の責任を負う（信託216条1項）ことから，信託債権者の保護に重点を置く必要があり，限定責任信託登記制度の創設をはじめ，名称使用制限や取引の相手方への明示義務など，さまざまな規律が設けられた。

　限定責任信託の登記手続は，信託法第9章第3節および信託法施行規則ならびに限定責任信託登記規則に定められている。また平成19年8月20日に発出された法務省民事局長通達「信託法の施行に伴う限定責任信託の登記事務の取扱いについて」（平成19年8月20日法務省民商第1680号通達。以下「通達」という。）では限定責任信託の登記事務の留意点が言及されている。

　限定責任信託は，信託行為においてそのすべての信託財産責任負担債務について受託者が信託財産に属する財産のみをもってその履行の責任を負う旨の定めをし，信託法232条の定めるところにより2週間以内に登記をすることによって，限定責任信託としての効力を生じる（信託216条1項）。

　限定責任信託登記の各種の登記は，大きく(1)効力発生要件たる限定責任信託の定めの登記，(2)限定責任信託の登記事項の変更の登記，(3)限定責任信託の終了等の登記に分けられる。

　(1)の限定責任信託の定めの登記（信託232条）および(2)の変更の登記（信

託233条)は,原則として,受託者が(信託239条1項),(3)の限定責任信託の終了の登記(信託235条),清算受託者の登記(信託236条)および清算結了の登記(信託237条)は,清算受託者がそれぞれ登記申請人となる。

また,限定責任信託の定めの登記の管轄登記所は,限定責任信託の事務処理地を管轄する法務局もしくはこれらの支局またはこれらの出張所である。したがって,限定責任信託の事務処理地を管轄する法務局に申請し,管轄登記所に限定責任信託登記簿が備え置かれることになる(信託238条)。

なお,限定責任信託の登記においては,商業登記の場合と同様,登記の申請書に押印すべき者は,あらかじめその印鑑を登記所に提出しなければならない(信託247条,商登20条1項)。また,限定責任信託は,法人ではないことから,限定責任信託について代表者事項証明書が発行されることはない。

I 限定責任信託の各種の登記

1 限定責任信託の定めの登記

(1) 限定責任信託の効力発生時期と信託行為の内容

限定責任信託は,信託行為においてそのすべての信託財産責任負担債務について受託者が信託財産に属する財産のみをもってその履行の責任を負う旨の定めをし,信託法232条の定めるところにより2週間以内に登記をすることによって,限定責任信託としての効力が生じる(信託216条1項)。

限定責任信託の信託行為においては,①限定責任信託の目的,②限定責任信託の名称,③委託者の氏名または名称および住所,④受託者の氏名または名称および住所,⑤限定責任信託の主たる信託事務の処理を行うべき場所(事務処理地),⑥信託財産に属する財産の管理または処分の方法,⑦信託事務年度を定めなければならない(信託216条2項,信託規24条)。このうち限定責任信託の登記事項は①②④⑤であり,このほか⑧信託法64条1項(同法74条6項において準用

する場合を含む。）の規定により信託財産管理者または信託財産法人管理人が選任されたときは，その氏名または名称および住所，⑨信託法163条9号の規定による信託の終了についての信託行為の定めがあるときは，その定め，⑩会計監査人設置信託であるときは，その旨および会計監査人の氏名または名称を登記しなければならない（信託232条）。

(2) 登記申請手続
 (a) 申　請　人　　限定責任信託の定めの登記（信託232条）は，受託者の申請による（信託239条1項）。ただし，信託財産管理者または信託財産法人管理人が選任されている場合には，その者の申請によってする（同条2項）。
 (b) 添　付　書　面　　限定責任信託の定めの登記の申請書には，次の書面を添付しなければならない（信託240条。「通達」参照）。
　　(ア) 限定責任信託の信託行為を証する書面　　具体的には，契約書（信託4条1項），遺言書（同条2項），公正証書，公証人の認証を受けた書面または電磁的記録（同条3項1号），受益者となる者として指定された第三者（当該第三者が2人以上ある場合にあっては，その1人）に対する確定日付のある証書による通知（同条3項2号）等が該当する。
　　(イ) 受託者が法人であるときは，当該法人の登記事項証明書
　　(ウ) 会計監査人設置信託においては，次に掲げる書面
　　　(i) 就任を承諾したことを証する書面
　　　(ii) 会計監査人が法人であるときは，当該法人の登記事項証明書
　　　(iii) 会計監査人が法人でないときは，信託法249条1項に規定する者であることを証する書面
　　(エ) 代理人よって申請する場合は，代理権限を証する書面（信託247条，商登18条）
 (c) 登録免許税　　申請件数1件につき3万円（登税別表第1―28の2―(1)）。

(3) 申請書の記載事項と限定責任信託の定めの登記の登記記録例
(a) **申請書の記載事項**

表）申請書の記載事項

限定責任信託の定めの登記申請書

1. 名　　　称　　○○限定責任信託
1. 事務処理地　　東京都千代田区大手町○丁目○番○号
1. 登記の事由　　限定責任信託の定め
1. 登記すべき事項　別紙のとおり
1. 登録免許税　　金30,000円
1. 添 付 書 類　　限定責任信託の信託行為を証する書面　　1通
　　　　　　　　　委任状　　1通

【別紙OCR用申請用紙に記載すべき登記事項】
「限定責任信託の名称」○○限定責任信託
「限定責任信託の処理地」東京都千代田区大手町○丁目○番○号
「限定責任信託の効力発生日」平成21年○月○日
「限定責任信託の目的」信託不動産の管理運用
「受託者等に関する事項」
「資格」受託者
「住所」東京都千代田区丸の内○丁目○番○号
「氏名」○某
「登記記録に関する事項」設定

(b) **限定責任信託の定めの登記の登記記録例**

表　限定責任信託の定めの登記の登記記録例

限定責任信託の名称	○○限定責任信託
限定責任信託の事務処理地	東京都千代田区大手町○丁目○番○号
限定責任信託の効力発生日	平成21年○月○日
限定責任信託の目的	信託不動産の管理運用
受託者等に関する事項	東京都千代田区丸の内○丁目○番○号 受託者
登記記録に関する事項	設定 　　　　　　　　　　　　　　平成21年○月○日登記

2　限定責任信託の登記事項の変更の登記

(1)　限定責任信託の登記事項の変更の登記

　限定責任信託の登記事項の変更とは，信託法232条の各号に掲げる登記事項の変更をいう。

　(a)　限定責任信託の事務処理地に変更があったときは，2週間以内に，旧事務処理地においてはその変更の登記をし，新事務処理地においては信託法232条（限定責任信託の定めの登記）各号に掲げる事項を登記しなければならない（同時経由申請ではない。）。なお，同一の登記所の管轄区域内において限定責任信託の事務処理地に変更があったときは，その変更の登記をすれば足りる。

　(b)　信託法232条（限定責任信託の定めの登記）各号（4号を除く。）に掲げる事項に変更があったときは，2週間以内に，その変更の登記をしなければならない（信託233条）。受託者の変更は旧受託者の退任の登記と新受託者の就任の登記をすることになるが，受託者の辞任においては，信託行為に別段の定めがある場合を除き新受託者が信託事務を処理することができるまで引き続き権利義務を有するため，共同受託者でない限り新受託者の選任があるまでは，前受託者の辞任の登記はできない。また前受託者の退任した日から1年以内に新受託者が就任しない場合は，当該信託は終了するため，新受託者の就任登記は受理できない（信託163条3号）。

(2) 登記申請手続
(a) **申　請　人**　　限定責任信託の変更の登記（信託233条）は，受託者の申請による（信託239条1項）。ただし，信託財産管理者または信託財産法人管理人が選任されている場合には，その者の申請によってする（同条2項）。
(b) **添付書面**　　限定責任信託の変更の登記の申請書には，次の書面を添付しなければならない（信託241条）。ここでは，受託者の就任および変更と事務処理地の変更を例に説明する（「通達」参照）。
　(ｱ) 新受託者の就任の登記（主なもの）　　登記事項の変更を証する書面として，次の書面を添付しなければならない。
　　(ⅰ) 信託行為の新たな受託者に関する定めによる選任の場合
　　　① 当該定めがあることを証する書面
　　　　具体的な書面として，契約書等が該当する。
　　　② 就任を承諾したことを証する書面
　　　③ 受託者が法人であるときは，当該法人の登記事項証明書
　　(ⅱ) 委託者および受益者の合意による選任の場合
　　　① 委託者および受益者の合意があったことを証する書面
　　　② 就任を承諾したことを証する書面
　　　③ 受託者が法人であるときは，当該法人の登記事項証明書
　　(ⅲ) 受託者である法人が合併をした場合または受託者が分割をした場合であって分割により受託者の権利義務を承継する法人があるとき
　　　① 合併または分割後の法人の登記事項証明書
　　　② 分割による受託者の権利義務の承継があった場合にあっては，①の証明書に加え，当該新受託者たる法人に受託者の権利義務が承継されたことを証する書面として，その旨が記載された吸収分割契約書もしくは新設分割計画書またはその抜粋等に新受託者がその内容に相違ない旨を記載し，登記所届出印を押印したものを添付しなければならない。
　(ｲ) 旧受託者の任務の終了の登記　　登記事項の変更を証する書面として，任務の終了の事由が発生したことを証する書面を添付しなければならない。

Q6　限定責任信託と登記手続

(i) 受託者である個人が死亡した場合（信託56条1項1号）は，受託者である個人が死亡したことを証する書面（戸籍，死亡届等）
　　(ii) 受託者である個人が後見開始または保佐開始の審判を受けた場合（信託56条1項2号）は，受託者について後見開始または保佐開始の審判があったことを証する書面
　　(iii) 受託者が破産手続開始の決定を受けた場合（信託56条1項3号）は，受託者について，破産手続開始の決定があったことを証する書面
　　(iv) 受託者である法人が解散した場合（合併により解散した場合を除く〔信託56条1項4号〕。）は，当該法人の登記事項証明書または解散の決議をした株主総会の議事録等
　　(v) 信託行為等において定めた事由により任務が終了した場合（信託56条1項7号）は，契約書等
　(ウ) 受託者の辞任の登記
　　(i) 委託者および受益者の同意を得て辞任した場合
　　　① 辞任届
　　　② 委託者および受益者の同意があったことを証する書面
　　　　信託行為の別段の定めに基づいて辞任する場合は，この書面に代えて，当該定めがあることを証する書面（契約書等）
　　(ii) 裁判所の許可を得て辞任した場合は，裁判所の決定書
　(エ) 事務処理地の変更の場合（主なもの）
　　(i) 委託者，受託者および受益者の合意による変更の場合（信託149条1項）は，委託者，受託者および受益者の合意を証する書面（変更後の信託行為の内容が明らかにされている書面）
　　(ii) 信託の変更が信託の目的に反しないことが明らかである場合における受託者および受益者の合意による変更の場合（信託149条2項1号）
　　　① 信託の目的に反しないことが明らかであることを証する書面（上申書等）
　　　② 受託者および受益者の合意を証する書面
　　(iii) 信託の変更が信託の目的に反しないことおよび受益者の利益に適合することが明らかである場合における受託者の意思表示による変更の

場合（信託149条2項2号）
① 信託の目的に反しないことおよび受益者の利益に適合することが明らかであることを証する書面（受託者の上申書等）
② 受託者の書面または電磁的記録によってする意思表示を証する書面

(c) **登録免許税**　受託者の就任および変更の登記は，申請件数1件につき1万5000円（登税別表第1―28の2―(3)）。事務処理地の変更の場合，新事務処理地においてする信託法232条による定めの登記については，申請件数1件につき1万5000円（登税別表第1―28の2―(2)），旧事務処理地においてする変更の登記は，申請件数1件につき1万5000円（登税別表第1―28の2―(3)）。

3　限定責任信託の終了等の登記

(1)　限定責任信託の終了等，清算受託者の就任および変更，清算結了

　限定責任信託は，信託法163条もしくは164条に掲げる事由または限定責任信託の定めを廃止する旨の信託の変更（信託149条・150条）により終了する。

　信託は，当該信託が終了した場合（信託の併合によって終了した場合および信託財産についての破産手続開始の決定により終了した場合であって当該破産手続が終了していない場合を除く。）には，清算をしなければならない（信託175条）。また，信託は，当該信託が終了した場合においても，清算が結了するまではなお存続するものとみなされる（信託176条）。信託が終了した時以後の受託者を「清算受託者」といい（信託177条），原則として，信託が終了した時の受託者が引き続き清算受託者となる。

　清算受託者は，その職務を終了したときは，遅滞なく，信託事務に関する最終の計算を行い，信託が終了した時における受益者（信託管理人が現に存する場合にあっては，信託管理人）および帰属権利者（以下「受益者等」という。）のすべてに対し，その承認を求めなければならない（信託184条1項）。受益者等が清算受託者からその計算の承認を求められた時から1か月以内に異議を述べなかった場合には，当該受益者等は信託法184条1項の計算を承認したものとみなされる（同条3項）。そして信託はこれをもって清算結了し，終了する。

　なお，限定責任信託の定めを廃止する旨の信託の変更（信託149条・150条）に

より限定責任信託が終了する場合，当該信託は限定責任信託の規定である信託法第9章の適用がなくなるだけであり，信託自体が終了するわけではない。

(2) 登記申請手続
 (a) **申　請　人**　　限定責任信託の終了の登記（信託235条），清算受託者の登記（信託236条）および清算結了の登記（信託237条）は，清算受託者の申請による（信託239条1項）。

ただし，限定責任信託の定めの廃止による変更（信託149条）の場合は，実際に当該信託が終了するわけではなく，当該変更後の当該信託には清算受託者は存在しないため，その場合における限定責任信託の定めの廃止による終了の登記は，受託者の申請によってする。
 (b) **添 付 書 面**　　限定責任信託の終了等の登記の申請書には，次の書面を添付しなければならない（信託242条・243条・245条。「通達」参照）。
　㋐　限定責任信託の終了の登記（主なもの）　　限定責任信託の終了の事由の発生を証する書面を添付しなければならない（信託242条）。
　　（ⅰ）信託の目的を達成したとき，または達成することができなくなったとき（信託163条1号）　　信託の目的を達成したこと，または達成することができなかったことを証する書面（清算受託者の上申書等）
　　（ⅱ）受託者が受益権の全部を固有財産で有する状態が1年間継続したとき（信託163条2号）　　受託者が受益権の全部を固有財産で有する状態が1年間継続したことを証する書面（清算受託者の上申書等）
　　（ⅲ）新受託者が就任しない状態が1年間継続したとき（信託163条3号）　　旧受託者の退任を証する書面および清算受託者の就任を証する書面
　㋑　清算受託者の就任および変更の登記（主なもの）　　清算受託者の就任および変更の登記には，次の書面を添付しなければならない（信託243条・244条）。
　　（ⅰ）信託行為の定めによる選任の場合
　　　①　信託行為の定めがあることを証する書面（信託243条1項1号イ）　契約書等
　　　②　就任を承諾したことを証する書面（信託243条1項1号ロ）

③　清算受託者が法人であるときは，当該法人の登記事項証明書（信託243条2項・240条2号）
　(ⅱ)　委託者および受益者の合意による選任の場合
　　①　委託者および受益者の合意があったことを証する書面（信託243条1項2号イ）　　契約書等
　　②　就任を承諾したことを証する書面（信託243条1項2号ロ）
　　③　清算受託者が法人であるときは，当該法人の登記事項証明書（信託243条2項・240条2号）
　(ⅲ)　清算受託者の変更　　清算受託者の変更にともなう新清算受託者の就任の登記ならびに清算受託者の任務の終了，辞任および解任の登記の添付書面については，前記 **2**(2)(b)と同様である。
　(ウ)　清算結了の登記（主なもの）　　信託法184条1項の計算の承認があったことを証する書面（具体的には，清算受託者の報告書，受益者の署名，押印のある承認書等〔信託245条〕）
　(c)　**登録免許税**　　限定責任信託の終了の登記は，申請件数1件につき1万5000円（登税別表第1―28の2―(3)）。
　最初の清算受託者の登記は，申請件数1件につき6000円（登税別表第1―28の2―(6)イ），また，清算受託者の変更に係る登記は，申請件数1件につき6000円（登税別表第1―28の2―(6)ロ）。
　清算結了の登記は，申請件数1件につき2000円（登税別表第1―28の2―(6)ハ）。

Ⅱ　印鑑の届出等

1　印鑑の届出等

　限定責任信託の登記においても，商業登記の場合と同様，登記の申請書に押印すべき者は，あらかじめその印鑑を登記所に提出しなければならない（信託247条，商登20条1項）。この場合における印鑑の届出事項は次のとおりである。
　①　印鑑提出者が個人の場合（限定登規3条1項）の届出事項は，①限定責任

信託の名称，②限定責任信託の事務処理地，③資格，④氏名，⑤出生の年月日である。
② 印鑑提出者が限定責任信託の受託者（清算受託者を除く。），信託財産管理者，信託財産法人管理人または清算受託者である法人の代表者の場合（限定登規 3 条 2 項 1 号）は，④氏名に代えて，当該法人の商号または名称および本店または主たる事務所ならびに当該代表者の資格および氏名を記載しなければならない。なお，この代表者が法人である場合にあっては，当該代表者の氏名に代えて，当該法人の商号または名称および本店または主たる事務所ならびにその職務を行うべき者の氏名を記載することを要する。

2 印鑑届出書の添付書面

印鑑届出書に添付すべき書面については，次のとおりである。

(1) **提出者が個人の場合**（限定登規 3 条 3 項 1 号）
印鑑届出書に押印した印鑑（限定登規 3 条 1 項後段）につき市区町村長の作成した印鑑証明書で作成後 3 か月以内のもの。

(2) **提出者が法人の代表者**（当該代表者が法人である場合にあっては，その職務を行うべき者）**の場合**（限定登規 3 条 3 項 2 号）
登記所の作成した当該代表者の資格を証する書面（登記事項証明書）および印鑑届出書に押印した印鑑につき登記所の作成した証明書でいずれも作成後 3 か月以内のもの。

3 代表者事項証明書の不発行

限定責任信託は法人ではないことから，商業登記規則における代表者事項証明書に関する規定（商登30条 1 項 4 号）は，登記規則において準用されていない（限定登規 8 条参照）。したがって，限定責任信託については，代表者事項証明書を発行することはできない。

◆平井　祐一朗＝角　口　　猛◆

Chapter 10

信託と事業活動

Q1 事業承継のための信託法の利用方法

中小企業を経営している者ですが，もう年ですからそろそろ自分の会社の事業を後継者である息子に引き継がせたいのですが，どのような方法があるのですか。信託を利用して事業を継がせるにはどうすればいいですか。

A

　自分が保有している会社の株式を後継者に継がせる方法として，①生前に贈与する，②遺言で相続させる，③株式を信託したうえで信託の終了のときに残余財産として取得させる等が考えられる。もっとも，生前贈与や遺言では相続後における贈与の持戻しや遺留分減殺請求権等の問題がある。これらの相続問題を回避するために，(1)会社法上の制度を利用して，議決権を有する種類株式を後継者に，議決権のない株式を非後継者の相続人に取得させる遺言をすること等が考えられる。また，(2)受益権を分割し

て，自分の相続のとき，株式の受託者に対する議決権の行使の指図権および残余財産である株式の帰属権を後継者に元本受益権として取得させる一方，会社から交付される剰余金の配当を非後継者に収益受益権として取得させることを定めた株式の信託を設定する方法もある。さらに株式ではなく，(3)事業それ自体を後継者の会社に信託して，事実上後継者に引き継がせる方法もある。どの方法を選択するのが最も適切かは，事業承継の対象となっている会社の実情に照らして具体的に判断することになる。

I　事業承継の問題と対策

1　わが国の中小企業が抱える事業承継問題

(1)　経営者の高齢化と事業承継

わが国の会社のほとんどを占める中小企業（企業数で全体の99％，法人・個人の事業主を含めると平成18年時点約420万社〔『中小企業白書2010年版』付属統計資料による。〕）では経営者の高齢化が進んでおり，現在後継者への事業承継が社会問題となっている。この場合，現経営者がその有している株式を，何らの問題を抱えることなくスムーズに後継者に全部譲ることができれば円滑な事業承継が可能となる。

(2)　事業承継と相続問題

しかしながら，現経営者自らの相続が発生したとき後継者を含む共同相続人の相互間で，現経営者が有していた株式の取得をめぐって紛争となることが予想される場合，現経営者は，その対策に頭を悩ませることになる。

(3)　遺留分減殺請求権の行使と経営の不安定

その対策として，後継者と目される息子に株式を全部生前に贈与する方法があるが，共同相続人の中の1人への株式の贈与となることから，相続発生後，他の相続人から持戻しの主張をされて，当該株式の贈与が遺留分減殺請求の対

象になる可能性がある（民法1044条による903条の準用）。このように遺言で後継者に株式全部を相続させても，他の相続人から遺留分減殺請求権が行使されるリスクを避けることはできない（民1031条）。この遺留分減殺請求をめぐる法的紛争が解決するまでの間，現経営者の経営する会社（以下「承継対象会社」という。）の経営が不安定となるおそれがある。

(4)　遺留分減殺請求権の行使のリスク回避の方策

これに対し，相続人間の紛争を回避しながら円滑な事業承継をするさまざまな工夫が編み出されている。①民法の特例である「中小企業における経営の承継の円滑化に関する法律」（以下，本章では「経営承継円滑化法」という。）による生前贈与株式等の遺留分の算定対象からの除外の合意（同法4条1項1号）をする方法，②会社法の規定を活用して後継者に会社支配権を承継させる方法，③株式の信託的譲渡による方法，④後継者の会社に事業信託する方法等が考えられる。この中で，①の方法については現経営者の推定相続人全員の合意が必要となるため，推定相続人間において相続の発生後遺産をめぐって紛争が生じるおそれのある緊張関係がある場合には利用できないこととなり，事業承継にあたって，この方法がどれだけの意義を有するのか未だ予想できない。そこで，①を除く事業承継の方法について，以下述べる。

2　会社法の活用による事業承継

平成18年5月1日に施行された会社法の規定の活用により，事業承継を実現する方法として，主に以下の3つが現在，検討されている。

(1)　議決権制限株式の発行（会社108条1項3号）

株式会社は，株主総会において議決権を行使することができる事項につき異なる定めをした，内容の異なる株式を発行することができる（会社108条1項3号）ので，普通株式とは異なる種類の株式である議決権制限株式を発行して新株引受権を有する株主である現経営者が取得する。この結果，現経営者はそれまで有していた議決権のある普通株式と議決権制限株式とを併せて有することになる。なお，議決権制限の内容を完全無議決権株式としておけば，種類株主

総会の決議を要しないとすることができ（会社322条1項ただし書），さらに議決権制限株式の発行方法を既存の株主への無償割当て（会社185条）にすれば，新たな資金を用意することなく実施できる。その後，遺言により後継者には普通株式を，その他の相続人には完全無議決権株式を取得させることで，遺留分減殺請求権の行使のリスクを回避するとともに後継者に経営権を集中できる。

(2) **拒否権付種類株式の発行**（会社108条1項8号）

株式会社は，株主総会・取締役会・清算人会において決議すべき事項につき，その決議のほか，当該種類の種類株式を構成員とする種類株主総会の決議が必要である点において，他と異なる株式を発行することができる（会社108条1項8号・2項8号・323条）。すなわち，株主総会・取締役会・清算人会の決議事項に関する拒否権の有無を株式の種類とすることができる（拒否権付種類株式）ことから，普通株式とは異なる種類の株式である拒否権付種類株式を発行させて現経営者が取得し，遺言により当該拒否権付種類株式を後継者に取得させることで拒否権という経営方針についての決定権をもたせる。

(3) **取締役である株主だけが議決権を有する旨の定款の定め**（会社109条2項）

全株式譲渡制限会社においては，株主総会における議決権に関する事項につき，株主ごとに異なる取扱い（議決権の属人的取扱い）を行う旨を定款で定めることができる（会社109条2項・105条1項3号）ので，株主のうちで取締役である者のみが議決権を有する旨を定款で定めておき，当該会社の事業を承継させるべき後継者が取締役に就任するとともに取締役ではない株主の議決権行使を制限することで，後継者に経営権を集中できる。

3 会社法の活用による事業承継の問題点

ところで，上記2の(1)および(2)を実現させるには，いずれも定款記載事項となるので，新たにこのような種類株式を発行するには定款の変更（会社466条）を行うための株主総会の特別決議が必要となる。この場合の特別決議は当該株主総会において議決権を行使することができる株主の議決権の過半数を有する株主が出席し，出席した当該株主の議決権の3分の2以上の賛成が必要である

（会社309条2項11号）。また，上記**2**の⑶を実現させるには，この場合も定款記載事項となるので，定款変更（会社466条）のための株主総会の特殊な決議が必要である。特殊な決議は総株主の半数以上かつ総株主の議決権の4分の3以上の賛成が必要となる（会社309条4項）。

　こうした種類株式ないし株主ごとに異なる扱いを行う株式を発行するためには，現経営者が株主総会での特別決議または特殊な決議によって承認を得られるだけの支配を可能にしている状況がなければならない。株主総会を開いて決議を得るにしても株主の人数が多い場合では，この方法を採用することは事実上困難であろう。また，たとえ上記の株主総会におけるそうした決議を得るだけの支配権を現経営者が有していたとしても，わざわざ株主総会を開催して事業承継だけのために特別決議や特殊な決議を行うことによる会社関係者（株主・従業員・取引先や金融機関など）へ与える影響・動揺に配慮して現経営者がこれらの株主総会の開催自体を躊躇することも十分にありうる。さらに，上記**2**の⑶の方法は，取締役でない株主の議決権行使の機会を奪うことになることから，それが多数派の株主により少数派の株主を会社経営から排除するという不公正な目的で行われたことが明らかな場合は，株主総会の特殊な決議の内容が株主平等の原則（会社109条1項）に反するとして，決議無効の確認の訴え（会社830条2項）が提起されるおそれがある。

4　相続人に対する売渡強制条項の定款の定め（会社174条）

　上記**2**の3つの方法のほかに，相続で取得した株式（譲渡制限株式に限る。）を相続人に対して当該株式会社に売り渡すことができる旨を定款で定めておけば，相続発生後，後継者は相続により分散した株式を，非後継者の相続人から当該株式会社の自己株式として買い取ることにより，経営権を集中できるという方法もある。これは，平成18年5月1日の会社法施行以後，利用可能となった方法である（会社174条）。

5　相続人に対する売渡強制の場合の問題点

　当該株式の取得に際して株式所有者に交付する金銭は，自己株式の取得財源規制の対象になるので，当該売渡請求が効力を生ずる日における剰余金の分配

可能額を超えることはできない（会社461条1項5号）。そこで，この方法を執るためには，それだけ余裕のある資力が当該会社には必要となる。

また，少数株主がその規定を逆手にとって，後継者に対して，その有する株式を会社に売り渡すように請求できる旨の決議を株主総会に提案したとき，後継者は議決権を行使できないので（会社175条2項），その少数株主の提案は可決成立することになる。この場合，後継者は現経営者が有していた当該会社の支配権を失うおそれがあるうえ，当該会社は多額の買取資金を準備しなければならないことになり，経営を圧迫する結果となりうる。もっとも，株主総会で決定されるのは株式の数（同条1項1号）と当該株式を有する者の氏名または名称（同項2号）であり，たとえその提案が株主総会で可決されたとしても，取締役設置会社の場合は，取締役会の決定により，その請求手続をすることになる（会社176条1項・295条2項）ので，取締役会で上記株主総会の決議を無視して売渡請求をしないこともできると解すれば，手続上，取締役会の運営の段階で，その売渡請求を阻止できる。この取締役会の決定を承認するためには，取締役会を構成する過半数の取締役が後継者の影響下にあることが必要となる。さらに，当該株式の会社の買取代金は上記のとおり，剰余金の分配可能額を超えることはできない（会社461条1項5号）のであるから，当該株式の取得財源が不足する可能性があり，実現困難な場合が多いものと思われる。

6　信託を利用した事業承継

かように，会社法の規定による事業承継の方法は煩雑な手続を要するうえ，状況次第では株主平等の原則（会社109条1項）に反するのではないかとの批判もありうることから，会社法の規定を利用できないときまたはしたくないときの事業承継の方法を検討しておく必要があろう。

そこで，以下では事業承継にあたって信託を利用する方法を検討する。具体的には，①遺言代用信託による株式の信託（受益権は原則相続のときに後継者に移転），②他益信託による株式の信託（受益権は原則信託設定のときに後継者に移転），③事業信託による事業承継等である。以下，説明する。

Ⅱ 遺言代用信託による株式の信託（基本型）

1 現経営者が死亡したときに後継者を受益者とする

　遺言代用信託による株式の信託とは，通常，現経営者が生前にその有している当該株式会社の株式を信託財産として信託を設定し，相続発生前は自らが受託者に対する議決権行使の指図権を信託行為により付与された受益者として会社経営を行い，現経営者が死亡したときに受益者を後継者に指定する旨を信託契約において定めることをいう（信託90条1項1号）。この場合，受託者としては会社とは無関係な弁護士など信頼できる第三者がふさわしいといえるが，通常は，信託銀行その他の信託会社が選定されることになろう。同時に，信託契約に残余財産の帰属すべき者を受益者である後継者に指定して（信託182条1項2号），信託が終了したときに，信託財産である株式を残余財産として受益者である後継者に帰属させることにより，事業承継を完結させることができる。

2 遺言代用信託のメリット

　この方法のメリットとしては，
① 遺言書に関する相続をめぐるトラブル（遺言書の有効・無効に争いがある場合，複数の遺言が存在して遺言者の遺志が明確でない場合など）の多くを回避できる。
② 現経営者が存命中は経営権を保持できるので，会社の経営が安定する。
③ 現経営者に手続が発生しても，そのときには後継者に受託者に対する議決権行使の指図権が付与された受益権を取得させるという信託契約の定めに基づいて，遺言の執行や遺産分割の協議の手続を経ることなく，後継者は当然に議決権行使の指図権を取得するので，会社の経営権の存続・承継に支障はない。
④ 現経営者の株式は信託銀行あるいは信託会社などの第三者が管理・保管しているので，現経営者の存命中の散逸が防止できる。
⑤ 信託終了後，残余財産である株式を受益者である後継者に帰属させることができる。

などが挙げられる。

3　現経営者の推定相続人が複数の場合

ところで，現経営者に推定相続人が2人以上居り，かつ，この遺言代用信託の方法でも当該株式が現経営者の遺産全体に占める割合が大きい場合は，現経営者に相続が発生した場合，他の共同相続人から当該株式について遺留分減殺請求権を行使されるリスクは生じうる。

また，当該株式に基づく剰余金の配当が後継者ではない他の相続人（とりわけ現経営者の配偶者）の生活保障の意義を有する場合もあろう。そこで，このⅡの基本型を応用した次のⅢの方法（非後継者収益受益権取得型）を利用することが考えられる。

Ⅲ　遺言代用信託による株式の信託（非後継者収益受益権取得型）

1　受益権の二分化（元本受益権と収益受益権）

現経営者に推定相続人が2人以上居て，非後継者の生活保障や遺留分減殺請求権などについて配慮する必要がある場合は，Ⅱの基本型のように後継者に受益権を全面的に帰属させては相続人間に紛争の種を残すことになる。

そこで，信託財産である株式による受益権を収益受益権（剰余金配当請求権など株主の地位に基づく経済的利益を受ける権利）と元本受益権（信託行為によって付与された議決権行使の指図権および信託終了時の残余財産である株式の帰属権など収益受益権以外の権利）の2つに分け，それぞれ別々の受益者が取得する仕組みを利用することが考えられる。

経済的価値のある収益受益権を非後継者の相続人に，経営支配権を含んでいる元本受益権を後継者に，それぞれ取得させるのである。こうすれば，当該会社の経営を後継者に引き継がせるとともに，非後継者の生活保障や遺留分減殺請求権にも配慮でき，相続をめぐるトラブルの多くを回避できる。

2　遺留分減殺請求権行使のリスク回避の意義

　遺留分算定の基礎財産は「被相続人が相続開始の時において有した財産の価額」(民1029条)である。ここで,「財産」とは,金銭的価値に見積もりうるものである。したがって,株式の信託において現経営者の相続人の遺留分算定の基礎財産となるのは,金銭的価値に見積もりうるものに限られることになる。

　株式の信託における収益受益権は金銭的価値に見積もることが可能なものである。これに対し,元本受益権は議決権行使の指図権および残余財産帰属権をその中核とするもので,それ自体は金銭的価値として評価して見積もることが困難である。元本受益権は遺留分算定の基礎財産とはならないことになる。したがって,株式の信託設定行為において,後継者を,元本受益権者に指定することは,遺留分減殺請求権行使のリスクを回避する方法のひとつと考えることができる。

3　現経営者死亡のとき後継者を元本受益権者とする

　上記のように,遺言代用信託による株式の信託(非後継者収益受益権取得型)とは,通常,現経営者が事前にその有している当該株式会社の株式を信託財産とする信託を設定し,当初は自らが受託者に対する議決権行使の指図権を有する元本受益権者として会社経営を行い,現経営者に相続が発生したときに,非後継者である相続人に収益受益権を,後継者に元本受益権をそれぞれ取得させる旨を信託契約において定めることをいう(信託90条1項1号)。同時に,信託契約に残余財産の帰属すべき者を元本受益者である後継者に指定する(信託182条1項2号)。

　もちろん,他の推定相続人の遺留分に配慮しつつ収益受益権の一部を後継者に配分することも可能である。また,非後継者である推定相続人が2人以上居る場合は,相続分を基準にして収益受益権の各人への配分を指定すればよいと考える。

　もっとも,信託制度を介在させることにより,本来,株主という地位に基づく一体的で専属的な性質をもつ権利を,観念的に元本受益権と収益受益権に分割して別人格に分属できるよう転換する手法は,技巧的すぎるとの批判があ

る。実際，信託契約において非後継者の相続人による収益受益権の譲渡を制限（信託93条2項）しておかないと，譲受人の収益受益権を有する第三者との間で，現実の受益権の管理が複雑化してしまうことになるという不都合が生じる。また，受益者が2人以上となるので，原則として意思決定は受益者全員の一致が必要となる（信託105条1項本文）が，それでは非後継者との間で紛争となっている場合，受益者としての意思決定ができないこととなる。そこで，信託行為において，2人以上の受益者の意思決定の方法についても特段の定め（たとえば，受益者が全員一致にならない場合，元本収益権を有する受益者の議決権が収益受益権を有する受益者のそれに優越する等）が必要となる（同条1項ただし書・2項ただし書）が，そのような差別的な扱いが受益者間において公平といえるかどうか疑問がある。

4　現経営者が生前に後継者を受益者としたいとき

遺言の代用として信託契約により相続の際に受益権を後継者に取得させるよりも高齢などの健康上の理由により，生前から受益権を後継者に承継させたいと考える現経営者は，以下の他益信託を利用した株式の信託を検討すればよい。

Ⅳ　他益信託を利用した株式の信託

1　生前に後継者を受益者と定める

他益信託を利用した株式の信託とは，通常，現経営者が生前に，自ら有する承継対象会社の株式を対象に信託を設定し，信託契約において，上記ⅡおよびⅢの2つの場合とは異なり現経営者に相続が発生したときではなく，現経営者が生きている信託設定時に後継者を受益者と定めるものをいう。この場合，委託者である現経営者は，受託者に対する議決権行使の指図権を自ら留保して死亡のときに後継者に付与することを信託行為において定めることができる。

同時に，信託終了時に後継者が残余財産として信託されている当該株式の交付を受けることを信託契約で定めておけば（信託182条1項2号），後継者の経営権は確立し，事業承継が完了するというものである。

また，他益信託の場合は，委託者である現経営者が死亡すれば，受益者である後継者に残余財産である株式を取得させることができるので，原則的には委託者の死亡により信託が終了する旨定めることとなろう。もっとも，後継者が残余財産として当該株式の交付を受ける信託の終了時期を現経営者が任意に定めることもできる（たとえば，信託設定時から10年後とか，現経営者の相続発生時とか等）ので，以下に述べる推定相続人が複数の場合など承継対象会社の実情にあった信託の設定が可能である。この方法を採用すれば，現経営者は生前において後継者に事業を承継させることが可能となる。

　ところで，受益者は信託設定に伴って無償で受益権を取得することになるので，贈与税が課税されることになるが，これに対しては，相続時精算課税制度を併用するなどして贈与税の軽減を図る対策が必要となろう。なお，平成22年4月1日時点での相続時精算課税制度は，65歳以上の現経営者が20歳以上の子である後継者に財産を贈与したときは，贈与税について限度額2500万円の特別控除を控除した後の金額に一律20％の税率を乗じて算出した税額を，いったん納税し，相続時に精算できる内容となっている[注1]。

2　現経営者の推定相続人が複数の場合

　現経営者の推定相続人が複数の場合は，非後継者の相続人により，生前に後継者について株式信託の受益権を取得させたことが「贈与」であるとして，相続発生後，後継者が生前に取得した「受益権」の相続開始時の価額が相続財産とみなされる可能性がある（民903条1項）。このように，ⅡおよびⅢの遺言代用信託のケースと同様，非後継者の生活保障や遺留分減殺請求権などについて配慮する必要がある場合に，現経営者の生前に受益権を全部後継者に帰属させてしまうと，現経営者に相続が発生したときに，他の相続人との間で株式の相続をめぐりトラブルとなることが予想される。

　すなわち，上記のとおり後継者の取得した株式の他益信託における受益権が特別受益として持戻しの対象とされ，遺留分算定の基礎となる（民1044条・903条1項）ので，他の相続人から遺留分減殺請求権の行使を受けた場合は，遺留

（注1）　国税庁ホームページ「相続税精算課税の選択」による。

分侵害部分に相当する価額を弁償しなければならないこととなる（民1041条1項）。

そこで，このような場合に対処するためには，信託終了事由を委託者である現経営者の相続開始時と定めず，相続問題の解決に要する時間程度は存続するものとしつつ，前記Ⅲの遺言代用信託による株式の信託（非後継者収益受益権取得型）と同様，受益権を収益受益権と収益受益権以外の議決権行使の指図権および残余財産の帰属権を主な内容とする元本受益権の2つに分け，後継者に元本受益権を帰属させて，受託者に対して議決権行使にあたって後継者が指図する権限を付与する一方，非後継者の推定相続権者に収益受益権を帰属させておくことがよいのではなかろうか。

こうすれば，遺留分減殺請求権行使のリスクが回避される可能性は高い。また，収益受益権を誰にどのように配分するかは，推定相続人の生活状況や遺留分などに配慮して決めておけばよいであろう。

3　遺留分減殺請求権行使のリスク回避の意義

遺留分算定の基礎財産は「被相続人が相続開始の時において有した財産の価額にその贈与した財産の価額を加えた額」（民1029条1項）である。

この「贈与した財産の価額」は，「相続開始前の1年間に〔贈与〕したもの」（民1030条）の価額であることを原則とするが，例外として共同相続人の1人に対し，婚姻・養子縁組のため，または生計の資本としてされた贈与については，相続開始前1年前であるか否かを問わず，遺留分算定の基礎財産に算入される（民法1044条による903条の準用）。その贈与が相続財産の前渡しであるという点に着目し，共同相続人相互の公平を図るための処理である[注2]。

なお，「生計の資本としてなされた贈与」とは，広く，生計の基礎として有用な財産上の給付を意味すると解する[注3]ので，現経営者の後継者への受益権付与も含まれることになる。そこで，株式の信託設定行為において，後継者を元本受益権を有する受益者に，非後継者の相続人を収益受益権を有する受益者

（注2）　最判昭51・3・18民集30巻2号111頁。
（注3）　中川善之助＝泉久雄『相続法〔第4版〕』（有斐閣，2000年）270頁以下。

に，それぞれ指定とすることにより，遺留分減殺請求権のリスクを回避できるものと考える。この点は上記Ⅲの遺言代用信託による株式の信託（非後継者収益受益権取得型）の場合と同様である。

4 株式信託の受託者のなり手と信託報酬の問題

　このように事業承継について信託を活用する方法としては遺言代用信託や他益信託によって株式を信託するスキームが通常考えられる。

　しかし，議決権行使をめぐっては，他の株主と争いとなる場合が考えられるので，たとえ指図に基づき行使するとしても信託銀行や信託会社等の第三者が紛争に巻き込まれることをおそれて株式信託の受託者となることを避けてしまうと受託者のなり手がいないことになりかねない。もっとも，弁護士が受託者となる場合は，このような事態を避けることはできよう。

　また，仮に受託者のなり手がいたとしても受託者へ支払うべき信託報酬（信託54条1項）の金額によっては信託財産から捻出する余裕がないこともありうる。

5 後継者の新設会社への事業信託

　そこで，株式信託の方法ではなく，現経営者が代表をしている会社（以下「承継対象会社」という。）が委託者となって事業を後継者の設立した新設会社に信託する方法が考えられる。

　この場合，後継者の新設した会社が受託者となり，受益者は新設した会社の行う事業の収益を取得するべき委託者である承継対象会社の株主という信託関係が成立することになる。

　あわせて，現経営者は自分の株式を後継者に相続させる遺言（公正証書遺言が望ましい。）を作成しておくことが重要で，現経営者の相続問題が解決してから信託を終了させるように設定すればよいと思われる。

6 事業部門が複数のときの事業信託

　たしかに，上記ⅡないしⅣにおいて検討した株式信託による事業承継の方法は事業所や事業部門が単一である場合には，その効果を十分に発揮できる。わ

が国における中小企業のほとんどはこの事業形態であろう。

　しかし，たとえば，事業所が複数ありそれぞれ独立的性格がある会社とか，製造部門と販売部門のように異種の部門が複数ある会社の場合，それぞれの事業所や事業部門について後継者が現経営者の子の兄弟や親族など複数の関係者に分かれていることもあろう。

　また，採算がとれている事業部門と不採算の事業部門とが渾然一体となっており，不採算部門を整理して採算部門のみを後継者に引き継がせる場合には，上記ⅡないしⅣの株式信託の方法では，うまく事業を承継させることができない。

　このような場合，会社分割や事業譲渡の方法などが考えられる。しかし，会社分割の手続は煩雑なうえに時間と費用がかかる。また，分割前の会社は分割後の会社の全株式を取得・保有するために，現経営者の相続開始後，分割後の会社の支配をめぐって争いとなることも考えられる。また，事業譲渡をするにしても，通常は譲受会社が承継対象会社の資産相当の多額の譲渡代金を準備しなければならない。これらのリスクを回避する方法として，後継者が新設した会社に承継対象会社の事業を信託する方法が考えられる。

Ⅴ　事業信託による事業承継

1　事業信託のメリット

　現経営者が経営する事業全部を，後継者の設立した新設会社に信託する方法によれば，信託期間中は当該株式会社の他の株主の意向を気にすることなく，また仮に現経営者について相続が発生しても，株主の権利は新設した会社の行う事業における収益を中心とする受益権に転換しているので，承継対象会社の株式をめぐる遺産分割や遺留分減殺請求事件などの相続問題による影響を心配することなく，新設した会社において，後継者の意思で事業経営が継続できる。ここに事業承継がスムーズに行くメリットがある。

2　事業信託を行う前提条件

　もっとも，この事業信託を実現するには，受託者となる新設会社には承継対象会社のような実績がなく，会社関係者からの信用が未だないのであるから，承継対象会社の会社債権者とりわけ金融機関の了解が必要である。

　後継者がそれまでに相当の実績を積んでおり，後継者に対する関係者の信頼が厚い特別な場合はともかく，通常は後継者には信用がついていないであろうから，金融機関や大口債権者等の主な会社債権者と相談しながら実施する必要があろう。

　そのためには，後継者が承継対象会社の代表取締役にいったんは就任し，現経営者が承継対象会社の会長として後見役となって後継者を指導教育し，後継者の下で承継対象会社の事業経営を行う実績を作るといった事前準備行為と準備期間が必要になると思われる。

　このように事業信託による事業承継を考える場合，事前のしっかりした事業承継計画の立案と実践が重要であり，弁護士や税理士などの専門家との事前協議が不可欠ではないかと思われる。

3　事業信託の終了について

　この事業自体の信託の場合，通常，受益者は承継対象会社の株主であり，受益権は承継対象会社の株主が有することになる。しかし，事業信託では現経営者の株式が信託財産となっていないので，当然には信託行為において現経営者はその有する株式を信託終了時の残余財産として後継者に帰属させることはできない。

　そこで，承継対象会社の株式は遺言（公正証書遺言が望ましい。）によって後継者に相続させておくべきである。とりわけ，現経営者の推定相続人が2人以上居る場合は，相続発生後，遺贈により取得した株式について，他の相続人の遺留分減殺請求をめぐってトラブルになることを予想し，その推定相続人間の紛争解決の期間を見越して，信託終了の期間を長めに定めておく必要はあろう。

　もっとも，後継者の努力によって新設会社の業績が上り，後継者に資金が蓄積された場合には，その資金で当該会社の他の株主の株式を買い取り，当該会

社の支配を確実にすることも考えられるので，信託の終了時期は，具体的に定めず，委託者と受益者との合意によって終了させることでよいのかもしれない（信託164条1項）。

Ⅵ 事業部門ごとの事業信託と事業承継

1 新設分割による事業承継の方法

中小企業といえども，事業部門が複数あったり，複数の事業所がそれぞれ独立して活動したりしている場合には，会社全体を1人の後継者ではなく，それぞれ個別に別々の後継者を定めることが可能となる。たとえば，現経営者の子に兄弟がいるような場合には，それぞれの事業所を独立させて，別個に事業活動ができるようにすることも可能である。

この目的を達成させる方法として分割前の会社が「事業に関して有する権利義務の一部」を新しく会社（代表者は後継者）を設立して，その会社（新設会社）に承継させる会社分割の方法がある（新設分割〔会社2条30号〕による方法）。

2 新設分割の問題点

会社分割は会社を分割するだけなので，それにともなうコストは相当に抑えることができ，分割計画に基づく債務承継はおそらく重畳的になるであろうし，労働者の地位の承継は包括的である（会社分割に伴う労働契約の承継等に関する法律）ことから，会社関係者との軋轢は事業譲渡に比べて少ないであろう。

もっとも，会社分割の手続はかなりの時間と手間がかかる（会社762条〜764条）うえ，各別に催告を受けなかった債権者には新設会社は承継した財産の価額を限度として，弁済しなければならない責任を負う（会社764条2項・3項）。

そればかりか，新設分割計画の承認のために分割前の会社の株主総会の特別決議（会社309条2項12号）が必要であり（会社804条），会社分割に反対の株主がいたときには，その株式を公正な価格で当該会社が買い取らなければならない（会社806条）リスクもある。この買取り資金がないときには会社分割は事実上頓挫することになる。

しかし，何といっても，新設会社の株式は分割前の会社が全部取得することとなるので，分割前の会社による新設した会社に対する支配関係は株式を通じて分割後もそのまま残ることから，分割前の会社において現経営者の相続問題が発生した場合には新設した会社の経営にも影響が出ることとなり，それが解決するまでは各後継者へ経営権を移譲するという事業承継の目的は果たせないこととなる。そこで，次に事業そのものを信託する事業信託を利用した方法はどうかが検討対象となる。

3　自己信託による事業信託の問題点

　事業信託は，後継者に承継させたい事業部門あるいは独立の事業所について行うことになる。

　自己信託は，委託者自身が受託者となって，自己の財産を他人のために管理・処分する旨を宣言することによって，信託を設定することである。たしかに，事業信託はこの自己信託による方法が簡便で利用しやすい。自己信託は自己の財産についての信託設定行為の意思表示を公正証書等の作成によって行うことで成立し（信託3条3号），委託者が受託者を兼ねるため両者間における信託財産の実体的な移転は考えられず，他人を巻き込んだ面倒な手続は不要となるからである。しかし，委託者と受託者が同一であることから，現経営者に相続問題が発生すると，当該経営者の有していた株式の帰属も相続問題となってしまい，受託者として事業信託をされた事業部門についても，委託者における株式の相続問題が解決するまで支配権をめぐり混乱して機能が停止してしまうおそれがあり，自己信託の方法による事業信託では事業承継としての意味をなさないことになる。

4　後継者の新会社への事業信託

　そこで，新設分割に替えて後継者が新会社を設立して，その会社に承継すべき事業部門ないし事業所の事業を信託する方法が考えられる。

　この場合は，前記Ⅴのように事業部門が単一の場合と異なり，通常すでに後継者が以前から当該事業部門ないし事業所の責任者として実績を積んでいることが多いであろうから，新設会社への事業信託については前記Ⅴのときと比べ

れば，取引先や金融機関の抵抗は少ないであろう。

　もっとも，この方法による事業信託でも，現経営者が後継者にその支配権を譲るための架橋的な措置にすぎないことに注意すべきである。また，事業信託における課税問題もある（詳しくはQ3を参照）。

　現経営者は遺言で，事業部門あるいは事業所ごとの後継者にそれぞれ現経営者の有する株式を分配し，相続後，適当な時期に後継者同士で話し合って，当該会社の事業部門あるいは事業所ごとに各後継者の会社へそれぞれ吸収分割するとともに，分割会社の株式の問題を後継者間で解決して会社分割の手続が完了した場合は，同時に事業信託を終了させればよいものと考える。

5　複数の事業部門と事業信託

　また，事業信託を利用するほかの方法として，不採算事業部門を切り離して後継者に健全な事業部門を事業承継させ，会社の存続を図ることもありうる。

　事業部門としては業績が上がっているものの，過去の大型の設備投資や金融商品への投資等により負債が膨れ上がり，経営を圧迫している状況が続いているような株式会社が，その所有する不動産を利用して負債を整理しようとするような場合である。

　新設会社分割によってもその目的は達成できるが，会社分割の手続は煩雑なうえ，現経営者のもとでの会社分割については諸事情によってなかなか実現が困難な場合もあろう。そこで，事業信託を利用する方法が考えられる。

　もっとも，この方法を実現するには後継者が新設する会社に取引先や金融機関が協力してくれるなどの一定の条件が満たされていることが必要である。その際には，前記Vの事業信託について述べたように後継者の実績作りという問題に直面することになるであろう。

6　事業信託の目的

　この方法によれば，業績の上がる健全な事業部門を，後継者の設立した新設会社へ事業信託をした後に，現経営者が不動産を処分したり，不動産を証券化して金融機関から借り入れたりして，その負債を整理することとなる。

　そして，遺言で後継者にその有する株式を相続させることにすればよいもの

と考える。なお，遺言は公正証書遺言が望ましい。

　負債の処理と相続問題が解決したならば，事業信託を終了させて，後継者が当該株式会社を支配し，事業を継続できるようにすればよいのではなかろうか。

　以上，さまざまな事業承継の方法を検討してきたが，後継者に事業を承継させたいとしている会社の実情をよく把握・点検して，さまざまなリスクを念頭におきながら，その会社に最も適した事業承継の方法を選ぶことが肝要である。

◆安　藤　朝　規◆

Q2 事業承継のための株式の信託

甲株式会社の現経営者Aは，東京都品川区で電子部品製造の工場を経営していますが，今年76歳になります。会社の資本金は1,000万円で，従業員は10名です。甲社の議決権を有する総株式は20,000株ですが，Aは甲社の株式を15,000株所有しています。残りの5,000株は実弟のFが所有しています。Aには，後継者と目されるBがおり，AはBに甲社の事業を引き継いでもらいたいと考えています。株式を信託すればよいと聞きましたがどうすればよいのでしょうか。

A

Aの持っている甲社の株式15,000株を，信託銀行または信託会社に信託し，その受益権（受託者に対する議決権行使の指図権を有し，かつ残余財産の帰属権利者を受益者と指定されているもの）を生前中はA自身が享受するとともに，Aの相続発生（死亡）の時に受益者となるべき者として指定されたBが受益権を取得する旨の信託契約を設定しておく方法をとる。

I 株式の信託の適法性

1 議決権のみの信託

信託とは，信託法3条所定の方法（信託契約，遺言による信託，公正証書等による自己信託）に基づいて，「特定の者」（受託者）が「一定の目的」（信託の目的）に従って，財産の管理・処分等をすべきものとすることである（信託2条1項）。

信託の対象である「財産」は，金銭的価値に見積もることができるものでなければならない。

これに対し，株主の権利の一つである共益権としての議決権は金銭的価値に

見積もれる財産とはいえないのではないかという疑問があるうえ，株式は自益権と共益権を一体化したものとして株主の権利を表章しているところ，共益権の主要なものである議決権だけを株式と分離して管理・処分することはできないことから，議決権のみを信託財産とする信託は認められないと解する[注1]。

2　議決権信託の議論

アメリカでは，非公開会社において，次世代への事業承継を円滑に行うために議決権信託（voting trust）といわれる信託方式が利用されている。株主の権利のうちの議決権だけを取り出して信託を行うものである。

これに対し，わが国では，株式によって表章される権利は一体をなすものであると解することから，上記1のように議決権のみの信託は認めないとするのが通説である。もっとも今後，企業買収防衛策の一つとして再考されるのではないかとする見解もある[注2]。

3　株式の信託的譲渡

株式の信託として，議決権のみの信託が認められるかどうかについては上記2のとおり議論のあるところであるが，議決権行使の目的をもってする株式の信託的譲渡が認められることに異論はない。また，受益権の内容として受託者に対する議決権行使の指図権を付与しておけば，株式の信託後も受託者を通じて会社経営を維持することができる。

その場合，受益権は委託者が信託法に反しない限り自由に設定できるのであるから，株式の信託においても，株式を信託的譲渡して株主に関する権利を全面的に受託者へ帰属させつつ，受益権を元本受益権と収益受益権の2つに分けて別々の受益者に帰属させることもできる。もっとも，この受益権分割論については，株主の権利は一体をなす法的地位に基づくもので分割して別々の法主体に分属させることはできないと考える説からの批判がある（詳しくはQ1参照）。

(注1)　新井誠『信託法〔第3版〕』（有斐閣，2008）324頁。
(注2)　田中和明『新信託法と信託実務』（清文社，2007）332頁。

設問の回答とは異なる方法であるが，この受益権の二分化により次のような信託の利用ができる。

委託者である現経営者が生存中は議決権行使の指図権を有する受益権を自ら有し，死亡の時に後継者を受益者と指定する信託を設定しておけば，経営者は自分が死亡するまで受託者に指図して議決権を行使できるのであるから，現経営者が代表をしている会社（以下「承継対象会社」という。）の経営は安定する。

また，現経営者の推定相続人が2人以上居る場合，後継者へは会社支配権としての元本受益権（受託者への議決権行使の指図権と残余財産の帰属権者〔信託182条1項2号〕）を，非後継者へは経済的価値のある収益受益権をそれぞれ分属させて，非後継者からの遺留分減殺請求権行使のリスクを回避することも可能となる。

II 株式の信託による事業承継

1 遺言代用信託による株式の信託（基本型）

設問の回答のような方法による株式の信託は，生前に自己の財産を他人に信託して，委託者自身を自己の生存中は受益者とし，後継者を委託者死亡後受益者とすることによって，自己の死亡後の事業承継の目的を達成しようとするもので，遺言信託方式の不都合（民法960条以下の厳格な方式を要求されること等）を回避するために考え出されたことから遺言代用信託（信託90条1項1号）による株式の信託と呼ばれる。

このように遺言代用信託による株式の信託とは，通常，現経営者が生前にその有している承継対象会社の株式を信託財産として信託を設定し，当初は受託者に対する議決権行使の指図権を付与された受益者として自ら会社経営を行い，現経営者に相続が発生したときに，後継者に受益権を取得させる旨を信託契約において定めることをいい，遺言代用信託の基本的な形態の一つであるといえる。同時に，信託契約に残余財産の帰属すべき者を受益者である後継者に指定して（信託182条1項2号），信託が終了したときに，信託財産である株式を残余財産として受益者である後継者に帰属させることにより，事業承継を完結

させることができる。

　この場合，受託者としては通常，信託銀行その他の信託会社が選定されることになろう。もっとも，弁護士会などの中立的立場の機関から推薦を受けた弁護士がその任に就くことも検討してよい問題である。

2　遺言代用信託による株式の信託のメリット

　この遺言代用信託による株式の信託という方法のメリットには次の4点が挙げられる。
　① 遺言に関する相続をめぐるトラブルを回避できること。遺言については，遺言書作成当時遺言者が相当に高齢であり，その作成時期も相続発生時に近接することが多いことから，当該株式を後継者のみに取得させる遺言の内容に不満のある後継者以外の相続人が，相続開始後遺言書の意思能力に疑問をもち，そのような遺言は遺言者の意思能力が欠けていたので無効であるとの遺言無効確認訴訟を提起して争うことがありうる。

　　これに対し，株式の信託は，現経営者が健康でその意思を明確に表示できる時期に，委託者である現経営者と受託者との間の信託契約で設定することが通常であろうから，遺言書の作成当時の状況をめぐるさまざまな争いは生じる余地がほとんどなく，現経営者の相続開始後も後継者への円滑な事業承継という信託の目的に沿って受託者は株式を管理することができる。
　② 現経営者に相続が発生しても，遺言の執行や遺産分割の協議の手続を経ることなく信託契約に基づいて後継者が受託者に対する議決権行使の指図権をその一つの内容としている受益権を当然に取得するので，経営権の存続・承継に支障はない。

　　このように，遺言代用信託は，自分が死んだらその受益権を付与することを生前に約束したという点において死因贈与契約に類似している。

　　また，遺言におけるような厳格な要式性が要求されず，遺言書作成に関する有効・無効をめぐるトラブルを回避できる。それがまさに遺言代用信託と呼ばれる理由である。
　③ 現経営者の株式は信託銀行あるいは信託会社または弁護士などの第三者

が管理・保管しているので，現経営者の存命中の散逸が防止できる。
④　信託終了後，残余財産である株式を受益者である後継者に帰属させることができる。

3　受益者の変更について

　現経営者は自分の事業を受け継ぎ，それを維持・発展させることができる経営者としてふさわしい者を後継者として指定するであろうし，その後継者が信託契約において受益者に指定されることになるはずである。

　しかし，信託契約後，受益者に指定された後継者が何らかの理由で現経営者の信頼を失ったり，健康上その他の理由により業務執行ができなくなったりすることもありうる。その場合は，受託者に対する議決権行使の指図権を有し，かつ信託終了後の残余財産である株式そのものの帰属権者に指定されている受益者を，信託契約において指定された後継者から，それにふさわしい者に変更する必要が出てくる。

　そこで，このような事態が生ずることを想定して，委託者である現経営者は信託契約において，受益者の変更権を行使できる受益者指定権について定めておく必要がある。あわせて，現経営者が高齢のため，そのような判断ができなくなった場合に備えて，委託者である現経営者のみならず信頼できる第三者にその受益者の変更権を与えておくべきである（信託89条1項）。

　このように，委託者および仮に委託者がその権限を行使できなくなった場合には信頼できる特定の第三者（個人でも法人でも可）が信託法89条所定の受益者変更権を有することを信託契約に定めておく必要がある。

　できることなら，受益者変更権を有する第三者は法人であることが望ましい。個人の場合，この受益者変更権は相続されないとされているからである（信託89条5項）。

　ただし，個人の場合であっても，当該第三者に相続が発生した場合に別の第三者に受益者変更権を付与することを信託行為で定めておけば，問題はなかろう（信託89条5項ただし書）。

　この受益者の変更に関する定めは，どのような形態であっても信託を利用する場合に必ず定めておくべき事項であり，信託によって事業承継した後継者に

ついて事業継続に支障が生じたときの対応として重要である。

4 遺言代用信託による株式の信託（基本型）の問題点

ところで，この方法でも株式の遺産全体に占める割合が大きい場合は，後継者以外の他の相続人から遺留分減殺請求を行使されるリスクが生じうる。

また，株式による剰余金の配当が後継者以外の他の相続人（とりわけ現経営者の配偶者）の老後の生活保障の意義を有する場合もあろう。そこで，次の非後継者収益受益権取得型の株式の信託を利用することが考えられる。

株式の信託の受託者には，通常，信託銀行あるいは信託会社（運用型の信託会社は平成21年12月31日現在では未だ全国で6社程度）が就任するであろうが，株式の議決権行使をめぐる紛争を避けるため受託者への就任を断ることも予想される。そこで，その対応として，弁護士が受託者に就任することを検討すべきである。

また，たとえ，受託者に就任するとしても，その場合の信託報酬（信託54条1項）を信託契約において定めておく必要がある。信託の場合，民法の委任における受任者と同様，原則として無報酬であるが，株式の信託の受託者を信託銀行や信託会社に引き受けてもらうには，信託財産である株式の剰余金の配当の一部から，あるいは特約により委託者である現経営者が，その信託報酬を支払う約束が必要となろう。

この信託報酬も，株式の信託にかかるコストとして事業承継の計画を立てるにあたっては念頭におかなければならない。信託の報酬額が高くなると，株式の信託的譲渡の方法による事業承継が選択できるのは，その信託報酬を支払う資力のある収益性の高い中小企業に限られてくることになろう。

5 相続時における相続税納税猶予制度

日本経済の中枢である中小企業の事業承継は，産業の維持発展はもとより，雇用確保の点からも重要であるが，その大きな阻害要因となっているのが，後継者の相続税の負担である。

そこで，相続等により取得した議決権株式に係る課税価格の80％に対応する相続税の納税が猶予される自社株納税猶予制度が，経営承継円滑化法の施行に

ともない，平成20年10月1日以降の相続について適用されるようになった。

もっとも，この制度の適用を受けるためには，以下の要件を満たす必要がある。

(1) 経済産業大臣による事前確認

相続税の納税猶予制度が適用されるためには，相続前に事業承継について計画を立て，経済産業大臣から下記の2点につき事前に確認を受けておかなければならない。

① 後継者（会社の代表者となる候補者で株式や事業用資産の承継が見込まれる者）が確定していること
② 現経営者が有する自社株式や事業用資産について，後継者が支障なく取得するための具体的な計画を有していること

(2) 認定対象会社

表) 中小企業基本法第2条の中小企業

	資本金	従業員数
製造業その他	3億円以下	300人以下
卸　売　業	1億円以下	100人以下
小　売　業	5000万円以下	50人以下
サービス業		100人以下

※資本金または従業員数

(3) 被相続人要件

① 被相続人が代表者であったこと
② 被相続人と同族関係者で発行済株式総数の50％超の株式を保有し，かつ，同族内で筆頭株主であったこと

(4) 相続人要件

① 相続人が代表者であり，被相続人の親族であること
② 被相続人と同族関係者で発行済株式総数の50％超の株式を保有し，か

つ，同族内で筆頭株主となること

(5) 適用となる株式の範囲（納税が猶予される部分の上限）
　後継者が相続等により取得した自社株のうち，その相続開始前から既に所有している自社株も含めて発行済議決権株式総数の3分の2に達するまでの部分。

(6) 事業継続・株式保有継続要件
　いったん相続税納税猶予の適用を受けても，以下の場合には納税猶予が取り消されてしまい，猶予されている相続税本税と利子税をあわせて一度に支払うことになるので注意を要する。
　① 次に掲げる5年間の事業継続要件を満たさなくなった場合
　　(ア) 代表者であること
　　(イ) 雇用の8割以上を維持すること
　　(ウ) 相続等した対象株式を継続して保有すること
　　(エ) 毎年1回(ア)から(ウ)の点や適用対象会社に該当しないことなどについて経済産業大臣に報告すること（継続届出書の提出）を怠ったとき
　② 5年経過後において，納税猶予の対象となった株式等を譲渡等処分した場合
　この納税猶予が免除される要件は，平成21年度税制改正の大綱には，「その事業承継相続人が納税猶予の対象となった株式等を死亡の時まで継続して保有し続けた場合等の一定の場合」とされており，後継者が死亡するまで当該株式を保有し続けた場合のみならず，株式を保有できないやむをえない事由が発生したとき（後継者の病気や不慮の事故による代表者の退任など）が含まれるものと解することができる。
　以上とは別に，経済産業大臣の認定の有効期間（5年間）経過後における猶予税額の納付の免除については次による。
　① 認定対象会社について，破産手続開始の決定または特別清算開始の命令があった場合には，猶予税額の全額を免除する。
　② 次の後継者へ特例適用株式等を贈与した場合において，その特例適用株

式等について贈与税の納税猶予制度の適用を受けるときは，その適用を受ける特例適用株式等に係る相続税の猶予税額を免除する。
　③　同族関係者以外の者へ保有する特例適用株式等を一括して譲渡した場合において，その譲渡対価または譲渡時の時価のいずれか高い額が猶予税額を下回るときは，その差額分の猶予税額を免除する。

　なお，租税回避行為に対応するため，上記①，③の場合において免除される額のうち，過去5年間の経営承継相続人および生計を一つにする者に対して支払われた配当及び過大役員給与等に相当する額は免除しない(注3)。

6　株式の信託と信託受益権の相続税問題

　信託を活用した中小企業の事業承継円滑化に関する研究会（座長　岩﨑政明横浜国立大学大学院教授）は，平成20年9月，中間整理を発表し，後継者の相続税の納税猶予制度について，以下のような論点整理を行った(注4)。

> A. 事業承継の際の障害の一つである相続税負担の問題を抜本的に解決するため，非上場株式等に係る相続税の軽減措置について，現行の10%減額から80%納税猶予に大幅に拡大するとともに，対象を中小企業全般に拡大することが決定された。当該制度は，平成21年度税制改正で創設し，中小企業における経営の承継の円滑化に関する法律の施行日（平成20年10月1日）以後の相続に遡って適用されることになっている（「平成20年度税制改正の要綱」平成20年1月11日閣議決定）。
> B. 信託の利用促進を通じて，事業承継の円滑化を一層図る観点から，信託を活用した事業承継スキームへの平成21年度税制改正で創設される相続税の納税猶予制度の適用の可能性について，以下の論点を精査しつつ，引き続き検討を行うことが必要である。
> 　○　株式の信託を行った場合，相続の対象は信託受益権。相続税の納税猶予制度の趣旨に照らして，如何なる要件を満たせば，株式に係る信

（注3）　平成21年度税制改正大綱65頁（平成20年12月12日自由民主党）。
（注4）　中間整理の「第4　信託を活用した事業承継に対する相続税の納税猶予制度の適用について」から抜粋。

託受益権を株式と同一視することができるのか。
○ 納税猶予制度の対象となるためには,
(1) 被相続人が同族関係者と合わせて,発行済議決権株式総数(完全無議決権株式のみを除く。(2)において同じ。)の過半数を保有し,かつ,筆頭株主(相続人たる後継者を除く。)であること
(2) 相続人たる後継者が同族関係者と合わせて,発行済議決権株式総数の過半数を保有し,かつ,筆頭株主であること
が要件。

信託を利用した場合,被相続人及び相続人の要件はどのように判定するのか。その際,
① 議決権行使の指図権を受益者でなく,委託者が保有している場合
② 複数の受益者がいる場合であって,特定の受益者に議決権行使の指図権を集中させる場合
についての考え方を整理することが必要。

III 遺言代用信託による株式の信託（非後継者収益受益権取得型）

1 相続人が複数いるとき

(1) 遺留分減殺請求権行使のリスク

現経営者に推定相続人が2人以上居て,それぞれに事情があり,非後継者とりわけ高齢の配偶者の生活保障のために現経営者の株式の剰余金の配当を所得させる必要があるときや,後継者が事業を引き継ぐことに不満をもつ推定相続人がいるときなどは,前記IIの基本型のように後継者に受益権をすべて帰属させてしまうと,現経営者が死亡した後,後継者と非後継者である相続人との間に遺留分減殺請求権などの紛争が発生するおそれがある。

(2) 収益受益権と元本受益権の二分化

そこで,信託財産である株式による受益権を収益受益権と元本受益権（収益受益権以外の議決権行使の指図権および残余財産の帰属権など）の2つに分け,現経営

者の相続発生の際，収益受益権を非後継者に，元本受益権を後継者に取得させる方法がある。

　配偶者の生活保障が必要な場合には，配偶者を収益受益権者とすればよいし，後継者の事業承継に不満をもつ推定相続人がいれば，その者に収益受益権を付与することもできるから，それらの者に対して配慮した信託の仕組みを設定すれば，事前に相続問題の発生を回避できるのではないだろうか。

2　元本受益権と収益受益権の二分化の問題

　受益者は，信託財産の元本または収益に対する権利を基本として，信託財産の管理を要求する権利およびそれらの権利を確保し信託財産ないし受益者自身の利益を守るための諸権利（広義の受益権）を有している。

　アメリカ等では，元本と収益に関して明文による細かな定義が置かれているが，わが国では明文上の区別はない。しかし，実務上はよく「元本受益者」と「収益受益者」との区分がなされている[注5]。

　信託において受益権をどのように定めるかは信託の実質に反しない限り委託者の自由であるから，この区分に従って，受益権を元本受益権と収益受益権に分け，別々の受益者にそれぞれ帰属させることができる。

　そこで，元本受益権の内容として，受託者に対する議決権行使の指図権の付与と信託終了時における残余財産の帰属権利者の指定を設定することができ，これらをいずれも信託行為により後継者に指定することが可能となる。他方，収益受益権は非後継者の推定相続人に帰属するようにして，その遺留分に配慮することが可能となるのである。

　たしかに，株式会社に対する自益権と共益権を包含した株主の地位は株式に一体的に表章されており，それに基づいて会社は集団的で画一的な処理が可能となるのであるから，株主の地位を自益権と共益権に分けて別々の者に帰属させることは，会社法の考え方からすれば許されない。

　しかし，事業承継の円滑な実現という目的のために，受益権を元本受益権と収益受益権に分けて，別々の者に帰属させることは信託の独自的機能の一つで

（注5）　新井・前掲（注1）214頁。

ある利益分配機能として認められると解する余地はあろう。

　受益権を元本受益権と収益受益権に分けたといっても信託関係の内部においてそれぞれの権利を有する複数の受益者にそれぞれ帰属するだけのことであり，株式の信託における株主はあくまで受託者であり，株式会社としては受託者を株主として扱うことについて何ら支障はないからである。

　すなわち，株式の名義人である受託者は，元本受益権者である議決権行使の指図権者の指図に基づいて株主総会において議決権を行使するし，剰余金の配当も受託者が株主として受領することになる。そして，受託者は，信託報酬などの信託に関するコストを除いて信託財産である株式からの収益を収益受益権者に交付することにより信託事務を遂行するのである（信託29条1項）。

　この場合，元本受益権を有する受益者と収益受益権を有する受益者に分かれるため，受益者が2人以上となる。原則として受益権の意思決定は受益者全員の一致が必要となる（信託105条1項）が，それでは受益者の間で意見が衝突したときには，受益者としての意思決定ができないこととなる。そこで，信託行為において，2人以上の受益者の意思決定の方法について，受益者間での意思一致が認められない場合は，元本受益者の意思決定を優先するなど特段の定めをしておくことが必要となる（同条1項ただし書）。

　なお，この受益権二分化論についての批判はQ1を参照されたい。

3　遺言代用信託による株式の信託（非後継者収益受益権取得型）

　非後継者収益受益権取得型の遺言代用信託による株式の信託とは，通常，現経営者が事前にその有している当該株式会社の株式を信託財産として信託を設定し，当初は自らが受益者として会社経営を行い，現経営者に相続が発生したときに，受益権を収益受益権と元本受益権に二分化したうえで，非後継者に収益受益権を，後継者に元本受益権をそれぞれ取得させる旨を信託契約において定めることをいう。同時に，信託契約に残余財産の帰属すべき者を受益者である後継者に指定して（信託182条1項2号），信託が終了したときに，信託財産である株式を残余財産として受益者である後継者に帰属させることにより，事業承継を完結させることができる。

　収益受益権は，それぞれの個別事情によってその内容を定めることができる

ので，信託は委託者の工夫次第で大きな効果を生み出すことができる。

たとえば，後継者にも会社の剰余金を配当したいときは，他の推定相続人の遺留分に配慮しつつ収益受益権の一部を後継者に配分することも可能である。

また，非後継者である推定相続人が2人以上居る場合は，後継者も含めて収益受益権の各人への配分（基本的には配分方法は相続分に応じて実質的平等にすべきであろう。）を考慮して指定すればよいと考える。

4　相続税の課税について

上記の信託を活用した中小企業の事業承継円滑化に関する研究会の中間整理(注6)によれば，相続税については，株式の信託を行った場合，相続の対象は信託受益権となるが，相続税の納税猶予制度の趣旨に照らして，いかなる要件を満たせば，株式に係る信託受益権を株式と同一視することができるのか，といった点が議論されている。これに対し，経済的価値の認められる収益受益権の取得者が非後継者の推定相続人である場合は，会社の代表者ではない非後継者について前記の相続税納税猶予制度の適用要件を満たさないので，非後継者の相続人は相続税につき後継者とは別に相応の負担をしなければならないのであろうか。株式の元本受益権と切り離された収益受益権について相続税上の評価をどのようにすべきかについては難しい問題があるように思われる。元本受益権の内容が議決権行使の指図権と残余財産の帰属権を内容とするものであるのに対し，収益受益権が株式の剰余金の配当を中心とするものと考えると，収益受益権を相続した受益者が株式の交付を受けられないにもかかわらず，残余財産である株式自体の相続税を何らかの形で負担することになるのは疑問がある。残余財産である株式の帰属権を有する元本受益権こそが株式と同様，相続税の対象となり，収益受益権は元本に対し法定果実（民88条2項）に相当するものとして，それ自体は相続税の対象にはならないことになるのであろうか。株式の信託における税務については整理すべき問題が多いように思われる。

（注6）　中小企業庁財務課長の私的研究会「信託を活用した中小企業の事業承継円滑化に関する研究会」における中間整理（平成20年9月）13頁。

5 現経営者が生前に後継者へ事業を譲りたいとき

　遺言の代用として信託契約により後継者に事業を承継させる方法は，現経営者の死亡したときに，受益権（元本収益権が中心）を後継者に取得させ，現経営者の死亡後に後継者が経営を引き継ぐというものである。

　このような方法よりも，既に高齢や病気のため，生前から，それもできるだけ早く受益権を後継者に承継させたいと考える現経営者もいるであろう。その場合は，以下の他益信託を利用した株式の信託を検討すればよい。

Ⅳ 他益信託を利用した株式の信託

1 他益信託を利用した株式の信託

　他益信託を利用した株式の信託とは，通常，現経営者が，自ら有する当該会社の株式を対象に信託を設定し，遺言代用信託による株式の信託の場合とは異なり，現経営者が死亡したときではなく現経営者の生前の信託契約時に，後継者を受益者とすると定めるものである。

　そして，信託契約で残余財産の帰属権利者を後継者に指定しておけば，後継者は信託終了時に信託されている当該株式の交付を受けることができるので，後継者の経営権は確立し，事業承継が完成するというものである。

　なお，後継者の養成にいま少し時間がかかる場合には，委託者である現経営者が生存中は受託者に対する議決権の指図権を自分に留保するという条件を付して信託を設定しておけば，受益権を後継者に帰属させつつ現経営者は自分が死亡するまで受託者に指図して議決権を行使できることになり，承継対象会社の経営は安定する。

　このように信託契約は会社法上の手続や遺言書の作成などの面倒な事前の手続がいらず，事業承継についての計画を立案し，諸条件さえ揃えばすぐにも実現できるので，現経営者は生前において早期に後継者に事業を承継させることが可能となる。

　また，後継者が残余財産として当該株式の交付を受けることのできる信託の

終了時期を現経営者が任意に定めることも可能なので，たとえば，信託設定時から10年後とか，現経営者の相続発生時とか等，承継対象会社の実情にあった信託終了時期の設定も可能となる。

2 推定相続人が複数の場合

しかし，遺言代用信託のケースと同様，現経営者に推定相続人が2人以上居るときには，何の配慮もしないまま現経営者の生前に受益権を全部後継者に帰属させてしまうと，現経営者に相続が発生したときに，非後継者である他の相続人との間で後継者が取得した受益権をめぐり遺留分減殺請求権の行使による相続紛争の原因となるおそれがある（詳しくはQ1参照）。

このような場合は，後継者に株式による会社に対する支配を確保させつつ，非後継者の生活保障や遺留分減殺請求権などを考慮して，他の推定相続人へ剰余金の配当などの経済的利益を帰属させる工夫が必要となってくる。

そこで，前記Ⅲの遺言代用信託による株式の信託（非後継者収益受益権取得型）の場合と同様，受益権を収益受益権（剰余金配当請求権など）と元本受益権（議決権行使の指図権および信託終了時の残余財産である株式の帰属権など）の2つに分け，後継者に元本受益権を帰属させて，受託者に対し議決権行使にあたって指図する権限を付与すればよいものと考える。

また，生前に後継者に議決権行使の指図権を付与することに不安があれば，元本受益権のうち，議決権行使の指図権だけを委託者である現経営者に留保し，自分が死亡した場合は後継者にその権利を帰属させることを信託において設定すれば，経営の安定を図ることができるのではなかろうか。

他方，収益受益権を誰にどのように配分するかは，各自の相続分を念頭に置きつつ，それぞれの相続人の生活状況や遺留分などに配慮して決めておけばよいであろう。

3 贈与税の発生と対策

他益信託を利用する場合は，生前に収益受益権を後継者など推定相続権者に付与するため，当該株式の財産的部分が現経営者から受益者に対価のないまま移転することとなるので，信託受益者には信託設定時に贈与税が課せられるこ

ととなる。

　この贈与税の税負担を軽減するためには，相続時精算課税制度を併用するなどの工夫が必要となろう。

　平成21年度の税制における相続時精算課税制度は，65歳以上の現経営者が20歳以上の子である後継者に財産を贈与したときは，贈与税について限度額2500万円の特別控除を受けたうえでいったん納税し相続時に精算する制度である。年間110万円の基礎控除を利用した暦年課税制度を利用することも有効であるが，この暦年課税制度と相続時精算課税制度は選択的であるので，具体的資料に基づき検討し，それぞれのメリット・デメリットを考えて，適切な方法を選択すべきである。

　たとえば，贈与者である現経営者が資産家である場合は，相続時精算課税制度を利用して生前に贈与しても相続時に持ち戻される（民法1044条の準用する民法903条）ので，相続税の負担は暦年贈与をしたほうが軽減できる場合があるかもしれない。

　これに対し，現経営者の推定相続人の全員の書面による合意により将来値上がりする可能性の高い株式の価格を当該合意の時における価額に固定した（民法の特例である経営承継円滑化法4条1項2号。弁護士や税理士等がその時における相当な価額であると証明した場合に限る。）うえで，現経営者の有する株式を生前に贈与した場合には，相続時精算課税制度を利用した方がよりよい選択であるといえるかもしれない。

　なお，平成21年度税制改正大綱は，「第三・六相続税制・1(2)取引相場のない株式等に係る贈与税の納税猶予制度の創設」(注7)において，経済産業大臣から認定を受ける非上場会社の現経営者から後継者が生前に株式の贈与を受けた場合，贈与税を全額猶予し，相続時に相続したものとみなして，贈与時の時価により他の相続財産と合算して相続税を支払えばよいとした。

　そして，この場合も要件を満たせば前出Ⅱ5の相続税納税猶予の特例が適用できるものとした。この相続税制度が他益信託を利用した株式の信託によって生前贈与された自社株式についても適用できるならば，大きな効果を発揮する

（注7）　平成21年税制改正大綱31頁（平成20年12月12日自由民主党）。

が，信託受益権の生前贈与についても株式の贈与と同視して適用できるかは議論のあるところであろう。また，受益権を元本受益権と収益受益権に分けて後継者と非後継者の相続人のそれぞれに分属させた場合の贈与税については，前記Ⅲ4の相続税と同様の課税問題が生ずる。

4　株式の信託の方法を採用した場合の問題点

このように事業承継について信託を活用する方法としては，通常，遺言代用信託や他益信託によって株式を信託する方法が考えられる。

しかし，議決権行使をめぐっては，他の株主と争いとなる場合が考えられるので，信託銀行や信託会社が紛争に巻き込まれるおそれのある受託者となることを避ける結果，株式信託の受託者のなり手がいないことになりかねない。

また，受託者を引き受けるとしても信託報酬が高くなり，株式信託のコストがかかりすぎる場合も否定できない。そこで，株式の信託による方法ではなく，事業全部を受託者に信託する方法が考えられる（詳しくはQ3を参照）。

5　複数の事業部門をそれぞれ別の後継者に事業承継させたいとき

株式の信託の方法は事業所や事業部門が単一である場合には，その効果を十分に発揮できる。中小企業のほとんどはそのような事業形態であろう。

しかし，たとえば，事業所が複数ありそれぞれ独立的性格がある会社とか，製造部門と販売部門のように異種の事業部門が複数ある会社において，それぞれ独立性の認められる事業所や事業部門について後継者が現経営者の子の兄弟や親族など複数の関係者に分かれる場合には，現経営者の株式を1人の後継者に集中できないため，事業承継を目的とした株式の信託の方法を採ることはできない。

また，採算がとれている事業部門と不採算の事業部門とが渾然一体となっており，不採算部門を整理して採算部門のみを後継者に引き継がせる場合には前記の株式の信託の方法では対応できない。これらの場合，後継者に対し，当該事業部門を事業信託する方法が考えられる（これらについてはQ4を参照）。

◆安　藤　朝　規◆

Q3 事業信託を利用した事業承継

私は，小さな金属加工の株式会社（資本金1000万円，従業員5名）を経営していますが，現在75歳と高齢なので長男に後を継がせたいと考えています。しかし，ほかにも2人の子供がおり，私が死んだ後に相続で揉めるのではないか心配です。この会社の議決権を有する総株式は20,000株ですが，私が12,000株をもっています。残りの8,000株を私の兄弟2人が4,000株ずつもっています。息子は今年で48歳になりますが，未だ取引先や信用金庫の信用は十分ではありません。どうしたらよいでしょうか。

A

まず，長男を会社の代表取締役として，取引先や信用金庫から信頼されるように何年間かは実績を積ませる。現経営者は会長として長男の経営を見守りながら，経営者としてなすべきことを教えることもできる。それと同時に，遺言（公正証書遺言が望ましい。）を作成して長男に現経営者が有する株式を相続させるようにしておけばよい。関係者が長男を経営者と認めるような時期が来たならば，長男が新会社を設立し，そこに，現在の会社の事業を信託すればよい。この場合，現経営者以外の2人の株主である兄弟のうちの，どちらか1人が事業信託に賛成することが前提となる。

I 事業承継と事業信託

1 事業信託が必要とされる理由

ここでは，中小企業における事業承継を実現する一つの方法として，事業信託の方法を検討したい。事業承継について信託を活用する方法としては，通

常，Ｑ２で述べたように遺言代用信託によって株式を信託するスキームが考えられる。

　しかし，本設問のように現経営者の有する株式数が全体の３分の２に満たず，会社を完全に支配しているといえないような場合，議決権行使をめぐっては他の株主と争いとなる場合も想定されるので，信託銀行や信託会社が紛争に巻き込まれるのをおそれて受託者となることを避けることが考えられる。あるいは，受託者へ支払う信託報酬額の金額によっては，株式の信託に関するコストがかかりすぎることも考えられる。また，複数の推定相続人の居る場合の対処方法として工夫された受益権の二分化（元本受益権と収益受益権に分割すること）に対する批判（Ｑ１参照）もある。

　株式の信託の場合には，上記のような実現するにあたってのさまざまな困難が生まれる可能性を否定できない。

2　会社分割による事業承継の方法

　この場合，会社分割の手続を利用して，現経営者の経営する当該会社が新しく会社（代表者は後継者）を設立し，そこ（新設した会社）に当該事業の全部を承継させる新設分割（会社２条30号）の方法も考えられる。

3　新設分割による事業承継の問題点

　しかし，新設分割による事業承継には次のような問題がある。
① 　会社分割の手続は複雑なうえ，相当な時間と手間がかかる（会社762条〜764条）。
② 　各別の催告を受けなかった債権者に対して，新設分割会社（以下「分割前の会社」という。）は新設分割設立株式会社（以下「新設した会社」という。）の成立の日に有していた財産の価額を限度として，あるいは新設した会社は承継した財産の価額を限度として，その債務を弁済する責任を負う（会社764条２項・３項）。
③ 　分割計画の承認のために分割前の会社の株主総会の特別決議が必要である（会社309条２項12号・804条）。この特別決議には，議決権の過半数を有する株主が出席し，出席した当該株主の議決権の３分の２以上の賛成が必要

となる。また，この会社分割に反対する株主がいたときは，その株式を分割前の会社が買い取らなければならない（会社806条）。
④　事業を承継する新設した会社の株式は分割前の会社が分割の対価として全部取得することとなる（会社763条6号）ので，分割前の会社による新設した会社に対する支配関係は株式を通じて分割後もそのまま残ることから，分割前の会社において現経営者の相続問題が発生した場合には，新設した会社の経営にも影響が出ることとなり，新設した会社の事業経営が不安定となるおそれがある。

　これらのデメリットを考えると，会社分割による事業承継は最良の方法であるとはいえない。

4　事業信託による事業承継

　新設分割の方法をとらず，甲社が乙社へ事業譲渡する方法も，経営者の交替という意味での事業承継は実現できるが，甲社の資産相当額の事業譲受代金を乙社が準備しなければならないこととなる。しかし，新設したばかりの乙社にその資力があることはまれであろう。

　そこで，次に現在の会社が委託者となって事業自体を後継者の設立した新会社に信託する事業信託の方法が考えられる。

　この場合，後継者の会社が受託者となり，受益者は通常であれば現経営者が代表をしている会社（以下「承継対象会社」という。）の株主という信託関係が成立することになる。あわせて，現経営者は自分の株式を後継者である息子に相続させる遺言（公正証書遺言が望ましい。）を作成しておくことが大切で，現経営者の相続問題が解決するものと予想される相当程度の期間を経てから信託を終了させるように設定すればよいと思われる。

Ⅱ　後継者の新設会社への事業信託

1　事業信託のメリット

　仮に，設問のように現経営者Ａが総株式の半分以上の割合による議決権を

有する支配株主である承継対象会社（以下「甲社」とする。）の事業全部を，後継者Ｂの会社（以下「乙社」とする。）に信託する方法が実現できれば，甲社の株主は事業信託により，その事業の運営を受託者である新設した会社に全面的にゆだねるとともに，その株主としての権利は委託者である新設した会社の経営に直接干渉できない受益権に転換するので，信託期間中は甲社の株主の意向を気にすることなく，後継者Ｂはその事業活動に専念できる。なお，新設した会社の経営に受益者が関与しないことが必要となるので，事業信託においては，その受益権には受託者に対する議決権行使の指図権を付与しない。

　また，甲社の現経営者Ａが死亡しても，甲社の株式をめぐる遺産分割や遺留分減殺請求事件などの相続問題による影響を心配することなく，後継者Ｂは自らの意思に基づき乙社の名義で甲社の実体はそのままの状態で事業経営が継続できる。ここに事業信託のメリットがある。

2　事業信託の事前準備

　もっとも，この事業信託を実現するには，後継者Ｂおよび受託者となる新設した会社の乙社には実績がなく信用がともなっていないのであるから，甲社の会社債権者とりわけ金融機関の事前の了解が不可欠である。

　そこで，この事業信託は，事前に金融機関や大口債権者等の主な会社債権者と相談しながら実施する必要がある。そのためには，たとえば，後継者Ｂがいったん甲社の代表取締役に就任し，現経営者Ａが甲社の会長となって後見役に徹し，後継者Ｂの下で甲社の事業経営を行う実績を作るといった事業を受託するための事前準備行為と一定の事前準備期間が必要になる。

3　名義信託かどうかの問題

　ところが，こうした事前準備を踏まえて事業信託を実施しようとする段階では，甲社の代表取締役と乙社の代表取締役はいずれも同一人物の後継者Ｂであるという事態も想定される。このため，このような形態での事業信託に関して，甲社から乙社への会社財産の移転行為（信託的譲渡）および甲社の事業に関して負担した債務を信託財産責任負担債務（信託21条1項3号）として乙社へ承継するという事業信託は，単なる名義の移転ないし承継という形式を整えたに

すぎず，信託の実質がないので，いわゆる名義信託として無効ではないかとの議論がありうる。

ここには自己信託と同様の名義信託に該当するかどうかの問題がある。自己信託においては委託者の同一人格内における受託者性という別人格の観念的並存を承認し，同一人格内においての委託者としての固有財産から受託者としての信託財産への観念的な財産移転を前提としている。受託者としての観念的人格が，信託の一定の目的による拘束を受けて管理・処分するという仕組みである。

本設問の場合，甲社から乙社への事業信託は行われてはいるものの，それぞれの会社の代表者がいずれも現経営者Ａの長男Ｂという同一人物となることから，観念的にはともかく実体として財産移転は行われていないばかりか，名義信託のように，その受託者としての乙社が一定の目的による拘束を受けた権利・義務を負わないとすれば，固有財産から信託財産への離脱自体が否定されることを意味するのではないか，という疑問が生ずる。

このように，本設問の事業信託に異議のある株主ないし債権者が，本設問の事業信託は実態として名義信託に該当するので無効であるとの主張をする可能性を否定できない。たしかに受託者が一切の権利・義務を負わないという形態（名義信託としての受働信託）では，受託者への財産権の移転自体が実体的のみならず形式的も否定されるべきであり，信託法上の保護を付与すべき信託財産の独立性は認められず，信託行為としての効力を否定すべきであると考える。

この場合は，保護に値する信託財産の独立性がない以上，これを前提とするいわゆる受益権への転換機能も認められるべきではないということになる。

4　信託としての有効性とは何か

これに対して，近時，商事目的のための信託，すなわち商事信託を，受託者が完全権を有するという伝統的な民事信託と区別し，商事信託独自の理論的枠組みを構築する必要性が有力に主張されている[注1]。

（注1）　神作裕之「資産流動化と信託（特集　信託制度の将来展望）」ジュリ1164号（1999）64頁など。

とりわけ，資産流動化スキームについては，どのような工夫をして信託制度を利用するかが重要とされる。

この観点からすれば，たとえ受託者の役割が事務的な計算業務のみに義務が限定され，受託者の権限としてほとんど裁量権が認められない場合であっても，資産流動化の「器」としての信託は，その成立および受託者の権限に関して何ら問題はないと解すべきことになる。極論すると，たとえ受託者に信託財産の管理・運用についての自由裁量の余地がほとんどないとしても，資産流動化スキームの構築の必要性から，信託法上の信託としての有効性を肯定し，受益権への転換機能を認めるべきこととなろう。

しかし，このような考え方はあまりに便宜的すぎる。資産流動化の「器」として倒産隔離機能を有する信託を利用しようとする場合，そこには自ずと限界があるはずである。この場合，その「器」が信託制度上の基本的な構成要素である信託財産の受託者への移転および信託財産の独立性の実質を現実に備える必要がある。これこそが「信託の実質」といわれるものである[注2]。

この「信託の実質」は，わが国の経済社会における現代の市民の社会的意識に基づき，信託を法制度として成り立たせている基本的構成要素であり，その要素が実質的に構成されていない場合には信託としての有効性を否定すべきである。

5　「信託の実質」の判断基準とは何か

問題は，どのような信託制度の利用形態の場合に信託としての有効性（「信託の実質」）が認められるかである。

最近の有力説によれば，「信託の実質」とは，「財産が移転されること」と「受託者が信託目的にそった管理・処分の権限を有し義務を負う」という2つの要件が満たされた法律関係をいい，「財産権の移転」が「委託者から離脱」に，「信託目的にそった受託者の管理処分権及び義務」が「最小限対応した受託者の権利・義務」に該当するものとしている[注3]。

(注2)　新井誠『信託法〔第3版〕』（有斐閣，2008）126頁以下。
(注3)　道垣内弘人「信託の設定または信託の存在認定」道垣内弘人＝大村敦志＝滝沢昌彦編『信託取引と民法法理』（有斐閣，2003）8頁。

「信託の実質」の有無について一般的に判断基準として掲げられている観点は，①当事者の意思，②事業に関する利益およびリスクの移転，③委託者による事業の受戻権限ないし買戻義務の有無，④事業信託後における委託者による事業の支配関係の有無などに集約されるのではなかろうか。いずれにしろ，どれか1つの観点ということではなく，これらの観点を総合的に考慮して判断されることになろう。

6 本設問の事業信託の有効性

本設問の事業信託の内容は，甲社の事業について現経営者Aから後継者Bへの承継であり，円滑な事業承継による企業価値の維持を目的とするものである。
① 当事者の意思は事業の経営権の現経営者Aから後継者Bへの承継であり，
② 後継者Bはそれまで現経営者Aの下で生じていた甲社の事業に関する利益およびリスクを乙社の代表取締役として負担し，
③ 乙社は，受益者である甲社の株主に対する忠実義務に基づいて事業活動を遂行し，
④ 甲社は事業について後継者Bの経営する乙社にゆだねた以上，自社に事業を受け戻す権限を有しておらず，
⑤ 事業信託後においては，現経営者Aは甲社を通じて乙社の行う事業活動に関与する意思を有しておらず，その権限の行使を事実上放棄している
といえる。
このように，「財産が移転されること」と「受託者が信託目的にそった管理・処分の権限を有し義務を負う」という「信託の実質」が備わっているものと認められ，本設問の事業信託は有効であると解する。

7 事業承継を目的とした事業信託における受益者

事業信託において受益者を誰にするかは，委託者が信託の目的を達成できるように自主的に決めることができるが，わが国の中小企業においては後継者への円滑な事業承継を通じて企業価値を維持・発展させることが事業信託の目的

となるので，本設問では後継者Ｂが甲社の行っている事業を引き継ぎ，当該事業を継続的に行うことを可能にすることこそが重要なのであり，甲社の事業収益の帰属権利者である株主の地位を事業信託によって変更しなければならない特段の理由はないと考えられる。

そこで，後継者Ｂの経営する乙社へ事業信託した場合には，受託者である乙社が信託財産としての事業用財産を活用して得た収益ないし利益は，甲社の株主に帰属させるべきであるから，受益者は甲社の株主となるものと考える。もっとも，株主が現経営者以外にも居る本設問のような場合，受益者が2人以上となるので，原則として意思決定は受益者全員の一致が必要となる（信託105条1項本文）が，株主との間で意見対立が生じた場合，受益者としての意思決定ができないこととなる。そこで，信託契約において，2人以上の受益者の意思決定の方法についても特段の定め（たとえば，受益者の持株数に応じた議決権の多数決によって決定する等）が必要となる（同条1項ただし書）。

Ⅲ 事業信託の手続と問題点

1 事業信託の手続

さて，本設問のような事業信託が有効であるとして，それではその手続は具体的にはどうすればよいのであろうか。

事業信託における事業とは，商法15条以下で規定している営業と同義であって，一定の営業目的のため，組織化され，有機的一体として機能する財産（得意先関係等の経済的価値のある事実関係を含む。）である[注4]。

通常は以下の手続が必要となろう。

① 甲社と乙社との間で，受益者を甲社の株主とする事業信託についての信託契約を締結する。
② 財産移転や債務承継など事業譲渡の実質をもつ事業信託のためには，事業譲渡の手続と同様，事前に甲社の株主総会の特別決議が必要となる（会

（注4） 最大判昭40・9・22民集19巻6号1600頁・判時421号20頁。

社467条・309条2項11号の類推適用）。この場合，現経営者Aの2人の兄弟のいずれかが甲社の株主として事業信託に賛成する必要がある。
③　信託財産となる財産の移転について，登記または登録をしなければ第三者に対抗できないときは，信託の登記または登録をする必要がある（信託14条）。
④　乙社は事業信託の際，積極財産である事業用財産の信託的譲渡とともに原則として各債権者の同意を得て甲社の債務を個別的に引き受ける。通常，甲社の債務は事業信託後も存続し，乙社が引き受けた債務と重畳的になるが，債権者が同意すれば免責的債務引受けも可能となろう。なお，乙社が甲社から引き受けた債務は信託財産責任負担債務となる（信託21条1項3号）。
⑤　従業員の雇用手続。
⑥　その他契約上の地位の承継手続。
など，である。

2　信託関係人と信託の目的

　本設問の事業信託契約の当事者は，委託者を甲社，受託者を乙社，受益者を甲社の株主とするもので，信託の対象なる財産は，事業を構成する積極財産である。
　信託の目的は，円滑な事業承継による企業価値の維持である。
　信託の終了事由は，信託法163条の各号に規定されているとおりであるが，本設問では事業承継が円滑に行われたときには信託目的を達成することができたとして信託は終了することになる。
　もっとも，事業承継が円滑に行われたときとは，具体的には現経営者Aの相続問題が解決したときとなるので，解決のために要する時間をたとえば10年間などと具体的に想定して定めることもありうるが，実際は後継者Bがその時期を判断して決定し，委託者である甲社と受益者である甲社の株主との合意によって事業信託は終了することになろう（信託164条1項）。

3 利益相反のリスク防止策

　信託契約において受託者の義務を具体的に明記することは特に重要である。信託関係当事者である受託者は受益者の最善の利益を図るために厳格な義務と責任を負うからである。

　受託者である乙社は，受益者である甲社の株主のために基本的義務として①信託事務遂行義務（信託29条1項）を負い，一般的義務として②善管注意義務（信託29条2項），③忠実義務（信託30条〜32条）負い，特別な義務として④分別管理義務（信託34条），⑤帳簿作成・報告義務（信託36条〜38条）などを負う。

　もっとも，乙社は事業信託の当時において甲社の信託財産以外に固有財産を有しないので，当初は信託法31条に規定するような利益相反行為を想定することは困難である。

　問題となるのは，受託者である乙社の受益者に対する忠実義務と乙社の代表取締役である後継者Bとの関係である。甲社と後継者Bとは直接の利益相反関係に立たないが，後継者Bが乙社の支配的な株主であることが通常であろうから，後継者Bが自らの利益を図って乙社の代表者として受益者である甲社の株主の利益に反する行為を行うおそれを否定できない。

　そこで，まず，甲社と乙社との信託契約において，乙社が受託者として信託の対象となった事業について受益者である甲社の株主のために，忠実義務（信託30条）を負うことを宣言したうえで，乙社が受益者に対して負うべき義務を具体的に明記しておくことが肝要である。この忠実義務は信託関係から当然に生ずるもので，後継者Bの乙社に対する取締役としての忠実義務（会社355条）とは別のものである。

　また，事業信託成立後においては，乙社の行為が受益者である甲社の株主の利益を損なうおそれのある重要な行為を行うときには，受託者である乙社の義務として，当該重要事実を受益者である甲社の株主に開示して受益者全体の承認を得る必要があるなどの規定を信託契約において定めるべきである（信託31条3項参照）。

　ところで，上記の受託者としての諸義務に乙社が違反した場合は，委託者である甲社および受益者の総意をもって受託者である乙社を解任できる（信託56

条1項6号）とし，その場合は本設問の事業信託を終了する旨を信託契約に定めておく必要がある。

なお，前記Ⅱ7のとおり，受益者の意思決定は全員一致が原則（信託105条1項）であるので，この原則を緩和して受益者の持株数に応じた議決権の多数決によって決定するとするような場合は，意思決定についての特段の定めが必要となる（同項ただし書）。

加えて，甲社との利益相反その他乙社の権限濫用行為を防止しかつ監督するため，信託契約の際，乙社を監督する信託監督人（信託131条1項）を指定する定めを設けることが必要である。この信託監督人には，たとえば甲社の顧問弁護士など乙社とは独立した公平中立の立場の人がふさわしい。

4 雇用承継問題

従業員の雇用上の問題がある。会社分割の場合は，組織的な行為であり，その実体に変化はないので，従業員の使用者に雇用契約上の地位はそのまま承継することを可能にした（会社分割に伴う労働契約の承継等に関する法律）が，本設問のような自己信託の方法によらない事業信託の場合は，会社分割のような組織的行為というより，事業譲渡のような取引的行為に近いといえる。

このため，雇用方法については，事業譲渡の場合と同様，いったん甲社との雇用契約を解約して新たに乙社との間において雇用契約を結ぶことも考えられるが，事業それ自体の形態には変化はないのであるから，甲社との雇用契約上の地位をそのまま乙社に承継させることが望ましい。

この場合は，完全な転籍となるので個別に従業員の同意が必要となることはいうまでもない。しかし，事業信託は信託の目的を達成したときは終了して事業が甲社に戻るという事業承継のための架橋的な措置のため，完全移籍については将来に不安を感ずる従業員もいるであろう。

そこで，本設問のような事業信託における従業員の雇用に関しては，従業員の雇用契約上の地位を甲社に残したまま，乙社に出向させる方法が穏便であると思われる。

5　反対株主の買取請求権

　甲社が株主総会の特別決議をするにあたって，甲社の株主の中に本設問の事業信託に反対する者（本設問では現経営者Ａの兄弟のうちの１人が想定される。）がいるときは，その者が自分の保有する株式について買取請求権を行使することも考えられる（会社法469条の類推適用）。

　株式の買取りを請求されたときには，甲社はこの買取資金を調達して反対株主に支払わなければならない。

　そのような事態が事前に予想されるにもかかわらず，甲社に買取資金を準備する余裕のないときには，この事業信託の方法は甲社に過大な負担をかけるおそれがあるので避けるべきであろう。このように甲社が乙社に事業を信託するにあたっては事前に予想されるさまざまなコストを計算して準備したうえ臨む必要がある。

6　税・会計制度の整備

　事業信託は受託者が事業を遂行する点で会社と同様であるから，一定の要件を満たすと乙社について法人税が課税される（法税２条29の２号：法人課税信託）。

　しかし，事業信託は信託制度の一形態であるので，信託財産から生ずる収入・支出は，受益者に帰属するものとみなして，受益者である甲社の株主に課税するという実質所得者課税の原則が適用される場合もあろう。

　事業信託といっても，さまざまな実態を有するものが考えられるので，通常の信託のように受益者の所得に課税するべきか，法人に対する課税と同様の扱いにすべきかについて，どちらかに固定して取り扱うのではなく，事業の規模や組織としての体制など事業体としての内容を類型化し，その事業の実態に応じた柔軟な課税のあり方を検討すべきである[注5]。

　また，会計制度についても，限定責任信託では，特に帳簿作成義務や報告義務等が定められ（信託222条・223条），受益証券発行限定責任信託では最終の貸

（注5）　早坂文高「事業型商事信託—『事業信託』の導入」道垣内弘人＝小野傑＝福井修編・新しい信託法の理論と実務〔増刊〕金判1261号（2007）177頁。

借対照表の負債の部が200億円以上の場合，会計監査人の設置が強制される（信託248条2項）などの規制が定められ，それぞれの機能を達成するために必要とされる会計制度を適用する一方，信託法13条が，「信託の会計は，一般に公正妥当と認められる会計の慣行に従うものとする。」と定めていることから，中小企業については，特別の事情のない限りは，それぞれの会社の事業規模・組織形態等における会計の慣行を適用していくこととなろう。

なお，事業信託の設定の際，受益者に課税される贈与税の金額によっては納税ができなくなる場合もありうることから，税務上の問題により事業信託をあきらめることになる可能性を否定できない。しかし，中小企業の事業承継というわが国における社会経済上の重要な目的を実現するにあたって事業信託による事業承継が有用であると考えるならば，政策として事業信託設定の際の課税のあり方には特段の配慮をすべきである。事業信託というのは，暫定的に後継者が新設した会社に事業承継させて事業を継続させる実体を有しているのであるから，事業信託設定の段階では課税をせず，新設した会社に対し，承継対象会社から継続している事業による収益にのみ法人課税をするという税のあり方が適正な制度といえるのではなかろうか。もっとも，事業信託は倒産隔離のために名義信託として濫用される危険を内包していることから，このような課税特例制度の対象事業を限定しておかなければいけない。たとえば，いわゆる事業承継税制における「自社株式に係る80％納税猶予」（詳しくはQ2参照）が認められている経済産業大臣による認定対象会社の事業に限定するといった工夫が必要となる。このような税制上の特例を認めないと，事業信託の利用は現実的には困難となろう。

7 遺言による株式の後継者Bへの遺贈

この事業信託の場合，受益者は承継対象会社であり，受益権は承継対象会社の株主が有することになる。そして，現経営者Aが有する承継対象会社の株式は遺言によって後継者Bに相続させるとしておくべきである。この遺言の方式は法的安定性の点から公正証書遺言が望ましい。

この場合は，その適用要件を満たしていれば，後継者Bについて相続税の納税猶予制度（Q2参照）を利用できることになる。

信託終了の時期については，信託の目的が達成されたとき（信託163条1号），すなわち，通常は現経営者Aの相続問題が解決されて円滑な事業承継が完了したときとなろう。

　もっとも，後継者Bの努力によって乙社の業績が上がり，後継者Bに資金が蓄積された場合には，その資金で甲社の他の株主の株式を買い取り，甲社の支配を確実にすることも考えられる。そうすると，信託の終了時期は，特に具体的に定めず，委託者である甲社と受益者である甲社の株主との合意によって終了させることで十分であろう（信託164条1項）。

　実際には，現経営者A死亡後の甲社の代表取締役には後継者Bが就任していることであろうし，後継者Bに蓄財ができれば，ほかの甲社の株主からも株式をすでに買い取っている可能性もあるから，事業信託の終了時期は，最終的には後継者B自身が判断すればよいものと思われる。

◆安　藤　朝　規◆

Q4 複数の事業部門のある場合の事業信託の利用

甲通信工業は，東京都品川区，神奈川県川崎市および埼玉県越谷市の3か所にそれぞれ工場を所有する電子機器メーカーです。その業績は30年を超え，取引先も大手電機メーカー各社であり，安定した業績を挙げてきました。しかし，代表取締役のAは，今年80歳と高齢であり，設備投資のために調達した借入金10億円の返済に苦しんでいます。Aには，BとCという2人の子供がおり，Bは川崎市の工場の責任者であり，Cは越谷市の工場の責任者です。借金を整理して，BとCにそれぞれ事業を承継させたいのですが，どうすればいいか教えてください。

A

　Bが責任者である川崎工場について乙社を設立し，甲社が乙社に川崎工場に関する事業を信託し，Cが責任者である越谷工場について丙社を設立し，甲社が丙社に越谷工場に関する事業を信託する。甲社は，品川の工場を第三者に事業譲渡し，その譲渡代金で借金を返済する。Aが有する甲社の株式は，BとCの兄弟に相続させる。乙社の経営が安定し，Bに資金が蓄えられたら，事業信託を終了させて，今度は乙社が甲社の川崎工場を吸収分割し新株を全部甲社に発行する。Bは乙社の株式の一部を甲社の株主としての剰余金の配当として取得する。その余の乙社の株式をBが甲社の他の株主から買い取る。丙社の経営が安定し，Cに資金が蓄えられたら，事業信託を終了させて，今度は丙社が甲社の越谷工場を吸収分割し新株を全部甲社に発行する。Cは丙社の株式の一部を甲社の株主としての剰余金の配当として取得する。その余の丙社の株式をCが甲社の他の株主から買い取る。

Ⅰ 事業部門ごとの事業信託と事業承継

1 会社の中に独立した複数の事業体があるとき

　中小企業といっても，比較的規模が大きく，事業所が複数ありそれぞれ独立的性格がある会社とか，製造部門と販売部門のように異種の部門が複数ある会社とかの事業形態の会社もある。その中には，それぞれの事業所や事業部門について後継者と目される責任者が，現経営者の子の兄弟や親族など複数の関係者に分かれている場合もある。このように，事業部門が複数あったり，複数の事業所がそれぞれ独立して活動したりしている場合には，会社全体を１人の後継者ではなく，当該会社の事業部門や事業所ごとに別々の後継者を定めることも必要となる。

　たとえば，本設問のように現経営者の子が兄弟であるような場合には，それぞれの事業所を独立させて，各別に事業活動ができるようにすることが適切な事業承継といえる。

2 採算事業部門と不採算事業部門のあるとき

　採算がとれている事業部門と不採算の事業部門とが並立している中小企業において，不採算事業部門を整理して採算事業部門のみを後継者に引き継がせる場合には，単一の事業活動を前提としている前記Ｑ２の株式の信託の方法だけでは不十分である。

　これらの中小企業において事業承継の目的を達成させる一つの方法として，現経営者の経営する承継対象会社が「事業に関して有する権利義務の一部」について新しく会社（代表者は後継者）を設立し，そこ（新設した会社）に当該事業部門を承継させる会社分割の方法がある（新設分割〔会社２条30号〕による方法）。

　会社分割には，この新設分割のほかに吸収分割による方法もあるが，吸収分割については，本設問の場合，事業信託終了のときの最終処理の方法として検討することとし，ここでは新設分割について検討する。

3 新設会社分割の問題点

 たしかに，会社分割は組織再編行為であり，1つの会社を2つに分割するだけであるので，会社関係者との軋轢は第三者への事業譲渡に比べて少ないというメリットはある。

 しかし，会社分割の手続は複雑なうえ，相当な時間と手間がかかる（会社762条～764条）。

 各別の催告を受けなかった債権者に対して，新設分割会社（以下「分割前の会社」という。）は新設分割設立株式会社（以下「新設した会社」という。）の成立の日に有していた財産の価額を限度として，あるいは新設した会社は承継した財産の価額を限度として，その債務を弁済しなければならない（会社764条2項・3項）。

 そればかりか，新設分割計画の承認のために分割前の会社の株主総会の特別決議が必要である（会社309条2項12号・804条）。

 分割前の会社の株主総会において，この新設分割計画に反対する株主がいたときには，その株式を公正な価格で分割前の会社が買い取らなければならない（会社806条）。

 また，分割前の会社の新設した会社に対する支配関係は株式を通じて分割後もそのまま残ることになり，分割前の会社において現経営者の相続問題が発生した場合には，新設した会社の事業経営が不安定となるおそれがある。なお，会社分割との対比について詳しくはQ3参照。

 これでは，後継者へ経営権を円滑に移譲するという事業承継の目的は果たせないこととなる。そこで，次に事業信託を利用した方法はどうかが問題となる。

4 事業信託による事業承継

 この場合，後継者に承継させたい事業部門あるいは独立の事業所ごとについて事業信託を行う方法がある。この事業信託を自己信託の方法で行うことも可能であるが，この方法では委託者と受託者が同一であるため，信託の対象となった事業部門について現経営者の有している株式による支配から脱すること

ができないので，現経営者に相続問題が発生すると会社分割の場合と同様，株式の議決権行使をめぐり紛争して事業の経営が不安定となるおそれがある。

そこで，自己信託による事業信託ではなく，後継者が新会社を設立して，その新設した会社に事業を信託する方法が考えられる。

本設問の事業信託の内容は，甲社の事業について現経営者Aから後継者BおよびCへのそれぞれの承継であり，円滑な事業承継による企業価値の維持を目的とするものである。Bは川崎工場の責任者として，Cは越谷工場の責任者として，すでに，それぞれ実績を積み，取引先や金融機関等関係者の信頼も得ているのであろうから，事前の協議が必要であることはもちろんであるが，乙社および丙社への事業信託はそれほど問題なくスムーズに行くものと考えられる。

5 事業信託の手続

それでは，この場合の事業信託の手続は具体的にはどうすればよいのであろうか。基本的に会社の事業体が単一のQ3の場合と同様であるが，通常は以下の手続が必要となろう。なお，事業信託の受託者としての丙社の立場も乙社の場合と同様である。

① 甲社と乙社との間で，受益者を甲社の株主とする事業信託についての信託契約を締結する。

② 財産移転や債務承継など事業譲渡の実質をもつ事業信託のためには，事業譲渡の手続と同様，事前に甲社の株主総会の特別決議が必要となる（会社467条・309条2項11号の類推適用）。本設問の場合は，「事業の重要な一部の譲渡」に類似することになる。

③ 信託財産となる財産の移転について，登記または登録をしなければ第三者に対抗することができないときは，信託の登記または登録をする必要がある（信託14条）。

④ 乙社は事業信託の際に，積極財産である事業用財産の信託譲渡とともに各債権者の同意を得て甲社の債務を個別的に引き受ける。甲社の債務は事業信託後も存続し，乙社が引き受けた債務と原則として重畳的になるが，債権者が同意すれば免責的債務引受けも可能となる。なお，乙社が甲社か

ら引き受けた債務は信託財産責任負担債務となる（信託21条1項3号）。
　⑤　従業員の雇用手続。
　⑥　その他契約上の地位の承継手続。
など，である。

6　事業信託おける受益者

　本設問の事業信託契約の関係当事者は，委託者を甲社，受託者を乙社，受益者を通常，甲社の株主とするもので，信託の対象なる財産は，事業を構成する積極財産である。

　そもそも，受益者を誰にするかは委託者である甲社が信託の目的を達成するために自主的に決めることができる。

　本設問では後継者への円滑な事業承継を通じて企業価値を維持・発展させることが事業信託の目的となるので，後継者Bが甲社の行っている事業を引き継ぎ，後継者Bによって継続的に当該事業を行うことを可能にすることこそが重要なのであり，甲社の事業収益の帰属権利者である株主の地位を事業信託によって変更すべき理由はない。

　また，受託者である乙社が信託財産としての事業用財産を活用して得た収益は，甲社の株主に帰属させるべきであるから，受益者は甲社の株主とすべきであろう。もっとも，A以外に甲社の株主が居た場合，受益者が2人以上となるので，原則として受益者の意思決定は全員一致が必要となる（信託105条1項本文）が，それでは他の株主との間で意見が衝突したきには，受益者としての意思決定ができないこととなる。そこで，信託行為において，2人以上の受益者の意思決定の方法についても受益者の持株数に応じた議決権の過半数で決するなど特段の定めをしておくことが必要となる（同項ただし書）。

　ところで，甲社の丙社への事業信託の手続も乙社の場合と同様である。

7　事業信託における雇用問題

　本設問のような事業信託は，経営主体の交替という面からすると，組織的な行為である会社分割よりは取引的行為としての事業譲渡に近似する。もっとも，事業信託の雇用問題については，事業それ自体の形態には変化はないので

あるから，川崎工場や越谷工場で働いている従業員については甲社との雇用契約上の地位をそのまま乙社や丙社にそれぞれ承継させることが望ましい。

　それでも事業信託にともなう異動は，通常，転籍となるので個別に当該従業員の同意が必要となることはいうまでもない。ところが，完全な転籍となると，事業信託は信託の目的を達成したときは終了して事業が甲社に戻るため，自分の雇用上の地位の将来に不安を感ずる従業員が多いであろう。

　そこで，本設問のような事業信託における従業員の雇用に関しては，従業員の雇用契約を甲社に残したまま，乙社または丙社にそれぞれ出向させる方法が穏便であると思われる。

8　事業信託に反対の株主がいるとき

　甲社が株主総会の特別決議をするにあたって，甲社の株主の中に本設問の事業信託に反対する者がいるときは，その者が自分の所有する株式について買取請求権を行使することも考えられる（会社法469条の類推適用）。

　その者から株式の買取りを請求されたときには，甲社はこの買取資金を調達して支払わなければならない。

　そのような事態が事前に予想されるときは，甲社の株価を当該会社の規模や資産に応じて算出したうえ，甲社に買取資金を準備する余裕があるかどうかを事前に調べておく必要がある。

　もし，甲社にそのような資金的余裕がないとするならば，この事業信託の実施は資金面から断念しなければならない。

　いずれにしろ甲社が乙社に事業信託をするにあたっては，これら事業信託の手続を進めるために予想されるさまざまなコストを計算したり，予想される事態を検討するなどしたりして，事前に慎重で十分な準備をしたうえで臨む必要がある。

9　事業信託の終了について

　事業信託の終了事由は，信託法163条の各号に規定されているとおりであるが，信託目的が達成されたときに信託は終了することになる（信託163条1号）。

　本設問では甲社の支配株主である現経営者Ａの相続問題が解決して後継者

BおよびCへの事業承継が円滑に行われたときに目的が達成されたといえるのであるから、この事業信託が終了した場合には当該事業は委託者である甲社に復帰することが予定されているといえる。

　信託終了時に甲社への当該事業の復帰を実現するためには、事業信託を設定するにあたって、委託者である甲社が自らを残余財産の帰属権利者として指定するか（信託182条1項2号）、特に誰も指定しないで信託法182条2項により、委託者である甲社を帰属権利者として指定したものとみなされるか、どちらの方法を選択してもよいものと解する。

Ⅱ　事業信託による事業承継の意義

1　事業信託のメリット

　現経営者Aが経営する事業全部を、後継者の設立した新設した会社である乙社および丙社に信託する方法によれば、受託者である乙社および丙社に事業の経営がゆだねられた以上、信託期間中は甲社の株主の意向を気にすることなく、また、現経営者Aについて相続が発生しても、すでに乙社および丙社について事業信託が設定されていることから、甲社の株式の帰属をめぐり発生する可能性のある、後継者であるBおよびCへの遺贈に対する遺留分減殺請求などの相続問題での影響を気にすることなく、BまたはCの意思でそれぞれの事業経営が継続できる。ここに事業承継がスムーズに行くメリットがある。

2　現経営者の有する甲社の株式の帰趨

　本設問の事業自体の信託の場合、受益者は通常、甲社の株主であり、受益権は甲社の株主が有することになる。現経営者の有する甲社の株式がその死後どうなるのかという相続問題については事業信託とは直接の関係を持たない。

　そこで、現経営者Aは、事業信託をする際に、その有する甲社の株式について公正証書遺言によって後継者BおよびCにそれぞれ2分の1ずつ相続させるとしておくべきである。

　甲社の株式はBとCにそれぞれ事業部門を分けることから、相互に干渉で

きないように均等に相続させることが望ましい。後継者以外の推定相続人には甲社の株式以外の財産を遺贈しておくべきであろう。

　推定相続人がBとC以外にもいる場合は，他の推定相続人との間で，遺留分減殺請求をめぐってトラブルになることを予想し，その相続紛争問題解決の期間を見越して，信託終了の期間を現経営者Aが死亡してから10年後などと終了時期を定めておくこともありうる。もちろん，そのような具体的な期間を定めないこともできる。

　要は，それぞれの会社の実情にあった信託の終了の方法を検討し，その中で最も適切な方法を選択することである。

Ⅲ　事業部門ごとの事業信託の問題点

1　事業信託による事業承継の実現

　本設問の事業信託は，後継者BおよびCがそれぞれ新会社乙社および丙社を設立して，その新設した各会社に事業信託する方法であるが，すでに後継者BおよびCが当該事業部門ないし事業所の経営責任者として実績を積んでいるものと考えられるから，新設した会社への事業信託は取引先や金融機関の抵抗は少ないであろう。

　もっとも，この方法による事業信託でも，現経営者Aが後継者BおよびCにその支配権を譲るための架橋的な措置にすぎないことに注意すべきである。

　そこで，現経営者Aは遺言（公正証書が望ましい。）で，事業部門あるいは事業所ごとの後継者にそれぞれ現経営者Aの有する株式を均等に分配することとし，現経営者の相続後，適当な時期に後継者BとCが話し合って，吸収分割により甲社の事業部門あるいは事業所ごとに会社を分割して乙社および丙社が吸収するともに，会社分割の手続が完了した場合は，それぞれの事業信託を終了させることも考えられる。

　具体的には，乙社の経営が安定し，Bに資金が蓄えられたら，
　① 甲社と乙社との間で吸収分割契約を締結する（会社757条）。
　② 甲社および乙社のそれぞれの株主総会の特別決議による吸収分割契約の

承認（会社795条・309条2項12号）を受ける。
③　甲社および乙社のそれぞれについて，反対株主の株式を買い取る（会社797条）。
④　乙社が甲社の川崎工場を吸収分割する対価として乙社の新株を全部甲社に発行する（会社758条4号イ）。
⑤　その際，甲社の株主に剰余金として乙社の新株を配当することを定めておく（会社758条8号ロ）。
⑥　Bは乙社の株式の一部を甲社の株主としての剰余金の配当として取得する。
⑦　その余の乙社の株式を甲社のほかの株主からBが蓄えた資金で買い取る。

また，丙社の経営が安定し，Cに資金が蓄えられたら，Bの場合と同様，上記の方法で吸収分割により越谷工場に対するCの支配を確実にするといった方法が考えられる。

2　事業信託の終了

後継者の蓄財の期間を考えると，特に信託終了時期を具体的に定める必要はないかもしれない。

そうすると，信託の終了時期は，具体的に定めず，委託者である甲社と受益者である甲社の株主の合意によって終了させることでよいと考えられる（信託164条1項）。

この場合，この信託の終了手続をスムーズに行うために，現経営者Aの死亡後には，後継者BおよびCがいずれも甲社の代表取締役に就任してお互い協力して対応できるようにすべきではなかろうか。

3　後継者に株式買取りの資金が貯まらないときの対応

後継者のBやCが長期間経営努力をしたにもかかわらず，前項1の乙社または丙社の株式の買取資金を調達できないときは，事業信託を終了するにあたって甲社の事業部門を吸収分割する際に，BとCとの間でお互いに乙社または丙社の会社としての意思決定に干渉しない約束をして，Bの乙社に対する

支配関係，Cの丙社に対する支配関係を確保しておくなどの措置を講ずる必要が出てくるであろう。

具体的には，相互に相手が経営する会社の株主総会において，自己の有する当該会社の株式に基づいて議決権を行使しない，というような特別の約束（株主間の契約）をするべきであろう。

Ⅳ 不採算事業部門の整理と事業信託

1 不採算事業部門の整理のための事業信託

事業信託を利用する別の方法として後継者に健全な事業部門のみを事業承継させ，不採算事業部門を整理して会社の更生・存続を図ることもありうる。事業部門としては業績が上がっているものの，過去の大型の設備投資や金融商品への投資の失敗等により負債が膨れ上がり，経営を圧迫している状況が続いているような会社が，その所有する不動産を利用して負債を整理しようとするような場合である。

新設分割によってもその目的は達成できるが，現経営者の下での会社分割については，前記Ⅰで挙げた問題点や諸事情によって，なかなか実現が困難な場合もあろう。

そこで，このような場合，事業信託を利用する方法が考えられる。

もっとも，この方法を実現するには一定の条件が満たされていることが必要である。それは後継者が新設する会社に取引先や金融機関が協力してくれることである。

事業信託については，信託設定時において，事実上現経営者から後継者へ当該事業の経営者の交代がともなうことから，新経営者となるべき後継者に対する会社関係者の信用を付与するため，事前の経営者としての実績作りが不可欠の要素となり，その点が重要な課題となるからである。もっとも，すでに各事業部門について後継者の実績が認められる本設問では，後継者BおよびCはこの点の不安をクリアーできるものと思われる。

2 事業信託を利用するメリット

　この方法によれば，業績の良い健全な事業部門を，後継者の設立した新設会社へ事業信託をした後に，現経営者が不動産を処分したり，不動産を証券化して金融機関から借り入れたりして，その負債を整理することとなる。

　本設問では，現経営者Ａは，川崎工場の事業部門を後継者Ｂの新設した会社である乙社に，越谷工場の事業部門を後継者Ｃの新設した会社である丙社にそれぞれ事業信託し，甲社の品川本社工場を第三者に事業譲渡して，その譲渡代金の中から借金10億円を貸主に返済して整理すればよいのではなかろうか。

　このときに特に配慮が必要なのは事業譲渡にともなうコストの問題である。事業譲渡に反対する株主の株式買取資金（会社469条），事業譲渡にともない発生する税金（譲渡所得税など）や品川本社工場閉鎖を契機に退職する従業員の退職金など諸経費の支払ができるよう，事前に譲渡代金を決定するにあたっては考えておかなければいけない。

　また，事業譲受人が見あたらないとか，事業譲渡代金が安すぎて折り合わないとかの場合は，品川本社工場の土地を売却することになるが，その場合も，従業員の退職金の支払，工場取壊費用，土壌汚染の有無の調査と汚染土壌の搬出処理，譲渡所得税などさまざまな多額のコストがかかることを念頭に置く必要がある。土地の譲渡に関してコストがかかりすぎる場合は，デューデリジェンス（Due diligence）をふまえた不動産の証券化も検討することになろう。

　このような処理をしても，なお借入金や税金の支払が残る場合は，甲社と重畳的に債務引受けをしている乙社と丙社が協力してその支払をしなければならなくなるであろう。もっとも，そのコストがかかりすぎ，その後の乙社および丙社の経営に支障が生ずることが予想される場合は，この事業信託自体を断念することもやむをえない選択となる。

3 現経営者の有する甲社の株式の相続税問題

　本設問のような事業部門ごとの事業信託の場合，現経営者Ａの有する甲社の株式はＢとＣの各後継者に分散されるため，その適用要件を欠くことから，

Q2で取り上げた株式に関する後継者の相続税の納税猶予制度は利用できない。しかし，中小企業における事業承継を社会的な課題と位置づけて，それを推進することが政策として重要であるとするならば，この場合も適用要件を緩和し，後継者BおよびCがそれぞれ相続税について納税猶予が受けられるように税制措置をすべきである。

現経営者の株式に関する相続税の対策として，年間110万円の基礎控除枠を利用した暦年課税制度の適用が受けられるように生前から少しずつBとCへそれぞれ甲社の株式を贈与していく方法や，BとCに半分ずつ株式を生前贈与しつつ相続時精算課税制度を選択する方法も考えていくことが必要となろう。

なお，65歳以上の現経営者から株式の贈与を受けた20歳以上の後継者が相続時精算課税制度を選択した場合，それ以降，その選択をした現経営者からの贈与については暦年贈与の選択はできなくなることに注意を要する。

また，事業信託による事業承継を広範囲に普及させるには，Q3で言及した事業信託に関する課税特例制度を設け，乙社および丙社のそれぞれについて認定要件を緩和したうえで，いずれも認定対象会社として扱う税制上の特例措置も必要となろう。

◆安　藤　朝　規◆

Chapter 11

信託と会社法

Q1 特定目的会社による証券化および会社分割と信託の異同

資産を証券化したいとき，信託による場合と特定目的会社を利用する場合とはどのように違うのでしょうか。両者は機能として同じなのではないでしょうか。また，事業信託と会社分割との異同について，説明していただけますか。

A

特定目的会社（TMKまたはSPC：Specific Purpose Company）は，会社法上の株式会社や合同会社とは異なり，資産の流動化に関する法律に基づき設立される特殊な社団（同法2条3項）であり，金銭債権・不動産などの特定資産を取得した会社が，それらを裏づけとする証券を発行し，特定資産から得られる収益を配当あるいは利払いする場合に，単なる「器」としての機能を有するものである。特定目的会社と特定目的信託は，いずれも資産の流動化に関する法律1条において並例されていることにみられるよう

に，資産の流動化を行うという機能面において——特に証券化のSPVとして——同じ役割を果たす。しかし，特定目的会社は，特殊な社団として機能するのに対して，特定目的信託は，資産の流動化を行うことを目的とし，かつ，信託契約の締結時において受託者が有する信託の受益権を分割することにより複数の者に取得させることを目的として，委託者の有する特定資産とその管理を受託者に信託するという信託関係を形成する点で異なる。

「事業信託」は，信託法改正によって可能となった。会社分割に類似するが，永続的な分割ではなく期間を限った一時的な事業移転が可能であり，また，手続的にも比較的簡易な事業移転に活用されるであろう。また，自己信託を利用した事業信託により，一事業部門を対象とする金融商品が新たなファイナンス手法として期待されている。

I 会社と信託

1 資産の流動化に関する法律

資産の証券化・流動化の手法として，原保有者から資産の譲渡を受け，株式や債券を発行するような特別の目的のために会社を設立する手法がある。日本では1990年代に，有限会社や株式会社，——場合によってはタックスヘイブンと呼ばれるケイマン諸島などで外国会社——を設立して，資産の流動化に対応していた。

こうしたなかで，1998年9月に「特定目的会社による特定資産の流動化に関する法律」（旧SPC：Specific Purpose Company法）が施行され，「特定目的会社」という新たな会社形態が登場した。しかし，同法は登録制を採用するなど有限会社より使い勝手が悪かったため，2000年11月30日には，利便性を増した「資産の流動化に関する法律」（新SPC法）が施行されることとなった。

新SPC法では，「特定目的会社」制度と並んで「特定目的信託」制度も創設された。新SPC法は，それが規定していない株式会社や信託をSPV（Special Purpose Vehicle) とするスキームを排除するものではない。実際，資産流動化のためのヴィークル（注1）として，株式会社も信託も用いられている。

SPV に要求される機能は，投資対象としての独立性である。特定目的会社は，原資産保有者から資産を譲り受けることにより，原資産保有者とは別の独立した会社となる。もっとも，原資産保有者が倒産しても特定目的会社は影響を受けないように，特定目的会社の設立にあたっては，原資産保有者との間で倒産隔離のための特別な合意をしておく必要がある。信託スキームにおいても委託者から受託者への信託的財産移転行為によって，信託財産が委託者の固有財産から隔離されるという点で類似する。さらに，受託者の破産という事態が発生しても信託財産は破産財団に組み込まれないという意味で，受託者からも隔離されている（信託25条1項～3項）。破産以外の再建型倒産処理手続においても同様である（信託25条4項～7項）。こうした特殊な財産帰属形態に注目すると，信託とは何かという本質論について，イメージ的には「実質的法主体説」（注2）がわかりやすい。

2　会社と限定責任信託

2008年改正の信託法は，信託のメリットを生かしつつ，信託債務について信託財産に限定する制度として限定責任信託を認めた。信託債務について信託財産のみをもってその責任を負うという意味では，限定責任信託は，有限責任制をとる株式会社（会社104条），合同会社（会社576条4項），有限責任事業組合（有限責任事業組合契約法15条）等に類似する。限定責任信託とは，受託者が当該信託のすべての信託財産責任負担債務について信託財産に属する財産のみをもってその履行の責任を負う信託をいう（信託2条12項）。受託者の固有財産に対する強制執行は制限され（信託217条1項），この規定に違反して行われた強制執行等に対しては，受託者は異議を主張することができ，民事執行法38条および民事

（注1）　ヴィークル（vehicle）は，車・乗り物の意の英語である。SPC も SPV の一種である。その他に匿名組合（商535条）や外国法に準拠するパートナーシップなども，資産流動化のヴィークルとして用いられることがある。
（注2）　四宮和夫『信託法〔新版〕』（有斐閣，1989）74頁，新井誠『信託法〔第3版〕』（有斐閣，2008）47頁。

保全法45条が準用される (同条2項)。

信託制度においては，受託者が信託事務を遂行するために負担した債務については，一義的には信託財産をもって履行するのであるが，その債務は受託者が債務者となっているから，原則として受託者の責任は限定されず固有財産をもってしても無限責任を負う (信託法21条2項の反対解釈)。限定責任信託は，この原則に対する例外的な信託類型である。たとえば，甲が，その所有する数棟のビルのうちAビルだけを自己信託 (信託3条3号) とし，その信託を「限定責任信託A」として設定すると，Aビルの経営から生じた債務についてはAビルおよびAビルからの賃料債権だけが引当てとなり，甲所有の他のビル資産は信託財産ではないので，その責任の引当てとならないことになるのである。

限定責任信託は，不動産信託の信託財産に土壌汚染，アスベスト汚染などの懸念がある場合や，火力発電所，第三者から無効を争われている特許など，リスクの高い財産について用いられることが期待されている。

もっとも，有限責任制度としての限定責任信託の弊害として，取引の相手方が受託者の財産を信用の基礎として取引関係に入り，不測の不利益をこうむることにもなりかねない。そこで，名称に「限定責任信託」という文言を要求し (信託218条)，登記を限定責任信託の効力要件(注3)とし (信託216条・232条)，取引時の明示義務 (信託219条)，帳簿の作成保管義務 (信託222条)，受託者の第三者に対する責任 (信託224条)，受益者への給付可能金額制限 (信託225条・226条) を設けて，取引の安全を図っている。

Ⅱ 事業信託と事業譲渡・会社分割

1 事業信託

事業信託とは，「積極財産たる財産を信託するとともに，債権者の同意を得

(注3) 登記は限定責任信託の効力要件であるが，信託法220条では「対抗要件」とされている。この関係については，村松秀樹＝富澤賢一郎＝鈴木秀昭＝三木原聡『概説新信託法』(金融財政事情研究会，2008) 354頁の注4および357頁の注10参照。

つつ（あるいは得ることなく），債務引き受けを行うことによって，実質的には積極財産及び消極財産を合わせて信託したのと同様の状態を作出する」[注4]ことである[注5]。つまり，事業（を構成する積極財産および消極財産）自体を信託したのと同様の状態[注6]を作り出す複合的な行為による法律状態を「事業の信託」とか「事業信託」と呼ぶ[注7]。

2 事業譲渡・会社分割と事業信託の区別

　事業信託は，会社の財産を受託者に信託譲渡するとともに，その債務を受託者に引き受けてもらう行為であるから事業譲渡の側面をもつ。また，会社分割も，株式会社または合同会社が，その事業に関して有する権利義務の全部または一部を分割後の承継会社または設立会社に承継させることを目的とする会社の行為である（会社2条29号・30号）[注8]から，事業譲渡に類似する機能をもつ。

　このように，企業の特定部門を本体から切り離して別の会社に移転する方法

（注4）　松村ほか・前掲（注3）3頁。
（注5）　積極財産と消極財産の集合体としてすでに成立して運営されている事業自体を信託財産として信託することはできない（寺本昌広『逐条解説新しい信託法〔補訂版〕』（商事法務，2008）88頁，武井一浩＝上野元＝有吉尚哉「会社法・金商法の実務質疑応答(4)事業信託と会社分割・経営委任との相違点」商事1821号（2008）106頁）とするのが，立法者の解釈である。「債務」（消極財産）は信託の対象とならない，との理由である。
（注6）　前注の立法者の解釈に対して，「事業信託とは，特定の事業そのもの（事業経営権）を信託の対象とすることである。すなわち，会社法467条以下所定の事業譲渡の『事業』に類似したものを信託財産（債務の引き受け，契約の地位の譲渡も含む概念）とする信託である。」（新井・前掲（注2）157頁），との見解もある。新信託法21条1項2号と同様の規定は，旧信託法16条1項にも存在したが，新信託法は，21条1項3号で「信託前に生じた委託者に対する債権」を信託財産責任負担債務の一つに加えて信託行為の客体と許容することによって，積極財産のみでなく消極財産をも，対象財産とすることができることとした。よって，積極財産・消極財産の総合である事業の信託も可能となった，との解釈が私見では妥当ではないかと思うが，ここでは立法者の解釈による。
（注7）　なお，旧信託法下で行われていた土地信託（事業型信託）と不動産賃貸業自体の差について，新井・前掲（注2）158頁，寺本・前掲（注5）89頁（注6）。勝田信篤「第3章 事業信託とセキュリティ・トラスト」新井誠編『新信託法の基礎と運用』（日本評論社，2007）53頁および67頁（注3）は，「事業信託」と「事業の信託」とを区別する。
（注8）　会社法成立前には，営業用財産または権利義務の集合の承継では足りず「営業」（会社法にいう「事業」）自体の承継であることが要件とされていたが，会社法においては「事業」自体の承継が要件ではなくなった（江頭憲治郎『株式会社法〔第3版〕』（有斐閣，2009）814頁注(2)）。

には，事業信託のほかにも，事業譲渡または会社分割などがある。しかし，事業の譲受会社や会社分割後の承継会社または設立会社が破産すると，事業譲渡対象事業や会社分割後の事業もそれぞれの破産財団に組み入れられ，清算の対象となってしまう。このように，事業譲渡あるいは会社分割のスキームの場合は，事業譲受会社あるいは会社分割後の承継会社または設立会社の破産による事業の破綻を避けることができないのである。これに対し，安心してファイナンスを得ようとする場合には，投資家にとって原資産保有者からの倒産隔離が不可欠となる。そこで，倒産隔離機能を有する信託スキームである事業信託が注目されることとなる。

たしかに，事業の譲受会社や会社分割後の承継会社または設立会社が破産することを懸念するならば，事業部門について100％子会社化して子会社株式を担保にすることによってファイナンスの目的を達成するスキームも考える余地はある。しかし，信託スキームを用いれば，子会社化スキームより，簡易に，より低いコストで特定の事業部門を切り離すことができるのである[注9]。また，倒産隔離機能のメリットは，たとえば事業承継対策としての事業信託の場合など，ファイナンスを目的としない事業信託にも妥当する。そして，ファイナンスを目的としない事業信託での，シンプルな（後述する自己信託・限定責任信託・受益証券発行信託などの手法を用いない）事業信託は，会社分割や子会社への事業譲渡よりは，相当に手続コストを低減できるのである。

3　事業信託の応用

事業信託スキームを用いて一部門の証券化によるファイナンスを行おうとする場合には，自己信託，限定責任信託，および，受益証券発行信託[注10]を併用して用いることもできる[注11]。

[注9] 新井・前掲（注2）158頁は，トラッキングストックより「より低いコストによる資金調達や機動的な事業変更が可能」という。
[注10] 自己信託の受益権を50名（信託業令15条の2）以上に取得できるようにする場合には自己信託の届出（信託業法50条の2）が必要である。また，受益証券は，「第一項有価証券」（金融商品2条1項14号）として金融商品取引法上の開示規制を受ける。受益証券発行限定責任信託については，会計監査人の設置が必要である（信託248条）。
[注11] 勝田・前掲（注7）54頁。

事業信託を利用すれば，企業の一部門を完全に分離するのではなく，信託行為において終了時期を定めておけば，期間を限定した信託が可能となる。子会社化のスキームでも期間を限定して企業の一部門を証券化することが不可能ではないが，子会社の設立とその後の清算という手続はいかにも煩瑣である。さらに，自己信託を利用することによって，事業部門に関する権利義務関係の主体を変更せずにすむ。事業の自己信託によって，特定の事業部門についてのみ連動する（証券化）金融商品を創出するスキームができることとなったのである(注12)。

　ところで，信託スキームによって，事業譲渡・会社分割に比べて簡易に，事業部門を切り離すことができるといっても，どこまで簡素化できるのであろうか(注13)。

(1) 株主総会の特別決議

　事業譲渡（会社467条1項）および会社分割（会社783条，804条）においては，株主総会で特別決議（会社309条2項11号・12号）が必要とされている。事業信託は，「事業の譲渡」に該当するから，事業信託の対象事業が「事業の全部または重要な一部」である場合には，株主総会の特別決議による承認（会社467条1項，309条2項11号）が必要となるとともに，株式買取請求権の規定（会社469条）の適用がある(注14)。信託法266条2項は，自己信託の場合にも委託者兼受託者である会社の株主保護のために会社法の規定が適用されることの確認規定である(注15)。

(注12)　自益型の信託宣言は新信託法下においても認められていないとの学説によれば，自己信託の委託者兼受託者が当初全部受益者となるスキームは否定される（新井・前掲（注2）167頁）。

(注13)　早坂文高「29 事業型商事信託―『事業信託』の導入」道垣内弘人＝小野傑＝福井修編・新しい信託法の理論と実務〔増刊〕金判1261号（2007）177頁。

(注14)　寺本・前掲（注5）88頁（注5），新井誠編『キーワードで読む信託法』（有斐閣，2007）50頁，村松ほか・前掲（注3）399頁。

(注15)　この解釈に対しては，自己信託においては，譲受人に相当する受託者と委託者が信託設定時において同一人格なのであるから，総会決議は不要との見解もある。特別支配会社に対する事業譲渡については総会決議を不要としている例外規定（会社468条1項）の趣旨が自己信託にも妥当するから，同条の趣旨からして信託法266条2項ただし書に該当するとの理由

(2) 債権者保護規定

会社分割においては債権者保護手続として公告が要求される（会社799条2項・3項，810条2項・3項）。分割会社が債権者のために重畳的債務引受けないし連帯保証を行っても，公告はしなければならない。債権者が会社分割に異議を述べたときは，存続会社または消滅会社は，当該債権者に対し，その債務を弁済しなければならない（会社799条5項，810条5項）。

これに対して事業信託の場合には，公告は不要である。ただし，委託者が債務を免れるためには債権者・契約相手方から個別の同意を得る必要がある(注16)。債権者の同意を得られない場合は，民法の一般原則により委託者と受託者のいわゆる重畳的債務引受けとなる(注17)。あえて個別の同意を受けず重畳的債務引受けであることに甘んずるのであれば，事業信託には特に債権者保護のための措置はしないという選択肢もある。

グループ会社間での事業信託では，受託者が事業上の債務をグループ会社の一員として弁済していくのであるから，委託者にとっては，重畳的債務引受けではなく，免責的債務引受けでなければならない要求を想定しがたい。また，ファイナンス目的の事業信託であれば自己信託を用いることが多いであろう。自己信託であれば事業の主体に変更はないのであるから，事業信託により新たに債務引受けをする必要はなく，債権者が害されることもない(注18)。

したがって，会社分割と比較すれば，上記のような債権者保護手続を要しない事業信託スキームによって手続を簡素化することができるのである。

であろうか。ただし，その見解でも，「自己信託の受益証券を投資家に販売する時点では，実質的には事業の重要な一部が譲渡されたことにほかならず，株主総会特別決議を経る必要があるだろう。」（井上聡編著『新しい信託30講』（弘文堂，2007）238頁）とされている。
(注16) こうした手続の煩雑さやコスト等の問題を考えると，「事業信託スキームを用いることの優位性がどこにあるのか，などといった点の検証が必要になってくる場合もあろうかと思われる。」との指摘もある（北浜法律事務所・外国法共同事業編『新信託の理論・実務と書式』（民事法研究会，2008）245頁，武井ほか・前掲（注5）108頁。
(注17) また，契約上の地位を無断で移転することが，契約解除事由になる場合がある。
(注18) 自己信託を用いなくとも，委託者が信託事務について受託者から事務委任を受けることによって，信託譲渡がなされている事実を隠蔽することすらもできる。

(3) 従　業　員

　会社分割について適用される会社分割に伴う労働契約の承継に関する法律が事業信託による転籍にも適用されるのであろうか。同法は事業との一体性のみならず組織法的な会社分割制度にのみ特有の限定的な法律であると解すべきである。同法制定時の国会における附帯決議を受けて学識経験者によって構成された「企業組織再編に伴う労働関係上の諸問題に関する研究会」（座長：西村健一郎京都大学大学院法学研究科教授）が，2002年8月22日，「営業譲渡の際の労働関係の承継について，法的措置を講ずる事は適当ではない。」と，拡張に反対する旨の「報告書」を発表した。

　この「報告書」の見解に従うならば，事業譲渡に近い事業信託による転籍等には原則[注19]として従業員からの個別の同意を要すると解することになる。なお，自己信託の場合には，雇用者にも就労条件にも，変更がないのであるから，特に変更を生じない限り従業員からの個別の同意は不要である[注20]。

Ⅲ　トラッキングストック（特定事業連動株式）と事業信託

　トラッキングストック（tracking stock）[注21]とは，配当金額が特定の事業部門や子会社等の業績に連動する株式であり，企業全体の業績とは独立した利益配当の計算式を組み込んだ種類株式（会社108条1項1号）の総称である。2001年6月にソニーが，子会社の業績と連動したトラッキングストックを発売してから日本においても種類株式の法整備がなされてきた。

　株式会社の一部の事業部門についてのみの投資を募ることはトラッキングストックを用いて従来も行われたこともあるが，自己信託の方法（信託3条3号）による事業信託が可能となったため，より信頼性の高い金融商品として用いられることが期待されている。

　たとえば，X社がABCの3事業を行っていて，A＞B＞Cの順に収益性が

(注19)　ただし，就業規則においてグループ会社間での転籍を定めていることが多いであろう。
(注20)　自己信託の場合，「従業員との雇用関係はそのまま維持され……雇用関係は，あくまでも会社（の固有勘定）と締結されているものである。」（村松ほか・前掲（注3）11頁注3）。
(注21)　特定事業連動株式（江頭・前掲（注8）139頁参照）。

異なるとする。ABC 3 事業の総合で X 社の株価が決定されるため，収益性の低い C 事業によって株価は押し下げられる，これに対して，高収益の A 事業についてだけ配当が連動する株式を発行すれば，投資利回りのよい種類株式として投資家に売り出すことができる。しかし，X 社が破産すると，株式はいかなる優先株式といえども無価値になってしまうリスクがある。C 事業の赤字により X 社が破産すると A 事業も B 事業も破産財団にすべて組み入れられて清算されてしまう。トラッキングストックといえども，収益性の低い C 事業による X 社倒産というリスクを避けられないのである[注22]。

　これに対し，A 事業につき自己信託の方法による信託を設定しておけば，A 事業は倒産隔離機能により存続することができ，A 事業の価値は存続することになる[注23]。すなわち，委託者である X 社が自己信託（信託宣言）により A 事業の信託を行い，相当の期間内に受益権を投資家に売却するスキームによって，トラッキングストックより徹底した形で，業績の良い特定の事業部門について金融商品化を行うことができる。こうした自己信託の方法による事業信託は，トラッキングストック的機能に倒産隔離機能を付加しているスキームとなっているので，「トラッキングストック型信託」と呼ばれる[注24]。

◆湯　川　　将◆

(注22)　井上編著・前掲（注15）258頁。
(注23)　この場合は，受託者の破産により任務終了する（信託56条1項3号）から，新受託者の選任（信託62条）が必要となる。
(注24)　勝田信篤「信託宣言について」清和法学12巻2号（2005）17頁，新井・前掲（注2）158頁。

Q2 敵対的買収防衛策

敵対的企業買収の防衛策として，特別な条件を付した新株予約権を信託する方法があると聞きましたが，どのようにするのでしょうか。

A

買収防衛策をとる会社が，平時に信託の受託者である信託銀行に対して「敵対的買収者は行使できない」という差別的行使条件を付した新株予約権を無償で発行し，敵対的買収者が現れた有事の際に，会社が設定する基準日における株主名簿上の株主（受益者）全員に対し，信託銀行が当該新株予約権を無償で交付するというものである。たとえば，当該新株予約権に「20％を超える株式議決権割合を有する株主以外の者が行使できる」等といった行使の条件を定めるのである。

また，当該新株予約権を発行する際に，上記の差別的行使条件の付与とあわせて，「会社が有事の際に株主から当該新株予約権を強制的に取得し，その対価として会社が敵対的買収者以外の株主へは普通株式を発行する」ことを内容とする，取得条項を当該新株予約権に付与する。

I 概　要

(1) 会社は，平時に信託銀行との間で信託契約を締結し（信託3条1号），差別的行使条件を付した新株予約権（会社911条3項12号ハ参照）を信託銀行に対して無償で発行する（会社238条1項2号）。その後，敵対的買収者が出現した有事の際に，信託銀行が当該新株予約権を無償で全株主に交付する。これは，いわゆる信託型ライツ・プランと呼ばれる「平時導入型」の買収防衛策である。

(2) 当該新株予約権は，敵対的買収者以外の株主しか行使できないという条

件が付されているばかりか，その権利行使価額（会社236条1項2号）は，1株につき1円という低い金額を設定することが通常である。

したがって，有事の際に新株予約権が信託銀行から交付されれば，敵対的買収者以外の株主は新株予約権を行使し，その結果，敵対的買収者の持株比率が大幅に低下するものと予想される。

(3) さらに，会社は新株予約権を発行する際に，「取締役会が決議した場合には，会社は敵対的買収者以外の者から新株予約権を取得し，その対価として普通株式を交付する」という条項を定める（会社236条1項7号イ・ハ・ニ）。しかし，敵対的買収者に対しては他の種類の新株予約権等を交付することはあるが，普通株式を交付することはない。したがって，会社がこのような内容の取得条項に基づき当該新株予約権を取得すれば，敵対的買収者の持株比率は低下する。

(4) また，新株予約権の行使期間内に株主全体の利益となる買収提案がなされたときは，すべての株主から当該新株予約権を強制的に無償で取得し，買収防衛策を廃止することができる旨が定められていることが多い。

以下，具体的に検討していく。

Ⅱ 信託銀行に対する取得条項付新株予約権の発行

(1) 会社は信託銀行との間で信託契約を締結し（信託3条1号），信託銀行に対して無償で差別的行使条件（買収者以外の株主のみが権利行使できるとの条件）のある新株予約権（会社238条1項2号）を発行する。この場合，会社が委託者（信託2条4項），信託銀行が受託者（同条5項），敵対的買収者が出現した後の株主が受益者（同条6項）となる。会社が信託銀行との間で信託契約を結ぶのは，平時に新株予約権を信託銀行に発行して管理させ，有事となればその時点のすべての株主に交付させるためである。すなわち，平時に「事前防衛策」として有事に備えるが，実際に新株予約権を株主に交付する時期を有事にするのが目的である。なお，このように，平時に防衛策をとる理由は，有事の際に新株予約権を発行するためにわざわざ株主総会を開催するのは，手続的にも時間的にも大変なほか，有事の際に行う新株予約権の発行は会社の支配権の維持等が主

たる目的であることが明白となりやすく，その発行が差し止められる可能性が高いためである。そのほか，仮に平時に新株予約権を株主に交付すると，(2)に述べるような問題が発生する。

ちなみに，信託契約締結時に税金の問題は発生しない（法税12条1項）。

(2) 平時の基準日の株主に権利行使価額を1円とする新株予約権を無償で発行すると，発行した時点では株主は同時に新株予約権者でもあるが，株主がその後に株式を譲渡した場合当該新株予約権はそれに随伴しないので，敵対的買収者が出現し新株予約権が行使された場合には株式が希釈化されることになる。したがって，新株予約権が発行された後には，新株予約権の行使期間が満了するか，敵対的買収者が出現して新株予約権が株主に交付され，その新株予約権が行使されることによる希釈化が終了するまでは，株式を取得しようとする者は少なくなり株価が長期的に下がる可能性が高い。実際，株価の低下により既存の株主に損害が生じることを理由として，新株予約権の割当ての中止の仮処分申請を認めた決定が下された[注1]。

(3) それに対して，信託型ライツ・プランでは，新株予約権が有事の際の基準日の株主に交付されてからそれほど期間が経たないうちに行使されるので，株価が長期的に下がる心配がそれほどない。

(4) なお，新株予約権の発行は既存の権利の譲渡ではなく，新たに権利を発生させる設権的移転であるので，かつては旧信託法1条の「財産権ノ移転其ノ他ノ処分」にならないのではないかと懸念して，会社が特別目的会社（SPC：Special Purpose Company）に対して新株予約権を交付し，SPCが信託会社に対して信託するという方式（SPC型）も存在したようである。しかし，新信託法3条1号および2号では，「財産の譲渡，担保権の設定その他の財産の処分」と記載され，設権的移転も「財産の処分」として信託で許されるという解釈が明文化された。

また，SPC型であればSPCに新株予約権を交付した段階で課税されるリスクもあるので，最近は直接会社が信託銀行に対して信託する方式（直接型）が多いようである。

（注1）ニレコ事件：東京地決平17・6・1判タ1186号274頁，東京地決平17・6・9判タ1186号265頁，東京高決平17・6・15判タ1186号254頁。

(5) (1)の信託契約において，後述するⅢ(1)の有事の際に会社が信託銀行に指示した時点（基準日）の株主名簿上の株主（会社は除く。）に対して上記新株予約権を信託銀行が無償で交付することを約して，新株予約権を信託銀行に対して発行する。その際，会社は新株予約権の募集事項を定めなければならないが（会社238条1項），募集事項の決定については株主総会の特別決議が必要となる（同条2項・309条2項6号）。公開会社（会社2条5号）における募集事項の決定は，原則として取締役会の決議でたりるが（会社240条1項），信託型ライツ・プランによる新株予約権は信託銀行に対して無償で発行するのであり，信託銀行に特に有利な条件であると考えられる。したがって，株主総会の特別決議が必要となる（会社238条3項2号・240条1項・309条2項6号）。なお，新株予約権証券は，実際には発行されないことが多いようである（会社236条1項10号）。

(6) 新株予約権発行の際の募集事項として，Ⅰ(2)で述べたように敵対的買収者がその権利を行使できないとする差別的行使条件と，Ⅰ(3)で述べたように会社がそれを強制的に取得できるとする取得条項を，新株予約権に付与することを定める（会社236条1項7号）。

(7) また，新株予約権証券は金融商品取引法上の有価証券（金融商品2条1項9号）であるほか，新株予約権証券が発行されていない場合でも当該権利は有価証券とみなされる（同条2項）。信託型ライツ・プランを導入するのは上場会社だと思われるところ，上場会社では新株予約権の発行は割当先が1人であっても有価証券の募集に該当する（同条3項）。したがって，信託銀行に対して新株予約権を信託するには，原則として有価証券届出書を提出する必要があり（金融商品5条），当該届出が効力を生ずるまでは，当該新株予約権を交付することはできない（金融商品15条1項）。

(8) 受益証券発行信託（信託185条）の受益証券は有価証券に該当する（金融商品2条1項14号）。通常，信託型ライツ・プランでは受益証券を発行しないが，発行されなくとも当該権利は有価証券とみなされる（同条2項）ので，信託受益権について金融商品の開示，行為規制が適用されるかどうかが問題となる。受益証券を発行しない信託受益権については「信託財産に属する資産の価額の総額の100分の50を超える額を有価証券に対する投資に充てて運用を行う信託の受益権」以外のものについては，金融商品取引法第2章の適用がないところ

（金融商品3条3号ロ，金融商品令2条の10第1項1号），信託型ライツ・プランの信託は有価証券に投資するものではないので，金融商品取引法上の開示規制の適用はない。

(9) 新株予約権の発行者は，募集の際に目論見書を作成し（金融商品13条1項第1文），新株予約権を取得させる前または同時に目論見書を取得者に交付しなければならない（金融商品15条2項）。

(10) 買収防衛策としての上記新株予約権の権利行使期間（会社236条1項4号）の終期は原則として3年後と定められていることが多いが，期間経過後も信託型ライツ・プランを継続する場合は，改めて株主総会の決議を経なければならないとされている。

(11) 上記のような買収防衛策を採用した会社は，事業報告にその内容等を記載し（会社規118条3号），監査役は監査報告にそれに関する意見を記載する必要がある（会社規129条1項6号・130条2項2号・131条1項2号）。

III 緊急時の対応

(1) 敵対的買収者と思われる株主が出現した有事の際に，社外取締役等で構成される独立委員会の勧告に基づき，取締役会が買収自体に問題があると判断した場合，会社は信託銀行に指示をして，差別的行使条件および取得条項の付された新株予約権を全株主に交付させる。この交付が，金融商品取引法2条4項の「有価証券の売出し」にあたるかどうかを検討する。

「有価証券の売出し」とは，既に発行された有価証券の売付けの申込みまたはその買付けの申込みの勧誘である。信託銀行による新株予約権の株主に対する交付は無償であるほか，株主の買付けの意思表示は不要であり，「有価証券の売出し」にはあたらないものと解釈される。ところが，金融庁の企業内容等開示ガイドライン2─3によれば，上記信託銀行による新株予約権の株主に対する交付と類似している新株予約権の無償割当ては「取得勧誘」に該当するとされている。上記ガイドラインの内容自体に問題があると考えるが，それを無視することは実務上困難であるので，金融商品取引法4条の届出をするべきだと思われる。ただし，II(7)の有価証券届出書を提出していれば，その届出は不

要である（金融商品4条1項3号・7項）。

(2) 敵対的買収者以外の者は，新株予約権の交付後一定の期間（会社236条1項4号），その新株予約権を行使することができる。その期間は，1か月ないし3か月が多いようである。また，通常は1個の新株予約権の行使により交付される株式は1株であり，行使価額は1円である。ところが，敵対的買収者は新株予約権を行使できないので，結果的に敵対的買収者の持株比率が下がることになる。

(3) 会社は取締役会決議により敵対的買収者以外の株主から新株予約権を取得することができ（会社274条1項・2項），その対価として普通株式を交付する。1個の新株予約権に対して，普通株式1株を交付するケースが多いようである。

強制的取得条項については，敵対的買収者の所有する株式について何の定めもないもの，具体的な計算方法のある金銭の交付が定められたもの，新株予約権・社債等を交付すると定められたもの等がある。

交付される金銭の額がリーズナブルであれば問題がないが，そもそも交付される金銭が安すぎたりした敵対的買収者から新株予約権を取得しなかったりした場合には，ブルドックソース事件の決定[注2]を前提にすれば，違法になる可能性がある。上記決定は，平時の防衛策ではなく有事の際に行った新株予約権の無償割当に対する差止仮処分の申請を却下した事例であるが，その理由の一つとして敵対的買収者が新株予約権の相当の対価を得ることをあげているからである。

これについては，「取締役の選解任等を巡り株主総会等の場で買収防衛策の発動を争い，そこで自らの提案が自分以外の株主の多数の支持を得られないときに，買収者に買収を撤回・中止する時間が残っていること等によって，買収防衛策の発動による持株比率の希釈化という損害を回避できる可能性（買収者にとっての『損害回避可能性』）が必要である。そして，買収者にとって，このようなプロセスが保証されている場合には，買収者に対して金員等の交付を行う必要はないと考えられる」とする立場[注3]もある。しかし，そこまで言い

（注2） 最決平19・8・7民集61巻5号2215頁。
（注3） 企業価値研究会「近時の諸環境の変化を踏まえた買収防衛策の在り方」（平成20年6月30日）14頁参照。

切れるかどうか問題もあり，今後の判例・学説等の進展を待つ必要があるものと思われる。

Ⅳ 取得条項付新株予約権の消却

会社は，買収者に問題がないとわかった段階で，取得条項に基づき，Ⅲ(3)と違い，すべての新株予約権を無償で取得して消却できる（会社276条）。

Ⅴ 効　　果

上記の差別的行使条件および取得条項付新株予約権を信託銀行に発行して信託しておけば，敵対的買収者が買収を躊躇することも多いだろうし，そうでない場合でも会社側として交渉の時間を稼いだり，株主にとって有利な条件になるよう交渉できたりする可能性が高いものと思われる。ちなみに，米国で信託型ライツ・プランの導入企業に敵対的買収が起きた事例はないとのことである。

Ⅵ 違法な信託型ライツ・プランに対する争い方

信託型ライツ・プランが違法になるとすると，どの段階で争えるのかが問題となる。すなわち，①会社が信託銀行に対して新株予約権を発行する直前にそれを差し止める仮処分の申立てを行うか（会社247条，民保23条2項），②信託銀行が全株主に新株予約権を交付する直前にそれを差し止める仮処分の申立てを行うか（民保23条2項）である。②の場合，仮処分申立ての債務者は信託銀行だけでたりるのか，それとも発行会社も債務者となるのかが問題となる。今後の検討を待つ必要があるが，新株予約権が株主に交付された後は，違法性を理由として新株予約権発行無効の訴え（会社828条1項4号）を提起しても認められない。

◆高　村　隆　司◆

事項索引

あ

後継ぎ遺贈 ……………………127, 167
跡継ぎ遺贈型の受益者連続信託…120, 121, 127, 167, 513, 557
遺言信託（遺言による信託）……122, 139, 140, 161, 555
遺言代用信託…119, 161-164, 513, 516, 555-557, 625, 640, 641, 643, 649
遺言による信託設定 ………………139
意匠信託原簿 ………………………385
意匠登録原簿 ………………………385
委託者
　──の相続人の権利義務 ………139
　──の倒産 ……………………240, 246
委託者会計 ……………………452, 469
委託者兼当初受益者が単数である金銭以外の信託 ……………………472, 482
委託者兼当初受益者が単数である金銭の信託 ………………………………471
委託者兼当初受益者が複数である金銭以外の信託 ……………………473, 482
委託者兼当初受益者が複数である金銭の信託 ……………………………472, 482
一般財団法人 ………………………117
一般社団法人 ………………………221
遺留分 ………………………………169
遺留分減殺請求権 ………626, 627, 630, 647
インカム・アプローチ ………388, 391
　　収益還元法 …………………391
　　ディスカウント・キャッシュ・フロー法（DCF法）……………………391
ART …………………………………219
永久権禁止原則 ……………………169
永代供養信託 …………………128, 179
親亡き後の財産管理 ………132-135, 137
親亡き後問題 ……………126, 130, 532

か

会計制度 ……………………………666
会計帳簿の作成 ……………………464
外国特許権 ……………………338, 344
介護費用損害 ………………………200
開示規制 ………………………………59
会社更生手続 ……………………290, 296-298
会社分割 …………632, 656, 670, 685, 687
会社法 ………………………………622
価額賠償 ………………………………66
株式の信託 ……………………638-640, 654
株主間契約 …………………………678
株主総会の特別決議による承認 ……60
管財人 …………………………290, 296, 297
元本受益権 ……………518, 519, 522, 626
管理型知財信託 ………………326, 333
管理命令 ……………………………297
議決権行使の指図権……521, 625-627, 639, 640, 647, 648, 651, 658
議決権信託 …………………………639
議決権制限株式 ……………………621
議決権の属人的取扱い ……………622
擬制信託 ………………………………19
起訴の負担の転換 ………………55, 67
CATボンド …………219, 220, 222, 223
吸収分割 ……………………………676
給付可能額 …………………………109
業規制 …………………………………59
強制執行の制限 ………………………80
共有物分割 ……………………582, 593-601
拒否権付種類株式 …………………622
金融商品取引法 ……………223, 694, 695
グループ内信託…………327, 328, 334-336, 363-367, 369-371
経済産業大臣による事前確認 ……644
計算関係書類等の作成 ………455, 465

決議無効の確認の訴え …………………623
限定責任信託…105-107, 266, 270, 272, 549,
　　582, 608-613, 615-618, 666, 683, 684, 686
公益信託 …112, 113, 141-143, 145, 148, 170
公益法人 ………………………………148
公共工事前払金保証制度………………15
公　告 ……………………………………688
合同運用指定金銭信託…………………179
公平義務………………………………99, 103
小口・大量債権の流動化………………55
個人向けオーダーメイド信託………132,
　　　　　　　　　　　　　　　135, 139
個人向けの不動産管理信託………137, 138
コスト・アプローチ………………388, 390
　　原価法 ………………………………390
　　再構築費用法 ………………………390
コミングリングリスク ……………202, 208
固有財産等責任負担債務……………84, 551
固有事業者 ………………………………501
雇用承継問題 ……………………………665
混蔵寄託 ……………………………273, 274
混　和……………………………76, 268, 269, 274
混和財産 ……………………………280, 283

さ

債権者保護手続 …………………………688
債権説 ……………………………………6
財産減少行為 ……………………………252
財産状況開示資料 ………………………461
詐害信託 …………………………………249
　　――の取消し…………………………116
詐害信託取消訴訟 ………………55, 63, 64, 67
差止請求（権）…………………4, 11, 376
差別的行使条件付新株予約権 ……691, 692
残余財産の帰属権 ……………625, 627, 647, 648
自益信託…………………3, 54, 62, 63, 200, 252
　　――の会計処理………………………454
識別不能 …258, 275, 276, 280, 282-285, 288
識別不能財産の扱い……………………76
事　業 ……………………………………239
事業継続要件 ……………………………645

事業承継………211, 214-216, 516, 553, 554,
　　　　　　　　557, 559, 563, 620, 624
事業譲渡 ……………………632, 662, 679, 685, 687
事業信託 ……44-47, 59, 211, 233, 239, 263,
　　264, 266, 558, 559, 631-636, 655, 657, 658,
　　670, 671, 675, 676, 678, 679, 682, 685-689
　　――における受益者 ……………661, 673
　　――の終了 ……………………………674, 677
　　――の手続 …………………………662, 672
　　――の有効性 ………………………661
　　――の会計処理 ……………………475
事業生命保険信託 ………………………194
自己信託…44-49, 51, 52, 201, 202, 227, 233,
　　237, 238, 251, 271, 558, 570, 580,
　　　　　　　582, 584-587, 635, 659, 686
　　――の会計処理 ……………………476
　　――の効力 …………………………54
　　――の効力の発生時期 ……………54
　　――の登録 …………………………58
　　事業の――……………………………399-401
　　知的財産権の―― …………………397
死後の事務 …………………………127, 177
資産調達型知財信託 …………………329, 334
資産の証券化・流動化 …………………682
慈善信託 ……………………………221, 222
実質所得者課税の原則 …………………666
実質的法主体説 …………………………7
実用新案信託原簿 …………………384, 385
死手支配 …………………………………169
死亡後受益者 ……………………………162
　　――の変更権 ………………………163
収益受益権 ………………518, 519, 521, 522, 626
集団投資信託 ……………486, 488, 490, 498, 505
受益権………………4, 27, 253, 316, 626, 648
　　――の譲渡性 ………………………316
　　――の処分価格 ……………………253
　　――の二分化 ……………………626, 648
受益債権……………………………………27, 315
　　――の消滅時効 ……………………317
受益者
　　――の意思決定 ……………………628, 665

——の善意の判断基準時 …………68	少額短期保険業者 ………185, 187, 190, 191
——の取消権 ………………………4, 11	証券化スキーム ………………………219
受益者会計 …………………………452, 469	商事信託 ………………………………659
受益者課税 …………………………………495	譲渡禁止特約付債権 ……………………57
受益者指定権 ……………………123, 642	商標信託原簿 …………………………385
受益者指定の補償的対価 …………………63	商標登録原簿 …………………………385
受益者段階課税（受領時課税）……486	侵害者排除 ………………………374-376
受益者段階課税（発生時課税）……485	新株予約権証券 ………………………694
受益者等課税信託 ……………485, 488, 495	シングル・テナント方式 ………………28
受益者等が存しない信託 ……………494	新受託者の選任 ………………………293
受益者の定めのない信託（目的信託）…54,	真正譲渡 ………………………………244
112-116, 222, 475	新設分割 ……………………634, 656, 670
——の会計処理 …………………………475	信託会社 ………………………………643
受益者変更権 …………………………642	——の業務範囲 ………………………406
受益者連続信託 ……130, 518, 520-522, 534	——の情報提供義務（説明義務）
受益証券発行限定責任信託の会計監査	………………………………407, 426
………………………………456, 467	——の信託契約締結時の書面交付義務
受益証券発行信託 ………222, 223, 686, 694	………………………………407, 428
受益信託 ………………………………200	——の信託財産状況報告書の交付義務
受託事業者 ……………………………501	………………………………407, 432
受託者	——の善管注意義務 ……408, 437, 438
——の受け皿 …………………………134	——の他業制限 …………………411, 412
——の権限違反行為 …………88, 89, 91	——の忠実義務 …………408, 437, 438
——の公平義務 ………………………103	——の分別管理に係る体制整備義務
——の指定 ……………………………139	………………………………408, 442
——の辞任 …………………298, 299, 303	——の利益相反取引の禁止 ……409, 440,
——の選任 ……………………………139	446
——の損失てん補責任 ………………97	信託型ライツ・プラン …691, 693-695, 697
——の倒産 ………254, 263, 275, 290, 299	信託慣行会計 ……………………454, 457, 459
——の任務終了事由 …………299, 300	信託監督人 …………………………4, 128, 665
——の任務の懈怠 ……………………57	信託業 ……………………………………58
——の破産 ……………………254, 255	信託業法 …180, 201, 348-350, 402, 403, 523
受託者会計 …………………………452, 459	信託業務の委託 …………………406, 415
受託者課税 ……………………………500	信託銀行 …………………………16, 200
受託法人 ………………………………501	信託計算規則 ……………………454, 459, 462
出願後の特許を受ける権利 …………342	信託行為 …………………………………3
出願中の発明 …………………………338	信託債権 ………………………………105
出願前の特許を受ける権利 …………341	——の受益債権に対する優先権 ……109
取得条項付新株予約権 ………………692	——の弁済責任 …………………………65
種類株式 ………………………………689	信託財産
少額短期保険 …………185, 187, 190, 191	——に係る行為準則 …………408, 439

事項索引　　701

――に係る資産	318
――に係る負債	318
――に属する財産の取戻し	66
――の消滅の認識	470, 479
――のためにする意思	265, 267, 270
――の独立性	55, 80, 264
――の破産	306
――の破産手続開始の原因	308
――の引渡義務	242
――の物上代位	267
信託財産管理者	294, 295
信託財産管理命令	294
信託財産限定責任負担債務	83
信託財産責任負担債務	81, 91, 92, 547-550, 658, 663, 673
信託事務年度	107
信託事務の処理の委託	94-96
信託税制	485
信託損失の必要経費（損金）算入制限	496
信託段階法人課税	487
信託帳簿の作成	455, 461
信託認定のための要件	18
信託の会計処理に関する実務上の取扱い（信託実務対応報告）	454, 456, 459, 462, 469, 480
信託の詐害性	248
信託の実質	660
信託の終了事由	201
信託の登記	568-574, 576, 579-581, 584, 589, 593, 595, 596, 602, 604
信託の引受けに関する行為準則	406, 421
信託の否認方法	68
信託の併合・分割	568, 582, 602-607
信託の変更	107
信託の変更の登記	569, 572-575
信託の抹消の登記	569, 572-574, 576-578, 593, 595, 596, 602, 604
信託報酬	643
信認関係	25
推定信託	19

成年後見制度	125, 132, 133, 138, 180, 184
――の限界	133
――の併用	138-140
生命保険金信託	190-193
責任財産限定特約	105, 266, 270, 272, 549
セキュリティ・トラスト	35-42, 222, 582, 588, 589
セール・アンド・リースバック	28
善意の受益者の存否の調査	64
善管注意義務	22, 378, 408, 437, 438
専用実施権	343
相殺の制限	84
総受益者の同意による免除	110
相続時精算課税制度	629, 653, 680
相続税	506, 646, 650, 679
相続税納税猶予制度	643, 667
相続人に対する売渡強制	623
双方未履行双務契約	241, 254, 260, 261, 300, 304
贈与税	172, 175, 506, 652
――の課税対象	172, 175
損害賠償請求	376, 377
損害保険	218

た

第三者異議の訴え類似の訴え	55
他益信託	3, 62, 63, 200, 253, 516, 628, 629, 651
――の会計処理	453
諾成契約説	9
知財信託	326, 331
知的財産	325, 331, 332
――の流動化	329, 334, 335, 396
知的財産の財産的評価	
インカム・アプローチ	388, 391
コスト・アプローチ	388, 390
マーケット・アプローチ	388, 390
中間最低残高	280, 283
忠実義務	11, 22, 408, 437, 438, 664
帳簿等作成義務	74
著作権信託	347, 350, 351

著作権等管理事業法 …………347-350	
著作権登録原簿等 ………………386	
著作権における資金調達 …………354	
通常実施権 ………………………343	
通知義務 ……………292, 295, 298	
TLO信託 …………………326, 328	
定期金賠償 …………………198, 201	
適合性原則 ………………………424	
適正価格による財産処分 …………253	
敵対的買収防衛策 ………………691	
デューデリジェンス ………………679	
デリバティブ ……………219-221, 223	
同意者 ……………………………139	
倒産解除特約 ……………………301	
倒産隔離（機能）…3, 57, 221, 222, 224, 225-229, 233, 236, 686, 690	
倒産隔離効 ………………………247	
倒産不申立特約 …………………321	
倒産法の再構成論 ………………244	
特定公益信託 ……………………146	
特定贈与信託 ………130, 132, 136, 139, 181	
特定目的会社（TMK, SPC）………5, 26, 681, 682	
特別受益 …………………………629	
特別障害者扶養信託………130, 132, 136, 138, 181	
特許信託 ……………………372-374	
特許信託原簿 ………………380-384	
特許のグループ企業内管理………361, 363	
特許法102条1項・2項………333, 377	
特許を受ける権利 ……………338, 341	
トラッキングストック ……………689	

な

ニレコ事件 ………………………693	
任意後見制度 ………………125, 129	
認定対象会社 ………………644, 645	
認定特定公益信託 …………145, 147	
ノウハウ ……………………338, 345	
ノン・リコース・ローン …………329	

は

パーソナルトラスト ………………135	
配当還元価額 ……………………522	
破局的損害 …………………218, 219	
破産管財人 ………………………292	
破産債権 ……………254, 256-259, 262	
破産債権者 …………………254-256	
破産手続 ……………290, 292, 294, 295	
反対株主の買取請求権 ………666, 674	
ビークル ………………………5, 329, 330	
非後継者収益受益権取得型信託………626, 627, 630	
否　認 ……………………………246	
——の当事者 ……………………68	
否認権 ……………………………15	
費用・報酬の支払義務 …………242	
福祉型信託 …………………180, 529-531	
不動産管理信託 ……………132, 137, 138	
不動産特定共同事業法 ……………27	
ブルドックソース事件 ……………696	
分別管理 …………………………188	
——の方法 ………………………72	
分別管理義務………18, 70, 233, 234, 279, 282, 283, 442	
平成21年度税制改正大綱 ………645, 653	
別除権 ……………………………13	
法人課税信託 ………487, 488, 491, 499, 500	
法定後見制度 ……………………125	
保険業法 …………………………201	
保　佐 ………………………126, 129	
補　助 ………………………126, 129	
保証事業会社 ……………………14	
保証事業法 ………………………14	
保全管財人 …………………296, 297	
保全管理命令 ……………………297	

ま

マイカル事件………………………29	
みなし受益者 ………………485, 495	
みなし有価証券………………………59	

民事再生手続 ……………290,296-298
名義信託 ……………………658,659
免許制・登録制 …………………404
申立権放棄特約 …………………321
目的信託（受益者の定めのない信託）…54,
　　　　　　　　　112-116,222,475

や

有価証券届出書 ……………694,695
有価証券の売出し ………………695
優先受益権…………………………56

養育費の一括払 …………173,174,176
要物契約説 …………………………9

ら

利益相反取引 ………………409,440,446
利益相反リスク …………………664
暦年課税制度 ……………………653
劣後受益権…………………………56
連結対象とすべき信託 …………480
ロイヤルティ債権 …………334,335
　――の流動化 …………………335

判例索引

最高裁判所

最判昭32・5・21民集11巻5号732頁……………………………………………163
最判昭32・12・19民集11巻13号2278頁…………………………………………285
最判昭36・3・14民集15巻3号444頁………………………………………………39
最判昭37・9・4民集16巻9号1834頁………………………………………………198
最大判昭40・9・22民集19巻6号1600頁・判時421号20頁…………………239, 662
最判昭47・5・25民集26巻4号805頁………………………………………………163
最判昭48・3・27民集27巻2号376頁………………………………………………285
最判昭51・3・18民集30巻2号111頁………………………………………………630
最判昭57・3・30民集36巻3号484頁………………………………………………302
最判昭62・2・6判時1232号100頁…………………………………………………198
最判平8・4・26民集50巻5号1267頁………………………………………………285
最判平10・2・26民集52巻1号274頁………………………………………………166
最判平12・2・29民集54巻2号553頁・判時1705号58頁………………………231, 243
最判平14・1・17民集56巻1号20頁・判時1774号42頁……9, 11, 71, 238, 268, 269, 277, 541
最判平15・2・21民集57巻2号95頁・判時1816号47頁……………………20, 204, 238
最判平15・6・12民集57巻6号563頁……………………………9, 20, 21, 238, 277, 525, 536
最判平17・6・17判時1900号139頁…………………………………………………376
最判平18・2・7金判1254号6頁………………………………………………………30
最判平18・2・7金判1240号24頁…………………………………………………23, 24
最決平19・7・10刑集61巻5号405頁…………………………………………………23
最決平19・8・7民集61巻5号2215頁…………………………………………………696
最判平20・12・16民集62巻10号2561頁……………………………………………302

高等裁判所

東京高決昭31・6・26家月8巻7号46頁……………………………………………173
東京高判平3・8・29知的裁集23巻2号618頁……………………………………377
東京高決平10・4・6家月50巻10号130頁…………………………………………173
大阪高判平11・4・30金判1073号27頁………………………………………………15
札幌高判平11・7・15判タ1213号30頁………………………………………………21
名古屋高判平12・9・12金判1109号32頁…………………………………………13, 15
東京高判平12・10・25判時1753号38頁………………………………………………17
福岡高宮崎支判平13・7・13判タ1213号31頁………………………………………22
東京高判平15・7・29判タ1184号94頁………………………………………………199
東京高決平17・6・15判タ1186号254頁……………………………………………693
大阪高判平20・9・24判時2078号38頁…………………………………………18, 71
福岡高判平21・4・10判時2075号43頁………………………………………………15

名古屋高金沢支判平21・7・22判タ1312号315頁・金法1892号45頁	15
知財高判平21・8・25判時2059号125頁	379
福岡高判平22・2・17金法1903号89頁	4

地方裁判所

大阪地判平10・9・3金判1073号32頁	15
札幌地小樽支判平10・12・2金判1167号11頁	21
宮崎地判平11・6・25公刊物未登載	22
名古屋地豊橋支判平12・2・8金判1087号40頁	13
東京地判平14・3・19判時1803号78頁	377
東京地判平17・2・24交民38巻1号275頁	199
東京地決平17・6・1判タ1186号274頁	693
東京地決平17・6・9判タ1186号265頁	693

家庭裁判所

仙台家審昭32・5・13家月9巻5号71頁	173
長崎家審昭55・1・24家月34巻2号164頁	173

信託の実務 Q&A

2010年10月5日　初版第1刷印刷
2010年10月30日　初版第1刷発行

|検印廃止|

Ⓒ編集代表　永石　一郎
　　　　　　赤沼　康弘
　　　　　　髙野　角司

発行者　逸見　慎一

発行所　東京都文京区本郷6丁目4の7　株式会社　青林書院

振替口座 00110-9-16920／電話03(3815)5897～8／郵便番号113-0033

印刷：三松堂印刷　落丁・乱丁本はお取り替え致します。

Printed in Japan　ISBN978-4-417-01524-6

JCOPY 〈(社)出版者著作権管理機構 委託出版物〉
本書の無断複写は著作権法上での例外を除き禁じられています。複写される場合は、そのつど事前に，(社)出版者著作権管理機構（電話 03-3513-6969, FAX 03-3513-6979, e-mail：info@jcopy.or.jp）の許諾を得てください。